龚光余

著

【三国谋略论 上】

江西人民出版社

Jiangxi People's Publishing House

全国百佳出版社

图书在版编目（CIP）数据

三国谋略论：全 2 册 / 龚光余著. -- 南昌：江西
人民出版社，2024.12（2025.6 重印）
ISBN 978-7-210-15263-7

Ⅰ．①三… Ⅱ．①龚… Ⅲ．①中国历史-三国时代-
通俗读物 Ⅳ．①K236.09

中国国家版本馆 CIP 数据核字（2024）第 030699 号

三国谋略论（全 2 册）
SANGUO MOULÜE LUN（QUAN 2 CE）

龚光余　著

责 任 编 辑:李鉴和
封 面 设 计:同异文化传媒

 出版发行

地　　　址:江西省南昌市三经路 47 号附 1 号（邮编:330006）
网　　　址:www.jxpph.com
电 子 信 箱:jxpph@tom.com
编辑部电话:0791-86892125
发行部电话:0791-86898815
承 印　　厂:南昌市红星印刷有限公司
经　　　销:各地新华书店

开　　　本:787 毫米×1092 毫米　1/16
印　　　张:32.25
字　　　数:620 千字
版　　　次:2024 年 12 月第 1 版
印　　　次:2025 年 6 月第 2 次印刷
书　　　号:ISBN 978-7-210-15263-7
定　　　价:80.00 元（全 2 册）
赣版权登字-01-2024-172

自　序

　　本书是一部历史论著,基本上是按照《三国演义》和历史发展的顺序展开的。分为统一北方、三分天下(上下)、三国归晋的三个历史时期展开论述的,一共分为四编五十章二百一十四小节。

　　习近平总书记指出:文化自信,是更基础、更广泛、更深厚的自信。要让收藏在禁宫里的文物,陈列在广阔天地上的遗产,书写在古籍里的文字都活起来。从理论性、研究性、学术性角度撰写的本书,就是要让"书写在古籍里的文字都活起来"。"用历史映照现实、远观未来",从而达到挖掘历史文化宝藏,了解我国古代厚重而丰富的文化底蕴,增强我们对民族文化的自信。同时也是为了探究历史变化之奥秘,明了历史发展之规律,总结历史发展之经验,借鉴历史,开创未来,不断提高我们党科学执政、民主执政、依法执政的水平,更好地为人民服务。

　　东汉末年的天下大乱,依次经过了何进、董卓、李傕三个阶段,刘焉、袁绍、贾诩三个乱天下之谋,彻底乱了大汉的天下。曹操以"三位一体"的政治军事战略部署,建立了以兖州为中心的根据地,灭袁术、擒吕布、败刘备三个劲敌,扫清了东南;之后,中国东部地区出现了袁绍、曹操、孙策三雄对峙的局面,爆发了袁曹两雄中原争夺战。经过白马、官渡、仓亭三个战役,曹操打败了袁绍。又经过七年的讨伐战争,曹操消灭了袁谭、袁尚、袁熙三兄弟,彻底统一了北方。

　　刘备、关羽、张飞,三兄弟桃园结义,三顾茅庐;诸葛亮隆中决策,"三分天下"。江东鲁肃、甘宁、周瑜三个计策,一脉相承,为孙权制定了"两分天下"的战略方针。孙权三次大战于长江之中,没有占据荆州而被动。曹操南征,大有席卷天下之势,孙刘联军于赤壁大败曹操。诸葛亮三气周瑜,夺取并巩固了荆州。刘备有了荆州、西川、汉中三块地盘,彻底形成了"三分天下"的格局。荆襄一战,刘备丢失了荆州,"三分天下"开始萎缩。曹丕、刘备、孙权三人依次称帝,历史进入了三国鼎立时期。

曹操、曹丕、曹叡之后,"三马同槽",曹魏噩梦成真。曹芳、曹髦、曹奂三个,一个比一个无能,政归司马氏;司马懿、司马师、司马昭三人,一人比一人厉害,改朝换代。蜀汉经过关羽荆州之失、刘备夷陵之败、孔明六出祁连而三分兵力,留下了失败的伏笔。刘备之后,诸葛亮、蒋琬、费祎三个时期,依次秉政,再之后就没有了中心而朝纲渐乱。吴国在孙权之后,内乱不止。孙皓即位之后,凶暴日甚,酷溺酒色,宠幸岑昏,朝纲日乱。丞相万彧、将军留平、大司农楼玄三人直言苦谏,皆被所杀。十余年,杀忠臣四十余人。蜀亡吴灭,三国归晋。

　　《三国谋略论》以论述的形式,起笔于东汉之乱,论到三国归晋,基本上涵盖了三国史的全期,堪称为一部三国全史。《三国谋略论》运用马克思主义的辩证唯物主义、历史唯物主义的世界观、方法论,围绕一系列大规模的战争,论述了一个接一个的经典性的谋略,揭示了东汉末年由天下大治到天下大乱,由天下一统到天下分裂;又由天下大乱到局部之治,天下大乱到局部统一;再由局部之治到天下大治,局部统一到天下统一的基本过程,并揭示了其中变化发展的内在必然性。"兵者,诡道也""兵不厌诈"。《三国演义》,如若离开"诡道",离开"诈",剩下的也许就是一群呆若木鸡的战争狂人,以及战场厮杀火拼了,也就失去了它自身的价值。《三国谋略论》的意义就在于,可以帮助我们窥测到"谋略"是怎样被不同身份、不同性格的权谋之士在不同时间、不同空间灵活运用,使我们从中可以受到智慧的启迪。

　　从历史著作《三国志》到历史小说《三国演义》,叙述和描写古代军事政治斗争,给我们留下了古代的辉煌灿烂的军事政治斗争史,是我们今天取之不尽的精神宝藏,用之不竭的智慧财富。《三国志》和《三国演义》,实际上就是一系列政治、经济、军事谋略的庞大载体。《三国谋略论》,依据辩证法的"普遍联系"和"矛盾斗争"的哲学观点,就书中一个又一个的谋略的精品故事,放在历史变化发展的大环境中,放在政治军事斗争的大舞台中,或从政治,或从军事等诸多方面,加以评论:有的说明出处,有的剖析人物心理,有的进行理论阐述,有的进行评点,形式活泼而不拘一格的分析和综合,归纳和总结,形成了一个谋略性的理论体系。

　　《三国谋略论》一书的理论,论述了"一强独霸天下""两分天下""三分天下"的"三个天下"学术思想和"三大格局"变换的理论;论述了"三分天下三角关系的理论",叙述了魏、蜀、吴三国之间相互联系、相互依存而又相互排斥相互制约的关系;论述了"三分天下"的谋略与现实之间的三大矛盾,揭示了西蜀王国的形成及其由盛而衰直至灭亡的内在根据;在军事上,多个角度地论述了蜀汉荆襄一战失败的根本原因,是一部了解三国谋略,且又较为通俗易懂的历史性、理论性、学术性的读物。

　　这部著作从撰写到修改前后花了九年时间,前四年基本上是撰写,后五年基本上是修改。九年时间,久久为功。"九年磨一剑,砥砺再前行。"我将继续努力奋斗,继续砥砺前行,著书立说,为讲好中国故事,传播好中国智慧做出自己的贡献。文稿于2019年2月发到江西人民出版社后,在出版社的同志们,尤其是在李月华主任和李鉴和编辑的鼓励和支持下,前后进行了十次大的修改。2020年9月25日,出版社认为可以定稿了,12月31日合同签订之后,由于同编辑李鉴和同志多次互动,反复修改订正,这部著作做到了基本上没有错字、错词、错句;基本上句子通顺、文势流畅,即语言文字"表达流畅,文从字顺"。在订正修改过程中,开阔了思路,产生了灵感,创新了理论。《三国谋略论》的四大支柱性理论,除了"三分天下"的理论之外,都是在十次修改过程中形成的,就是"三分天下"的理论也是在十次修改的过程中完善的。例如,"三个天下"和"三大格局的变换"的理论就是在第三次修改时概括出来的;"三分天下与社会现实三大矛盾"的理论就是在第七次修改中概括出来的;"三国演义时期两个时代"的思想观点就是在第九次修改时形成的。

"学史明理,学史增信,学史崇德,学史力行。"学习历史,是为了"观成败、鉴是非、知兴替、明规律";在今天,我们要"以史为鉴,开创未来"。我们要最紧密地团结在以习近平同志为核心的党中央周围,高举习近平新时代中国特色社会主义思想伟大旗帜,深刻领悟"两个确立"的决定性意义,增强"四个意识",坚定"四个自信",攻坚克难,努力工作,向第二个100年的奋斗目标迈进,把中国特色社会主义的伟大事业继续推向前进,为中国式现代化的伟大事业,为中华民族的伟大复兴做出自己的贡献。

写于2020年2月19日,修改于2023年8月31日

目

录

导　论

一、三国谋略论概念及远古谋略

什么是谋略？上海辞书出版社出版的《辞海》解释说，即"计谋策略"也。谋即谋划、谋求、谋取也。谋略，亦是策划也。谋还包含有商量、商讨的意思，如不谋而合。略即计划、计谋也，如雄才大略。略也指战略，如政治、经济、军事战略。战略，狭义是专指指导战争全局的计划和策略；广义的则泛指决定全局的计划和策略。谋略，就是计谋策略，即韬略也。谋略既包含战略，也包含战术，战略战术即谋略也。战国吴起的《吴子兵法》说，"谋者，所以远害就利"也；《六韬·文韬·六守》说，"事之而不穷者谋也"。可见，谋略就是克敌制胜的巧妙用兵的最佳方法。

广义的谋略包括政治、外交、军事等所有社会活动方面的谋略，狭义的谋略就是军事谋略，是克敌制胜的最佳方法。从古到今，无论是帝王将相，还是凡夫俗子，无不倚重智谋去用心、斗智、出奇、弄巧，以达到预想的目的。一个国家、一个民族，为了生存和发展，都得使用谋略；个人为人处世和事业的发展，也都要筹划而使用谋略。在政治、军事、经济、文化、科技等各个方面，无不展现着谋略的智慧力量。三国谋略，就是指三国时期各国以及地方割据的诸侯在政治军事及外交方面所实施的谋略。三国谋略论，就是对谋略进行系统性的理论阐述，是一种谋略性的理论体系。

谋略是因自身生存和发展需要而产生的，是人类智慧的体现，是智慧的结晶。人类和其他低级动物相比较，其独特性就是具有智慧性。有了智慧，人类就开始意识到自身的存在，自己与周围环境之间的关系，就开始思考在这个环境中怎样生活生存。通过思考，认识到人必须依赖于自然界而生存。靠山吃山，靠水吃水。靠水，就要下河捕鱼；靠山，就要上山打猎。这都是危险的，许多原始人因此而丧生，因为野兽是凶残的。对付凶残的野兽，必须讲究方式方法。原始人的具体做法是，先挖一个坑，面上支撑青草,众人埋伏在两旁的树丛中,一人引诱野兽追来,待其跌入陷阱中,众人手持棍棒窜出,将野兽制伏并擒住。这是人类历史上最原始的谋略。

人要同人打交道,依赖于社会。原始社会,各氏族、部落之间经常因争夺土地和人口而发生冲突,并发生战争。原始的战争也是残酷的,战胜的一方是要将战败的一方全部活埋的,是关系生死存亡的。如何打败对方,这是关系到自身能否生存的问题,这就要思考了。于是,原始人就将原来对付野兽的一套办法移来对付自己的同类。这样,在战争爆发前夕,就要研究怎么个打法。或佯败而逃,诱敌深入,"利而诱之"。同自己的同类,即自己的敌人的战争,比同野兽做斗争,要复杂得多,尖锐得多,残酷得多。因为敌人也是人类,也有智慧,长期使用一种方法,就会被识破,可能被敌人将计就计,这是非常危险的。

在人类的战争中,因为作战的双方,都能思考,都有智慧,都在研究用最好的方法对付自己的敌人。就是说,你用计,敌人也在用计,这就是斗智斗勇。这就要看谁的计谋更高明了,就显示了谋略的深刻性。在战争中,不仅要诱敌深入,而且还要将计就计。将计就计要有一个前提,就是要识破敌人的计谋,如果不能识破敌人的计谋,就会中计,就会失败。战争,在原始社会就已经产生了。《山海经》记载说:距今约五千年,"蚩尤作兵伐黄帝,黄帝乃令应龙攻之冀州之野;应龙蓄水,蚩尤请风伯、雨师,纵大风雨。黄帝乃下天女曰魃,雨止,遂杀蚩尤"。

这个历史典故说明远在上古时期,我们的祖先在战争中就已经开始学会利用天时地利了,这是中国历史上最早的战争谋略,也是最早记载于中国典籍中的战争谋略。又据秦泉主编的《周易大全》记载,这一场大规模战争,有反复有曲折。在与蚩尤的战争中,黄帝是"九战九败",后来九天玄女和西王母帮了黄帝一把,传授了一部天书,这部天书记载了兵器的打造方法,这实际上是给黄帝提供最新式的武器,而且还记载了如何行军打仗及其调兵遣将的兵法。结果黄帝打败并斩杀了蚩尤。战后,黄帝命他的宰相风后把九天玄女传授的天书演绎成《兵法》十三章。这说明,在上古的黄帝时期,人们就开始研究作战规律,把战争的实践经验上升为战争理论而形成兵法。

五帝三王时期,战争就更频繁了,规模就更大了。智谋人士不断地总结作战经验,就形成理论性的认识。军事谋略的大发展,是在春秋战国的社会剧变时期。自春秋战国以来,出奇制伏,变诈之兵并作,说明人类对军事认识达到了理性认识阶段。还在西周时期,甲骨文就有商周时期的军事记载。人们从古文献的记载中,还发现了中国早期的兵书,如西周晚期的《军志》《军政》。春秋战国时期,是中国兵书著述的第一次高潮时期。据说汉初的张良和韩信在整理兵书典籍时,就得到春秋战国时期182位著述家的论著。主要的且流传下来的有:孙武的《孙子兵法》、吴起的《吴子》、司马穰苴的《司马法》、孙膑的《孙膑兵法》、尉缭的《尉缭子》、托名姜望的《六韬·文韬·六守》六种。前512年,《孙子兵法》从更全面更深刻更高层次上揭示了战争规律,阐述了军事谋略,形成了谋略理论。

二、三国时期的划分及谋略理论

三国时代和三国演义时代,是有区别的。狭义的三国时代,是《三国演义》时代的一部分,广义的三国时代才能与《三国演义》时代相等同。从220年曹丕废除汉献帝建立魏国到280年三国归晋,只有60年,是天下分裂为三个国家的时代。广义上的三国时代,就是三国演义时代,184年到280年,有96年,它包括三国形成和演变的历史。本书起笔于东汉之乱,写到三国归晋,基本上涵盖并概括了三国史的全期,堪称是一部三国全史。因为基本上涵盖并概括了三国史的全期,所以使我们能够看清三国历史变化发展的来龙去脉。

196年,曹操移驾幸许都,历史已经朝着三分天下的方向发展了。208年,赤壁大战后,曹操无力南下,孙权在长江中下游的地位得到进一步的巩固,刘备乘机夺取荆州,"三分天下"的局面开始形成。从董卓乱朝纲,导致天下分裂割据,天下大乱到"三分天下"局面的形成,实际上已经朝着三国时代的方向发展了。因此说,从广义上理解,这段历史时期就是三国时代。三国演义的时代,即广义的三国时代,从184年到280年,长达96年。分为早期、中期、后期。早期是从184年到208年,前后24年。中期从208年到249年,前后41年。后期从249年到280年,前后31年。

三国时代,是一个非常的时代,是战争频繁的时代,是一个大动荡、大变化、大改组的时代。易中天说:事实上,这段历史并不重要,它不但比不上之前的君权禅让,西周封建,秦并天下独尊儒术,也比不上之后的五胡乱华,更不敢望百家争鸣之项背。然而这个时期的知名度,却远远高于其他历史时期。根本原因就在于有一部《三国演义》。易中天说:实际上,《三国演义》经久不衰,吸引人们百看不厌的只有八个字:心机、算计、权术、谋略。它可以用于战场、官场、商场,甚至情场,谁不想要?有一句俗语说:"少不看《水浒》,老不看《三国》。"为什么老不看《三国》,因为老年人经历广,经验丰富,本来心计就多,看了《三国》,就更阴险狡诈。

恩格斯曾说:"新的军事科学是新的社会关系的必然产物。"《三国演义》描写的战争数十次,一个接一个,规模之大,战争之激烈,都是前所未有的。在三巨头曹操、刘备、孙权的天下争夺战过程中,先后形成了东部中原、中部荆襄、西部汉川三大矛盾焦点区,实际上也是争夺天下的三大战场。在争夺战中爆发了官渡之战、赤壁大战、汉中争夺战、夷陵之战、六出祁连之战,这些关乎全局性的战争,同时也是关乎主要人物命运的战争,千变万化,各具特色,充分体现了战争的复杂性、多样性。战争的频繁发生,为军事谋略家施展才华提供了一个历史舞台,不断地造就时代英雄。这个时代是造就英雄也是需要英雄的时代,是英雄们驰骋疆场,叱咤风云的时代。战争的发展,需要谋士,需要谋略;而谋士盛行,谋略指导着战争,推动着战争。于是,人们对战争规律的认识,对战争规律的掌握,充分发挥主观能动性,灵活机动地运用战略战术,使其水平达到了一个前所未有的高度。

人类的认识是不断发展,不断提高的,是一个"由实践、认识、再实践、再认识,循环往复,以至无穷,而每一循环,都使认识提高一步"。恩格斯说,社会的需要比十所大学更能把社会推向前进。从三皇五帝到三国时代,战争就不断地产生并发展着,所以,战争的谋略思想也就不断地发展着。三国时代前的几千年战争,就是一次次经过战争实践,到对战争认识,再经过战争实践,再到对战争认识,经过一次次循环往复,人们对战争认识的水平就一次次地得到发展、完善和提高,使人们对战争规律的认识更加深刻、更加完善、更加全面。

在三国时代之前,不仅战争材料丰富,而且战争谋略也是完善的。不仅有大量的战争实例,而且有大量的兵书问世,有着丰富的战争的理性认识。三国时代谋略思想就是在这样一种历史条件下形成的,三国时代的谋略是对前三国时代谋略的继承和发展。三国时代,每一场战争,对于主要人物及其集团来说,都是一场生死存亡的战争,是你死我活的战争。战争的尖锐、复杂、激烈是可想而知的。所以,在每一个政治军事集团中,都有一群谋士,实际上就是智囊团。这个智囊团是专门为其首脑人物,即三国时代称为"主公"的人出谋划策的,尤其是专门研究战争的谋略家。三国时代的谋略家们,对于战争规律的认识,对于战争谋略的运用,达到了一个前所未有的新的水平新的高度,三国谋略理论就是这样形成的。

三、谋略对社会实践的反作用

在《三国演义》中,人人设谋,个个献谋;处处有谋,事事是谋,可谓是一个谋略大观园。三国时期,谋略之全、谋略之广、谋略之深、谋略之妙、谋略之玄,是前所未有的。三国时代,是一个谋略的时代。

董卓进京欲篡夺朝廷大权,用了"趁火打劫"之谋;王允欲除掉董卓,用了"美人计";刘备的力量本来是非常弱小的,正是用了"以柔克刚""欲擒故纵""以强制强"之谋,才在各大势力的夹缝之间,游离而生存,并且从无到有,从小到大,从弱到强而建立了蜀汉王国。官渡决战,曹操烧了袁绍的粮草,用的是"釜底抽薪"之谋;荀攸的"声东击西"之谋,使白马战役取得了胜利;程昱献"十面埋伏"之谋,使仓亭战役取得了胜利;袁熙、袁尚往投辽东,郭嘉遗计,切勿加兵,因为"急之则相救,缓之则相并",用的是"隔岸观火"之计;诸葛亮西城退去司马懿,用的是"空城计";蜀亡之后,姜维想借助钟会,企图使西蜀死而复生,幽而复明,用的是"借尸还魂"之谋。

用计的人中计,中计的人又用计,可谓计计而出,层出不穷。计谋用到纯熟的程度,就是将计就计,是更高层次上的用计。蒋干两次用计到江东,都被周瑜将计就计而用之。一次是"反间计",借曹操之手除掉蔡瑁、张允;一次是借蒋干之手将庞统带到了荆州,向曹操巧授了"连环计"即"锁铁环"之计,为周瑜火烧曹营做好了准备。山外有山,天外有天,强中更有强中手。周瑜善能用谋,但碰到了诸葛亮,却成了低手。周瑜为了夺取荆州,使用了一个"美人计",孔明将计就计,使周瑜赔了夫人又折兵;周瑜"假途灭虢"之计,即明取益州,实取荆州,被孔明又一次地将计就计而活活气死。

　　一个大的战争过程,往往是连续用谋,一个谋略接一个谋略地用,称为连环用计。本书就论述了七次连环计:董卓劫持朝廷,用了"顺手牵羊""差人上表,名正言顺,以图大事""树上开花""乘朝廷无主,召集百官,谕以废立"即"趁火打劫""避开联军锋芒,弃洛阳而迁都长安"即"走为上计"的连环计;曹操用了"二虎竞食""驱虎吞狼""掘坑待虎"之计,构成了扫清东南的"制造矛盾、利用矛盾、分化瓦解、各个击破"战略战术;用了"扼其咽喉""声东击西""饵兵"即"抛砖引玉""釜底抽薪""十面埋伏"之计,曹操取得了官渡决战的胜利;赤壁大战,周瑜的"反间计""借刀杀人""连环计"即"锁铁环""苦肉计",四计连环,一环紧扣一环,将曹操百万大军顷刻之间化为灰烬;刘备的"欲擒故纵""瞒天过海""以柔克刚""浑水摸鱼""取涪城,向成都"多计配合,夺取了西川;陆逊、吕蒙用"调虎离山""李代桃僵""笑里藏刀""瓦解敌军""瓮中捉鳖""斩草除根"连环计谋,剑不出鞘,刀不血刃,就取了荆州;司马昭的"相互牵制、相互制约""借刀杀人""打草惊蛇""隔岸观火"四计连用,既灭了西蜀,又分别除掉了邓艾和钟会。

　　在战术上用谋,在战略上也用谋,形成了一个谋略体系。例如诸葛亮、荀彧、鲁肃、司马懿,就是杰出的战略谋略家。在"三国谋略论"的理论体系中,有三大战略性的谋略。第一个是曹操、荀彧的"深根固本以制天下"谋略,包括"建立根据地""奉天子以令不臣"实际上是"挟天子以令诸侯""军队建设"和经济上的"军屯民屯"的谋略,逐步实现"一强独霸天下"战略目标。第二个是孙权、鲁肃鼎足江东,夺取荆州,西进巴、蜀的"两分天下"之谋。第三个是刘备、诸葛亮"三分天下"的谋略,就是"先取荆州为家,后取益州为基业,然后北图中原"的战略目标。三大谋略,在现实中形成三个格局(实际上孙权"两雄争夺天下"的格局一直没有形成)及三个格局相互变换的局面。

　　在这个谋略理论体系中,有两大外交谋略理论,第一个是孔明的"孙刘联盟,共抗曹操"外交谋略;第二个是司马懿的"孙曹联合,南北夹攻关羽"外交谋略。第一个外交谋略的成功实施,孙刘联军于赤壁打败了曹操,形成了"三分天下"的格局。第二个外交谋略的成功实施,孙曹联手,于荆、襄战场打败了关羽,江东夺取了荆州,曹魏也摆脱了西蜀的遏制,使西蜀失去了一个问鼎中原的战略要地,将其挤到了西南一隅。

战略性的谋略理论体系一旦形成,就对天下争夺战的社会实践产生指导性的作用。曹操扫除东南,消灭袁绍,统一北方,非因力量之强,而是因为其谋略正确;赤壁之败,汉中之败,亦非力量不够,亦谋略不足也。袁绍、袁术、吕布、刘表之败,非力量不够,乃谋略之欠缺。刘备、诸葛亮,占荆州、取西川、夺汉中,建立蜀汉王国,并非力量强大,而是谋略正确;失荆州、败夷陵,亦非力量弱小,皆因其谋略之误也。208 年春,孙权夺取了夏口,本应一鼓作气夺取荆州,北上与曹操相抗衡。但孙权却止了步,几个月后曹操夺取了荆州,就由战略主动转为战略被动了。孙权由战略主动转为战略被动,其根本原因就是魄力不够,智谋不足。

有时候,一个谋略的作用是难以估量的。贾诩的"率众而西,所在收兵,以攻长安"十二个字之谋,就把东汉王朝彻底送进了动乱的深渊;司马懿的"联络孙权,南北夹攻关羽"之谋,就使被水而淹的曹仁七军起死回生而扭转了乾坤。因此说,在一定的条件下,谋略决定胜败,决定命运。本书的核心就是谋略,抽掉了谋略就抽掉了《三国谋略论》的灵魂。

四、"三分天下"理论体系及内在矛盾

"三分天下"的理论就是由"三分天下"的概念和"三分天下"的观点构成的。"三分天下"包括理论和现实两个方面。207 年隆中决策到 209 年刘备夺取荆州之前,"三分天下"仅仅是个理论。占荆州、取益州、夺汉中,"三分天下"就由理论变成了现实。"三分天下"和"三国鼎立"是有区别的,从 209 年刘备夺取荆州到 263 年西蜀灭亡,皆为"三分天下"时期,"三国鼎立"则要从 220 年和 221 年曹丕和刘备分别做皇帝的时候开始。东汉末年的"三分天下"和"三国鼎立"阶段的"三分天下",是性质不同的两个时代。前者属于东汉王朝,后者则改朝换代了,属于新的王朝了。

"三分天下三角关系的理论",是由"三分天下"的理论派生出来的并为"三分天下"的现实服务的理论。三角关系,是一种相互联系和相互制约的关系,它们之间,是相互对立的,相互排斥的。魏、蜀、吴三国,都有自己的根本利益,就是要灭掉与其对立的其他两方,实现天下一统。因此,较弱的两方,必须结盟,方能生存和发展。208 年,孙刘联合,共同对付曹操,就是因为孙刘弱小而曹操强大。孙刘联合,不仅生存了下来,还打败了曹操,形成了"三分天下"的格局。"三分天下"的格局形成之后,孙刘联合,对付曹操,形成了一种平衡关系;魏、蜀、吴三方相互联系相互制约,谁也奈何不了谁。三大格局变换的理论,实际上就是三大巨头争夺天下的理论,它由"一强独霸天下""两分天下""三分天下"三个理论构成。三个理论分别形成三个格局,三个格局的变换,是三大巨头天下争夺战的过程。"三分天下"的形成,既打破了曹操的"一强独霸天下"的局面,也打破了孙权"两分天下"的格局。"一强独霸天下""两分天下""三

分天下"的理论,合称为"三个天下"的理论。"三个天下"格局变换的理论是极为重要的理论。"三分天下"的理论,是本书的核心理论。

"一强独霸天下"和一统天下是有区别的,"一强独霸天下"是指自己有力量而不许别人统一天下,由自己来统一天下的形势。而一统天下,是指已经实现了天下一统。208年,曹操夺取了荆州而到达了江陵,就形成了"一强独霸天下"的局面,但还没有统一天下。

"两雄争夺天下"和"南北划江而治",都属于"两分天下"的理论;但两者也是有区别的。孙权企图先于曹操之前夺取荆州,然后欲北上与曹操抗衡,形成"两雄争夺天下"格局。刘备从曹操手中夺取汉中后,开始形成"两雄争夺天下"的趋势,但由于荆襄一败,最终也未能实现。"南北划江而治",是指孙权的国力、智力和魄力不能北上与曹操相抗衡,企图西进巴、蜀,尽长江之极而据守之,达到"南北划江而治"的目的。与"两雄争夺天下"相比,"南北划江而治"是一个保守的战略目标。由于刘备占据了荆州,孙权不仅没有实现"两雄争夺天下",也没有实现"南北划江而治"的目的。

诸葛亮"三分天下"的谋略在前期运用得确实很成功,占荆州、取益州、夺汉中,把"三分天下"由理论变成了现实。但是后期的实践,却是失败的。219年,荆、襄一败而失去了荆州,刘备、诸葛亮的失败,是一个值得研究的课题。这一次决战的失败,是西蜀王国由盛而转衰,由胜而转败的历史转折点。为什么会有荆、襄之败?毛泽东说:当初刘备调诸葛亮入川,诸葛亮不该留下关羽守荆州。让关羽守荆州是一着错棋呢!关羽骄傲呢!关羽从思想上看不起东吴,不能认真贯彻执行诸葛亮联吴抗曹的战略方针,这就根本上否定了诸葛亮的战略意图,结果失掉了根据地荆州,自己也被东吴杀掉了。诸葛亮错用了关羽,关羽大意丢失了荆州。

有一篇《诸葛亮:智者之谜》的文章说:近年来,不少专家、学者从不同角度对亮执政时期的诸多失误,提出了尖锐批评,对诸葛亮的智者形象提出了严重的挑战。该文章认为,《隆中对》的前期方案是正确的,而后期的方案则是错误的。孔明说:"天下有变,命一上将将荆州之军以向宛洛,将军身率益州之众出于秦川。"该观点指出,这是一个错误的战略方案。因为这个分进合击的钳形攻势颠倒了主力和偏师的辩证关系,结果棋差一着,前功尽弃。

诸葛亮为什么会失败?还要从"三分天下的三角关系"的理论中寻找原因。在三角关系中,各方的力量大小和强弱是变化的,不是静止不变的。刘备迅速崛起,使曹魏感到紧张,也使孙吴感到了压力。三角关系中,只要各自力量变化出现了新的不平衡,其相互关系就会重新调整,受到安全威胁的两方,就自然会走到一起而联合起来,共同对付由弱而变强,即新崛起的一方。

形成"三分天下"格局,关键是要建立孙刘联盟。但是,"三分天下"的谋略与现实之间却存在着三大矛盾，三大矛盾集中地体现在孙刘双方在荆州争夺的问题上。荆州问题与孙吴的矛盾难解难分。刘备放弃了荆州，就没有立足之地；放弃联盟，就难以生存。在三角关系中，孔明很难摆脱这种两难选择的怪圈，这是三角关系的一个软肋。但在刘备夺取汉中之前，孙刘双方的力量一直弱于曹操时，联盟还是能够维持的。刘备夺取了汉中之后，三方的力量开始发生变化了，刘备具有了压倒曹操的趋势，也使孙权感到了压力。这些矛盾都集中到了荆州，一场荆州大战是不可避免的。这是一个历史的关节点，是由"三分天下"的格局向"两分天下"的格局变化的历史转折点。这是关键的一仗，打得好就彻底形成了刘备与曹操"两雄争夺天下"的格局，并在"两雄争夺天下"的争夺战中处于战略进攻态势；打得不好，"三分天下"的格局就开始萎缩，并为刘备最后失败埋下了伏笔。

关键是怎么打好这一仗？按照"三分天下的三角关系"的原理，在历史转折的关头，要认真处理好与孙权的关系，对孙权要进行有理有节的斗争，既要避免与孙权动武而维持联盟，又要防止孙权从背后偷袭。对待曹操，要准备大打，要有意识地将主战场从西部的汉中地区向中部的荆州地区转移，要抓住有利的战机，组织和发动一场北上宛、洛的大规模的北伐战争。此时关羽面临的是一个极为复杂极为严峻的局面，整个荆州有可能受到来自曹操和孙权两面夹攻的危险。在曹操、孙权相互联络的时候，荆州已经面临着一场前所未有的危机。但是在一定的条件下，危机可以转化为机遇，机遇也可以转化为危机。

荆州酝酿着一场危机的时候，七八月间，关羽在襄阳前线斩庞德、擒于禁，水淹七军，威震华夏而旗开得胜，又预示着西蜀问鼎中原的时机已经来临，一场危机又可能转化为一场机遇。可是，这些有利战机的变化，诸葛亮却没有看到。特别是关羽北上而华夏皆惊的时候，诸葛亮在军事上却没有什么反应。既没有组织大规模的北伐，又没有对东吴组织有效的防御，任关羽在前线孤军奋战，腹背受敌，首尾难顾。结果襄樊前线的辉煌战果前功尽弃而溃不成军，后退无路而进入绝境，一场机遇再一次转化为一场危机，致使关羽兵败身亡而荆州丢失。因此说，诸葛亮成功于"三分天下的三角关系"，又败于"三分天下的三角关系"。

综合以上论述，我们可以清楚地看到，一共有四大关键性的理论观点：第一是"三分天下"和"'三分天下'的三角关系"的理论观点；第二是"一强独霸天下""两分天下""三分天下"的"三个天下"以及由"三个天下之间相争所形成的三大格局的变换"的理论观点；第三是"'三分天下'的谋略与社会现实之间的三大矛盾"的理论观点；第四是"'三国鼎立'之前'三分天下'时期与'三国鼎立'之后'三分天下'时期是性质不同的两个时代"，即"'三分天下'时期分为前后两个时代"的理论观点。这四个关键性的理论观点，是贯穿本书的四大支柱性理论观点。这四个支柱性的理论观点，构筑了本书理论框架的谋略思想体系。

五、三国谋略理论依据及其引领作用

毛泽东说:"《三国演义》和《三国志》,虽然是两部不同类别和不同文体的著作,但从内容上来说,这两部著作具有密切的关系。"本书对政治军事谋略的阐述,主要依据的是陈寿的《三国志》和罗贯中的《三国演义》。

《三国演义》作为历史文学作品,真实地再现了三国时期的历史。它对战争的描写,其精彩性、深刻性和复杂性,是"前无古人,后无来者"。它将一系列战争放在三国之间政治、军事、外交的社会大环境中予以揭示,是相当吸引人的,是能给人以智慧启迪的。它对战争的各个方面,如双方的战略战术、力量对比、地位转化等等,都做了生动细致的描写,千变万化,各具特色,充分体现了战争的复杂性和多样性,更充分体现了谋略运用的智慧性,具有史料价值。为了使史料正确和准确,《三国谋略论》还引用了原始的《魏略》《汉晋春秋》《蜀志》《吴志》,东晋常璩撰写的《华阳国志》和裴松之的《三国志》注引等史书,并参照了北宋司马光的《资治通鉴(汉纪、魏纪、晋纪)》。

施展和运用谋略,是人类最高级的智慧,尤其是战争的谋略智慧。《孙子兵法》说,兵者,凶器也。战争是残酷的,军事家们要研究战争,要探讨战争的规律,力求运用战争的规律,施展和运用谋略,争取战争的胜利。人们不断地研究战争规律,研究战略战术,所以谋略这种高级的智慧,就不断地得到丰富和发展。尤其重要的是,这些谋略理论还具有超前性。一个反映客观实际的正确认识,必须走在形势发展的前头,才能发挥重要的引领和指导作用。如果落在形势发展的后边,就会棋差一局而导致事业失败。在中国新民主主义革命时期,我们党之所以从一个胜利走向另一个胜利,就是在每一个历史时期,尤其是每一个关键时刻,都是毛泽东的战略思想、方针和战略部署走在了形势变化发展的前头。

曹操之所以能够取得扫除东南和官渡决战的胜利而统一北方,就是在这个时期,他的战略思想、方针和战略部署都是走在时间的前头。同样,诸葛亮出山之后,成功地帮助刘备建立了西蜀王国,形成了"三分天下"的格局,就在于诸葛亮的"三分天下"的谋略和"三分天下三角关系的理论"是正确的,而且是超前性和前瞻性的。在一场大的战争中,有时不仅是军事和经济力量的对比,同时也是战略思想、战略方针和战略部署的对比。战争,其实也是一种战略思想方案与一种思想方案的较量。赤壁大战,以曹操失败、孙权刘备胜利而结束。这一场战争,实际上是诸葛亮的"三分天下"的谋略战胜了曹操的"一统天下"的谋略。虽然曹操的"一统天下"的谋略也是走在前头的,但是诸葛亮的"三分天下"的谋略更严密更科学,准备得更充分。

反之,凡是思想认识落在后面而跟不上形势发展,是没有不失败的。诸葛亮的荆、

襄之败,就是一个典型的例子。诸葛亮虽有谋略,但是思想认识落在了后头就不行了。曹操汉中争夺战失败之后,目光就注视到了荆、襄地区。在西边咬你不动,就到你的东边来咬,这是合乎逻辑的。因为在荆州地区,还可以联络孙权来共同对付关羽。因为孙权对刘备早已怨恨而觊觎荆州,正好可以利用。恰恰相反,诸葛亮对荆、襄之战却认识不足,没有什么战略方案和战略部署,没有思想准备而落在了后头,故此就有了荆襄之败。

分不清敌我友的,最后没有不失败的;分清了敌我友的,基本上都是成功的。袁术和吕布是分不清敌我友的典型,特别是袁术,无端地制造矛盾,与袁绍对立,与刘表对立,与吕布对立,逐步地使自己陷入孤立,为曹操所利用。吕布也是如此,敌我不分,彻底孤立自己,为曹操各个击破提供了条件,所以他们兵败身亡。研究哪些是主要的敌人,哪些是次要的敌人,哪些是团结利用的对象,这就是指导实践的谋略理论。有了这个谋略理论做指导,就能减少社会实践的盲目性。

曹操起事之初,面临的矛盾是复杂的,但是他理出了一个头绪,知道哪些是主要的敌人,应先打,哪些是次要的,应后打;哪些是近处的敌人,应先打,哪些是远处的,应后打,这就是策略。曹操还在实践中观察和分析谁是最主要的敌人,到刘备斩车胄而占据徐州时,他这才发现刘备是最主要最危险的敌人。从此之后,曹操集中力量打击刘备。刘备到哪里,他就打到哪里。因为刘备,曹操与袁绍的决战提前了;因为刘备,曹操的南征提前了。但是这些认识,在曹操的头脑中毕竟还没有形成完全清晰的思想路线,所以在向南进军中,又逐渐地模糊了"刘备是最主要的敌人"的思想观念,犯了"两个敌人同时打"的错误,结果有了赤壁之败。

诸葛亮能够帮助刘备占荆州、取益州、夺汉中,形成三分天下的格局,就是因为分清了敌我友,与孙权建立了唇齿相依的联盟,以打击最主要的敌人曹操。关羽大意失荆州,就是因为不懂得团结盟友而打击最主要的敌人曹操,激化了与盟友孙权的矛盾,结果腹背受敌而丢失了荆州。西蜀为什么只能成为西南的一个偏邦小国,不仅在于荆州之败,也在于夷陵之败。刘备感情用事,主要敌人和次要敌人不分,没有很好地掌握一个"度",撇开魏国,非要灭掉吴国,舍大而就小,去本而就末,是其失败的根本原因。

六、本书的现实性价值

根据《三国志》《三国演义》提供的历史素材所阐述的三国谋略,不仅具有历史价值,而且具有现实性的价值。易中天说,一部《三国演义》,自始至终贯穿着勾心斗角,尤其是在赤壁之战的前后。"原本都是正人君子的周瑜和诸葛亮,也都变成了心怀鬼胎,一个'妒忌阴险',一个'奸刁险诈',全无惺惺相惜和光明磊落可言",什么是阴谋诡计? 什么是心怀鬼胎? 什么是光明磊落? 都不能抽象地看,要用历史唯物主义的观点进行具体情况具体分析,要回到当时的历史环境中分析。

我们不能把《三国演义》中许多经典的精彩的谋略,当作一个个孤立的故事来讲,应当把它放到三国历史变化发展的大环境中去,才更能理解它的历史意义和历史价值。一只手是人体的一部分,是一个有机的整体,与人体联系在一起的手,才是真正意义上的手。一个脱离人体的手,就不是原来意义上的手了。同样,一个孤立的经典谋略故事,那仅仅是个故事而已,因为它割裂了历史的必然性联系,体现的是一种形而上学的思维方法;把经典谋略故事放在历史变化发展的大环境中展开论述,我们就会看到历史的内在联系和历史变化发展的必然趋势,它体现的是一种马克思主义辩证法的思维方法。

我们为什么要运用马克思主义辩证法的思维方法,分析研究三国的经典性的谋略故事?因为只有运用这种辩证法的思维方法进行分析研究,才能看清在战乱时代,曹操、孙权、刘备,站在历史的前列,为实现国家统一,推动历史前进所做的历史性贡献。诸葛亮也好,周瑜也好,司马懿也好,他们之间在政治军事斗争过程中,彼此都是对立的,上了战场都是你死我活的斗争,所以他们彼此之间,存有心机,讲究算计,运用权术,施展谋略,也是可以理解的。三国时代,各个政治军事集团,运用的各种谋略,实质上都是人类智慧的结晶。这份谋略智慧,是我们祖国宝贵的文化遗产,我们应当继承。

习近平同志说,"历史是一个民族、一个国家形成、发展及其盛衰兴亡的真实记录,是前人的'百科全书',即前人各种知识、经验和智慧的总汇"。他强调,领导干部不管处在哪个层次和岗位,都应该读点历史。这样,才能使自己的眼界和胸襟大为开阔,人的能力和精神境界大为提高,使自己的领导工作水平不断得以提升。

当今的时代,战争乃至大规模的战争的发生,是有可能的,国际形势是复杂的。有一点特别要记住的,就是"帝国主义亡我之心不死",我们要提高警惕。成书于战国时期的《司马法》就提出了一个"以战止战,虽战可也"的军事思想,是值得借鉴的。《司马法》还强调说:"故国虽大,好战必亡;天下虽安,忘战必危。"现代的战争,就其作战形式,已完全不同于冷兵器时代的战争,也不同于机械化年代的战争,现代化战争,打的是非接触性的信息化的战争,打的是现代化的科技战。战争,不管它怎么千变万化,基本的规律是不变的。因此说,探讨战争规律,运用谋略,仍是非常重要的。所以说,我们研究三国谋略论,运用于我们今天的战争,仍具有十分重要的意义。

当前的经济全球化和政治格局多极化的国际形势十分复杂,以美国为首的西方大国,始终不愿看到中国的强大,总是企图遏制和阻断中国的发展进程,在可以预见的时段内,中国越是由大向强迈进,遇到战略冲撞、战略挤压、战略干扰的可能性就越大,这是就国际的情况来说的。这样,就需要我们党不断提高驾驭国内国际局势变化的能力和高超的外交斗争艺术,这就要讲究谋略。三国时期魏、蜀、吴三国之间相互制约又相互斗争的政治、军事、经济以及外交谋略，是值得我们借鉴的、学习的。

毛泽东的"中美苏三角相互制衡"的新思路，就源于三国时期。在"三分天下"的相互制约、相互平衡关系中，曹操集团的运用是一个典型，特别给毛泽东以启发。在魏蜀吴的三角关系中，曹操是吃了大亏的。在一个很长的时间里，曹操从来没有想到去拆散孙、刘两家的关系，也就是说，他从来没有思考和研究过相互制约相互平衡的关系，以致在几个关键时刻，出兵去攻打孙权，结果反倒帮助了刘备。在曹操的头脑里，所想的就是如何灭吴收蜀。两个拳头打人，一个拳头打孙权，一个拳头打刘备，结果把孙、刘逼到了一起，使自己处在孙、刘的战略包围之中。直到刘备自立为汉中王之时，曹操才利用孙、刘两家的矛盾，联合孙权，跳出了孙、刘的战略包围圈，打败了刘备。毛泽东非常灵活地运用了这个经典谋略，利用美苏之间的矛盾，与美国建立了外交关系，打破了美、苏两个超级大国在军事上的包围，并遏制了苏联。

不仅在国际的外交斗争中，就是在国内的经济建设和市场贸易活动中，我们都可以参考三国谋略的经典故事。党的十八大以来，习近平总书记多次强调："我们正在进行具有许多新的历史特点的伟大斗争。"我们党为了推进社会主义现代化建设和中华民族的伟大复兴，正在攻坚克难进行改革。当前的改革，正在向前推进，必然要触及许多深层次的矛盾和问题，需要靠伟大的斗争和勇气来向前推进。现代社会的发展日新月异，各种各样的竞争越来越激烈，很多人都在羡慕那些取得成功的人士。其实，那些取得成功的人士，都不过是开动了脑筋，挖掘了智慧，运用了谋略，采用了正确的方法，做出了科学的决策，实施了合理的行动而已。

怎样挖掘智慧，运用谋略，采用正确的方法，做出科学的决策，实施合理的行动？一个重要的方法，就是要向中国的典籍学习。如果说，一盏明灯可以照亮藏室里的典籍，那么典籍里的智慧就可以照亮世人。《魏略》《汉晋春秋》《吴志》《蜀志》《华阳国志》《三国志》《资治通鉴》和《三国演义》，就是中国的典籍。中华民族是一个长于思辨、善于筹谋的智慧民族，其智慧的大道就蕴藏在典籍之中。在中国的典籍中，我们的先贤希望为这一个世界传一份遮风挡雨的智慧，并希望后人都能过上"甘其食、美其服、安其居、乐其俗"的美好生活。今天我们学习中国的典籍，研究三国谋略，要和我国当前的改革开放结合起来，认真总结古代历史经验，高举习近平新时代中国特色社会主义思想的旗帜，为把我国建设成为富强、民主、文明、和谐、美丽的社会主义现代化强国而奋斗。

从 184 年到 208 年,属于早期的三国时代,前后 24 年。早期的三国演义时代,又分为前后两个时期。前期从 184 年到 196 年,前后 12 年,是东汉末年朝着天下大乱的方向发展的时期;后期从 196 年到 208 年,是魏武挥鞭,统一北方的时期,前后 12 年。

这个时期,就是东汉末年,从天下一统到天下分裂,由天下之治到天下之乱时期;再由天下分裂到天下局部统一,由天下大乱到天下局部而治的历史时期。这个时期的中心人物,就是曹操。军阀割据而混战,天下大乱。天下大乱而英雄起于四方,天下大乱造就天下英雄。在这个群雄割据的时期,曹操是这一个历史时期最杰出的代表。

曹操占据兖州,在政治、经济、军事方面采取了一系列的正确战略和战术,即荀彧的兖州决策和三个计谋的战略和战术,从 196 年到 199 年,仅四年的时间,就彻底消灭了吕布和袁术两大割据势力,赶走了刘备集团,扫清了东南面;从 199 年到 200 年,仅一年的时间,就取得了白马、官渡、仓亭三大战役的胜利;从 200 年到 207 年,仅七年的时间,消灭了袁氏兄弟,最终统一了北方,形成了"一强独霸天下"的局面,建立了魏国。这个时期,是曹操叱咤风云的时期,是魏武挥鞭、统一北方、高歌猛进、铸就辉煌的时期。

宫,于是一场生死斗争的大戏就上演了。在这一场争权夺利的生死斗争中,何进因素质低,能力差,关键时刻,难以驾驭复杂的政局,结果事败身亡。

第一个错误,尽诛宦官,打击一大片,过多树敌,造成了强大的对立面。《资治通鉴》记载:"进既秉朝政,忿蹇硕图己,阴规诛之。袁绍因进亲客张津,劝进悉诛宦官。"时何进得知宦官蹇硕为争立皇位欲谋杀他,急归私宅,召诸大臣,欲尽诛之。曹操挺身而出说:"宦官之势,起自冲、质之时;朝廷滋蔓极广,安能尽诛?倘机不密,必有灭族之祸:请细详之。"何进见是一个年轻的典军校尉,便叱之说:"汝小辈安知朝廷大事。"坚持错误主张。在册立新君的斗争过程中,袁绍入宫收蹇硕,蹇硕慌走入御花园,花阴下为中常侍郭胜所杀。蹇硕所领禁军,尽皆投顺,形势朝着有利于何进的方向发展着。但是,袁绍与何进仍继续主张将宦官一律斩尽杀绝。不断激化矛盾,制造对立面。

第二个错误,优柔寡断,当断不断,贻误战机。"十常侍"之一张让等知事急,慌入后宫告何太后说:"始初设谋陷害大将军者,只蹇硕一人,并不干臣等事。今大将军听信袁绍之言,欲尽诛臣等,乞娘娘怜悯。"何太后之立,原来颇得宦官之力,所以何氏对于宦官还有些情面。现在何进要尽诛宦官,何太后就要从中阻挠了,于是传旨召何进而入,面责之。后来在矛盾斗争的又一个关键时刻,张让等又通过何苗奏何太后,说何进专务杀伐,无端又欲杀十常侍,此取乱之道也,何太后纳其言。随后,何进入见何太后,言欲诛中涓,太后深斥之。何进本是没决断之人,听太后之言,唯唯而出。在何太后迫使下,何进饶过了宦官张让,给了敌人一个喘息之机。

第三个错误,招引外兵,以诛宦官;引狼入京,祸乱朝廷。《资治通鉴》载,在生死斗争的关键时刻,袁绍为之画策,"多招四方猛将及诸豪杰,使并引兵向京城,以胁太后;进然之"。招外兵以胁太后,然后尽诛宦官。袁绍之谋,主观上是"以胁太后,尽诛宦官",稳定大局,客观上却造成了朝廷被劫持而天下大乱,是继刘焉之谋后,又一个乱天下之谋。时何进便发檄至各镇,召赴京师。主簿陈琳连说,不可。他说"今将军仗皇威,掌兵要,龙骧虎步,高下在心:若欲诛宦官,如鼓洪炉燎毛发耳。但当速发雷霆,行权立断,则天人顺之。却反外檄大臣,临犯京阙,英雄聚会,各怀一心:所谓倒持干戈,授人以柄,功必不成,反生乱矣",何进不听。曹操说,若欲治宦官之罪,"当除元恶,但付一狱吏足矣,何必纷纷召外兵呼?欲尽诛之,事必宣露。吾料其必败也"。结果召来了董卓,矛盾激烈化和尖锐化,斗争更加险恶。

董卓未至,张让等宦官开始秘密地疯狂地反扑,杀死了何进。何进一死,朝廷大乱。袁绍、曹操见情势危急,便带人进宫诛杀宦官,酿成了朝廷的第一次大乱。经过此一番折腾,朝廷元气大伤。时黄巾起义,风起云涌,来势凶猛,都不足以使朝廷倒威,而其内部自相残杀,却使其从此一蹶不振。《红楼梦》说:"若从外头杀来,一时是杀不死的,这是古人曾说的'百足之虫,死而不僵',必须先从家里自杀自灭起来,才能一败涂地!"朝廷大乱,外戚和宦官杀过来杀过去,少帝和陈留王不能禁,且泥菩萨过河自身难保。宦官张让、段珪劫拥少帝及陈留王连夜逃到北邙山,这是汉末皇帝第一次被劫持。闵贡率军赶到,张让投河自尽,闵贡斩杀段珪,救回了少帝和陈留王。

汉末,之所以出现朝廷之乱,一个重要原因就是何进素质偏低。时朝廷有一群谋士,如陈琳、郑泰、卢植等,都看出了问题所在。曹操就是一个素质比较高的谋士,善谋略,很能看出问题,说:"乱天下者,必何进也。"何进自己无谋,不懂谋,也不识谋,正确的意见听不进,却相信一个半料子货的"谋士"袁绍之言,成事不足,败事有余。袁绍仅一个谋略,招引外兵,以诛宦官,把董卓引进京,就乱了朝政,乱了乾纲。朝纲首乱,何进谋略之误也。

第二节 "趁火打劫",擅行废立

189年,董卓得到何进檄文时,大喜,以为机会来了,遂亲点军马,往洛阳(古之京都地区)进发。"微隙在所必乘,微利在所必得",此即"顺手牵羊"之计也。谋士李儒,乃董卓之女婿,颇有韬略。董卓得檄之时,李儒就开始为之谋划。时李儒即献"差人上表,名正言顺,以图大事",即第一个歪点子也。董卓进京,首次祸乱朝纲,是东汉末年天下大乱的真正制造者。董卓进京,篡夺了朝廷的最高权力,把天下一统送进了分裂的深渊。一个地方将领何以能够临犯京阙,阴谋篡夺最高权力而祸乱朝纲呢?

原因是农民起义军的打击,东汉王朝的根基已经动摇了。起义军风起云涌,朝廷无力镇压,只得降诏授权地方官府招兵买马去镇压。大权外放,一方面降低了朝廷的威信,另一方面,培植了地方势力,造就了一些政治军事阴谋家和野心家。据《皇甫嵩传》记载并州牧董卓拥兵自重的事件称:"卓拜为并州牧,诏使以兵委(皇甫)嵩,卓不从。"卓是西凉人,生长在荒凉的沙漠地带,从小就养成了一种杀人不眨眼的野蛮性格。自统西凉大军,常有不臣之心。在镇压起义军的战争中,烧杀抢掠,无恶不作,臭名远扬,时人称之为"西凉狼王"。还未进京,侍御史郑泰谏曰:"董卓乃豺狼也,引入京城,必食人矣。"卢植亦谏曰:"董卓为人,面善心狠;一入禁庭,必生祸患。"何进不听,仍迎之,结果董卓未至,朝廷官员离去者大半。

董卓进京,宦官一片惊恐,先发制人,杀了何进。随后,曹操、袁绍一帮官员杀宦官,朝廷大乱。卓是在一片混乱之中进京的,皇帝年幼,何进已死,曹操、袁绍官职卑微,群龙无首。董卓藉此,"趁火打劫",劫持了朝廷。他做了两件事:第一,尽掌羽林军。招诱何进兄弟部下之兵,尽归掌握,从军事上控制了朝廷。《资治通鉴》载:"董卓之入也,步骑不过三千,自嫌兵少,恐不为远近所服,率四、五日辄夜潜出近营,明旦,乃大陈旌鼓而还,以为西兵复至,雒中无知者。俄而进及苗部曲归于卓。"此乃"树上开花"之谋也,就是借局诈的方法布成阵势,使本来力量小的部队变得声势浩大。第二,行废立之事,借此立威,挟持朝廷,篡夺最高权力。第一件事的成功,为第二件事创造了条件。

借局布势之后,董卓以突然袭击的方式,先发制人,第一次大摆宴会,遍请公卿欲行废立。手无兵权的众官皆不敢出声,但荆州刺史丁原第一个站出来,叱之说:"汝是何人,敢发大语?天子乃先帝嫡子,初无过失,何得妄议废立。汝欲为篡逆耶?"卓怒叱说:"顺我者生,逆我者死。"遂挈佩剑欲斩丁原。谋士李儒很有头脑,眼中看到事,因见董卓背后站立一人,乃吕布也。吕布何等人,有万夫不当之勇,不可轻动也,故急止之,废立之议告吹。董卓欲除丁原,又惧怕其义子吕布,便派李肃带着赤兔马和重金去劝说。吕布见利忘义,杀了丁原归顺了董卓。董卓"抛砖引玉"之谋获得了成功,除掉了丁原,"并其众,卓兵大盛"。自此,董卓文有李儒,武有吕布,如虎添翼,势力愈张。

扫除了障碍,第二次设宴集公卿欲行废立。中军校尉袁绍站出来说:"今上即位未几,并无失德;汝欲废嫡立庶,非反而何?"董卓大怒,说:"天下事在我,我今为之,谁敢不从?汝视我之剑不利否?"袁绍亦拔剑说:"汝剑利,吾剑未尝不利。"李儒发现,又碰钉子了,袁绍非常人也,亦不可轻动,于是出来打圆场。袁绍怒气冲冲提剑辞百官,悬节东门而去,废立之议又告吹。袁绍虽去,董卓怕其生事,不敢妄动,权衡利弊,即日差人拜袁绍为渤海太守,以稳其心。处理好了袁绍问题后,至九月,第三次召集大臣商议废立之事,群臣莫敢再言,于是废黜少帝而立陈留王为汉献帝。自此,董卓趁乱篡夺了朝廷大权,专权朝野。卓肆意妄为,每日上朝,身佩宝剑,独断乾纲,欺主弄权;每夜入宫,夜宿龙床,奸淫宫女,无法无天。

朝廷大权,历来掌控在中原派手中。眨眼间落入了西凉派董卓、李傕、郭汜等之手,中原派曹操、袁绍等自然不服。因此,朝廷之乱,便演变成中原派与西凉派之间的一场战争。190年春正月,曹操一篇反卓檄文,天下响应,十七镇诸侯会盟,一场讨伐逆贼董卓的战争就此拉开。

战争发展到关键时刻,董卓决定"弃洛阳,迁长安"。为什么呢?原因就是被多方义军逼得无路可走而避其锋芒。这时,联军气盛,山东诸路豪杰纷纷揭竿而起,齐声讨伐董卓。主要的是:第一,袁绍、曹操等联军从东边而起,来势汹汹;第二,边章、韩遂、马腾先后从西边凉州起兵,形成了东西夹攻的态势;第三,黄巾余党"白波贼"作乱,形势动乱不止;第四,董卓在洛阳兵力不足。董卓作恶多端,社会公愤已成现实,已处于义军的包围之中,这是其迁都的根本原因。董卓的"弃洛阳,迁长安",即战略转移,实际上就是第三十六计中"走为上计"之谋也,走即跑也。反卓战争刚拉开序幕之时,袁术的谋士杨大将就预料到董卓要跑。

对于董卓来说,及早迁都而转移,是有利的,必要的。兵力不足,一旦被义军打趴下,就转移不了而被围追堵截,到那时就只能是坐以待毙。因此趁着现在还有力量,可以虚张声势而转移。还有一个原因,就是洛阳的战略地形不利。洛阳处在豫西山区最东端被四面包围的一个谷地里面,洛阳与豫东平原的通道上有著名的虎牢关。虽然虎牢险关可以抵挡义军,但洛阳的补给要依赖豫东平原,一旦形成持久战,虎牢关一截断,洛阳就不行了。因为洛阳人口多,粮食供应就成问题了,而关中(古之长安,今之西安地区)就不同了。关中,即"四关之内",东潼关、西散关、南武关、北萧关。关中南倚秦岭山脉,四面都有天然的地形屏障,易守难攻。渭河从中穿过,土地肥沃,民众殷实,有"四塞之国"的说法,战略地形十分有利,可以坚持持久战而做长期打算。就是这样,董卓仍觉得不安全。《三国志》说,"卓以山东豪杰并起,恐惧不宁",深知自己作恶多端,积怨甚广,于是"筑郿坞,高与长安城埒,积谷三十年储,云:'事成,雄居天下;不成,守此足以毕老。'"但是,多行不义必自毙,躲到哪里去都是没用的。

这一次迁都,对社会造成了极大的震动,破坏性也极大,使老百姓遭受了巨大的灾难,加速了东汉的灭亡。李傕、郭汜奉董卓之令尽驱洛阳之民数百万口,前赴长安。其间,百姓死于沟壑或被军士所杀的,不可胜数。董卓又纵军士淫人妻女,夺人粮食;啼哭之声,震动天地。董卓临行时,教诸门放火,焚烧居民房屋和宗庙宫府。又差吕布发掘先皇及后妃陵寝,取其金宝。军士乘势掘官民坟冢殆尽。董卓装载金珠缎匹好物数千余车,劫了天子并后妃等,竟往长安去了,这是东汉末年皇帝第二次被劫持,也是朝廷第二次大乱,并且由祸乱朝廷延伸到了社会。

董卓祸乱朝纲之所以能得逞,就在于其帐下有一谋士李儒。董卓的"顺手牵羊""差人上表,名正言顺,以图大事""树上开花""乘朝廷无主,召集百官,谕以废立"即"趁火打劫""避开联军锋芒,弃洛阳而迁都长安"即"走为上计"的连环计谋,皆其所谋也,这是本书第一次所论的连环之计谋。第一、二个谋略,使其进京而劫持了朝廷;第三、四个谋略,使其篡夺了东汉的最高权力;第五个谋略,使其脱离了险境。他在政治历史的舞台上虽然短暂,却算是一个顶级谋士之一。董卓仅以三千之兵,居然趁乱进京,趁火打劫,劫持朝廷,祸乱朝纲,足见其谋略非同寻常,其胆量和气魄也非一般人所能比。但李儒的一些谋略,董卓并不听。例如,李儒曾劝董卓,为了江山大计,将貂蝉让给吕布,董卓不肯。因为这一句话不听,结果董卓命丧黄泉,暴尸街市。如果对李儒之谋,董卓能言听计从,还就真能颠覆具有四百年之久的大汉王朝呢。董卓祸乱朝纲,进一步促成了天下大乱和天下分裂。

第三节　"美人计谋",清除国贼

时天下大乱,已经形成了一种势头,犹如巨石之滚动,不可阻也;已经形成了一种潮流,犹如洪水猛兽,不可挡也。但是,王允却想凭借对朝廷的忠诚挽救危亡,来个炼石而补天。

董卓杀少帝刘辩后,王允曾得袁绍一书,说"卓欺天废主,人不忍言;而公恣其跋扈,如不听闻,岂报国效忠之臣哉? 绍今集兵练卒,欲扫清王室,未敢轻动。公若有心,当乘间图之。如有驱使,即当奉命"。袁绍在渤海集兵练卒,欲内接王允,共同铲除董卓。王允寻思无计,以庆祝自己的生日为名,将众臣邀至自己府上。众臣至,酒行数巡,王允忽然掩面大哭。众官惊问其故,王允说:"今日并非贱降,因欲与众官一叙,恐卓见疑,故托言耳。卓欺主弄权,社稷旦夕难保。想高皇诛秦灭楚,奄有天下;谁想传至今日,乃丧于董卓之手:此吾所以哭也。"于是,众官皆哭。

董卓自从文有李儒,武有吕布后,气焰嚣张,肆无忌惮。一日,董卓出横门,百官皆送,董卓留宴,适北地招安降卒到。董卓就命于座前,或断手足,凿双眼,割舌头或以大锅煮之。并于筵上将司徒张温揪下堂,不多时,侍从将一红盘,托张温头入献。董卓笑着说,张温结连袁术,故而斩之。当时百官失色,战栗不已,唯唯而散。董卓手段之残忍,令人发指。满朝文武,敢怒不敢言。王允归到府中,惊战不已,坐不安席,思考着如何才能除掉董卓。但是,要除董卓,谈何容易。董卓身边有一吕布,不离左右,谁人近得? 王允无计可施,至夜深月明,策杖步入后园,仰天垂泪。在荼蘼架侧,偶见貂蝉。原来貂蝉是府中的歌伎,自幼选入府中,教以歌舞,年方二八,色伎俱佳。貂蝉亦在为国家大事而叹,双方各诉肺腑。一个离间董卓与吕布关系的美人计,就这样产生了。这个计策,离间了董卓与吕布的关系,把吕布争取过来了,并设计将董卓刺死,李儒亦被斩之。

董卓把坏事做绝了,他的死是必然的。王允的功绩,就是设计除掉了董卓。联军没有做到的事,王允做到了。但是王允在政策和策略上犯了错误,没有稳住政局。王允执掌大权,历史又进入一个关键时刻。董卓虽已被除,但其余党还在,并且还掌有重军,形势严峻。如果政策和策略,没有什么错误,就有可能稳定天下而扭转乾坤。但是,王允没有什么谋略,且又骄傲轻敌。身边没有一个谋士,难以驾驭复杂的政局,再次招来天下大乱。

李傕、郭汜、张济、樊稠,皆董卓余党也,这四人都领兵在外。李傕等四人闻董卓已死,引军奔凉州,逃陕西,上表求赦。王允却说:"卓之跋扈,皆此四人助之;今虽大赦天下,独不赦此四人。"就此一个过"左"而过激的策略,激化了矛盾,致使四人率十几万大军杀奔长安,给京城构成严重的军事威胁,酿成了大祸,再次断送了朝廷。朝廷虽有兵马,又有大将吕布可用,可是王允自己又不懂军事,又不善谋略,尤其是对于京城内外董卓之余党认识不足。吕布虽勇,但却无谋。李傕等四人,乃是武将,还有一个谋略家贾诩。京城之内,有董卓之余党李蒙、王方。他们内外勾结,王允和吕布,何以是其对手？

尤其值得注意的，从董卓进京作乱到被铲除，国家的形势已经发生了非常大的变化，此一时非彼一时矣。那时，董卓祸乱朝廷，曹操"发矫诏，驰报各道"，各地诸侯纷纷响应而成立了联军，要剿戮群凶，扶持王室。现联军解散，各自拥兵自重，经营自己的独立王国，都无暇也无心顾及朝廷了，王允和朝廷是孤军作战。结果李蒙、王方在城中为贼内应，偷开城门，四路贼军一齐拥入，吕布拦挡不住，长安京城就被贼军占领而控制了。朝廷的权力又回到了奸臣手中，国家又回到了动乱和分裂的局面。天下大乱，大势所趋，不可逆转。

如果王允的政策和策略是正确的，正确处理董卓的余党，稳定大局是完全可能的。《资治通鉴》说："允性刚棱疾恶，初惧董卓，故折节下之。卓既歼灭，自谓无复患难，颇自骄傲，以是群下不甚附之。""性刚棱疾恶"，就是性格刚强，有棱有角，大权在握，锋芒毕露，政策自然过"左"而缺少灵活性。灭掉了董卓，"自谓无复患难"，看不到形势的严峻性和复杂性。对城外的董卓之余党李傕等策略的错误，激化了矛盾；对城内董卓之余党，察觉不够，警惕性不够。允又"颇自骄傲，以是群下不甚附之"，故身边无一能者为之出谋划策，自然兵败身亡。残局难收，谋不足也。

第四节　血洗长安，祸害天下

铲除了国贼董卓之后，朝廷和社会大乱的势头反而来得更猛，其祸乱的潮水反而来得更涌。这是为什么呢？这就犹如一块巨石，起初虽然滑坡而滚动了，但是还会慢慢停下来。这时有人想把它拉回来，但是没有拉住，反而滚得更凶更猛。李傕、郭汜，是董卓集团的两个重要成员，是其死党，他们原本就是向动乱的深渊滚的一堆巨石。这堆动乱的巨石，不碰则已，一碰则更乱。

董卓、李傕等，都是生长生活在西北沙漠地区，擅长骑马射箭，野性十足。他们对儒家思想不那么感兴趣，人权皇权意识比较淡薄。蔑视皇帝，目无中央，这就是西凉人心理特征。偌大的沙漠里，弱肉强食，马跑得快，箭射得准，就能成为沙漠中的强者。董卓本就是一个小小的地方军阀，"步骑不过三千"，凭着一纸檄文，就敢于闯京城，图大事。初到京城，还没有坐稳，就敢于擅行废立，大乱朝纲，这都是沙漠中成长起来的野蛮性格。董卓死后，其"四大金刚"李傕、郭汜、张济、樊稠，困兽犹斗，更是天不怕地不怕而胆大妄为。

茫茫的沙漠里，也能生长出腹隐玄机的谋士，而且更阴险更毒辣。沙漠中的谋士与中原谋士，是大不相同的。荀彧、郭嘉、孔明、庞统、法正、鲁肃、周瑜的谋略，渗透着儒家思想，但是贾诩的谋略，却渗透着沙漠人的生存原则。在这种生存的思想里渗透着一种你死我活的原则。李傕、郭汜等四人皆是一介趄趄武夫，头脑简单，无所顾忌而胆大妄为。当四人听说董卓已死，便欲引军连夜逃往凉州。至陕西，使人上表求赦。使者回报说王允不准，四人便打算各自逃生。弱如绵羊的贾诩，因为求生的本能，献计说："诸君若弃军单行，则一亭长能缚君矣。不若诱集陕人，并本部军马，杀入长安，与董卓报仇。事济，奉朝廷以正天下；若其不胜，走亦未迟。"

陈瓷将这一计谋简化为"率众而西，所在收兵，以攻长安"十二字。这"十二字"之谋，唤醒了这一伙"西凉人"野蛮的兽性。李傕等然其言，遂流言于西凉州说，王允将洗荡此方之人矣。众皆惊慌，于是聚众十余万，分作四路，杀奔长安。到达长安，连续攻城，结果城破而控制了京城长安。西凉兵本来凶悍无比，因其困兽犹斗，真正地成了"虎狼之师"。他们烧杀掳掠，一场血洗，一个繁华的都城顿时成了人间地狱。贾诩所献之谋略，是《三国谋略论》所论之最狠毒的谋略。这一谋略，将大汉王朝彻底击毁了。何进的错误，就是把董卓等"西凉军阀"招进了朝廷，引狼入室，给朝廷带来了灾难。王允铲除了董卓，但没有打退李傕等四人的进攻，夺回来的权力又被"西凉军阀"夺了回去。贾诩的计谋，主观上是为了自保，客观上却彻底断送了东汉王朝。这是东汉末年第三次朝廷大乱，并进一步地延伸到了社会。

在《三国那些人那些事》中，陈瓷分析说："当时汉王朝虽然已经腐烂到根，枝叶亦已枯萎，但株干未倒，何况，三百多年的汉家基业，本身就是一种威慑力，无论是十常侍，还是何进和董卓，红着眼死掐，但也都是权臣之间的争斗，即使是董卓，也是被何进以弹压十常侍之需而征召进京的，公然攻打中央，与整个朝廷为敌，大家还从未听说过。"为什么一个三千人的乌合之众，就敢攻打中央，与朝廷为敌？

第一，"苍蝇不叮无缝的蛋"，朝廷经过董卓劫持之后，已经大大地跌了架子了，到了这个时候，不仅"内囊却也尽上来了"，而且"外面的架子"也开始往下倒，"忽喇喇似大厦倾，昏惨惨似灯将尽"，它的虚弱本质已经彻底暴露。"当时汉王朝已经腐烂到根，枝叶亦已枯萎"，这是根本原因。

第二，就是生长生活在西北沙漠地区的李傕、郭汜等"西凉军阀"，擅长骑马射箭，野性十足，他们的头脑里没有那么多的儒家思想，人权皇权意识比较淡薄。他们不把朝廷、皇帝的权威放在眼里。董卓死后，他们求赦不能，死里逃生，困兽犹斗，哪里还看到什么"三百多年的汉家基业的威慑力"呢？

第三，自从刺史改为州牧之后，地方的州牧权力不断膨胀，一个个成了独立王国；而中央的权力却不断衰弱，威望一再下降。社会存在决定社会的意识，州牧制度出台之后，人们就逐渐地改变了对朝廷对皇帝的思想观念：皇权不再是至高无上的，其号令不仅可以不听，而且朝廷还可以攻打。制度变了，人心也就跟着变了；制度改过来容易，人心变过来就不那么容易了。

第一次遭董卓劫持，还有十七路诸侯集体来勤王，但不久就各存异心而散伙了；第二次李傕、郭汜等劫持朝廷时，十七路诸侯，一个也不来了，倒是远在关中的马腾、韩遂孤军前来勤王。远来疲惫，大败而退。经过两次劫持的汉献帝逃回洛阳，宫室烧尽，街市荒芜，满目蒿草，颓墙坏壁，十分凄惨；军事上也难以自保，说明东汉王朝，已经日薄西山了。"刺史改州牧"，当时看起来像是一个很好的决定，实际上却打开了一个潘多拉魔盒，使东汉王朝走上了不归之路。贾诩的"率众而西，所在收兵，以攻长安"之谋，是继"刺史改州牧"和"招外兵以诛宦官"之后，第三个乱天下之谋。这一谋略，使皇帝再次遭受劫持而断送了东汉王朝。从此之后，东汉王朝就名存实亡了。

　　"刺史改州牧""招外兵以诛宦官""率众而西，所在收兵，以攻长安"三个谋略，是《三国谋略论》所论述的三大乱天下之谋。三大乱谋依次运用，造成三次大乱，两次浩劫，朝廷被折腾得一贫如洗，失去了生存的经济基础。三大乱天下之谋，把东汉王朝送进了天下动乱、混战、分裂的深渊。这一系列的过程，是东汉王朝由一个基本上能号令天下控制天下大局到对天下失控的过程，是一个名而有实的王朝到名存实亡的过程。毛泽东说："乱亦历史生活之一过程，自亦有实际生活之价值。"习近平总书记说："历史是最好的老师，它忠实记录下每一个国家走过的足迹，也给每一个国家未来的发展提供启示。"东汉末年，天下大乱，是值得研究和深思的。

第二章　反卓联军的成立与解散

董卓把持并祸乱朝纲,杀君灭国,残害生灵,倒行逆施,引起了社会公愤。曹操杀董卓未遂,逃离了京城,回到了家乡陈留,合义兵、发檄文、组建联军,开创了反卓的新局面。

但是,联军成立迅速,解散也迅速。反卓联军的成立和解散,仅仅是天下大乱的一个小插曲而已。联军的成立和解散,仿佛都是在眨眼之间,真是"来也匆匆,去也匆匆",其中的究竟和奥秘是什么呢?联军成立,得力于"刺史改州牧";联军解体,亦根源于"刺史改州牧"也。

第一节　反卓联军的成立

董卓进京,把国家送进了动乱的深渊。为了稳定天下大局,阻止动乱和分裂,以曹操、袁绍为代表的朝中大臣同董卓集团展开了坚决的斗争。为反对董卓擅行废立,袁绍愤然离京;曹操独身入相府刺杀董卓未遂,亦离开了朝廷。大臣丁管、伍孚因反对董卓,被斩首。司徒张温因与袁术暗中联系,被下了油锅。董卓手段之残忍,杀人如魔鬼,实行"顺我者生,逆我者死"的高压政策。但是与逆贼的斗争,一直没有停止,以王允为代表的朝中另一部分大臣仍然坚持着一种特殊形式的斗争。同时,在朝廷之外同样展开了一场大规模的反卓斗争。这一场大规模的反卓武装斗争,从袁绍到达渤海之后,也开始酝酿了。

就是在这种社会背景下,曹操离京至陈留,就拉起队伍竖起了反卓大旗。《三国志》记载:189 年"太祖至陈留,散家财,合义兵,将以诛卓。冬十二月,始起兵于己吾,是岁中平六年"。陈留,就是当年曹操起兵的地方。时袁绍得曹操矫诏,聚麾下文武,引兵三万,离渤海来与曹操会盟。曹操乃作檄文以达诸郡,约共同讨伐董卓,并于 190

年组建了反卓联军。

　　檄文发出之后,十七路诸侯,起兵响应。各路兵马,多少不等,有三万者,有一二万者,各领文官武将,投洛阳而来。十七镇诸侯,都是朝廷的命官。时刘备桃园三结义,起兵之后,在社会上并没有什么名声,政治地位也不高,还没有资格以独立的身份应曹操之约而会盟。刘、关、张三人于路上碰着了公孙瓒,随公孙瓒前来会盟。时刘备,将寡兵少,又没有一府一州之地盘,还算不上一镇诸侯。十七路诸侯究竟为什么起兵反董卓,并不是反卓檄文说得那么冠冕堂皇,对于他们的动机,实际上还需要进行具体的分析。

　　真正为国兴兵的,只有孔融、鲍信、陶谦、桥瑁四路。此四人都有心为国,可惜政治军事才能平平,难有大作为。韩馥、孔伷、刘岱、张邈、张超、张扬、王匡等的加盟,只是为了表明自己的清白而已。这几个人的官职曾经都是董卓提拔和任命,被别人视为董卓一党。为了表明自己与国贼势不两立,也就竖起了反旗,但是出工不出力,不可能有所作为。公孙瓒的加入,本想捞一点好处,但缺乏领袖才干,手下又无得力干将,自然也只能是一个摆设。

　　曹操、袁绍、袁术、袁遗等是形势所逼,不得不反。曹操杀董卓未遂,逃亡在外,不得不反;他也希望建功立业,而此时正是建功立业的大好时机,此时不反,更待何时?袁绍已经与董卓势不两立了,也不得不反;四世三公,门第高贵,家族影响,此时正是他团结门人,集结力量干一番大事业的极好时机,必反无疑。袁术是袁绍的堂弟,因袁绍的行为,在朝已无法立足,要生存,也不得不反。况且,袁术早有野心,因此也反了。曹操、袁绍、袁术、孙坚各有私心,各有野心,且都雄心勃勃。他们之间,肯定是有矛盾的,这就为联军的最后解体埋下了伏笔。

　　各诸侯陆续而至,各自安营下寨。曹操宰牛杀马,大会诸侯,商议进兵之策和推选盟主。曹操说:“袁本初四世三公,门多故吏,汉朝名相之裔,可为盟主。”袁绍再三推辞,众皆曰:“非本初不可。”袁绍方应允,就做了盟主。袁绍为什么能当选为盟主,原因是多方面的,显赫的家族地位;曾经有一段诛杀宦官和反对董卓的辉煌历史;门生故吏遍于天下;在联军内部也是势力强大。袁绍、袁术、袁遗皆有军队和地盘,其他的诸侯,多数皆袁氏家族的门生故吏。如此阵营和气势,盟主自然非袁绍莫属。

　　袁绍登上盟主后,集合诸侯,盟誓曰:“汉室不幸,皇纲失统。贼臣董卓,乘衅纵害,祸加至尊,流百姓,绍等惧社稷沦丧,纠合义兵,并赴国难。凡我同盟,齐心勠力,以致臣节,必无二志。有渝此盟,俾坠其命,无克遗育。皇天后土,祖宗明灵,实皆鉴之。”读毕,歃血。众因其辞慷慨,皆涕泗横流。曹操说:“今日既立盟主,各听调遣,同扶国家,勿以强弱计较。”袁绍说:“绍虽不才,既承公等推为盟主,有功必赏,有罪必罚。国有常刑,军有纪律;各宜遵守,勿得违犯。”众皆曰“惟命是听”。从发檄文到会盟,从推选盟主,到盟誓歃血一系列过程的活动,反卓联军建立起来了,旗帜竖起来了,行动纲领制定出来了。

第二节 为什么各路诸侯起兵响应?

十七镇诸侯为什么起兵响应曹操的檄文号召而参加联军呢?

董卓作恶多端,丧尽天良,倒行逆施,天下震怒,这是一个极其重要的原因。董卓祸乱朝纲,灭国杀君;秽乱宫禁;残害生灵,令人发指。董卓尝引军出城,行到阳城地方,村民社赛,男女皆集。董卓命军士围住,尽皆杀之,掠妇女财物,装载车上,悬头千余颗于车下,连轸还都,扬言杀贼大胜而回;于城门外焚烧人头,以妇女财物分散众军,引起了社会各界的公愤,人人恨之切齿。《资治通鉴》说:"是时,豪杰多欲起兵讨卓者""东郡太守桥瑁,诈称京师三公移书与州郡,陈卓罪恶,云:'见逼迫,无以自救,企望义兵,解国患难。'"故而曹操振臂一呼,各路诸侯纷纷响应。

188 年,将州刺史改为州牧,大权外放:一方面,地方各州府就有了独立的军事权,有了自己的军队,并且开始拥兵自重了;一方面,朝廷的大权就开始削弱了,权威也就下降了。这个时候,各路诸侯虽然开始拥兵自重,但军阀混战和军阀割据还未开始,每一个拥兵自重的地方州府,都得承认自己是皇帝的臣子,都得承认自己是朝廷领导下的地方政府,每一个想拥兵自重的地方诸侯,在口头上都不得不表示忠诚于朝廷。既然是汉朝的臣子,就有出兵勤王的义务。皇帝有难,做臣子的理应出兵勤王保驾,这是反卓联军成立的地方的军事政治条件。朝廷军政大权虽然开始逐渐削弱,但对地方各州府还处于失控又没有完全失控的时期,还有一定的威慑力。朝廷和皇帝毕竟代表着国家,还有一定权威和号召力,这是反卓联军成立的政治条件。

曹操策略正确,是反卓联军成立的重要原因。曹操与绍共作檄文以达诸郡,约共同讨伐董卓。为什么首先要约会绍会盟呢? 因为"袁本初四世三公,门多故吏,汉朝名相之裔",在社会上影响广;祁乡侯渤海太守,势力大。曹操与之共作檄文,就是借其地位、名望和军事实力也,这就是策略。"发矫诏,驰报各道"是一个极为重要的谋略。檄文历数了董卓的滔天罪恶,又有皇上的"密诏",这就师出有名了,名正而言顺了。檄文号召:"剿戮群凶,扫清华夏,扶持王室,拯救黎民。"公开地竖起了一面反卓的旗帜。

反卓联军的成立,曹操发挥了重要作用。袁绍为渤海郡守时,在渤海集兵练卒,曾致书王允,欲内接王允,共同铲除董卓。但袁绍优柔寡断,迟迟不见行动。如果绍利用其良好的"树恩四世,门生故吏遍于天下"的社会影响力,以渤海为基地,竖起反卓大旗,天下英雄就会云集渤海,则大事可成矣。但是,袁绍见事迟,得计慢,行动起来慢半拍,丧失了机会。结果让迟出京而又没有良好的家族条件和社会条件的操上了前,竖起了反卓大旗,拉起了一个队伍,成立了联军,开创了反卓的大好形势。反卓联军的成立,体现了曹操的智慧、胆略和魄力。

但是,袁绍这个人不行。联军成立了,又当上了盟主,这不是挺好的吗?发展下去,确实前程辉煌,可是他妒贤嫉能,又怕曹操得了头功。关键时刻,按兵不动,把曹操逼得退出了联军。曹操退出之后,就当时的形势来说,联军还是可以打败董卓的。如果是这样的话,那么袁绍就是首功一个。可惜,袁绍没有领袖的才能,协调不了联军内部的各种关系,也没有能力指挥。所以,曹操退出之后,由于各路诸侯膨胀的异心异志没有受到遏制,联军也就解散了。

第三节　为什么各路诸侯怀异志存异心?

反卓联军与董卓反动军队拉开了阵势,大规模的武装斗争开始了。这一场战争,双方实力,联军强于董卓的军队。战争的性质,董卓一方,丧尽天良,灭国杀君,残害生灵,引起社会公愤,是非正义的;联军一方,是"诛逆贼、扶王室、救黎民",是正义性的。"得道多助,失道寡助",所以说,这场战争的结果,董卓失道必败,反卓联军得道必胜。但是联军结果还是不战而瓦解,这究竟是什么原因? 根本原因就是各路诸侯各怀异志,各存异心。

关键时刻,各路诸侯为什么会各怀异志,各存异心呢?

其一,因为经过了一次镇压农民起义之后,各路诸侯,已经是今非昔比了,他们开始有了自己的军队,能够拥兵自重了。有了建立独立王国的条件和资本,自然也就有了做"土皇帝"的政治野心,这是政治军事的原因。曹操嘴上说要讨董卓,平定天下,但光说说不行,须要有自己的地盘,要有自己的军队。在联盟内,就是曹操和刘备的军队少,更没有地盘。没有军队,没有地盘,就没有包袱,没有思想顾虑。袁绍等就不同了,他们不愿在这次勤王中把自己的血本赌光,故而缩头缩尾而前怕虎后怕狼。

其二,还有一部分诸侯并没有参加反卓联军,例如,刘表、刘焉。他们有军队、有地盘、有州府,有朝廷任命的官职;他们不受牵制,也不出兵勤王,舒舒服服地做着"土皇帝"。两相比较,前来勤王的诸侯,自然也就三心二意了。联军的组建,就像一个股份制公司,前来入股的资本就是军队。军队多就是大股东,军队少就是小股东。诸路军马,多少不等,有三万者,有一二万者,各领文官武将。袁绍有三万兵,是大股东了。公孙瓒有精兵一万五千,是一个中等的股东。他们生怕在勤王中把老本赔光了,将来做不成"土皇帝"了。这些诸侯,都有自己的地盘,有自己的军队,他们"勤王",本来就没有诚意,这是联军解体的原因。

其三，朝纲已经乱了，天下已经开始失控。过去，宦官外戚，轮流专政，册立新君，还是皇家内部的事，外人插不上手。可是这一次，一个董卓，和皇家根本挨不着边，居然乘乱进京，趁火打劫而擅行废立，倒行逆施而劫持皇帝，说明东汉王朝的气数将尽，这是政治的原因。勤王勤王，勤之也无益。既然东汉王朝的气数将尽，那接下来可能就是大家抢夺东汉的天下了。第一个抢夺的是董卓，推倒了董卓，大家就都等着来抢夺天下。怎么抢夺天下？抢夺天下，就是抢夺皇帝。皇帝为什么能抢呢？因为朝廷已经乱了，天下也已经开始大乱了，皇帝已经成了"泥菩萨过河，自身难保"了，所以就沦落到了被"抢"的地位。

其四，天下大乱已露出了端倪，英雄起于四方，正是有志者创造伟业而留名青史的时代。在战乱的年代，有军队就是资本，就能闯天下而称王。在勤王的过程中，将老本赔光了，将来拿什么去争夺天下。他们不想让自己的这点起家的本钱在所谓的"集体勤王"中统统亏掉。因此，纷纷地退股了。以袁绍为首的各路诸侯，到这时候，已经完全不把朝廷和皇权放在眼里了。所谓的"忠君勤王"，不过是一个幌子，他们真正想着的就是抢地盘而扩展自己的势力范围。这就是各路诸侯在勤王的关键时刻，按兵不动而终于瓦解的根本原因。

其五，还有一个非常重要的原因，就是为首的盟主袁绍的问题。袁绍的错误体现在四个方面：(一)执法不公，偏袒袁术；(二)关键时刻，按兵不动；(三)争夺玉玺，大打出手；(四)向淮河北，存有异心。前三条都是表面原因，第四条才是本质原因。为首的尚且如此，联军自然要散。曹操是想借助联军建功立业；袁绍也想借助反卓干一番业绩。曹操有野心，袁绍、袁术也早有野心。曹操与二袁之间的矛盾是难以解决的。曹操没有军队、没有地盘，他想凭借各路诸侯的力量，灭掉董卓而平定天下，实现自己的政治抱负，也只能是一个空想。二袁等诸侯却想凭着自己的军队和地盘实现自己做"土皇帝"，或者进而争夺天下的政治梦想，当然不愿输掉自己的军队和地盘，输掉自己的血本，这是二袁等按兵不动的根本原因，也是曹操与袁绍等分道扬镳的根本原因。

鲁迅先生在《南腔北调·沙》中所说的："他们都是自私自利的沙，可以肥己就肥己，而且每一粒都是皇帝，可以称尊处就称尊。"孙坚捞得玉玺，就不想"集体勤王"了，要搞单干，想着有朝一日登九五之尊。袁绍虽为盟主，对"集体勤王"也不感兴趣。也想"单干"，他那个"一亩三分地"，是早就相准了。他曾对曹操说："吾南据河，北阻燕、代，兼沙漠之众，南向以争天下。"袁绍、袁术兄弟，各打自己的如意算盘，其他各路诸侯也都各有归心。因为各怀异志，各存异心，所以生怕别人得了头功。他们明的是勤王而讨伐董卓，实质上是为实现自己的政治军事野心。有利于自己，就"集体勤王"；不利于自己，就散伙"单干"。

孙坚是一只猛虎，曹操何尝不是一只猛虎？灭掉了董卓，拥曹操进京，也是除狼而得虎,何必为他人作嫁衣裳呢?其实,袁绍、袁术也是虎。曹操、袁绍、袁术、孙坚各有私心,各有野心,且都雄心勃勃。实际上,他们都在心里虎视着天下。俗话说:"一山不容二虎。"袁术,要军队有军队,要地盘有地盘,要经济有经济,要谋士有谋士,虎踞南阳,雄视天下。曹操离开京城,没有军队没有地盘,算个什么东西?孙坚本属于袁术的一派,严格说是袁术的属下,本应听袁术的调遣,他能允许孙坚在自己的面前争锋显能吗?袁术连袁绍都不服,还会服曹操和孙坚吗?因此说,在反卓联军内,再加上刘备,就隐藏着五虎争天下之势。五虎相争,互不相容,反卓联军的解体就是必然的了。

起初,曹操对反卓联军还很有信心。他说,董卓"劫迁天子,海内震动,此天亡之时,一战而天下可定也"。他连军事战略部署都想好了,他说:"诸君能听吾计,使渤海(指袁绍)引河内之众临孟津(河南洛阳的一个区),酸枣(故城在今河南延津县北十五里)诸将守成皋,据敖仓,塞轘辕、太谷,全制其险,使袁将军率南阳之军军丹、析,入武关(古长安之武关),以震三辅,皆高垒深壁,勿与战,益为疑兵,示天下形势,以顺诛逆,天下立定也。"可是曹操没有军队和地盘,光打别人的主意,是行不通的。稍后,曹操看清楚了,就反卓形势的发展,推翻董卓是很容易的,但联军要坚持下去就不容易了。

联军的组合虽然类似股份制,按理说进退是自由的。但是,曹操又不可轻言退出。如果谁首先轻言退出,必然会被人扣上"亲董"的帽子而成了"逆贼"。曹操正率军大战董卓,而袁绍等却于酸枣"置酒高会,不图进取"而按兵不动,故而曹操就有了退出联军的理由。曹操退出了联军,随后联军也就解体了。

东汉末年天下分裂,究竟始于何时?吕思勉说:"董卓入据都城,擅行废立,山东州郡起兵讨卓之后,天下就此分裂。"就是说,天下分裂起始于联军解体。联军的解体,标志着东汉王朝已经是名存实亡,更标志着东汉末年军阀混战和国家分裂的开始。反卓联军一解体,汉献帝就真正成了孤家寡人,就只能任董卓、李傕、郭汜等劫过来劫过去了;反卓联军一解体,标志着天下大乱和国家的分裂已经不可逆转。

第三章　曹操的政治军事谋略

联军解体后,天下走向大乱,军阀混战,地方割据已成定局;东汉王朝名存实亡。曹操占据了兖州,也参与了天下争夺战。曹操由小变大,由弱变强,打败对手,迅速崛起,统一北方,形成"一强独霸天下"的局面,一个重要的原因,就是制定了一条"三位一体"("三位"即政治建设、军事建设和经济建设,"一体"即以兖州为中心的根据地)政治军事路线。

"三位一体"的政治军事路线,最主要最基本的内容,就是荀彧的"兖州决策"。它由194年"深根固本,以制天下"和196年"移驾幸许都"的两次"兖州之策"所构成,并在实践中得到补充和完善的政治军事路线。荀彧的"兖州决策",是《三国谋略论》所论述的三大战略决策之一,是曹操决战天下的行动纲领。在这条正确的思想政治路线指导下,曹操统一了北方,建立了魏国。

第一节　深根固本,以制天下

刺史改州牧之后,汉末已经从制度上开了一人独揽一个州军政大权而称霸一方的先河,同时也开了地方不听朝廷号令的先河。于是,以军阀混战为主要特征的天下大乱,也就不可逆转了。曹操退出反卓联盟之后,自然也就参与军阀混战,走上了天下争夺战的道路。曹操为什么在天下争夺战中取得成功呢?深根固本,巩固以兖州为中心的根据地,是曹操事业成功的第一个玄机和先机。

自古以来的战略家,都强调"不谋万世,不足谋一时;不谋全局,不足谋一域"。就是说,一个战役,一场战斗,都要放在全局的范围内去谋划;制定一项战略,那就更要立足长远。开创一块根据地,要从全局从长远考虑,要具有政治军事战略眼光。曹操开创的根据地兖州的重要性,就在于它地处中原地区。中原地区地处中国的北方地区,是指以河、洛地区为中心的黄河中下游地区,范围相当于今河南省及其毗邻地区,包括山西东南部、河北南部、山东西部、安徽西北部、江苏北部等大片区域。

中原地区,地处北方,政治经济和科技文化比南方先进。人口众多,经济发达,政治先进,对全国都有着一定的影响力和号召力,有利于纵横于天下而成就大业,更有利于统一天下。中原地区,从来都是在军事上争夺天下的大战场、主战场。古人言"得中原者得天下,失中原者失天下",中原自古以来就是帝王成就伟业的地方。

192年,一个谋士说:"兖州无主,朝廷难以对他们下达政令,难以对其实行统治,我愿意去游说各郡,让你担任州牧,以那个地方做根据地,慢慢发展壮大,这样一来,必定成就霸业。"经过游说,济北相鲍信请曹操担任了兖州牧。兖州乃禹定九州之一,《吕氏春秋》说:"河、洛之间为兖州,卫也。"兖州,正处中原地区的中心地区。汉时全国分十三州刺史部,初为中央派出的监督机构,东汉末刺史改称州牧,已成为地方上最高一级军政长官。操担任了兖州牧后,就成了一方诸侯。

起初,曹操对根据地的重要性认识不足。191年秋天,带兵进入东郡,在濮阳攻打白绕,击溃了白绕的军队。192年驻军顿丘,领兵向西进入山区,攻打于毒等人驻军的大本营。正在进攻东舞阳的于毒收兵回营,在中途阻击睦固,又在内黄攻打匈奴首领于夫罗,都把他们打得大败。虽然打了许多胜仗,但都是流动性的,打一枪换一个地方,没有建立根据地的意识。占据兖州后的两年多的时间里,也没有意识到根据地的重要性。194年冬,虽占据兖州,但濮阳还被吕布抢在手里。曹操得知刘备得了徐州,便欲弃兖州去夺徐州。荀彧认为兖州作为根据地非常重要,不能舍弃兖州去取徐州。

荀彧说,"昔高祖保关中,光武据河内,皆深根固本以制天下,进足以胜敌,退足以坚守,故虽有困败而终济大业。将军本以兖州首事,平山东之难,百姓无不归心悦服。且河、济,天下之要地也,今虽残坏,犹易以自保,是亦将军之关中、河内也,不可以不先定"。这就是"占据兖州,深根固本,以制天下"的战略思想,被史学家称为曹操版的隆中对。荀彧深刻地分析了兖州作为根据地,在创立大业中的重要地位和作用。如果说以前对兖州的认识,只是感性认识,那么此后,曹操对兖州根据地就有了高度的理论性的认识。根据地兖州为什么如此重要呢?

首先,在军事上退可守而能固其本。兖州的地势地形及其地理位置的特点,要是离开了东汉末年的割据形势来说,就没有什么优势。兖州地处黄淮平原北端,泰山山脉还占据了三分之一;自古水流多,容易泛滥水灾。但这样的地方,对于当时力量弱小而又欲争夺天下的曹操来说,则退而可固守其本。第一,它虽地处几大州的包围之中,然各州间的直达通道都巧妙地避开了其中心地区,近似于"灯下黑",看似近在眼前,地处包围之中,却又容易被人们所忽略,这对于当时力量弱小的曹操来说,是最好不过的了。第二,它的地形地势,有利于防御。西北有天然屏障黄河,可以阻挡势强于曹操的袁绍。这种地形,在袁曹官渡决战中发挥了重要作用。它的西南有酸枣,地形复杂,易守难攻。有这样一座城在兖州西南端做要塞,可抵御董卓东进,也可以防御袁术北上。

其次,兖州的地理位置,进可攻而兼吞天下。第一,把兖州作为根据地,对未来控制徐州、豫州和司隶都有着极大的便利条件,为曹操对兖州东南西三面的敌人实行"利用矛盾,各个击破"提供了有利的地理条件。后来的发展也确实如此,稳定兖州之后,曹操直接对豫州下手,接着是徐州、司隶、南阳郡。第二,兖州的治所在濮阳,冀州的据点在邺城,两地直线距离不过百公里。因为这样的位置,曹操的前期发展可以依托袁绍的帮助,还能通过袁绍阻隔幽州的公孙瓒。193年曹操击退袁术,就跟袁绍的帮助有关。因为这样的位置,一旦势力发展成型,曹操便可以通过兖州直取袁绍的老巢邺城。从这个层面考虑,占据兖州,实属一举多得。

今日的兖州,被誉为"九省通衢,齐鲁咽喉",三国时的兖州,同样是交通要道。那时交通要道,主要集中在兖州南部的陈留郡。紧靠兖州的陈留郡四通八达,北连并州、冀州、兖州,南通徐州、豫州、南阳郡,西边还连着司隶,这就为曹操后来东征西讨,南征北战而统一北方提供了地理条件。陈留是张邈的地盘,陈宫称之为"千里之众"。而张邈并非杰出的人才,才能平平。一旦曹操在兖州站稳脚跟,取陈留郡是非常容易的。194年,张邈支持吕布、陈宫袭取兖州,据濮阳,195年定陶一战,曹操打败并赶走了吕布、陈宫,张邈也就落荒而逃了。于是,占尽地理位置优势的陈留郡就完全归属于曹操了。在"占据兖州,深根固本,以制天下"的战略思想指导下,曹操在兖州采取一系列政治、经济和军事措施。194年到207年,经过13年的角逐,彻底统一了北方。根据地的巩固,对打败各个军阀割据势力,统一北方发挥了重要的作用。

回过头来看,如果曹操选择在南方发展,其势力只能局限在长江以南,就很难突破长江向北发展。赤壁大战,倘若不是曹操策略上的失误,荡平江南,统一全国是不成问题的。由于北方,政治经济军事都处于有利的地位,所以在天下争夺战中,曹操处于进攻的态势;而江南的孙权,虽经努力,却处于防御的态势而最终为北方所灭;地处西南部的西蜀,荆襄一战,失去了进攻中原的极其重要的战略要地荆州,其政权局限于西南部,终究不能与曹氏争夺中原而败亡。

第二节 移驾幸许都,挟天子以令诸侯

群雄割据之后,各路诸侯的眼里,再也没有那个所谓的皇权了。但是,曹操却独具慧眼,看到了流浪皇帝的价值。当然从本质上来说,那也不过是曹操的一块对付其他诸侯,又暂时给自己遮羞的破布而已。他移驾幸许都,取得了"挟天子以令诸侯"的政

治地位,是其事业成功的第二个玄机和先机。

建立巩固的兖州根据地,就是"深根固本,以制天下"。"以制天下"就是控制天下?"挟天子以令诸侯",就是控制天下的最好的政治措施。东汉王朝虽然实亡但却名存,它还没有寿终正寝。若想抢夺天下,"天子"的名义还是有用的。各州郡虽然拥兵自重,各有各的算盘,但他们仍打着忠于朝廷的旗帜。在特定的政治环境下,汉献帝就是一面正义的大旗,打天下就要打汉献帝的旗帜,谁抢到谁就占有了先机。抢夺"天子",就是抢夺天下。虽然天下大乱,但如果此时谁去别人家抢地盘,必然要遭受天下人唾弃,各个诸侯的地盘是不能随便抢的,因为它是大汉朝廷的。但是抢到了天子就不同了,就可以用天子的名义,名正言顺地去征讨。因此说,谁在这场角逐中拥有"挟天子"的权力,这既要看实力,也要看政治眼光,还要看政治能力和手腕。

就当时的割据势力来说,袁绍、曹操、刘备、袁术都有可能迎驾皇帝。最有条件的当数袁绍,势力大,实力雄厚。河北的一个谋士沮授曾献计袁绍:将汉献帝移驾冀州,"挟天子以令不臣"及"持久战术",袁绍得计迟,政治上反应慢而"不采纳",后来后悔了,但已错失了时机。袁绍根本就没有看到汉献帝这块招牌的作用,缺乏政治眼光。刘备当时虽然占据了徐州,可能是立足未稳,实力也不雄厚,无力迎驾。袁术势力最大,实力最雄厚,但根本就不把汉献帝放在眼里,以为得了一块玉玺,就可以自己登基做皇帝了。如果真的把汉献帝接到身边,他还会嫌这块招牌麻烦呢。他认为,迎驾汉献帝,还不如自己直接做皇帝。

曹操与其他政客是有区别的,董卓搞的是废立,即废掉一个皇帝,立一个皇帝;袁绍搞的是另立,即另外立一个皇帝;袁术搞的是自立,即干脆自己做皇帝。曹操就不同了,他不搞废立,也不搞另立,更不自立,而是把现在的皇帝接到自己根据地里来,奉天子以令不臣,这就是政治谋略和胸怀。当年曹操杀卓未遂,逃离京城而回到陈留后,就发矫诏,假托君命,利用皇帝的威望,号令天下,不仅很快拉起了一支队伍,而且十七镇诸侯如约而至,开创了反卓的大好局面。因此,当皇帝摆脱李傕、郭汜劫持,车驾已还东都洛阳,随时都有再次被劫持的危险时,曹操就意识到逃难的皇帝的利用价值。

时天下大乱和军阀割据,已不可逆转。汉献帝已失去了对天下的控制,所以地方割据的诸侯们就卷入了权力之争。在权力之争的大赛场,汉献帝就像一个接力棒。凡是参与权力之争的诸侯们,只要抓住这个接力棒,就可以号令天下。这个接力棒最早抓在董卓手里,董卓死后,转到了王允手里。王允没有抓住,被李傕、郭汜抢了去。曹操最后一个抢到,并将汉献帝迁都到了许昌。时诸将皆疑,荀彧、程昱劝之。荀彧说:"昔晋文公纳周襄王而诸侯景从,高祖东伐为义帝缟素而天下归心。自天子播越,将军首倡义兵,徒以山东扰乱,未能远赴关右,然犹分遣将帅,蒙险通使,虽御难于外,乃心无不在王室,是将军匡天下之素志也。今车驾旋轸,东京榛芜,义士有存本之思,百姓感旧而增哀。诚因此时,奉主上以从民望,大顺也;秉至公以服雄杰,大略也;扶弘义以致英俊,大德也。"

移驾幸许都,曹操的地方性的政权就变成了朝廷性的政权,即中央政权。之前,曹操是要听命于朝廷的;移驾幸许都后,曹操就可以"挟天子以令诸侯"了。移驾幸许都后,许昌盖造宫室殿宇,立宗庙社稷、省台司院衙门,修城郭府库;封董承等十三人为列侯。赏功罚罪,并听曹操处置。曹操自封为大将军、武平侯,以荀彧为侍中、尚书令,荀攸为军师,郭嘉为司马祭酒,刘晔为司空仓曹椽。大权皆归于曹操:朝廷大务,先禀曹操,然后方奏天子。曹操的许昌就成了京城,曹操的政权就成了朝廷,曹操实际上就成了皇帝,曹操的命令就成了圣旨,皇帝不过是个傀儡而已。"奉天子以令不臣",实际上就是"挟天子以令诸侯"。从此,曹操在政治上取得了主动权。

在扫除东南时,荀彧的"驱虎吞狼"之计,就是利用"天子"的名义发挥作用的。正是"天子"的名义,几乎把吕布严严地控制住了。袁术僭号称帝,曹操就借"天子"的名义组织联军讨伐。官渡之战时,曹操说:"吾于天子之前,保奏你为大将军,今何故谋反,吾今奉诏讨汝。"赤壁之战后南征孙权,曹操说:"汝为臣下,不尊王室。吾奉天子诏,特来讨汝!"就是说,在天下争夺战中,曹操首先打的是政治牌。结果,曹操的对手,处处被动,而曹操则处处主动。

曹操掌控汉天子之后,"挟天子以令诸侯"。凡是不听号令的,曹操就"奉旨征讨",实际上就是曹操要征讨。因此,大部分地方都是曹操用武力征讨过来的,例如徐州、南阳、冀州、幽州、并州、西凉州。但并不是北方所有的地区都是曹操攻略下来的。在汉末乱世,有很多势力很小的地方武装和诸侯牧守,虽然一直兼并更替,但不少依然打着汉王朝的旗号。因此,当曹操在北方逐渐确立势力的过程中,尤其是"移驾幸许都"之后,这些割据势力不少都自然而然地纳入曹操的势力范围。有些是直接投靠的,有些是承认汉献帝的中央政府而间接成为曹操的下属。

豫州和司隶这两个州基本上都是以这种方式纳入曹操的势力范围的。《三国志·袁绍传》记载:"会太祖迎天子都许,收河南地,关中皆附。"河南就在豫州的范围内。豫州的刺史是孔伷,本来是董卓所提拔,为了与卓党划清界限,就加入了反卓联军。可见其害怕被别人视为董卓一党,因此曹操移驾幸许都之后,就归顺了朝廷,成了曹操的部下。这样,豫州也就顺理成章地纳入了曹操的势力范围。豫州亦是禹定九州之一,"河、汉之间为豫州,周也",即今河南大部兼有山东西部和安徽北部一角。曹操占据了兖豫两大州,势力开始得到了扩张。时曹操并没有完全占有豫州,袁术也曾占有豫州一部分。

曹操移驾幸许都,将汉献帝置于自己的掌控之下,自己以辅政大臣的身份自居,就"名正言顺"地取得了政治上的主动权,借天子的名义,立下了齐桓、晋文之功;因为移驾幸许都,就"名正言顺"地将自己的地方政府一跃而上升为中央政府,形成了一面号令天下的义旗,维护了中央集权;还在一定程度上控制了割据局面的恶性发展,加速了国家的统一。"挟天子以令诸侯",这就是政治手腕、政治谋略、政治才能,所以我们称曹操是军事家,又称之为政治家。

第三节　招降纳叛,创建军队

20世纪50年代,毛泽东运用综合的哲学原理,论述了对垒战场的两方军队,一方吃掉另一方的关系。他分析说,对垒双方,一方歼灭一方,即一方消灭一方。他认为,消灭不是从肉体上消灭,而是把对方的兵一个个地吸收过来,变成自己的军队,壮大自己的力量,这就是哲学上的综合。

为什么毛泽东有这样一种哲学理论性的认识呢?因为他有过这样一种军事实践,他是对过去军事实践的理论性的总结。1948年7月,在三大战役决战前夕,毛泽东说:"我军战胜蒋介石的人力资源,主要依靠俘虏,此点应引起全党注意。"因为长期的战争,"乡村人口已大为减少"。他强调,"各区及各军应大力组织俘虏训练工作,原则上一个不放,大部分补充我军,一部分参加后方生产,不使一人不得其用"。这个办法就是大量地吸收俘虏兵,让他们经过诉苦运动后立刻参加到解放军的队伍中来,变成人民解放军。

在天下争夺战中,曹操是最早这样做的,就是通过招降纳叛而组建军队。曹操的军队来自两个方面,一是农民起义的军队,一是自己竞争对手的军队。

天下大乱,军阀混战,兵源非常紧张。军队从哪里来?曹操首先瞄准起义军这个庞大的军事集团。目的就是通过镇压与诱降相结合的两手政策,将大批的起义军转化为自己的军队。这是曹操与袁绍、公孙瓒等不同的地方。绍讨伐黑山,"围攻五日,破之,斩毒及其众万余级";"进击左髭丈八等,皆斩之";"又击刘石、青牛角等";"复斩数万级,皆屠其屯壁"。公孙瓒反击青、徐黄巾军于东南面,"斩首三万余级";"黄巾奔走清河,瓒因其半济而攻之,又杀黄巾数万,流血丹水"。他们对待黄巾起义军,采取的是斩尽杀绝的政策。而曹操则不同,他虽是封建统治阶级的一员,参加了镇压黄巾起义军,但是他不斩尽杀绝,而是招降纳叛而组建自己的军队。

192年,追击黄巾军到济北,黄巾军被迫乞降,曹操收降卒三十余万,男女百余万口。过后,曹操将黄巾军精锐部分进行整编,组成了自己的一支作战部队,号称"青州军"。有了"青州军"这样一支精锐部队作为后盾,曹操的兖州根据地得到了进一步的巩固和发展,也为今后的发展奠定了根基。

移驾幸许都之前,曹操主要就是镇压农民起义军。所以,他的军队主要就是在打败起义军的基础上,对农民起义军俘虏的收编。移驾幸许都之后,与各路诸侯争夺天下,所以他的军队主要就是在打败各路诸侯的基础上,对各路诸侯俘虏兵的收编。对各路诸侯俘虏兵的收编,主要是对袁术、吕布、袁绍、刘表几部分兵的收编。

曹操东南面有袁术、吕布、刘备三个割据势力。刘备力量弱小,兵微将寡。袁术实力雄厚,一次攻打吕布,就可出动机动部队二十万。吕布的力量也不小,其军队亦可抗衡袁术,两处的军队至少有四十多万。袁术、吕布两股势力的消灭,其军队基本上被曹操所收编。此外,在其南边,张绣两次投降,其军队更是被曹操所收编。

袁绍占据北方,带甲百万,其败亡之后大部分军队被曹操收编。彻底统一北方之后,曹操的军队也达到了百万之多,实力雄厚了,就形成了"一强独霸天下"的趋势。208年,曹操南征,就出动了机动部队五十多万。大军还未到达荆州,刘表一命呜呼,其子刘琮就不战而降了。曹操占据襄阳之后,立即完整地收编了荆州二十八万多军队。到达江陵之后,曹操的部队就达到了八十多万,可谓声势浩大。

曹操的军队由无到有,由小到大,由弱到强,其所经历的过程,就是招降纳叛的过程。在每一次战争、战役乃至战斗的过程中,曹操都十分注意吸收俘虏兵,然后经过整编变成自己的军队,就是一千多年后毛泽东所说的综合。通过一个又一个的战争、战役乃至每一场战斗,把敌人的军队综合成自己的军队,这就是曹操的高明。

第四节 "军屯""民屯",发展经济

天下大乱,老百姓流离失所,田园荒芜而粮食紧张。割据一方的军阀,为了生存,就要向老百姓征收军粮,以作军资,加重了老百姓的负担,就激化了与老百姓的矛盾。操想要统一天下,结束战乱,当然也要割据一方,招募义兵,建立和发展自己的军队。征收军粮和物资,是必不可少的。田园荒芜与征收军粮,是非常矛盾的。如果没有足够的军粮和军用物资保障,军队哪里来战斗力?军队没有战斗力,又怎么能统一天下?这是一道难题,但是曹操很好地做了解答,方法就是实施屯田制,既实行民屯,也实行军屯。

192年,毛玠建议曹操,要想成就霸业,在经济上必须"修耕植蓄军资",就是实施"民屯",以解决军粮的问题。为了根据地兖州的巩固和发展,曹操将济北诱降的黄巾军二十万,男女百万余口,除择其精锐者组成青州军外,其余的一百多万民众令其归农,就地组织耕田种植,实行民屯,发展农业经济。这一项改革,涉及社会的根本问题,涉及社会的各方面。所以,实施时,也抑制了豪强,废除了租赋制度,铲除了许多恶政。这一系列战略的实施,对于保证军队物资供应,维持长期战争,稳定政局,都具有十分重要的意义。

但毛玠提出的这一经济战略措施,是不完全的。他仅仅提出了要重视农业生产,"修耕植以蓄军资",即"民屯"。实际上还远远不够,时正处于天下分裂混战的时期,战乱不止。不仅小规模的战争是频繁的,就是大规模的战争,也是频繁的。残酷的战争,造成人口大量减少,大片田园荒芜无人耕种。因此,曹操又根据司马懿提出的"军屯"的设想,又实施了军队屯田的战略。这一战略,是对毛玠"民屯"的补充和完善。实行"军屯",组织军队开荒种地,既保障了军队供给,又减轻了老百姓的负担,对于统一北方发挥了重要的作用。

历史从正反两个方面都证明,实施"军屯民屯"是正确的。这一基本战略对后世产生了深远的影响。1954年毛泽东在北戴河,高度评价说,曹操"改革了东汉的许多恶政,抑制豪强,发展生产,实行屯田制,还督促开荒,推行法治,提倡节俭,使遭受破坏的社会开始稳定、恢复、发展"。

第五节　招募人才,"不拘一格"

争夺天下的战争,实际上就是综合实力的竞争。竞争的实质,就是人才的竞争。曹操重视人才的作用,提出了"唯才是举"的人才战略,为后来统一北方打下了坚实的基础。

袁绍重地盘,曹操重人才。起初,绍问操:"若事不济,则方面何所可据?"操说:"足下意以为何如?"绍说:"吾南据河,北阻燕、代,兼戎狄之众,南向以争天下,庶可以济乎?"操说:"吾任天下之智力,以道御之,无所不可。"操"任天下之智力,以道御之",选贤任能,集中天下人的智慧,结果打败了袁绍。

"不拘一格,唯才是用",是曹操招聘人才、使用人才的基本原则。211年,曹操下令:"自古受命及中兴之君曷尝不得贤人君子与之共治天下者乎!及其得贤也,曾不出闾巷,岂幸相遇哉?今天下尚未定,此特求贤之急时也。'孟公绰为赵、魏老则优,不可以为滕、薛大夫'。若必廉士而后可用,则齐桓何以霸世!今天下得无有被褐怀玉而钓于渭滨者乎?又得无盗嫂受金而未遇无知者乎?二三子其佐我明扬仄陋,唯才是举,吾得而用之。"

曹操是189年逃离京城而回到陈留的。离京时,曹操是一无所有了,剩下的就是自己的生命,就是自己的胆量、魄力和智慧,还有多年从政的经验和带兵打仗的经验。他为什么回到陈留?因为陈留是其父老乡亲及其亲属居住的地方,具有很深厚的人气。西汉相国曹参,是曹操的先祖;祖父曹腾在桓帝时为中长侍大长秋,封费亭侯;父亲曹嵩官至太尉。因此说,曹氏家族,是一个在社会上很有名气的大族。夏侯氏家族,也是一个大家族,是历史上著名人物夏侯婴之后。曹家与夏侯家是姻亲,两个家族之间亲属往来,关系密切。所以,曹操起事于陈留,就可以得到两个大家族经济和人才的资助。不久,夏侯惇、夏侯渊两人,各引壮士千人来会。不数日,曹氏兄弟曹仁、曹洪各引兵千余来助。很快就拉起了一支队伍,兵也有了,将也有了。

得兖州后,有叔侄二人来投,乃颍川颍阴人。叔名叫荀彧,字文若,侄荀攸,字公达。荀彧、荀攸的家族荀氏家族,是一个大家族。荀彧祖父荀淑,字季和,郎陵令。当汉顺、桓之间,知名当世。荀氏家族是董卓、袁绍、曹操三方争夺的对象,都希望得到荀氏这个大家族的支持。荀彧的叔父荀爽,被董卓以平原相征召,赴任途中被提拔为光禄勋,到任后仅三天升为司空。荀彧投袁绍时,袁绍把彧作为首席顾问来用;投曹操后,曹操则将荀彧确定为谋主地位,尊其为谋圣张良。荀彧的堂侄荀攸,刚刚投奔曹操,就被拜为军师。当时的"荀氏现象",是天下议论的焦点。得到荀彧、荀攸之后,曹操的事业就得到了曹氏、荀氏、夏侯氏三大家族的人力、财力、智力三个方面的强有力的支持。

荀彧投曹操之后,又介绍程昱。遣人于乡中寻问,访得他在山中读书,曹操拜请之。昱又荐同乡人郭嘉,曹操征聘之,共论天下之事。嘉又荐刘晔,晔至又荐二人。一个是淮南成德人满宠,光武嫡派子孙;一个是武城人吕虔。曹操亦素知这两个人名誉,就聘为军中从事。满宠、吕虔共荐一人,乃陈留平丘人毛玠,曹操亦聘为从事。

曹操又招聘了许多将领人物。泰山巨平人于禁引军数百人来投,曹操见其弓马熟娴,武艺出众,命为点军司马。夏侯惇引一大汉来见,操问何人,惇说,此典韦也,旧跟张邈,与帐下人不和,手杀数十人,逃窜山中。又说,他曾为友杀人,提头直出闹市,数百人不敢近。使两支铁戟,重八十斤,挟之上马,运使如飞。曹操令试之,韦挟戟骤马,往来驰骋。忽见帐下大旗风吹欲倒,众军士挟持不定;韦下马,执旗立于风中,岿然不动,操命为帐前都尉。至此,文有谋臣,武有猛将,威震山东。

善识人才,量才而用之,知人善用。曹操聘用典韦时,很是感人。见典韦容貌魁梧,勇力过人,命其为帐前都尉,解身上棉袄及骏马雕鞍赐之。曹洪善于防守,曹操就安排他镇守合淝。许褚有勇无谋,曹操就让他做自己的贴身保镖。毛玠为人清廉,就安排他去选拔官吏。用人不疑,疑人不用,是其一条重要的用人原则。《魏书》说,曹操拔于禁、乐进于行阵之间,取张辽、徐晃于亡虏之内,皆佐命立功,列为名将;其余拔出细微,登为牧守者,不可胜数。是以创造大业,文武并驰。曹操营中,战将如云,他们总是能披坚执锐,冲锋陷阵;如智勇双全、文武兼备的曹仁、张辽,平时放在重要位置,遇有战事,统帅诸军,独当一面。

曹操文韬武略,有英霸之器。他逐鹿中原,力挫群雄,异军突起,使一些人才看到了希望,纷纷来投。何夔避乱淮南,袁术想用,他认为袁术不得人心,摆脱控制而到了北方,在曹操手下做了掾属。裴潜认为刘表终究无大作为,亦投奔了曹操。赵俨避乱荆州,认定曹操有平定天下的才能,扶老携幼来投,被任命为朗陵长。田畴避乱徐无山中,袁绍多次征召而被拒绝,曹操亲往征召,立即应召而至。那些顶尖的人才更是如此,堪称一流的谋士荀彧,先投韩馥,后投袁绍,认为他们无匡世之才,于是弃之而投操,成为操股肱谋臣。郭嘉是顶级谋士,曾是袁绍的幕僚,仅相处数十日,认为其难成大事,弃绍而投操。善于使用人才,善于根据人才的特点,人尽其用。每临大事,曹操都聚众谋士而议之,虚怀若谷而广纳雅言。所以他的谋士,都能做到知无不言而献计献策。他的许多谋略思想,都是其谋士所献。

楚汉相争,刘邦和项羽争夺天下,项羽结果是霸王别姬,兵败身亡,刘邦却夺取了天下而做了皇帝。刘邦的成功,就在于他身边有许多人才,皆善能用之。项羽的失败,就在于他不会用人,刚愎自用。曹操知人善任,善用能人,留得住人才,战将千员,谋士如云,人才济济,故而事业兴旺发达。

第四章　陈宫与吕布

吕布集团在兖州的东南方,曾经占据徐州,形成了一定的军事实力。

该集团的形成,关键就因吕布武艺高强,可以纵横于天下。还有一个重要的因素,就是有一个谋略家陈宫。

陈宫从自身的智谋出发,认为布可用,决定与布结合,谋划一番大业。陈宫与吕布的结合,一文一武,从表面上看,是黄金搭档。陈宫虽然足智多谋,但性情刚直;吕布虽然武艺高强,但刚愎自用,陈宫有谋而不能用,所以兵败身亡。

第一节　夺取兖州和兖州保卫战

189 年冬,曹操杀卓未遂,逃出京城,飞奔谯郡(今安徽亳州),路经中牟县,为守关军士所获,擒见县令。该县令,乃陈宫也。宫认出了操,知其欲归乡里,发矫诏,兴兵诛卓。闻言,愿弃官从曹,共赴大业。操挥剑砍伯奢于驴下时,陈宫认为曹操是一个不义之徒,故弃操而去。194 年曹操为父报仇,起兵攻徐州,杀戮百姓。宫曾为陶谦做说客,说:"尊父遇害,乃张闿之恶,非谦罪也。且州县之民,与明公何仇?"但是,操不听。宫辞出,叹曰:"吾亦无面目见陶谦也!"遂驰马投陈留太守张邈去了。

一个偶然的机会,命运之神把他和吕布结合到了一起,并且拿下了兖州,准备干一场轰轰烈烈的事业。陈宫有志向,有谋略,也确实有战略眼光。投张邈时,恰好张超引吕布来见。陈宫就对张邈说:"今天下分崩,英雄并起;君以千里之众,而反受制于人,不亦鄙乎。今操东征,兖州空虚;吕布乃当世勇士,若与之共取兖州,霸业可图也。"

这一谋划,是很有政治军事战略意义:其一,说这个时代,是"天下分崩,英雄并起"的时代。天下大乱,英雄起于四方,是创立大业的时代;其二,说张邈有"千里之众,反受制于人",不是英雄的行为,应当创立自己的基业,应当有一番作为;其三,说布乃当世勇士,如今来投,凭借千里之众,可成大事矣;其四,说操东征,许昌空虚,机会难得。

陈宫认为:兖州地处中原,乃战略要地,可成大业;曹操与董卓是一路货色。一次挥剑砍伯奢,一次血洗徐州,说明操乃不义之徒。因此,决心夺其老巢,这就是陈宫的"乘操东征,兖州空虚,攻其老巢"之谋。张邈闻听大喜,即令布袭取兖州,随居濮阳。初战告捷,取得了成功。陈宫、吕布因此也就投入了争夺天下的战斗。但是陈宫看吕布,只知其勇,而不知其刚愎自用。布勇冠三军,能成大事;但无谋而刚愎自用,也能败大事。布做人没有原则性,反复无常。曾拜荆州刺史丁原为义父,成为丁原的义子。卓略施小计,仅用一匹"赤兔"马就将其收买。布仅为一匹良马,就杀掉了丁原。从这件事来看,吕布不仅做人没有原则,也没有一定的政治立场。跟随丁原反对董卓,是扶助汉室的正义之举;而投靠卓,杀君灭国,则是助纣为虐。反复无常、唯利是图、言而无信,难成大事。

夺取了兖州,占据了濮阳,曹操岂肯甘休,一场兖州保卫战就开始了。陈宫对兖州保卫战做了一番谋划:先消灭鄄城、东阿、范城以及濮阳夏侯惇驻军的四股力量,再全力对付由徐州战场匆忙返回的操东征集团军;但由于对方防守严密,计划没有成功。鄄城、东阿、范城之敌没有消灭,使操有了反败为胜的基础。陈宫深知,现在最为关键的是切断曹操的归路,使其首尾不得相顾,然后分而击之,可获全胜。于是宫急见布说:"此去正南一百八十里,泰山路险,可伏精兵万人在彼。曹兵闻失兖州,必然倍道而进,待其过半,一击可擒也。"此即陈宫的"泰山之谋"。吕布无谋,反而自以为是,说:"吾屯濮阳,别有良谋,汝岂知之。"遂不用宫之言,用薛兰守兖州,自己则率军与夏侯惇在濮阳城外纠缠不清。

曹操得报兖州被夺,迅速返回。他最担心的是吕布由仓亭南下,控制东平国,封锁住亢父险道。如此一来,吕布可以孤立鄄城,更可以凭地险阻止曹操大军的回防。当得知吕布正与濮阳城外的夏侯惇大战之时,曹操松了一口气,说:"布一旦得一州,不能据东平断亢父,泰山之道乘险要我,而乃屯濮阳,吾知其无能为也。"因为吕布没有在亢父、泰山布防或者埋伏,曹操的军队就毫无阻碍地过了泰山险路,大部队顺利地回到了濮阳,为军事反扑提供了条件。

第二节　濮阳攻防战和定陶之战

陈宫清楚,曹操通过泰山险路,回到了濮阳,一场濮阳攻防战就开始了,这是关键的一战。

怎么打好这一战?陈宫手中有一个秘密法宝,就是屯在城西四五十里处的别动队。别动队最具机动性、灵活性、战斗力和杀伤力,一旦派上用场,曹操是很难抵挡的。曹操不停地派出侦察兵对吕布的兵力部署及其战斗力情况,进行了侦察,发现了吕布的别动队。决定先剿灭这一股有生力量,挫动吕布阵营的锐气。这一打法,是曹操惯用的策略,与敌军主力会战前,总是先用奇袭战消灭其前锋及别动队。

战场瞬息万变,妙在争分夺秒,出其不意而攻其不备。对屯在城西四五十里处的别动队,曹操第一天就发动了奇袭,彻底打掉了吕布的别动队。别动队被打掉,令陈宫大惊失色,他没有料到操的动作竟这么快。宫判断,操本人必在奇袭部队中,因为保密性和机动性,奇袭的部队人数不多。所以陈宫要求吕布亲率主力部队,分三路包抄曹操,阻止奇袭部队和主力军会合,并擒拿曹操,但操的奇袭部队还是溜走了。吕布的军队随后追赶,操的奇袭部队回到了大营,吕布的军队就从三面包抄了过来。操认为自己的兵力太少,下令在关隘之地部署防守。吕布确认操就在奇袭队中,亲自指挥攻击战,从早上一直到中午,连续发动了二十回突击,都无法攻入曹军防线,双方死伤惨重。为了防止被歼灭,操突围而回到了大本营,并立刻再攻濮阳。

大姓田氏打开了东门,曹操迅速进了城。吕布在城中布阵,准备和操进行巷战。陈宫看出了操兵力有限,不过是故意虚张声势而已,建议吕布全力攻击操的左翼的青州军。因为青州军训练不够,又不习惯街巷的肉搏战,曹军阵脚大乱,眼看全军濒临崩溃。曹操下令撤退,在撤退中,操险些丧命。遭遇大火烧伤之后,操仍不慌不忙地对郭嘉说:"将计就计,诈言我被火伤,已经身死。布必引兵来攻,我伏兵于马陵山中,候其兵半渡而击之,布可擒矣!"郭嘉听后,连称"良谋"。于是命令军士挂孝发丧,说操已死。布得知这个消息后,果然中计而杀奔马陵山。未曾想到在接近操营寨时,一声鼓响伏兵四起,吕布虽经力战而逃脱,却折了不少兵马,最后只得败归濮阳而坚守不出。这一次伏击战,吕布损失惨重。双方坚持了一百多天后,正好碰上蝗虫灾害,吕布军粮用尽,只得退出濮阳。曹操也因濮阳虫荒严重,于九月初回到了鄄城。至此,双方总体上打了一个平手。

195 年,双方继续大战。陈宫认为,下一场战役的关键就是定陶争夺战。如果曹操夺取了定陶,就可以切断吕布西返颍川的退路,形成鄄城、东阿、定陶三面合围吕布的态势,那么形势就严峻了。因此,他要求吕布的主力部队增援定陶。曹操也看到了定陶这一战略要地,夺取定陶,切断布西返颍川的退路,形成鄄城、东阿、定陶三面合围吕布的态势。他先用小部队奇袭,给敌人以出其不意的打击,同时也是通过火力侦察,进一步地摸准敌情。在中途却遇到了前来增援定陶的吕布主力部队。操决定,先歼灭布的这一股有生力量,然后集中兵力,挥军向东,直取其大本营北部要地巨野,杀掉了守将薛兰。

吕布的败军和陈宫的主力部队会合后,经过重新整编,再次进攻巨野。操在巨野附近展开了部署,决定与布大战。没有想到还没有部署完善,对方就开始进攻了。原来陈宫与吕布会合后,认为舍弃巨野薛兰、李封等军队,会产生不良影响,所以不等军队重编,便紧急发起了进攻。战场形势的变化,使曹操顿感措手不及。最主要的是军队还没有调遣好,大部队还没有进入战区。面对布的强大攻势,操是明显兵力不足,别说是拿自己的后勤部队进行会战,就是连守城也绝没有获胜的可能。情急之下,操大胆地采用了空城计,这是三国历史上最早使用空城计的战例。操下令,把战旗全部收起来,安排一些妇女把守营寨。自己则率领一千多名后勤部队埋伏在营寨门外。陈宫和吕布的军队逼近到巨野附近,听说操竟以妇女把守营寨,也没有旗帜,颇为疑惑,也担心有诈,不敢贸然而进,便带兵到阵前侦查。宫发现,操屯营的西边有一个大场子,南边有一大片森林。此时天色昏暗,不好细查。宫认为,以操之奸诈,在森林里肯定藏有大量伏兵。于是建议布撤离到距离曹营南方十余里的位置上下寨。

敌军一撤,操就利用这短暂的夜晚时间,调兵遣将,紧急部署兵力。他将调来的军队一半摆在堤上,一半暗藏在堤下,来了个一虚一实。布虽然无谋,但陈宫颇有头脑。他反复思考了操的布阵,深以为疑。所以安营后,立派侦察兵四处探查,这才知道,原来大部分曹军都在外围,一时根本赶不回来。宫这才恍然大悟,操是因为兵力不足,才故意摆出空城计来作为疑兵疑阵,受骗上当了。经过反复思考,宫建议布乘操还未调回兵力,在天明之前突然发起进攻,打他一个措手不及。战场形势,瞬息万变;贵在争分夺秒,抢占先机。操之所以用"空城计",就在于缓兵之计,争取时间。实践证明,宫之决策,谋之过迟,错失了战机。

待到天明之前,才发起进攻,曹操已经是严阵以待了。吕布首先以轻骑兵攻打堤上的曹军,刚刚接近时,就受到了堤下曹军狠狠地打击。冲上来的军队纷纷掉头往回跑,后面冲上来的步兵主力不知道前方为何后退,竟也跟着一起往回跑。布大军溃不成军,操顺势以骑兵掩护步兵并进,长驱直入,取得了定陶之战的巨大胜利。吕布用"乘操东征,兖州空虚,攻其老巢"之谋,夺取了兖州,占据了濮阳;不用"泰山伏兵之谋",给了操反击的机会。定陶一战,丢失了兖州。

第三节　两条路线与明争暗斗

吕布惨败,本欲去投袁绍。使人打探消息,回报说,袁绍遣颜良将兵五万,前来帮助曹操。如此,河北去不了,于是去徐州投刘备。布来投,备还是有所提防的。刚至,备就说要将徐州大印让给布,布欲接,见关、张各有怒色乃止。因张飞公开地反对,布在徐州难以存身,于是备安排吕布居于小沛。

布居于小沛,与刘备形成了一种相互援助的犄角关系。这种关系,既保护了备,也保护了布,有效地遏制了曹操和袁术的来犯。但是,陈宫与吕布决不甘心屈之于小沛。因为小沛毕竟塘浅庙小,难以纵横天下而大展鸿志。因此,时刻在暗中觊觎着徐州。操担心吕布与刘备合兵一处,所以想着法子要拆散他们。196年,用荀彧的"二虎竞食"之计离间之。一计不成,又用了一个"驱虎吞狼"之计。刘备明知是圈套,但因其计打着皇帝的旗号,不得已留张飞守徐州,带着关羽去攻打袁术。

张飞守徐州时,吕布与陈宫商议,欲乘其空虚而袭之。陈宫说:"小沛原非久居之地。今徐州既有可乘之隙,失此不取,悔之晚矣。"就乘夜袭取了徐州。陈宫亦知曹操谋略之意,乃将计就计也。陈宫的战略思想是想凭徐州而纵横于天下,毕竟小沛太小。失兖州,得徐州,同样可以谋求大业,徐州乃第二兖州也。吕布得徐州,是投刘备之后战略的第一步。陈宫冷静地分析了所处形势:西边是曹操,奸诈狡猾,是劲敌,是最主要的敌人;布与操的矛盾,是不可能调和的,是你死我活的。而袁术和刘备,则是次要的敌人,与备的矛盾还没有发展到你死我活的地步。因此,之后不久,布与袁术的矛盾激化了,布欲起兵攻打袁术,陈宫说:"不可。袁术居寿春,兵多粮广,不可轻敌。不如请玄德还屯小沛,使为我羽翼,他日令玄德为先锋,那时先取袁术,后取袁绍,可纵横天下矣。"吕布从之,取消了攻打袁术的计划,避免了与袁术矛盾的进一步激化;又缓和了与刘备的矛盾。请备还屯小沛,使之互为羽翼,体现了陈宫的统一战线的思想,既遏制了曹操,又遏制了袁术。

树欲静,而风不止。袁术暗有称帝之心,欲先擒备,后图布,以夺徐州。但是,袁术同曹操一样,擒刘备,怕吕布来援;图布,担心刘备出兵。因此,想着法子拆散两人之间的关系,并决心除掉刘备。袁术具粟二十万斛送与布,使其中立而不出手相援,然后遣大将纪灵统兵数万,进攻小沛。这时,布又收到刘备的书信,希望其出手相援。布为难了,援助备,得罪袁术;不出兵,又得罪刘备。布与陈宫计议:"前者袁术送粮致书,盖欲使我不救玄德也。今玄德又来求救。吾想玄德屯军小沛,未必遂能为我害;若袁术并了玄德,则北连泰山诸将以图我,我不能安枕矣:不若救玄德。"得了袁术钱粮,怎么救备?布想出了一个"辕门射戟"法子而解之。

吕布与刘备互为羽翼,是曹操的心腹大患,亦是袁术的心腹大患。纪灵说:"若布与备首尾相连,不易图也。"他向袁术献计:"灵闻布妻严氏有一女,年已及笄。主公有一子,可令人求亲于布。布若嫁女于主公,必杀刘备:此乃'疏不间亲'之计也。"术从之,即遣人求亲于布。布不知是计,与妻严氏商议。陈宫是一个谋略家,知道这是要杀备的计策。此时的布,还把刘备当作羽翼而用之,但宫的态度已经发生了变化。因为布之徐州是从备手中夺来的,与备的矛盾是难以化解的;同时他也发现,备不会久屈于人下,不若借袁术之手杀掉备。陈宫立即见吕布促成即日送女成亲,以便除掉刘备,与袁术联手。这个谋略被陈珪知道了,他立即意识到这是要杀备的计策。陈珪扶病去见吕布,说破了纪灵之计。吕布立即反悔,急命张辽引兵追至三十里外,将女抢回。

刘备、曹操、袁术与吕布的关系,非常复杂。彼此时近时远,是随着形势的变化而变化的。宫是一心辅助布的,陈珪陈登父子是一心帮助刘备的。本来,陈氏父子是随徐州而跟随了备,后徐州又被布夺了去,所以陈氏父子又跟随了布,但"身在曹营心在汉",即明跟吕布,暗保刘备。因此,陈宫与陈珪暗中相争,实际上是两条路线之争:一条是联合袁术,对付曹操,要刘备命的路线;一条是倒向曹操,对付袁术,要吕布命的路线。194年吕布曾袭取了兖州,曹操时时想要灭掉吕布。196年,吕布又因袭取了徐州,备耿耿于怀。因此说,曹操和刘备,都是布的敌人,杀掉备,与术联手,共同对付操,是一个正确的选择;保护备,断绝与术的关系,倒向操,是死路一条。第一次交锋,陈珪战胜了陈宫。

第四节　螳螂捕蝉,不知黄雀在后

接着,又发生了一件影响全局的大事。就是张飞因夺了吕布所买之马,又惹恼了吕布,两家矛盾再次激化而兵戎相见。刘备令人出城,说情愿送还马匹,两相罢兵,布欲从之。陈宫岂肯放过,因为这是干掉刘备的机会。于是说:"今不杀刘备,久后必为所害。"布听之,攻破了小沛,赶走了刘备。

螳螂捕蝉,不知黄雀在后也。陈宫欲杀掉刘备,催促吕布加紧攻城,致使备投向了曹操,这不是吕布、陈宫的胜利,而是曹操的胜利。刘备到达许都,说明吕布的羽翼已除,消灭吕布的时机已经成熟。曹操决定,起兵东征布。同时以兵三千,令备进兵屯小沛,召集原散之兵,攻打吕布。

曹操的这一布局,是完全针对布的。曹操和刘备都是吕布的仇敌,这是铁定的事实。曹操让刘备往豫州到任,进兵屯小沛,就等于在布的腰上插了一刀,这是要消灭布的谋略。估计陈宫是看出来了,但是吕布看不出来。196年,曹操正欲起兵,想先干掉吕布,因冒出了张绣问题,对吕布又是加官又是许愿,欲暂时稳住吕布。吕布目光短浅,见利而忘义,喜而受之。曹操的这一拉拢吕布的办法,也是进一步拆散其与袁术联盟的谋略。

197年,袁术自恃地广粮足,又有孙策所质玉玺,便僭号称帝,欲催娶布小女为东宫妃。而吕布因不久前操封官许愿,以为有了更好的靠山了,居然与袁术彻底翻了脸,杀来使,将韩胤解送许都,同袁术彻底撕破了脸皮。操知布绝婚,大喜,遂斩韩胤于市曹。曹操的这一手是做给袁术看的,故意激起术对吕布的仇恨。结果袁术震怒,双方一场自相残杀。吕布也好,袁术也好,都是曹操要消灭的对象,谁胜谁负都对曹操有利。之后,袁术的力量大为消耗。曹操本来是要先灭吕布,后干掉袁术。但认为攻打术的时机更成熟,遂兴兵十七万,与孙策、刘备、吕布结成了反袁术统一战线,打败了袁术。

大败袁术,曹操就部署好了对吕布的围歼。班师之时,安排了一个针对布的"掘坑待虎"之谋,留下刘备对付吕布。回许都后,曹操又致书备,令其杀吕布。实际上又是让他们自相残杀,谁干掉谁,曹操都是大赢家。刘备并没有傻到让吕布干掉,他致书曹操,说自己兵微将寡,不敢轻举妄动,要曹操兴大军前来征讨。不料,书信被陈宫截获,吕布看了刘备给曹操的书信,如梦方醒。

曹操的谋划是周密的,但刘备还是败露了。没有关系,还有一个暗的内线,就是陈珪陈登父子。陈登解韩胤到许都见曹操时,就密谏曹操:"吕布,豺狼也,勇而无谋,轻于去就,宜早图之。"曹操说:"吾素知吕布狼子野心,诚难久养。非公父子莫能究其情,公当与吾谋之。"陈登说:"丞相若有举动,某当为内应。"就是说,陈登父子早就被曹操安排为内线了。在安排刘备再居小沛之时,曹操对刘备说:"公但与陈珪父子商议,勿致有失。"一场围攻吕布的战争就在这种背景下开始了。

第五节　陈登三诈与吕布之败

这一场战争,吕布的失败,分为两个阶段:第一个阶段,败于曹操安插的内线;第二个阶段,败于妻妾之言。

"掘坑待虎"之计中的掘坑之人刘备暴露之后,布引兵急攻小沛。刘备兵败,曹军攻打徐州。陈登见曹军已行动,且逼近徐州,便遵所嘱,开始行动。陈登入见吕布说:"徐州四面受敌,操必力攻,我当先思退步:可将钱粮移于下邳,倘徐州被围,下邳有粮可就。主公盍早为计?"吕布信之,照办,此陈登第一"诈"也;同时,自引军与陈登往救萧关。陈登上萧关见陈宫,又返回见吕布,两边挑拨离间,害得陈宫引众弃萧关而走,又使得布军与宫军在黑暗中相互掩杀。按照约定,陈登在关上放火为号,引曹兵乘势攻击。到天明,布、宫方知中了陈登之计。急回徐州,徐州已被曹操占矣,此陈登第二"诈"也;陈宫劝吕布急投小沛,布从之。行至半路,遇见了高顺、张辽。吕布问之,答曰:"陈登来报说主公被围,令某等急来救解。"陈宫说:"此又佞(ning)贼之计也。"吕布怒曰:"吾必杀此贼。"急驱马至小沛,只见小沛城上尽插曹兵旗号,原来陈登已将小沛献之于操了,此陈登第三"诈"也。

陈登为曹操内线,运用了"三诈"之谋,很快使曹操攻破了徐州、萧关、小沛,将布、宫逼之于下邳,连续夺取了徐州、萧关、小沛,取得了徐州战役的决定性胜利。可见,一个内线,可抵千军万马。

陈登成为吕布集团的内奸,其实陈宫早就看出来了。每当盛会之际,陈珪父子必盛称布之功德。宫不悦,乘间告布说:"陈珪父子面谀将军,其心不可测,宜善防之。"布反而怒叱说:"汝无端献谗,欲害好人耶?"宫出叹说:"忠言不入,吾辈必受殃矣。"但有什么办法呢,布是非不分,难辨真伪。

战争进入到了第二个阶段,生死存亡的关头。可是,吕布自恃下邳粮食足备,且有泗水之险,安心坐守,不思远图,此就是陈登教吕布"将钱粮移于下邳"计谋之功效也。宫说:"今操兵方来,可乘其寨栅未定,以逸待劳,无不胜者。"布说:"吾方屡败,不可轻出。待其来攻而后击之,皆落泗水矣。"遂不听宫之言,看着曹操将营寨下定。操统众将至城下,又想用攻心之法来软化吕布,达到不战而屈人之兵的目的。操对城上的布说:"闻奉先又欲结婚袁术,吾故领兵至此。夫术有反逆大罪,而公有讨董卓之功,今何自弃前功而从逆贼耶? 倘城池一破,悔之晚矣! 若早来降,共扶王室,当不失封侯之位。"又把布的心说活了,布说:"丞相且退,尚容商议。"宫在侧,大骂操"奸贼",一箭中其麾盖,截断了布投降之路。

看来,劝降之路行不通,因为宫是要血战到底的,于是操引兵攻城。宫对布说:"操远来,势不能久。将军可以步骑出屯于外,宫将余众闭守于内;操若攻将军,宫引兵击其背;若来攻城,将军为救于后;不过旬日,操军粮尽,可一鼓而破:此乃掎角之势也。"这是一个"两面互补"的妙计,布说:"公言极是。"将行,布妻严氏说:"君委全城,捐妻子,孤军远出,倘一旦有变,妾岂得为将军之妻乎?"吕布踌躇未决,三日不出。宫入见说:"操军四面围城,若不早出,必受其困。"布说:"吾思远出不如坚守。"宫见布不肯引兵出城,无可奈何,只得又献一计说:"近闻操军粮少,遣人往许都去取,早晚将至。将军可引精兵往断其粮道。此计大妙。"不想布又听妻妾之言而终止此行,还说:"操军粮至者,诈也。操多诡计,吾未敢动。"宫出而叹曰:"吾等死无葬身之地矣。"

布终日不出,只同严氏、貂蝉饮酒解闷。谋士许汜、王楷入见说:"今袁术在淮南,声势大震,将军旧曾与彼约婚,今何不仍求之? 彼军若至,内外夹攻,操不难破也。"布从其计,即日修书,就着二人前去。二人将书送至,袁术不肯发兵,王楷说:"明上今不肯相救,恐唇亡齿寒。"袁术说:"奉先反复无信,可先送女,然后发兵。"许汜、王楷回见吕布,布只得亲送女前往寿春,终因难突重围而回。曹操攻城,两月不下。后决沂、泗之水,淹至下邳。即使如此,吕布也无所畏惧。他认为自己有赤兔马,走水如履平地,还在乎水吗?

陈宫、吕布双双被擒,主要原因是陈宫的"以逸待劳""两面互补"即吕布出屯于外,与闭守于内的陈宫形成互为掎角之谋、"断其粮道",即劝吕布引兵断曹操粮道之策的三个谋略不用而陷入困境。前645年,秦晋大战于龙门山,秦胜晋败,晋败的一个极为重要的原因,就是晋惠公刚愎自用,盲目自信。朝中以庆郑为代表的大臣提出了一系列意见,有的意见还是非常正确的,他一句也听不进,结果惨败,而且自己还做了俘虏。吕布最大的弱点,就是刚愎自用,盲目自信。从兖州、濮阳到徐州、小邳,陈宫献了一系列的妙计良谋,如果吕布能够言听计从,那么他和曹操之间还有得拼。可惜布听不进,弃之而不用,结果导致了惨败,被曹操彻底消灭。

吕布最后兵败,是因为部下反水。宋宪、魏续、侯成因受到不公责罚而生怨言,三人商议:侯成盗赤兔马献于操,操押榜数十张射入城中,然后攻城。布提戟上城,亲自抵敌。半日后,累乏少憩而困,魏续先盗其画戟,接着与宋宪动手将吕布缚住,招曹兵入城,吕布因此而被擒。据《英雄记》载:"布谓太祖曰:'布待诸将厚也,诸将临急皆叛布耳?'太祖曰:'卿背妻,爱诸将妇,何以为厚?'布默然。"可见,吕布此祸,从根本上,乃勾引部下将领之妻所致。

第六节　借曹操之刀,杀曹操鹰犬

吕布雄踞徐、淮,扼南北之冲,其地理位置十分重要。且又有陈宫为谋,完全可以有所作为。如果布能用宫之谋,北和袁绍,南结袁术,中与刘备形成犄角之势,相互援助,相互配合,就构成了对曹操四面包围和南北夹攻的态势。宫虽多谋,但却如荀攸所说,"有谋而迟";宫虽有谋,但布刚愎自用。布不用陈宫之谋,在军事上也犯了许多战术上的错误,听信妻妾疑将之言,初不"以逸待劳"对付操,后不分兵内外遥相呼应,这些都在客观上丧失了有利战机。操却抓住有利时机,使布的优势转化为劣势,从而打败了布。

曹操打败并彻底铲除吕布,是其统一北方而走向成功的重要一步,具有十分重要的战略意义。

消灭了吕布,使袁术成为孤立之敌,无论袁术南巡还是北走,均不可能得逞;消灭了布,对降而再叛的张绣构成了巨大的威胁:向西投靠刘表,刘表素无四方之志;向北投靠袁绍,袁绍终将为操所败;与袁术联手,袁术已经是奄奄一息,只有投靠曹操。199年2月,张杨被其部将杨丑杀死;杨丑又被眭固杀死,并归属了袁绍。操利用张杨部内讧,乘机打败了眭固并占领了河内郡(古时称黄河以北为河内,黄河以南为河外;河内郡即今河南省沁阳市)。冬11月,张绣率众投降,使袁术进一步陷入了困境。术在陈国被打败后,处境愈益艰难。冬12月,袁谭派人来迎接他。术想从下邳城北送玺于绍,操派遣刘备、朱灵中途拦截他。穷途末路的袁术于一亭中吐血而死。吕布、袁术双双死于非命,标志着吕布、袁术两大割据势力被彻底铲除。

捉住吕布时,按操一贯的思维,有可能活布,但终究还是杀掉了。杀掉布,有其必要。操之主簿王必说:"布,劲虏也,其众近在外,不可宽也。"杀掉吕布,树倒猢狲散,一个劲敌就算彻底解决了。但是,杀掉了布,更大的赢家却是刘备。时布对操说:"明公所患不过于布,今已服矣,天下不足忧。明公将布,令布将骑,则天下不难定也。"操的心被说活了,欲活之,回头问备。备说:"公不见丁建阳、董卓之事乎?"操醒悟,令人将布牵下楼缢死。刘备要缢死布,有两点原因,其一,吕布反复无常,毫无信义;其二,猇勇无比,难以制服。备是存有心计的,现虽为操座上宾,是暂居人下也,久后必骄龙归海,猛虎回山矣。如果活了布,布死心塌地地跟着操,将骑而纵横于天下,则后来操下徐州征汝南以及长坂坡大战,备就难免不吃其亏。如此,则天下还有备之地位吗?布投备,又为张飞所不容。因此说,留着吕布,对于刘备,没有什么好处。

吕布兵败而落入操和备两大权谋家之手,是必死无疑的。布最后被缢死于白门楼,其中最深层的原因,就是刘备是要与操争夺天下的,必然在政治军事上与操分道扬镳。两大势力为天下而争,布是一只猛虎,倒向哪一边哪一边赢。因此,备暗想,不如把布干掉,以免留下后患。196 年,备占据徐州,留吕布居于小沛,在军事上成为犄角之势,令操担惊受怕。操用荀彧的"二虎竞食"之计,瓦解吕、刘之盟,并企图利用备之手杀掉吕布。但是,刘备没有上当,没有杀掉布,曹操、荀彧的计谋没有成功。198 年 9月,备的一句话,就借操之手杀掉了布,除掉了操的一条鹰犬,免除了备的心头大患。操欲活布,显示了操的谲诈;备欲杀布,则更显示了备的谲诈。布之死,也是必然的。陈寿说:"吕布有猇虎之勇,而无英雄之略,轻狡反复,唯利是图,自古及今,未有若此不夷灭也。"

吕布之败,是自取的,也是必然的。但是陈宫之败,却是值得惋惜。陈宫之死,曹操都为之而悲哀。袭兖州,据濮阳后,陈宫献"伏兵泰山险路,切断曹操归路"之计,布不听,结果有了濮阳之败。在徐州,陈宫主张铲除刘备,因为当时的备投奔了许昌,被操当作一个棋子来对付布了。在曹操、袁术、吕布的小范围内的"三分天下"的三角关系中,吕布和袁术很容易被操"利用矛盾,各个击破"。因此,陈宫主张与术联姻,杀掉备,"联合袁术,共抗曹操",布不听,非要与袁术斗个两败俱伤,孤立自己。陈宫早就看出陈珪父子是内奸,劝布谨防之,布又不听,于是有了徐州之败而被操挤进下邳孤城。陈宫又献"两面互补"之计,布又不听,结果城破被擒。陈宫的谋略,都是正确的,完全称得上是一个高级谋士。

第五章 袁术的兴与亡

袁术在东汉末年的天下争夺战的过程中,曾有过两次辉煌,就是南阳时期和淮南时期。尤其是淮南时期,他的事业进入了一个巅峰的全盛时期。

但是,他的事业一顺利,他就飘飘然而狂妄自大。一狂妄自大,他就刚愎自用,什么谋士的话就都听不进了,在政治上军事上经济上盲目行动,并且逆天道而行之,致使他的事业跌入了人生低谷,走向了失败的深渊。

陈寿评价说:袁术"荣不终己",乃"自取之也"。他由一方的诸侯,从辉煌的巅峰到最后兵败身亡,完全是他自己一手造成的。

第一节 横征暴敛与奢淫肆欲

袁术,字公路,司空逢子,袁绍之从弟也。以侠气闻,举孝廉,除郎中,历职内外,后为折冲校尉、虎贲中郎将。189 年,董卓之将废帝,以术为后将军;术亦畏卓之祸,出奔南阳。董卓"趁火打劫"而劫持朝廷,第二次召集百官擅行废立之时,袁绍因反对卓,离开了京都。袁术亦因惧卓,亦离开了京都。会长沙太守孙坚杀南阳太守张咨,术得以据其郡。在南边,术最初占据南阳,因为占天时、地利、人和的优势,成为东汉末年一个最大的军事割据势力。

南阳是荆州最北端的一个郡,而且是很富裕的一个郡。据《后汉书》记载:南阳郡有三十七城,五十万户,二百四十三万人口,农业、手工业和商业都十分发达,是东汉第一大郡。南阳旁边有一个汝南郡,有三十七城,拥有四十一万户,二百一十万人口,是规模仅次于南阳的第二大郡。袁术占据南阳,而汝南又是其一族乡里所在,毫无疑义地成为袁术的强有力的后盾。后来,袁术的势力扩展至江淮地区而进入全盛时期,北与豫州陈国(今河南淮阳县)相接;东邻下邳、广陵(即江苏扬州);南到会稽、东冶;西与江夏接壤,横跨扬、豫、徐三州,坐拥十一郡。这片区域没有战火波及,总人口多达八百余万,物产也是十分丰富的。

占据南阳,临近汝阳以及后来的江淮地区,生产发达,生活富庶,为袁术纵横天下提供了经济保障。可是,袁术不善经营,把一个户口几百万,经济富庶,粮草充足的江淮、南阳搞得民不聊生。作为割据一方的军阀,要想创立大业而纵横天下,在政治上军事上有所作为,一定要有经济实力。政治、经济、军事三者之间是辩证统一的,经济是基础,政治是经济的集中反映,而军事则是实现政治经济的最高手段。就是说,通过军事割据,才能实现政治目标,经济上一定要足以支持战争,才能确保政治军事目标的实现。

为了保证其庞大军队的开支和自己及其下属官员生活上的过度骄奢,袁术极尽手段,横征暴敛,搜刮民脂民膏,把一个地广粮多的淮南搞得一贫如洗。袁术政权又十分腐败,从来都不抚恤军民,人民生活饥寒交迫,民间是一片怨声载道。《三国志》介绍说,袁术"荒侈滋甚,后宫数百皆服绮縠,余粱肉,而士卒冻馁,江淮间空尽,人民相食"。

既不注意发展经济,穷奢极欲,民怨沸腾;还要穷兵黩武,给他的军队带来极度的困难,最终使自己走上了绝路。197年,操回许都时,有人报袁术乏粮,劫掠陈留。操乘虚攻之,遂兴兵南征。袁术最后兵败,又被群盗所袭,只得住于江亭,只有一千余众,皆老弱病残,时盛暑,粮食尽绝,只剩麦三十斛,分派军士。家人无食,多有饿死者。术嫌饭粗,不能下咽,乃命庖人取蜜水止渴。庖人曰:"止有血水,安有蜜水!"袁术坐于床上,大叫一声,吐血斗余而死。可见,下场可悲。

第二节　敌我不分而穷兵黩武

占据的南阳郡,从地形地势来说,为袁术纵横提供了一个非常好的军事用武之地。南阳郡地处南阳盆地当中,地形相对封闭。有汉水、武当山、荆山、长江依次成为屏障,可以自成一个体系;从战争的角度来说,可以看作一个军事单元。进可攻,退可守。反卓联军成立时,术曾起兵响应,成为第一镇诸侯大军。联军解体后,术回南阳经营,势力大震。

无端地制造矛盾,无事生非,搞乱自己的外交。袁术在南阳,闻袁绍新得冀州,遣使求马千匹,绍不与,术怒。自此,兄弟不睦。又遣使往荆州,向刘表借粮二十万,表不与,术恨之,遂与表结仇。袁术与袁绍有隔阂,又与刘表不和,而向北去连结公孙瓒;袁绍则与公孙瓒不和而向南结交刘表。兄弟二人各怀二心,舍近求远,相互对立。《三国志》记载说:袁术"引军入陈留。太祖与绍合击,大破术军"。袁术进军陈留郡,袁绍居然联合曹操攻打,敌我不分,兄弟不睦如此,岂能不败?

在曹操的挑拨下,袁术与刘备为敌的同时,又与吕布为敌,多次兵戎相见。袁术称帝,布拒将女儿立为东宫,还将韩胤解赴许都,为操所斩。斩韩胤,这是曹操的一个计谋,实际上是布置了一个陷阱,让术往里跳。但是莽撞的袁术竟冲天大怒,拜张勋为大将军,统领大军二十余万,分七路征讨徐州。鹬蚌相争,全然不知渔翁在旁。袁术此次出兵,从政治、经济、军事三个方面来说,都是不宜的:其一,政治上,197 年术登基称帝,大逆不道,已经引起全天下共愤。"得道多助,失道寡助。"袁术四面为敌,四面出击,极大地消耗了自己的军事力量。其二,经济上,淮南地区,已经是危机重重。攻打吕布大败而归后,袁术军队就乏粮,军士曾四处劫粮。其三,袁术怒而出兵,是兵家之大忌也。因此,此次出兵,大败而归。

袁术占据淮南,割据一方,面对诸多割据势力,团结谁? 利用谁? 打击谁? 似乎没有考虑过。他无端地与袁绍、刘表结怨结仇,相互对立,兵戎相见。其实,对袁术威胁最大的是曹操。操之兖州夹在河北与淮南之间,操善能用兵,且又取得了"挟天子以令诸侯"的政治地位,直接威胁着淮南的安全。袁术应联合袁绍,南北夹攻曹操。可是,袁术却与袁绍不和,与绍的仇敌公孙瓒联合,致使袁绍竟与操联手来攻打淮南。在南面,袁术应与江东的孙策联合,应当与吕布联合,甚至应当与刘备联合,共同对付操,建立对付曹操的统一战线。

但是,袁术一个也不注意团结,任凭操挑拨离间,不仅与刘表有隔阂,而且与吕布、刘备都有矛盾。尤其是在吕布最为困难之时,袁术有能力去救却见死不救,坐看吕布被操消灭,结果唇亡齿寒而绝了自己的路。当许汜、王楷至寿春(今安徽六安市寿春镇,坐落于淮河中游南岸)求救,术就应该发救兵。那时出兵救布,实际上是救自己。吕布虽然反复无常,可气可恨,但从大局考虑,必须出兵相救。因为操灭掉了吕布,下一个要灭的就是袁术。到操公开讨伐吕布时,刘备是指望不上了,因为刘备是一屁股坐到操那一边去了。况且,术与备是有仇的。因此,术只有与吕布联合,相互援助而共同抗击曹操,才能生存下来。可是,袁术几次与刘备大打出手,也与吕布大打出手,自相残杀,两败俱伤。

袁术的劲敌曹操,却反倒能充分利用矛盾,与策、备、布结成反袁术统一战线。操是极有谋略的,在其大军正式攻打寿春之前,从不与袁术交手。用"驱虎吞狼"之计,首先挑得备与术无端打了起来,让双方自相残杀,自相消耗。操却坐山观虎斗,不是两虎相斗,而是三虎相互斗。袁术本来也算是一只猛虎,足可虎视四方。结果是被刘备打了几下,又被吕布狠狠地打了几下,孙策在江南又怒目相视要来打,袁术被打得筋疲力尽了。曹操一看时机成熟,于是与备、布、策联手来打。这样一只老虎,还能不死吗?

第三节　阴谋不轨而登九五

没有明确的政治立场，是其失败的一个根本原因。袁术在朝为官，曾与曹操、袁绍一起反对和诛杀宦官，扶助新君；也曾与逆党董卓之流作斗争，并加入过联军，参加了扶助汉室，讨伐董卓的战争。可是，袁术却与董卓的余党李傕勾结，敌我不分，没有明确的政治立场。

政治上没有一定的策略，是其失败的重要原因。从曹操、刘备到孙权，骨子里谁不想登基做皇帝？操没有做皇帝，还把汉献帝接到许昌，自己仅做了一个汉丞相，到他儿子曹丕手里才做皇帝。备有了荆州、两川之地，也没有做皇帝。直到曹丕登基之后，才做了皇帝，为什么呢？理由仍是匡复汉室，曹丕篡位了，国不可一日无主，所以名正言顺地做了皇帝。孙权占据江东，按理早就应该做皇帝了，但做得最晚。直到曹丕、刘备做了皇帝，才登基称帝。其理由也充足，曹、刘两家都做皇帝了，姓孙的为什么不能做？这就是政治策略也。

群雄割据之时，袁术在淮南，屁股还没有坐稳，就想做皇帝。袁术要做皇帝，当然也是由当时的大环境所影响的。"刺史改州牧"实行之后，形成了州牧称霸一方的制度，开了一人独揽地方大权的先河。州牧独揽大权，也就开了不听皇帝和朝廷号令的先河。久而久之，就产生了彼可取而代之的思想，也就产生了做皇帝的思想。当然，对其称帝，在其内部反对者也是颇多的。袁术会群下说："今刘氏微弱，海内鼎沸。吾家四世公辅，百姓所归，欲应天顺民，于诸君意如何？"众莫敢对。主簿阎象进曰："昔周自后稷至于文王，积德累功，三分天下有其二，犹服事殷。明公虽奕世克昌，未若有周之盛，汉室虽微，未若殷纣之暴也。"术嘿然不悦而暂且罢休。可是时过不久，河内人张鲍为他卜卦，说他有做皇帝的命，他以此为理由，于197年在寿春称帝，建号仲氏，置公卿，祠南北郊。

袁术登基称帝，政治上自我孤立，最终把自己送上了失败而灭亡的道路。僭号称帝，是背叛朝廷的，是大逆不道的，人人得而诛之。本来，吕布有可能与袁术结成婚姻，结成联盟。但就因其僭号而背叛朝廷，绝其婚姻而导致两家一场大战，两败俱伤。被吕布打败之后，本欲向孙策借兵报仇，不料孙策却说："汝赖吾玉玺，僭称帝号，背反汉室，大逆不道。吾方欲加兵问罪，岂敢反助叛贼乎。"孙策竟与曹操合为一体，配合操、备、布从南面夹击袁术。操成了正义的一方，袁术则成了非正义的一方。

天下割据，军阀混战，"一个个像乌鸡眼似，恨不得你吃了我，我吃了你"。袁术登基做皇帝，正好成了群起而攻之的理由。"僭号称帝，大逆不道，人人得而诛之。"因为袁术僭号称帝，大逆不道，正是为保卫大汉王朝而出兵消灭之的最正当也是最好的理由。其实,保护大汉王朝也好,维护汉献帝也好,不过是他们打的一个旗号而已。实际上,他们当中有几个是真心实意的,都是虚假的一套。在曹操、刘备、孙策、吕布几个人中,只有吕布一个人傻头傻脑,稀里糊涂地跟着被利用,其余的几个人,哪一个不是在玩心眼。

袁术是东汉末年军阀中第一个称帝的。袁术为什么敢于冒天下之大不韪而第一个称帝?其根本原因就在于,袁术是199年在中国东部三大割据势力形成之前,是东汉末年最大的一个军阀割据势力。反卓联军成立时,曹操几乎和刘备一样,既没有州府,没有地盘,也没有什么军队。而袁术则是各路诸侯中实力最强大最雄厚的一个,排在十七路诸侯之首。因为实力雄厚,时袁绍当上了盟主,袁术还不服气呢。因为实力雄厚,在反卓的战斗中,他又怕孙坚立了头功,又怕曹操上了前,所以最早起了异心。

《三国志》记载:"董卓之将废帝,以术为后将军;术亦畏卓之祸,出奔南阳。会长沙太守孙坚杀南阳太守张咨,术得据其郡。"为什么"孙坚杀南阳太守张咨,术得据其郡"呢?因为军阀混战之始,在某种意义上来说,孙坚是从属于袁术一派的。后来孙坚北上后不久,就任荆州刺史的刘表上表天子,让袁术名正言顺地以后将军的身份领南阳太守,而术也趁机上表,让孙坚做豫州刺史。反卓联军解体之后,术又回到了南阳,势力再次大震。而且袁术势力范围也是不断变化发展的。后来,袁术的势力扩展到了江淮地区,在淮河两岸为根基掉阖纵横,疆域迅速扩张,横跨扬、豫、徐三州,坐拥十一郡而进入全盛时期。

此时的袁术,与天下争锋,大有舍我其谁之势。势力最强而称雄一方,这是袁术敢于第一个做皇帝的根本原因。但是,就是这个皇帝一做,就把袁术送上了绝路,送上了失败的深渊。

第四节　狂妄放肆与失败的深渊

陈寿评价袁术说:"奢淫放肆,荣不终己,自取之也。"奢淫和放肆是袁术失败的两大根源。由于骄奢淫逸,他把富庶的南阳和江淮地区弄得一贫如洗,民不聊生,断送了事业发展的基础;尤其是由于狂妄放肆,他把自己的事业送上了绝路。

起初,袁术的事业是得天时、地利、人和的。家世显赫,身逢乱世,可谓得天时;兼跨荆豫两州,可谓得地利;孙坚为前驱,可谓得人和。事业的发展可谓是一辉煌而再辉煌。袁术起事的成功和袁绍一样,主要的原因就是得力于其"四世三公,门多故吏,汉朝名相之裔"的门第。名声响亮,故此,在东汉末年初期袁术成功于南方,袁绍成功于北方,形成了"南术北绍"的辉煌局面。

心理学家们曾指出,细节决定性格,性格决定命运。狂妄放肆,是袁术的一大性格弱点。袁术属于小人得志的一类人物,事业一顺利,就骄傲自大,狂妄放肆。我们从袁术从南阳到江淮的事业发展的曲线,就可以看出袁术心理发展的曲线。袁术自己是一个能力比较差的诸侯,可是他的事业的发展一辉煌而再辉煌,肯定是得到了高级谋士的指点。但是,事业一顺利,他就骄傲自大,狂妄放肆了,谋士的话就一句也听不进了。这个时候,就是其事业失败的时候。

袁术在南阳初步走向辉煌的时候,盲目行动而搞乱自己的外交。《三国志》的"既与绍有隙,又与刘表不平,而北连公孙瓒",就是对这一事件的记载。而正是袁术这一错误的决策,导致袁术事业的受挫。《三国志》记载说:袁术"引军入陈留。太祖与绍合击,大破术军。术以余众奔九江"。

事业受挫,受到了教训,袁术就乖顺了,谦虚了,脾气也就好了,高级谋士的话开始听得进了。《三国志》记载说:术的一个谋士袁涣,"避地江、淮间,为袁术所命。术每有所咨访,涣常正议,术不能抗,然敬之不敢不礼也"。袁术南阳受挫之后,迅速占据了九江郡,后以淮河两岸为根基捭阖纵横,疆域不断扩张,肯定是得到了谋士的指点。袁术手下有一位大谋士,在《三国演义》里,称之为长史杨大将,正史里称为杨弘。此人胸怀韬略,腹隐玄机,完全是一个顶级谋士。据史料推测,反卓联军成立时,杨弘就投奔了袁术。在联军与董卓大战,他最先就预料到董卓会逃离洛阳,可见其有先见之明。袁术到了江淮之后,杨弘时时参与军机谋划。

196 年,曹操用荀彧的"驱虎吞狼"之计时,被刘备识破,因用了天子之命,备不得已而为之。看起来,好像术受骗上当了。其实,杨弘已识破了操的"刘备败,就占徐州;袁术败,就占淮南"的阴谋。杨弘分析说,朝廷既然令刘备略南郡,那为什么又将备要略南郡的奏章报告,暗地里告诉袁术呢?这不明摆着挑拨离间,要两家互斗,他好从中渔利吗?因此他建议袁术,将计就计,就势夺取徐州,并联络吕布,共同对付刘备。就在这一年,术因孙策讨要玉玺而恼怒,欲出兵征讨江东。弘说:"策据有长江之险,兵多粮广,未可图也。当先伐刘备,以报前次无故相攻之恨,后图孙策。"他献了一个拆散吕布与刘备之间联盟之计,即"抛砖引玉"之计:送给吕布玉帛粮草,以结其心,使其按兵不动。先擒刘备,后图吕布,徐州可得也。但是,这一计谋后来被布以"辕门射戟"而解之。可以清楚地看到,杨弘的战略目标,就是缓攻江东,联络吕布,集中力量打击刘备,夺取徐州。

197 年,袁术因曹操的挑拨离间,出兵二十万攻打吕布,败回淮南之后,向江东借兵报仇。孙策说:"汝赖吾玉玺,僭称帝号,背叛汉室,大逆不道,吾欲加兵问罪,岂肯反助叛贼乎!"术大怒,欲出兵伐之,杨大将谏而止之。这一次如若南征江东,袁术必败无疑,也是操求之不得的。也就在这一年,术因僭称帝号,政治上已彻底陷入了孤立。曹操联合刘备、吕布、孙策,组成反袁术统一战线,形成了对袁术的战略上,同时也是战术上的包围。几十万大军来势汹汹，术也感到惊惶失措。杨弘说："寿春水旱连年，人皆缺食，今又动兵扰民，民既生怨，兵至难以拒敌。不如留军在寿春，不必与战，待彼粮尽，必然生变。陛下暂且统御林军渡淮，一者就熟，二者避其锐。"术用其言，留李丰、乐进、梁纲、陈纪四人，分兵十万，坚守寿春。其余卒并库藏金玉宝贝，尽数装载，过淮去了。这一个"金蝉脱壳"之计，是一个高明的谋略，袁术用之，过淮河，避免全军覆灭，保存了一定的实力。这一谋略对战争变化发展的预料，是非常准确的。"待彼粮尽，必然生变"。果然，当曹操的联军攻陷寿春之后，操就深感粮草极为紧张，不战而撤军了。

但是，在三种情况下，谋士的意见，袁术是听不进的。第一，得意忘形之时，听不进。南阳初步辉煌时，术刚愎自用，"兄弟携贰，舍近交远"，不分敌友，盲目外交。无端地得罪刘表和袁绍，孤立自己。第二，愤怒至极之时，听不进。吕布毁婚，还将术之媒人，实际上是术之特使韩胤解送许昌，让曹操给斩了。术简直是气极了，出兵二十万攻打徐州，结果损兵折将，大败而归。第三，一心一意想着要干的事情，听不进。如一心想着要做皇帝的事，谋士们怎么谏，也是听不进的。193 年，孙策用玉玺换兵之事，杨弘就不赞成。事后他愤愤不平地说："一个石头，换走我们三员大将。"袁术称帝时，杨弘反对，他认为，现在称帝，天下诸侯，必群起而攻之，我们必败无疑。因此说，袁术的最终失败，并不是他的实力不够，而是他既骄奢淫逸，又狂妄放肆，策略错误，头脑简单而糊涂。

袁术有地盘，有军队，有盟友，有经济实力。地盘横跨扬、豫、徐三州，坐拥十一郡；军队，带甲十七万，其军队数量远高于曹操、孙策、吕布、刘备；盟友，有实力雄厚的袁绍、有孙策，还有吕布；经济，人口众多，物产丰富，经济富庶。地盘虽大，但是到后来却越缩越小。军队虽多，也被他胡乱折腾完了，盟友虽多，但到最后，都众叛亲离而彻底孤立。经济虽富，江淮地区遭遇饥荒，昏庸的袁术却拒绝救济灾民，致民变兵变。最后祸及自身，兵败身亡。

如果袁术安下心来发展，对杨大将之谋，言听计从，多谋而善断，那么曹操、孙策、刘备都是很难成大气候的。如果在吕布于下邳被围困之时，出兵相救，两家结成唇齿相依的关系，那么袁术在淮南就有了回旋的余地。可是袁术没有战略眼光，坐看吕布灭亡，使自己一步步地走上绝路。袁术的兵败身亡，在当时一些政治家、军事家以及一些谋略家的眼中，是早已预料中的事。孔融说，袁术"冢中枯骨，何足挂齿"！曹操说："冢中枯骨，吾早晚必擒之！"所以说，他的最终失败，是必然的。

第六章 曹操扫清东南的智谋

曹操占据兖州之时，各个重要的割据势力也已经形成和发展起来了。袁绍占据着北方；张绣占据着宛城；刘表占据着荆襄；袁术的势力已经扩展到了淮南；南面的徐州有刘备和吕布；西边有韩遂、马腾。

怎样消灭这些割据势力，需要讲究一定的策略。袁绍占据北方，实力雄厚，不可轻征。韩遂、马腾，相隔遥远，也不宜轻易起兵而攻之。所以，曹操采取了"远交近攻"之策略，先扫除许昌之东南面。

在战略战术上主要是采取"二虎竞食""驱虎吞狼""掘坑待虎"三个计策，"制造矛盾、利用矛盾"而"各个击破"之。

第一节 "二虎竞食"到"驱虎吞狼"

曹操是有雄心壮志的，有心要纵横天下的。争夺天下，必然要发动大规模的兼并战争。当时的形势是：各个诸侯的地盘是不能随便抢的，抢是非法。那么怎么办呢？曹操通过"移驾幸许都""挟天子以令诸侯"，贴上"奉旨讨贼"的标签，披上合法的外衣，使之合法化。就是说，曹操南征北战，西征东讨的兼并战争，都是在"奉旨讨贼"的名义下进行的，这是曹操能够迅速崛起的奥秘。扫除东南面的一系列战役，曹操所打的旗号，就是"奉旨讨贼"。严格地说，曹操争夺天下的兼并战争，是从"移驾幸许都"之后开始的。

许昌的东南面，就是徐州、淮南和扬州，皆禹定之九州，"泗上为徐州，鲁也""东南为扬州，越也"。东南面有刘备、吕布、袁术三个军事割据势力，包括曹操在内，一共四家，大致的范围就在江淮地区。曹操在兖州，袁术在淮南；刘备占据着徐州，吕布居于小沛，两家共同掌控着徐州，形成了四家三方鼎立江淮的局面。如果刘备、吕布、袁术三家一联手,曹操则首尾难顾,其结果就不是曹操吃掉三家,而是三家吃掉曹操。所以,这一个时期曹操的基本战略是"制造矛盾,利用矛盾,各个击破",扫清东南面。这一战略战术的实施,无一不是打着皇帝的招牌下进行的。

怎么"制造矛盾,利用矛盾,各个击破"呢?

处在曹操和袁术两大势力之间的刘备,势力最单薄。因此,徐州是两大势力争夺的对象。自吕布居于小沛之后,既遏制了曹操,也抵住了袁术。196年,"移驾幸许都"之后,曹操决定开始对其东南面实行兼并战争。曹操说:"刘备屯兵徐州,近吕布兵败投之,备使居小沛;若二人同心来犯,乃心腹之患也。"于是就要"制造矛盾,利用矛盾,各个击破"。

荀彧可谓是制造矛盾的专家,他是很善于观察问题的,他既看到了吕、刘之间的"互为犄角,互为援助"的关系,也看到了吕、刘之间互不相容的矛盾,所以向曹操献"二虎竞食"之计。"二虎"者,刘备、吕布也,"食"即徐州矣。这就是制造矛盾,让两虎为徐州而争,自己从中获利,也是古人所说的"鹬蚌相争,渔人得利"。这计也是挺毒的,让备去杀布,若备杀不了布,布反过来就会杀备。不管谁杀掉谁,对操都是有利的。此计被备识破,因为没有打皇帝的招牌,刘备是完全不理睬,既不赶布,也不杀布。

一计不成,又生一计。荀彧又献"驱虎吞狼"之计:用一虎(袁术)诱食,一虎(刘备)逐食,一虎(吕布)抢食的策略。这一计谋,亦被备所识破。但这一计,曹操总结了上一计的经验教训,贴上了汉献帝的标签,就是通过皇上"圣旨"的形式,令刘备率本部人马征讨袁术。圣旨不可违抗也,备只得领命,留张飞守徐州,与关羽率军攻打袁术。操又暗令人往袁术处通报,说备上密表,要略南郡(泛指荆州,实指南阳,这里指淮南)。曹操唱的这一出,乃"无中生有"之谋也。术闻听大怒,令上将纪灵引兵十万攻打徐州。两军会于盱眙,一场恶战,两败俱伤。自此,两家结下了怨仇。

刘备出兵攻打淮南,徐州空虚,吕布起异心,送上口的肉能不吃吗?于是乘夜袭取了徐州,断了刘备的归路。彧这一计,算是够狠的,使三家有了矛盾,而搞乱了三家。因为这一计策,刘备失去了徐州老巢。刘备、袁术盱眙一战,袁术大败,损兵折将,术对备恨之入骨。曹操的第一计虽未成功而失败了,但是他的目的在第二计中得到了完全的实现。在第二计的实施过程中,陈宫明知是计,却要将计就计地夺取了徐州,这就与刘备结了仇。从此之后,刘备与吕布的矛盾就难解难分而刀兵相见。这一计曹操达到了预期的目的,并且在以后的战争中,还引起了一系列连锁性的反应。

从表面上看,荀彧的"驱虎吞狼"之计,使大家都受骗上当了,其实不然。刘备第一个就识破了此谋,因为打着汉献帝的招牌,不得已而为之。陈宫和杨大将亦都识破了此谋,不过是将计就计而已。就在此时,袁术闻报吕布袭取了徐州,即差人往布处,许以粮食、马匹、金银、彩缎,意欲与吕布南北夹攻,彻底除掉刘备。此乃杨大将的"抛砖引玉"之谋也,其目的就是要拆散备与布的关系,除掉刘备,夺取徐州。吕布见利忘义,令高顺领兵五万袭备之后。刘备闻听,弃盱眙而走。比及高顺领军到,刘备已走,南北夹攻之战没有打成。备未除,袁术就不愿送所许之物,说是要待捉住了玄德,方送所许之物。布闻听,大怒,欲起兵攻打南郡,这样吕布与袁术之间也有了矛盾。

杨大将见其目的未能达到,因为袁术惜小利,并不完全听杨大将的,未能除掉备,反与布产生了矛盾。杨大将一计不成,又生一计,不过第二计与第一计相比,仍是"抛砖引玉"之谋。再次送礼与布,拆散布与备的关系,先除刘备,再打吕布,达到夺取徐州之目的。可是,吕布不上当,却用"辕门射戟"解之,致使杨大将之谋再次受挫。但是曹操取得了成功,操用荀彧之计,使三家各自分不清敌我友,使三家相互残杀而消耗力量。事态的发展,还不止于此,操在三家之间制造的矛盾,是不断发展的。不久,张飞抢劫吕布所买之马,两家之间的矛盾激化并发展到大打出手。把刘备逼得投了曹操,成为曹操对付吕布的一个棋子。陈宫和杨大将皆识破了荀彧之谋,为什么荀彧之谋能得以成功呢?关键是这一谋略的核心是在徐州问题上做文章,而徐州对各方的诱惑力实在是太大了,此即"利而诱之"也。因为巨大利益的诱惑力,所以他们明知是计还要将计就计。曹操这一计谋的关键,就是要搅得刘备、吕布、袁术三方都动起来,都争起来,都打起来,使他们在摩擦、冲撞、矛盾冲突中造成仇恨。对于曹操来说,就达到目的了。

刘备投了曹操之后,荀彧又献了一个"掘坑待虎"之计。"掘坑"者,刘备也。"虎",即吕布也。于是,曹操把刘备当一个棋子用了起来。"掘坑待虎"之计,就是利用刘备来对付吕布。反过来,也是利用吕布来对付刘备。怎么用呢?还是要打皇帝的招牌。操奏明"圣上",任命备为豫州牧,令其攻击吕布。《先主传》记载:"先主败走归曹公。曹公厚遇之,以为豫州牧。将至沛收散卒,给其军粮,益与兵使东击布。"之后,操又写信给备,令其攻打吕布。结果信息败露,吕、刘两家又大战了起来而互不相容。

《孙子兵法》说:"兵者,诡道也。故能而示之不能,用而示之不用;近而示之远,远而示之近;利而诱之,乱而取之,实而备之,强而避之,怒而挠之,卑而骄之,佚而劳之,亲而离之,攻其无备,出其不意。""驱虎吞狼"之计,破坏了三家之间的相互关系,使三家之间相互大打出手,使其矛盾难解难分,就是"利而诱之、佚而劳之、亲而离之",然后"乱而取之",此即"兵不厌诈"也。

第二节　坐山观虎斗,收"渔翁之利"

三个计策的实施,曹操不战而达到了屈人之兵的目的。通过制造矛盾而挑拨离间,使刘备、吕布、袁术三家之间有了仇恨,而且还要使其矛盾不断加深,使之互不相容。因为互不相容,三家之间就会兵戎相见而大打出手。这时候,曹操并不马上出兵收拾他们,而是继续坐山观虎斗,让他们斗上一段时间。待到他们三家之间相互打斗得一个个鼻青脸肿,三败俱伤而筋疲力尽时,再一个个收拾。一个个收拾他们,也有一个方式方法,就是利用矛盾而各个击破。在这三家相互打得鼻青脸肿的过程中,刘备是最经不住打的,被吕布打得投了许昌。投了许昌,就被操掌控在手了。对于操来说,备被掌控在手,三家就算是除掉了一家。至此,在江淮地区,形成了曹操、袁术、吕布"三家鼎立"的短暂局面,是一个缩小了范围的"三分天下"的三角关系。

毛泽东在解放战争初期曾说:"我们采取的办法是先打弱敌,后打强敌,先打分散孤立敌人,后打集中强大的敌人。好比你面前有三个敌手,一个强手,两个弱手。你先把两个弱手一一打倒,剩下那一个强的,前后失去了照应,他就孤立了,胆怯了,强手就变成了弱手,一打就倒。"

当时的袁、吕、曹三家,力量相差并不悬殊,操的势力仅局限于兖州及其周边地区;袁术占据淮南,横跨扬、豫、徐三州,坐拥十一郡;吕布雄踞徐、淮,扼南北之冲,其地理位置也十分重要。甚至可以说,无论是袁术还是吕布,其力量都略大于操。如果袁术和吕布两家看清了形势,能够认真联合,共同对付曹操,那么鹿死谁手,其后果是很难料的。在这个小范围的三角关系中,曹操是怎么对付另外两家的呢?其实方法很简单,就是拣弱的打,拣孤立的打。操的谋略就在于"制造矛盾、利用矛盾、各个击破",通过矛盾,使两家大打出手,自相残杀,两败俱伤,使敌人由联合而变为孤立,使敌人的优势变为劣势,由强变弱,然后各个击破,一个一个地消灭。就是先"坐山观虎斗",然后坐收"渔翁之利"。

在袁术和吕布两家中,先收拾谁,后收拾谁,曹操是认真地思考谋划的。原打算先收拾吕布,因为布占据徐州,危害比较大。几次要动手,皆时机不成熟。195年夏,吕布兵败投了刘备,备使吕布居于小沛,互为援助,刘备如虎添翼,不好打了。于是用谋略而离间之。196年10月,备被布打得投奔了操,不战而屈了刘备之兵,这才考虑着攻打吕布。怎么个打法,也得讲究个办法。

曹操认为,刘备这个棋子还是可以继续用一用,因为备与布是有矛盾的,就用刘备来对付吕布。备投奔曹操,是想借操暂栖其身并借操之力来对付吕布,是对操的一种利用。而曹操呢,也深知备不可用而欲杀之,又怕担害贤之名,故而留之。又幻想为己所用,故而又试用之。就刘备来说,能甘心为操所用吗?长期为操所用,自己的伟业怎么办?道不相同,不可与谋也。再说,长期为操所用,自己的命就捏在了操的手上。明的是操利用了刘备,暗的却是备利用了操。曹操与刘备之间,谁在利用谁,还真说不清楚。

197年,曹操令刘备进兵屯小沛,召集原散之兵,攻吕布。吕布孤立了,可以打了;

一切谋划都已部署到位,准备出兵。这时候,突然冒出来一个张绣欲兴兵犯阙(jue)夺驾的问题。讨伐吕布的战争又得缓一缓了,可又担心一旦远征,吕布在陈宫的怂恿下乘虚来攻许都。操又利用天子的名义,对吕布又是加官晋爵,又是许愿封赏,将其稳住。布是一个贪图小利的人,同时他早就想得到皇上的封赏,但是他哪里懂得"必欲除之,而先固之"的道理。对于操的封赏,他是喜而受之。

解决了张绣的问题后,本应出兵攻打吕布。但这时形势又发生了一个戏剧性的变化。袁术僭称帝号,引起了社会的公愤;袁术又欲催娶布之女立为东宫,布因收到了操的加官赏赐的诏书,绝了婚姻,并将说亲的韩胤付于陈登解往许都,彻底断绝了与术的关系。术与布两家的矛盾激化了,袁术派七路二十万大军攻打徐州,大败而归。术败回淮南之后,欲向孙策借兵报仇,孙策不借,大骂其反贼欲讨之,术与策两家的矛盾亦激化了。袁术已是彻底孤立了,消灭袁术的时机成熟了,曹操便遣使至江南,以皇帝的名义拜孙策为会稽太守,令起兵征讨袁术。同时发人会合孙策、刘备、吕布共同夹攻袁术,组成了反袁术统一战线,"奉旨讨贼",曹操亲率十七万马步兵起程,打败了袁术,动摇了术在淮南的基础。

第三节 "掘坑待虎"与"缚虎之人"

曹操最不放心的就是吕布,勇冠三军,占据徐州,如虎雄踞,又有陈宫为谋,后患无穷,必须抓紧时间消灭之。打败了袁术,动摇了袁术在淮南的根基,曹操又开始谋划怎么对付吕布了。控制了刘备,打败了袁术,三大劲敌就剩下吕布了。而此时,布也彻底孤立了,到了该收拾的时候了。

但形势依然严峻,袁术还未彻底消灭,还占据着淮南,又死灰复燃;张绣以贾诩为谋士,还在南阳复肆猖獗;袁绍在北,对许昌,早已是虎视眈眈。曹操手中还有一个棋子可用,就是刘备。操在寿春班师之时,令备仍屯兵小沛,表面上与布结为兄弟,暗地里又对备说:"吾令汝屯兵小沛,是'掘坑待虎'之计也。公但与陈珪父子商议,勿致有失。某当为公外援。"就是说,曹操再用一计,目的就是要铲除吕布。办法就是让刘备继续挖坑,等待吕布去跳。布一旦跳下了坑,操就会出面来收拾他。可见,曹操用意之长,用心之险,用谋之毒。

198 年,袁绍乘操讨伐张绣之际,欲兴兵犯许都,操担心,故而即日回兵。袁绍见操归,又致书于操,言欲出兵攻打公孙瓒,特来借粮借兵。郭嘉说:"徐州吕布,实心腹大患。今绍北征公孙瓒,我当乘其远出,先取吕布,扫除东南,然后图绍,乃为上计;否则我方攻绍,布必乘虚来犯许都,为害不浅也。"操然其言,遂议东征吕布。荀彧说:"可先使人往约刘备,待其回报,方可动兵。"操从之,即修书于玄德。备得书,立即回书,约定操攻打吕布。送密书的使者被陈宫捉住了,密书也被其搜去。至此,布与操、备的矛盾公开化,于是操与布之间的战争就提前了。

陈宫带备的使者和密书,去见布。吕布看书毕,大怒,立即起兵攻备。先使陈宫、臧霸结连泰山寇,东取山东兖州诸郡。令高顺、张辽取沛城,攻刘备。令宋宪、魏续西取汝、颍。布自总中军为三路接应。刘备闻报高顺引兵出徐州,将至小沛,立即部署军队以应敌,急遣简雍赴许都求救。操得报,即命夏侯惇与夏侯渊、吕虔、李典领兵五万先行,自统大军陆续进发。早有探马报知高顺,顺飞报吕布。布先令侯成、郝萌、曹性引二百余骑接应高顺,使离小沛三十里迎战曹军,自引大军随后接应。

刘备见高顺退去,知曹军到,自己与关、张提兵出城接应。高顺与夏侯惇相遭遇,两军大战。夏侯惇左目受箭,故此曹军大败。高顺得胜,引军回击玄德。恰好吕布大军亦至,布与张辽、高顺分兵三路,攻打刘、关、张三寨。高顺、张辽击关公寨,吕布自击张飞寨。关、张各出迎战,刘备引兵两路接应。吕布分军从背后杀来,关、张两军皆溃,刘备引数十骑奔回沛城,布随后赶到,亦进了城。备只得弃妻小而逃,布军大胜而夺取了小沛城。

大战开始,曹操两处大败:一是夏侯惇、夏侯渊与高顺交战而败,尤其是夏侯惇损失左目,吃了大亏;一是刘、关、张与吕布、高顺、张辽交战而败,丢失了小沛一城。操亲引大军至,立即使人打探布现在何处。探马回报云:"布与宫、臧霸结连泰山贼寇,共攻兖州诸郡。"操即令曹仁引三千兵攻打小沛城;亲提大军,与备来战吕布。至此,就双方的军事实力对比来看,谁胜谁负还是很难分晓的。但是操善能用谋,而布却勇而无谋,这就是最大的弱点。陈宫虽有谋,但布却刚愎自用,宫之谋不能为之所用,这是吕布失败的原因。也就是说,吕布集团凭借自己已有的经济军事实力及其所控制地盘,如果善能用谋,那么形势就是另外一个样子了。

曹操不仅"掘坑"而"待虎",而且还安排了"缚虎"之人。现在,"掘坑"之人刘备,已经暴露,但"缚虎"之人陈珪、陈登父子还隐藏着呢,这就等于在布身旁安了一个定时炸弹。大战,实际上分为两个阶段。依靠陈登的内线之谋,不费吹灰之力,曹操得了徐州、小沛,将吕布逼于下邳孤城,战果辉煌。第二个阶段,是攻破下邳,彻底消灭吕布势力的阶段。操商议攻打下邳,程昱说:"布与术合,其势难攻。今可使能事者守住淮南径路,内防吕布,外当袁术。"操即令刘备引关、张往守淮南径路,切断了吕布与外界的联系,然后亲引大军攻打下邳。

战役的第二个阶段,攻打下邳却非常吃力,竟耗时两个月。如果布能用宫之谋,则完全有可能反败为胜。吕布陷于困境而兵败,有三个原因:第一,自恃粮食足备,且有泗水之险,安心坐守,弃陈宫之谋而致困境,这是陈登所谋之目的;第二,许汜、王楷至寿春见袁术,说愿许婚而求其出兵,袁术怪布反复无常,要先送女,后出兵。布将女以棉缠身,用甲包裹,负于背上,亲送其女,终因刘、关、张围堵严密,吕布送女失败而断了外援。

在这个小范围的三角关系中,对于袁术和吕布来说,又进入了一个关键时刻。首先,当布派使者求救于术时,袁术怪布反复无常而出兵,这是一个目光短浅而愚蠢的做法。这时候,袁术已经被操打得爬不起来了,如果坐等吕布被消灭,那么自己就是死路一条了。此时,救吕布,就是救自己。此时,不管术怎么怨恨布,但是不承认也得承认:术与布已经形成了唇齿相依的关系,唇亡齿就寒。但是,术见死不救,坐等吕布被消灭。实际上正是如此,布被消灭后术就更加孤立了,生存更加艰难了,无论是南巡还是北走,均不能得逞,等待他的就是死亡。

其次,当时的布,还是很能挣扎的。操攻下邳两月不下,沉不住气了,聚众将说:"北有袁绍之忧,东有刘表、张绣之患,下邳久围不克。吾欲舍布还都,暂且息战,何如?"郭嘉、荀攸急止之,荀攸说:"不可。吕布屡败,锐气已堕,军以将为主,将衰则军无战心。彼陈宫虽有谋而迟。今布之气未复,宫之谋未定,作速攻之,布可擒也。"

最后,郭嘉献决沂、泗之水之计,水淹下邳城。即使如此,布仍自负地说:"吾有赤兔马,渡水如平地,又何惧哉。"最后还是宋宪、魏续在其内部叛变,外结曹操,内缚吕布,才将布擒而获之。至此,吕布势力彻底铲除。

总而言之,曹操的"二虎竞食""驱虎吞狼"和"掘坑待虎"的三条计策使用之后:备与术打起来了;布与备打起来了;术与布也打起来了。唯独曹操坐山观虎斗,不出一兵一卒,令三家三败俱伤,达到了一石击三鸟的目的。这是曹操为扫清东南,第一次连环用谋,也是本书第二次所论之"连环计"也。三个计策中的"二虎竞食"之计,二虎虽未除掉一虎,但是离间了两虎之间的关系,为实施"驱虎吞狼"之计创造了条件。"驱虎吞狼"之计的实施,使吕布袭取徐州,断掉刘备的归路,激化了布、备、术之间的矛盾,并最后打败了袁术。运用"驱虎吞狼"之计,也为实施"掘坑待虎"之计,灭掉吕布,提供了条件。三个计策并用,计计相连,环环相扣,最后达到了扫清东南的目的。

第四节　掌握虚实,两战刘备

在扫清东南的各个战役中,曹操一直是把备当作最主要的敌人予以打击的。操和他的谋士们始终认为,备乃人杰,待其养成羽翼,难图矣。几次欲出兵征讨,皆因时机不成熟,力不从心。

195 年夏,吕布兵败而投刘备,备使居小沛,与徐州遥相呼应,实乃如虎添翼。备、布两家联合,是操扫除东南的最大障碍。怎样才能铲除刘备?荀彧一计不成,又献一计,这些计策主要就是对付刘备的。正是这第二计,操把他的东南面搞得天昏地暗,把备、布、术三家搞得晕头转向，使三家相互为敌，三败俱伤。虽然操把备当作头号敌人来打，但是在铲除吕布之前，并没有同刘备公开打过仗而撕破脸皮，这就为备巧于凭借许昌而与操周旋提供了条件。

由于操巧于运筹，使得吕布两次打败刘备，将备逼向了许都。备投向了操，应当说，操已经解除了自己的心腹之患。操对备未用一兵一卒，不战而屈人之兵，这是最好的结局。但是，备毕竟是人中之杰，终究不会为人之下，曹操集团是欲除之而后快。刘备刚投靠时，荀彧说："刘备，英雄也。今不早图，后必为患。"程昱也说："刘备终不为人之下，不如早图之。"操终因怕得害贤之名而未杀之，并且还幻想让他为自己所用。为了对付布，操就试着把备当作一个棋子用了用。197年，操以兵三千而使之到豫州上任，进兵小沛，攻打吕布。曹操打败袁术后，又令刘备屯居小沛，以为"掘坑待虎"之计而对付吕布。铲除吕布之后，刘、关、张随曹操回到许都，被操严密地掌控着。备很会伪装，一时还真将操麻痹住了。操与备之间的相互利用，实际上双方都在踩着一根危险的钢丝，曹操与刘备对招，是两个高手在对招。

曹操曾说："备虽为人杰，却还不足与孤等量齐观，或可收为己用。"但有两件事，使操从梦中惊醒。第一件，备以截击袁术为借口，领五万兵马斩车胄，脱离操掌控而占据徐州；第二件，查得刘备参与了"衣带诏案"。说明备是自己的敌人，是绝不可能为己所用的。备占据徐州，为害不浅。北面，实力雄厚的袁绍正觊觎着许昌，并与操于官渡对峙，谁胜谁负，后果难料。备占据徐州，与袁绍南北勾结，操就会腹背受敌。因此，从战略意义上来说必须铲除。移驾幸许都时，曾制定了扫除东南，再灭袁绍而统一黄河流域的战略。这是一个相互衔接的两步走的战略，只有完成第一步，才能走第二步。本来，败袁术、降张绣、擒吕布、收刘备，扫除东南战略任务已经完成，可是，曹操在与袁绍的大战打响之前，备却脱离了操的掌控而占据了徐州。第一步的战略任务，还没有完成，势必影响第二步的任务。因此必须东征徐州，铲除刘备。

操引二十万大军，分兵五路东征。备深知敌强我弱，与孙乾计议："此必求救于袁绍，方可解危。"孙乾持书至河北，求救于绍，谁知绍却不肯出兵。孙乾只得星夜回徐州报告，备闻听大惊。备绝不是操对手，两军交战，备之军就中计遭埋伏。曹军四面出击，备所领军兵原是操手下旧部，见事势已急，尽皆投降去了，刘备的军队立即大乱而败。刘、关、张三人亦被打散。张飞杀条血路突围而走，只有数十骑跟随。操当夜取了小沛，随即进兵攻徐州。糜竺、简雍守把不住，弃城而走，陈登献了徐州。关羽保护刘备妻小，说降汉不降曹，死守下邳，兵败被围在一座土山上。操欣赏云长武艺，欲使之降汉。关公土山约三事，就归降了许昌。备突围而走，匹马落荒而投了袁绍。

此次东征，曹操打败并铲除了刘备集团，重新夺取了徐州、小沛、下邳诸城，取得了军事上的辉煌胜利。但刘备不是吕布，亦不是袁术。不久，又死灰复燃了。在官渡决战和仓亭大战的胜利之时,备又占汝南(地处淮北平原),欲乘虚攻打许昌。操大惊,亲提大军前往汝南。曹兵杀来,备便于穰山下寨。军分三队:云长屯兵于东南角上,张飞屯兵于西南角上,玄德与赵云于正南立寨。初战,备三处军马一齐掩杀,曹军远来疲困,不能抵挡,大败而走。但是,操采取迂回战术,令夏侯惇引大军抄背后径取汝南,断其归路,大败刘备。备军败而退至汉江,不满一千,几乎陷入了绝境。至此,曹操终于将刘备赶出了中原,扫清了东南。

第五节　不断变换的"三角形之谋"

荀彧的"二虎竞食""驱虎吞狼""掘坑待虎"三个计策,归纳起来就是"三角形之谋",是一个不断变换的"三角形之谋"。

第一个"二虎竞食"和第三个"掘坑待虎"之谋略,是以曹操为基点,在操、备、布三人之间所形成的三角形。在这个三角形中,前一个谋略,是针对备、布,备、布分别弱于操,两者建立了互为援助的犄角关系,联而为一体,就势强于操了。这两个"三角形之谋",侧重在拆散备、布两者之间联盟。前一个谋略,就是制造矛盾,使之为徐州相互残杀而削弱其力量的计谋。后一个谋略,就是利用备、布之间现有的矛盾,使之互相残杀直至灭掉布的谋略。

第二个"驱虎吞狼"之谋略,是在术、备、布三者之间所形成的"三角形谋略",是一个更复杂更玄妙的"三角形之谋"。如果这个三角形以操为基点,那么在曹操的战略视角里,这里就有两个相互变换的三角形,一个是操、布、备之间的三角形,一个是操、备、术之间的三角形,是一个大三角形套着两个小三角形。在曹操之外的大三角形中,即术、备、布之间,虽然相安无事,只是暂时的,因为它有一种潜在的矛盾,这种潜在的矛盾,迟早是要爆发的。

术、备、布三者之间的大三角形,暂时虽然没有矛盾,但只要有一个外力的拨动,它就会爆发而产生矛盾冲突。因为三者之间是互有野心的,"一个个像个乌鸡眼似的,恨不得你吃了我,我吃了你"。在前一个小三角形中,时刘备的力量最弱小,但占据着战略要地徐州。力量稍强的吕布却屈居小沛,大菩萨却蹲在小庙中,于心不甘,正觊觎着徐州。当然,还有一个老狐狸,正蹲在一旁打着徐州的主意。第一个"二虎竞食"之计,既是利用备灭布,也是利用布灭备,使之相互残杀。可是备不上当,相互残杀不起来。第二个"驱虎吞狼"之谋略,在前一个小三角形中,将备调走,这个对徐州虎视眈眈的布还坐得住吗?陈宫实际上已经看破了操之谋,但还是"将计就计"乘虚夺得了徐州。在这一个小三角形中,明明是操想占徐州,为什么用计调走备,让布得到了徐州呢?这就像走象棋一样,乃迂回之略,为以后夺徐州布局也。

第二个"驱虎吞狼"之谋略的后一个部分,表面上是利用备来对付术,实质上是利用术来对付备。那时袁术力量最强,而刘备力量最弱,让备去攻术,犹如让羊去逐狼。在这一个小三角形中,即操、术、备的三者关系中,其实术和布一样,早就惦记着徐州。打刘备,怕布来援;攻布,怕备来救。袁术的谋士杨大将其实也识破了操之谋,只不过是"将计就计",其目的就是乘势夺取徐州。曹操的目的:第一步,让布夺取徐州,断绝备的归路;第二步,让布、术两路大军夹击备,灭掉刘备;第三步,使布、术为争夺徐州而相互残杀,进一步削弱双方的力量,最后达到各个击破的目的。当然这只是曹操的一厢情愿,客观的结果不会完全以曹操的意志为转移。

事实上三角形是不断变换的,因此,曹操的"三角形之谋",也是不断变换的。当消灭吕布的时机已经成熟,却冒出了"张绣犯阙夺驾"的问题,所以必须先解决张绣的问题。这样,在操的战略视角里,就形成了操、绣、布一个新三角形的关系。如果继续东征攻打布,绣会乘许昌空虚前来夺驾;如果远征攻打绣,又担心吕布乘虚袭击许都。如果两边出兵,则力量不足。怎么办? 在这个新三角形中,操采取了"稳一个(拉一个)、打一个"的策略,即采取封官许愿的办法稳住了布。这样,操就集中力量打击了张绣,绣不战而降。

在打击张绣的过程中,整个形势也是在变化的,发展的。在曹操战略视角的屏幕上,往回一闪,又变换到了操、布、术一个新三角形关系。布因操的封官许愿,彻底拆散了布、术之间的联盟关系,竟将袁术的求婚之媒人韩胤解至许都。操也不含糊,立即将韩胤绑赴刑场斩首。这一手厉害,彻底截断布、术之间的关系。结果是袁术十分愤怒,起兵攻打徐州,相互自相残杀,这就为曹操分别消灭袁术和吕布创造了条件。

曹操的"三角形之谋",归纳起来有三大特点,或者说是三大作用。第一就是利用矛盾,各个击破。例如,从扫除东南到消灭袁氏兄弟,所采用的就是"利用矛盾,各个击破"的策略。第二就是稳一个拉一个打一个的策略。例如打张绣稳吕布,对于袁氏兄弟,拉袁谭,打袁尚都是为了集中最主要的力量,打击最主要的敌人。又例如,在绍、操、策的三角形关系中,攻北方、和南方,就是"稳一个(拉一个),打一个"的策略。第三是因轻重缓急之别,首先攻打当前最紧急的敌人。例如在操、绍、备的关系中,就暂撇袁绍,先攻刘备,就是这样一种策略。

以上所述,就是曹操的"三角形之谋"。运用这个谋略,操取得了灭袁术、擒吕布、降张绣、败刘备而扫清东南的巨大胜利。这是一个简单的极普遍极普通的谋略,曹操比较纯熟地运用了此谋,但只是一种非自觉的下意识的运用。他的运用,仅仅是一种感性认识而非理性认识。"三角形之谋",也不能用反了,用反了就适得其反,不仅达不到目的,还可能"南辕而北辙",走向事物变化的反面。"州刺史改作州牧"和"招外兵诛宦官"之谋,就是两个典型的三角形的反面性谋略。

第一个是刘焉的"州刺史改作州牧"之谋,就是一个典型的三角形的反面性谋略。这个谋略涉及的三角形关系,即朝廷、农民起义军、地方官府三者之间的关系。农民起义军反抗朝廷,朝廷腐败无能,无力镇压。刘焉建议汉灵帝,将朝廷大权外放,献"州刺史改作州牧"之谋,就是授权州、府镇压农民起义军之谋。灵帝接受了这个建议,从此以后,各个州、府就有了独立的军事武装,形成了地方拥兵自重的趋势,为军阀割据、天下大乱、国家分裂埋下了隐患。因为自从实施了州牧制度之后,起义军镇压下去了,但是朝廷对于州牧为代表的地方政府却失控了。因此说,刘焉的这一谋略,主观上是为了挽救东汉政权的衰退,客观上却将东汉送入了天下大乱的深渊。

第二个是袁绍的"招外兵,诛宦官"之谋,也是一个典型的三角形的反面性谋略。时大将军何进辅助汉帝刘辩而掌握朝纲,宦官作乱朝廷,矛盾尖锐,何进欲尽诛之。何太后初立,颇得宦官之力,碍于情面,何太后竭力阻止何进尽诛宦官。袁绍为之划策,"多招四方猛将及诸豪杰,使并引兵向京城,以胁太后;进然之"。这样也形成了何进、朝廷、地方猛将三者之间的三角形关系。这个谋略,主观上是"以胁太后,尽诛宦官",稳定大局,客观上却造成了朝廷被劫持而天下大乱。因此说,这个"三角形之谋",不可盲目而用之。

这个谋略会不会用反,与原定的目标,是不是适得其反,就是在三人之间,或三方之间的三角形中,处于主导地位的第一人或第一方,因对付不了第三人或第三方,授权第二人或第二方,去对付第三人或第三方,其关键就是第一人或第一方,能够控制第二人或第二方,这个谋略就是成功的,否则就是失败的错误的谋略。刘焉的"州刺史改作州牧"之谋和袁绍的"招外兵,诛宦官"之谋,就是在这个三角形的三方之间,具有主导地位的第一方对付不了第三方,利用第二方去对付第三方,而第一方控制不了第二方,结果第一方的目标不仅达不到,而且还适得其反而南辕北辙。

第七章　刘备的政治纲领及思想方法

"上报国家,下安黎民",这就是刘备集团的政治纲领,刘备为此奋斗了毕生。备力量弱小,且政治军事智谋不足,曾两次被吕布打得无家可归,三次被曹操打得惨败。

为什么能够生存下来,并且成为争夺天下的三巨头之一,这究竟是什么原因呢?主要就是得力于刘备在"以柔克刚"思想指导下所形成的"以屈求伸"之能、"欲擒故纵"之术、"借力打力"之策。

第一节　"上报国家,下安黎民"的政治纲领

刘备素有大志,184年在涿郡(今河北涿州市)与关羽、张飞桃园三结义时,曾誓言,要同心协力,救困扶危;要上报国家下安黎民,公开地亮起了一面旗帜,提出了自己的政治纲领。刘备不是仅仅说说而已,他是要讲信义的,是要真正实践的。

起事之后,即194年,一次在孔融处,孔融引糜竺来见备,具言张闿杀曹嵩,曹操起兵攻打徐州之事:"今曹兵大掠,围住徐州,特来求救。"刘备说:"陶公祖乃仁人君子,不意受此无辜之冤。"孔融说:"公乃汉室宗亲。今曹操残害百姓,倚强欺弱,何不与融同往救之?"是时,备虽然兵微将寡,但还是毅然决定前往救徐州。孔融说:"公切勿失信。"备说:"公以备为何如人也? 圣人云:'自古皆有死,人无信不立。'刘备借得军或借不得军,必然亲至。"刘备果然去公孙瓒处,借三五千人马,前往救之,这是备实践自己的政治纲领的一次重要的具体的行动。

地位卑下,却志向宏伟。有特殊的志向,就有特殊的思想,就有特殊的行为。为了实现自己的政治纲领,处在袁术和吕布两大势力夹缝中间时,刘备还要招兵买马,扩充势力。陈宫就发现备乃非常之人,几次想干掉他。备的"上报国家,下安黎民"的政治纲领,起初还是抽象的,笼统的。曹操"挟天子以令诸侯"之后,其"匡复汉室"的政治

纲领就具体化了。依附曹操，就在曹操的眼皮底下，为了"匡复汉室"，参与了旨在推翻曹操的"衣带诏案"签名活动。脱离曹操后，斩车胄而占据徐州，建立自己的军队，另起锅灶而与曹操争夺天下。

201年，在汝南大战曹操时，操说："我待你不薄，何故而反？"备说："我奉旨讨贼"，说着就于马上高声朗诵汉献帝血写的衣带之诏，把个曹操气得哑口无言。在这样一个特殊环境中朗诵衣带之诏，意义特别重大。意思是说，你曹操是个什么东西？你也配称丞相？你是"挟天子而令诸侯"，是假传圣旨，是逆贼，我才是真正的"奉旨讨贼"。你那个"圣旨"是假的，我的这个"圣旨"才是真的。你的那个政府是非法的政府，我奉当今皇上的圣旨，就是要推翻你的那个非法政府。216年，操晋升魏王。刘备心想，逆贼称王，必有篡逆之心。所以于219年夺取汉中后，也称汉中王，并送表至许昌，这实际上是政治示威。在天下争夺战中，曹操打的是政治仗，刘备打的也是政治仗。你那个魏王是非法的，我这个汉中王才是合法的，我这个汉中王要打倒你那个魏王。

刘备被曹操追打得走投无路而投刘表时，蔡夫人说，备先后投奔吕布、曹操、袁绍，皆不得善终，足见其为人。蔡夫人意在告诉刘表，备这个人是惹不得的，一惹就会惹来麻烦。她还说，现在曹操正在追击刘备，如果我们惹刘备，还会把曹操惹到荆州来，闹得荆州不得安宁。实际上刘备确实是一个麻烦的人，都寄人篱下了，还在刘表的眼皮底下开展着一系列的政治活动，既联络上层，又联络下层，宣传自己的政治主张，扩大自己的政治影响。刘备一次次的政治活动，引起了蔡夫人的警觉，劝刘表把刘备迁之襄阳城外的新野小县。到了新野小县，刘备还不消停，还在不断地扩充自己的势力。蔡夫人是可忍孰不可忍，终于动了杀机，在一次宴席会上准备把刘备杀掉。备得到消息，就提前从后门溜走了，这才逃过了一劫。

因为刘备要实现自己的政治主张和政治纲领，所以走到哪里，都遇到自己的对立面。在吕布和袁术两大势力之间，袁术要干掉他，陈宫要除掉他。投曹操后，荀彧、程昱劝曹操杀掉他。投刘表后，蔡夫人要杀掉他。逃出许昌之后，刘备走到哪里，曹操就追击到哪里。刘备投奔了袁绍，迫使曹操与袁绍的战争提前了；备投奔刘表，迫使曹操南征刘表的战争也提前了。曹操南征的前期，是把刘备当作最主要的敌人来打，并全力追击。曹操下令军队，务必擒住刘备。他说，走了刘备，就犹如虎归山林，龙归大海也，后患无穷。与孙权结盟之后，周瑜也认为备并非一般的人，也想杀掉他。这么多人要杀掉他，但他还是生存下来了，这究竟是什么原因呢？

老子的老师常枞临终时，曾张开口问老子："我的舌头还在吗？"老子说："在啊。"又问："我的牙齿还在吗？"老子说："没有了。"老师再问："你明白其中的道理吗？"老子恍然大悟："那舌头存在，不是因为它柔软吗？那牙齿已经掉光了，不是因为它坚硬吗?"老师说:"嗯,对了。天下的道理都在这里面了,我没有什么要告诉你的了。"

由此,老子发现社会自然界有这样一种带普遍性的现象:柔软者生,坚硬者死。他在《道德经》第七十六章中说:"人之生也柔弱,其死也坚强。草木之生也柔脆,其死也枯槁。"即"牙齿坚硬而亡,舌头柔软而存"的道理。刘备能够建立蜀汉王国而成就帝业,要探索其中的奥秘,得好好地研究一番"牙齿坚硬而亡,舌头柔软而存"的道理,方能解开其中之谜。在三巨头里面,就政治军事能力和智谋来说,备是最差的一个。他之所以能够生存下来并成就伟业,主要就是得力于"以柔克刚"之术,即"柔弱胜刚强"的思维方式和生存之道。

刘备为什么以"柔弱而胜刚强"? 就是因为力量弱小也。要硬打硬地打军事仗,是不行的。与吕布交手,两次被打得惨败而依靠曹操;与操交手,两次被打得落荒而逃。占荆州,是从周瑜背后用计巧夺的;取益州,采取的是"瞒天过海"之术;夺汉中,是用疑兵退去曹操的。虽然力量弱小,但是他决心大,志向宏伟,意志坚强,有血战到底之气概,其精神可嘉而令人敬佩! 陈寿评价说:刘备"折而不挠,终不为下"。虽然力量弱小,但是从三国演义的历史来看,刘备始终是积极主动进攻的。因此说,刘备和曹操,同是争夺天下的两大主角,而孙权不过是双方争夺的盟友的一个配角而已。

第二节 "以屈求伸"之谋

"以屈求伸"是"以柔克刚"之术的一个具体化,一个深化。大丈夫,应能屈能伸。刘备,能屈能伸,大丈夫也。辩证法认为,事物的变化和发展都是曲折的。人的一生,也是一样,也是曲折的,有伸有屈,伸即进,屈即退。顺利时伸,不顺利时就要屈,以屈求伸。屈是为了更好地伸,正如后退是为了更好地前进一样。曹操说:"龙能大能小,能升能隐:大则兴云吐雾,小则隐介藏形;升则飞腾于宇宙之间,隐则潜伏于波涛之内。"还说,龙之为物,可比世之英雄。刘备就是这样一个能大能小,能升能隐而犹如龙一样的英雄。

在英雄起于四方的年代,备也想干一番大事业。兵微将寡,力量弱小,何以经得住打? 所以,挫折、失败、危险,那是时常有的。但是,备几经挫折,几经失败,几经危险,却歼而不灭,催而不毁,打而不散,能够一次次地重整旗鼓,东山再起,为什么呢? 就是因为善于以屈求伸。事物的变化发展,不可能是直线式的,总是曲折的。因为力量弱小,所以失败,失败,再失败,是在所难免的。备很懂得辩证法,很懂得进与退。每逢惨败,身逢绝境,都能寻找合适的对象予以投靠,依附于他人,借助他人的力量,使自己生存并得以发展,这就是备的智谋,也是备的毅力。

196年,徐州兵败于吕布之后,备身逢绝境,无可奈何,只得去投曹操,以图后计。

200年,在徐州被操二十万大军打得惨败,关羽、张飞第一次被打散,不知下落。至于妻小,更是不知死活。曹军又漫天遍野截住去路,备单枪匹马,自思无路可走,再次身陷绝境。因袁绍曾言:"倘不如意,可来相投。"于是,只得暂时去投袁绍处依栖,别作良图。201年,备数万大军于汝南再次被操击败之后,败军不满一千,狼狈不堪地逃至汉江,粮草又断绝,众人掩面哭泣于沙滩之上,又一次身逢绝境。但转念一思,就近又去投靠刘表暂栖。由于善于以屈求伸地依附,故而一次次地绝处逢生,转危为安,东山再起。

屈与伸是对立的,也是辩证统一的。没有伸,就没有屈。同样,没有屈,就没有伸。暂时的屈,是为了将来的伸,屈是为伸创造条件。备每一次投靠他人,都是为了别图良策,以图后计。如何以图后计呢? 在其依附时,时刻注意充实和发展自己的力量,寻找合适的时机,以图实现自己的宏伟大志。寄迹刘表时,就经常与荆州名士交往,扩大自己的政治影响。后居新野,又上结社会名流,下安百姓。先请徐庶为军师,招兵买马,以图大业。徐庶投靠曹操之后,又三顾茅庐而请诸葛亮出山,以便再展宏图。

情况是非常复杂的,在依附他人时,要想发展自己,这势必引起他人的警惕。《易经》云:"君子藏器于身。"《处世悬镜》亦云:"藏者盛。"在争夺天下的战乱年代,随时可能引来杀身之祸。刘备之所以得以生存,就在于他善于隐身藏形以保全自己矣。袁绍、袁术、吕布等,也曾叱咤风云,纵横于天下,结果都被操一一消灭,兵败身亡。张绣是因为投降了操,否则的话,被操所擒,也是早晚的事。而备竟能生存下来,是因为善于寄迹,善于掩饰,能随机应变而隐身藏形,有着非凡的智慧。

人在屋檐下,不得不低头。为了防操谋害,刘备于下处后园种菜,并亲自浇灌,以为韬晦之计。一日,关、张不在,操邀备于小亭一会,煮酒论英雄,刘备却装着一问三不知。突然,操竟然指着备与己说:"惟使君与操乃当今英雄耳。"备闻言,大惊,以致手中匙筋落于地。时值大雷将至,雷声大作,乃俯首拾筋,说:"一震之威,乃至于此。"刘备大装熊样子,说是被雷声吓蒙了。刘备此举,看似笨拙而愚钝,实质上却是大智若愚,内藏锋芒,潜谋于无形。

依附袁绍时,从座上宾转为阶下囚,只是瞬间的事。当绍闻报说,大将颜良被身在曹营的关羽所斩时,绍欲斩刘备。备乃从容说:"明公只听一面之词而绝向日之情? 备自徐州失散之后,二弟云长未知存焉,天下同貌者不少,岂赤面长须之人即关某耶? 明公何不察知?"绍一听,觉得有理,仍请备上坐。绍再次闻报说大将文丑又被关羽所斩,又大怒而欲斩备时,备说:"容伸一言而死。曹操素忌备,今知备在明公处,故特使云长诛杀二将,公知必怒,此借汝之手以杀备也。明公思之。"绍想了想,说:"玄德之言是也。"于是喝退左右,再请玄德上坐。

眨眼之间,就会掉脑袋。备之所以安然无恙,就在于其善变矣,这就是刘备的屈。

屈是为了伸,那么,又怎样才能伸呢? 依附于他人之时,是很难伸的。要想伸,必须脱离依附对象。所以说,依附到一定时间以后,必须寻机脱身以求发展。

投操后,被操控制在身边。然备既善于隐身,亦善于寻机脱身。袁术兵败欲过徐州送玺与绍,操闻报,心中着急,若二袁合于一处,急难图也。备见机说:"若术投绍,必过徐州,备请一军,就半路击之,术可擒矣。"操即令备总督五万军马往击袁术。备得令,连夜收拾军器鞍马,挂了将印,催促便行。荀彧、郭嘉一说,操又后悔了,急令许褚去追,备以"将在外,君命有所不受"为由而不回,备即如此脱身而去,斩车胄而占徐州。备在袁绍处,亦有人劝绍杀掉备,绍又是一个喜怒无常的人,再加上关羽又斩其颜良、文丑二将,所以备在袁绍处,也是身处险境。但是备又机敏地脱身而去,将关、张收拢,又新收赵云,又得刘辟、龚都之众数万,占据汝南,再击曹操,又展宏图。

综上所述,我们看到:刘备惨败时,善于屈身而投靠;依附之时,既发展自己,又巧于掩饰而保全自己;时机成熟,又善于寻机脱身,脱离虎穴,以图展志。

第三节 "欲擒故纵"之术

"欲擒故纵",是"以柔克刚"之术的又一个具体化,又一个具体运用。欲擒之而故纵之,此乃三十六计第十六计也。此计的核心就是欲擒之,可以暂时地放纵之;想要抓住什么,可以暂时地放弃之;想要得到什么,可以暂时地固辞之。此计的哲学原理就是于擒与纵之间在一定条件下相互对立,又相互转化的关系。老子在《道德经》中对这种关系做了阐述。他说:"将欲歙之,必固张之;将欲弱之,必固强之;将欲兴之,必固废之;将欲夺之,必固与之。"备对此计运用得极为纯熟,也运用得比较多。

194年,刘备只有关、张,一些兵还是从公孙瓒那里借来的,但却有志于天下大业,很需要州郡以立足而纵横海内。这时候,陶谦欲将徐州让于备,陶谦说:"老夫年迈,二子不才,不堪重任。刘公乃帝室之胄,德广才高,可领此州。"糜竺、孔融、陈登皆劝备受之。糜竺说:"今汉室陵迟,海宇颠覆,树功立业正在此时。徐州殷富,户口百万,刘使君领此,不可辞也。"备也深知徐州对他的重要性,很想得到它。但是,欲得之,必固辞之,方可得之矣,于是推托再三。陶谦泣下说:"君若舍我而去,我死不瞑目矣。"关羽说:"既承陶公相让,兄且权领州事。"备仍不肯接受,苦苦推辞。后来陶谦病重,请备商议军务,再让徐州,备仍固辞。陶谦去世,众军举哀毕,捧牌印交玄德,备仍辞,直到关、张苦劝,百姓请求,才权领州事。

由于刘备欲得徐州而固辞之,从而赢得了声誉,赢得了人心。备所使用的方法,就是欲擒故纵的方法。"三辞徐州",是备过人智慧的体现。通过几次推辞,进一步地使备博取仁义忠厚的好名声。他越是推辞,别人就越认为他不贪图利益,越认定他是难得的领袖,他的名气就越大,凝聚力就越强,人心就越巩固。因此,当其权领徐州之后,因为人心归附,贤人能为之用,形势很快就稳定下来。196 年,操欲起大兵征讨徐州,荀彧说:"今陶谦虽死,已有备守之。徐州之民既已服备,必助备死战,徐州急难摇动。"充分说明,刘备若不使用以柔克刚的思想方法,毫无推辞而受之,他人会以为其居心不良,就很难服众。如敌军来犯,内部就会土崩瓦解,徐州就会得而复失。

备取荆州,中间多有曲折,曾在让与辞、取与放之间绞尽脑汁。诸葛亮出山之后,备仍屈身于新野,且兵微将寡。207 年,诸葛亮说,必须"先取荆州为家",尔后才可向西发展,建立基业。备深知,欲谋大业,必先据有荆州。刘表病危时说:"吾年老多病,不能理事,贤弟可能助我。我死之后,弟便为荆州之主。"这是一个多么难得的机会啊,荆州唾手可得。可刘备却辞之说:"兄何出此言,量备安敢当此重任。"站在一旁的孔明以目视刘备,希望他能答应下来,但备就是固辞之而不应。《资治通鉴》记载,备曾对众人说:"刘荆州临亡托我以遗孤,背信自济,吾所不为,死何面目见刘荆州乎!"虽然刘表说了,但是众人未必服,其子未必服。因此,欲得之,而固辞之。

208 年,刘琮将荆州献给了操,伊籍说:"以吊丧为名,诱刘琮出迎,就便擒下,诛其党类,则荆州属使君矣。"孔明也说:"机伯之言是也,主公可从之。"若用此谋,取荆州乃易于反掌耳。可是刘备就是弃之而不取。直到赤壁大战曹操大败而退回到北方,孔明才帮助刘备从曹仁手中夺回荆州,此即失而得之矣。备运用欲擒故纵的策略,欲取荆州,却弃之而不取,使其免除了不仁不义的恶名,成了人们心目中信义著于四海的明君、圣君,深得民心。这就为以后夺取荆州、益州,乃至夺取天下打下了良好的社会基础。

201 年,刘备落荒而逃至汉江,处于最困难时期,最怕别人离去。但是,备欲擒故纵,反而放他们走,叫他们走。备说:"诸君皆有王佐之才,不幸跟随刘备。备之命窘,累及诸君。今日身无立锥,诚恐有误诸君。君等何不弃备而投明主,以取功名乎?"此言一出,众人十分感动,皆掩面而哭。结果是,这些跟随刘备的将领和士兵,没有一个离去。猇亭兵败之后,在悲愤与自责的双重折磨下,备病倒在白帝城。223 年 4 月,刘备知道自己的生命即将终结,担心蜀汉王朝被动摇,拉着诸葛亮的手说:"朕今死矣,有心腹之言相告,君才十倍曹丕,必能安邦定国,终定大业。若嗣子可辅则辅之;如其不才,君可自为成都之主。"听了此一番肺腑之言,亮手足无措,汗流遍体。他泣拜于地说:"臣安敢不竭股肱之力,尽忠贞之心,继之以死乎。"这是备在临终之前,对孔明欲擒故纵方法的运用。

欲擒之,故纵之,其含义是广泛的,多方面的。刘备用它来作为争夺城池和谋取人事和谐的策略,是很成功的。这种方法,主要就是一种攻心的策略,运用的时候,要因人而异,因事而异。

第四节 "借力打力"之策

"以强制强,借力打力"的智谋,是刘备根据老子"柔弱胜刚强"的哲学原理,在实践中具体形成的一个用兵之道,一个用兵之策。在战乱的年代,是一个弱者对付几大强者的一个有效方法,是"柔弱胜刚强"的一个具体运用。

刘备为徐州牧时,操的"驱虎吞狼"之计,使备与袁术结下了怨仇,也使刘备与吕布结下了仇恨。袁术一有机会就想消灭他。操也想将备灭掉,吕布也想把备干掉。处在几大势力中间,刘备的日子是很不好过的。但是,备有他的特有的谋略。因为力量弱小,他找到了一种"借力打力",即"以强制强"的谋略,以应付来自多方面的威胁,化险为夷。

初用这个谋略,备首先想到了吕布。196年,袁术派纪灵为大将,率军队数万进攻小沛。备不能抵挡,给布写求救信。布权衡"唇亡齿寒"的利弊,决定出兵援助,以"辕门射戟"而解之。通过这一件事,刘备认识到"以强制强"斗争的策略。在力量弱小难以抵抗强敌时,放下架子,恳求与敌人差不多的势力来帮助自己。不过有时,这些势力不想帮助,就用"唇亡齿寒"的道理来诱惑他们,使他们竭尽全力援助自己。与吕布的矛盾闹僵,兵戎相见时,孙乾说:"曹操所恨者,吕布也。不若弃城走许都,投奔曹操,借军破布,此为上策。"这也是"借力打力",即借曹操之力打吕布。投许昌之后,操待之以上宾之礼,又是给军队,又是封官,令其屯兵小沛,以攻吕布。

199年,斩车胄而再次占据徐州时,备料定操必来攻打。一个徐州,何以挡得住?如今,袁术、吕布都已被操先后消灭,能与之抗衡的,就只有袁绍了。于是备通过郑玄写书信一封求绍出兵,南北夹击操。绍得书信之后,就起精兵三十万进兵黎阳。结果,袁曹大军于黎阳相持。这样,备就在袁绍与曹操两大军队对峙的时候获得了一定时间的安全。200年,备参与的"衣带诏案"暴露之后,操又亲率二十万大军下徐州。这一仗,刘、关、张三人被打散,备被打得惨败而逃。走投无路时,又一次地想到了绍。眼下,只有袁绍抵挡得住操,绍占据北方四州,兵强粮足,足可容身。于是,只身一人去投奔了绍。绍又以上宾之礼而待之,而备又以三寸不烂之舌说动绍再次与操开战而于官渡与曹军对峙。

201年,脱离了袁绍,刘备于汝南又一次被曹操彻底打败而逃至汉江,败军不满一千,是又饥又渴,狼狈不堪。走投无路之时,孙乾说:"成败有时,不可丧志。此离荆州不远,刘景升坐镇九郡,兵强粮足,更且与公皆汉室宗亲,何不往投之?"备心里清楚,现在袁绍已经被操打败了,虽然还有力量,但毕竟是兔子尾巴长不了,蹦跶不了几天了。况且,自己又是从绍那里跑出来的,绝对是回不去了,而眼下,也只有刘表可与操相抗衡而能容身。于是,备又去投奔了刘表。此后的七八年里,备借助刘表抵挡了曹操,在荆州得以喘息,并大肆收买人心,三顾茅庐,聘请诸葛亮为军师,东山再起而欲卷土重来。

消灭了袁氏势力后,曹操还未来得及大休整,208 年,率五十万大军南征,打击的锋芒直指备。操南征还未到达荆州,刘表就得病身亡,其子刘琮就举州投降了,刘备在荆州待不住了。就刘备的经验和水平,自然想到了孙权。到现在,也只有占据江东六郡的孙权有力量与操相抗衡。为了避免硬碰硬,刘备就往南向孙权的方向撤,借助孙权的力量来抵挡曹操。曹操追击到了长坂坡,又将备打得惨败。到达沼泽地夏口后,就派遣诸葛亮出使东吴,说服了孙权抗曹而建立了孙刘联盟。滑头的刘备又闪到了孙权背后,美其名曰:"孙刘联军,共抗曹操。"结果,利用孙权的力量,于赤壁大败了操。

曹操赤壁大败后,为了阻止孙刘联军北上中原,派大将曹仁坚守荆州,并授之以密计。刘备无立足之地,自然要来取荆州,可是周瑜奉孙权之命也要来取,备却礼让三分。备让周瑜先去与曹仁争夺荆州,自己却坐在一边"坐山观虎斗",坐等收取"渔翁之利"。周瑜打了一年,损兵折将,还身中一支毒箭。刘备、诸葛亮不费一兵一卒,却在背后取了荆州,实际上是借周瑜之力夺取了荆州。在争夺天下的斗争实践中,力量弱小的刘备,在关键时刻,逢凶化吉,转危为安,遇难呈祥,皆"借力打力",即"以强打强"策略之功也。

第五节 "以柔克刚"的思想方法

刘备的"以屈求伸""欲擒故纵""以强制强,借力打力"之术之策,说到底都是"以柔克刚"的思维方法的具体运用。老子在《道德经》中说:"天下莫柔弱于水,而攻坚强者莫之能胜,以其无以易之也。故柔之生刚,弱之胜强,天下莫不知,莫能胜。"刘备的一生,最善以柔克刚。这一种思想方法,不仅在社会人事方面用得纯熟,就是在攻城略地的军事斗争中,也是用得相当成功的。

夺取西川为基业,是诸葛亮在隆中制定的基本战略目标。谋士庞统说:"荆州东有孙权,北有曹操,难以展志。益州户口百万,土广财富,可资大业。"但是,益州山川险峻,道路险阻,武力打进去谈何容易?那么,究竟采取什么方式,用什么策略打进去呢?在夺取西川的战斗中,虽然有诸葛亮和庞统的谋略,但"以柔克刚"的思想方法,发挥了重要的作用。备的"以柔克刚",首先使西川上层人物产生分化。分化出来的一部分上层人物把备引进了西川。

211 年,备探知西川出使许昌的张松回益州时,立即派赵云于半路将其接到荆州,殷勤款待。张松是一个什么样的人物,何以受备如此的重视?他是刘璋手下的一个重要人物,此次出使许昌,是想将一幅西川地图献与曹操,请操去取西川。由于操对之不恭,故失望而回。这幅西川地图,对刘备来说是重要的。西川上层内部的这些变化,孔明是一清二楚的。他在《隆中对》中曾对益州做过分析,说:"刘璋暗弱,张鲁在北,而不知存恤。智能之士,思得明君。"这一次,张松出使许昌欲献地图给操,实际上就是"智能之士,思得明君"的体现。现在张松回益州,刘备、诸葛亮能错过这个机会吗?

将张松接到荆州,目的是非常清楚的,就是想得到那幅地图,并希望张松做内应,帮助备打进益州。把张松接到了荆州,热情地款待,接着把话说明不就得了。但是,在酒宴时,备只说闲话,不提取西川之事,就连张松都忍不住了,反而用话来试探刘备,而备却毫无反应。一连留张松饮宴三日,不提川中之事,把以柔克刚的方法用到了极致。三日宴后,松辞去,十里长亭设宴送行,备举酒酌松说:"甚荷大夫不外,留叙三日,今日相别,不知何时再得听教。"言罢,潸然泪下,这就是刘备对张松的"攻心之术"。这种做法,使张松深受感动,自思:"玄德如此宽仁爱士,安可舍之,不如说之,令取西川。"这才说备去取西川,并将"西川地理图"一幅献上。刘备展示之,上面写着地理行程、远近、宽狭、山川险要,府库钱粮,一一俱载明白,这就为备取西川提供了方便。松并答应共邀法正、孟达为内助,以为内应。

张松回益州后,暗结法正、孟达。次日,见刘璋,力劝刘璋邀备进川以为援,以拒张鲁,并荐法正、孟达为使赴荆州往结之。璋即修书一封,令二人往荆州去见刘备。法正、孟达至荆州后,备再次深结二人之心,盛情款待。法正说:"蜀中小吏,何足道哉。盖闻'马逢伯乐而嘶,人遇知己而死'。"后备即以庞统为军师,亲引五万军马进入了西川。蜀道崎岖,千山万水,车不能方轨,马不能联辔,一夫把关,万夫莫入,欲取西川,谈何容易?倘若备率千军万马以武力硬攻,是无论如何也打不进去的。孙子说:"必以全争于天下,故兵不顿而利可全,此谋攻之法也。"现在备以柔克刚,用软办法深结张松、法正、孟达为内应,不仅将蜀中的地形掌握得清清楚楚,且竟然兵不血刃而进入了西川,可谓是"兵不顿而利已全"矣。

备入川后,刘璋发文通知沿途州郡,供应钱粮,又令孟达领兵五千往迎刘备。刘璋自己也亲往涪城去见之。然而庞统、法正却在暗中策划着如何谋掉刘璋。但是,刘备是不会这样做的,其思想方法仍然是以柔克刚。与刘璋相见之时,各叙兄弟之情。礼毕,挥泪诉告衷肠,着实使刘璋深感刘备之诚意。会见之后,刘璋说:"可笑黄权、王累等辈,不知宗兄之心,妄相猜疑。吾今日见之,真仁义之人也。"当刘璋正在暗自高兴之时,备回到寨中就与庞统计议如何夺取西川,可谓杀气腾腾。庞统说:"以统计之,莫若来日设宴,请季玉赴席,于壁衣中埋伏刀斧手一百人,主公掷杯为号,就筵上杀之;一拥入成都,刀不出鞘,弓不上弦,可坐而定也。"

用庞统谋,似乎瞬间可以夺取西川,但那其实是一厢情愿的事,由此造成的后果却是很难设想的。从涪城到成都有三百六十里路程,且山川险峻,道路狭窄,关隘险阻。此时备率兵远离后方,孤军深入敌国,粮草不继,一旦杀掉刘璋,矛盾激化,何以为战?这时候,备在西川,基础薄弱,一旦上层动怒,下民怨恨,益州人同仇敌忾,如此,五万军马别说取西川,恐怕会因此而困死在蜀中呢。备说:"吾初到蜀中,恩信未立,若行此事,上天不容,下民亦怨。公行此谋,虽霸者亦不为也。"刘备所行,乃刚柔相济也。

自到西川之后,备非常谨慎小心,注意严明纪律,与民秋毫无犯。在上层社会,广交贤士;在下层社会,笼络民心,时间一长,深得民望。直到有了一定的社会基础之后,再用军队攻城略地,直取成都。至成都城外,备仍以上兵伐谋的办法:一方面兵临城下,造成大兵压境的态势;另一方面采用攻心战术,瓦解其斗志,迫使其降,此更是刚柔相济之功效。刘璋见大势已去,大哭着回府。自料已无回天之术,不得已而出城投降。大军围城,仍旧以柔克刚,运用攻心为上的战术,不战而屈人之兵,结果是兵不血刃地夺取了成都城。

三年来,备的以柔克刚的思想已在西川产生了广泛的影响,形成了深厚的社会基础。备率兵入成都,百姓香花灯烛,开门迎接。如此老百姓能与刘璋同心守城以拒刘备?夺取成都之后,仍不大意,仍做到以柔克刚。第一次升堂而坐,郡中诸官六十余员皆拜于堂下;唯黄权、刘巴闭门不出,众将忿怒,欲往诛之。备传令:"如有害此二人者,灭其三族。"亲自登门,请二人出仕,真正做到了以柔克刚。随后,其所降文武尽皆重赏,定拟名爵。开仓赈济百姓,军民大悦,形势迅速稳定。刘备力量弱小,而益州山川险阻,刘璋部下又豪杰甚多,钱粮草颇广。然刘备在短短的三年时间内能取而代之,乃刚柔相济,柔中带刚,以柔克刚之力也。

第八章 袁绍的成功与失败

　　袁绍的事业发展分为辉煌和衰亡两个时期,第一个是上升时期,第二个是下降时期。这两个时期,官渡决战,是其历史的转折点。前后两个时期为什么差别如此之大呢?值得研究。

　　用"假道伐虢"之谋,袁绍取得了北方四州,事业走向了辉煌。又因"性迟而多疑,干大事而惜身",弃田丰的"乘虚袭击许昌"、许攸的"两路夹击曹操"、张郃的"乌巢救火"三个谋略不用,又使他的事业走向了失败。

第一节 "假道伐虢",夺取河北

　　袁绍好谋而有志向,是其两大特点。早在成立联军时期,他就想凭其"四世三公"家世优势的特点,干一番轰轰烈烈的大事业。但又恐曹操走在先,故此在关键时刻留有后手而按兵不动。但在河北的一块地盘,他是早已相好了,他曾对曹操说:"吾南据河,北阻燕、代,兼沙漠之众,南向以争天下。"这个政治军事目标,后来都如期实现了,充分说明基本上是正确的。袁绍为什么能够如期实现这个目标呢?

　　联军解体之后,各路诸侯各奔东西,回到自己的州府,料理自己的"独立王国"去了。时天下已经开始大乱,在中原地区,一场大规模的军阀混战就要开始了。动荡之际,数力冲突,弱者依违无主;敌蔽而不察,我随而取之。这是其乘机"浑水摸鱼"的社会条件;袁绍"四世三公"的高贵门第和"门生故吏遍于天下"的社会条件,网罗了大量的社会豪杰,招募了一大群社会人才,这是其一呼百应的人才条件。袁绍在朝曾担任司隶校尉,掌管御林军;在反卓联军内,又是联军的盟主而身居要职,社会地位和政治声望是其个人的优良条件。

　　袁绍最初事业能够走向辉煌,与一个计谋有关。这个计谋,就是"假道伐虢"之谋。"假道伐虢",是指晋国假道于虞以伐虢;灭虢之后,晋又回师灭掉了虞国。在军事上一般反映越过中间地区,先去攻下较远的敌国,待中间地区孤立之后,再围而歼之。袁绍运用了这个谋略,先利用公孙瓒消灭了韩馥,然后又消灭了公孙瓒,占据了河北。

191年7月,袁绍屯兵河内,缺少粮草。冀州韩馥送粮以资之,谋士逢纪说绍乘机取冀州,并献计说:"可暗使人驰书与公孙瓒,令进兵取冀州,约以夹攻,瓒必兴兵。韩馥无谋之辈,必将请将军领州事;就中取事,唾手可得。"绍大喜,即致书瓒。瓒得书,见说共攻冀州,平分其地,立即出兵。韩馥慌忙聚谋士商议,荀谌说:"公孙瓒将燕代之众,长驱而来,其锋不可当。兼有刘备、关、张助之(时刘、关、张与公孙瓒关系密切),难以抵敌。今袁本初智勇过人,手下名将极广,将军可请彼同治州事,彼必厚待将军,无患公孙瓒矣。"

昏庸的韩馥,认为是好主意,即差别驾关纯去请袁绍。长史耿武极力反对,不听。馥说:"吾乃袁氏之故吏,才能不如本初。古者择贤者而让之,诸君何嫉妒耶?"袁绍进入冀州后,以田丰、沮授、许攸、逢纪分掌州事,尽夺韩馥之权。就这样,绍不费一兵一卒夺取冀州。公孙瓒知袁绍已得了冀州,遣其弟公孙越来见绍,欲分其地。袁绍能分地给瓒吗?"假道伐虢"之计,其基本前提就是言而无信,属于"兵不厌诈"!时袁绍对公孙越说:"可请汝兄自来,吾有商议。"越辞归,行不到五十里,就被袁绍所派之人杀掉了。

袁绍在冀州立稳了脚跟后,就于199年4月,起兵攻打公孙瓒。瓒战而不利,退而固守。筑城围圈,圈上建楼,高十丈,名曰"易京楼"。积粟三十万,做长期打算。战士出入不息,或有被绍围者,众请救之。瓒却不救,说:"若救一人,后之战者只望人救,不肯死战。"由此,大失人心。因此袁绍兵来,多有降者。瓒势孤,使人持书赴许都求救,不意中途为绍军所获。瓒又遗书张燕,暗约举火为号里应外合。不料下书人又被袁绍擒住,却来城外放火诱敌。瓒自出战,伏兵四起,军马折其大半。退守城中,被绍穿地直入瓒所居之楼下,放起火来。瓒走投无路,先杀妻子,然后自缢,全家都被火焚了。

晋国的"假道伐虢"之谋,完全是建筑在虞公性贪的基础上的。晋献公用美玉名马贿赂虞公,虞公利令智昏,帮助晋国灭掉虢国,晋国随后又灭掉了虞国。虞公害人害己,下场十分悲惨。公孙瓒和韩馥的悲惨下场与虞、虢两国很是相似。袁绍之谋,也完全是建筑在公孙瓒性贪的基础上。公孙瓒配合袁绍,指望灭掉韩馥之后,平分冀州,谁知一寸土地没有分到,到头来,自己也被灭掉了。虞国的一个贤臣宫之奇在虞国被灭之后,总结出了一句"唇亡齿寒",至今仍是至理名言。

袁绍从侵吞韩馥的冀州到占据公孙瓒的燕代,前后经历了八年时间。这个过程,实际上是"假道伐虢"谋略完整的运用过程。先以"平分冀州"为诱饵，引瓒出兵，给韩馥造成巨大的军事压力，迫使韩馥将冀州让"贤"于袁绍，而袁绍就中起事，灭掉了韩馥，占据了冀州。袁绍在巩固冀州后，回过头来又灭掉了公孙瓒。再一次证明"唇亡齿寒"的道理。袁绍灭掉了公孙瓒，占据燕代之地，势力大振。绍的地盘从冀州扩展到了燕、代，实现了"南据河，北阻燕、代，兼沙漠之众，南向以争天下"的政治军事目标。

占据北方四州，袁绍成为东汉末年自袁术之后最强的一个割据势力。从事沮授曾说："将军弱冠登朝，则播名海内；值废立之际，则忠义奋发；单骑出奔，则董卓怀怖；济河而北，则渤海稽首。振一郡之卒，撮冀州之众，威震河北，名重天下。黄巾军猾乱，黑山跋扈，举军东向，则青州可定；还讨黑山，则张燕可灭；回众北首，则公孙必丧；震胁戎狄，则匈奴必从。横大河之北，合四州之地，收英雄之才，拥百万之众，迎大驾于西京，复宗庙于洛邑，号令天下，以讨未复，以此争锋，谁能敌之？"这个时期，袁绍的事业正处于一个上升的时期。

第二节 "三不会"与官渡之败

但是，官渡一战，却是袁绍由辉煌走向衰亡的历史转折点。在官渡决战之后，为什么袁绍一败而再败，一误而再误呢？最根本的原因，就是绍的"三不会"，即"不会用人，不会出兵，不会防守"。

"不会用人"，是袁绍的一大弱点。事业初成，袁绍手下积累了一大批文臣武将。谋士有田丰、沮授、许攸，皆满腹韬略，谋出而惊鬼神；武将有颜良、文丑、张郃、高览，被誉为"河北四庭柱"，皆世之名将。

这么多的杰出人才，可惜不会用。不会用人，是因为他不识人。袁绍的谋士集团中，不乏忠心耿耿者，也有奸佞小人。绍不识人，也就分辨不出好歹，辨不出忠奸。他的谋士，是相互勾心斗角，是互不相容的。因为不辨好歹，不分忠奸，所以难以驾驭。忠心耿耿者，往往性情直爽，就有可能直言犯上而为袁绍所不容。田丰和沮授，都是高级谋士。史载：沮授"少有大志，擅于谋略"。曹操曾感叹说："若早点得到沮授，那天下现在应该大定了。"操破徐州后，绍要出大军攻打许都。田丰认为，操军方锐，出师不利，绍竟大怒，欲斩之。沮授因谏而触恼了绍，被拘禁于军中。官渡决战的关键时刻，沮授意识到屯粮之所有危险，求见绍，陈说厉害，不料绍竟怒叱说："汝乃得罪之人，何敢妄言惑众。"

许攸，虽贪但确有谋略，是个人才，他向袁绍献"两路夹击曹操"之谋，绍却疑而不用，还说许攸与曹操有旧，为操做奸细，把许攸逼得真的投了操，泄露了袁军的机密。

还有张郃,文武双全,既能打仗,又有谋略。曾向袁绍献"绝路计"说:"不要在官渡与曹操纠缠不休,应该派一支轻骑部队,断绝曹操南撤之路,曹军也就不战自溃。"张郃的计谋与许攸的计谋相比,有异曲同工之妙,袁绍不听。乌巢是屯粮之地,本应派猛兵强将把守。可是,绍竟然安排一个淳于琼把守。淳于琼性刚好酒,军士多畏之;自到任后,终日与诸将聚饮,疏于防备。操四更已到达乌巢,令士兵举火烧其粮草时,淳于琼还醉卧帐中。乌巢之失,其根源就在于袁绍不会用人。

"不会出兵",是袁绍的又一大弱点。"不会出兵",是因为不识虚实。因为不识虚实,所以该出兵时不出兵,不该出兵时,偏又出了兵。

两军相持之时,操率二十万大军东征徐州,刘备求救于绍。谋士田丰得书来见,劝绍起兵,说:"今曹操东征刘玄德,许昌空虚,若以义兵乘虚而入,上可以保天子,下可以救万民。此不易得之机会也,唯明公裁之。"此时正值绍小儿生病,不料绍却说:"吾亦知此最好,奈我心中恍惚,恐有不利。"田丰说:"何恍惚之有?"绍说:"五子中唯此子生得最异,倘有疏虞,吾命休矣。"决意不肯发兵,气得田丰以杖击地说:"遭此难遇之时,乃以婴儿之病,失此机会,大事去矣,可痛惜哉。"这一次不出兵,错失了打败曹操的良好机会,也充分体现了绍"性迟而多疑,干大事而惜身"的特点。

官渡决战相持两月有余之时,曹军的各种矛盾都逐渐暴露出来了,尤其是粮草不继。这时,许攸捉住操的催粮使者,并搜得了操的催粮书信来见绍,说:"曹操屯军官渡,与我相持已久,许昌必空虚;若分一军星夜掩袭许昌,则许昌可拔,而操可擒也。今操粮草已尽,正可乘此机会,两路击之。"这正是该当出兵的机会,可是绍又偏不出兵,说:"曹操诡计多端,此书乃诱敌之计也。"就是不肯出兵,白白地丧失了出兵之良机。古人说:"天予不取反受其咎;时至不迎反受其殃。"倘若这一次出了兵,就一定会打败操而攻克许昌,则大事可定矣。本来成功是握在绍手中的,可惜他弃之而不取,把个许攸逼到操那边去了,操用许攸之谋反而把绍打得大败。

以上两个战例,说明该出兵时不出兵,可是不该出兵时,袁绍偏又出了兵。徐州刘备被操打破之后,投了袁绍的刘备出于报仇心切,说服绍出兵攻操。而此时,徐州已破,南北夹攻的犄角关系已不存在了,是最不宜出兵的。可是绍反而听备之言,居然要出兵。田丰谏曰:"前操攻徐州,许都空虚,不及此时进兵;今徐州已破,操兵方锐,未可轻敌。不如以久持之,待其有隙而后可动也。"绍不听,田丰又谏,绍大怒;田丰再谏:"若不听臣良言,出师不利。"绍又怒,欲斩之。玄德力劝而免斩,乃囚于狱中。蛮横而武断地出了兵,不该出兵之时,偏又出了兵,结果大败而归。

"不会防守",也是袁绍的又一大弱点。袁绍兵多将广,不会攻,但能守,也不至于败得如此迅速。绍不会攻,也不会守。乌巢乃屯粮之所,关系重大,可是绍却疏于防备。双方交战进入关键时刻,审配也说:"行军以粮食为重,不可不用心提防。乌巢乃屯粮之处,必得重兵守之。"可是对于心腹谋士之言,绍仍不听,亦不派重兵防守。在乌巢处在最危急关头,被拘禁的沮授冒死面见绍说:"乌巢屯粮之所,不可不提备。宜速遣精兵猛将,于间道山路巡哨,免为操所算。"绍仍旧不听,既不派兵也不遣将予以设防,致使乌巢被操所劫,粮草被操所烧。操偷袭乌巢的五千精兵,进绍营如入无人之地。结果是,乌巢粮草被烧,几十万大军不战而自乱,导致官渡决战的失败。

《孙子兵法》云:"不知军之不可以进,而谓之进;不知军之不可以退,而谓之退;是谓縻军。不知三军之事,而同三军之政,则军士惑矣;不知三军之权,而同三军之任,则军士疑矣。三军既惑且疑,则诸侯之难至矣。"袁绍"性迟而多疑,多谋而不善断",不识虚实而用兵;不知进退而统兵;不懂攻守而出兵是其失败之根本原因也。

第三节 选错一个谋略,输掉官渡决战

官渡决战,是袁绍的事业从胜利走向失败的历史转折点。曹操率五千骑兵,夜闯绍营,进入乌巢烧其粮草是最为关键的。献计的许攸认为,只要烧掉了乌巢粮草,绍的几十万大军就会不战而自乱。当然,操也是这么想的。实际上这个乱,只是几十万大军心理上的乱,并不是立即就乱。乱也是有一个过程的。乌巢粮草被烧之后,也不会马上就烧毁,也有一个过程。乌巢粮草被烧之后,绍营的几十万大军并未受到损伤,也不会立即就乱。

在粮草被烧的关键时刻,绍召开了一个高级别的紧急的军事会议。张郃、高览、郭图等高级将领和谋士都出席了会议。张郃,作战经验丰富,《三国志》赞扬说:"郃识变数,善处营阵,料战势地形,无不如计,自诸葛亮皆惮之。"乌巢被曹操火烧之时,以"巧变为称"的张郃,对整个战场形势的变化了如指掌,深知当时形势的关键,应争分夺秒,前往乌巢救火,消灭曹操的奇袭小分队。因此献"救火计",他说:"曹操率领的全是精锐,一定会攻破淳于琼。乌巢一旦失守,大势去矣,某与高览同往救之。"而谋士郭图却献了所谓的"围魏救赵"之计,反对派重兵去救乌巢,却要去劫曹营大寨。

就当时军情来说,关键的就是救火,并尽快地消灭前来劫粮的曹操的这一股小分队。绍是一个不懂谋不识谋,更不善用谋之人,认为郃乃一介武夫,能有什么好计谋;又因郭图是他的智囊亲信,遂不听张郃之计。命张郃、高览带重兵去劫曹营,只派蒋奇领少许人去乌巢救火,这就耽误了救火的最佳时机。乌巢这一边,烧粮的小分队,人数虽少,但个个都是精兵强将而训练有素,且曹操有谋有略,善能指挥偷袭。

时放火烧粮草,正紧张激烈地进行着。忽闻报:"袁绍的增援部队来了。"但袁绍增援的兵,毕竟人少力量弱。操一面指挥放火烧粮,一面指挥抵挡并歼灭绍的援军。杀散淳于琼部卒,曹军夺其衣甲旗帜,伪作琼之部下败军回寨,遇蒋奇。奇军问之,称

是乌巢败军奔回，蒋奇遂不疑，驱马经过。张辽、许褚忽至，斩蒋奇于马下，尽杀蒋奇之兵。又使人当先伪报云："蒋奇已自杀散乌巢操兵了。"既然操的士兵已败，绍就不复遣人接应，大火越烧越旺，乌巢粮草就化为了灰烬。

张郃、高览奉绍之命，往击曹营，因曹操有备，大败而归。与此同时，蒋奇被杀，其兵被歼，粮草被烧。郭图见自己的计谋皆已落空，恐追责，竟于绍前说张郃、高览"素有降曹之意，今遣击寨，故意不肯用力，以致损折士卒"。绍不分青红皂白，竟勃然大怒并遣使急召二人归寨问罪。郭图又先使人报二人云："主公将杀汝矣。"张郃、高览大惊，及绍使至，高览斩使，与张郃投曹操去了。袁绍既去了许攸，又去了张郃、高览，又失了乌巢粮草，军心惶惶。至此，袁绍几十万大军，这才真正不战而自乱。许攸劝曹操作速进兵，当夜三更分三路劫寨，混战至天明，绍军折其大半。操又用荀攸计，扬言调拨人马，一路取酸枣，攻邺郡；一路取黎阳，断袁军归路。绍闻报大惊，急遣袁谭分兵五万救邺郡，辛明分兵五万救黎阳，连夜起行。操探知绍军动，便分大队军马，八路齐出，直冲绍营。袁军大败，操大获全胜。

在紧急军事会议上，袁绍如果选了"救火计"，命张郃、高览率重兵去乌巢救火，那时形势就是另外一种情形了。因为绍毕竟有几十万大军，并未受到损伤。被称为"河北四庭柱"的颜良、文丑，虽已战死沙场，但张郃、高览两位大将仍在。特别是张郃，为"河北四庭柱"之首，有勇有谋，乃前线的最高总指挥。火烧乌巢之后，曹军虽未受多少伤亡，但毕竟人数少，力量小，就犹如一小群的羊进入了几十万只的狼群。开始仅仅是猝不及防，这个狼群一旦醒悟过来，这个一小群的羊还逃得了吗？加之曹军新胜，将士骄惰，骄兵必败。这时如果深谙军机的张郃率领着他的骑兵部队，铁骑铁甲，半路迎击，哀兵必胜，操的小分队还跑得了吗？张郃的快速骑兵部队，不仅能打败并歼灭操的小分队，并能迅速救火，使乌巢粮草免于被毁。

即使操跑掉了，回到了曹营。但是这时，形势仍然有利于绍，而不利于操。因为这时候，绍的几十万大军还在，还有战斗力。因为有张郃、高览在，操也组织不了有效的反攻。即使乌巢粮草烧光了，绍兵手中还应有两三天的粮，支持两三天是没有问题的。然而曹军却彻底断粮了，据许攸说，连一天的粮都没有了。就算是操能稳得住顶得住，真揭不开锅了，他的士兵能顶得住？能不乱？还有战斗力吗？郃曾向绍献"绝路计"，主张"派一支轻骑部队，断绝曹操南撤之路"，南北夹击曹操，不为绍所用。在此关键时刻，如果张郃安排一支轻骑部队绝操之后，官渡的决战，胜利者就不是曹操而是袁绍了。因此说，袁绍选错一个谋略，输掉一个官渡决战。

第四节　互不相容的谋士集团

据《三国志》记载，荀彧对袁绍的谋士集团曾有一个深刻的分析。他说："绍兵虽多而法不整。田丰刚而犯上，许攸贪而不治。审配专而无谋，逢纪果而自用，此二人留知后事，若攸家犯其法，必不能纵也，不纵，攸必为变。"因此，他断言，袁绍的谋士是互不相容的，互不相容必生内变，谋士内变，其事业必败。荀彧的这一分析，切中了要害。在袁曹官渡决战的关键时刻，袁绍的谋士们，果然互不相容而发生了内变。这一内变，主要在四次谋略斗争上，彻底摧毁了袁绍的几十万大军，断送了袁绍的事业。

第一次，袁绍率几十万大军南下，要攻打许都，田丰犯颜直谏说，"曹公善用兵，变化无方，众虽少，未可轻也，不如以久持之"。他献计说，"将军据山河之固，拥四州之众，外结英雄，内修农战，然后简其精锐，分为奇兵，乘虚迭出，以扰河南，救右则击其左，救左则击其右，使敌疲于奔命，民不得安业；我未劳而彼已困，不及两年，可坐克也。"他强调说："今释庙胜之策，而决成败于一战，若不如志，悔无及也。"《孙子兵法》说："是故智者之虑，必杂于利害。杂于利而务可信也，杂于害而患可解也。"在这里，田丰明确告诫袁绍，决不可轻于决战、盲目决战。绍怒，杖责而下狱。绍往官渡进军，丰从狱中上书谏曰："操军方锐，恐出师不利。"逢纪竟谮言说："主公兴仁义之师，田丰何得出此不祥之语！"这一句，既是拍马屁的话，又是挑拨离间的话，用意是十分狠毒的。绍因此而怒，欲斩之，众官告免。

官渡决战，袁军果然大败，绍后悔，曾对逢纪说："吾不听田丰之言，致有此败。吾今归去，羞见此人。"逢纪本嫉妒田丰，欲除之。谮曰："丰在狱中闻主公兵败，抚掌大笑曰：'果不出吾之料。'"纪知绍心胸狭窄而嫉妒心强，故意捏造事实而进一步离间田丰与绍的关系，致丰于死命。绍因此恼羞成怒，非要杀掉田丰。于是命使者持宝剑先往冀州狱中杀之。在战争的关键时刻，曹操最怕田丰在军中，而逢纪却借绍之手除掉了田丰，给绍的事业造成了难以估量的损失。如果田丰未死，官渡决战之后，仓亭大战，就不至于大败。如果田丰未死，袁谭能诈降曹而为操所用吗？

第二次，决战进入了关键时刻，许攸捉住操的催粮使者，并搜得了操的催粮书信来见绍，献"两路夹击曹操"之计。可是绍却疑心重重，说："曹操诡计多端，此书乃诱敌之计也。"故而，拒之而不用。许攸痛心地说："今若不取，后将反受其害。"许攸虽然多谋，但却贪而犯科。这些问题，本来因许攸的智谋及其贡献，应略而不计，以免涣散军心。可是，绍的另一个谋士审配，却"专而无谋"，特别认真而坚持原则，扯着不放。就在绍不用许攸之谋之时，审配的书被使者呈给了袁绍。书中先说运粮事；后言攸在冀州，尝滥受民间财物，且纵令子侄辈多科税，钱粮入己，今已收其子侄下狱矣。

"许攸贪而不治"，"审配专而无谋"，荀彧曾推测，"若攸家犯其法，必不能纵也，不纵，攸必为变"。在战争年代，这样一件事，绍应秘而不宣，可是绍肚里存不住事，居然见书大怒说："滥行匹夫！尚有面目于吾前献计耶！汝与曹操有旧，想今亦受他财贿，为他做奸细，啜赚吾军耳！本当斩首，今权且寄头在项！可速退出，今后不许相见。"

这样，就彻底取消了在绍面前献策之权。许攸出，本欲自刎，觉得无路可走而投了曹营。许攸投操后，带走了绍的军事机密，反向操献了"夜袭乌巢，烧其粮草"之谋，结果绍营粮草被劫而烧。如果不是审配"专而无谋"，许攸就不会被逼得无路可走而降曹，也就不会有乌巢粮草被烧之事。那时曹军粮草已尽，再拖几天，曹军也就会不战而自乱。

第三次，曹操偷袭乌巢时，张郃献"救火之计"，谋士郭图却献"围魏救赵"之计，反对派重兵去救乌巢，却要去劫曹营大寨。绍采纳了郭图之计，命张郃、高览带重兵去劫曹营，只派少许人去乌巢救火。张郃、高览奉命，往击曹营，因操有准备，大败而归。而乌巢却救兵少而被歼，粮草被烧。郭图见自己的计谋落空，恐追责，竟于袁绍与张郃两边挑拨离间，火上浇油，制造矛盾。在绍前说张郃、高览"素有降曹之意，今遣击寨，故意不肯用力，以致损折士卒"。在郃前说"主公将杀汝矣"。将张郃、高览两员大将逼得投了曹操。两军对垒，此消彼长。至此，袁绍几十万大军，这才真正不战而自乱，这是官渡决战最终失败的关键。

第四次，袁绍死后，因废长立幼，兄弟不和，严重对立。作为谋士，本应劝他们兄弟和睦，共抗曹操，共守基业。可是，几个谋士之间，却为了一己私利，为他们兄弟制造分裂而出谋划策，结果彻底断送了袁氏的基业。当曹军退去，袁谭、袁尚两兄弟的矛盾再次爆发。谭的谋士郭图献计："主公可勒兵城外，只做请袁尚、审配饮酒，伏刀斧手杀之，大事定矣。"就是献计袁谭杀掉袁尚，谭从其言。适别驾王修自青州来，知之，说："兄弟者，左右手也。今与他人争斗，断其右手，而曰我必胜，安可得乎？夫弃兄弟不亲，天下其谁亲之？彼谗人离间骨肉，以求一朝之利，愿塞耳勿听也。"谭怒，斥退王修，依计而行。此计为审配识破，竟然也劝袁尚乘势攻打袁谭，结果兄弟两人大动干戈而相互残杀。

袁谭一战而大败，郭图献计："可遣人降曹，使操将兵攻冀州，尚必还救。将军引军夹击之，尚可擒矣。若操击破尚军，我因而敛其军以拒操。操军远来，粮食不继，必自退去。我可以仍据冀州，以图进取也。"这是什么计策？先献计兄弟相残，后献计降曹。时操最担心的是袁氏兄弟团结一致，共守成业。这一计策不是为操"利用矛盾、各个击破"提供条件吗？照这个策略，不管是真降还是假降，都会为操所用。真降，也是自己去送死。因为袁曹本是仇敌，袁谭将自己的生死祸福交给对手，不但不能达到自己的目的，反而会让自己落入万劫不复的深渊。假降，曹操是什么人？能骗得过吗？死于曹操之手，那是迟早的事。

果然，谭逐步地落入了操的圈套。谭依计假降，操知谭乃诈降也，故以女许谭为妻，以稳其心；令其据平原，操并不攻冀州，自引军退黎阳，打乱郭图的战略部署；封吕旷、吕翔为列侯，随军听用，挖掉谭的墙脚，布好陷谭之陷阱。谭据平原，尚引军攻谭，告急于操。操乘谭与尚大战于平原之际，集中力量攻打尚，用许攸之谋取了冀州。打败了袁尚，操再使人招谭，谭不至，欲图冀州。操自统大军直抵平原，追至南皮大败之，将谭斩杀。

纵观袁绍从辉煌的巅峰跌入失败的深渊之后，走向彻底毁灭的全过程，可以看出：绍的谋士们，互不相容，后又各自为私，是其事业失败的一个极其重要的因素。其实，袁营的谋士们互不相容而内耗，根子还在袁绍。绍本身素质偏低，不识人，不会用人，刻薄寡恩、刚愎自用、计迟多疑，即"外宽而内忌"所致，就是其"又昏又蠢又犟"的素质和性格所致。

第五节　辉煌巅峰与失败深渊

从辉煌时期到衰亡时期，袁绍仿佛判若两人，前者精明，后者糊涂；前者仿佛能用兵用将，后者却不会用兵用将；前者懂谋识谋，也善能用谋；后者，不懂谋不识谋也不会用谋。这究竟是什么原因呢？

曹操曾经分析说，袁绍有"志大才疏、胆略不足、刻薄寡恩、刚愎自用、计迟多疑、谋而不断"六大弱点。俗话说，江山易改，本性难移。这六大弱点，实际上就是袁绍的本性，一般是不变的。但是，一个人的本性，即本来面目，在一般的情况下是隐蔽着的。它只有在特定的环境下和特定的情况下，才暴露出来。所以，它的暴露，即外在地体现出来，也需要一个过程，人们对他的认识，也需要一个过程。

袁绍刚刚起事时，人们对他并不了解，只知道他"四世三公"高贵的门第和"故吏遍于天下"的优越社会条件，并不了解他的什么"六大弱点"。所以投奔他的人，蜂拥而至，基本上是慕名而来的。但是，也有慧眼而善于识人的，人未至，就知道袁绍没有什么大名堂。田畴避乱徐无山中，袁绍多次征召而被拒绝，操亲往征召，立即应召而至。也有的，先是慕名而至，但相处一段时间后，便认为他无匡世之才，然后跳槽而去。堪称一流的谋士荀彧，先投韩馥，后投袁绍，最后却弃之而投操，成为操股肱谋臣。郭嘉曾是袁绍的幕僚，仅相处数十日，认为其难成大事，亦弃绍而投操。

当时，认为袁绍无匡世之才，然后跳槽而去的，毕竟是少数，大多数还是留下来了。留下来的，也有颇具才能的，有胆有识有谋的，例如田丰、沮授、许攸等。这些人围绕在袁绍周围，为其出谋划策。

大凡一个人，在其事业初创之时，还是能够谨慎小心的，注意听取别人的意见，能够采纳别人的谋略。例如在先取冀州时，逢纪献"假道伐虢"之谋时，袁绍就能欣然接受而采纳，大概就是这个原因，也可能因为逢纪是心腹谋士的缘故。当然，这个谋略在实施的过程中也是一个不断完善的过程。首先是逢纪提出，然后田丰、沮授、许攸等不断地为之谋划而使之完善。但是,当其占据北方四州,拥众百万,成为最大的割据势力之后,就开始飘飘然而轻浮起来了,骄傲起来了,以为夺取天下是轻而易举的事情。一个人一旦轻浮而开始骄傲之后,别人的话他就听不进去了,就刚愎自用了,就自以为是了。

一旦刚愎自用自以为是,再好的谋略,也不能为之所用。诸葛亮有时也听不进别人的意见,但诸葛亮自身素质高,有谋略。可是袁绍自身素质低,无谋无略,不识虚实,不知进退,亦不懂攻守。这样的人,大权在握而又刚愎自用就糟糕了。于是,不该出兵的时候,偏要出兵,结果是损兵折将,兵败而归;该出兵的时候,又偏不出兵,结果错失了破敌之良机。

袁绍谋士的素质还是挺高的,比如说,田丰,忠心耿耿,在袁曹官渡对峙之时,曹操打听得田丰不在军中,大喜,说,若田丰在军中,形势就是另外一种情形了。田丰和沮授见袁绍"不知军之不可以进,而谓之进;不知军之不可以退,而谓之退",必然要死谏苦谏了,就要直言犯上。结果是愈谏,袁绍就愈觉得伤了自己高贵的自尊心,就愈是触恼了袁绍,袁绍就愈是要刚愎自用。两个忠心耿耿的谋士,结果一个下狱,一个拘禁。

有些聪明的人,在自己决策错误而导致失败的时候,还能够反省自己。但是袁绍不是这样的人,他明知道自己错了,还放不下面子,还羞而不肯认错。官渡兵败后,绍曾后悔不用田丰之言而有官渡之败,还心胸狭隘忌妒大发,说是非要杀掉田丰,居然命使者持宝剑先往冀州狱中杀田丰,这种"小肚鸡肠"的心胸,真是世之罕见。《三国演义》叙述道,时丰在狱中,一日狱吏见丰说:"与别驾贺喜!"丰说:"何喜可贺?"狱吏说:"袁将军大败而归,君必见重矣。"丰笑说:"吾今死矣!"狱吏再问,丰说:"袁将军外宽而内忌,不念忠诚。若胜而喜,犹能赦我;今战败则羞,吾不望生矣。"正说着,使者赍剑至,传绍命,取田丰之首,丰乃自刎。对于田丰之死,陈寿叹道:"昔项羽背范增之谋,以丧其王业;绍之杀田丰,乃甚于羽远矣!"

因为袁绍虽有良臣而不容;虽有良谋而不用;虽有良机而不识。因此,他的事业最后只能是失败。绍与操对垒决战,就相当于打扑克一样,袁绍抓到的是一副好牌,相比较而言,操的牌则比较差劲。但是绍却不会出牌,故而输之。兵虽多而不整,将虽广而不会用,好谋而不善断,这就是袁绍的基本特征。"外宽内忌,好谋无决,有才而不能用,闻善而不能纳,废嫡立庶,舍礼崇爱,至于后嗣颠蹶,社稷倾覆,非不幸也。"史学家陈寿的分析评价,深刻地揭示了袁绍失败的根本原因。

第九章　曹操的官渡决战

　　曹操的战略部署：第一步，扫清东南；第二步，消灭袁绍。现在，东南面的割据势力：袁术、吕布已铲除，刘备即将被消灭，张绣也已投降了，张杨自生自灭，第一步战略目标已经实现。

　　第二步的战略目标，就是彻底铲除袁绍，统一黄河流域。统一黄河流域，关键的战役，就是官渡决战。选择官渡固守，是官渡决战胜利的前提；偷袭乌巢成功，是官渡决战胜利的关键。

　　曹操分别采用了荀攸的"声东击西"之计、许攸的"釜底抽薪"之策、程昱的"十面埋伏"之谋，依次取得了白马、官渡、仓亭三个战役的胜利，打败了袁绍。

第一节　大战前后的军事形势

　　彻底消灭了袁术和吕布两大割据势力，淮南和徐州并入了曹操势力范围的版图。从 198 年 9 月到 199 年 12 月，败袁术、灭吕布、收刘备、降张绣，特别是消灭吕布之后，是曹操事业走向辉煌的一个转折点。198 年 9 月之前，其势力范围仅局限于兖州及其周边地区。之后，经过了仅一年零三个月的战争，其势力范围的扩展：西达关中（196 年迎驾汉献帝都许昌而归附曹操的），东到兖、豫、徐州，控制了黄河以南，淮河以北大部分地区，并延伸到了扬州。

　　袁绍的势力范围版图在黄河以北的北方地区。191 年 7 月，绍用逢纪之谋袭取了冀州，在北方立住了脚。199 年 4 月，吞并了公孙瓒，兼并了青、幽、冀、并四州，成为中原地区最大的一个割据势力。绍拥众百万，欲纵横于天下。曹操灭吕布之后，控制了黄河以南，淮河以北的大部分地区。在黄河的下游，袁绍在黄河之北，曹操在黄河之南，形成了沿黄河下游南北对峙的局面。

孙策的势力在长江以南。193年,孙策至江东,仅仅几年间,占秣陵,降刘繇;攻吴郡,灭白虎;取会稽,擒王朗,江南皆平,开创了江东基业。200年,孙策临终时,江东政权就已经控制会稽、吴郡、丹扬、豫章、庐陵等地,成为江南最大的割据势力。操消灭了袁术和吕布两大割据势力之后,其势力从兖州延伸到了徐州、淮南、扬州地区,直达长江。孙策在江南,曹操在江北。曹操与孙策在长江的下游,形成南北对峙的局面。

在北方,曹操的势力发展,仅次于中原地区的袁绍。在中国的东部地区,形成了袁绍、曹操、孙策三大割据势力。这样,三国演义的历史上,最初形成了短暂的三大势力并列而争夺天下的局面,即在中国东部地区再一次地形成了小范围的“三分天下”的三角关系。在这个三角关系中,形势对操来说,还是严峻的,不利的。北面是袁绍,南面是孙策,操夹在两者之间,有利袁绍和孙策南北夹攻的态势。绍率军南下,而操必然北上迎战,对峙之时,孙策可能乘虚北上;反之亦然,孙策北上,操必然南下迎战,绍就会乘机南下。所以说,曹操的处境是危险的。无论是操北上抗击袁绍,南下迎战孙策,都有可能受到南北两面夹击腹背受敌的危险。

199年,刘备叛逃,斩车胄而占据徐州,对操来说,形势就更严峻了。这时,操面临着袁绍、孙策、刘备三大强敌。备的力量虽然弱小,但必然联络袁绍,南北夹攻许昌。因为刘备的问题,袁曹之间的大战提前了。在这段时间里,如果袁绍稍微会用一点兵,操也是必败无疑。200年,操打败了刘备后,与绍官渡对峙之时,孙策就准备北上乘虚袭取许都。而就在此时,袁绍派遣陈震至江东联络孙策,欲结东吴为外应,共攻曹操,孙策大喜。未发,孙策就被许贡的家人杀害了,这个谋划也就泡汤了。

鉴于自己所面临的复杂严峻的形势,操很难采取“利用矛盾,各个击破”的策略,只能采取“南和孙策,北抗袁绍”的战略方针。因为曹操与袁绍、孙策的位置排列并不是三角形的关系,而是并列排列的一条线关系。所以对南,主要采取“和”的策略,在“和”之中渗透着“防”。操准备北上抗击袁绍,又担心孙策北上袭击其后。郭嘉说,孙策来不了。因为他警惕性低,外出单枪匹马,必死于小人之手。果然,孙策被小人杀害了。孙权继立。操以汉献帝的名义封孙权为将军,结为外应,依旧坚持着对南采取“和”的策略,集中力量北抗袁绍。孙策死了,来不了;孙权继立,能力魄力不够,也来不了。这样,就形成了“中原两雄相争”的局面。

第二节　知己知彼,百战不殆

孙子说:“知彼知己,百战不殆。不知彼,不知己,每战必殆。”操之所以能以少胜多,就在于其既知彼,又知己也,故而百战不殆;绍之所以以多而败于少,就是因为既不知彼,也不知己,故而每战必殆。袁绍七十万大军向许都进发,来势汹汹。敢不敢迎战？是战？是和？对曹操是一个严峻的考验。

辩证法认为，看问题，要通过现象看本质，不要被表面的现象所迷惑。绍军看似不可一世，其实是假象。孔融说，绍土广民强、兵多将广、谋士成群，他的结论是：绍势大，不可与战，只可与和。荀彧反驳说，绍兵多而不整，不能为其所用也。谋士虽多，各不相容，易生内变。绍生性多疑，谋亦不能为其所用。大将颜良、文丑，只是匹夫之勇而不足虑也。这一番话，把孔融驳斥得哑口无言。曹操集团深知：战争不仅是军队数量的对比，而且是军队质量的对比；不仅是经济军事力量的对比，而且是智慧力量的对比，在战与和问题上，上下观点基本一致。经过一番讨论，下定了迎战袁绍的决心，当即调兵遣将。曹操的决策，是建立在既知己又知彼的基础上的。

袁绍似乎也听取了谋士们的意见，也采用了民主讨论这套方法，但是"多谋而不善断"。他那个所谓民主讨论，不过是在作秀。操的决策是建立在自己分析判断的基础上的。而绍却是一个没有主张，又没有头脑的人，不可能把握大势。199年，他要起兵，是源自郑玄代刘备写的求救书信，在听取众谋士意见的过程中，当反对赞成的意见各占一半的时候，他就踌躇不决了。当许攸、荀谌发表意见后，因为赞成的意见超过了半数，他就下定了起兵的决心。说明他的决策过程中，不是建立在科学分析判断的基础上，而是建立在赞成反对人数多少的基础上。对于众谋士的意见，他也分辨不清哪些意见是正确的，哪些是错误的？他的决策具有很大的盲目性，既不知操军队的特点、谋士的特点以及操军事指挥才能的特点，也不知道自己军队的一系列特点。所以说，袁绍是"既不知己亦不知彼"。

交战双方力量对比，不仅是双方军事经济力量对比，而且是人心向背的对比。战争的胜利或失败，情况是复杂的，有客观因素，更有主观因素。毛泽东说："在斗争中，由于主观指导的正确或错误，可以化劣势为优势，化被动为主动；也可以化优势为劣势，化主动为被动。"孔融只看土地广、兵多将广、粮草充足、谋士多的现象，没有看到主观因素的巨大作用。操和其谋士们，不仅看到了袁绍地广、粮足、兵多将广、谋士多的现象，同时也看到了袁绍"多谋而不善断""谋士虽多而互不容"主观因素的特点。与袁绍相比，曹操是既知己又知彼。

大战前，郭嘉就对袁曹两人的特点做了精辟的分析，他说："刘、项之不敌，公所知也。高祖唯智胜，项羽虽强，终为所擒。今绍有十败，公有十胜，绍兵虽盛，不足惧也；绍繁礼多仪，公体任自然，此通胜也；绍以逆动，公以顺率，此义胜也；桓、灵以来，政失于宽，绍以宽济，公以猛训，此治胜也；绍外宽内忌，所任多亲戚，公外简内明，用人唯才，此度胜也；绍多谋少决，公得策辄行，此谋胜也；绍专收名誉，公以至诚待人，此德胜也；绍恤近忽远，公虑无周，此仁胜也；绍所谗乱，公浸润不行，此明胜也；绍是非混淆，公法度严明，此文胜也；绍好为虚势，不知兵要，公以少克众，用兵如神，此武胜也。"郭嘉对袁曹两人的人品、性格及其军事统帅能力,可谓是了如指掌。故信心十足地说:"公有此十胜,予以败绍无难矣。"

第三节 "声东击西"和"饵兵"之谋

袁绍悍然发动了战争,操立即北上迎战。为了争取战略上的主动,曹操对兵力做了总体上的部署:派遣臧霸率精兵自琅琊入青州,占领齐、北海、东安,牵制袁绍,巩固右翼,防止袁军从东面袭击许昌;8月,操亲率大军进据冀州黎阳(今河南浚县东),进入黄河北岸;令于禁率步骑两千屯守于黄河南岸的重要渡口延津(古代黄河流经今河南延津至滑县以北一段的重要渡口总称),与袁军隔河相向;东郡太守刘延驻军白马(即今河南滑县白马坡),阻滞袁军渡河而长驱南下;9月,操还军许县,同时分兵驻守官渡。12月,再次抵达官渡,把大本营设在这里,安排主力在官渡一带筑垒固守,以阻挡袁军从正面进攻,双方摆开了决战的态势。

白马战役,是袁曹大战的首场战役。绍先发制人,进兵黎阳,并以黎阳为大本营,派遣颜良率先头部队进攻白马,然后又派文丑进军延津,但重点放在白马。6月,只有三千守军的刘延招架不住,向操求救。擅长灵活多变的克敌战术和军事策略的谋士荀攸献计说:"现在我们的兵少,恐怕打不过袁绍,应当分散他的兵力才行。你先到延津,做出将要进兵渡河攻击袁军的姿态,这样袁绍必定分兵西来同我对抗,然后轻兵偷袭白马城的袁军,攻其不备,就能捉住颜良了。"根据荀攸的"声东击西"之计,操带领部队大张旗鼓地向北挺进,做出北渡黄河,包抄袁绍后方的架势,走到延津附近,突然带领一小股轻骑兵突袭白马。围攻刘延的颜良猝不及防,被关羽立斩于马下,白马解围。

声东击西,乃三十六计中的第六计也。出自《淮南子·兵略训》:"用兵之道,示之以柔而迫之以刚,示之以弱而乘兵之以强,为之歙而应之以张,将欲西而示之以东,先忤而后合,前冥而后明。"声东击西,就是表面上声张着去打东边,实际上却攻打西边。军事上是指忽东忽西,巧妙诱惑敌人,给敌人制造错觉,乘机消灭敌人的战略战术。黎阳战役中,操明明是要进攻白马,却要大张旗鼓地北上延津,给袁绍以错觉,然后又乘其不备突袭白马,打得袁军措手不及,以致绍的一员大将颜良被斩。

白马解围之后,操料定袁绍一定会反扑过来。于是带着白马老百姓沿着黄河往西走,到延津南面时,与渡河来的袁军相遇,一场遭遇战就在所难免了。当时曹操的军队在一个高坡上,袁绍的军队杀了过来。操先徙民于西河,自领兵迎之;并传下将令:以后军为前军,以前军为后军;粮草先行,军兵在后。随即,绍的大部队就要到达,操却下令解鞍放马,原地休息。所有接到命令的将领,都十分惊讶且惊慌。操神态自若。荀攸明白操的意思,说,这么好的诱饵,运回去干什么!过了一会儿,文丑率领的五六千骑兵过来了,发现地上的辎重,纷纷下马抢夺,袁军不战而自乱。这时,操一声令下,鼓声号角声响彻云霄。曹操的六百骑兵如猛虎下山一般从高坡上冲了下来,把袁军打得落花流水,给予了歼灭性的打击,绍的另一员大将文丑又被关羽斩于马下。这一仗打得惊心动魄,绍是损失惨重。

在这一战役中,操第二次获胜,所采用的就是"饵兵"之计矣。孙子在其《孙子兵法》中警告说,"饵兵勿食"。"饵兵勿食"是孙子提出的"用兵八则"之一。《百战奇法·饵战》中云:"凡战,所谓饵者,非谓兵者置毒于饮食,但以利诱之,皆为饵兵也。如交锋之际,或乘牛马,或委财物,或舍辎重,切不可取之,取之必败。"当时操只有不满六百骑兵,袁绍却有六千骑兵,十倍于曹军。在此兵力对比异常悬殊的情况下,如果硬拼,是难以取胜的。巧用"饵兵"之计,使操以少胜多,取得了重大的胜利。

第四节 扼其咽喉和"釜底抽薪"

200 年,官渡战役是袁曹双方一场决定命运的极其重要的战役。袁军东西南北周围安营,联络九十余里。曹军新到,闻之皆惧。曹操聚众谋士商议,荀攸说:"绍军虽多,不足惧也。我军俱精锐之士,无不一以当十。但利在急战。若迁延日月,粮草不敷,事可忧矣。"

操传令军将鼓噪而进,但毕竟绍军势力强大。所以,形势对操很不利。两边排成阵势后,审配拨弩手一万,伏于两翼;弓箭手五千,伏于门旗内;三通鼓罢。曹操、袁绍阵前相互指责。张辽战张郃,许褚战高览,四员大将捉对儿厮杀。操令夏侯惇、曹洪,各引三千军,齐冲彼阵。审配令放号炮:两下万弩齐发,中军内弓箭手一齐拥出阵前乱射。曹军抵敌不住,望南而走。绍军掩杀,曹军大败。

袁绍兵多而操兵少,千里黄河多处可渡,如分兵把守则防不胜防,不仅难以阻止绍大军南下,而且会使自己本已处于劣势的兵力更加分散。毕竟袁绍兵多将广,粮草充足,实力雄厚。战场形势,对曹操来说是严峻的。操采取"集中兵力,扼守要隘,重点设防,以逸待劳,后发制人"的战略方针,把设防的重点放在官渡,这是颇具战略眼光的。官渡地处鸿沟上游,濒临汴水。鸿沟运河西连虎牢、巩、洛要隘,东下淮泗,为许昌北、东之屏障,是绍夺取许昌的要津和必争之地。操于官渡画地而守,扼其喉,为官渡之战的胜利,创造了前提条件。

《孙子兵法》云:"我不欲战,虽画地而守之,敌不得欲我战者,乖其所之也。"大战初期,曹操力量弱于袁绍,大败而退,处于十分被动的地位。但操主动放弃白马、延津,有计划有目的地撤退到官渡(今河南中牟东北),集中了优势兵力,深沟高垒,扼其喉而守之,使袁军不能前进一步。官渡乃北方进攻许昌的咽喉要地,具有重要的战略地位。把设防的重点放在官渡,集中兵力,确保了许昌的安全。可以节约财力,还可以诱敌深入,为待机破敌创造了条件,化被动而为主动。

曹操守官渡,有近两个月的时间,军力渐乏,粮草不继。这是双方相持的关键时刻,也是曹操最困难的时刻。这时,操意欲弃官渡退回许昌。迟疑不决,乃作书遣人赴许昌问荀彧。战略决策决不亚于诸葛亮的荀彧以书报之,书略云:"承尊命,使决进退之疑。愚以袁绍悉众聚于官渡,欲与明公决胜负,公以至弱当至强,若不能制,必为所乘:是天下之大机也。绍军虽众,而不能用;以公之神武明哲,何向而不济。今军实虽少,未若楚、汉在荥阳(地处郑州市西边荥阳市)、成皋(荥阳市广武镇)间也。公今画地而守,扼其喉而使不能进,情见势竭,必将有变。此用奇之时,断不可失。"

操同袁绍是完全不一样的:绍的机会来了,却疑神疑鬼而错失良机;操却能积极捕捉战机,出奇而制胜。关键时刻,绍的一个谋士许攸来投,献计说:"袁绍军粮辎重,尽积乌巢,今拨淳于琼守把,琼嗜酒无备。公可选精兵诈称袁将蒋奇领兵与彼护粮,乘间烧其辎重,则绍军不三日将自乱矣。"操立即意识到这是一个千载难逢的用奇之时,断不可失。若不用此谋,大军则坐以待毙。于是他亲率五千人马,打着袁军旗号,军士皆束草负薪,人衔枚,马勒口,前往乌巢劫粮。绍毫无防备,几千人马进入其防御区,如入无人之地。四更到达乌巢,时淳于琼醉卧帐中,操令放火烧了绍粮草辎重。

此乃"釜底抽薪"之谋,三十六计中的第十九计也。水沸者,力也。火之力也,阳中之阳也,锐不可当;薪者,火之魄也,即力之势也。《尉缭子》说:"气实则斗,气夺则走。"粮草,乃三军之命脉。操也曾说,粮食、辎重、委积,"无此三者,亡之道也"。操亲往乌巢烧其粮草,使绍的几十万大军不战而自乱。

曹操的官渡决战,是一次以少胜多的成功战例。其具有决定意义的一步是乌巢烧粮,动摇了绍的军心。同时利用这种有利形势,又抓住袁绍心神不宁的心理,依荀攸的"调虎离山"之计,到处散布攻打黎阳和邺郡的谎言,把袁谭、辛明两路十万兵马分走,分散了绍的兵马。再利用袁军移动以及袁营崩溃之际,大军全面出动,直捣绍营,彻底打败了袁军。官渡决战,是一场双方生死存亡的战役。这一场战役,曹操取得了决定性胜利。

第五节 "十面埋伏",致人而不致于人

孙子曰:"善战者,致人而不致于人。能使敌人自至者,利之也;能使敌人不得至者,害之也。故敌逸能劳之,饱能饥之,安能动之。"操仓亭战役,是运用"致人而不致于人"的典范。仓亭战役的胜利,是继官渡战役胜利之后的又一次重大的胜利,仓亭

战役是官渡战役的继续。绍官渡失败后，又聚四州之兵，得二三十万，前至仓亭下寨，企图反扑。操引得胜之军，追至仓亭（河南管县东北）下寨。次日，两军相对，各布成阵势。两军混战，大杀一场，各自鸣金收军。

当晚，操与众谋士商议破绍之策。程昱献"十面埋伏"之计，劝操退军于河上，伏兵十队，诱绍追至河上，"我军无退路，必将死战，可胜绍矣"。程昱之计，乃当年韩信"破釜沉舟"之谋的再版。操然其计，即分拨十队人马，埋伏左右已定。至半夜，令许褚伪作劫寨之势。经过官渡之败，袁军已成惊弓之鸟。许褚劫寨，实际上是假劫。此时，其高级谋士已是死的死，走的走了，剩下的二流谋士，哪能辨别真假。绍令五寨人马，一齐俱起。许褚回军便走，绍引军追赶。也不想想是否是诱军之计，会不会中计埋伏，竟一直追至天明，赶至河边。"能使敌人自至者，利之也。"当曹军无退路时，操大呼说："前无去路，诸军何不死战？"众军回身奋力向前。许褚飞马当先，力斩十数将，袁军大乱。袁绍退军急回，背后曹军赶来。

绍引军转身急退之路，所经过的路线，正是操军马十面埋伏之地。袁军撤退，正行间，一声鼓响，左边夏侯渊，右边高览，两军齐出。袁绍聚三子一甥，死冲血战奔走。又行不到十里，左边乐进，右边于禁，杀得袁军尸横遍野，血流成河。又行数里，左边李典，右边徐晃，两军截杀一阵。绍父子胆战心惊，奔入旧寨。令三军造饭，方欲饮食，左边张辽，右边张郃，径来冲寨。绍慌上马，前奔仓亭。人困马乏，操军赶来，绍舍命而走。正行之际，左边夏侯惇，右边曹洪，挡住去路。绍大呼说："若不决死战，必为所擒矣。"奋力冲突，得脱重围。袁熙、高干皆被箭伤，军马死伤殆尽。仓亭一战，袁军再次遭到毁灭性的打击。绍抱三子痛哭一场，不觉昏倒。众人急救，绍口吐鲜血不止，叹曰："吾自历战数十场，不意今日狼狈至此，此天丧吾也。"

仓亭大败的根本原因，就在于袁军，尤其是袁绍父子，经过官渡大败之后，已成了惊弓之鸟，见了风就是雨。曹军来劫寨，也不辨真伪，轻易地就中计上当，被敌人牵着鼻子走，丧失了战场的主动权，使自己的几十万军队钻进了曹操的埋伏圈，能不败吗？而官渡决战曹操之所以胜利，就在于他连续正确地使用了"扼其咽喉""声东击西""饵兵"即"抛砖引玉""釜底抽薪""十面埋伏"之计谋。这是曹操为打败袁绍，第二次连环用谋，也是本书第三次所论述的连环之计。

第十章　消灭袁氏兄弟

官渡战役之后，曹操取得了统一北方的决定性胜利。然而，袁绍虽败，但没有彻底消灭，仍占据着北方四州，仍有卷土重来之势。因此，仍需继续北征，彻底消灭袁氏，以绝后患而统一北方。

袁绍死后，废长立幼，致使袁谭、袁尚兄弟不和而相互争夺，这就使曹操有了可乘之机。因此，在彻底消灭袁氏兄弟的战争中，操又采取了"利用矛盾，各个击破"的战略战术。

第一节　静观其变而待于时

201 年，曹操在汝南将刘备打败而赶至汉江，后探知其已往荆州而投奔了刘表。这说明，刘备在中原虽然被打败，但并没有被消灭，仍留有后患。因此，操欲引兵攻之。程昱说："袁绍未除，而遽攻荆襄，倘袁绍从北面而起，胜负未可知矣。不如还兵许都，养精蓄锐，待来年春暖，然后引兵先破袁绍，后取荆襄：南北之利，一举可收也。"

就当时操所处的政治军事环境来说，袁曹之间仍然是主要矛盾，而与其他诸侯之间的矛盾仍是次要矛盾。荆州刘表，虽占据荆襄，带甲几十万，但因无四方之志，"虚名无实"，构不成威胁；刘备虽"人中之杰"，但眼下无立足之地，依附刘表，也难有所作为；江东孙策已死，孙权尚年轻，初领江东，不敢贸然北进。而北方袁氏，虽有官渡之败，但仍占据着冀、青、幽、并四州，拥众几十万，如果再次从北面而起，胜负就很难料了。

所以，操仍旧采取了"对南防御，对北进攻"的战略方针，遂提兵还许都，养精蓄锐，待来年再战袁氏。202 年，操再次商议兴兵，先差夏侯惇、满宠镇守汝南，以拒刘表；留曹仁、荀彧守许都；操亲统大军前赴官渡屯扎，静观局势之变。此时，袁绍病情稍愈，欲起兵进攻许都。正议之间，忽报曹兵至官渡，来攻冀州，便欲亲统大军迎战。袁尚劝止，于是安排袁尚、袁谭、袁熙和高干，四路军马同破曹军。袁尚自负其勇，不待袁谭等兵至，自引军出黎阳迎战。大败而归，袁绍受此一惊而一命呜呼。

绍废长立幼，袁尚接班，袁谭不服，兄弟相疑而各怀异心。大敌当前，暂且协力。操引兵追至冀州，袁谭与袁尚入城坚守；袁熙、高干离城三十里下寨，虚张声势，以成犄角之势，操数日攻打不下。郭嘉说："袁氏废长立幼，而兄弟之间，权力相并，各自树党，急之则相救，缓之则相争；不如举兵南向荆州，征讨刘表，以候袁氏兄弟之变；变成而后击之，可一举而定也。"操善其言，认为还要静观其变而待于时也。于是，引大军向荆州而缓攻河北。

曹操大兵一撤，袁氏兄弟之间就兵戎相见。其实，袁绍身后国分为二，不仅仅是袁绍废长立幼，其关键就在于其生前就将北方四州分于三子一甥了，这是祸乱北方而国分为二的根源。据《三国志·袁绍传》记载，绍"击破瓚于易京，并其众。出长子谭为青州，沮授谏绍：'必为祸始。'绍不听，曰：'孤欲令诸儿各据一州也。'又以中子熙为幽州，甥高干为并州"。北方总共乃冀、青、幽、并四州，按照《三国志》说法，青、幽、并三州已经分给了袁谭、袁熙和高干了。那么最大最重要的冀州就自然分给袁尚了，因为绍已经说了，"孤欲令诸儿各据一州也"。这样，绍的北方割据势力就一分为四了。三子一甥各据一州，这不亚于汉末的刺史改州牧，乃北方四州动乱分裂之源也。时袁谭与袁熙大战而败，退至平原，与郭图计议。郭图劝谭降曹，并遣辛毗至曹。操看书后与众计议，荀攸认为，攻打袁氏兄弟的时机已经成熟，说："袁氏据四州之地，带甲数十万，若二子和睦，共守成业，天下事未可知也；今乘其兄弟相攻，势穷而投我，我提兵先除袁尚，后观其变，并灭袁谭，天下定矣。此机会不可失也。"操闻听大喜，即邀辛毗问之。辛毗说："袁氏连年丧败，兵革疲于外，谋臣诛于内；兄弟谗隙，国分为二；加之饥馑并臻，天灾人困：无问智愚，皆知土崩瓦解，此乃天灭袁氏之时也。"从而进一步坚定了曹操出兵攻打袁尚的决心。

战争的进攻与撤退，要讲究时机，讲究策略。进攻袁氏兄弟，就是这样。过早行动，促进了敌人内部的团结，不利于自己。时机未到，还要耐心地等待，静观其变。但是，又不能在应该有所行动的时候而错失良机。203 年 8 月，袁谭遣辛毗为使，致书来降，这是进攻河北，利用矛盾，各个击破，彻底消灭其兄弟的最好时机。操很好地把握了这个时机，迅速出兵河北，进攻冀州。

第二节　应形于无穷，出奇而制胜

攻打冀州，是一场硬仗，也是攻打北方四州最关键的一仗。冀州是一个古战场，也是一个争夺天下的一个大战场。据《山海经》记载，距今约 5000 年前，黄帝在冀州之野大战并消灭了蚩尤,建立华夏民族,形成了华夏文明的基础。又据《史记》记载,"蚩尤发动战乱,轩辕黄帝在涿鹿原野(即冀州之野)与蚩尤大战,活捉并杀死了蚩尤,平定了天下。"自黄帝之后到春秋战国,冀州地区多次发生大规模的战争。因为战争多了,即经历了多次的进攻与防御之战,所以冀州城防十分坚固,易守而难攻。

河北自袁绍死后,袁氏兄弟继承其父遗业,仍占据北方四州。其兵力虽说不是一百万,但仍有几十万,足可与曹操相抗衡。袁氏兄弟反目,国分为二,袁谭投降,袁氏兄弟的兵力实际上就减少了一半。这一场争夺战,曹操处于战略进攻的态势,袁尚处于战略防御态势。对于争夺战双方来说,冀州城是关键。袁尚与审配商议,安排武安长尹楷屯毛城,通上党运粮道;令沮授之子沮鹄守邯郸,遥为声援;留审配与陈琳守冀州。袁尚率河北军主力驻扎在城外,指挥着各路兵马,与城中守军遥相呼应,成犄角之势。这种用兵之法,与陈宫的"两面互补"之谋有异曲同工之妙。

曹操一看这阵势,深知审配部署严密,难以攻打。如果攻城,袁尚就会指挥三路军队从背后攻击曹军,审配也会从城中杀出。那时,曹操就会四面受敌。因此操决定退军黎阳,缓攻冀州。袁尚原来最担心在其围攻曹军之时,谭军从背后攻打尚军,使其腹背受敌。因此他认为,操缓攻冀州,这是一个先灭掉谭军的好机会;而打掉了谭军,就可以集中力量攻打曹军了。于是袁尚进兵平原,急攻袁谭。这一打法,就分散了守住冀州的兵力,而使操有了可乘之机,即乘袁氏兄弟"亲而离之",然后"乱而取之"。袁谭被攻,立即告急于操。操令曹洪攻打邺城,从后追击袁尚,自领大军攻尹楷。兵临邺城境界,许褚斩尹楷于马下;张辽将沮鹄射于马下,消灭了袁尚的左右两翼。随后,曹操指挥军马掩杀,袁军大败,打破了袁军各路兵马遥为声援的阵式。

打败了袁尚,大军前抵冀州城。操采用了"明修栈道,暗度陈仓"之谋,令三军绕城筑起土山,口称登土山以攻城;又暗掘地道,准备从地道中进入冀州城。以"筑土山"掩盖"掘地道",一明一暗,一正一奇,以奇而胜之。就在此时,审配的一个手下名叫冯礼的来降,说:"突门内土厚,可掘地道而入。"于是命冯礼引三百壮士,日夜掘地道而入。被审配发觉,急唤精兵运石击突闸门;门闭,冯礼及三百壮士,皆死于土内。操遂罢地道之计,退军于洹水之上,以候袁尚回兵。袁尚被打败,稍作休整后,出滏水界口,东至阳平,屯军阳平亭,离冀州城十七里,与城里的审配、陈琳,再次形成犄角之势。

为了与城内取得联系,袁尚令军士堆积柴草,至夜焚烧为号;遣主簿李孚扮作曹军都督,直至城下叫开城门,说:"袁尚已陈兵在阳平亭,等候接应。若城中兵出,亦举火为号。"审配教城中堆草放火,以通音信。李孚又献计说:"城中无粮,可发老弱残兵并妇人出降;彼必不为备,我即以兵继百姓之后出攻之。"审配从其论,次日行其计,但此计为操识破。操即令张辽、徐晃各引三千军伏于两边。百姓才出尽,两边伏兵齐出,城中兵只得复回。操飞马赶来,至吊桥边,城中弩箭如雨,射中头盔,险透其顶,众将急救回营。操更衣换马,亲引众将攻打袁尚大寨。各路军马一齐杀至,两军混战,袁尚大败。操又一次打破了袁军城内城外两面互补的犄角之势。

袁尚引败军退至西山下寨,令人催取马延军来。不知操已使吕旷、吕翔招降了马延,并令马延截断袁尚粮道,袁尚得知大惊,料西山难守,夜走滥口。安营未定,四下火光并起伏兵齐出。尚军大败,退走五十里,势穷力极。孙子说:"善战者,致人而不致于人。"致人,指调动敌人;致于人,就是被敌人调动。"致人而不致于人"的实质,就是要转化敌我双方的虚实,掌握战场的主动权。操派马延截断袁尚粮道之后,就料定其必走滥口下寨,故操在此设伏,打了一个漂亮的伏击战。袁尚大败,遣豫州刺史阴夔至曹营请降。操却佯许之,以此而麻痹敌人。然后却连夜使张辽、徐晃去劫寨。袁尚尽弃印绶、节钺、衣甲、辎重望中山而逃。赶走了袁尚,就彻底打破了袁军城内城外的犄角之势。

冀州城成了一座孤城,操再次回军攻打冀州城。许攸献计,决漳河之水以淹之。漳河离冀州有一段路,城上有审配军监视着,怎么决?而且决河淹城,这是老一套的攻城之法,必须"战胜不复",不能机械地重复。曹操采用"瞒天过海"之计,先差军士于城外掘壕堑,周围四十里,以此麻痹敌人。审配在城上见了,暗笑说:"此欲掘漳河之水以灌城耳。壕深可灌;如此之浅,有何用哉!"遂不为意,也不作防备。操所采用的方法,乃转移视听的方法,故意令军士掘很浅的壕堑,犹如儿戏一般,使对方失去警惕性。到夜间,操添十倍军士并力发掘,至天明,广深二丈,引漳水灌之,城中水深数尺。加上城中绝粮,袁军多有饿死。又兼有审配之侄审荣大开西门,终至城破而夺取了冀州城。

打败袁尚,夺取了冀州城后,曹操就开始回过头来收拾袁谭。谭与尚兵戎相见之后,袁谭大败,郭图献计,假降曹操,企图借操之力量灭掉袁尚,然后待操粮草不继,赶走曹操,占据冀州。这是什么谋略,这是自取死路之谋。曹操是那么好糊弄的吗?投降曹操,不就是把自己的生死交给了曹操吗?谭投降了操,就落入了操的圈套。操知道,谭军是河北战场除尚军之外的又一支主力军。操也知道,谭乃诈降也。为了稳住袁谭,实际上是为了稳住谭的这一支主力部队,操故以女许谭为妻,以稳其心。

袁谭的谋士郭图部署是,操北上河北,必攻冀州,尚就必然会攻操,袁谭引军攻打袁尚。如此,袁尚腹背受敌,必败无疑。为了打乱郭图的这一战略部署,曹操令谭据平原,自己却引大军退据黎阳,造成缓攻冀州的假象。操的这一谋略,既是针对袁谭,也是针对袁尚的。袁尚果然中计上当,他弃冀州城不守,而调转枪口去攻打袁谭,结果袁尚在曹操袁谭两面夹击之下,腹背受敌而大败。

与此同时,操还对袁谭运用了"釜底抽薪"之谋,封吕旷、吕翔为列侯,随军听用,在不知不觉中瓦解袁谭的军队,一步一步地挖掉袁谭的墙脚,并布好了对付袁谭的陷阱。当袁谭在平原与袁尚大战之际,操借助谭的力量打败并赶走了袁尚。然后回过头来,用"瞒天过海"之谋,决漳河之水,打破了城池,夺取了冀州,并加强了防御。袁尚败退河北地区,向辽西方向逃窜后,就剩下一个半控制半不控制的袁谭。操使人招谭,谭不至,欲与操夺冀州。曹操自统大军直抵平原,闪击谭军,追至南皮大败之。谭军迅速土崩瓦解,袁谭被擒而斩首。

彻底消灭了袁谭、袁尚两支主力军队,曹操彻底占据了冀州,取得了统一北方战争的决定性胜利。冀州乃禹定九州之首,"两河之间为冀州,晋也"。此次战役,操以变化无穷之"形",应付敌情变化之"形",成功地利用了谭、尚之间的矛盾,采取了各个击破的战略战术,打败袁氏兄弟。开始他们兄弟协力,袁谭、袁尚城中坚守;袁熙、高干城外呼应,就难以取胜。后来曹操采用"隔岸观火"之谋,退军南下,缓攻河北,待其兄弟反目,就"利用矛盾,各个击破"战略,拉拢并稳住袁谭,集中力量消灭袁尚,再回过头来灭掉袁谭。这一攻打冀州的成功战例,很类似于毛泽东在《矛盾论》中所说的"宋江三打祝家庄"战例,是一个非常好的唯物辩证法的战例。

第三节　巧识虚实与虚国远征

破了冀州,随后又消灭了袁谭。袁尚大败而奔幽州投了袁熙,操令袁氏降将焦触、张南、吕旷、吕翔、马延等各引本部兵马,分三路进攻幽州。幽州乃《吕氏春秋》所定之州,"北方为幽州,燕也",在冀州之东,即今北京、河北东北部。操一面使李典、乐进会合张燕,打高干,攻并州。并州在冀州之西,太行山的西边,即今山西。袁尚、袁熙料难迎敌,乃弃城引兵奔辽西(河北北部和辽宁西部)投乌桓去了。幽州刺史乌桓触,聚众官降了。高干欲投刘表,至上洛,被都尉王琰所杀,将头解送曹操。至此,操夺取了北方袁氏所占四州,完全统一了北方。

207 年,袁熙、袁尚投奔辽西乌桓去了,是追? 还是不追? 曹洪等说:"袁熙、袁尚兵败将亡,势穷力尽,远投沙漠;我今引兵西击,倘刘备、刘表乘虚袭许都,我接应不及,为祸不浅:请回师勿进为上。"郭嘉说:"诸公所言错矣。主公虽威震天下,沙漠之人恃其边远,必不设备;乘其无备,猝然击之,必可破也。且袁绍与乌桓有恩,而尚与熙兄弟犹存,不可不除。刘表坐谈(即空谈)之客耳,自知才不足以御刘备,重任之,则恐不能制;轻任之,则备不为用。虽虚国远征,公无忧也。"郭嘉的分析是正确的,在田畴的向导下,大军北征,乌桓猝不及防,于柳城大败乌桓军。杀掉了蹋顿,降斩二十余万,迁其余众于中国,取得了军事上的重大胜利。从此之后,"乌桓"两个字就不见于历史了。柳城一战,决不能把乌桓灭掉,大约余众都并入了鲜卑。

袁熙、袁尚又引数十骑投辽东去了。辽东太守是公孙康,公孙度是他的父亲。公孙度早年担任尚书郎,后升任为冀州刺史,又因谣言被罢免。同乡徐荣是董卓手下的中郎将,他推荐公孙度做了辽东太守。公孙度东征高句丽,西征乌桓,威震海外。公孙度之后,公孙康为辽东太守。在汉朝,称辽东公孙康为太守,其实在汉朝之外,公孙度早已称王称帝而自成一国。因此,操收军回至易州(今河北省易县),夏侯惇引众禀曰:"辽东太守公孙康,久不宾服。今袁熙、袁尚又往投之,必为后患。不如乘其未动,速往征之,辽东可得也。"操笑着说:"不烦诸公虎威。数日之后,公孙康自送二袁之首至矣。"诸将皆不肯信。时郭嘉已死,留下遗计说:"今闻袁熙、袁尚往投辽东,明公切不可加兵。公孙康久畏袁氏吞并,二袁往投必疑。若以兵击之,必并力迎敌,急不可下;若缓之,公孙康、袁氏必自相图,其势然也。"操以遗计而行之,公孙康果然遣人送袁熙、袁尚首级至,众皆大惊。操出郭嘉书信示之,众皆踊跃称善。

此次曹操、郭嘉所用之计,乃"隔岸观火"之计也。其计说:"当敌人内部产生斗争而秩序混乱时,我方应静观其变。敌人穷凶极恶,自相仇杀,必然自取灭亡,应顺势而行动,就能像《豫》卦所说的那样,要达到目的必须顺势而动,不宜操之过急。"隔岸观火,就是比喻在别人出现危难之时,袖手旁观,待其自毙,然后乘乱而取之。此计源于《孙子·军争篇》中"以治待乱,以静待哗"。其意为,隔着河观看人家起火,等待时机谋利。这个计策告诉我们,在敌方内争纷乱时,我方如果即刻攻击,虽有战胜的可能,但也可能造成对方因团结抗战的反效果,因此算不得是好战略。这就要求军事指挥员要仔细地观察敌情,正确地判断,才能达到战胜敌人的目的。

既然辽东早已自成一国而久不宾服,为什么曹操不趁此机会,及时出兵消灭公孙康呢?公孙康占据辽东,逼近幽州,势力扩展到了朝鲜一部分地方,关隘险阻,地形复杂。一旦征讨,不是短时间内所能消灭的。关键是北方虽然统一,但还须巩固。孙权坐镇江东之后,不断出兵西进而攻打荆州,准备与中原相抗衡。一旦孙权占据了荆襄地区,中国就要形成"两分天下"的格局了,那时要统一天下就艰难了。还有一个敌人,那就是刘备,现在虽然寄居在荆州,犹如养虎,一旦羽翼丰满,后患无穷。因为中原多事,无暇顾及。曹操彻底消灭袁氏兄弟,统一北方,标志着短暂的三大势力并列而争夺天下格局的彻底结束。

曹操统一北方后,其实力远远大过了孙权,标志着"一强独霸天下"局面的逐步形成。"一强独霸天下"的局面并不等于"一统天下",是与"一统天下"有区别的。"一统天下"是消灭了所有的割据势力而统一了天下;"一强独霸天下"是指还有其他割据势力的存在,但不能与之相抗衡,更无力统一天下的局面。曹操统一了北方,特别是南征到达了江陵,就彻底形成了"一强独霸天下"的形势,统一天下已是大势所趋。

第十一章　曹操为什么能统一北方

魏武挥鞭,统一北方;运筹演谋,"三分天下有其二"(指曹操统一北方后所占的国土面积是东汉王朝国土面积的三分之二);卓尔不凡,功盖华夏。

毛泽东说:"两军相争,一胜一败,所以胜败,皆决于内因。胜者或因其强,或因其指挥无误;败者或因其弱,或因其指挥失宜,外因通过内因而引起作用。"

操兵弱而能统一北方,是因为其战略战术正确。犹如诸葛亮所说:"曹操势不及袁绍,而竟能克绍者,非唯天时,抑亦人谋也。"

第一节　战略上藐视,战术上重视

曹操在统一北方的一系列战争过程中,之所以战能胜,攻能克,实际上是做到了毛泽东说的"在战略上藐视敌人,在战术上重视敌人"的思想方法。操自视自己是天下的英雄。操说:"夫英雄者,胸怀大志,腹有良谋,有包藏宇宙之机,吞吐天地之志者也。"操把自己看作是站在历史的最高度,时代的最前列的英雄,具有雄视天下的气魄、雄心壮志,更具有统一天下的自信。

要统一天下,就要消灭与自己争夺天下的那些敌人和竞争对手,如袁术、袁绍、孙策等。那么,曹操又是怎么看这些人物的呢?他说:袁术"冢中枯骨,吾早晚必擒之""袁绍色厉胆薄,好谋无断;干大事而惜身,见小利而忘命:非英雄也""孙策藉父之名,非英雄也"。至于张绣、张鲁、韩遂等辈,操鼓掌大笑说:"此等碌碌小人,何足挂齿。"操视这些竞争对手和敌人,如"冢中枯骨""守户之犬耳",皆"碌碌小人",体现了曹操在战略上对敌人的藐视。

战略上藐视敌人,在战术上却要重视敌人。毛泽东说:"饭要一口一口地吃,地要一犁一犁地翻,仗要一个一个地打。"我们说,这一股敌人,是一定能够把它消灭的,这就是战略上的藐视。但是如何去消灭,还是很有讲究的,还是要通过一仗一仗地去打,一口一口地去吃掉敌人。这就是一个战术的问题,战术上的重视体现在每一个大小战役和战斗之中。

刘备、吕布两家联手,操就不敢轻易出兵了。连用"二虎竞食""驱虎吞狼""掘坑待虎"三个计策,无中生有,制造矛盾,搅乱三家,使三家相互为敌,相互攻击,自己从中"渔翁得利",然后是水到渠成,一个个地来收拾他们并彻底地予以消灭。当三家敌人三败俱伤之后,曹操也不是一口吞掉三家,而是稳一个,拉一个,打一个。利用矛盾,各个击破,一口一口地吃掉敌人。

在战术上对敌人的重视,还特别体现在集中用兵的问题上。毛泽东说:"在有强大敌人存在的条件下,无论自己有多少军队,在一段时间内,主要的使用方向只应有一个,不应有两个。"集中兵力的目的是各个歼灭敌人,将敌人一部分一部分地吃掉。使自己在战略上的劣势转变成战役战斗上的绝对优势,以自己局部优势去攻击敌人的局部劣势。这样,就可以将敌人战略上的优势化为我军战役战斗上的优势,从而逐步转变战争形势,创造各个歼灭敌人的条件。纵观在扫除东南和消灭袁绍的各个战役,乃至每一场战斗中,操都采取了集中优势兵力,各个歼灭敌人的战略战术。

张绣投降之后,本可以攻打吕布,但此时袁术僭号称帝,逆天而行,就师出有名了。四方震怒,群起而攻之,袁术彻底孤立。又因吕布与袁术的矛盾也已经激化了,可以利用他们之间的矛盾,共同对付袁术,有利于结成包括吕布在内的反袁术统一战线,这才出了兵。攻打袁术这一仗,曹操不仅集中自己的优势兵力,而且还集中了吕布、刘备和孙策的兵力,集中了多于袁术几倍的军事力量。打败了袁术,动摇了袁术在淮南的统治基础。将袁术打败之后,198年,消灭吕布时机就更加成熟了,于是又联合刘备,发动了对吕布的军事进攻,铲除了吕布。这一系列的战役和战斗,体现了操在战术上对敌人的重视和巧妙运用。

第二节 "不战而屈人之兵"的战略

曹操之所以能够统一北方,就在于他制定了一条符合当时"天下大乱,军阀混战"形势特点"不战而屈人之兵"的战略战术,这是一条正确的军事战略战术。这一条战略战术,就是操的纵横捭阖的政治手腕和军事战略战术。这一政治手腕和军事战略战术,又得力于他的超人的洞察力和对形势的准确的判断力。

占据兖州,移驾幸许都后,曹操面临的形势是非常严峻的。东南面有刘备、吕布、袁术;北面有袁绍。西有马腾、韩遂,南有刘表。在操与表之间,还夹着一个张绣。操远征,兖州和许都常有人来袭。第一次远征徐州陶谦,吕布在陈宫的唆使下袭取了兖州;第二次,欲东征徐州吕布,张绣在贾诩的唆使下,又欲袭许昌而夺驾;第三次,远征张绣未还,袁绍又欲前来偷袭许都。第四次,曹操大军远征河北,刘备聚兵汝南,也企图偷袭许昌。所以说,操面对的敌人是强大的,形势是严峻的。这些割据势力,对操形成了四面包围的态势。对这些敌人,操不可能分散兵力四面出击,故而在军事上采取了"纵横捭阖"的战略战术。

曹操就是在"了解矛盾的各个方面"情况的基础上所采取的"纵横捭阖"战略战术的。毛泽东说:"所谓了解矛盾的各个方面,就是了解它们每一个方面各占何等特定的地位,各用何种具体形式和对方发生相互依存又相互矛盾的关系,在相互依存又相互矛盾中,以及依存破裂后,又各用何种具体的方法和对方做斗争。"曹操的办法,主要有两种:

第一种办法,就是拣最近的最弱的打。拣最近的打,就是"和远处,打近处",就是秦国对付东方六国的"远交近攻"的军事策略。离曹操最远的是马腾、韩遂,远在潼关之西(潼关之东,称为关东;潼关之西,称为关中)。现在的关中地区,位于陕西中部,大致包括西安、宝鸡、咸阳、渭南、铜川、杨凌在内的五市一区。关中之西,就是西凉州,称为关外。马腾、韩遂占据西凉州,各拥强兵相争,一时无力对东边用兵,暂不构成威胁。操为了集中对东边用兵,采取稳住西方的措施。利用手中挟持天子的权力,派钟繇监督关东诸侯。钟繇到达长安后,写信给关外的马腾、韩遂,讲清利害关系,劝他们不要轻举妄动。马腾、韩遂表示服从朝廷,还遣子入侍朝廷,解除了操对西部的后顾之忧。拣最弱的打,就是"避实击虚"的战略。袁绍在操的北面,势力强盛,未翻脸之前,不可能对他用兵。攻打吕布之前,袁绍要准备吞并公孙瓒。操就与绍达成默契而稳住了绍,腾出手来集中兵力对付东南面。

第二种办法,就是"制造矛盾、利用矛盾、分化瓦解、各个击破"的办法。这个战略战术,起初主要是对付东南面的刘备、吕布、袁术三股割据势力的。北方的敌人袁绍,势强于操,且又是一个整体,不好打;东南面的敌人虽然强大,但却分成了三股势力,这就为各个击破提供了回旋的余地,比较容易打。但是,这三股敌人各自相安无事,这个仗也就不好打了。时刘备占据徐州,吕布居于小沛,形成了相互援助的犄角关系。攻打刘备,吕布来援;征讨吕布,刘备来助,怎么打?讨伐袁术,术求援于布,也打不了。因为当时曹操的力量也弱,一个对一个都费力呢,何况三家?

因此,曹操得在三家之间制造矛盾,这就要"纵横捭阖"的谋略。运用这个谋略,就要"无中生有,制造谣言,制造分裂",就是《孙子兵法》说的"诡道也"。即"怒而挠之,卑而骄之,佚而劳之,亲而离之",然后再来一个"乱而取之"。

操就是这样,为了削弱三家的力量,在三家之间挑拨离间,使其"亲而离之",相互仇恨,相互大打出手,使其两败俱伤,然后"乱而取之",得"渔翁之利"。远征张绣时,曹操既担心吕布来犯许昌，又担心布与术再一次走到一起，就对吕布封官许愿，以稳其心，使其"亲而离之"。吕布是见利眼开的，中计上圈套，将袁术的求婚媒人韩胤解送许昌。操当即将韩胤解往刑场斩首。这一手是够狠毒的，激化了袁术对吕布的仇恨，彻底切断了袁术和吕布两人之间的联盟。致使两人兵戎相见，两败俱伤，为集中兵力先后消灭袁术和吕布，扫清东南面创造了条件。

毛泽东历来强调"集中使用兵力"，反对"军事平均主义"。他说："集中优势兵力，各个歼灭敌人的作战方法，不但必须应用于战略的部署方面，而且必须应用于战术的部署方面。"在扫除东南的战役和战斗中，无论是战略方面，还是战术方面，曹操都坚持了一个主攻方向，确保了兵力集中的使用。操之所以能够所攻必克，所战必胜，统一北方，就在于他掌握战役战争的规律，发挥了战争的主观能动性，运用了正确的战略战术，"不战而屈人之兵""兵不顿而利可全"的军事战略战术原则。

第三节　认清敌我友，打击主要敌人

毛泽东说："谁是我们的敌人？谁是我们的朋友？这个问题是革命的首要问题。"又说："我们的革命要有不领错路和一定成功的把握，不可不注意团结我们的真正的朋友，以攻击我们的真正的敌人。"

曹操在争夺天下的战斗中，经常在研究判断谁才是他夺取天下的最主要的竞争对手，谁是最主要的敌人。初起事之时，曾经判断，袁绍、袁术可能是最主要的敌人。后来在实践中，他逐渐地否定了自己的看法。逐渐地发现刘备非同寻常，隐隐约约地意识到，他可能是最主要的竞争对手。令操刮目相看的是，一个名不见经传的刘备，陶谦竟然将徐州拱手相让，备还三辞而得之；荀彧所献"二虎竞食"之计，备居然能够识破而不中计不上当。因此，操认为，天下的诸侯头领，皆碌碌之辈，备是当之无愧的英雄。

是英雄，并不等于是敌人。曹操对备是关注的，备走到哪里，他的政治目光和军事目光也就到了哪里。操初领兖州之时，争夺天下，各路诸侯，都是要消灭的。先打谁，后打谁，操在战略上是有考虑的。备占有了徐州，有了自己的地盘，且又与吕布在一起而成掎角关系，这实在是一个"心腹之患"。196年到198年，连用"二虎竞食""驱虎吞狼""掘坑待虎"之计，主要是针对备的。这三个计策一实施，先后将袁术、吕布消灭，同时将刘备控制在自己手里。备在自己手中时，程昱、荀彧曾建议将其杀掉，但操怕担害贤之名，同时还幻想他能为自己所用。

199年，刘备参与了"衣带诏案"，斩车胄占徐州。曹操这才发现，备这是铁了心要与他作对，是自己争夺天下的敌人。到此时，曹操对备的策略发生了根本的变化。之后，每走一步棋，都是围绕着刘备而展开的。著名的以弱胜强的官渡之战，就是因为备出逃而提前了。操冒着以卵击石的风险,与拥有百万之众的袁绍决战,不惜孤注一掷与绍在官渡对峙。目的就是不给刘备以任何喘息的机会,也是为了不给袁绍有起用和依靠刘备才能的机会。200年春正月,查得刘备也参与了"衣带诏案",操不顾北面与袁绍对峙之忧,亲率大军东征刘备。一举摧毁了备的徐州势力,并俘获了关羽。

打败了刘备,操全力对付袁绍。在袁曹大战期间,操还充分利用暂降的关羽两次斩杀了袁绍的两员大将颜良、文丑。这样,既削弱了绍的力量,又离间了绍与备的关系,可以借绍之手杀掉备。即使袁绍不杀刘备,也可以迫使备离开绍这一强大的保护伞,继续逃亡。经过这一场赌局,曹操赢了,经过白马、官渡、仓亭三大战役,操打败了绍。可是,备却像泥鳅一样,又溜走了。刘备真是一代枭雄,脱离袁绍后,又与关、张相聚,又于汝南聚众数万,乘操出征河北(古时的"河北",包括今天河北省中、南部广大地区和山东省东北隅、河南省北部小部分地区)之时,引兵乘虚攻打许昌。操闻报大惊,只得暂弃河北而不顾,亲提大军前往汝南去迎战刘备,并再一次地将刘备彻底打败,再一次迫使备继续颠沛流离起来。

刘备被操打得走投无路的时候,却又去投了刘表。操得知,便欲弃袁绍而引兵攻之。只因绍未除,担心遽攻荆襄,绍从北面而起,故而罢兵还许都。203年,操暂弃荆州而举兵北向,集中精力攻打袁氏兄弟。只可惜操稍有迟疑,又使备得以喘息而卷土重来。207年,操消灭了袁氏兄弟,统一了北方时,备在新野"三顾茅庐",聘请了诸葛亮为军师,又有了下一步的"三分天下"战略谋划。208年,操统一了北方,还未大休整,又率军南征,追击刘备,使得操攻打荆州的时间表又提前了。操此次南征,矛头所向,直指刘备,对备穷追猛打。操的五千铁骑,追至长坂坡,将备打得惨败。由于犯了战略和战术上的错误,操在赤壁大战中被孙、刘联军打得大败而退回到了北方,不得不接受"三分天下"的现实。

从190年到208年,18年时间,曹操几乎是逢战必胜。可是,万万没有料到,在即将大功告成之际,却败在了孙权、刘备的手下。从根本上来说,操不是败在孙权之手,而是败在刘备之手。操到达江陵而欲顺江而下东征之时,东吴是投降之声甚嚣尘上。是战是降,孙权根本拿不定主张。是诸葛亮奉刘备之命,前往江东柴桑,说服孙权联刘抗曹,这才有了孙刘联盟,这才有了赤壁曹操之败。习凿齿论曰:"昔齐桓一矜其功而叛者九国;曹操暂自骄伐而天下三分。皆勤之于数十年之内而弃之于俯仰之顷,岂不惜乎?"

第十二章 千秋功过,谁与评说

《三国演义》是贬曹操的,戏剧舞台上将他脸谱化,他似乎成了奸臣的典型代表,成为"旷世奸雄",也有人称他是"古今来奸雄中第一奇人"。历史是公正的,因为历史是由人民书写的。这个千古的冤案,20世纪50年代,毛泽东把它翻了过来,还了历史一个本来面目。

曹操是多面性的,在历史上是一个颇有争议的人物。他对中国的统一做出了巨大的贡献,他心胸坦荡,是一个历史的伟人。但是他有缺点,在心胸上有极端的个人主义狭窄的一面,在政治军事上犯过错误,对于这样的一个人物,我们应当给予公正的全面的科学的评价。

第一节 分清主流和本质,正确评价曹操

曹操的一生是复杂的,是一个具有多面性思想性格特点的人物。他的性格呈现出多元化、复杂化的特色。他既有坦诚相交,宽以待人的积极性的一面;又有奸诈、多疑、嗜杀的消极性的一面。《三国演义》通过丰富具体的细节和心理活动的描写,把他多面性格凸显了出来。这种思想性格的多面性,即积极性和消极性的特点在操身上是对立统一的。他的坦诚与奸诈,在他的事业中又是统一的,对推动他的霸业都起了重要的作用。

毛宗岗评论说:"曹操一生,无所不用其借:借天子以命诸侯;又借诸侯以攻诸侯;至于欲安军心,则他人之头亦可借;欲申军令,则自己之发亦可借。借之谋愈奇,借之术愈幻,是千古第一奸雄。"为了网罗人才,他对部下,推心置腹,坦诚相交;为了巩固政权和维护自己的安全,他要不断地铲除异己;为了树立权威,不断地杀人。

189年,操逃出京城,与陈宫夜宿伯奢家。伯奢一家真心款待。时伯奢外出买酒,

家人杀猪。操与陈宫坐久,忽听庄后有磨刀之声。操生性多疑,一连误杀其八口人。出门后见伯奢骑驴,鞍前鞒悬酒二瓶,手携果菜而来,方知错杀。操思之,索性挥剑砍奢于驴下。宫大惊说:"适才误耳,今何为也?"操说:"伯奢到家,见杀死多人,安肯甘休? 若率众来追,必遭其祸矣。"这些话,充分体现了曹操极端的个人主义的损人利己思想的阴暗面。如果说,在处险境时,曹操这样做,还有情有可原的话,那么在身处高位时,草菅人命就非常不应该了。197 年,攻打袁术时,粮食紧张,明明是自己下令克扣军粮,又怕引起军心骚动,却借仓官王垕之头来安定军心,这也充分体现了曹操机敏和狡诈的性格特点。明明是为了防范行刺,杀死侍者而佯装不知。这些言行,充分体现了曹操的消极性的一面。

南下江南,屯兵江陵,宴长江而赋诗。众和之,众皆欢笑。唯刘馥说:"'月明星稀,乌鹊南飞;绕树三匝,无枝可依。'此不吉之言也。"操顿时大怒说:"汝安敢败吾兴。"居然手起一槊,刺死刘馥。一句话不对,就将人杀死,可谓杀人不眨眼。这大概是为了树立自己的权威吧,表示自己是神圣不可侵犯的。对于老百姓,有时更是视之如草芥。战场上,因为要引诱吕布,却将掳来的群众当炮灰;为了报父仇,在攻打徐州时,军队所到之处"杀戮人民,发掘坟墓",犹如狼心狗肺般的野兽行为,有着疯狂的复仇和报复心理。

在毛宗岗评论中,我们发现所谓的"奇奸",实际上就体现了操的智慧性和谋略的能力。因有志向有谋略,回到陈留,他拉起了一支队伍,竖起了反卓大旗,发檄文而大会诸侯,成立了联军,开创了反卓的好形势。因有魄力有谋略,他建立了兖州根据地,取得了"挟天子以令诸侯"的政治地位,取得了政治军事上的主动权。因有智慧有谋略,官渡一战,他以少胜多,打败了袁绍,统一了北方。西晋王沈在谈到曹操神奇的军事才能时说:"其行军用师,大较依孙子、吴起之法,而因事设奇,谲敌制胜,变化如神。自作兵书十余万言,诸将征伐,皆以新书从事,临事又手书为法度,从令者克捷,违教者负败。"历史已经证明,曹操是一位杰出的军事家、政治家。

陈寿在《三国志》中评论说:在天下大乱的时代,操"运筹演算,鞭挞宇内,揽申、商之法术,该韩、白之奇策,官方授材,各因其器,矫情任算,不念旧恶,终能总御皇机,克成洪业者,唯其明略最优也。抑可谓非常之人,超世之杰矣"。毛泽东说:"曹操这个人懂得用人之道,招贤纳士,搞'五湖四海',不搞宗派。他还注意疏浚河道,引水灌溉,发展农业生产。"这些方面,都是曹操一生中积极的光辉形象的一面。历史上的曹操,是一位非常有建树的了不起的人物。

总之,在社会历史的舞台上,曹操是有血有肉的活生生的一个人物,是一个具有多面性格多面特点的人物,是一个具有历史复杂性的人物,且又是一个颇具争议的人物。实际上,无论是现实中的人物,还是历史上的人物,都要用全面的观点来分析评价。对于曹操,也应当采取这样的评价方法。《三国志》中所记载的操是一个真实的曹操,谋略使他更加狡诈,才干使他更加残暴,这大概就是他的另一面。就是说,他既具积极作用的一面,也有不可避免的消极性的一面。

毛泽东说"矛盾的两个方面中,必有一方面是主要的,他方面是次要的。其主要的方面,即所谓矛盾主导作用的方面。事物的性质,主要地由取得支配地位的矛盾的主要方面所规定的"。这就告诉我们,对人物的分析和评价,要看本质,要看主流。对现实的人是如此,对历史人物也应是如此。曹操事业成功,成为领袖人物,成为政治家和军事家。但是作为一个伟人,同样具有其两面性。他率军南征北战,为国家的统一做出了杰出的贡献,他有功于社会,有功于国家和民族,有功于人民的一面,我们应当给予充分的肯定。对于历史上的伟人,曹操次要的细节方面,我们不能扯着不放。

第二节　好马失蹄,千古遗恨

曹操巧用虚实,因敌而制胜;能奇正之用,出奇制胜;能不战而屈人之兵,兵不顿而利可全。战必胜,攻必克,平定而统一了北方。为什么不能统一天下呢? 其根本原因是他自己犯了三次错误。三次错误,使之失去了统一天下的机会。好马失蹄,千古遗恨。

第一次错误就是放走了刘备。刘备于小沛城兵败而投奔曹操时,荀彧入见说:"刘备,英雄也。今不早图,后必为患。"彧出,郭嘉入。操问:"荀彧劝我杀玄德,当何如?"郭嘉说:"不可。主公兴义兵,为百姓除暴,唯仗信义以招俊杰,犹惧其不来也;今玄德素有英雄之名,以困穷而来投,若杀之,是害贤也。"荀彧和郭嘉都认为,刘备是英雄,但彧主张杀之,而嘉则认为不能杀,然必须严格控制在身边。

但操竟然放走了刘备,令其总督五万人马去截击袁术。时郭嘉、程昱方回,知之而见操。昱说:"昔刘备为豫州牧时,某等请杀之,丞相不听;今日又与之兵:此放龙入海,纵虎归山也。"嘉说:"丞相纵不杀备,亦不当使之去。古人云:'一日纵敌,万世之患。'"操立即醒悟,令许褚将兵五百前往,务要追玄德转来。备以"将在外,君命有所不受"为由,不肯回头。袁术死后,备仍不回,操大怒。荀彧献计:"写书与车胄就内图之。"陈珪父子又报与备知晓,于是云长斩车胄,公开背叛了曹操。操犯的这个错误可不小,犹如鸿门宴上楚霸王项羽放走了刘邦。如果没有刘备,就不会有"三顾茅庐"而有了"三分天下"的隆中决策;就不会有孙刘联盟而有赤壁之败;就不会有"三分天下"的格局而有了蜀汉王国。

刘备斩车胄而占徐州,实际上就是一种叛逃行为。操为什么犯这么一个错误? 因为在备叛逃之前,操一方面认为备是英雄,一方面还认为或许能为自己所用。备投操之后,操随之封官许愿,令其带兵到豫州上任,令招旧部,即离散之兵,以攻吕布。在征讨袁术的战斗中,备又率军进行了很好的配合。攻打吕布,备作为一个棋子为操所利用。战斗的关键时刻,备奉操之命,率领关、张,截断了吕布与袁术的联系,为消灭吕布发挥了作用。以往令备带兵外出都没有问题,没有料到这一次,却带兵叛逃,这就是刘备的狡猾。

第二次错误,就是赤壁大战之错。赤壁大战的错误,就在于打击的对象不明。究竟是刘备,还是孙权?犯了"两个敌人同时打"的战略性错误。在统一北方的一系列战役中,操都非常谨慎,每次只有一个打击对象。赤壁大战时,其根本原因是觉得自己实力雄厚而开始狂妄自大。长坂坡一战,只是击溃了刘备,并没有歼灭备。备逃至夏口,没有对其继续实施军事打击,直至彻底歼灭。在没有消灭刘备之前,把矛头指向了孙权,这是战略性方向性的错误。还有一个进攻时间选择的错误。易中天认为,进攻的最佳时间,要么就是提早进攻,即在占领江陵之后,立即迅速地向东吴进攻,以迅雷不及掩耳之势拿下东吴;要么推迟进攻,待到来年,也能够拿下东吴。

战术上,也存在问题。《孙子兵法》曾强调的"避实而击虚"是军事战略的一条重要原则。军事上,不仅需要避实击虚,而且还需要用己之长击敌之短。可是操偏偏用己之短,击敌之长,这是曹操赤壁大战失败的原因。操挥师南下,占领江陵之后,在长江水面上摆开了水战的架势,是舍己之长,用己之短。犹如《资治通鉴》所说,"而操舍鞍马,仗舟楫,与吴、越争衡;今又盛寒,马无蒿草,驱中国士众远涉江湖之间",此"用兵之患也,而操皆冒行之",岂能不败?

赤壁之败,有客观原因,但从主观上来说,操负有不可推卸的责任。主要是骄傲轻敌。因为兵力的绝对优势而滋长了骄傲情绪,以为打败孙刘联军,完成统一大业指日可待,轻而易举,对自己的困难估计不足。其次是过分自负,刚愎自用。操下令把战船锁在一起,虽克服了北方兵晕船,却是最怕火攻。程昱和荀攸提醒,也不在意,认为冬天不可能有东南风,完全没有想到冬至过后风向会有所改变,结果恰恰败在孙、刘联军的火攻上。

第三次错误是占据汉中后,没有及时去打四川。1966年3月,毛泽东在杭州的一次谈话中说,操打过张鲁之后,应该打四川。刘晔、司马懿建议他打。刘晔是个大军师,很能看出问题。说刘备初到四川,应乘其立足未稳,去攻打四川。刘晔说:曹操"北破袁绍,南征刘表,九州百郡,十并其八,威震天下,势摄海外。今举汉中,蜀人望风,破胆失守,推此而前,蜀可传檄而定。刘备,人杰也,有度而迟,得蜀日浅,蜀人未恃也。今破汉中,蜀人震恐,其势自倾"。并对操说:"以公之神明,因其倾而压之,无不克也。"可是曹操不肯去,隔了几个星期,后悔了。若操一鼓作气拿下西川,刘备只得退回荆州。而荆州又处在孙权、曹操南北包围之中,其势必穷。

攻打西川的条件如此之具备,操深通攻防之道,为什么按兵不动呢? 毛宗岗曾评论操"得陇不望蜀",有三惧:"前以初破袁绍之众,远行疲惫,跋涉江河,致有赤壁之败;今以初平张鲁之众,历险阻,不恤其劳而用之,安必胜乎? 一可惧也。使荆州会合东吴,而乘虚北伐,将奈之何? 二可惧也。且心畏孔明之才,向以博望、新野蕞尔之城,犹能焚我师而挫我锐,况今有西川之地而欲与之抗衡,三可惧也。"这样看来,操是因为惧诸葛亮之才而止兵,一惧亮联络东吴,调孙权之兵北上中原而袭其后;二惧亮用兵之谋也,"向以博望、新野蕞尔之城,犹能焚我师而挫我锐,况今有西川之地而欲与之抗衡"。

其实赤壁之败,根本不是"远行疲惫,跋涉江河",而是战略战术之误也;曹操只看到孙刘之间的结盟,却没有看到孙刘之间的矛盾。亮调动孙权北上攻打曹操,也需要时间化解矛盾;向以博望、新野蕞尔之城,能焚其师而挫其锐,今虽有西川之地,但得之日浅而人心浮动也。操在此关键时刻,前怕虎后怕狼,实乃年迈而魄力不足也。

第三节 "穷寇勿追",放走了刘备

在历史上,刘备有几次处于非常危险的时期,但由于备能够随机应变,才死里逃生而转危为安,逃过了一个又一个劫难。但是,对于曹操来说,又是有几次,完全可以干掉刘备,但却错过了机会,让备逃脱了,这是操不能统一全国的重要原因。

199 年冬,备斩车胄占徐州,实际上是一次出逃,是在政治上、军事上公开地与曹操分道扬镳。这引起了操的警觉,所以此后一直把刘备当作最主要的敌人打击。200 年春,操查得备也参与了旨在推翻操的"衣带诏案",更是大怒,率大军二十万攻打徐州。这一仗,把备打得惨败,但还是让刘备逃跑了,这是一个非常严重的问题。

201 年,备离开了袁绍,又将关、张收拢,又收了赵云,占据汝南,聚众数万,欲乘操出征河北之机攻打许昌。操亲提大军前往征讨,备惨败而逃,操大军随后追击,见刘备去远,收军不赶。为什么收军不赶呢? 汝南一战,刘备大败,老本又几乎输光,已成为穷寇。这个时候,应令大将率精干的铁骑部队,随后围追堵截,一定要将备生擒活拿或提备的人头来见。鉴于以往刘备善于投靠强者来保护自己的经验教训,即使除不了刘备,也要千方百计地截断其与刘表联系。但是曹操收军不赶,这是非常失策的。

穷寇是追呀,还是勿追?《孙子兵法》主张"穷寇勿追"。"穷寇勿追"是对陷入绝境的敌人的一种作战方法。为什么"穷寇勿追"? 历来兵家认为,如果逼得敌人走投无路,那么他就会狗急跳墙,疯狂反扑;如果暂时放松追击,可以减轻敌人的气势,瓦解敌人的斗志,再寻机而歼灭之。现代军事理论认为,穷寇是追,还是不追? 要具体情况具体分析,不能一概而论。毛泽东在人民解放战争取得胜利的关键时期强调要"宜将剩勇追穷寇",说的是穷寇还是要追的。备率领着残军败将退至汉江,"败军不满一千",十分狼狈。此时的刘备,又处于生死存亡的历史关头;而对于操来说,备就是一个穷寇。操应当率领大军继续追赶,将备这股残敌,斩草除根而彻底消灭之。可惜收军不赶,放走了刘备,使得备又去投了刘表,又留下了无穷的后患。

刘备投奔刘表之后,又有了喘息之机。在此期间,三顾茅庐,请出了诸葛亮,制定了"三分天下"战略部署和正确的路线。公开地亮出了政治纲领,竖起了"匡复汉室"的旗帜,再一次要真刀真枪地与曹操争夺天下。时不我待,208年秋,操北破乌桓,完成了统一北方后,不待休整,就开始南征。大军南征,刘表病死,刘琮投降,操迅速占领了荆州并全力追击刘备。在长坂坡,又将备打得大败。备从汉津向南逃跑。时备兵少将寡,前有大江,后有追兵,又几乎走到了绝境。操说:"今备釜中之鱼,阱中之虎;若不就此时擒捉,如放鱼入海,纵虎归山矣。"就在这个关键时刻,关羽率兵来救,操不敢再追;又恐刘备从水路夺了江陵。于是,备向东退至夏口,而操则向南夺取了江陵。

在这里,曹操犯了一个致命的战略错误,就是不应该去占领江陵,而应该继续调兵遣将从侧翼去围追堵截,不能给备以喘息之机。因为这个时候,是消灭这股残敌的最佳时机。就是因为操没有及时围堵刘备,又让备逃过了一劫,结果又留下了最为严重的后患。使得备占据江夏之后,再一次地得以喘息,派孔明前往柴桑,舌战群儒,打击了投降派;说服孙权,联刘抗曹,建立孙刘联军,终于在赤壁大败了曹操,使操一统天下的美梦化为泡影,这是操始料不及的。赤壁大战打破了操的"一统天下"战略目标,也成就了孙权和刘备。操之失败,就败在"穷寇勿追"也。

第四节　从历史变化看曹操历史贡献

曹操是东汉末年一位杰出的政治家、军事家,还是一位伟大的诗人。他在政治军事上,是大手笔的,他的诗也是大手笔的。说操是杰出的政治家和军事家,是因为他打败了袁绍,结束了北方战乱的局面,统一了北方,为国家的统一做出了贡献。操能统一北方,绝非偶然,而是一种历史的必然性。统一北方,是操本人的雄才大略和过人的胆略、气魄和智慧的必然结果。根据真实的历史人物和历史事件所创作的《三国演义》,由于作者的立场和观点原因,是贬曹操而褒刘备的,但是操的辉煌业绩的历史事实是掩盖不住的。我们从小说所叙述的零碎的事件中,还是可以看出操的文韬武略,看到操远大的政治眼光和政治魄力。

东汉末年,汉灵帝驾崩,大将军何进,掌握朝廷大权。与宦官斗争,形势严峻。何进无谋也无能,居然招外兵以尽诛宦官。操就预料,此举必招致天下大乱,竭力阻止。操反对董卓的立场是鲜明的,态度是坚决的。众官在王允家因除不了董卓而痛哭不止时,操说:"满朝公卿,夜哭到明,明哭到夜,还能哭死董卓否?"操说:"近日操屈身以事卓者,实欲乘间图之耳。今卓颇信操,操因得时近卓。闻司徒有七宝刀一口,愿借与操入相府刺杀之,虽死不恨。"后操向王允借得宝刀一把,独身入相府去刺杀董卓。操想通过刺杀而除掉董贼,恢复东汉王朝的正常运转,阻止天下大乱。刺杀行为虽然失败,但却体现了操行动的机敏性和胆略性,也体现了操过人的智慧和为国而献身的精神。

逃离京城,赶到陈留,立即竖起了义旗,招兵买马,很快就拉起了一支队伍,这体现了操在政治军事上的远见,也体现了操的魄力和担当。操作檄文以达诸郡,十七镇诸侯起兵响应,成立了反卓联军,开创了讨卓的新局面。其目的,就是要通过战争来打败董卓及其一伙,恢复东汉王朝的权威,阻止天下大乱和分裂。操为国家的统一做出了杰出的贡献,在于他为平定天下而实现天下一统。

在短短的三十年里,其戎马倥偬一生,指挥战斗五十余次,战果辉煌,战功卓越。从 193 年春天,闪击袁术的战争到秋天征讨陶谦的战争;从 194 年与吕布的濮阳争夺战,到 195 年以奇袭的方式大败吕布的定陶之战;197 年,曹操与刘备、吕布、孙策建立反袁术统一战线,摧毁袁术的战争;198 年,从 9 月东征吕布,10 月占领徐州,进逼下邳,11 月攻破下邳,杀死吕布和陈宫的战争;200 年,从正月到冬十月袁曹官渡相持,操采纳许攸的建议,以奇兵突袭乌巢,烧掉袁绍的辎重和粮草,乘袁军大乱之际,指挥军队前后夹击,打垮袁绍数十万人的进攻;从 202 年,讨伐盘踞在河北的袁尚和袁谭到 207 年,北征乌桓的战争;从 211 年,西征马超,平定关中,到 212 年,攻打凉州,打败马超之战;215 年,西征张鲁,平定汉中之战。不停地南征北战,东征西讨,牢牢地掌握着战场的主动权,创造了一连串的战争奇迹,建立了魏国,并使魏国成为三国中实力最强的一个国家。

在天下大乱和军阀混战的历史时期,曹操不登基做皇帝,移驾幸许都,维持着国家形式上的统一,这本身就为国家的统一做出了贡献。因为在中国,从公元前 221 年秦始皇统一之后,皇帝就代表着国家,象征着国家的最高权力。作为一个战乱时期的将相,他运用自己的聪明智慧,依靠非凡的魄力,把一个杂乱无章的天下梳理得清清楚楚,这是非常了不起的。

197 年,袁术在淮南称帝,此乃背反朝廷而大逆不道。操率大军,与刘备、吕布、孙策结成反袁术统一战线,打败了袁术。199 年 11 月,袁谭从青州派遣人想迎接处境艰难的袁术,袁绍也想背朝廷而称帝,袁曹之间的大战就拉开了序幕。200 年,官渡打败了袁绍后,又通过七年的战争,到 207 年 11 月,彻底消灭了袁氏兄弟而统一了北方。208 年 7 月,南征荆州,追击刘备,欲一举而荡平江南而统一天下。由于战略方针的错误,虽有赤壁之败而形成了"三分天下"的格局,但是刘备、孙权,谁也不敢擅自称帝而自称是汉室的臣子。国家从形式上来说,还是统一的。

袁术因有玉玺而僭号称帝,被曹操打掉了。袁绍欲从袁术手中接过玉玺,也想僭号称帝,也被曹操灭掉了。公孙度、公孙康父子,占据辽东及朝鲜一部分,称王称帝。时曹操虽然开始趋向于"一强独霸天下",因为北方还没有巩固,南方又有孙权、刘表割据,无暇顾及。238年,魏明帝曹叡令司马懿率大军讨伐辽东,打败了公孙渊,灭掉了燕国。在西北地区,有一个宋建还在184年,趁西北之乱,就开始称"河首平汉王"。东汉王朝、反卓联军,因鞭长莫及,让宋建在沙漠地区横行了三十年。212年,曹操派遣夏侯渊将这个伪政权打掉了。

那些割据一方的诸侯,一有机会,能称帝就称帝。据《资治通鉴》载:"侍中广汉董扶私谓刘焉曰:'京师将乱,益州分野有天子气。'刘焉乃更求益州。"结果当然是如愿以偿,刘焉做了益州牧而且还传位给了儿子刘璋。刘焉做了益州牧之后,称王的意愿一天天增强,制造了帝王用的车具千余辆。但是,刘焉、刘璋父子最终不敢称帝,一方面是他们没有能力,一方面也是曹操存在的缘故。张鲁据汉中时,"民有地中得玉印者,群下欲尊张鲁为汉宁王",张鲁的功曹巴西阎圃谏而止之。阎圃为什么能谏而止之? 操之威也。

215年,操夺取了汉中,张鲁"奔南山入关中,左右欲悉烧宝货仓库,鲁曰:'本欲归命国家,而意未达。今之走,避其锐,非有恶意。宝货仓库,国家之有。'遂封藏而去。太祖入南郑,甚嘉之"。可见,时张鲁还是承认以操为丞相的中央政府。这种国家统一的形式,一直维持到曹操去世。

中国自古以来,就讲究大一统,"统一"是打开中华文明唯一的钥匙。前221年秦始皇统一中国后,地方政权就再也没有办法在政治上取代中央地位。无论是后世的哪一个封建君主,争取统一或者维护统一都是他无法抵挡的诱惑,也是他无法摆脱的宿命。皇帝是国家的最高统治者,代表着国家。天无二日,国无二主,立一帝就要废一帝。这种一国不容二主的观念在中国深入人心,真正成为中国人的民族基因。220年,曹丕废掉汉献帝,称帝,正式建立了魏国。221年,刘备称帝,建立了蜀国。229年,孙权称帝,建立了吴国。曹丕、刘备、孙权分别称帝,中国历史才开始进入三国鼎立的时期。

196年,天下大乱,军阀割据而混战,东汉王朝已经名存实亡,但是操移驾幸许都,仍维持着国家形式上的统一有二十四年,因此史书称之为东汉末年。这二十四年国家形式上的统一,对以后历史的发展产生了重大的影响。从曹丕称帝而分裂为三国到280年,灭掉吴国而实现天下一统,只经过了六十年。西晋末年,再次天下大乱。317年到420年,先后存在过十六个小国,史称"十六国",经过了103年。后又经过南北朝时期,从420年到589年隋灭陈而完成统一,又经过了169年。从317年到589年,国家分裂了272年。三国的历史时期,如果没有曹操,汉亡后就可能像五胡十六国那样,出现众多的割据势力。曹操为国家的统一做出了杰出的贡献,他的贡献可与秦皇、汉武、唐宗、宋祖相比。

第十三章　曹操思想与荀彧立场

曹操占据兖州，正缺谋士之时，荀彧来投，操高兴地说："此吾之子房也！"荀彧是诸葛亮式的高级人才，是政治军事战略家，是曹操版隆中对的制定者。彧为操事业的发展提出了一系列重要的政治军事方面的战略性的决策，为操大业的发展做出了杰出的贡献。

但是，两人立场、观点和政治目标不同，不是一条道上跑的车。道不同，不与相谋也。最终，彧因立场、观点和政治目标不同，为操所不容而被赐死。

第一节　对"以制天下"理解的区别

荀彧曾旧事袁绍，是跳槽过来的。彧为什么相中了操？彧是彻底地效忠朝廷的，是要匡复汉室的，袁绍不忠于朝廷，身为反卓盟主，在勤王的关键时刻，按兵不动；占据河北，拒绝接纳皇帝。道不同，不与相谋也。操曾经敢于只身闯相府刺杀董贼；离开京城，大集义兵，勤王诛暴。他认为，匡复汉室，非曹操莫属，所以弃袁绍而投了曹操。

之前，操头脑中还存有流寇的思想，尚未理解根据地建设的重要性。189 年陈留起兵后，操没有一块属于自己的地盘。联军解体后，操到了扬州，东奔西跑，也没有一块固定的地方。192 年得了兖州，不承想被吕布抢了去。本来想从陶谦手中夺取徐州，没有料到，陶谦竟将徐州让与了刘备。

曹操欲弃兖州去攻徐州，荀彧分析了兖州作为根据地的极端重要性，将兖州比为高祖之关中，光武之河内，强调要"深根固本"。操听了，茅塞顿开，豁然开朗，频频点头。从此之后，操就意识到根据地的重要性，在兖、豫一带攻城略地，收编军队，扩充势力，招揽士人，兴办事业，屯田耕植，协调与大族的关系，使其势力走上了稳定发展的道路。彧忠心耿耿为操出谋划策，因为他认为操对东汉王朝忠心耿耿。彧献计操在兖州"深根固本"，是因为"深根固本"能"以制天下"。因为东汉末年，经过黄巾起义之后，其根基已经动摇；经过董卓、李傕、郭汜等劫持，导致天下大乱和天下分裂的局面。天下本来就是汉朝的天下，现在"乱臣贼子"起于四方，汉献帝无力控制。操这么"忠心"于朝廷，那么扶助操在兖州"深根固本"，让操代汉献帝"以制天下"，恢复东汉王朝的权威，这不是更好吗？

对"深根固本以制天下"，操与彧的理解是根本不同的。操是通过"深根固本"，然后一步一步地利用军队夺取汉朝的天下，建立属于自己的曹魏天下；彧是要操帮助汉献帝来控制天下，恢复大汉王朝的权威。当然，"以制天下"，也需要军事武装力量。对于那些不听汉献帝号令的，就要以武力征讨。可见，两人对"以制天下"的理解，有着天壤之别。彧是操手下的一个谋士，只能献计献策，不可能教训操，不可能限制操。所以，荀彧不可能说，你小子不能为了自己而夺取天下，而要努力去保卫大汉王朝；你小子可不能吃里爬外，做大汉王朝的"乱臣贼子"，要做大汉王朝的忠臣。操也不可能傻到那种地步，还要解释一下："我目的不是保卫大汉王朝，我是要建立自己的王朝。"这些根本性的、带原则性的问题，当时就这么含糊着，因此出谋划策的人出得高兴，听取谋略的人也听得高兴。

荀彧的这些话也说得模糊，说得含糊，他不像鲁肃对孙权那样说得明白。鲁肃说，"鼎足江东，夺取荆州，划江而治，建号帝王，以图天下"。一句话说白了，就是要乘天下大乱夺取大汉王朝的天下，建立孙吴的天下，有朝一日登基做皇帝。诸葛亮面对着口口声声"汉室倾颓，奸臣窃命，欲伸大义于天下"的刘备，建议刘备夺取益州，并说"益州险塞，沃野千里，天府之国，高祖因之以成帝业"。其实也是在引导刘备建立帝王之业，准备将来做皇帝。因为他深知，刘备的"匡复汉室"，也不过是放在嘴上说说而已，其实还是要建立自己的天下。曹操是何等样的人，又有自己的思想、自己的谋略、自己的主见，又十分奸诈，能听他荀彧的，帮助汉献帝恢复权威？这不是痴心妄想吗？

第二节 "奉天子"与"挟天子"

曹操在山东时，汉献帝的车驾已还洛阳。在毛玠的"奉天子以令不臣"的建议下，曹操聚众商议，该不该奉迎皇帝。大家纷纷反对，说我们自己干得好好的，还要弄一个皇帝来侍候，这事只有傻子才干呢。荀彧急了，认为是效忠皇帝而恢复大汉王朝权威的一个好机会，千载难逢，便向曹操进言。

荀彧说："昔晋文公纳周襄王而诸侯景从，高祖东伐为义帝缟素而天下归心。"将曹操奉迎汉献帝，比之于昔晋文公纳周襄王，高祖为义帝缟素，此两人因此霸业而成。这就告诉曹操，欲成大业，必须奉迎汉献帝，也只有这样，天下才会归心。荀彧又说："自天子播越，将军首倡义兵，徒以山东扰乱，未能远赴关右（在地理位置上，古人以西为右。洛阳在虎牢关之西，山东义兵在关之东，故称东京为关右），然犹分遣将帅，蒙险通使，虽御难于外，乃心无不在王室，是将军匡天下之素志也。"将操赞扬了一番：董卓作乱而劫持皇帝时，是操你首倡义兵，即成立联军，诛暴勤王。李傕、郭汜祸乱朝纲，是你，"犹分遣将帅，蒙险通使，虽御难于外，乃心无不在王室"。

站在效忠于大汉王朝的政治立场上，荀彧进一步地分析说："今车驾旋轸，东京（即京都洛阳）榛芜，义士有存本之思，百姓感旧而增哀。诚因此时，奉主上以从民望，大顺也；秉至公以服雄杰，大略也；扶弘义以致英俊，大德也。"这一番话，是充分地论述奉迎汉献帝的重要性。汉献帝乃有四百年基业的大汉皇帝，因为"义士有存本之思，百姓感旧而增哀"，所以，奉迎汉献帝是"从民望，服雄杰，扶弘义"。况且，在兖州"深根固本以制天下"，即"匡复汉室"，帮助皇帝讨伐那些"乱臣贼子"而控制天下，恢复大汉王朝昔日的威严。现在"今车驾旋轸，东京榛芜"，皇帝到处被人劫持而成为人质，过着鸡狗不如的生活。效忠皇帝，就应当把汉献帝接过来，让汉献帝发号施令，来"以制天下"。当然，荀彧没有这么明白地说，只是意在不言之中。

荀彧的思想工作还是会做的，操被说通，把汉献帝接到了许昌，宗庙社稷制度也恢复了，也有人磕头请安了，皇帝也像个皇帝的样子了。实际上不是这么回事，毕竟操有自己的主见，是不会被荀彧牵着鼻子转的。操规定：朝廷大务，先禀曹操，然后方奏天子。汉献帝名为皇帝，实为傀儡；操名为丞相，实为天子。这与彧的初衷大相径庭，彧建议操是"奉天子"，朝廷大权得归天子，但是到了操那里，就变味了，变成了"挟天子"了，朝廷大权归了操。操的"挟天子"和彧的"奉天子"，两者有着本质区别。一字之差，天壤之别。操的"挟天子"，与董卓、李傕、郭汜、杨奉、张杨的"劫持天子"是一样的，只是换汤不换药。但是，董卓、李傕、郭汜等都失败了，成了众矢之的。因为他们把皇帝当作战利品，争过来抢过去的，最终自己也身败名裂。

曹操之所以能够成功，是因为有一个荀彧在这里做协调工作。彧时不时地用"匡复汉室"来告诫操，用"大顺""大略""大德"来提醒操。当然操心里也烦，这个死老头子！恨得牙齿咬得咯吱咯吱地响。但是没有办法，咬碎的牙齿还要往肚里咽。操得到彧的支持，在当时来说，可谓是惊天动地的事。荀彧在当时来说，可是个抢手货，得到彧也确实不容易。彧是有着根深蒂固的家庭背景的，操得到荀彧的支持，等于得到了荀家背后世家的支持，使得操感觉得腰杆子也粗了，也扬眉吐气了。彧确实有经天纬地之才，治国安邦之能。每到关键时刻，都是彧为操拨开迷雾，指明前进的方向。从事业发展需要来说，操确实离不开彧。因此在朝廷上，操虽然十分不情愿，但看到荀彧盯着自己的炯炯有神的目光时，不得不向皇帝行三跪九叩之礼，使得皇帝还像个皇帝的模样。

第三节　道不同不与相谋也

经过荀彧一忽悠，曹操把汉献帝弄到了许昌。弄是弄来了，但大权还是操掌握着，我的地盘我做主。既然供奉的是一个皇帝，大面子上要过得去，就要行三跪九叩之礼。操创立霸业，要威霸四海，就得利用一下汉献帝，同时也得委屈一点自己，这叫有得有失。不然的话，荀彧那里不好交待。你忽悠我，我也得忽悠你。

时天下已经大乱，大汉王朝名存实亡，须得霸王出世，才能安定天下。彧的心目中，这个人选非曹操莫属。因此，彧既要为操效力，又要为汉献帝效忠。为曹操效力，其根本目的还是为了汉献帝。因为自己无力"奉天子"，只好讨好操去"奉天子"，依靠别人的力量来实现自己的理想。对于操来说，也需要贴汉献帝这个商标。因为有了汉献帝的商标，他才能将自己的货销售出去；因为有了汉献帝的招牌，他才能号令天下，师出有名而有了政治军事上的主动权。曹操不仅需要汉献帝，也需要荀彧的谋略，每当关键时刻，就需要荀彧为其出谋划策。攻打袁术，灭掉吕布，哪一仗都离不开荀彧。彧的决策，从没有失过手。因此，每当为操决策的时候，彧都尽可能地把汉献帝提一提，强调辅助天子的重要性。操因为心胸宽，所以对彧的话，也不计较，反正皇帝在自己手里掌握着，辅天子就是辅自己。

在操的掌控之下做皇帝，汉献帝心里也不舒服。再无能的皇帝，也不愿做傀儡。操灭掉吕布之后一日，汉献帝回宫泣对伏皇后说："今得曹操，以为社稷之臣；不意专国弄权，擅作威福。朕每见之，背若芒刺。操无礼已极，早晚必有异谋。"可以看出，汉献帝和操之间的矛盾已经是非常深了。时汉献帝与伏皇后商议之后，招来了国舅董承，于是弄出了个"衣带诏案"。官渡对峙之时，操回朝，查出了"衣带诏案"，将董承等案犯一律斩首，还将董贵妃也一并处死。皇帝受欺压，荀彧心里不好受，有口说不得。彧最终在政治上还是与操分道扬镳，根本问题，就是对待东汉王朝的态度。操对待汉献帝，不是效忠，而是利用，是挂羊头卖狗肉，他那个羊肉是假的，是假冒产品；荀彧对汉献帝是真忠于，而不是假忠于，是挂羊头真卖羊肉，他那个羊肉是货真价实的。

随着实力的增强，曹操对朝廷的控制越来越严密了，汉献帝的傀儡化程度也就越来越高了。扫除东南之时，操还是谦虚谨慎的，不敢过于放肆。但是消灭了袁绍，统一了北方之后，操越来越摆出了一副君临天下的姿态。按照荀彧原来的思路：天下大乱，只有曹操才能安定天下，匡复汉室。帮助操，就是帮助汉室。所以，帮助操歼袁术，灭吕布，败刘备，吃掉袁绍。因为壮大了曹操，就是壮大了汉室。现在发现，他的判断是错误的。曹操打汉献帝的招牌,只不过是贴贴商标而已,而所售的不过是自己的私货。他的对手消灭得越多,他的力量越壮大,他的政治野心就越膨胀。一旦他的对手消灭殆尽,天下平定,汉献帝就没有使用价值了,就要被扔掉了。因此,荀彧在心里痛心疾首地说,我是在帮助曹操灭掉大汉,是在助纣为虐。

袁绍被消灭之后,荀彧曾在心里想,要是绍还在,那该有多好。因为有绍的牵制,操的野心就会被压制。统一了北方,操要南征了,要消灭刘备、孙权、刘表。彧心里想,我不能再帮助操了,帮助操灭掉了这三家,大汉王朝就彻底完蛋了,汉献帝可能死无葬身之地。官渡决战,荀彧宏观调控,鼓励操"以十分居一之众,扼其咽喉,画地而守";粮尽草绝之时,荀彧及时提醒操,待机破敌,出奇而制胜,帮助操下决心打败了袁绍。可是,赤壁之战,那么大的一场战争,彧竟无一言建策。结果赤壁之战,曹操大败,三分天下。曹操、刘备、孙权,打过来杀过去的,荀彧冷眼相看,一言不发。有意留着刘备、孙权牵制曹操。

荀彧不作为,操能不知?只是一层窗户纸,没有捅破而已。两人之间的矛盾愈来愈深,曹操一条道走到黑,荀彧一条道走到死,两人之间的矛盾不可调和。212年,董昭等欲说操"宜进爵国公,九锡备物,以彰殊勋",向荀彧咨询。彧非常不高兴,说:"曹公本兴义兵以匡朝宁国,秉忠贞之诚,守退让之实。君子爱人以德,不宜如此。"都到这时候了,还咨什么询?我怀疑董昭是故意来摸口气的,或者说是操有意给荀彧一个台阶下。荀彧与曹操正闹着大别扭,董昭看不出来?偏偏彧有一股牛劲,一股劲地牛到底,听到这句话,心里就窝火,于是彧不识时务而当头泼了一瓢冷水。如此,他与曹操之间的缘分走到头了,荀彧就只得死。

究竟是怎么死的,《三国志》说:"会征孙权,表请彧劳军于谯,因辄留彧,以侍中光禄大夫持节,参丞相军事。太祖至濡须,彧疾留寿春,以忧薨,时年五十。"《三国演义》说:"彧已知操有杀他之心,托病止于寿春。忽曹操使人送饮食一盒至。盒上有操亲笔封记。开盒视之,并无一物。彧会其意,遂服毒而亡。"《魏氏春秋》亦说:"太祖馈彧食,发至乃空器也,于是饮药而卒。"《三国演义》和《魏氏春秋》说法,是符合逻辑的,也是符合事实的。中国人说,还能活多少年,就说还有多少年饭吃。曹操馈荀彧饮食而至,开盒乃空器也。其意是说,你没饭吃了,你活到头了,你去死吧。当时的北方,汉献帝不过是一个傀儡而已,真正的皇帝是曹操。君要臣死,臣不得不死。彧是聪明人,于是饮毒而亡。

荀彧是曹操事业宏观决策的人物,是曹操事业密切相关的人物。彧的"深根固本,以制天下"之谋,使操的事业走上了稳定发展的轨道;彧的"奉迎汉献帝"之谋,使操的事业走上了快速发展的轨道。吕布乘虚袭取兖州占据濮阳之时,彧竭力辅佐,结果夺回了兖州,为操事业发展奠定了基础。扫除东南时,荀彧竭力辅佐,操灭袁术、擒吕布、败刘备,凯歌高唱;官渡决战,彧竭力辅佐,曹操彻底打败袁绍,灭掉了袁氏兄弟,统一了北方。

　　南征荆州,彧与操,道不同而分道扬镳。曹操与荀彧矛盾不断激化、尖锐化,这是赤壁一战,大败而归,不得不接受三分天下的现实一个重要的政治原因。荀彧本来是要帮助操统一天下而匡复汉室的,但道不同不与相谋也,宁死而不屈也。陈寿评论说:"荀彧清秀通雅,有王佐之风,然机鉴先识,未能充其志也。"

第十四章　孙吴政权

中原的军阀混战闹得轰轰烈烈的时候,江南地区也没有闲着,孙坚父子经过几年奋战,也开辟了江东的基业,成了鼎立一方的诸侯,并且从孙坚、孙策再到孙权,经历了三世,"国险而民服"。

江东政权在"三分天下"的战略谋划中,地位十分重要,所以有必要研究一下,江东政权的形成和发展及其从诸侯、王国到帝国政权的走向。

第一节　江东事业奠基者孙坚

孙坚,字文台,吴郡富春人。《三国志》记载,坚乃孙武之后也。坚年少,就颇有谋略。"年十七,与父共载船至钱塘,会海贼胡玉等从匏里上掠取贾人财物,于岸上分之,行李皆住,船不敢进,孙坚谓父曰:'此贼可击,请讨之。'父曰:'非尔所图也。'坚行操刀上岸,以手东西指麾,若分部人兵以罗遮贼状,故贼慌而逃之。由是显闻,府召署假尉。"

自此之后,孙坚就走上了仕途之路。先后曾被皇帝下诏任命为盐渎县丞,后又迁转为盱眙县丞,又转任下邳县丞。黄巾军起义,孙坚受朝廷委派,跟随车骑将军皇甫嵩、中郎将朱俊率军镇压黄巾军。朱俊上表请求派孙坚为佐军司马,因有功又升任别部司马。186年,朝廷任命孙坚为长沙郡太守。当时,周朝、郭石等人也率众在零陵、桂阳二郡起事,与区星相呼应。孙坚到任后,就亲自率领将士,制定战略战术,一月之间,就消灭了区星之众。于是,孙坚越过郡境追击讨伐,三个郡都肃然安定。朝廷根据他前后的功绩,封之为乌程侯。

190年1月,董卓专权擅朝政,恣意横行。各州郡兴义兵,讨伐董卓,坚也率兵加入了联军。联军盟主袁绍命之为先锋,前往汜水关讨伐逆贼。首战告捷,坚使人于袁绍处报捷,又欲袁术处催粮。就在这个时候,有的人对袁术说:"孙坚乃猛虎;若打破洛阳,杀了董卓,正是除狼而得虎也。今不与粮,彼军必散。"袁术听之,不发粮草。坚非常恼怒,亲至袁术寨中责问,袁术惶恐无言,命斩进谗之人,以谢孙坚。此时,董卓特使李傕来见坚,说丞相有女,欲配坚之子。坚闻听大怒,叱曰:"董卓逆天无道,荡覆王室,吾欲夷其九族,以谢天下,安肯与逆贼结亲耶。吾不斩汝,汝当速去,早早献关,饶你性命。倘若迟误,粉骨碎身。"骂得李傕抱头鼠窜,回见董卓。

2月,卓弃洛阳去了长安,卓将赵岑献了汜水关,孙坚驱兵先入,于皇宫南殿井中捞得皇帝玉玺,便有了异心。孙坚得玺,即问程普怎么办? 程普说:"今天将玉玺授之于主公,必有登九五之分。此处不可久留,宜速回江东,别图大事。"孙坚说:"汝言正合吾意。明日便当托疾辞归。"商议已定,密谕军士勿得泄露。不料数中一兵,是袁绍乡人,欲假此为进身之计,连夜去报告了绍。所以,孙坚辞绍时,袁绍说出了玉玺,于是双方几乎刀兵相见。随后,坚上马拔寨离洛阳而去。绍大怒,遂写书致刘表,教其就路上截而夺之。刘表得书,亲引大军截杀而围住了孙坚,亏得程普、黄盖、韩当三将死救得脱,折兵大半,夺路引兵回江东。自此,孙坚与刘表结怨。

孙坚回江东三年后的192年,收到袁术书信一封,密令其征讨刘表,因为坚本来就是袁术的一个派别系统的。坚正欲报仇雪恨,故聚程普、黄盖、韩当等商议起兵。便差黄盖先到江边安排战船,多装军器粮草,大船装载战马,克日兴师。孙坚临行,其弟孙静领坚之诸子列拜于马前而谏曰:"今董卓专权,天子懦弱,海内大乱,各霸一方;江东稍宁,以一小恨而起重兵,非所宜也。"孙坚说:"弟勿多言,吾将纵横天下,有仇岂可不报。"其长子孙策说:"如父亲必欲往,儿愿随行。"坚许之,遂与孙策登舟,杀奔樊城。初战告捷,大军包围了襄阳城。刘表致书袁绍,求其相助。健将吕公引军马五百脱围而出,直奔岘山。孙坚急引三十余骑追赶,至岘山中埋伏,被乱箭射死,寿只三十七岁矣。

陈寿说:"孙坚勇挚刚毅,孤微发迹,导温戮卓,山陵杜塞,有忠壮之烈。"孙坚西夺荆州,其志不在小,欲争夺中原而纵横天下也,然而"轻佻果躁,殒身致败"。孙坚生命虽短暂,但是却为孙策开创江东基业奠定了基础,为孙策开创江东基业开辟了道路,坚是江东政权的奠基者。

第二节　江东基业开创者孙策

孙策,字伯符。孙坚初举义兵时,策就带着母亲移居舒县,与周瑜结为好友,极力收集联络士大夫,江、淮一带的人才都来投奔他。孙坚从江东出发,率兵征讨荆州,孙策随军参战。孙坚死后,归葬于曲阿。策办完丧事后,就渡过长江在江都(今扬州市)

定居。

孙策的舅舅吴景，丹阳郡太守。策于是带着母亲移居曲阿（今江苏丹阳市），与吕范、孙河等一起投奔吴景，并趁机招募了数百人。193年，孙策跟从了袁术。袁术待策，虽然赞赏而敬重，但又对策有所防备，反复无常而不讲信用，策很失望。

一日，策归营寨，想起袁术据礼甚傲，又思父孙坚如此英雄，而自己如今竟沦落至此，不觉放声大哭。这一哭，引来了几个人。而正是这几个人，改变了孙策的命运，成就了策的大业。第一个人，是朱治，乃孙坚旧从事官也。朱治说："君今有不决之事，何不问我，乃自哭耶？"策说："所哭者，恨不能继父之志耳。"朱治说："君何不告袁公路，借兵往江东，假名救吴景，实图大业，而乃久困于人之下乎？"正商议间，一人忽入。此即第二个人也，策视之，乃袁术谋士吕范，汝南细阳人。吕范说："公等所谋，吾已知之。吾手下有精壮百人，暂助伯符一臂之力。"策大喜，吕范又说："只恐袁公路不肯借兵。"策说："吾有亡父留下传国玉玺，以为质当。"

次日，孙策依据三人所议，见袁术如此而说，借得士兵三千，马五百匹，带领朱治、吕范、旧将程普、黄盖、韩当等，择日起兵。策以玺而借兵，实乃"抛砖引玉"之谋也。策借兵时，袁术虽已答应，但杨大将却非常不高兴而惋惜。他说："一个石头，换走我们三员大将。"策行至历阳（今安徽和县），见一军到，当先一人，姿质风流，仪容秀丽，乃孙策之密友周瑜也。策见周瑜大喜，诉以衷情。周瑜说："某愿施犬马之力，共图大事。"策说："吾得公瑾，大事谐矣。"瑜又向孙策推荐张昭、张纮，孙策即便令人赍礼往聘，俱辞不至。策亲至其家，与语大悦，力聘之，二人许允。策遂拜张昭为长史，兼抚军郎将；张纮为参谋正校尉。

到达江东，商议攻击刘繇。繇乃东莱牟平人也，旧为扬州刺史，屯于寿春，被袁术赶过江东，故来曲阿。策引兵到，繇之部将张英出迎，两军会于牛渚滩上。黄盖大战张英，不数合，忽然张英军中大乱，报说寨中有人放火。张英急回军，策引军乘势掩杀，占领了牛渚滩。原来那寨后放火的，乃两员健将：一人乃淮南寿春人，姓蒋，名钦；一人乃九江下蔡人，姓周，名泰。二人皆遭世乱，聚人在扬子江（长江）劫掠，闻孙策乃江东豪杰，能招贤纳士，故引其党三百余人前来相助相投。孙策大喜，用为军前校尉。收得牛渚邸阁粮食、军器，并降卒四千余人，遂进兵神亭。在进兵神亭的战斗中，周瑜亦领兵到来，合兵一处，大战刘繇。策大显神威，挟死一将，喝死一将：自此，人皆呼孙策为"小霸王"。刘繇大败，人马大半投降，策随后占领了秣陵（今南京市），并用计收了太史慈。

攻打吴郡，是统一江东极其重要的战略目标。占据吴郡者，乃自称"东吴德王"的严白虎也。闻孙策兵至，令弟严舆出兵，会于枫桥。策令韩当出战，蒋钦、陈武驾小舟前来助战，严舆败退，韩当直杀到阊门下。策分兵水陆并进，围住吴城。一困三日，无人出战。城上一员裨将,左手托定护梁,右手指着城下大骂,太史慈一箭将其钉在护梁上。白虎大惊,遂商量求和。次日使严舆见孙策,策问意欲如何。舆说:"欲与将军平分江东。"策大怒说:"鼠辈安敢与吾相等。"命斩严舆。舆拔剑起身,策飞剑砍之,将首级送入城中。白虎料敌不过,弃城而走。策进兵追袭,黄盖攻取嘉兴,太史慈攻取乌程,数州皆平。

白虎奔余杭(今杭州市),于路劫掠,被土人凌操领乡人杀败,望会稽而走。凌操父子来接孙策,策使为从征校尉,引兵渡江追之会稽。会稽太守,王朗也。山阴之野,两军一场大战,王朗大败,策引兵赶到城下,分布众军,四门攻打,数日不克。孙静说:"王朗负固守城,难可卒拔。会稽钱粮,大半屯于查渎;其地离此数十里,莫若以兵先据其内:所谓'攻其无备,出其不意'也。"策点头称善,即下令各门燃火,虚张旗号,设为疑兵,连夜撤围南去。周瑜说:"主公大兵一起,王朗必然出城来赶,可用奇兵胜之。"策说:"吾今准备下了,取城只在今夜。"一战果然成功,白虎望余杭而逃,王朗逃往海嵎。策回军取了会稽城,安定人心。

不隔一日,白虎的首级被余姚人董袭送了来,策喜,命为别部司马。自是东路皆平,令叔孙静守之,吴郡令朱治守之。就在策荡平江东之际,孙权与周泰守宣城,忽山贼窃发,四面杀至。周泰救孙权,身被十二枪,命在旦夕。董袭介绍虞翻知一名医,策即令张昭、董袭往聘之。虞翻至,荐华佗而治之。孙策遂进兵杀除山贼,江南皆平。

从194年到200年,孙策渡江回江东,仅仅几年间,策即收复了江南,占有了丹阳、会稽(即绍兴)、吴郡(即苏州)、豫章(即南昌)、庐陵(即吉安)、广陵(即扬州)六郡,开创了江东的基业。策之所以能成功,其原因有三:其一,胸怀广阔,善能用人。陈寿评价说:"策为人,美姿颜,好笑语,性阔达听受,善于用人,是以士民见者,莫不尽心,乐为致死。"策在袁术处时,仅有旧将程普、黄盖、韩当而已,过江之后,即谋士成群,兵多将广,贤能之士为之用。其二,策不仅英勇善战,善能用兵,亦颇有战略眼光。策至江东,占秣陵,降刘繇;攻吴郡,灭白虎;取会稽,擒王朗。江南皆平,开创了江东基业。其三,策实施仁政,深得民心。会稽太守王朗欲救白虎而迎战策时,其部将虞翻就说:"孙策用仁义之师,白虎乃暴虐之众,还宜擒白虎以献孙策。"策大军,纪律严明,平定江南,无一人掳掠,鸡犬不惊,人民皆悦。

可惜,孙策和其父孙坚有一个同样的缺点,都是轻佻果躁,都欠稳重,结果都是殒身丧命。袁曹相持于官渡之时,策欲袭击许都,迎汉献帝,志在获取中原。还未出兵,就被已故吴郡太守许贡的门客杀害。去世时,年仅26岁。孙策寿命虽不长,但却是孙吴江山的创立者。孙坚初创时期,还仅属于袁术的一个派别,还须听袁术调遣;孙坚死后,他的旧部归与袁术,是理所当然的。但是孙策就不同,他不甘心屈就于袁术的属下,向术借兵渡江,独立创业,平定江东,建立了江东政权。

229 年,孙权登基做皇帝,谥父孙坚为武烈皇帝,母吴氏为武烈皇后,兄孙策为长沙桓王。《汉晋春秋》记载说:"策勇冠一世,有隽才大志。"《三国志》评价说:"策英气杰济,猛锐冠世,览奇取异,志陵中夏。"这些记载和评价,都是非常客观的,符合历史事实的。江东政权到 199 年袁绍消灭公孙瓒和曹操消灭吕布之时,势力已经大振,孙策和袁绍、曹操一起成为中国东部三大割据势力。因此说,如果没有孙策,就没有江东政权,就没有三国鼎立之一的吴国。但是,孙权仅封其为长沙桓王,对其尊崇是非常不够的。

第三节　江东伟业继承巩固发展者孙权

孙权,字仲谋,孙坚之次子,孙策之弟也。其兄孙策既定诸郡,时孙权年仅 15 岁。199 年,孙权从策征讨庐江(即今合肥市)太守刘勋。勋破,又从策讨伐黄祖于沙羡(即今湖北省武汉市江夏区金口)。汉使刘琬曾对人说:"吾观孙氏兄弟虽各才秀明达,然皆禄祚不终,唯中弟孝廉,形貌奇伟,骨体不恒,有大贵之表,年又最寿,尔试识之。"200 年,策临终,对张昭等说:"中国方乱,夫以吴、越之众,三江之固,足以观成败。"呼权佩以印绶,说:"举江东之众,决机于两阵之间,与天下争衡,卿不如我;举贤任能,各尽其心,以保江东,我不如卿。"孙策的评价是恰如其分的,实事求是地点出了他们兄弟两人各自的特点。

孙策薨时,东吴的形势还是比较严峻的。当时的江东政权只控制着会稽、吴郡、丹阳、豫章、庐陵等地,江东的边远险峻之地尚未完全归附。而天下的英雄豪杰散布在各州各郡,那些暂时栖身于一地的人,考虑的只是个人安危前程,君臣之间尚无牢固的关系。策逝世时,孙权十分悲伤而痛哭。张昭说:"孝廉,此宁哭时邪?且周公立法而伯禽不师,非欲违父,时不得行也。况今奸宄竞逐,豺狼满道,乃欲哀亲戚,顾礼制,是犹开门而揖盗,未可以为仁也。"孙权立即止住悲伤,张昭帮助孙权换了衣服,扶他上马,外出巡视、部署军队,加强防务。

时守御巴丘(即湖南省岳阳楼一带)的周瑜提兵回吴,特来奔丧。权说:"公瑾已回,吾无忧矣。"瑜于策灵柩前祭奠毕,权说:"今承父兄之业,将何策以守之?"瑜说:"自古'得人者昌,失人者亡'。为今之计,须求高明远见之人为辅,然后江东可定也。"权说:"先兄遗言:内事托子布,外事全赖公瑾。"瑜说:"子布贤达之士,足当大任。瑜不才,恐负倚托之重,愿荐一人以辅将军。"权问何人,周瑜即荐鲁肃。孙权大喜,即命往聘之。鲁肃至,权甚敬之。一日,权问计于肃,如何思为桓、文?鲁肃说:"昔汉高祖欲尊义帝而不获者,以项羽为害也。今之曹操可比项羽,将军何由得为桓、文乎?肃窃料汉室不可复兴,曹操不可卒除。为将军计,唯有鼎足江东以观天下之衅。今北方多务,剿除黄祖,进伐刘表,竟长江所极而据守之;然后建号帝王,以图天下:此高祖之业也。"

江东在孙策时期,采取的是北上中原的进攻性的战略方针。而孙权年龄尚小,基本上是防御性的战略方针,但孙权仍然有志于形成"两分天下"的局面。曹操消灭了袁术、吕布两大割据势力之后,其势力已经从关东(潼关以东的各个省区)发展到关中。因此,孙权要与曹操"两分天下",就必须夺取荆州,西进巴、蜀。鲁肃向权推荐诸葛瑾,此人博学多才,事母至孝;琅琊南阳人也。权拜之为上宾,诸葛瑾劝孙权且顺操,孙权欣然纳之。从孙权全然接受鲁肃诸葛瑾的谋划来看,权采取的是"向北防御,向西进攻"的战略方针。如果说,孙策的北上中原,是争夺天下的上等的策略;那么,孙权"向北防御,向西进攻"的战略方针,则是争取"两分天下"的退而求其次的"南北划江而治"的战略方针。

203年,孙权西征黄祖,打败了他们的水军,但没有攻破他的城池。207年,孙权再度征讨黄祖。此时,荆州黄祖之部将甘宁来降,孙权不记旧恨,欣而纳之。甘宁说:"南荆之地,操所必争也。刘表无远虑,其子又愚劣,不能承业传基,明公宜早图之;若迟,则操先图之矣。今宜先取黄祖。祖今年老昏迈,务于货利;侵求吏民,人心皆怨;战具不修,军无法律。明公若往攻之,其势必破。"权说:"此金玉之论也。"从鲁肃到甘宁提出的夺取荆州的战略,显然是一种积极的战略。

甘宁献夺荆州之计后,即208年春,孙权命周瑜为大都督,总水陆军兵;权自领大军十万,征讨黄祖。黄祖先派出水军进行抵抗,都尉吕蒙打败了敌军的前锋,尔后凌统、董袭等人率精锐部队奋力进攻,打破夏口城池(今汉口)。黄祖拼命奔逃,被骑士冯则追上,将其斩首。权大败黄祖之后,即208年这一年的秋七月,曹操南征,其势浩大。是时,刘表已死,刘琮举荆州投降。刘备、诸葛亮在长坂坡被曹操打败,退至夏口。此时孙权屯兵柴桑郡(今九江市),聚谋士商议御守之策。鲁肃说:"荆州与国邻接,江山险固,士民殷富。吾若据而有之,此帝王之资也。今刘表新亡,刘备新败,肃请奉命往江夏吊丧,因说刘备使抚刘表众将,同心一意,共破曹操;备若喜而从命,则大事可定矣。"权大喜,即遣鲁肃往江夏吊丧,以说刘备、诸葛亮,建立了孙刘联盟,共同抗击曹操,孙、刘联军终于在赤壁大败曹军。

200年,鲁肃为孙权所制定的"鼎足江东,夺取荆州、西进巴蜀,建号帝王,以图天下"战略方针,到208年,肃根据形势的变化又提出了"联刘抗曹"的政治主张,形成了"鼎足江东,联刘抗曹,以图天下"的政治军事路线,这是《三国谋略论》所论述的三大战略决策之二,是孙权决战天下的行动纲领。在这一行动纲领指引下,孙权取得了赤壁大战的胜利。之后,东吴的政权得到了进一步的巩固之后,向南发展,占据了交州的全境。以后又从刘备手中夺取了荆州的南郡(即江陵)、武陵、长沙、零陵、桂阳五郡,版图得到了进一步的扩大。

孙权梦寐以求的是"两分天下",不愿接受"三分天下"的现实。但是,无论在赤壁大战之前,还是之后,都没有形成"两分天下"的格局。大战前,曹操已统一了北方黄河流域,势力已经从东边的黄海延伸到关中地区,已成泱泱大国。孙权仅占据江东六郡,无力与曹操相抗衡。要与曹操相抗衡,孙权必须占据荆州,西进巴、蜀,形成"两分天下",才能与之相抗衡。大战后,荆州及巴、蜀,又被刘备占据。因此,大战前,是曹操的"一强独霸天下"的局面;大战后,是"三分天下"的格局。

第四节　江东派系之争与孙吴政权

江东政权从孙坚、孙策,再到孙权,经历了诸侯时期、王国时期和帝国时期,即孙权分别称之为吴侯、吴王、吴帝三个历史时期。一个政权的建立巩固到发展,不是一个家族的单打独斗能搞得起来的,它需要各方面力量的共同努力。在天下争夺战的过程中,江东内部就形成了一系列的派系。这些派系,归纳起来就是:江北集团(又称为淮泗集团)、江东集团和孙氏宗室集团三大派系。

在这三大派系中,江北集团与孙氏宗室的立场趋同,而江东集团则与二者相异。三大派系的高层次的代表人物都进入了孙吴政权的最高层次机构。在这个最高层次的权力机构中,孙氏集团的代表人物是权力的核心。因此,无论是江北集团,还是江东集团,都必须依附孙氏集团,只是依附的程度不同而已。孙策和孙权的态度,就在一定程度上决定了江东集团和江北集团的沉浮。因此说,江东派系的争斗,主要的就是江东集团和江北集团两大派系的矛盾冲突及其争斗。

孙氏父子建立的江东政权,为什么会形成江北集团呢?孙坚与孙策,虽然籍贯江东,但却在江北发迹。孙坚早年活跃在徐州下邳和扬州地区;孙策则活跃在扬州、庐江和九江地区。所以,孙氏父子的中坚力量,主要由"流寓士人"与"江北地主"构成,被称为淮泗集团。孙策从194年到200年,横扫江东,靠的是淮泗武人的军事支持。时策的麾下:吕范(汝南细阳)、程普(右北平土垠)、韩当(辽西令支)、黄盖(零陵郡泉陵,虽属江南地区,却是非江东集团人氏)、周瑜(庐江),张昭(徐州)、张纮(扬州),皆江北人氏。宗室孙瑜属下"宾客多江西人",即江北人。例如,丁奉、陈武(庐江),周泰(寿春)、蒋钦(九江),徐盛(琅琊)。《汉晋春秋》记载说:"策勇冠一世,有隽才大志。张子布,民之望也,北面而相之。周公瑾,江淮之杰,振臂而为将。"

这些江北的文武人才,连根拔起而离开故土,随孙氏父子到了江南,在地方上没有什么社会基础,只能依附孙氏集团而一心一意"干革命",所以皆孙氏集团的股肱之臣。因此,江北集团深得孙氏集团信任。孙策临终时曾交代孙权,"内事不决问张昭,外事不决问周瑜"。孙策打江东,孙权守江东,江北集团的文武大臣,可谓是立下了汗马功劳。周瑜荐鲁肃(临淮)肃荐诸葛瑾(琅琊),三人为一体,都得到孙权高度信任。到关键时刻,都视之为心腹,委以重任,托付以大事。周瑜为江东的三军统帅,瑜之后是鲁肃,肃之后是吕蒙(汝南)。吕蒙也没有辜负孙权的提拔,正是他用谋帮助孙权夺取了荆州。还有一个来自敌国的甘宁,他是巴郡临江人,和黄盖一样,亦非江东集团,亦深得孙权信任和重用。

江东集团,代表着土著力量。孙策过江横扫江东之时,这些豪族大家族,有的抱有敌意,甚至抵抗,如吴郡的名士陆康、高岱、王晟,吴郡的太守许贡,因多次武装反抗,所以遭到镇压和诛杀。祖郎、钱铜、邹他、严白虎等地方豪杰,也被诛戮殆尽。200 年,已故吴郡太守许贡的门客,为报许贡被害之仇而杀害孙策。可见这些地方豪杰,与孙氏集团之间的矛盾十分尖锐。

当然,江东的这些大家族,也有的参与了孙氏父子打江山守江山的争夺战,战功赫赫。影响最大的有三大家族。第一是"顾"家,其代表人物是丞相顾雍,吴郡吴县人。顾雍在江东的政坛上,任丞相十九年,善终,声名赫赫。第二是忠烈"朱"家,其代表人物是朱治(丹阳)、朱然(朱治姐姐的儿子,本姓施,后过继而姓朱)、朱恒(吴郡吴县)。朱治先后跟随孙坚、孙策,东征西战,立下汗马功劳。朱然曾坚守江陵城,抵御曹真五万大军。朱恒两次诱敌深入,大破曹仁、曹休,立下战功。第三是救世"陆"家,其代表人物是陆逊、陆抗、陆绩。陆家之所以被称为救世之家,是因为陆逊、陆抗父子俩在江东危急的关键时刻起到了扭转乾坤的作用。陆逊击退了刘备的七十万大军来犯,使东吴转危为安;陆抗坚守边境,与晋对抗,使吴灭亡晚了八年。

但是,从根本上来说,孙权和江东集团还是有矛盾的。一般来说,在古代社会,打江山而夺取政权,也需要团结和依靠地方豪强势力。但是在夺取政权和巩固政权的过程中,还要限制和打击地方豪强势力,这就不可避免地要与之产生矛盾和冲突。曹操治理中原是这样,诸葛亮治理西蜀也是这样。当然,孙权治理江东,也离不开这个规律。随着江东政权的发展,中央政权与地方豪强势力的矛盾就会激化而尖锐起来,于是孙权就要利用江北集团的势力打击地方豪强。这一次次的矛盾冲突中,一些跟随孙策、孙权东征西讨而立有战功的将士,也难以逃脱。无论是"门户湮灭"的周盛两家(会稽),还是流放南越的虞翻(会稽)、陆绩(吴郡)而遭到残酷的打击。

江东集团代表着地方豪强势力,具有一种本能的排外思想,又因为有根本利益的冲突,所以特别排斥江北集团。吴郡、会稽、丹阳,是孙吴政权统治的核心区域。吴郡四姓(朱张顾陆)、会稽四姓(虞魏孔谢),所以,吴郡、会稽是江东土著豪强势力集中的地方,盘根错节,根深蒂固。丹阳没有什么豪门大族,因此江北集团基本上居住在丹阳郡。这个矛盾集中地反映到上层,就形成了上层的宫廷斗争,并具体地形成了江东集团与江北集团之间的斗争。孙吴的第一任丞相孙邵(青州),因非江东集团,多次遭排斥。邵卒后，《吴书》《吴志》竟不为之立传，就是这种矛盾冲突的反映。对于两大派系之间的矛盾，孙权有时候也采取一些缓和安抚的策略。据《吴书·张昭传》记载，"后孙邵卒，百僚复举张昭"。所谓"百僚"，实际上主要是江北集团的声音。孙权没有采纳，而是为了缓和与江东集团的矛盾，提拔了出身吴郡的顾雍。

处在两大派系矛盾的旋涡中，顾雍采取了十分谨慎的态度。他特别注意调节好各方面的关系，搞好内部团结。《吴书》称赞他"其所选用文武将吏，各随能所任，心无适莫"，换句话说，顾雍用人，不问出身族望，不特别优待江东集团，故得善终。雍卒后，孙权又提拔了出身吴郡的陆逊。但是，陆逊就没有顾雍幸运，后来竟被孙权残害至死。从根本上来说，孙权并不信任陆逊。刘备征讨，东吴形势岌岌可危，三军无帅可用，权明知逊有大才却不用。后若不用陆逊，国家旦夕难保，不得已而用之。为什么不用？因江东地方豪强出身，不可信也。这一次任命逊为丞相，是出于三个方面考虑：一是陆逊不是陆氏嫡支，而陆康、陆绩乃陆氏正支。用之不仅无危险，还可以借此示恩；二是逊能够审时度势；三是逊娶了孙策之女，结为了姻亲。

但是担任丞相之后，很快就失去了信任。主要原因：一是政见分歧。在政治上，逊主张"德政"。"德"在魏晋时期，乃"名士"的代名词。隐喻为门第阀阅。此举，实际上是在维护江东豪强利益，与孙权的"以法御下"的治国方略是相违背的。二是军事战略冲突。在吴侯和吴王时期，孙权基本上是倾向于"南北划江而治"；到了帝国时期陆逊仍然主张"限江自保"，守住半壁江山，孙权则倾向于北上中原而"两雄争夺天下"。三是过深地介入了立嗣之争。逊先后出任孙登、孙和的辅弼之臣。在逊辅弼下，孙登、孙和亲善江东大族，对此孙权十分担忧，担心将来孙和会成为江东大族的傀儡。权说："群下争利，主幼不御，其为败也焉久乎？"在此背景下，孙权最终掀起了"两宫之案"，将孙和背后的江东与鲁王背后的淮泗一网打尽。陆逊在"两宫之案"中，党附孙和，深度参与夺嫡之争，被孙权赐死。

陆逊之后，孙权提拔步骘（徐州临淮）为相。步骘是江北集团的首脑人物，他的出山，使江北集团再度占据上风。说明孙权的态度，还是扶持江北，打压江东土著。第五任丞相，权又选择了朱据（吴郡）。这里可以看出，孙权在政治上并没有过度地依赖某一个派系，而是在嫡系和本地氏族势力之间寻求一个平衡。朱据属江东成员，但却是孙权的女婿，本可以视之为可靠，可惜也卷入了"两宫之案"。这时候的孙权，疑心特别重，看谁都像是"奸臣"，故而朱据亦被赐死。

252年，孙权临终前安排了一个辅政班子，由诸葛恪（徐州琅琊，诸葛瑾之子）、滕胤（豫州汝南）吕据、孙峻、孙弘构成。这个辅政班子，以淮泗和宗室为主导，江东集团仅孙弘一人。孙权刚驾崩，诸葛恪就发动政变杀掉了孙弘，把唯一的江东因素也剔除掉了。

208 年到 249 年，是三国时代的中期，分为三个阶段。第一阶段从 208 年到 219 年，是三分天下形成的时期，前后 11 年。第二阶段从 219 年到 234 年，是西蜀由盛而衰和诸葛亮补天的时期，前后 15 年。第三阶段从 234 年到 249 年，是西蜀逐渐走向衰亡的时期，前后 15 年，三分天下（上），主要是第一阶段。

"三分天下"的时期，政治军事舞台是以诸葛亮为中心的历史时期。诸葛亮隆中决策，构划三国蓝图。从此，历史进入"三分天下"的历史时期。诸葛亮是一个扭转历史乾坤的人物，是一个创造历史和推动历史前进的人物。

三分天下（上）部分，是刘备、诸葛亮事业上升的时期。这一编主要论述了"三分天下"谋略和"三分天下三角关系"理论；论述了三分天下与客观现实之间的三大矛盾；叙述了刘备、诸葛亮占荆州、取西川、夺汉中，三分天下彻底形成的过程；揭示了"一强独霸天下""两分天下""三分天下"的三大格局变换的内在原因。

在三分天下的角逐中，诸葛亮正确地运用了"三分天下"谋略和"三分天下三角关系"理论，战胜了曹操的"一强独霸天下"的局面，打破了孙权"两分天下"的梦想，使"三分天下"的谋略由理论变成了现实，开创了三分天下的新局面，建立了蜀汉王国，是刘备、诸葛亮事业辉煌的时期。

第十五章　诸葛亮出山

诸葛亮是三国历史时期最杰出的政治家和军事家之一。他的出山,改变了当时历史前进的方向,开创了"三分天下"的新局面。

孔明是汉司隶校尉诸葛丰之后,其父名珪,字子贡,为泰山郡丞,早卒;亮从其叔诸葛玄。玄与荆州刘表有旧,因往依之,遂迁家于襄阳。后玄卒,亮与弟诸葛均躬耕于南阳。尝好为《梁父吟》,所据之地有岗,名卧龙岗。自此,亮高卧隆中,自号"卧龙先生",冷眼观天下。

亮究竟有多大的才能? 他为什么要选择刘备? 诸葛亮为什么未出茅庐而知"三分天下"? 这些问题就是本章所要探讨的问题。

第一节　为什么要选择刘备?

为了请孔明出山,刘备三顾茅庐,其志之宏,其心之诚,其意之坚,其情之深,令诸葛亮深为之动。三顾茅庐,前两次都是未遇而归,空手而还。孔明两次避而不见,并不是不愿出山,而是要考验一下刘备的诚意,同时也是做些社会调查之需要。不然的话,何以会有西川五十四州图? 可见其早有心计。诸葛亮为什么要选择刘备? 其中有许多历史之奥妙。隆中相见时,亮给刘备概括了"帝室之胄、信义著于四海、总揽英雄"三个特点,这是选择刘备的基本原因。

深通兵法,胸怀韬略,腹隐玄机,有治国安邦之才;善晓天文,精通地理,尤识天下形势之变化;未出茅庐,先知三分天下,实乃绝世奇才。"每自比于管仲、乐毅",管仲是春秋时期齐国的丞相,曾辅助齐桓公,九合诸侯,称霸天下;乐毅是战国时期燕国上将军,曾率赵、楚、韩、魏、燕五国兵进攻齐国,大破齐兵。徐庶说,亮"每尝自比管仲、乐毅;以吾观之,管、乐殆不及此人。此人有经天纬地之才,盖天下第一人也","此人乃绝代奇才"也。刘备问及"此人比先生才德何如"时，他说："以某比之，譬犹驽马并麒麟、寒鸦配鸾凤耳"，"若得此人，无异周得吕望、汉得张良也。"司马徽也对亮做出了非常高的评价。他说："伏龙、凤雏，两人得一，可安天下。"伏龙者，即亮也，"其才不可量也"。

如此雄才大略，是不可能老死于山林之间的，必然要寻找舞台，以展示自己的才华。当然孔明做人做事是有原则的，不可能有奶就是娘，谁给官做就投靠谁辅助谁。亮自比管仲、乐毅，高卧隆中，号称卧龙先生，双眼紧盯着天下形势变化，欲成管、乐之功名，必然要选择心中的明主。什么样的明主呢？亮自比两个人，崇拜两个人，自然仿效两个人。这两个人，一个是管仲，一个乐毅。这两个人，除了各自的功业之外，还各有自己的思想政治特点，一个是反抗暴力，一个是匡复正义。亮主张"以人为本，反抗暴力，匡复正义"，与管、乐的政治思想特点一致，他所效仿的两位历史名人，这实际上就是其治国之道。亮心中的理想国家，就是孔子所说的"君君、臣臣、父父、子子"的封建的正统秩序的国家。亮的立国之道，决定了他要选择一个什么样的明主。

这样一种"反抗暴力，匡复正义"的立国之道，决定了他既不会投靠曹操，也不会投靠孙权。在孔明看来，操就是一个乱臣贼子。曹操为了报父仇，却要攻打徐州有德之君陶谦，杀戮手无寸铁的百姓，发掘坟墓，凶残无比。这次的行为，曹操以一个强大者欺负弱小者，引起了社会的公愤。时年幼的诸葛亮，就住在琅琊阳都老家，靠近徐州。操此次的行为，给亮造成了巨大的心理伤害和震撼。就是因为操这一次屠徐州，导致了亮在其叔叔诸葛玄带领下，举家逃到了荆州。这在孔明的记忆里，是刻骨铭心的。曹操移驾幸许都，实际上是"挟天子以令诸侯"。这样一个"乱臣贼子"，怎么能去辅助呢？他也不会去辅助孙权，孙权攻打荆州，占领夏口时，亦屠过一次城。208年春，"权复征黄祖，黄祖先遣舟兵拒军，都尉吕蒙破其先锋，而凌统、董袭等尽锐攻之，遂屠其城。"这样一个"屠其城"的人，显然不是亮所期望的主公。

马援曾对汉光武帝说："当今之世，非但君择臣，臣亦择君。"亮胸怀韬略，腹隐玄机，想成就一番伟业，自然要慎之又慎地选择有所作为的一代明主。正因为如此，所以刘备来访，第三次才见。选择刘备，是因为亮看重了备所具有的明主的政治素质和心理特点。操为报父仇，出兵攻打徐州，百姓遭难。关键时刻，兵马不多的刘备居然率兵前往徐州救难，可谓仁义之君，这给年轻的诸葛亮留下了一个极好的印象。亮隐居隆中，冷眼观天下，实际上就是在等刘备，这是有前因后果的。

帝室之胄，这也是作为选择对象的一个条件。非刘氏夺天下，皆"乱臣贼子"矣。袁术僭称帝号，被视为大逆不道，招来四方诸侯的讨伐。操就是利用这一点，组织联军打败袁术的。操要纵横于天下，仍要打汉献帝的旗号，来个"挟天子以令诸侯"。操欺君罔上，名为汉丞相实乃汉贼也。孔明在江东舌战群儒，讲到曹操时，说："今乃专权肆横,欺凌君父,是不唯无君,亦且蔑祖,不唯汉室之乱臣,亦曹氏之贼子也。"讲到刘备时,则说"刘豫州堂堂帝胄,当今皇帝,按谱赐爵",乃皇室正统矣。帝室之胄,匡复汉室,天经地义。诸葛亮高卧隆中"不求闻达于诸侯"。因为这些诸侯,统统的都是"乱臣贼子",没有一个是好东西,要匡复汉室,都在消灭之列。所以他不想在这些"乱臣贼子"的诸侯中间闻名,但是他要闻达于天子,闻达于后世。

备素有统一天下的大志和顽强拼搏的意志,这是作为选择对象的重要原因。《资治通鉴》记载:"备在荆州数年,尝于表坐起至厕,慨然流涕。表怪问之,备曰:'平常身不离鞍,髀肉皆消。今不复骑,髀里肉生。'"故此而叹曰:"日月若驰,老将至矣,而功业不建,是以悲耳。"亮出山之前也曾自叹:"年与时驰,意与日去。悲守穷庐,将复何及。"可见,两人虽未谋面,然志同道合。亮有安天下的宏伟志向,自然要选择有志的主公而辅助之。备在争夺天下的战斗中,虽然一败再败,一次次的狼狈不堪,一次次失散,但其志不衰,其奋斗的目标始终不变。所以,他一次次地"歼而不灭,打而不散,摧而不毁,败而不亡"。投靠曹操,以屈求伸,不忘韬晦之计;暂居新野,"不忘初心、牢记使命"。可见其不怕困难,不怕挫折,有一种顽强拼搏的精神和坚忍不拔的意志。虽屡挫屡败,却愈挫愈勇。不屈不挠,是刘备的又一个心理素质和特点。

总览英雄而思贤若渴的胸怀,这是作为选择对象的又一个重要原因。备招揽人才,用意之深,待人之诚,胸怀之宽,三国历史里面,可称为一绝。其集团摧不毁、打不散,何也? 因为备能深结其心也。只要有备在,这个集团就垮不了。因为备有英雄之志,有英雄之气,有英雄之魂也。备能用人之长,且能够放权,也敢于放权,尽人才之用。这一特点,不要说操不及,就是孙权亦大不如矣。

第二节 "三分天下"的战略部署

刘备势穷而力薄,无立身之地,而孔明也是一个无名小卒。就是这样两个人物,隆中茅庐之见,改变了东汉末年政治军事形势的走向,使汉末诸侯纷争走向了"三分天下"的新的历史时期。

"三顾茅庐"一事,历史上颇有争议,说是虚构的,实际上是事实。《诸葛亮传》记载:"时先主屯新野。徐庶见先主,先主器之,谓先主曰:'诸葛孔明者,卧龙也。将军岂愿见之乎?'先主曰:'君与俱来。'庶曰:'此人可就见,不可屈致也。将军宜枉驾顾之。'由是先主遂诣亮,凡三往,乃见。"《后出师表》也做了说明。《魏略》记载,说亮曾先去找刘备,而不是备先三顾亮之茅庐。《九州春秋》所言亦如之。裴松之曰:"亮表云'先帝不以臣卑鄙,猥自枉屈,三顾臣草庐之中,咨臣以当时之事',则非亮先诣。虽闻见异同,各生彼此,乖背至是,亦良为怪。"可见,裴松之对刘备三顾茅庐是深信不疑的。孔明见刘备情真意切，故许以驱驰，和盘托出心中酝酿已久的"三分天下"的结构蓝图，即隆中决策。

做出正确的战略决策，必须对天下大势及其变化了然于胸，观察要细致，分析要深刻。汉末的形势，备与孔明都指出了其中的一个特点。备说："汉室倾颓，奸臣窃命，主上蒙尘。"这是站在朝廷的角度上分析的。天下大乱，源于朝廷之乱。亮是站在天下大乱的角度来分析的，他说："自董卓以来，豪杰并起，跨州连郡者不可胜数。"首先是董卓造逆；卓死后，是李傕、郭汜也。朝廷大乱，天下即大乱矣。于是军阀割据，诸侯混战，这就是天下大势。亮把天下分为三大块，就是北方、江东、西部。

北方地区，即黄河流域，是军阀混战最激烈的地区。先后有袁绍、袁术、吕布、张绣，但一一都被操打败和消灭。孔明出山之前，操亡袁术、杀吕布、降张绣、灭袁绍、败刘备，统一北方，一路凯歌。亮说："曹操势不及袁绍，而竟能克绍者，非唯天时，抑亦人谋也。今操已拥百万之众，挟天子以令诸侯，此诚不可与争锋。"一是说曹操统一了北方，实力雄厚；二是说操，不可与之争锋。在过去十几年，备就是在这两个方面犯了错误，不承认操强大这样一个事实，非要与操斗，不懂得暂避锋芒的道理。《三国演义》一首古风说亮"收拾琴书离陇亩""大展经纶补天手"。"经纶"者，即经道。孔明讲立国之道，道者分为经道、权道两部分。经，道的常态，不变的部分；权，道的非常态，变化的部分。孔明在这里说的就是权道，你得讲究变化，讲究随机应变，讲究灵活性。曹操势力正旺，他的锋芒得暂时避一避。

江东地区，孙坚父子经营的地区，已经历了三代。由于操无暇南顾，孙氏父子乘机占据并统一了江东地区，虽然力量弱于操，但是，凭借着江河的险阻，贤能之士为之所用，故勉强亦能与之相抗衡。亮说："孙权据有江东，已历三世，国险而民附，此可用为援而不可图也。"说备要把主要的力量用来对付操，要把操当作主要的敌人，要与孙权建立唇齿相依的联盟，共同抗击曹操，或者说借用孙权的力量发展自己。古风说，"孤穷玄德走天下，独居新野愁民厄"。实际上就是讲备孤独，没有盟军，也不善建立同盟，这是一种大局观的问题。在这里，亮是从整个天下的大局来思考问题的。你要想夺取天下，得一步一步地来，要讲究谋略，要有战略部署。否则的话，你要与孙权斗，就有可能被操所利用而消灭。

曹操的地盘，暂时还要避而不争，孙权只可为援而不可图，那么，刘备应当到哪里去发展呢？有两块地盘，似乎是为刘备准备的。一块是荆州，一块是益州。孔明认为，荆州具有重要的军事战略地位，但是，占据荆州的刘表，素无四方之志，属于消极防守。操统一北方之后，即将南征，攻打荆州，其主刘表是守不住的，不久将归之于操。因此，亮建议刘备先夺取荆州为家，然后再去夺取益州。有了这两块地盘，进可以夺取天下，退则"三分天下"有其一。隆中对，为备制定了正确的政治军事战略目标：有近期的、有中期的和最终的目标。近期目标是夺取荆州为家;中期目标是夺取西川为基业;最终目标是统一天下。有内政战略,有外交战略。内政是内修政理;外交方面是,西和诸戎,南抚彝、越,外结孙权。军事上,保其岩阻。这些战略部署,有政治的,有经济的,有军事的。

综合孔明的论述,集中到一点,就是"三分天下"。说具体一点,就是曹操占北方,孙权占江东,刘备占西南,即荆、益两州,这就是亮在心中酝酿已久的"三分天下"的格局,并且形成了"三分天下的三角关系理论"。此时的刘备,兵不过两千,将不过关、张、赵,且无立足之地。亮为什么敢于选择备?就是因为胸中有"三分天下的三角关系理论"也。三角关系,是相互联系相互依存的,又是相互对立相互制约的。在这个三角关系中,孙、刘必须结成唇齿相依的联盟,共抗曹操,才能生存和发展。在这个三角关系中,曹、刘之间是主要矛盾;孙、刘之间是次要矛盾。说着,命童子取出画一轴,挂于中堂,亮说:"此西川五十四州之图也。将军欲成霸业,北让曹操占天时,南让孙权占地利,将军可占人和。先取荆州为家,后取西川建基业,以成鼎足之势,然后可图中原也。"

没有出山而高卧隆中,诸葛亮为什么能够做出如此正确的战略决策呢?有的人给予唯心主义的解释,说这是孔明头脑中固有的。有的人甚至给予神秘主义的解释,说这是"天命所归",这个思想是从天上掉下来的。毛泽东说:"人的正确思想是从哪里来的,是从天上掉下来的吗?不是。是头脑中固有的吗?也不是。人的正确思想只能从社会的实践中来,只能从阶级斗争、生产斗争和科学实验三项社会实践中来。"亮的正确的政治、军事战略决策也是在社会的实践过程中产生的。他虽说是未出茅庐,但却出了茅庐。刘备请诸葛亮出山辅助,第一次拜访时,问:"何处去了?"童子说:"踪迹不定,不知何处去了。"又问:"几时归?"童子说:"归期亦不定,或三五日,或十数日。"第二次拜访时,问:"卧龙今在家否?"其弟诸葛均说:"昨为崔州平相约,出外闲游去矣。"又问:"何处闲游?"诸葛均说:"或驾小舟游于江湖之中,或访僧道于山岭之上,或寻朋友于村落之间,或乐琴棋于洞府之内:往来莫测,不知去所。"亮外出闲游是干什么?就是做社会调查。如果不是为出山做准备而做的社会调查,那挂于堂前的西川五十四州之图,又是从哪里来的呢?

诸葛亮出山之前,虽然高卧隆中,但却胸怀天下而志存高远。他曾长吟:"躬耕从未忘忧国,谁知热血在山林?凤兮凤兮思高举,世乱时危久沉吟。"他在诫子书中说:"夫君子之行,静以修身,俭以养德。非澹泊无以明志,非宁静无以致远。故学须静也,才须学也。非学无以广才,非志无以成学。"西楚霸王项羽曾对他的叔父项梁说,要学武艺,就得学万人敌,一般的小武艺是不学的。亮就是这样,要做就做大学问。而大学问,乃大志者所学。怎么才能做大学问呢?他说,一是要广交朋友,一是要宁静以致远。广交朋友,是要获得信息,了解社会的感性材料。宁静以致远,是要静之以思考,将对社会的感性认识上升到理性认识。

孔明与博陵崔州平、颍川石广元、汝南孟公威、徐元直四人为密友。此四人者,都是饱学之士,都胸怀有机谋,都善识天下形势之变化。诸葛亮外出闲游,"或驾小舟游于江湖之中,或访僧道于山岭之上,或寻朋友于村落之间,或乐琴棋于洞府之内;往来莫测,不知去所"。实际上都是与这些人往来,获取信息,了解天下的形势。孔明还与号称"凤雏"的庞统、道号"水镜先生"的司马徽相交往。其兄诸葛瑾在东吴参与朝政机密,其弟诸葛均、岳父黄承彦,都是博学多识,思想敏锐的非常人物。和这些人或书信来往,或聚首畅谈,形成了一个如现代社会所说的情报网络。

因为有这一套情报网络,孔明又是一个关注天下形势变化的有心人,所以,虽然居住于隆中之茅庐,但仍对天下大势了如指掌:董卓入朝专权;反卓联军成立又解散;曹操移驾幸许都;刘备兵败于徐州而投许昌;袁曹官渡决战;孙策渡江平定江东等等,中国的东西南北中全都进入了他的视线。有了这些信息,再经过孔明静处以思考,这些杂乱无章的信息,在他的头脑中就理出了一个头绪:北方已被曹操所占据,实力雄厚,势力强大,势倾天下;江东为孙权所坐镇,仅次于曹操的江南割据势力,虽不敌曹操,但有三江之固。西南还两块地盘,一是荆州,一是益州。天下大乱,军阀混战,这两个地方的主人都是守不住的,迟早将归之于他人。他认为,能夺取荆、益两州,东和孙权,北抗曹操,就形成了"三分天下"的局面。

诸葛亮对居于新野的刘备,虽未谋面,但却关注已久。他认为备有四大特点:在天下争夺战中,虽屡败,但却百折不挠而意志弥坚;兵虽少,但却有三大皆万人敌的名将,足可开创伟业;虽兵微将寡,但却是"帝室之胄"的"刘皇叔",在政治上足可抗衡曹操;虽无立足之地,但却信义著于四海,乃有道之明君。他发现,刘备最缺两项:一是没有正确的政治军事战略方针,二是不知道到哪里去发展。那么兵微将寡的刘备又如何能夺得荆、益两州呢?亮是信心十足的,因为长期的思考,宁静以致远,他已经形成了"三分天下的三角关系理论",帮助刘备解决了这两大问题,解决了打击的主要对象、团结的盟友、发展的方向等一系列战略问题。

这就充分说明,亮未出茅庐,先知三分,不是头脑里固有的,也不是天上掉下来的,而是他对天下形势变化的不断观察和分析判断的结果,是社会实践的产物。"三分天下"之谋,是《三国谋略论》所论述的三大战略决策之三,是刘备、诸葛亮决战天下的行动纲领。孔明出山之前,刘备的斗争具有很大的盲目性;孔明出山之后,给刘备带来了指导其实践的思想武器,即"三分天下"的理论体系的指导思想。刘备根据诸葛亮的"三分天下"理论,即新的战略目标、战略方针、战略部署,重敲锣鼓重开张,重新拉开了与曹操的天下争夺战。

经过刘备、诸葛亮十一年的努力奋战，终于形成了"三分天下"的格局。但"三分天下"格局的形成，并不等于就形成了"三国鼎立"的局面。因为"三分天下"与"三国鼎立"是有区别的，两者的外延和内涵是不同的。209年刘备占据荆州到280年蜀亡，统称为"三分天下"。220年曹丕称帝，221年刘备称帝，229年孙权称帝，历史才进入"三国鼎立"时期。

第三节　"三分天下"，非惟天时，抑亦人谋

有人或许会说，亮出山前，先知"三分天下"；出山时，制定"三分天下"的战略决策；出山后，建立了西蜀王国，形成了三国鼎立的局面，非为人力，实乃天时也。就是说，"三国鼎立"局面的形成，客观条件已具备，并不是主观努力的结果，而在于天时也。

非也，谋事在天，尤其在人为。唯物辩证法认为，一件事的成功与否，不仅需要客观条件，更需要主观努力。在客观条件允许的情况下，应当充分发挥主观努力。没有主观上的努力，即使客观条件具备，任何事物也都是不可能成功的。亮之所以能够三分天下，所看重的客观条件，首先就是荆益两州，其次是有一个勉强与操相抗衡的孙权。孙权的存在，是"三分天下"格局形成的一个重要的客观因素。客观条件重要，主观能动性尤其重要。三分天下，非惟天时，抑亦人谋也。

官渡大战时，刘表占据荆州，方圆几千里，军队十几万，地位举足轻重。在"中原两雄相争"的情况下，无论他助哪一方，还是乱中渔利，都会大有可为，甚至独霸天下也未可知。刘表当时所具备的条件，就有可能三分天下，甚至可能一统天下。但刘表主观努力不行，没有主观能动性。203年8月，操说："我攻吕布，表不为寇；官渡之役，不救袁绍。此自守之贼也，宜为后图。"当时在与操军事对峙的袁绍，曾求助于刘表，但表只求自保而观望不前，既不助绍，亦不助操，非但不能自保，反而会危及自己的基业。古人云："事之难易，不在大小，务在知时。"韩嵩曾对刘表说："豪强并争，两雄相持，天下之重，在于将军。将军欲有为，起乘其弊可也；若不然，固将择其所从。将军拥十万之众，安坐而观望。夫见贤而不能助，请和而不得，此两怨必集于将军，将军不得中立矣。"可惜表听不进，结果错过了时机。

历史上，类似于刘表那样，"豪强并争，两雄相持，处在天下之重"的地位，还有两个人，一个就是楚汉演义时期的韩信，一个就是朱元璋与陈友谅大战鄱阳湖时期的张士诚。前204年到前202年，楚汉相争时期的韩信，虽为刘邦的大将军，但手握重兵，雄踞一方，位至三齐王，地位显赫。这时，刘邦和项羽正处于紧张且又艰难的军事对峙有三年之久，双方打得筋疲力尽，且又焦头烂额。如此，韩信的地位就显得极为重要

了。韩信助谁,谁就能得天下。如若宣布独立,就可自立一国。如果韩信真能这样做的话,那么,三国鼎立的局面,在楚汉相争的时候,就已经形成了。在刘邦与项羽争夺天下时,对于韩信来说,三分天下的客观条件已经具备,但是韩信没有主观能动性,该造反时不造反,不该造反时又造反,结果是"天予不取反受其咎",被吕后所杀。

张士诚在朱元璋与陈友谅两次大战期间,尤其是1363年5月,鄱阳湖大战期间,对于张士诚来说,真是千载难逢的机会。张士诚雄踞江、浙,兵多将广,粮草充足,实力雄厚,大有作为。按当时的军事经济的客观条件,在朱元璋与陈友谅军事对峙而两雄相争之时,张士诚如能主动出击,完全可能形成三国鼎立的形势。可惜,张士诚主观上不努力,坐而观望,坐等朱元璋消灭了陈友谅。当朱元璋消灭了陈友谅,张士诚想自保也是不可能的了,"时至不迎反受其殃",最终被由弱而变强的朱元璋回过头来消灭了。

207年,亮出山时,刘备所具备的条件,远不及当时刘表。表占据荆州,北达襄阳,南到桂阳,地方数千里,军队十几万。且又处在袁曹两雄对峙之时,形势十分有利;备也远不及当韩信和张士诚,此二人都雄踞一方,拥经济军事实力,也都处于两雄对峙的时期,条件十分有利。备有什么条件?将不过关、张、赵,兵不过二千。主要的敌人曹操,却统一了北方,兵多将广,谋士如云,粮草足备,即将南征,刘备何以能敌?但是,亮凭着其超人智慧,敏锐的洞察力,坚韧的毅力,竟然帮助备构建谋划"三分天下"的蓝图,制定出了"三分天下"的战略目标,并在实践中建立了西蜀王国,形成了"三分天下"的局面,"非唯天时,抑亦人谋也"。

第四节 "三分天下"与现实的"三大矛盾"

诸葛亮出山之前,曹操打败了袁绍,统一了北方,形成了"一强独霸天下"的局面;孙权企图抢在曹操之前,夺荆州取巴蜀,欲形成"两分天下"的格局。亮却在孙、曹之间插了一杠子,来了一个"三分天下"的战略,并由理论变成了现实。可见,孔明有翻天覆地之力,有呼风唤雨之能。

出山之后,在将"三分天下"理论变成现实的奋斗过程中,诸葛亮也确实表现了非凡的才能。据《殷芸小说》记载:桓温征蜀,犹见武侯时小吏,年过百余岁。桓温问:"诸葛丞相今谁与比?"答曰:"葛公在时,不觉其异;葛公殁后,不见其比。"晋朝张辅在《乐葛优劣论》(卷二十二)中说:"夫孔明包文武之德,刘玄德以知人之明,屡造其庐,咨以济世,奇策泉涌,智谋纵横,遂东说孙权,北抗大魏,以乘胜之师,翼佐取蜀。及玄德临终,禅等大位,在扰攘之际,立童蒙之主,设官分职,班叙众才,文以临内,武以折冲,然后布其恩泽于中国之民。"

《三国志·诸葛亮传》裴松之注引评价说："孔明起巴蜀之地,蹈一州之土,方之大国,其战士人民,盖有九分之一也,而以贡赞大吴,对抗北敌,致使耕战有伍,刑法整齐,提步卒数万,长驱祁山,慨然有饮马河洛之志。仲达据天下十倍之地,仗兼并之众,据牢城(指虎牢关所在地,即指虎牢关),拥精锐,无擒敌之意,务自保全而已。使彼孔明自来自去,若此人不亡,终其志意,连年运思,刻日兴谋,则凉、雍不解甲,中国不释鞍,胜负之势,已亦决矣。"

　　诸葛亮有经天纬地之才,有安邦治国之能,"三分天下"的谋略又是正确的,因为它由理论变成了现实。那么蜀汉王国为什么最终还是没有统一天下,并最先亡国,这是什么原因呢? 史学家们的回答,归纳起来,有三种观点。

　　其一,天命论的观点,认为蜀国不能统一天下并且先亡,是命也,不是人力所能为。陈寿叹曰,蜀汉的失败,"盖天命所归,不可以智力争也"。崔州平曾对刘备说:"将军欲使孔明斡旋天地,补缀乾坤,恐不易也,徒费心力尔。岂不闻'顺天者逸,逆天者劳','数之所在,理不得而夺之;命之所在,人不得而强之'乎?"

　　其二,超越时代观。毛宗岗在评述亮《隆中对》时说:"既曰成鼎足,又曰图中原,画成鼎足是顺天时,图中原是尽人事。孔明画策尽于此。"杨振之在《巨人之谜》解释说:"从历史发展的客观过程来看,'三分天下'是造成的由大乱到大治,由'分久'到'必合'的一个既定的过渡的阶段,诸葛亮即使有再高明的谋略也不能超越时代。"这个观点说得比较笼统、抽象、勉强,对时代的变化,没有进行具体分析。西蜀败亡的关键原因,是诸葛亮在北伐问题上犯了三个重要的错误。而亮的三个错误主要的不是发生在"三分天下"的"三国鼎立"时期,而是发生在东汉末年"三分天下"的时期,怎么能将西蜀的败亡归之为超越了时代呢?

　　其三,诸葛亮决策错误的观点。近年来,不少专家学者认为,《隆中对》的前期方案是正确的,而后期的方案则是错误的。从社会的实践效果来看,诸葛亮自从出山辅助刘备,就迅速地帮助刘备摆脱了困境,建立了蜀汉王国,形成了三国鼎立的局面,这不能不说源自隆中决策的正确性,即"三分天下"谋略的合理性、科学性和正确性;蜀汉王国毕竟没有统一华夏而匡复汉室,反而最早被灭,这就体现了"三分天下"谋略的矛盾性及其部分决策的错误性。第一种观点,是唯心论的天命观,说天命注定了西蜀必定要败亡。第二种观点,是超越时代观。其实这两种观点,在本质上是一样的,都是强调了非人力所能为,是帮助诸葛亮推卸责任的错误观点。第三种观点,是对第一第二种观点的否定,既不是天命所注定,也不是超越时代而客观条件不允许,而是诸葛亮的部分决策错误,主观能动性发挥不够。

　　《隆中对》的核心内容就是"三分天下"谋略,即"联吴抗曹,三分天下;灭魏收吴,一统天下",这是刘备集团打天下的指导思想和行动纲领。分为两个阶段,第一个阶段三分天下,第二个阶段一统天下。这个谋略,有其科学性、合理性和可操作性,但是也有其矛盾性、不合理性和决策错误性,这就是"三分天下"谋略本身与客观现实之间的三大矛盾问题。

第一个大矛盾,是与孙权根本利益冲突的矛盾。刘备要实现"三分天下",必须占有荆、益两州而鼎立西南;孙权的战略部署则是要"两分天下",占荆州取巴、蜀而与北方相抗衡。因此说,"三分天下"与"两分天下"是对立的矛盾的。孙、刘双方在荆、益两州的根本利益上是重合的,所以,孙、刘双方的矛盾是难以化解的。这样,对于刘备来说,就处在"两难选择"的尴尬之中:放弃荆、益两州,就没有了西蜀王国,就没有了"三分天下";放弃了孙刘联盟,就难以抗衡曹操而生存,也就没有了"三分天下"。

第二个大矛盾,是历史转折时期的矛盾。在第一个阶段向第二个阶段转变的过渡时期,有一个难题,就是很难处理与盟友孙权的关系。按照"三分天下三角关系的原理",三方力量发生新的变化,三方的关系就会发生新的变化。一旦形势有变,盟友就可能变成敌人,这个关系是很难处理的。一旦盟友变成敌人,刘备就会两面受敌而难以应付。对于孙权来说,即使统一不了天下,退一步说,也希望长久地保持"三分天下"局面,使自己长久地鼎立于东南。如果刘备继续发展,打破了"三分天下"的格局,与曹操形成"两分天下"的形势,江东的位置怎么摆?因此,处于长江上游的刘备愈是发展,就愈让孙权感到惊恐,担心刘备先顺江而下,再举旗北上。所以,权要想着法子把刘备赶出荆州,阻挡刘备成势,争取战略主动权。

第三个大矛盾,是"千里之遥两分兵力"战略部署错误与现实之间的矛盾。当一名上将在荆襄前线得手之后,不继续调兵遣将到荆襄,反而又从秦川出兵,那么荆襄前线就会势单力孤。因为荆襄和秦川相隔遥远,很可能被操各个击破。同时,当战争进入关键时刻,江东的盟友也是不可靠的。当荆州之兵北上之后,如果这时候,孙权从背后捅刀子,荆州就会两面受敌。决策上顾此失彼,实践上自然就会顾此失彼。我们假设蜀军从荆襄和秦川两地同时出兵北伐。占据荆襄战略要地的蜀军频频得手,魏国岌岌可危。然此时吴国必然感到惊恐不已,因为占据荆州的蜀军处于长江上游,就构成了对东吴的巨大的安全威胁。这时候,吴军就必然会从背后攻击荆州,因为荆州的东南面基本上都暴露在东吴的面前,简直是防不胜防。吴国一出兵,荆州就腹背受敌。那么从襄樊北上的蜀军,不管战果如何辉煌,也必然会失败而丢失荆州。如果孙权或曹操只要有一军乘虚西进巴、蜀,那么从秦川北上的蜀军也必然大败而归。

诸葛亮的"三分天下"与现实之间的三大矛盾,集中地体现在荆州问题上。荆州是三大矛盾的焦点。刘备成功地占荆州、取西川、夺汉中,实现了三分天下,其关键就在于夺取了荆州,因为有了荆州,才有了西川,才有了东川。其中奥妙,就在于成功地运用了"三分天下"谋略的科学性正确性的部分;"三分天下"的最后失败,蜀汉王国最先败亡，就在于首先失去了荆州，没有正确处理好"三分天下"谋略的矛盾性、不合理性和决策错误，即没有正确认识和处理好"三分天下"谋略本身与客观现实之间的三大矛盾问题，这就是蜀汉王朝没有统一天下而最先亡国的原因。

第五节 "三分天下格局"的理论体系

"三分天下格局"的理论体系，是由"一强独霸天下""两分天下""三分天下"三个理论构成的。这三个理论，是曹操、孙权、刘备三大巨头在三分天下争夺战的实践过程中，由三大格局变换所形成的理论体系。"三分天下格局"的理论体系，是《三国谋略论》的理论纲领，是魏、蜀、吴三国鼎立的纲领性文献。

"一强独霸天下"，主要是荀彧帮助曹操制定的，在统一北方的过程中所形成的理论。这个理论主要由"深根固本以制天下"，即"建立根据地""奉天子以令不臣"实际上是"挟天子以令诸侯""军队建设"和经济上的"军屯民屯"的一系列谋略构成的理论体系。"两分天下"理论，主要是由鲁肃、甘宁、周瑜帮助孙权制定的"鼎足江东，夺取荆州，西进巴、蜀"，与北方相抗衡的理论体系。"三分天下"理论，是诸葛亮帮助刘备制定的"先取荆州为家，后取益州为基业，然后北图中原"，在实践上形成魏、蜀、吴三国鼎立的理论体系。

三大谋略理论，在三分天下争夺战的实践中形成三个格局（实际上孙权"两雄争夺天下"的格局一直没有形成）及三个格局相互变换的局面的实践基础上所形成的理论。诸葛亮"三分天下"的谋略，是《三国谋略论》所论之核心谋略，是形成三分天下格局的最基本最关键的谋略。亮的"三分天下"的理论，是"三分天下格局"的理论体系中的核心理论，是《三国谋略论》的核心理论，是形成三分天下格局的最基本最关键的理论。

三大谋略理论体系，是三大巨头在敌对的三分天下争夺战实践过程中形成的，是对立的，也是统一的，是辩证的对立统一的关系。在曹操打败袁绍，统一北方，逐渐实现"一强独霸天下"奋斗目标的时候，占据江南六郡八十一州的孙权，已开始向西发展，企图抢在操南下之前，占领荆州，西进巴、蜀，欲形成与北方相抗衡的"两分天下"的局面。这一个时期，是"一强独霸天下"与"两分天下"两个局面竞争的时期。然而，孙权因没有能够占领荆州而没有形成"两分天下"局面，曹操就南下夺取了荆州，其力量大大超过了孙权，形成了"一强独霸天下"的局面，对孙权构成了严重的威胁。"一强独霸天下"的理论战胜了"两分天下"的理论。

曹操企图乘"一强独霸天下"强势，欲从荆州沿长江顺流而下，一举灭掉江东，实现天下一统。就在这个时候，诸葛亮却谋划了一个"三分天下"的理论，并奉刘备之命,出使江东,说服孙权,联刘抗曹,建立了孙刘联军,在赤壁大战中大败曹操,将操赶回到了北方,彻底打破了"一强独霸天下"的局面。而就在此时,孔明利用"三分天下三角关系的原理",利用操制约孙权,又利用孙权制约操,帮助刘备夺取了荆州、益州、汉中,形成了"三分天下"的格局。"三分天下"的形成,既打破了曹操的"一强独霸天下"的目标,也打破了孙权"两分天下"的格局。

"三分天下"的理论,是两个弱者对付一个强者的理论,又是一个强者对付两个弱者的理论。两个弱者对付一个强者,最主要的办法,就是要联合起来,结成唇齿相依的关系;一个强者对付两个弱者,就是要分化瓦解,利用矛盾,各个击破。诸葛亮"三分天下"的谋略,由理论变成现实,不仅是曹操,而且连孙权,都不得不接受"三分天下"的现实。操恨孔明、刘备,因为"三分天下"的理论,打破了他"一强独霸天下"的局面。孙权也恨孔明、刘备,因为"三分天下"的理论,打破了他"两分天下"的梦想。

辩证法的哲学原理告诉我们,"三分天下"平衡的政治军事格局是暂时的,因为这种平衡的格局迟早是要被打破的。要么魏利用孙、刘之间的矛盾,逐渐削弱他们之间的力量,然后一个一个地消灭。"一强独霸天下"的谋略,打破"三分天下"格局。要么孙权夺取荆州,西进巴蜀,"两分天下"的谋略打破"三分天下"格局,然后再从荆州北上,实现天下一统。要么刘备、孔明在彻底形成"三分天下"格局基础上,争取实现与操的"两雄争夺天下"的格局,达到最后统一天下。要么,孙、刘联合,打败曹操而形成"两分天下"的局面,然后一个灭掉另一个,最后统一天下。总之,魏、蜀、吴三方,在"三分天下"格局中,都力图打破"三分天下"平衡,为自己实现天下一统创造条件。

诸葛亮"三分天下"谋略,即"联吴抗曹,三分天下;灭魏收吴,一统天下",这是刘备集团打天下的指导思想和行动纲领。分为两个阶段,第一个阶段三分天下,第二个阶段一统天下。这个谋略,有其科学性、合理性和可操作性,但是也有其矛盾性、不合理性和决策错误性,这就是"三分天下"谋略本身与客观现实之间的三大矛盾问题。"三分天下"的前期理论,是正确的;但是,"三分天下"的后期理论,是错误的,关键是北伐中原,两路出兵,两分兵力战略部署是错误的。

在"联吴抗曹,三分天下"的第一个阶段,实现"三分天下"的战略战术基本上是正确的。又因为在这个阶段,操总想收吴灭蜀,两个拳头同时出击,在战略战术上是错误的。所以刘备占荆州、取益州、夺汉中,彻底形成了"三分天下"格局,成功地建立了蜀汉王国。但在"灭魏收吴,统一天下"的第二个阶段。在北伐问题上,亮又犯了"荆襄大战不主动不作为之错""弃'子午之谋'而不用之错""街亭选将之错"的三个错误。司马懿用谋帮助操拆散了孙刘联盟,孤立了备,打败了备,使西蜀丢掉了战略要地荆州,被挤进了西南一隅。诸葛亮在北伐战争中,采取了保守主义的错误战略方针。而懿则采取了正确的"坚壁不战"的战略方针,使蜀军屯兵于坚城之下,暴师于山野之中,使其慢性消耗,不战而自败。

在"三分天下"的关系中,按照"三分天下三角关系的原理",魏强,而吴蜀较弱。吴蜀两国,必须联合,才能长治久安。但是,吴蜀两国在荆州问题上纠缠不清,你争我夺,愈演愈烈,难以调解。刘备、关羽不重视孙刘联盟,不懂得有理有节的斗争,结果孙权背叛了孙刘联盟,跑到曹操那一边去了,与操联手,打败刘备,夺取了荆州。夷陵大战,刘备又不分主次矛盾,非要灭掉吴国,"不撞南墙不回头",结果惨败而回,西蜀再一次大伤元气。诸葛亮、姜维北伐无功而返。自荆襄大战之后,"关羽、刘备、孔明三分兵力",消耗了国力,最后被司马昭所灭。唇亡齿寒,唇亡齿能独存?蜀亡之后,吴国也被司马炎所灭,三国归晋,"三分天下格局"彻底结束。

第十六章　刘备的权谋权术及素质

刘备与曹操，文武两个方面，都是无法与之相比。为什么三分天下有其一（是指魏、蜀、吴三国，三分天下，刘备建有一国，即蜀汉王国）呢？

《三国志》评价刘备说："弘毅宽厚，知人待士，盖有高祖之风，英雄之器。"弘，志向宏远也；毅，坚毅而不屈不挠也；知人，善能识人也；待士，礼贤下士也。有英雄之器，即有英雄之志，有英雄之气，有英雄之魂，有英雄之名。

社会各界都看好刘备，说明备有他的过人之处，在政治军事及人事方面，有其独特的权谋权术。有过人之处，这是备能成就大业的根本原因所在。但是，刘备有其素质偏低的非英雄的一面，所以其江山只能偏于西南一隅而成为一个偏邦小国。

第一节　"总揽英雄"的人才战略

刘备创业的成功，得力于他善能用人，他有一套独特的用人之道。汉高祖刘邦曾说，运筹帷幄而决胜千里之外，吾不如张良；亲临前线指挥，行军布阵，攻城略地，吾不如韩信；安邦治国，镇国安民，吾不如萧何。但是，此三人者，吾能用之，故能取天下。而西楚霸王项羽，有一范增而不能用，故而败也。

能用人者则胜，不能用人者则败。袁绍兵多将广，谋士成群。田丰、沮授，有谋略，还忠心耿耿。但是，袁绍却弃之而不用，故而败也。骁勇无敌的吕布，虽然无谋，但其帐中的陈宫，颇晓谋略，可惜吕布不能用，所以兵败城破身亡。曹操善能用人，郭嘉、荀彧、荀攸、程昱、刘晔、贾诩，智谋之士皆为其所用，故能统一北方而建立魏国。孙权也善用人，故有江东之鸿业。曹操、孙权虽然能得人才之用，但在得人心方面，远不及刘备。

备深知自己的短处弱点，非常爱才而善用别人的长处。关羽、张飞、赵云勇冠三军,于千军万马之中取上将之首,如探囊取物一般,备不如却能用之;自己谋略不足,诸葛亮、庞统、法正、刘巴、李严这样的杰出人才,却能尽其才而用之。备不同于袁绍、袁术,更不同于吕布。虽不善于用兵,亦不善谋略,但善于用他人之谋。刘备素有谋求大业的志向,努力寻找志同道合者而团结之。基础就是为着共同的事业而奋斗,创立一番伟业。备志向远大而坚定,给人一种感觉,跟着他,定能成就大业。因有匡复天下的大志,所以能与关羽、张飞桃园三结义,共谋大事,以图功名。初见孔明时,正是其远大而坚定的志向打动了孔明。

这种创立大业的理想和志向,无论在什么样的艰难困苦的条件下,都能经受得住考验。兵败投操时,时刻不忘安天下大事。不仅大志不衰,而且意志坚强,具有坚忍不拔而顽强拼搏的奋斗精神,不怕挫折,愈挫愈勇。199年,斩车胄而再占徐州,仅以从操那里带出来的五万兵马,就敢于同曹操公开对着干而争夺天下。201年,离开袁绍,又于汝南虽得数万之众,却与曹操大战了起来,企图以汝南为根据地,夺取许昌。被打败之后,仍不丧志,又去投了刘表,以图东山再起。正是以这种大志不衰,顽强拼搏和坚忍不拔的精神,满足贤能之人报国以求功名和永垂史册的心理愿望,故对志士仁人具有吸引力。

感情留人,以诚待人,以情感人,巧于笼络人心,结情结心,是将这些能人志士凝聚在一起的根本办法。备笼络人心的办法,是常人难以办得到的。关羽、张飞都有万人敌的本领,要团结、利用他们,谈何容易?刘备就与之桃园三结义,结为生死兄弟,使之常随左右而不离。196年,张飞因酒后误事失掉徐州,陷刘备妻小于城中,欲自刎时,备夺剑掷之于地,说:"古人云:'兄弟如手足,妻子如衣服。衣服破,尚可缝;手足断,安可续?'"对于亮,三顾茅庐而请之。孔明说:"亮久乐耕锄,懒于应世,不能奉命。"备竟然泣泪袍袖,衣襟尽湿。深深感动了孔明,使其出山辅助之。自得孔明之后,待之如师,食则同桌,卧则同榻,说:"吾得孔明,如鱼得水。"《抱朴子》记载:刘备自从见到诸葛亮,就像暑和影一样,相依相辅,从而成为心腹。为了追寻一个奇才刘巴,更是辛苦地追遍了荆州、益州,差点就要追到交趾去了,奇才终于被感动而为他所用。

权力留人是备善能用人的一个非常重要的方法。备所用之人,有职有权,尤其是有权。《资治通鉴》记载:"董和、黄权、李严等,本刘璋之所授用也;吴懿、费观等,璋之婚亲也;彭羕,璋之摒弃也;刘巴,宿昔之忌恨也;备皆处之显任,尽其器能。"用诸葛亮,是一个典型。自授权之后,不干涉其军事指挥权,军队的调动及其指挥,亮可独断行使。备"不知三军之事,不同三军之政""不知三军之权,不同三军之任",《诸葛武侯故事》引用袁宏的话说:"张子布荐诸葛亮于孙权,亮不肯留,人问其故,曰:'孙将军可谓人主,然观其度,能贤亮,而不能尽亮,吾是以不留'""女为悦己者容,士为知己者死。"刘备所用之人,都能为其尽心尽力,可谓用人之明也。

由于刘备"广招人才，总揽英雄"，所以到夺取汉中之后，就形成了中原派、荆州派、益州派和凉州派四大人才集团。每一派都有一个核心人物，中原派以刘备为核心；荆州派以孔明为核心；益州派以法正为核心；凉州派以马超为核心。每一个核心人物都带动了一批人才，并形成广泛的社会基础。如荆州人才集团的核心人物孔明，他的大姐嫁给了荆州豪门蒯氏；二姐嫁给了荆州豪门庞氏，庞氏代表人物是著名的庞德公。他的妻子是黄承彦的女儿，他的岳母是荆州最大的家族蔡氏；他还与马氏、向氏等大家族有着远近不同的亲戚关系；他的大哥诸葛瑾在孙权帐下受到重用。"上面千条线，下面一根针"，刘备就是抓住了孔明这根针，穿住了荆州的各大家族和大批人才，为巩固自己在"三分天下"格局中的鼎立地位发挥了作用。

第二节　驾驭群臣的权谋权术

有人说，刘备给人的印象是仁义宽厚，毫无权威可言，这是错误的。备在他的臣民面前是很有权威的，只不过是一种与众不同的立威方法，运用权威的方式也别具一格。备对孔子的仁义道德的思想用得非常到位，同时对韩非子提出的"术"，即"权术"也运用得非常成功。就是说，备也不是等闲之辈，他也有"机权干略"，也有王者的计谋，霸者的权术。

仁义道德的思想和权谋权变的权术，是对立的，又是统一的。仁义道德的思想和权谋权变的权术两个相互对立的思想方法，在刘备的思想和行为中统一了起来。备是讲宽厚仁义的，但备并不愚笨，他是有心计的。在战乱频仍、人欲横流、尔虞我诈、弱肉强食的年代里，要想实现宏伟的志向，单纯地讲宽厚是不行的，须要有相应的机智和敏捷，须要有相应的权谋和权变。

备在打天下的一生奔波中，有一群人，乃至一大批人死心塌地跟着他，服从他，很少有背叛之举。因为他有一套不同于常人的驾驭臣民的方法，首先就是"攻心之术"。

"攻心之术"，主要就是忠义的思想。忠，即忠诚，忠心，是儒家思想的核心内容之一，也是其最高的道德观念。对君主和臣下，忠是实现彼此连接的纽带，"君使臣以礼，臣事君以忠"。"义"，即"道义""礼义""情义""义气"。"义"在儒家思想中，如同"仁""礼"等一样，是十分重要的伦理范畴。"义"是中国传统文化中对做人的基本要求，即人的任何行为和思想都要符合"义"的要求，于是就有了兄弟之义、父子之义、君臣之义。对关羽和张飞，备采用的就是攻心之术，使用的思想武器，就是忠义。

"宴桃园豪杰三结义"，焚香而拜，誓曰："念刘备、关羽、张飞，虽然异姓，既结为兄弟，则同心协力救困扶危；上报国家，下安黎民；不求同年同月同日生，只愿同年同月同日死。皇天后土，实鉴此心。背义忘恩，天人共戮！"备与关羽、张飞的结拜，的确是聪明之举。桃园三结义之后,关羽、张飞竭尽全力辅佐,战场上为他冲锋陷阵,发挥了重要作用,并且对于日后稳固他的权力地位有着实质性的意义。备前半生,力量弱小,生存于夹缝之中,游走于强势力左右,巧旋于强权周围,打而不散,摧而不毁,其根本就是忠义思想的作用。

200年正月,曹操第一次率军在徐州将刘备打败打散,各自不知去向。按照常规,是很难再聚拢了。虽然被打散了,但三个人的心还是连在一起的。因为备已经用仁义道德思想编织了一个无形的大网,关、张两人已经牢牢地粘在上面了。因此后来,当"降汉不降曹"的关羽得知备的去向,就不管操如何一天一小宴,三天一大宴,也不管什么上马金,下马银,仍旧过五关斩六将地奔刘备而去。张飞也是一样,被操在徐州打败打散之后,暂居古城以栖身,四方打听两位兄长的下落,专候两位兄长的到来。这种相互之间的仁义道德关系的无形的网络,还在他们中间形成一种彼此制衡的关系。张飞听人说关羽投降了操,不去调查,就决定要代表备铲除叛徒。其实刘备并没有给他们施加任何强力影响,但这种彼此制衡的关系,实际上就是刘备对部下约束力的制权网络。

仅仅讲究忠义还是不够的,还得有手段,有心机,弄点权术,讲究权谋权变。刘备对诸葛亮的使用,就是这样。207年,亮被刘备"三顾茅庐"请出山之后,也被备的仁义道德所感化,也被牢牢地粘在备编织的无形的大网上了。亮确实有经天纬地之才,安邦治国之能。备说得了亮,如鱼得水。但是,备知道,给予一个人的权力过多,就会滋生反叛的心理,容易出现功高盖主的状况,产生手握重权的大臣弑主的事件。对此,备不能不有所提防。因此,对亮是既放权又不放权,放权和不放权交替地使用着。放权与不放权是辩证统一的,放权就是为了大胆使用,更好地发挥他的才能;不放权,就是为了节制他,进一步考察他磨炼他,以便日后更好地驾驭和使用,是为了更好地放权,放心地放权。

208年,诸葛亮奉命出使东吴,联吴抗曹,做出了卓越的贡献,就是一次大胆的放权使用,使亮的才能发挥到了极致。备也知道,亮年轻时候很自负,自比于管仲、乐毅,又好为《梁父吟》,一副风流倜傥的样子。所以在使用的时候,又对他的权力进行了一些遏制。赤壁大战之后的一段时间内,为了磨炼和考验,只让他做一些琐碎的小事。而备与关羽、张飞、赵云都派上了大用场,忙着带兵平定荆州。直到打下南四郡后,才任命诸葛亮为军事中郎将,派他总管零陵、桂阳、长沙三郡,收收赋税和粮食,保障前线作战之需。从夺取荆州到夺取益州的五六年间,刘、关、张、赵都忙于在战场上厮杀,而亮总是留在后方,而在前方出谋划策的则用了其他的谋士,就是有意识地不放权。211年,进兵益州,就留亮和关羽镇守荆州;218年,攻打汉中,留亮镇守益州。"用而示之不用",不用就是为了用,不放权就是为了放更大的权。

为了更好地对部下的驾驭和使用,备也用了相互联系又相互制约的对立统一的制衡关系。还在荆州之时,刘备就得了庞统。庞统也是一个非常不简单的人物,据习凿齿《襄阳记》记载:"诸葛孔明为卧龙,庞士元为凤雏,司马德操为水镜,皆庞德公语也。"207年冬,水镜先生曾对备说"伏龙、凤雏,两人得一,可安天下"。209年,孔明被封为军事中郎将。210年,庞统来投,也被封为军事中郎将,两者形成了一种制衡的关系。211年,进兵益州,按理说要带孔明前往,可是却撇开亮而带庞统前往。213年,庞统死后,又有法正为之出谋划策。据《蜀志·法正传》记载:"正多阴谋,善设奇制变,先主之取益州,皆其力也。诸葛亮与正虽好尚不同,以公义相取,每奇正智术。"

庞统和法正的加入,对诸葛亮就是一个威胁。214年夏,大军包围成都时,本应派亮入城劝降刘璋,因亮曾成功地入吴说服孙权联刘抗曹。但是备仅凭简雍与刘璋私交甚好而派遣简雍,这在客观上对亮又是一次冷落。进入成都之后,任命诸葛亮为军事将军,负责左将军府事务;同时任命法正为扬武将军、蜀郡太守。两相比较,法正的地位高于亮。攻打汉中,亮却留在成都,任务是确保作战所需要的兵源和粮食,而法正却跟随刘备出征,积极进言。目的就是给亮以磨炼,也是为了使之形成一种相互联系相互制约的平衡关系。

刘备的这种手段,不仅在诸葛亮、庞统、法正几个谋士之间运用着,就是在关、张、赵及其他将领之间,也在运用着。备手下悍将如云,没有一定的方法,也是驾驭不了的。在得到赵云之前,备的主要大将仅关、张而已。当然,桃园三结义后,关、张两人对备是非常忠诚的,竭力辅助。备对关、张也是信任的,但为了防止对两人权力的失控,刘备还是设法借助外人的力量予以制衡。关平是一个很好的助手,备将其安排在关羽的身边。关平乃关定之子,备要关平认关羽为父亲,称备为伯父。关平对关羽,就是一种制约关系。还在中原时期,备就在努力寻求一个制衡关、张的人,后来找到了赵云。在中原的时候,关、张跟随刘备左右,终日侍立而不倦。200年,得了赵云后,云总是侍卫于前后。备用赵云,就是对关、张的制衡。

在使用高级谋士和将领时,常采用一种权力转移法来制造一种平衡。得到庞统后,备就将亮的部分权力转移到庞统手中;得到法正时,又将部分权力转移到法正手上。备得到赵云时说:"我第一次见子龙,便有留恋不舍之情。今天得以相遇,真是天意!"这番慷慨之陈词,其弦外之音就是,不要以为我没有大将,现在有了赵云,如果你们不服从我的领导,我就会把你们的权力转移到赵云身上去。还利用攀比的心理,采取激将的方法对部下实行制衡。备手下的将领,个个都非常有斗志,这都是激将法的作用。214年,备称赞马超,引起了张飞的战斗欲望。反过来,在表扬张飞、赵云时,又激了马超的建功情绪。这样,既夺取了益州,又臣服马超这样的猛将,还使旧将和新将之间形成了一种相互联系相互制约的平衡关系。给每一个将领以立功的机会,同时也可以避免长期重用而助长其居功自傲的心理。209年，攻打南四郡，张飞、赵云已各得一郡时，就把攻打长沙的任务交给了关羽。

刘备还有一个过人之处，就是城府非常深，藏得住喜和怒。《三国志》说：备"少言语，善下人，喜怒不形于色"。俗话说："一人不开口，神仙难动手。"因此，没有人能够揣摩到他的心理，也不知道他是如何运用权力驾驭部下的。例如，他对诸葛亮，就是时冷时热。本该派他去执行任务的，不派他去。是否攻打汉中，应该和孔明商议，却和法正商议。又例如，刘备对赵云的态度也是忽冷忽热，使赵云摸不着头脑，只好加倍努力，以改变刘备对自己的态度。备给人的印象是大度，礼贤下士，也不斤斤计较。但是张裕就因和刘备开两句玩笑而丧了命，又使人觉得他非常神秘而不可捉磨。

第三节 人才集团的派系及其协调

天下大乱，军阀混战，三分天下，造就和锻炼了人才。三国纷争的时代，是人才辈出的时代。刘备打天下，走遍天下，网罗了一大群人才，形成了一个队伍庞大结构完善的人才阵营。

在中原创业的初期，就形成了一个初步的人才队伍，主要是关羽、张飞、赵云、简雍、糜竺、糜芳、孙乾，还有豫州的刘琰、陈道等，被称为创业元老派，即北方的武人集团，实际上就是中原人才集团。这一派是刘备的旧部，其中多数进入了蜀汉核心领导集团，是蜀汉两大统治集团之一。

到荆州后，形成了荆州人才集团，完善了人才结构。荆州人才集团由两部分构成，第一部分是刘备招募的，主要是：孔明、庞统、刘封、蒋琬、董允、杨仪、向朗、马良、马谡、魏延、宁祯、陈震、邓方、辅匡、廖立、冯习、张南、殷观。第二部分是刘表的旧部，主要是：黄忠、霍峻、习祯、伊籍、廖化、向郎、向宠、傅彤、杨仪、赖恭、韩冉、张存、郝普、潘濬、赵累。荆州集团颇具才干，志向远大。其中一部分人进入蜀汉核心领导集团，是蜀汉两大统治集团之一。

进入益州之后，东州的人才集团归附了刘备。东州集团，即刘焉、刘璋从南阳、三辅等地区带入的旧部，主要有：法正、费祎、吴懿、刘巴、李严、邓芝、王连、孟达、孟光、严颜、许靖、来敏、许慈。东州集团能人名士众多。因为都是外来人士，根基不深，所以一部分人深得刘备、诸葛亮的重用，如法正、费祎、吴懿、李严、邓芝等。

入主成都之后，以黄权、谯周为首的益州集团的本土人士也归附了刘备。主要是：黄权、张嶷、马忠、张翼、李恢、张裔、秦宓、费诗、杨洪、杨戏、张裕、彭羕、吕凯、王甫等。其中张嶷、马忠、张翼、李恢、张裔得到刘备、诸葛亮的重用，但没有把他们拉入最高统治集团。对异端，绝不留情。例如，刘备杀张裕，孔明杀彭羕。再一个就是新投降的集团,主要是西凉军和魏国的将领,他们是:马超、马岱、王平、姜维、夏侯霸。这帮人,或与魏有仇,或想建功立业。其中姜维是诸葛亮的心腹将领。

各集团之间也容易产生矛盾,但刘备、诸葛亮善于协调各派系之间的矛盾。211年攻打益州时,就重用庞统、黄忠、魏延等荆州人物,让关羽、张飞、赵云等中原派的人镇守荆州。一个重要的原因,就是给荆州集团提供展示才能的舞台,让他们建功立业,以平衡荆州派与中原元老派的关系。后来,诸葛亮、张飞、赵云奉令入蜀也参与了战斗。在夺取益州的过程中,又逐渐形成了益州人才集团,并且在夺取益州的战斗中发挥了重要的作用。因此入蜀后,对三方人才集团都进行封赏,尤其是对法正、李严、刘巴、黄权、吴壹、严颜等大加封赏,平衡各方面的关系。

在人才集团的五大派系中,中原派、荆州派与东州派的矛盾稍微大一点。东州集团在刘焉、刘璋时期,处于主导地位,刘备入主成都后,降为二流集团,有适应的,也有不满的。不满的部分,逐渐呈分裂状态。221年,刘备率大军东征,想夺回荆州。当时,备的思路:以诸葛亮为代表的荆州集团统治益州,让以李严为代表的东州集团统治荆州。这样,长江的上游益州和中游荆州之间,就形成了相互依托和相互牵制的关系。同时,也平衡了三大派系之间的利益关系。

刘备的人才集团,基本上是团结一致的,但五大派在权力利益分配和思想观念方面仍存在矛盾。刘备立为汉中王,封关、张、赵、马、黄为“五虎大将”,关羽就大怒而不接受。他对马超就非常不服,尤其不接受黄忠。说:“黄忠何等人,敢与吾同列?大丈夫终不与老卒为伍!”刘备、诸葛亮对关羽这种没有大局观的思想态度,大概早有预料,就派了一个善于做思想说服的费诗做关羽的工作。他说:“将军差矣。昔萧何、曹参与高祖同举大事,最为亲近,而韩信乃楚之亡将也;然信位为王,居萧、曹之上,未闻萧、曹以此为怨。”很是费了一番口舌。得知关羽很不服马超时,亮曾写信给关羽说:“马超兼资文武,雄烈过人,一世之杰,可以跟张飞并驾齐驱。犹未及髯之绝伦逸群也。”

关羽的这种思想态度,就比较严重地影响了元老派与荆州集团和西凉派之间的关系。上庸三地的得而复失,是中原、荆州和东州三大集团之间矛盾发展的结果。大概就在关羽北上襄樊之时,孟达率军攻取了上庸。刘备派刘封协助孟达取了上庸其他两地,而孟达则认为刘备不信任他而心有怨言,因此在关羽求救的关头,居然利用刘封与关羽的矛盾,挑拨刘封两人一同见死不救,导致关羽兵败身亡。关羽死后,刘封被杀,孟达吓得投降了曹操,致使上庸三地得而复失。

五大派系之间的矛盾,还集中地体现在西蜀攻城略地和对外扩张上。中原派、荆州派、西凉派和新投降的魏国将领,即三大集团和新投降的魏国将领,志向远大,倾向于北伐。东州派和本土的益州派倾向于自保,对于北伐中原,态度上比较冷漠,所以诸葛亮北伐，三大集团积极支持，但是东州派和本土的益州派反对的比较多。亮权威大，能够超然于各派之间调兵遣将，故而难以阻止。第一次北伐，攻其不备，出其不意，横扫陇右，连得三郡，捷报频传。三大集团气势高昂，精神振奋。不料马谡丢失街亭，第一次北伐大败而归，高昂气势开始下降。

此后，曹魏加强了关陇的防务，结果六次北伐无功而返。亮死后，三大集团本土化，派系色彩淡化；又因为亮在世时，北伐皆无功而返，因此蒋琬、费祎时期，倾向自保，不主张北伐。姜维掌军权后，重启北伐路线。亮六次北伐无功而返，姜维的九次北伐，也是无功而返，遭到了更多的反对，并出现了一股反战势力。东州集团和本土的益州集团，并不是所有的人都反对北伐。也有人积极支持的，如李严的儿子李丰，又比如，张嶷、张翼。诸葛亮通过北伐，打压反对北伐的地方集团，也给支持北伐的本土人士以发展的机会。

在蜀汉的人才集团中，刘备、孔明、关羽三个属顶尖的人物，马超、姜维逊色，张飞更差。诸葛亮虽智谋高，但他的对手却是司马懿，司马懿是曹魏政权中与曹操等量级的顶尖人物，是高手对高手。亮去世后，西蜀唯有姜维，而姜维又逊色于孔明。但姜维的对手却是邓艾、钟会，又是高手对高手。显然，姜维北伐的失败，也是必然的。

第四节　"以人为本"的民心工程

刘备说："凡举大事者，必以人为本。"又说："圣人云：'自古皆有死，人无信不立。'"在社会实践中广施恩惠，广收民心，为夺取江山伟业打下广泛而深厚的社会基础。"曹操有非凡之能，但给人的印象则是'奸'。孙权也有非凡人品，但生性多疑，给人的印象是'猜'，刘备则忠厚老实，以'仁'立世。"三巨头中，刘备的基础最为薄弱，能力也最低，"但在品格上，他远远超过曹操、孙权两人，那就是他的'仁'。他重百姓、讲仁德、守信义，没有这些，他是绝对不可能成功的。"古人云："得人心者，得天下；失人心者，失天下。"备的这种"以人为本"的战略思想，在其创立江山大业中，发挥了重要作用。

备的信义著于四海的仁义之举，给诸葛亮留下了极好的印象。194 年，备率兵救徐州和"三辞徐州"，赢得了仁义忠厚的声誉。操为父报仇，率兵攻打徐州，所到之处，杀戮百姓，毁坏坟墓，残忍无比。时操势大，谁敢阻止？但力量弱小的备居然敢带兵前往救徐州。他率兵舍身救徐州，就是"反抗强暴，匡复正义"。救了徐州，就是救了徐州的老百姓。与此同时，陶谦欲将徐州大印让与备。但是，备"三辞徐州"而不受。愈辞，人们越是认为他不贪图利益，他的仁义忠厚的名声就愈大。救徐州和"三辞徐州"，为刘备在老百姓中间留下了仁义之君的好名声，故而"信义著于四海"。

夺取荆州为家,夺取西川为基业的战略目标,刘备与诸葛亮是一致的。但是,在如何夺取荆、益两州的问题上,两人还是有区别的。孔明侧重考虑用谋略和武力直接夺取;备则重于考虑以人为本,民心归向的问题。依附刘表时,备虽然无权无势,但他的人品却征服了荆州。初到荆州,他就注意同各方面的人士往来,广收民心。蔡夫人曾对刘表说:"我闻荆州人都与刘备往来,不可不防之。"她认为"今客居城中无益,不若遣使他往"。在她看来,刘备客居荆州,广结名士,其志不可测。备暂居新野小县,立即刷新政治,更是注意笼络人心,广泛地扩大了社会影响。

刘备撤出新野,兵败长坂坡时,表现得更明显、更具体、更感人。曹操五十万大军将至新野,一场血流成河的大战即将上演。备怕伤及无辜,差人四门张榜,晓喻居民:"无问老幼男女,愿从者即于今日跟着往樊暂避,不可自误。"又差孙乾往河边调拨船只,救济百姓。由于樊城、襄阳皆为操所占,备只得率军民前往江陵。当刘备由樊城经襄阳向江陵撤退时,荆州人都归备而去。到达当阳众十余万,辎重数千辆,致使军队日行十几里,部下劝刘备应弃百姓而先走。备说:"夫济大事,必以人为本,今人归吾,何忍弃去!"刘备这是在与曹操争夺人心,争夺人心,就是争夺江山。操令轻骑一日一夜三百里速度追击刘备,并抢占江陵,形势十分危急。由于随从的民众太多,军队行进缓慢,终于被曹操追上。长坂坡一场大战,备大败,夫人死了,周岁的阿斗差点丢失。

208年秋,刘备从新野南撤,一直撤至江夏地区,实际上就是一次重大的军事战略转移。1934年10月,中国工农红军撤出中央根据地,也是一次重大的军事战略转移,而且是历史上最大的重大的军事战略转移,被称为二万五千里长征。这一次长征,对中国革命的影响是巨大的。毛泽东说:"讲到长征,请问有什么意义呢?"他说,其意义就在于"长征是宣言书,长征是宣传队,长征是播种机"。如果说,红军的长征是大长征,那么刘备、诸葛亮的南撤,就是小长征。刘备的小长征,也在一定程度上起到了"宣言书、宣传队、播种机"的作用。刘备的南撤,在军事上是一次失败,也是一次胜利。因为在长坂坡被曹操打得惨败,所以说是失败了;但是如果没有南撤,就不可能有赤壁之战的胜利,所以说也是胜利的。至于在招揽人心方面,那更是一场胜利。这一次南撤,起到了"宣言书、宣传队、播种机"的作用,深深地赢得了民心,为其后来夺取荆州积蓄了力量。

在生死存亡的关键时刻,刘备依然关心老百姓的生与死,古来君王有几人?由于刘备在荆、襄,远得人心,近得民望,深为百姓所拥护,这就为此后夺取荆州打下了社会基础。老百姓归附,贤士为之效力。习近平说:"江山就是人民,人民就是江山,打江山、守江山,守的是人民的心。"长坂坡一战,刘备在军事上虽然惨败,但在争夺人心的政治大战中,却取得了巨大的胜利。刘备虽兵微将寡,力量弱小,因关心和爱护百姓,深深地赢得了人心,但时机一成熟,孔明一施计,荆州即归于备。刘备长坂坡大败而退至夏口之后,被操打散的部队很快又集结到备的身边,参加了赤壁之战。大战之后,已归顺操的很多刘表部下又纷纷投奔刘备。在短短的时间之内,备的势力迅速崛起,形成了三足鼎立之势,此即"以人为本"的思想策略之功效也。东晋著名学者习凿齿在《汉晋春秋》中说:"先主虽颠沛险难而信义愈明,势逼事危而不失道。追景升(指刘表)之顾,则情感三军;恋赴义之士,则甘与同败。终济大业,不亦宜乎!"

爱护老百姓的明君形象及其声望,对取益州起了十分重要的作用。西川谋士张松本来是想把西川地图送于曹操的,受到冷遇之后,就想到了玄德。自思,备乃仁义之君,信义著于四海,何不将西川地图献之,教取西川。松于是就将西川地图送给了备,并说:"明公乃汉室宗亲,仁义充塞乎四海,休道占据州郡,便代正统而居帝位,亦非分外。"西川谋士法正到荆州后,也对备说:"盖闻'马逢伯乐而嘶,人遇知己而死'。"同时,刘备的名誉和声望,也使蜀中忠于刘璋的谋臣感到惊恐。当刘璋用张松谋,迎备入川时,黄权就对刘璋说:"某素知刘备宽以待人,柔能克刚,英雄莫敌,远得人心,近得民望。"因此,他认为,若迎备入川,蜀中四十一州郡则属于备矣。

211年,备以援助刘璋抗击张鲁为名,进入西川之后,所到之处,严肃纪律,严禁军队取百姓一物,秋毫无犯。于是百姓扶老携幼,满路瞻观,焚香礼拜。对于观望的老百姓,刘备皆用好言语抚慰。这实际上就开始了以夺取政权为目的的广收民心的活动。此即"修道而保法"也,做到"胜兵先胜而后求战"矣。军师庞统较之备,性子就急得多。备入川后,庞统就主张于涪城与刘璋相会之际,杀掉刘璋,"然后一拥入成都,刀不出鞘,弓不上弦,可坐而定也"。备说:"吾初到蜀中,恩信未立,若行此事,上天不容,下民亦怨。公行此谋,虽霸者亦不为也。"这是因为,"屈人之兵,而非战也。拔人之城,而非攻也;毁人之国,而非久也"。

刘备在涪城,在葭萌关广收民心的活动引起了刘璋部下将领的注意和警惕。212年,杨怀特意从外地赶往成都对刘璋说:"刘备自入川,广布恩德,以收民心,其意甚是不善。"杨怀的话,引起了刘璋的警惕,但已经晚了。因为备被刘璋识破之时,就是其开始使用军事武力的时候了,而且西川的关键地方,早已被刘备控制了。到这个时候,就备在西川的影响力,夺取成都已是易如反掌。

《孙子兵法》云:"故善战者,立于不败之地,而不失敌之败也。是故胜兵先胜而后求战,败兵先战而后求胜。善用兵者,修道而保法,故能胜败之政。"西蜀之地,关隘险阻,易守难攻;豪杰甚多,兵多将广;沃野千里,粮草充足。刘璋虽说是无力向外发展,但是自保还是绰绰有余的。刘备进入西川的军队只有五万,且无粮草。不要说刘璋出兵围攻,就是断其粮草,也要将其困死在蜀中。然而,备在不到三年的时间里,就轻而易举地夺取了益州,全赖"以人为本,广施恩惠,广收民心"战略之力矣。

第五节　素质偏低及对事业的危害

毛泽东说："刘备的野心大，但他志大才疏学识浅，好感情用事，在许多问题上用感情代替政策。"这是备非英雄的一面。

刘备与关、张桃园三结义，形成了三人命运共同体。从义气上来说，这是一个兄弟三人团；从政治上来说，这是一个君臣关系的政治集团。在这个集团里，封建的政治与封建的义气融合而为一。因为既是兄弟关系，又是君臣关系，所以三人为一体。通过兄弟的义气维系三人的团结，达到政治目的。因此，他们的关系，具有家族的性质，又是一种政治组织。因为是政治组织，所以是发展的。三人团，实际上就成了核心组织机构，核心组织也要不断扩大，稍后，有了赵云，有了一些气候，在社会上也打出了一些名气。这个命运共同体在斗争中不断地扩大，到了荆州之后，有了诸葛亮，逐步走向成熟。与东吴结盟，于赤壁大败曹操，才占了荆州取了益州，又夺了汉中，鼎足一方。因此说，没有兄弟三人团，就没有刘备集团的形成和发展，就不可能请得诸葛亮出山辅助，就没有荆州和两川之地。而在这个国家最高领导层中，其核心机构，仍是兄弟三人团。

前部司马费诗曾对关羽说："今汉中王虽有'五虎上将'之封，而汉中王与将军有兄弟之义，视同一体。将军即汉中王，汉中王即将军也。"费诗是做思想工作，但也算是准确地说出了他们三人之间在国家政权中的关系。他们三人之间的这种特殊关系，在打江山夺取政权的斗争中，发挥了极其重要的作用。但是在伟业继续向前发展之时，就会产生一系列的副作用。兄弟三人团中的三个人，不读书，不善用兵，又没有什么谋略。例如关羽、张飞，可以说纯粹是一个大老粗。总之一句话，他们三人的素质都偏低。素质偏低，又担任最高层领导，就有可能损害国家利益。

刘备立为汉中王，封"五虎大将"，关羽居然不受，说："翼德吾弟也；孟起世代名家；子龙随吾兄，即吾弟也：位与吾相并（并即并列，并驾齐驱之意），可也。黄忠何等人，敢与吾同列？大丈夫终不与老卒为伍！"费诗很是费了一番口舌，才得关羽拜受印绶。关羽毫无大局的观念，对于马超被授予"五虎大将"其实也不服，严重地影响了中原元老派与荆州派、西凉派的关系。

关羽镇守荆州，孔明交代，要北拒曹操，东和孙权。但是，关羽不执行联吴抗曹的方针，得罪了孙权，使自己南北两面受敌，大意丢失了荆州。这是关羽素质低的一个最突出的表现。关羽被害之后，刘备不顾国家利益，不听劝阻，一意孤行，要尽起两川之兵为关羽报仇。赵云说："国贼乃曹操，非孙权也。"又说："若舍魏以伐吴，兵势一交，岂能骤解？"还说："汉贼之仇，公也；兄弟之仇，私也。愿以天下为重。"备说："朕不为弟报仇,虽有万里江山,何足为贵?"置江山于不顾,决意起兵伐吴。

刘备大军未发,忽闻张飞又被害。原来张飞在阆中知关公被害,且夕号泣,血湿衣襟,决意要大哥刘备去伐东吴而为关羽报仇。他整日以酒解愁,神思昏乱,动止恍惚。张飞酒醉鞭人,甚至将人鞭死。激怒了部下,因此被其部下范疆、张达用短刀刺死。结果,桃园三结义,三人去了两人。对此,《资治通鉴》引用陈寿评论:"关羽、张飞皆称万人之敌,为世虎臣。羽报效曹公,飞义释严颜,并有国士之风,然羽刚而自矜,飞暴而无恩,以短而取败,理数之常也。"关羽死于荆州之败,张飞死于小人之手,刘备是悲上加悲。时刘备说:"二弟俱亡,朕安忍独生!"一个皇帝,以头顿地而哭,悲痛欲绝,怒而兴师伐吴,犯了兵家之大忌。

从军事智慧方面来说,刘备、关羽、张飞的素质都是偏低的。张飞、关羽虽勇,但都无谋。196年,刘备带着关羽去打袁术,张飞守徐州就丢失了徐州;刘备、诸葛亮去取益州,关羽镇守荆州就丢失了荆州。在军事生涯中,刘备就没有打过什么漂亮的仗。与吕布交手,两次被打得惨败而投靠曹操;与曹操交手,两次被打得落荒而逃。占荆州,是诸葛亮之计;取益州,是庞统之策;夺汉中,是法正之谋。222年,要御驾亲征,率七十万大军伐吴,顺江而下,只想前进,不思后退。黄权曾说"沿江顺流东下,易进难退""请求担任前锋,先驱攻伐",建议刘备"留在后面镇守",可是刘备不听。陆逊避开蜀军来势凶猛的锐气,先让一步,后发制人,收缩了部队,集中了兵力,据险而固守。备却放弃了"水陆俱进"的有利条件,命令军队在山林中安营扎寨。钻进了敌人所设计的圈套,结果有了猇亭之败。

刘备一意孤行,不听劝阻,不顾后果,起兵伐吴。大军东征,起初每战皆胜,已入吴境而到达猇亭。此时备威名大震,江南之人尽皆胆裂。至猇亭,仇人已基本除尽。吕蒙也死了,潘璋、马忠、糜芳、傅士仁皆已处死,范疆、张达二人,已被孙权缚送至,也被刘备处死。至此,备仍怒气不息,定要灭吴。马良奏曰:"仇人尽戮,其恨可雪矣。吴大夫程秉到此,欲还荆州,送回夫人,永结盟好,共图灭魏,伏候圣旨。"刘备仍怒气冲冲地说:"朕切齿仇人,乃孙权也。"咬牙切齿,定要灭掉吴国,不撞南墙不回头。本来应该见好就收,他根本不考虑,不顾一切后果。时魏国正瞪着眼睛看刘备,巴不得蜀、吴两国大打出手,好从中渔利。但刘备悲而复仇,怒而兴兵,完全不知道变通。结果大败而归,给西蜀王国造成了无可估量的损失,几乎动摇了西蜀的根基。

不顾众官劝阻,一意孤行,誓死要起兵报仇,这也是刘备走极端的一个思维特点。毛泽东对刘备的能力有一个评价,说刘备"志大才疏学识浅"。因为"才疏学识浅",因此,虽然纵横天下半辈子,也没有搞出一点名堂来,到头来,连个立足之地都没有。自从有了诸葛亮辅助,才逐步走上了正轨,才有了两川和荆州之地。能有这个辉煌成果,根本原因是备对孔明言听计从。刘备跟操的作风是完全不同的,曹操虽然民主,但其决策皆出于己,备能放权而尽亮之才。备的这个思维特点,走的就是一个极端。做了皇帝之后,要为关羽报仇,牛劲来了,决意要伐吴,孔明、赵云等众官的话就是不听,他的思维就从一个极端走向另一个极端。虽然做了皇帝,但"才疏学识浅"的素质没有变,"不识虚实,不善用兵"的军事水平没有变,这就必然会损害事业的发展。因此说,备三人团的意气曾为打江山发挥了重要的作用,也给宏伟大业的发展,带来了很大的副作用。

第十七章　年轻的军事统帅周瑜

文学作品中的周瑜,与历史上真实的周瑜略有出入。史书,尊魏轻蜀,魏多蜀少;小说,拥刘反曹,蜀多魏少。曹操强大,刘备弱小。强大者,有强大者的打法;弱小者,有弱小者的打法。力量弱小,在争夺天下的斗争中,由弱变强,由小变大,走的是一条艰难曲折的路,所以故事多,有许多文章做。这就是小说蜀多魏少的缘由所在。

在人物塑造上:《(三国演义)作品简介》说,"作品为了表现孔明,让历史上真实的周瑜蒙受了诸多的冤屈,主要有才智之冤,功劳之冤和品德之冤"。那么,历史上真实的周瑜究竟是一个怎样的人物呢?

第一节　军事才能之辩

所谓瑜的军事才能之冤,就是瑜的军事才能之辩。周瑜的军事活动,大致分三个历史时期。三个历史时期,三大战役,即平定江东之战,赤壁保卫之战、荆州争夺之战。三大战役,分别体现了三个历史时期周瑜的军事才能。

平定江东之战,是孙策亲自指挥的开创江东基业的战争,是周瑜第一个时期的军事活动。孙策渡江回江东开创千秋伟业,周瑜率兵响应。两支部队相会时,瑜说:"某愿施犬马之力,共图大事。"孙策十分看重周瑜军事才能,高兴地说:"吾得公瑾,大事谐矣。"周瑜帮助孙策平定江东,为江东基业的初创作出了巨大的贡献。《汉晋春秋》记载说:"周公瑾,江淮豪杰,振臂而为将。"就是对这个历史时期瑜军事才能的一个高度评价。平定江东之战,充分体现了周瑜的军事才能。

赤壁大战,是孙权坐镇江东时期的一场江东保卫战。这一场战役是周瑜第二个时期一场极其重要的军事活动。

曹操南征,打败刘备并占据江陵后,虚张声势,说已经有了八十三万人马,欲顺江而下,荡平江东,严重地威胁着江东的安全,江东形势十分严峻。在江东,文官一概主张投降,说"降则安,战则亡"。孙权的态度却犹豫不决,拿不定主张。在这样一个特殊时期,要完成江东保卫战,就要做好两方面的工作:第一就是做好说服孙权的工作,第二就是做好战争组织指挥工作。

北方大军压境,孙权想抗又不敢抗,就是害怕曹操势大,难以抵敌,这就是孙权的心病。江东敢不敢抗战,能不能抗战,关键还是看吴侯孙权的态度。如果孙权投降了,那一切也就完蛋了。要使孙权转变态度,关键还是要做好说服工作。诸葛亮、鲁肃、周瑜三个人都做了说服工作。把三个人的话进行对比分析,说明周瑜的说服工作起了重要而关键的作用。

孔明初见孙权之前,张昭曾对孙权说:"曹操拥百万之众,借天子之名,以征四方,拒之不顺。且主公大势可以拒操者,长江也。今操既得荆州,长江之险,今与我共之矣,势不可敌。以愚之计,不如纳降,为万安之策。"众谋士皆曰:"子布之言,正合天意。"孙权听了,沉吟不语,低头不语,就是犹豫不决而没有了主张。

时鲁肃避开众人,对孙权说:"恰才众人所言,深误将军。众人皆可降曹操,惟将军不可降曹操。""如肃等降操,当以肃还乡党,累官故不失州郡也;将军降操,欲安所归乎?位不过封侯,车不过一乘,骑不过一匹,从不过数人,岂得南面称孤哉!"鲁肃采用了对比之法说服,是够诚恳的了,但话没有说到孙权的心病上。

孔明采用激将法,激得孙权下决心抗曹了,然后再推心置腹地说之。他说:"曹操之众,远来疲惫;近追豫州,轻骑一日夜行三百里,此所谓'强弩之末,势不能穿鲁缟'者也。且北方之人,不习水战。荆州士民附操者,迫于势耳,非本心也。今将军诚能与豫州协力同心,破曹军必矣。操军破,必北还,则荆、吴之势强,而鼎足之形成矣。"诸葛亮的话,在一定程度上说到了孙权的心病上。

仔细分析,孔明的话,三个方面是有用的,有价值的:其一,曹军远来疲惫。但是说服力不大,疲惫了,休整一下,就不疲惫了。其二,北方军不习水战,这一句说到了点子上。其三,荆州士民附操者,迫于势耳,但曹军极大部分是从北方带来的,荆州军毕竟是少数。曹操的军队大部分是从北方带来的,是死心塌地跟着曹操的。所以孔明虽说服了孙权,但还是没有彻底做通孙权的思想,孙权的心里还是有疑虑。

周瑜的话却是最有说服力的,他说:"且操此来,多犯兵家之忌:北土未平,马腾、韩遂为其后患,而曹久于南征,一忌也;北军不熟水战,操舍鞍马,仗舟楫,与东吴争衡,二忌也;又时值隆冬盛寒,马无蒿草,三忌也;驱中国士卒,远涉江湖,不服水土,多生疾病,四忌也。操兵犯此数忌,虽多必败。"又说:曹操檄文说大军有百万之众,不过是虚言而已。"今以实较之:彼将中国之兵,不过十五六万,且已久疲;所谓的袁氏之众,亦止七八万,尚多怀疑未服。夫以久疲之卒,御狐疑之众,其数虽多,不足惧也。"

周瑜的话说到了点子上，而且分析得比较全面，比较深刻，可谓针针见血。鲁肃、孔明的话，虽然说得深刻，都没有说到孙权的心病上，没有解开孙权的心上疙瘩，而只有周瑜的话，解开了孙权的心上疙瘩。对敌情做了最透彻、最深刻的分析，充分地体现了周瑜的军事才能。

孙权决心抗曹了，即封周瑜为大都督，令其领兵抗曹，于是组织指挥赤壁大战，火烧曹营，大败了曹军。

赤壁大战，周瑜进行了具体的谋划，大致有四个过程：第一，瑜经过侦察，探得操任用深得水军之妙的蔡瑁、张允为水军都督，大惊，欲除之。接着就是"群英会蒋干中计"，运用了"反间计""借刀杀人"计，借操之手斩掉了蔡瑁、张允，除掉了心头之患。第二，如何打败曹操，周瑜思得"火攻"一计，如何实施"火攻"？密议安排黄盖行"苦肉计"，诈降曹操。江北蔡瑁之弟蔡和、蔡中来降。其实是来诈降，周瑜将计就计，让他通报消息。第三，巧妙地使蒋干将庞统带到了江北，使之献计曹操，此即"庞统巧授连环计"也。第四，实施火攻，火烧曹营。

在这一场大战过程中，周瑜巧于谋划，用了"反间计""借刀杀人"计，借操之手斩掉了蔡瑁、张允；让庞统向操献上锁船的"连环计"即"锁铁环"之计，又用"苦肉计"让黄盖诈降，四计连环，一环紧扣一环，计中生计，连续运用，多计配合，将操百万大军顷刻之间化为灰烬。四计连环而用，这是本书第四次所论述的连环计。四计连环而用，孙刘联军于赤壁大败曹操，奠定了三分天下的军事政治基础，充分地体现了周瑜的军事决策才能和军事指挥才能。

荆州的争夺战，是周瑜在其第三个时期的重要的军事活动。荆州争夺战，主要的是南郡争夺战。《三国志·周瑜传》记载战役的全过程，"瑜与程普又进南郡，与仁相对，各隔大江，并未交锋，瑜即遣甘宁前据夷陵（今宜昌）。仁分兵骑别攻，围宁。宁告急于瑜，瑜用吕蒙计，留凌统以守其后，身与蒙上救宁。宁围既解，乃渡江，屯北岸，克期大战。瑜亲跨马栎阵，会流矢中右胁，疮甚，便还。后仁闻卧未起，勒兵就阵。瑜乃自兴，案行军营，激扬吏士，仁由是遂退"。

这是一场规模比较大的战役，两军隔江相望还未交锋，周瑜就派遣甘宁占据了长江南岸的夷陵及其险要关口。曹仁立即派遣骑兵部队，围攻甘宁。甘宁告急而求救，周瑜留凌统守其后，即未攻而思退。然后亲自率大军，与吕蒙一道救甘宁。打退了曹仁的骑兵部队，解救了甘宁，并顺势渡过长江，将大军驻扎到了北岸。大战开始，周瑜身先士卒，亲临前线于南郡（即江陵）城外，大战曹仁。曹仁大败，退守城内。周瑜下令攻城，城上矢箭如雨，不料瑜中一箭，"疮甚，便还"。瑜中箭回营，"将计就计"，诈称自己中箭身亡，令全军挂孝治丧。曹仁果然中计，曹军大败而退回城中。曹仁也是北方的久征战场的名将，骁勇善战，且有曹操留下一个"锦囊妙计"，留作关键时刻启用。

因此,战局十分复杂,多有反复。结果,周瑜虽胜,却打了一年;曹仁虽败,却全身而退,双方几乎打了一个平手。

周瑜挟赤壁之战的胜势,士气旺盛;仁处赤壁之战的败势,士气低落。瑜军数万,仁兵微将寡。瑜为什么以绝对优势的兵力却打了一个平手?第一,南军处战略进攻的态势,北军处战略防御的态势。北军在江北岸,南军在江南岸。长江中游荆江北岸的江陵即南郡,是楚国的郢都,城防坚固,易守难攻。地势地利有利于曹军而不利于吴军。第二,瑜军渡过长江,屯军于江北岸之后的大战,即以水战转入陆战。水战是周瑜的长处,陆战是瑜的短处;对于曹仁,水战是其短处,陆战则是其长处。南郡城外之战,瑜舍长而用短,仁却弃短而用长。第三,南郡争夺战,曹军是赤壁大战的败军,败军者,哀军也,"哀者胜矣";周瑜军是赤壁大战的胜军,胜军者易骄。因此说,瑜军多少还是会背上胜军的思想包袱而影响战争。第四,战争的关键时刻,瑜中箭身伤,影响严重。第五,荆州争夺战,孙刘虽是盟军,但同床异梦。因为刘备、诸葛亮也想夺荆州,所以对周瑜攻打荆州,也是一个不小的影响。

因为这些,所以双方打了一个平手。对于双方来说,这一仗都打得漂亮。江陵的这一战,孙权说,周瑜取得胜利,因为打败了曹仁,并扼长江天险,阻挡了操复仇的步伐,同样体现了周瑜的卓越的军事才能。操却说,曹仁取得了胜利,因为这一战挡住了孙刘联军,为平复赤壁之战的伤口赢得了时间;因为这一战,北方恢复了元气,并在"三分天下"的格局中再次取进攻的态势。

第二节　功劳之冤

周瑜功劳之冤,是指贬低瑜的功劳,或者将本应是瑜的功劳移到了诸葛亮的头上。周瑜的功劳是否被贬低,那就还需要将瑜三个历史时期的军事活动进行对比着来分析。

在平定江东第一个时期的军事活动中,"周公瑾,江淮豪杰,振臂而为将"。《汉晋春秋》这一记载,证明了四点,其一,瑜是众将领公认的将帅;其二,瑜有杰出的军事指挥才能;其三,在平定江东的各个战役中,瑜为孙策出谋划策,屡立战功,功勋卓著;其四,瑜在众将领中威信很高。孙策临终前交代孙权,"内事不决问张昭,外事不决问周瑜"。孙策的这一个遗言,更是孙策对周瑜军事才能和平定江东功勋的肯定。

诸葛亮认为东吴有三个特点:国险、民附、贤人为之所用。贤人者,国家栋梁之材也。江东有三个极其重要的栋梁人才,一个是张昭,一个是鲁肃,一个是周瑜。张昭和周瑜是孙策时期遗留下来的贤能人才,一文一武,相得益彰。鲁肃是周瑜所荐之人才,是杰出的战略思想家。鲁肃的加入,弥补江东战略思想决策方面的人才空缺。在江东,张昭是主内的。内事者,内政也。就是说,张昭是杰出的国家行政管理人才。周瑜是主外的,但这个外,不是指外交,是指对外战争的。就是说,周瑜是决机于两阵之间军事指挥人才,而鲁肃则是一个杰出的战略谋略家和战略思想家。汉高祖刘邦手下有三大谋臣,一个是决胜千里之外的战略家张良,一个是镇国安民的萧何,一个是攻城略地的前线军事指挥家韩信。张昭、鲁肃、周瑜就是分别类似于张良、萧何、韩信式的人才。三人者,三种高级人才,相互弥补,构成了吴国高级人才体系。

尤其是周瑜,在江东政权危急的关头,简直成了江东的定海神针。孙策去世,孙权继位。周瑜前往奔丧,孙权见到周瑜,非常高兴地说,"公瑾来了,吾无忧矣"。可见,孙权把希望和依靠都寄托在周瑜的身上。曹操南征,大军压境,江东危在旦夕。以张昭为首的文官一概主张投降,认为,"降则安,战则危"。孙权是六神无主,他想起了周瑜,把他召回到柴桑,商谈国事。在江东危急关头,周瑜回到柴桑,格外引人关注。瑜一出场,就成了焦点人物。第一次来见的是鲁肃;第二次来见的是张昭、顾雍、张纮、步骘;第三次来见的是程普、黄盖、韩当等一班战将;第四次是诸葛瑾、吕范等一班文官;第五次来见的是吕蒙、甘宁等;第六次是鲁肃领孔明来见。次日孙权升堂,大堂上,周瑜慷慨陈词,真可谓是"一言九鼎",彻底说服了孙权。说服孙权抗战,首推周公瑾。

孙权决心抗曹,这就有了赤壁大战。赤壁大战,周瑜全权指挥,一战而打败了曹操,奠定了"三分天下"的政治军事格局。对于在赤壁大战时的周瑜,苏轼在《念奴娇·赤壁怀古》中写道,"大江东去,浪淘尽,千古风流人物""遥想公瑾当年,小乔初嫁了,雄姿英发。羽扇纶巾,谈笑间,樯橹灰飞烟灭"。赤壁大战之功,周瑜首功一个。

再说说本应是瑜的功劳,被移到了亮的头上的问题。这个问题,实际上是一个功劳混淆的问题。文学作品根据的虽是历史事实,但经过了文学艺术加工,给人的感觉就不同了。《三国演义》主观上是褒刘备、诸葛亮的,尤其是对孔明,调动了许多艺术手段,进行了艺术夸张,把孔明说得神乎其神,简直是无所不能。隆中决策之后,从博望坡第一战、新野火攻防御战,再到白沙河之战,孔明指挥,得心应手,所谋之策,无有不成。即使姜子牙在世,用兵也不过如此。长坂坡一战,本是一个败仗,但在罗贯中的笔下,刘备的将帅,关羽、张飞、赵云,个个英雄了得。败虽败了,但是败得慷慨激昂,气壮山河。写这一些,主要说明,诸葛亮既是军事战略家,又是军事指挥家。

到了江东,舌战群儒,诸葛亮口若悬河,唇枪舌剑,把个江东的文官,个个被批得狼狈不堪。会见孙权,一激一说,把个孙权玩弄于股掌之中。诸葛亮的戏唱足了,周瑜才登场。到这个时候,周瑜再有高见,也被孔明的高大形象所掩盖。赤壁之战,孙刘虽是联军,但刘备的军本来就非常少,所以军事指挥权全在周瑜手里,孔明是客将,仅仅是献计献策而已。因此说,赤壁大战,周瑜是全权谋划和指挥。大战之中,所用的"反间计""借刀杀人""锁铁环计""苦肉计"皆周瑜所谋,其中没有孔明的一计一策。

但是,在文学作品中,周瑜所用之计,诸葛亮件件看得一清二楚,仿佛那都是雕虫小技,这些小计谋,只能瞒过曹操、蒋干、蔡中、蔡和,岂能瞒得过我孔明吗?周瑜用计用谋,在诸葛亮面前,仿佛是鲁班门前弄大斧;仿佛是小巫见大巫。因此,赤壁大战,所有的计谋虽然都是出自周瑜,但小说给人的印象,却是孔明的军事才能高于周瑜,诸葛亮的功劳大于周公瑾。特别是孔明借东风,孔明可与上天对话,既能唤风又能呼雨,这已经不是人了,而是神了。周瑜再能干,他仅仅是一个人,而孔明则是一个神。一个凡夫俗子的人怎么能与一个神通广大的神相比呢。

当然,也不能说孔明什么功劳也没有。诸葛亮的功劳,也是伟大的,彪炳史册的。"三分天下"之谋,就永远是一个历史的闪光点。"三分天下",虽然是与赤壁大战有关的,没有"三分天下"之谋,就没有赤壁之战,但两者是有区别。"三分天下"是战略决策,与赤壁大战的前线指挥不同。就是说,孔明是战略家,周瑜是前线总指挥。赤壁大战,诸葛亮也有功劳,他参与了说服孙权,也参与了赤壁之战协商谋划。他有功劳,但不是主要的,功劳主要的最大的应属周瑜。在分析和比较周瑜与孔明的功劳时,我们要把孔明当作人,而不应当作神。只有这样,才能做到公正的实事求是的评价。

周瑜直接谋划指挥的赤壁大战,是一次以少胜多的成功战例,是三国演义历史转折点的一场战役。清理诸葛亮的战争史,孔明就没有打过这样的成功战役。博望火烧夏侯惇,白沙河用水战曹仁,那都是局部战争。占荆州,是从周瑜背后抢夺的,不是两阵之间夺过来的。取西川,是庞统之谋;夺汉中,是法正之策。荆、襄大战,孔明不主动不作为,丢失了荆州;第一次北伐,弃"子午之谋"不用,犯了军事保守主义的错误;街亭之战,错用将领,前功尽弃。再看看周瑜,平定江东,战功卓越;赤壁之战,卓尔不凡;荆州争夺,打得漂亮。两人一比较,军事才能,孰优孰劣;功劳谁大谁小,不就一清二楚了吗?

第三节　品质之冤

周瑜与孔明之间的矛盾,大致分为两个阶段。

第一个阶段,是孔明奉命到东吴直到赤壁大战结束时期的矛盾。这个阶段,因为孔明只身在江东,身为客人,力量上占劣势。而周瑜,则是统帅东吴兵马水军大都督,大权在握,是主人,力量上占优势。所以这个时期矛盾的特点,是瑜时时处处想杀掉孔明,而孔明则想方设法保护自己。

第一次要杀孔明,是请孔明议事之时。孔明说:"孙将军心尚未稳,不可以决策也。"瑜说:"何未心不稳?"孔明说:"心怯曹兵之多,怀寡不敌众之意。将军能以军数开解,使其了然无疑,然后大事可成。"当晚,瑜去见孙权,果见孙权疑虑重重,便以操军数开解之。事后,瑜暗思:"孔明早已料着吴侯之心。其计画又高我一头。久必为江东之患,不如杀之。"连夜请鲁肃入帐,言欲杀孔明。但是,周瑜与鲁肃在这个问题上有分歧。肃说:"不可。今操贼未破,先杀贤士,是自去其助也。",强调的是维护抗曹统一战线的大局。瑜说:"此人助刘备,必为江东之患。"强调的是东吴的核心利益和未来前途的问题。鲁肃建议令诸葛瑾说孔明归顺东吴,瑜甚善其言,即令诸葛瑾前往说之,结果自然是失败。于是,瑜就愈恨孔明,存心欲杀之。

第二次要杀孔明,是周瑜得知孔明已识破其"反间计"而"借刀杀人"之时。瑜利用蒋干行反间计,借操之手,杀掉了蔡瑁、张允后,对鲁肃说:"吾料诸将不知此计,独有诸葛亮识见胜我,想此谋亦不能瞒也。子敬试以言挑之,看他知也不知,便当回报。"肃去见孔明,孔明贺喜说,瑜用计除掉蔡瑁、张允,除掉了东吴的心腹大患,"可喜可贺"。吓得肃大惊失色,问:"先生何由知之?"孔明说:"这条计只好耍弄蒋干。"鲁肃回见周瑜如实说了,瑜大惊说:"此人决不可留!吾决意斩之!"鲁肃劝说:"若杀孔明,却被曹操笑也。"瑜说:"吾自有公道斩之。"次日升帐,周瑜令孔明监造十万支箭,限十日内完成。孔明当即立下军令状,三日完成,此即草船借箭也。草船借箭成功,使得瑜斩杀孔明之计落空。

第三次要杀孔明,是在孔明借东风之时。周瑜谋划赤壁之战,可谓周密矣,但仍欠一东风。瑜醒悟之时,惊得大病一场。孔明深知其病根,开了一个秘方,瑜见了大惊,暗思:"孔明真神人也!早已知我心思!"于是便放下面子向孔明讨借东风,亮答应借三日三夜东南风,助其用兵。果然十一月二十日三更时分,孔明借得东南风。瑜骇然说:"此人有夺天造化之法、鬼神不测之术!若留此人,乃东吴祸根也。及早杀却,免生他日之忧。"急唤帐前护军校尉丁奉、徐盛二将前往斩之。孔明已知瑜要杀自己,提前已令赵云安排快船扬帆而去矣。

第二个阶段,是赤壁大战结束之后直到周瑜去世时的矛盾。这个时期的矛盾斗争,更是激烈而尖锐。大战之后,孙、刘两家在荆州问题上,愈演愈烈,由桌上谈判,几乎发展到兵戎相见。每一次的较量,都是亮技高一筹,都是以瑜的失败而告终,这就是孔明的"三气周瑜"。"三气周瑜",双方都是围绕着荆州这个核心利益而展开的。

周瑜是用武力从曹仁手中夺荆州,孔明是用计谋从周瑜背后抢荆州,结果荆州到了刘备手中。攻打荆州,周瑜是花了血本的,与曹仁大战了一年,自己还中了一支毒箭。为了夺取荆州,他还不顾自己身负重伤,将计就计,大战曹仁,并于战场吐血而昏倒。眼看到手的荆州,却被孔明从背后用阴谋诡计抢去了,瑜怎能不气?因此,第一次气得口吐鲜血而跌于马下,此即一气周瑜也。

荆州被刘备、诸葛亮夺去了,周瑜自然是要想方设法夺回来。于是又想出了一个"刘备招亲"的"美人计"。可是瑜技不如人,被孔明的"三条锦囊妙计"所破,结果是周瑜是赔了夫人又折兵。因此,第二次气得口吐鲜血而跌于马下,此即二气周瑜也。

为了夺回荆州,周瑜是一计不成又生一计。想出了一个"假途灭虢"之计,即向备、诸葛亮借道荆州去取西川。实际上就是先取西川,后取荆州。这一个拙劣伎俩,怎么能瞒过孔明。孔明将计就计,把周瑜狠狠揍了一下,把个周瑜活活气死,此即三气周瑜也。

从文学作品叙述的层面来看,足显了周瑜的心胸之狭窄,气量之短小,品质之恶劣。但是如果绝对回到当时特殊的社会环境中,还原历史的本来面目,从历史的深层次中进行分析,那我们就会得到一个新的认识。

周瑜与孔明之间矛盾斗争的三个回合以及周瑜要杀孔明的叙述,史书并没有记载。中学生读本《三国演义·作品简介》说,孔明草船借箭,纯属张冠李戴;筑坛借东风,纯属装神弄鬼。这一阶段两人之间的矛盾冲突及其周瑜三次要杀孔明,纯属虚构,不足为凭。周瑜三次受气的过程,是一次次企图夺取以及讨回荆州而失败的过程;亮三气周瑜的过程,实际上是抢夺荆州且一次次为稳住孙刘联盟而又保住荆州的过程。"三气周瑜"虽然源于《三国志》,但《三国演义》也进行了大量虚构,与史书是有出入的。

关于使用"美人计",《三国志·周瑜传》说"备诣京见权,瑜上疏曰:'刘备以枭雄之姿,而有关羽、张飞熊虎上将,必非久屈为人用者。愚谓大计宜徙备置吴,盛为筑宫室,多其美女玩好,以娱耳目,分此二人,各置一方,使如瑜者得挟与攻战,大事可定也。今猥割土地以资业之,聚此三人,俱在疆场,恐蛟龙得云雨,终非池中物也。'权以曹公在北方,当广揽英雄,又恐备难卒制,故不纳"。

这个史实告诉我们,对刘备使用"美人计",瑜确有此想法,主要是从东吴的未来的前途命运着想。但是因为曹操在北方,仍旧扼制着江东,需要与刘备建立统一战线,共同对付之,又担心刘备难以制服。因此孙权并没有采纳瑜的建议,但是孙权的妹妹还是嫁给了刘备,即《三国志·先主传》所说的"权稍畏之,进妹固好"。就是说,备虽娶了孙权的妹子,但瑜的"美人计"根本就没有实施,小说的"二气周瑜"纯属虚构。

关于"假途灭虢"之计,《三国志》说:"是时刘璋为益州牧,外有张鲁寇侵,瑜乃诣京见权曰:'乞与奋威俱进取蜀,得蜀而并张鲁,因留奋威固守其地,好与马超结援。瑜还与将军据襄阳以蹙操,北方可图也。'权许之。瑜还江陵为行装,而道于巴丘(今岳阳楼一带,赤壁之战后,是孙刘两个军事集团的交界处)病卒,时年三十六。"

从这个史实来看,史书与小说比较接近。所说的"假途灭虢"之计,并不是捕风捉影,而是实有其事。但是,周瑜向孙权提出了一个宏伟的战略计划,即"乞与奋威俱进取蜀,得蜀而并张鲁",然后与孙权北上襄阳,以图北方。这个战略计划与鲁肃在200年"乘北方多务,剿除黄祖,近伐刘表,竟长江之极而守之;尔后,建号帝王,以图天下"

的战略思想是一致的。

鲁肃的战略思想，有一个核心，就是夺取荆州，然后西进北上。周瑜的西进北上战略，表面上绕开了荆州，但实际上是根本绕不开荆州。鲁肃制定战略的时候，还没有刘备占据荆州这一档子事。现在不同了，刘备占据了荆州，此一时非彼一时也。现在周瑜大张旗鼓地率领军马，说是要去"取蜀，得蜀而并张鲁"，然后又是要"据襄阳以蹙操"，以图北方。刘备、诸葛亮是傻瓜？看不出这是"假途灭虢"之计？

鲁肃、周瑜、诸葛瑾三人为一体，都忠实于孙权。其战略目标，从根本上来说，是一致的，都是要帮助孙权统一天下而完成帝业。但是，鲁肃与周瑜的战略思想还是有区别的，就是有无"孙刘联盟"的战略思想的区别。208年下半年，曹操南下，似有不可阻挡之势。鲁肃是一个战略思想家，是从战略角度考虑问题的，就当时的形势就提出了"联刘抗曹"思想，并形成了"鼎足江东，联刘抗曹，以图天下"的战略方针。

周瑜则不同，他是前线军事指挥家。曹操南征时，他没有到过荆州，没有与刘备、诸葛亮接触，没有联刘抗曹的思想。那时他在鄱阳湖操练水军，形势紧张时，他奉命来到了柴桑，所思考的就是在战场上如何打败曹操。在谋划部署赤壁大战之时，他并没有看到刘备有多大的力量，并不把刘备看作什么重要军事盟友。反倒认为，与刘备合作，养虎为患，后患无穷。因此，几次想把孔明杀掉，甚至还想把刘备杀掉。

在赤壁大战之时，虽然名为孙刘联军，共同抗曹。但是刘备起了什么作用呢？在前线抵御曹军的是吴军，与曹军水上作战的是吴军；使用"反间计"，除掉曹操水军都督；巧用连环计，教曹操用铁环将大船锁在一起的是周瑜；使用"苦肉计"，诈降曹操而火烧曹营水军大寨的，是吴国的大将黄盖。一连串用计用谋，都是周瑜独立谋划的，而且是对孔明保密的。孔明所起作用，就是一个"借东风"，即提供了"刮东南风"的准确时间。

周瑜指挥黄盖实施了火烧曹营的火攻之战，将曹操的几十万大军顷刻间化为了灰烬，迫使曹操大败而退回到了北方，似乎刘备的军队没有什么多大的作用。在瑜的思想里，东吴一家就足可抗曹，根本就不需要什么"孙刘联盟"。他还一再认为，留着刘备、诸葛亮不仅没有什么作用，而且后患无穷。因此，他的思想，没有"孙刘联盟"的战略，更没有什么"三分天下"的格局的思想。按理说，孙刘两家是联军，攻打荆州，要联合作战。就像当年曹操组织刘备、吕布、孙策攻打袁术，分工合作，协调作战。可是，瑜在南郡城外与曹仁大战了一年，完全把刘备这一家排斥在外，其目的就是要防止刘备来抢占荆州。

事实上正是这样，周瑜有意不让刘备参与攻打荆州之战。可是，诸葛亮却在背后窥视着荆州。居然趁瑜大败并赶走曹仁之际，从背后用阴谋诡计将荆州夺了去。说实在话，曹仁完全是周瑜将其打败并赶走的，刘备的军队并没有参战，甚至连牵制的作用都没有起。假如没有刘备、诸葛亮，不仅南郡归之于东吴，就连南四郡也都归之于东吴。所以，荆州被刘备夺了去，周瑜当然是恨得咬牙切齿，要与之大战刘备，要夺回荆州。

鲁肃满脑子是"孙刘联盟，共抗曹操"思想，他认为，千万不可与刘备开战，如此则损害了孙刘联盟，曹操就会南下而影响江东的长治久安。周瑜则认为，孙刘联盟靠得住吗？一旦刘备在荆州西进北上，发展成势，就直接威胁着江东，这关系着江东未来政权的生死存亡，到那时还有江东的长治久安吗？这不是养虎为患吗？这就是说，刘备占据着荆州，处在江东的上游，阻挡着江东西进北上，压制着江东难以成势；刘备凭借着首先西进而成势，而且还会凭借着荆州，东进而灭吴，这就危险了。

这种危险的结果，早在赤壁大战之前，周瑜就已经看得清清楚楚了。他曾多次对鲁肃说，若留诸葛亮，乃"东吴祸根"也，是"养虎为患"也。大战之后，特别是刘备夺取荆州之后，这种情况就看得更清楚了。他曾上疏孙权说："刘备以枭雄之姿，而有关羽、张飞熊虎上将，必非久屈为人用者""今猥割土地以资业之，聚此三人，俱在疆场，恐蛟龙得云雨，终非池中物"也。似此看来，周瑜完全是站在江东的立场上所思所为的，这是无可厚非的。对此，史学家陈寿给予了高度的评价。他认为，瑜跟鲁肃一样，能"建独断之明，出众人之表，实奇才也"。

小说站在刘备、诸葛亮的立场上所进行的叙述，孔明把周瑜玩弄于股掌之中，仿佛周瑜就是一个"心胸狭窄"的"跳梁小丑"，而孔明倒是一个"宽宏大量"的"正人君子"，这是不符合史实的。史书记载说，周瑜"性情开朗，气度宽宏"，而非"心胸狭窄""品德恶劣"之辈。因此说，周瑜在品德上确受了不白之冤。

第四节　东风之"借"与自然规律

孔明借东风，是小说精彩的一幕。按小说的说法，大战所需之东风，是孔明借来的。"借"有两层含义：其一是说东风是孔明向天宫借来的；其二是说这东风是孔明呼风唤雨唤来的，是孔明借给周瑜的。

为什么要借东风？周瑜围绕火攻问题展开谋划，一环紧扣一环，却忽略了一个至关重要的因素，就是风向问题。时值冬季，长江区域刮的是西北风。曹军水寨在江北岸，周瑜的水寨却在江南岸，要实施火攻，是火烧曹营呢，还是火烧吴营呢？这一至关重要的事，周瑜在视察水营大寨时，才突然想起。瑜顿时急火攻心，往后便倒，口吐鲜血，诸将急救起时，却早不省人事。

此乃周瑜心病也，旁人何以知之，唯孔明知之。孔明笑着对鲁肃说："公瑾之病，亮亦能医。"于是，肃引孔明去见瑜。问病之后，瑜说："'人有旦夕祸福'，岂能自保？"

孔明笑着说:"'天有不测风云',人又岂能料乎?"瑜闻听失色,乃作呻吟之声。孔明说,此病须先理气;气若顺,则呼吸之间,自然痊可。瑜料孔明必知其意,乃以言挑之说:"欲得顺气,当服何药?"孔明说:"亮有一方,便教都督气顺。"周瑜说:"愿先生赐教。"孔明索纸笔,屏退左右,密书十六字曰:"欲破曹公,宜用火攻;万事俱全,只欠东风。"写毕,递予瑜说:"此都督病源也。"瑜见了大惊,暗思:"孔明真神人也!早知我心思!"

大战在即,正值冬季,正是刮西北风的时期。赤壁大战,实施火攻,最需要的是东南风。何时刮西北风,何时刮东南风,这是一种自然现象,不是人力所能为也。孔明、周瑜,甚至连曹操也是深知的。曹营大小战船连锁之后,程昱、荀攸提醒预防火攻时,操说:"凡用火攻,必藉风力。方今隆冬之际,但有西风北风,安有东风南风耶? 吾居于西北之上,彼兵皆在南岸,彼若用火,是烧自己之兵也,吾何惧哉? 若是十月小春之时,吾早已提备矣。"无论瑜,还是操,都是只知其一,不知其二,只知天气之现象,不知天气之变化。孔明认识更深一层,更高一筹,他说,可以借来三天三夜东南风,助瑜用兵。

这就奇怪了,东南风可以借吗? 现代地理自然科学告诉我们:何时起西北风? 何时起东南风? 与地球上的高、低气压中心的季节变化是有关系的。我国位于东半球,北半球。这一个半球,由于海陆热力性质的差异,大陆的增温和冷却的速度快于海洋。海洋冬夏季增温和冷却速度的明显不同,使呈带状分布的气压带分裂成一个个高、低气压中心。高、低气压中心的季节变化,对各地的天气和气候影响很大。在我国长江中下游地区,冬季由于蒙古和西伯利亚冷高气压的影响,便产生了西北风;夏季由于西太平洋副热带高气压的影响,便产生了东南风。赤壁大战即将爆发之时,正是冬季,受北方冷高压的影响,是刮西北风的时候,非常有利于曹操而不利于周瑜。

孔明不是借东风,而是深知自然天气之变化。《孙子》五事中的第二项就是"天",即天气之变化也。孙子说:"天者,阴阳、寒暑、时制也。"230年,魏进攻西蜀,曹真、司马懿、刘晔率四十万大军直奔剑阁,来取汉中。亮竟派王平、张嶷领一千兵去陈仓防守,二人因兵少不敢去。亮说他夜观天象,将有长期大雨,魏军必然不敢来攻,二人才去。魏大军攻进陈仓城时,果然天降大雨,平地水深三尺,士兵无法睡觉,马无草料,军无战心。曹叡命令撤军,司马懿只得率大军退去。这些都充分说明,亮善识天气之变化。亮在赤壁大战之前,已知在十一月二十日至二十二日有三天东南大风,也就不是什么奇怪而神秘的现象了。

刮西北风,刮东南风,也是这样,都要受天气变化的内在规律制约,因此说,东南风是不能人为借的。然而,西北风不会永久地刮下去,东南风也不会永久地刮下去。毛泽东说:"事物内部矛盾着的两个方面,以为一定的条件而各向着和自己相反的方面转化了去，向着它的对立方面所处的地位转化了去。"这就是矛盾的双方依据一定的条件相互转化的矛盾的同一性的哲学原理。西北风和东南风依据寒暑变化的内在条件而相互转化的自然现象，就是天气自然变化的辩证法。自然规律，久雨，必然转化为久晴；刮久了西北风，必然会转向东南风。我国的长江中下游地区，冬天刮的是西北风，但是，冬至过后，风向是会有所改变的，就是说，西北风会转变为东南风。孔明所借的东风，根本就不是借的，它是一种自然现象。

深通这一自然规律之变化的只有孔明，程昱、荀攸或许懂一点。周瑜、曹操就不懂。大战之前，瑜发现刮的是西北风，却不知道在一定的时候，它会转变风向，变成东南风。操亦是如此：战船连锁之时，程昱、荀攸提醒他防止敌人火攻，他却毫不在意，认为冬天不可能有东南风，反而讥笑程昱、荀攸只知其一，不知其二，因此要正确认识孔明借东风。《三国演义》中一首诗说："七星坛上卧龙登，一夜东风江水腾。不是孔明施妙计，周郎安得逞才能。"这一首诗须作一些改动，应当是："冬至过后阴阳变，一夜东风江水腾。不是孔明巧识天，周郎安得逞才能。"这一改动的意义就在于：前者充满着一种唯心主义的神秘色彩，神化了孔明；后者体现了辩证唯物主义的观点，东南风不是孔明借来的，是本来就有的，是孔明巧识天气之变化。

诸葛亮准确地预示天气之变化，为周瑜提供了刮东南风的准确时间，可以说为赤壁大战的胜利做出了突出的贡献。当然，整个赤壁大战，自始至终，都是周瑜谋划组织和指挥的，亮虽然参与了谋划，但毕竟是客将，仅仅是献计献策而已，仅仅是参政议政而已。至于战略决策、军事部署和指挥，那完全是周瑜的权力。所以说，赤壁大战谋划、组织和指挥的功劳，主要是周瑜的。

第十八章　政治军事战略家鲁肃

三巨头在争夺天下角逐的过程中,都在"三分天下"的格局中,取得了一定程度上的成功。三家的成功,其中一个非常重要的原因,就是都制定了一条正确的政治军事思想路线。思想政治军事路线符合实际,制定正确,决定了他们大业的成功发展。

孔明、荀彧、鲁肃三人是三国历史时期三个杰出而伟大的政治军事战略家。孙权之所以能够鼎足江东,与鲁肃制定的"鼎足江东、联刘抗曹、建号帝王、以图天下"的政治军事路线是有关系的。

第一节　鲁肃,其人其谋其略

特殊的年代,特殊的家庭环境,铸就了鲁肃两大特殊的品质秉性:第一,是他不惜钱财救济百姓的品质。天下混乱时,他大散家财,标价出售田产,用来救济穷困之人,深得家乡父老的欢心。第二,喜欢结交英俊才士,常与社会上英俊潇洒而又有才华的人交往。因此,鲁肃也就成了社会的名流。周瑜做居巢县长时,曾带领数百人借故到东城县,请鲁肃资助粮食。肃家里有两仓米,各有三千斛,结果送了一仓米给瑜。从此,他们就成了好朋友,肃也因此声名远播。

年轻时的鲁肃,就善于识人,识形势之变化。袁术听到肃的名声,就请他代理东城县的县长。肃看到袁术的法治混乱,难以成就大业,辞之而不就。他认为,周瑜将来会有所作为,就率领丁壮少年一百多人,扶老携幼地去投周瑜。瑜渡江到吴郡,鲁肃计划和他同行,不巧祖母病故,因安葬祖母而回到了东城县。

一个朋友刘子扬写信给鲁肃说,近来有一个叫郑宝的人,在巢湖一带,有军队一万多人,又处于肥沃富饶的地方,庐江(今合肥)郡附近的人们都去投奔他。看郑宝的发展趋势,兵马还可继续扩充,因此建议肃去投奔,肃准备启程。恰逢瑜这时已将鲁肃的母亲接到吴郡,肃就把准备投奔北行的打算告诉了瑜。时孙策已死,孙权还在吴郡,瑜说:"昔马援答光武云'当今之时,非但君择臣,臣亦择君'。今主人亲贤贵士,纳奇录异,且吾闻先哲秘论,承运代刘氏者,必兴于东南,推步事势,当其历数,终构帝王业基,以协天符,是烈士攀龙附凤驰骛之秋。吾方达此,足下不须以子扬之言介意也。"鲁肃听了,决定去投奔孙权。

200年,周瑜向孙权推荐鲁肃,说肃是一个才华出众,适宜辅佐的杰出人才。并说,立足江东,应广求这样的人才,以便成就功业,不要把他放走。权立即召见,通过交谈,对他十分满意。众人告退之后,肃也告辞而出。孙权见鲁肃胸怀韬略,谈吐不俗,单独召见,同桌而饮,同榻而卧,商讨国家机密大事。肃在内政外交方面,都谈了自己的看法。内政方面,鲁肃帮助孙权制定了一条"鼎足江东,乘北方多务,攻打荆州,以成帝业"的战略方针,即东吴发展的思想政治军事路线。此一番高论,说得孙权披衣起谢,深得权的信任。

208年,刘表死后,鲁肃分析了天下形势。认为操已统一了北方,已经开始南下征讨荆州,将直接威胁着江东。他提出了联合刘备,共抗曹操和占据荆州的设想。他说,现在如不尽快前往,恐怕操先下手,于是孙权立即派肃前往荆州。肃到达夏口时,听说操已向荆州出发了。等他到达南郡时,刘琮就已经投降了,备惊慌出走,准备南渡长江。鲁肃在长坂坡与刘备相会,传达了孙权的意见,劝备与孙权联合。到达夏口后,刘备就派孔明随同鲁肃去见孙权,为"孙刘联合,共抗曹操"创造了条件。

第二节　杰出的战略思想家

鲁肃擅长于战略谋划,是江东谋士集团中杰出的政治军事战略家。周瑜称赞肃是一位"胸怀韬略,腹隐机谋"的"高明远见"之人。史学家陈寿说:肃能"建独断之明,出众人之表,实奇才也"。《吴书》说:"鲁肃善谈论,能属辞,思度弘远,有过人之明。"投奔孙权后,鲁肃参与东吴朝政的机密决策,是东吴"鼎足江东,联刘抗曹,以图天下"的政治军事思想路线的制定者和实践者,为东吴政权的巩固和发展做出了重大的贡献。

在历史的关键时刻,肃之所以能提出正确的战略思想和战略方针,其关键就在于他能正确地观察和分析形势。他认为,当时天下已经大乱,汉献帝已为曹操所挟持。因为天下大乱,所以孙权有可能纵横于天下而有所作为。他还认为,东吴虽占据江东,有一定的政治军事实力,但"汉室不可复兴,曹操不可卒除",这就预示着操将成为孙权争夺天下的主要敌人,这是形势的特点。

肃提出了"鼎足江东,以观天下之衅"的基本战略。如何实施?他具体地分析了形势,指出,曹操虽然不可卒除,但北方多务,无暇南顾,这就给东吴在江南的巩固和发展提供了时间和空间,为江东的发展,提供了有利的时机。他建议孙权,"乘北方多务,剿除黄祖,近伐刘表,竟长江之极而守之;尔后,建号帝王,以图天下"。这就为孙权初步提出和制定了"两分天下"的政治军事目标。从200年到208年,有八年的时间。可惜,在操到达荆州之前,孙权没有很好地利用这八年时间而夺取荆州,结果棋差一局,让操先占了荆州而处于被动地位。

操兵南下,占据了荆襄而到达了江陵,对江东构成了直接的威胁。鲁肃又根据"刘表新亡,刘备新败"的特点,建议孙权应该"说刘备使抚刘表众将,同心一意,共破曹操"。他说:"备若喜而从命,则大事可定矣。"在原来基本思想路线的基础上,提出了"联刘抗曹"的新的战略方针,形成了一条比较完整的"鼎足江东,联刘抗曹,以图天下"的基本战略和思想路线。他不仅是这条思想路线的提出者和制定者,也是这条思想路线的贯彻者和维护者。操大军南征,鲁肃奉令赍礼前往江夏说备及刘表众将共抗曹操。操大军压境,对东吴构成直接威胁时,肃同主降派张昭等进行了坚决的斗争。张昭说:"如降曹,则东吴民安,江南六郡可保矣。"鲁肃则对孙权说:"众人所言,深误将军,众人皆可降曹操,唯将军不可以降曹操。"说服孙权联刘抗曹,促使了孙刘联盟的建立。

孙刘联盟的政策确立之后,在实践中并不是一帆风顺的,而是经历了曲折的过程。周瑜总想杀掉诸葛亮。曾多次对鲁肃说:"其计划又高我一头。久必为江东之患,不如杀之。"肃当即表示反对,说:"不可,今操贼未破,先杀贤士,是自去其助也。"由于鲁肃同搞分裂而破坏孙刘联盟的思想和行为进行了坚决的斗争,确保了赤壁大战的胜利。赤壁大战之后,孙刘两家在荆州问题上的矛盾日益凸显,并逐渐尖锐化。孙权、周瑜极力要讨回荆州,而刘备、诸葛亮又不肯放手,两家为荆州明争暗斗。但是,肃始终清醒地认识到:孙刘联盟对于孙权集团鼎足江东的极端重要性。多次周旋于江东和荆州之间,为维护孙刘联盟进行了不懈的努力。甚至在孙刘联盟几乎陷于破裂时,他仍将主张孙刘联盟的庞统荐于刘备,并对庞统说:"公辅玄德,必令孙刘两家无相攻击,同力破曹。"

从孙权坐镇江东的正反两个方面来看,充分证明鲁肃提出的这条战略方针和思想路线,是非常正确的。孙权初领江东的头几年里,由于坚持了这一条战略方针,剿除黄祖,进伐刘表,巩固和发展了江东政权。操大军南下时,由于坚持"联刘抗曹"的方针,结果赤壁大战大败曹操,确保并巩固了江东政权。大战之后,操几次想率军南下报赤壁之仇,但恐刘备、诸葛亮袭其后而不敢妄动。可见,孙刘联盟的存在,有效地遏制了操的势力,确保了东吴的安全。

鲁肃在世,江东政权基本上还是坚持和维护了联刘抗曹的政策。但是,去世之后,孙刘两家之间的矛盾,尖锐化,公开化,发展到大规模的武装冲突。孙权为了夺取荆州,竟用吕蒙、陆逊之谋,袭取了荆州,并杀了关羽、关平父子,使孙刘联盟遭到了彻底的破坏。结果,刘备震怒,率倾国之兵顺江而下来讨伐东吴。于是两个唇齿相依的盟国大打出手,做出了使"亲者痛,仇者快"的事,为孙刘两国最后的败亡留下了伏笔。充分说明,作为政治军事战略家的鲁肃,他为东吴制定的战略方针和思想路线,是非常正确的。

第三节　孙权对鲁肃战略思想的评价

孙权对鲁肃有一个评价,说当年周瑜引荐鲁肃,"我与他对饮畅谈,他向我陈述了建立帝王之业的方略,这是第一件称心的事;后曹操南下,刘琮投降,声言要率数十万水陆大军进攻江东。我遍请文武百官商议对策,没有人率先回答,后来张昭等都说应派使者持文书去归降曹操。鲁肃当即反驳,劝我赶快召回周瑜,让他受命率军攻打曹操,这是第二件称心的事。且鲁肃的计谋远在当年张仪、苏秦之上。后来他虽劝我将荆州借给刘备,这是他的不足,但并不有损他的两个长处"。

这个评价,体现了孙权的立场、观点和思想。孙权非常赞成鲁肃的两大主张:第一件就是建立帝王的方略,就是帮助孙权制定的"鼎足江东、占据荆州、建号帝王、以图天下"的军事政治思想路线。第二件就是建立孙刘联盟,共同抗击曹操的主张,这是第二次帮助孙权制定的又一条正确的政治军事思想路线。这第二次的思想路线是对第一次的思想路线的补充和完善,第一次思想路线与第二次思想路线,有着一种内在的必然的联系,是统一的不可分割的有机组成部分。

无论是在第一次,还是第二次的时候,曹操都是江东最主要的敌人。不过,在第一次的时候,即200年时,操的威胁,还只是潜在的,不是明显的。但当时肃就敏锐地预见到"汉室不可复兴,曹操不可卒除"。天下大乱,军阀混战,孙权可以凭借江东之地,纵横于天下而建功立业。操是潜在的威胁,时袁绍力量远强于曹操,但是在肃看来,袁绍必败,曹操必胜。然当时操还是忙于北方,无暇南顾。所以建议孙权,"乘北方多务,剿除黄祖,进伐刘表"。肃的战略意图是明显的,就是抢在操之前夺取荆州,"竟长江之极而守之",然后北上与操相抗衡而争夺天下。但是形势是不断变化发展的,直到操彻底统一了北方,孙权也没有夺取荆州。

208年,曹操开始由潜在的敌人变成了公开的敌人。大军南征,刘表新死,形势严峻,鲁肃就萌发出一种"联刘抗曹"的战略思想。这就形成了"鼎足江东,联刘抗曹,以图天下"的政治军事思想路线。这些,都是孙权所赞成的,并且给予了非常高的评价,说"鲁肃的计谋远在当年张仪、苏秦之上"。孙权正是因为"联刘抗曹",才于赤壁打败了曹操。但是孙刘两家在荆州问题上仍有矛盾冲突,并且矛盾愈演愈烈。由于有抗曹的共同利益,才使得联盟得以维持。后来,肃为了缓解两家之间的矛盾,劝孙权把荆州"借"给了刘备。对于这一主张和做法,孙权是非常不赞成的。孙权说,后来鲁肃"劝我将荆州借给刘备,这是他的不足"。

历史事实证明,肃劝孙权将荆州"借"给刘备,是非常正确的。因为荆州实际上已被刘备所占据,也已经很难讨回。不"借",就要动武力夺回来,两家势必大打出手。两家矛盾一旦尖锐化和公开化,就会为曹操所"渔利"。"借",就能协调两家的关系而共同抗曹,这才是长治久安之策。鲁肃坚持将荆州"借"给刘备,在原则上就是坚持"鼎足江东,联刘抗曹,以图天下"的政治军事思想路线。

马克思主义唯物辩证法认为,在一个较长的时期内,其基本矛盾是不变的,但在历史的各个阶段,又会呈现出各自的特殊性。从 200 年制定的"鼎足江东,占据荆州,以图天下"军事政治思想路线到刘备占据荆州,已经历了三个阶段,这三个阶段各有其特点。第一个阶段,操正与袁绍于官渡对峙而无暇南顾。这时,孙权可以攻打荆州而西进巴、蜀,力争形成与操相抗衡的"两分天下"的格局。第二个阶段,操南征荆州而到达了江陵,江东的安全受到了威胁;时刘备已败退到江夏。形势十分紧张,只有孙刘联合,才有可能打退曹军而确保江东。第三阶段,曹操败退到北方,孙刘两家都要争夺荆州。结果,刘备、诸葛亮乘周瑜与曹仁大战之际,不仅夺了南四郡,而且还夺去了荆州。

第三个阶段,也是极其关键的一个阶段,双方矛盾的焦点集中地体现在荆州问题上。大战之前,孙权一直没有能力实现"两分天下"格局。可是大战之后,孙权却一直梦想着实现"两分天下"。尤其是周瑜,想踢开刘备独家抗曹,极力反对将荆州"借"给刘备,只要荆州,不要联盟。周瑜的立场和思想观点,体现了周瑜政治思想的狭隘性和政治目光的短浅。而鲁肃却具有战略家的眼光,做到了高瞻远瞩。鲁肃主张将荆州"借"给刘备,其目的是维护孙刘联盟。他认为,失却荆州,还是失却联盟,孰大,孰小?当初,是因为建立了孙刘联盟,才取得了赤壁大战的胜利;也正是因为有了孙刘联盟,操才不敢贸然侵犯江东。

孙权虽然有时也认识到孙刘联盟的重要性,但认为荆州对于其建立帝业,亦非常重要。在一定的时间内,孙权是"既要联盟,也要荆州"。但是到了后来,就逐渐变成了"只要荆州,不要联盟"了。因为孙权无力北上抗曹而形成"两雄争夺天下"的格局,就一心只望西进巴、蜀而形成"南北划江而治"的战略目标。因此,在赤壁大战之后很长的一段时间内,孙权虽然与刘备结成了唇齿相依的联盟,但他在骨子里实行的是"向北防御,向西发展"的战略方针。

孙权对鲁肃的评价,概括起来就是三个方面:第一就是鼎足江东,向西发展;第二就是不能降曹,而要联刘抗曹;孙权认为,第一第二是正确的。第三,将荆州"借"给刘备,是错误的,到后来,他是要荆州不要联盟了,也想一脚踢开刘备而来一个独家抗曹。进一步说,孙权于大战之后,从心理上不愿承认"三分天下"的现实,满脑子还处在与曹操"两分天下"的梦幻之中。结果前后思想和立场自相矛盾,把方向搞偏了,被曹操拉了过去。其实,鲁肃三个阶段的战略思想,虽然各具特点,但在本质上是一致的。三个阶段各具特点的战略思想,是统一的不可分割的。将荆州"借"给刘备,就是维护"孙刘联盟,共抗曹操"的战略方针;而维护"孙刘联盟,共抗曹操"的战略方针,就是为了实现"鼎足江东,以图天下"的战略目标。

第十九章　从博望坡到夏口的用兵谋略

陈寿说:"诸葛亮的志向,进则希图龙腾虎跃,囊括四海,退则计划跨据西南边境地区,与中原争雄。"又说:"然而诸葛亮的才干,长于训练军队,短于出奇制胜,他治理百姓的才干,优于指挥作战的方略。"就是说,孔明不善于用兵打仗。陈寿的观点,值得再研究。孔明究竟能不能打仗,还要具体情况具体分析。

如果孔明短于带兵打仗、指挥作战,那么其初出茅庐,面对强大的曹操,以至弱对至强,怎么应战? 孔明出山之后,与曹操之间一场大战和恶战是不可避免的。面对大敌、强敌,作为军事谋略家的孔明,是怎样应敌的呢?

第一节　博望火攻第一功

荆州是兵家用武之地,具有非常重要的战略地位。孔明,孙权和曹操,都看出来了,都千方百计地要来夺。荆州的历史发展,已经到了极其关键的时刻。

曹操早就想拿下荆州,只是因忙于北方,无暇南顾而已。孙权正在谋划着夺取荆州,企图实现"两分天下"的梦想,这就让操感到时不我待了。此时的刘备,在刘表处又依附了七八年,又喘过气来了,请出了诸葛亮而准备大干一场,所以操非常着急。孙权一旦占领了荆州,中国形势就会发生巨大的变化。一旦孙刘两家联络而为一体,也就难对付了。因此,操统一北方后,就率大军南征,直奔荆州,与孙权、刘备争夺江南,这是必然的。

207 年秋,曹操就开始谋划着南征。夏侯惇率十万大军征讨刘备,是攻打荆州的前奏。孔明是何等样的人物,对形势的变化和发展,看得一清二楚。他深知,操北征胜利之后,必然要来南征。所以献计,招募民兵,亲自教演阵法,做好迎战的准备。刘备所处的形势,是严峻的。新野小县,没有险要的关隘可以守御;兵不过三千,将不过关、张、赵,力量弱小。他的对手操,力量却成倍地强大。在敌强我弱的形势下,能否打赢这一仗,关系到刘备集团的生死存亡。

对于亮来说,能否指挥好这一仗,也是至关重要的。备自得孔明,以礼待之。关、张二人不悦,说:"孔明年幼,有甚才学? 兄长待之太过! 又未见他真实效验!"操差夏侯惇引兵十万,杀奔新野而来,张飞闻知,对关羽说:"可着孔明前去迎敌便了。"正说之间,备召二人入,说:"夏侯惇引兵到来,如何迎敌?"张飞说:"哥哥何不使'水'去?"可见,孔明初出茅庐,并未树立威信,难以行令指挥。备遂以剑印付孔明,授予全权指挥。

孔明当即调兵遣将,布置迎敌。孔明说,博望之左有山,名曰豫山;右有林,名曰安林:可以埋伏兵马。云长可引一千军马往豫山埋伏,等彼军至,放过敌人;其辎重粮草,必在后面,但看南面火起,可纵兵出击,就焚其粮草。翼德可引一千军去安林背后山谷中埋伏,只看南面火起,便可出,向博望城旧屯粮草处纵火烧之。关平、刘封可引五百军,预备引火之物,于博望坡后两边等候,至初更兵到,便可放火。又令赵云为前部,不要赢,只要输。孔明又说,主公引兵就博望山下屯住。来日黄昏,敌军必到,主公便弃营而走;但见火起,即回军掩杀。

现在来看实战过程,夏侯惇和于禁等引军至博望,分一半精兵做前队,其余尽护粮车而行。当时秋月,大风徐起。将至博望坡,惇令于禁、李典压住阵脚,亲自出马阵前。遥望军马来到,惇纵马向前,赵云出马。惇骂曰:"汝等随刘备,如孤魂随野鬼耳!"赵云大怒,纵马来战。两马相交,不数合,赵云诈败而走。惇从后追赶。云约走十余里,回马又战,不数合又走,此即孔明诱敌深入之谋也。韩浩拍马向前谏曰:"赵云诱敌,恐有埋伏。"惇曰:"敌军如此,虽十面埋伏,吾何惧哉。"遂不听韩浩言,赶至博望坡。一声炮响,备自引军冲将过来,接应交战。惇笑曰:"此即埋伏之兵也。"时天色已晚,浓云密布,又无月色;昼风既起,夜风愈大。惇只顾催军赶杀。军至狭窄处,李典对于禁说:"欺敌者必败。南道路狭,山川相逼,树木丛杂,倘彼用火攻,奈何?"于禁说:"君言是也。"当即制止前行,惇从后军奔来问何故。于禁一说,惇猛醒。言未已,只见背后喊声震起,早望见一派火光烧着,随后两边芦苇亦着。一霎时,四面八方尽是火。曹军人马自相践踏,死者不计其数。赵云、张飞回头杀出,直杀得尸横遍野、血流成河。

这是孔明初出茅庐之后一场以少胜多的成功战例。孔明的基本战术,诱敌深入,将敌军引入埋伏圈。此埋伏圈皆道路狭窄,杂草丛生,先用火攻,然后大将回马掩杀。此乃出其不意,攻其不备也。后人有诗赞曰:"博望相持用火攻,指挥如意笑谈中。直须惊破曹公胆,初出茅庐第一功。"博望坡成功一战,孔明不仅使刘备君臣所服,而且也使其开始闻达于诸侯。这一战,惊动了操。之后,惇对操说:"刘备如此猖狂,真心腹之患也,不可不急除。"操说:"吾所虑者,刘备、孙权耳;余皆不足介意。今当乘此时扫平江南。"扫平江南,两个最主要的敌人,一个就是刘备,一个就是孙权。可见,操对备之重视。诸葛亮出山后,面临的总的形势,敌强我弱,是至弱对至强。博望坡一战,之所以能打败夏侯惇,关键在于出其不意,攻其不备。因此,打退惇之后,孔明说:"夏侯惇败去,操必自引大军来。"这个判断,是非常正确的,不久曹军五十万南征。

博望坡战役,究竟是真是假? 因出自小说,史学家颇有争议。虽为文学作品之虚构,其实也是真实的。

其一,《先主传》记载:刘表"使拒夏侯惇、于禁等于博望。久之,先主设伏兵,一旦自烧屯伪遁,惇等追之,为伏兵所破"。据此,有人说火是刘备放的,不是孔明放的。其实,说是刘备放的,实际上是孔明放的。那时,亮已出山,这一战的谋略显然出自亮之手。汉中争夺战,黄忠斩夏侯渊,前线指挥者是法正,《先主传》说刘备指挥的。其传说,蜀军"于定军兴势作营。渊将兵来争其地。先主命黄忠乘高鼓噪攻之,大破渊军,斩渊及曹公所署益州刺史赵颙等"。其实这一仗是法正指挥的。因此说在陈寿的笔下,刘备放的火,就是孔明放的火。

其二,刘备虽是英雄,会用人,但不会用兵。何以能用"诱敌深入"之计,打败惇的十万军马呢? 这样的杰作,只能出于孔明之手,不可能出于备之手。赤壁大战之前,备在战场上,每每落荒而逃,"先主败绩"的记录屡见不鲜,刘备没有能力指挥博望坡这样的战役。再查刘备的战争史,从来没有使用过火攻之战,怎么自有孔明后,刘备怎么就突然使用起火攻之战呢? 所谓刘备放的火,就是孔明的"博望用火"。所以说明"火烧博望"是于史有据而确有其事。

第二节　新野火攻防御战

博望一败,曹操是恼羞成怒,决意南征。208 年,大军南征荆州,矛头直指刘备。显然,在荆州,在新野,将面临一场大战,恶战,是不可避免的了。备的军力是弱之又弱,仅仅新野之兵,何以抵得住五十万大军? 在军事上,刘备、诸葛亮只能实行战略退却,有计划有目的地撤出新野,以保全实力。"敌势全胜,我不能战,则必降、必和、必走。降则全败,和则半败,走则未败。未败者,胜之转机也。"

打退惇之后,孔明就说:"新野小县,不可久居。"那么,怎么办呢? 孔明献计说:"近闻刘景升病在危笃,可乘此机会,取彼荆州为安身之地,可拒曹操也。"刘备说:"备受景升之恩,安忍图之!"孔明说:"今若不取,后悔何及!"备说:"吾宁死,不忍做负义之事。"不肯乘机夺取荆州以抵抗曹操,剩下的一条路,就是只有撤退。撤退,也是一种防御。撤退,有两种:一种是积极主动的,有计划有目的的撤退;一种是消极被动的撤退,盲目的撤退。积极主动的撤退,就是利用一切有利条件消灭敌人,从而保存实力;消极被动的撤退,实际上就是惊慌失措的逃跑。

火烧新野一战,就是撤退前与操的一场局部之战,是一场积极主动的撤退。撤出新野前,利用地形地物的有利条件打击和消灭敌人。而消灭敌人,其目的就在于保护自己,为更好地撤退创造条件。操大军到来之前,亮首先安排城中百姓撤出。孔明布置:云长引一千军去白沙河上流埋伏,各带布袋,多装沙土,遏住白河之水;至来日三更后,只听下游人喊马嘶,急起布袋,放水淹之,却顺水杀将下来。命张飞引一千军去博望渡口埋伏。此处水势最慢,曹军被淹,必从此逃难,可便乘势杀来接应。赵云引军三千,分为四队,自领一队伏于东门外,其余三队分伏于西、南、北三门,却先于城内人家屋上,多藏硫黄焰硝引火之物。曹军入城,必安歇民房。来日黄昏后,必有大风;但看风起,便令西、南、北三门伏军尽将火箭射入城去;待城中火势大作,却于城外呐喊助威。再令赵云于东门外从后击之,天明会合关、张。

现在来看实战过程:许褚领三千铁甲军开路,曹仁、曹洪引军十万为前队,杀奔新野。是日午牌时分,来到鹊尾坡,望见坡前一簇人马,尽打青、红旗号。许褚催军向前。刘封、糜芳分为四队,青、红旗各归左右。许褚勒马,以为伏兵。飞报曹仁,仁曰:"此是疑兵,必无埋伏,可速进兵。"许褚复回坡前,提兵杀入。追至林中,天色已晚,只听得山上大吹大擂。抬头看时,见簇旗中两把伞盖,左玄德,右孔明,二人对坐饮酒。许褚大怒而欲上山,山上檑木炮石打将下来,不能前进。曹仁领兵到,教且夺新野城歇马。至城下,见四门大开。进城一看,竟是空城。军马歇至初更后,狂风大作。守门军士飞报火起,随后几次飞报,西、南、北三门皆火起,眨眼间,满县火起,上下通红。

曹仁引众突烟冒火,闻说东门无火,急急奔东门。军士自相践踏,死者无数。仁才脱火厄,赵云引军赶来混战,败军各逃性命。正奔走间,糜芳引一军至,又冲杀一阵。仁大败,夺路而走,刘封又引一军截杀一阵。到四更时分,人困马乏,军士大半焦头烂额;奔至白河边,人马下河吃水:人相喧嚷,马尽嘶鸣。关羽已在上流用布袋遏住河水,至四更,听得下流人喊马嘶,急令军士一齐掣起布袋,水势滔天,往下流冲去,曹军人马俱溺于水中,死者极多。曹仁引众将望水势慢处夺路而走,至博陵渡口,张飞截住去路混杀,忽遇许褚,便与交锋;许褚不敢恋战,夺路走脱。张飞赶来,接着玄德、孔明,一同沿河到上流。刘封、糜芳已安排船只等候,遂一齐渡河。

撤退前的这一仗,打得真漂亮,出其不意,攻其不备,狠狠地揍了曹军一顿。是以少胜多的成功战例,是一场积极的防御战。总的战局,操打的是进攻战,备打的则是防御战。操进攻,备只能撤退。但孔明化总体劣势为局部优势。五十万大军前来,不可能同时到达,也不可能实行同时打击。这样,孔明就在敌人的前头部队上做文章,在局部上利用地形地物,化劣势为优势,创造条件,打击敌人,消灭敌人。因为消灭了敌人,为积极主动地撤退创造了条件。

火烧新野之战，毕竟是文学作品所描述的。但孔明在撤退之前，利用火烧新野城和白沙河用水消灭敌人，这是可能的。理由是：操善能用兵，他所虑者，刘备也，而非刘表。南征荆州，重点打击的对象，乃刘备也。五十万大军南征，必派先头部队首先进攻新野。如果孔明运用谋略，不在局部上消灭敌人，只是单纯地撤退，实际上就是逃跑。而在纯粹逃跑的时候，恐怕夏侯惇的十万军队就打得备的几千人马无处躲藏。

在史学上，人们怀疑博望一战的真实性，自然也会怀疑新野之战的真实性。既然我们论证了博望一战的真实性，自然也就不能怀疑新野之战的真实性。毛宗岗评论操得陇而不望蜀，时说，操"心畏孔明之才，向以博望、新野蕞尔之城，犹能焚我师挫我锐，况今有西川之地而欲与之抗衡，三可惧也"，这就说明新野之战，也是于史有据的。

第三节　刘备甩"包袱"之术

曹操南征，矛头所向，直指刘备。因为备是依附刘表的，要灭刘备，必须将刘表连窝端掉。荆州正处于战争的火山口之中，风口浪尖之上。亮曾想夺取荆州，利用荆州抵抗曹操，但是刘备却一而再，再而三地拒绝夺取荆州，这是为什么？

据《三国志·先主传》裴松之注引《魏书》说，刘表临终前曾托国于刘备，被备婉言谢绝。备自己也说"刘荆州临亡托我以遗孤"。这事裴松之认为不实，因为刘表本来就"疑其心，阴御之"，怎么可能把荆州拱手相让呢？但大史学家司马光和大文学家罗贯中认为属实。故而郑重其事地将这一事件写进了《资治通鉴》和《三国演义》。按正常的逻辑推理，这也是非常有可能的事实。临终之前，刘表大病在身而不久于人世，曹操即将南征，自己的儿子无能而荆州难保，与其落入操之手，倒不如托付给刘备。所以说这种嘱托，也是符合情理的。

时刘备乘刘琮投降之机夺取荆州，是比较容易的。因为操攻打徐州时杀戮百姓，名声很不好，荆州方面确有许多人希望备站出来抵抗曹操。但备反复思之，还是不能夺。因为与刘表之间，还有一个道德障碍问题。备在十分困难的时候是刘表收留了他，刘表有恩于备。从道义上来说，刘备不能夺而居之。刘备一贯以仁义道德而标榜，不仅刘表在世时，不能夺；就是刘表死了，其子接班之后，也不能夺。那时，备取荆州而据之，是最佳时期。如果这样做了，他担心将失去人格的感召力。即使得了荆州，也可能会得而复失。因为失去了金字招牌，备就失去了人格魅力，得不到老百姓拥护，这就是"力辞荆州"的根本原因。

但是，史学界也有人认为，时刘备取荆州，不仅仅是道德障碍，最主要的还是力不敌。当年备"三辞徐州"，就是因为徐州所面临的内外形势非常复杂，很可能得而复失。现在的荆州形势，也同那时的徐州一样，外有强敌曹操，内部反对刘备的大有人在。荆州内部,存在着两派,一派是刘琮,包括刘表的后妻蔡夫人,包括蔡瑁、张允,这一派控制着朝政且与刘备对立的一派,刘琦是和刘备站在一起的一派。《三国演义》第三十四回《刘皇叔跃马过檀溪》,就是讲刘备被蔡瑁、张允与刘表后妻蔡氏密谋陷害而逃过一劫。动荡不定的形势,对刘备极为不利。

占据荆州,必然要正面抵抗曹军。备的兵力少,基本上还是仰仗荆州的兵马。蔡瑁降曹后说,马军五万,步军十五万,水军八万,一共二十八万。操此次南征,有五十多万军队,都是经过多次南征北战,最善于陆战,二十八万军队能抵挡五十万大军?况且这二十八万军队也不是整齐划一的,早已经一分为二了。曹军五十万气势汹汹而来,士气正旺,再加上刘琮,包括刘表的后妻蔡夫人,包括蔡瑁、张允在内的反对派,操的力量不知大多少倍呢,正面打起来了,备有多少胜算?从刘琮手中夺取荆州,有很大的可能又被操夺去,得而复失。按照辩证的思想方法,只有暂时放弃荆州,才能真正地永久地得到荆州,才有可能失而复得。

1947 年 3 月,国民党军队在陕甘宁边区的总兵力共三十四个旅二十五万人,而人民解放军只有正规军一个纵队(辖两个旅),还有两个旅,加上三个兼警备区(军分区)的地方旅,全部兵力三万人,同进攻的国民党军相比,兵力上装备上都居绝对劣势。时蒋介石决定攻打延安,毛泽东决定放弃延安。他说,延安是一个世界名城,也就是一个沉重的包袱。蒋介石既然要背这个包袱,那就让他背吧。据师哲回忆,毛泽东曾对当地的老乡解释说,"比如一个人,背个很重的包袱,包袱里尽是金银财宝,碰见个拦路抢劫的强盗,要抢他的财宝。这个人该怎么办呢?如果他舍不得暂时扔下包袱,他的手脚就很不灵便,就会打不赢,要是被强盗打死,金银财宝也就丢了。反过来,如果他把包袱一扔,轻装上阵,那动作就灵活,能使出全身武艺跟强盗对拼,不但能把强盗打退,还可能把强盗打死,最后也就保住了金银财宝"。

刘备一再拒绝夺荆州,其实也有类似的情况。就当时刘备的兵力加刘琦的兵力,如果在荆州摆开战场,正面与曹操对抗,是很难抵挡的,况且刘琦的一万军队还远在江夏。因此说,时刘备若从刘琮手中夺取了荆州,就要与曹操打一场生死之战而守住荆州,这就是一个沉重的包袱。刘备力辞荆州,实际上就是将荆州这个大包袱甩给了操。当然,操是不知不觉地背了这个包袱。曹操南征,大军未到,刘表就死了,其接班人刘琮就投降了。大军占领了樊城,刘备就撤了。大军占领了襄阳,操就下令派精兵追击刘备。追至长坂坡大败刘备,备又向东撤了。因为江陵乃钱粮重地,曹操恐其有失,故又向西占据了江陵。实际上就是操在追击刘备的过程中,见前面还有一个装满金银财宝的大包袱,即钱粮重地的江陵。就赶快去捡那个大包袱,并把它背到了背上。

曹操占据了江陵,基本上控制了荆襄地区,但身上却背了一个沉重的包袱。因为是新占领的地区,形势很不稳定,需要一段时间巩固。新收降的荆州之军,还需要整编。因为还要远征东吴，需要操练水军，还要重新任命官员，等等一系列问题都要处理。结果在江陵，操一停就停了两个月，误了消灭刘备和进攻东吴的最佳时机。备的背上是没有包袱的，可以一个劲地撤，结果撤到了满是沼泽地的江夏地区。这里钱粮充足，足可存身，又接近东吴，为避开曹操而联络东吴提供了空间；又因为有了两个月，为联络东吴而"建立孙刘联盟"提供了充足的时间。

第四节　刘备和诸葛亮殊途同归

刘备因道德问题障碍，又不能从刘表及其儿子刘琮手中占有荆州。曹操大军，来势汹汹，刘备、诸葛亮深感有泰山压顶之势。显然，在没有荆州兵力的情况下，正面抵挡，只能是以卵击石。在这个军事问题上，他们两人的看法有一个共同点：都认为，大敌当前，为了避其锋芒而必须撤退，接近东吴，借助孙权的力量来抵抗曹操。

诸葛亮是懂军事的，讲兵法的，深知《孙子兵法》之奥妙。两军对垒，要"避其锐气，击其惰归"而"后发制人"。就是把防御与进攻结合起来，采取积极防御的战略方针。积极防御的战略方针，就是亮迎战时所采取的战略方针。其目的就是为了保存军力，待机破敌，准备反攻。善用兵者，总是避开敌人的锐气，待敌松懈疲惫了才去攻打它，这就是亮南撤的军事目的。

南征荆州，曹仁、曹洪的先头部队先到。孔明就抓住有利战机，将敌人的整体优势化为局部劣势，利用有利的地形地物，给敌人以狠狠的打击，这就是火烧新野之战，利用这一战创造了大踏步撤退的条件。刘备在前面退，曹操在后面追。这一退一追，曹军的锐气逐渐消失了，已经到了"强弩之末"，其势已经"不能穿鲁缟"了。这一次南撤，达到了预期的目的。第一，暴露敌人的弱点，为反攻创造了条件。第二，接近了东吴，为建立"孙刘联盟"，借助孙权的力量抵御曹操提供了条件。第三，达到了"避其锐气，击其惰归"的目的，结果赤壁一战，将曹操彻底打败。亮所运用的是孙子的"后发制人"的战略原则。刘备用兵的战略原则，与亮相似，通过撤退，接近东吴，借助孙权的力量以对抗曹操。但是，刘备的战略思想源自老子的兵法思想，是老子的"柔弱胜刚强"的战略战术。

从东汉末年到魏晋南北朝，社会上普遍流行一种玄学，讲究玄之又玄。一些人的名字都带"玄"，例如桥玄、司马玄、韩玄、郑玄。刘备也信"玄"，讲"玄"。刘备除了名备，还有一个字玄德，故又称之为刘玄德。又说，备"尝师事郑玄"，向郑玄学过玄学，受玄学影响较深。而玄学是源于老庄之学，"祖述老庄立论"，把《老子》《庄子》《周易》并称"三玄"。就是说，玄学是师承老子的。刘备受玄学影响很深，因此说，对《老子》的思想非常熟悉。

《老子》是一部哲学著作,也是一部兵书。唐代王真说,《老子》"五千之言""未尝有一章不属于兵也"。近代思想家魏源亦认为:"《老子》其言兵之书乎。"1974 年,毛泽东说,《老子》是一部兵书。《老子》第七十六章说:"人生之柔弱,其死也坚强。草木之生也柔脆,其死也枯槁。故坚强者,死之徒;柔弱者,生之徒。是以兵强则不胜,木强则(共)〔折〕。强大处下,柔弱处上。"第七十八章说:"天下莫柔弱于水,而攻坚强者莫之能(先)〔胜〕,以其无以易之也。故柔之胜刚,弱之胜强。"实际上讲的就是战争原则。老子思想总的来说是讲"贵柔""守柔",强调以静制动。他认为作为弱者,要战胜并取代强者,就不能与其死打硬拼,要采取以柔克刚、以弱胜强、不战而胜的策略原则。老子提出的"柔弱胜刚强"的哲学思想,历来被军事家推崇为重要的战争指导原则。在这个原则指导下,老子充分展示了辩证法的智慧,提出了"以奇用兵"等一系列军事谋略思想。

刘备拒绝擒获刘琮,拒占荆州而南撤,就是老子辩证法用兵思想的运用。备用老子的"柔弱胜刚强"的哲学思想指导战争,并不是故弄玄虚,而是心里有底的。他虽然不会用兵,但毕竟打了十几年的仗,有一些实战经验,懂得一些生存之道,总结出了一条"以强制强""借力打力"经验。在中原时期,他生存于各大势力的夹缝之中,巧于周旋于豪强势力之间。袁术来攻,他拉拢了吕布;吕布来打,他投奔了曹操;与曹操翻了脸,他躲到了袁绍的背后;离开了袁绍后,曹军来打,他又找到了刘表这一棵大树。在刘表处过了七八年,他知道,曹操早晚是要来的,他时常也为此而思考。在隆中与亮会面时,亮说,操是主要敌人,孙权可为援而不可图。刘备是什么人? 也是一个经验丰富的政治家。孔明一提,他自然就知道怎样利用孙权了。

如果刘备在襄阳地区与曹操开战,孙权很可能坐山观虎斗;如果在江夏地区开战,直接威胁到江东,孙权就坐不住了。他知道,他撤退到哪里,曹操就会追击到哪里;他撤退到长江边上,操就会追击到长江边上。曹军到了长江边上,就威胁到了孙权的安全,孙权就会奋起而抗曹,这就为孙、刘联合创造了条件。如果备擒获刘琮而占据了襄阳,那么,这一场大战就会在襄阳地区展开。到那时,孔明说破了嘴皮子,孙权也是不会出兵的。孙权和他的谋臣们会说,操打刘备,关我们屁事。操的军队到了长江边上,到了东吴的家门口,形势就变了,孙权就紧张了,就觉得是火烧眉毛了,不和操打是不行了。只要孙权和操打起来,备就能闪到孙权的背后喘一口气,然后拿起家伙配合孙权一起来揍曹操,将操打败并且赶走,这就是刘备心中的秘密和取胜的奥妙。

俗话说,甘蔗不可能两头甜,总是一头甜来一头苦。任何事情都是这样,有利,也有弊。刘备拒绝在曹操南征前夺取荆州,到赤壁大战后,再来夺荆州,虽然也将荆州夺到了手,但却留下了难以治愈的后遗症,留下了与孙权不可调解的矛盾,大大地损害了孙刘联盟,损害了西蜀王国的伟业。

第五节 "两利相权从其重"

隆中决策,三分天下,刘备和诸葛亮的观点和目标是一致的,就是"先取荆州为家,后即取西川建基业,以成鼎足之势,然后可图中原也"。孔明的战略部署,第一步是:南占荆州,西夺益州,东联江东,北抗中原。建立三分天下的战略格局。第二步:北伐中原,天下一统。

当时天下的形势是,曹操已经彻底统一了北方,开始形成"一强独霸天下"的格局。因为完成了统一北方的战略任务,下一步就要开始南征而统一全国了,这是必然的。曹操和他的谋士们一直都认为,刘备乃英雄也,久后必后患无穷。因此,曹操一直把刘备当作最主要的敌人打击。现在刘备寄居在荆州,近一年来闹得动静很大,先是用徐庶为军师,后又请得诸葛亮出山,并且时时地操练军队,准备大干一场。所以,曹操这一次南征,必定是荆州。而且这一次南征,打击的主要对象就是刘备。在荆州,一场大战、血战、恶战在所难免。

大敌即将到来,刘备、诸葛亮怎么办?形势的发展,逼着刘备、诸葛亮必须迅速做出决策。诸葛亮的态度是明朗的,迅速占据荆州,凭借荆州来抵抗曹操,这就是"先'三分天下',后'孙刘联盟'"的战略方案。这个基本的战略,在《隆中对》中已经明确规定下来了。对于占有荆州,孔明信心十足,把握十足。他的判断基于两点:荆州之主,"不能守"。就是说,刘表是守不住的。刘备不夺,也会被他人夺去;刘表不久人世,久后必归刘备。他认为,刘表很可能会主动地将荆州让给刘备。

荆州这块战略要地,一个孙权,一个曹操,两个人都盯上了,都鹰视狼顾地要来夺取。孙权坐镇江东之后,奉行的战略方针是,北和曹操,西攻荆州,西进巴蜀,力争达到"两分天下"的局面,与曹操"南北划江而治"的战略目标。本来时间是充足的,但是孙权的军事能力魄力不够,所以一直没有达到目标。曹操一方面北上攻打袁氏兄弟,一方面目光也在盯着荆州。只是因为忙于北方战事,无暇顾及。

孙权和曹操,一个魄力不够,一个无暇顾及,这就给刘备取荆州提供了机会。刘备虽然力量弱小,却身居荆州,可以"近水楼台先得月"。同时,刘备和刘表,还有一层特殊的关系,都是同宗兄弟;还有一个特殊的原因,就是他的儿子难承其业。因此,在刘表看来,与其被曹操夺去,还不如送给刘备。所以,刘备完全可以利用其有利的条件而取之。207年底隆中决策之时,孔明的目光就盯上了荆州。如何夺取荆州,孔明是早已谋划在胸。他认为,要夺取荆州,必须要抢在孙权之前。

因为"三分天下"的谋划,是以"孙刘结盟"为基础的,就是"北抗曹操""南联孙权"。如果为争夺荆州,首先就和孙权打了起来,如何建立"孙刘联盟"?不建立"孙刘联盟"，又怎么能形成"三分天下"的格局？因此，孔明一方面要抢在孙权之前占据荆州，另一方面，又不能轻易地得罪孙权而与之产生矛盾。据《三国演义》说，刘表请刘备议事。路上，孔明对刘备说，如刘表要主公去攻打江东，切莫答应。其意就是尽可能避免与东吴结怨而产生矛盾。留着这个人情，以后好建立以孙刘联盟为基础的抗曹统一战线。

孔明又认为，刘备必须在曹操南征之前，先于曹操占有荆州。他的这一思想是非常明确的，也是非常迫切的。江夏被孙权夺去后，刘表请刘备、孔明议事，刘表对刘备说："吾今年老多病，不能理事，贤弟可来助我。我死之后，贤弟便为荆州之主也。"时在旁的孔明，以目视刘备，希望刘备答应下来，就此控制荆州，对抗北方。曹操南征荆州还在半路上，刘表就死了。刘琮投降之后，孔明又建议刘备以武力夺取襄阳城。伊籍来到，听说刘琮已将荆州献给了曹操后，建议说："使君不如以吊丧为名，前赴襄阳，诱刘琮出迎，就便拿下，诛其党类，则荆州属使君矣。"孔明说："机伯之言是也。主公可从之。"

孔明为什么如此急于夺取荆州呢？博望一战之后，他说："新野小县，不可久居。近闻刘景升病在危笃，可乘此机会，取荆州为安身之地，庶可拒曹操也。"刘备说："吾宁死，不忍作负义之事。"诸葛亮说："今若不取，后悔何及！"孔明的战略意图是非常清楚的，就是凭借荆州，北抗曹操。怎么抗曹？诸葛亮心中是有谋划的。其一，曹操近占河北，后方不稳。其二，东有孙权，凭借江河之险，可与曹操抗衡。其三，西有西凉马腾、韩遂，久不服操，马腾与刘备有旧，足可配合刘备与曹操周旋。其四，曹操将与其谋主荀彧在政治上分道扬镳，其"奉天子以令不臣"的骗局已逐步被戳穿。刘备乃"帝室之胄"，匡复汉室，名正言顺。在政治上，足可与曹操相抗衡而号令天下。其五，"荆州北据汉、沔，利尽南海，东连吴会，西通巴、蜀"，是兵家用武之地。荆州二三十万水陆大军，有兵有将，足可抗衡曹操。在曹操南征之前夺取的荆州，所得的就是荆襄九郡，有军队有地盘，有砝码与孙权谈判，建立抗拒曹操的孙刘联盟。

可是，刘备不同意孔明的战略方案，竭力反对直接从刘表及其后代手中夺取荆州。曹操即将南征，刘表曾对刘备说，"我死之后，弟便为荆州之主也"，刘备力辞之。至馆驿，孔明问："景升欲以荆州付主公，奈何却之？"刘备说："景升待我，恩礼交至，安忍乘其危而夺之。"曹操南征后，刘琮已经将荆州献给了曹操，孔明、伊籍、张飞都力主用武力从刘琮手中夺取荆州。都到这个时候了，刘备还垂泪说："吾兄临危托孤于我，今若执其子而夺其地，异日死于九泉之下，何面目复见吾兄乎？"时诸葛亮十分无奈，只能是干搓手干着急。

毛泽东说：军事家凭借活动的舞台的客观物质条件，就"可以导演出许多有声有色威武雄壮的活剧来"。但是，"军事家不能超过物质条件许可的范围外企图战争的胜利"。俗话说，"巧妇难为无米之炊"。军事家也是这样，手中没有千军万马，怎么去指挥战争？这是因为，"战争的胜负，主要地决定于作战双方军事、政治、经济、自然诸条件"。曹操五十万大军，浩浩荡荡杀奔荆州而来，如果不夺取荆州，凭借刘表的二十几万军队、物资以及荆州的自然条件，怎么去抵抗曹操。因此诸葛亮说："如不行此事，今曹兵已至宛城，何以拒敌？"刘备不同意从刘表手中接管荆州，甚至刘琮已经将荆州献给了曹操，也不肯用武力夺取荆州。这样诸葛亮首次谋划的"先'三分天下'，后'孙刘联盟'"的战略方案就没有办法实施了。就只能是退而求其次，谋划出了一个"先'孙刘联盟'，后'三分天下'"的第二套战略方案。

为了实行第二套战略方案，诸葛亮和刘备一起率军南撤，一直退至长江，接近东吴的边界上。这样，也就把曹操兵马引到了南荆州的长江边界上，对东吴的安全构成了严重的威胁。在这种形势紧急的情况下，孙刘两家建立了共抗曹操的军事联盟。这时候，刘备与孙权建立联盟，既不利又有利。不利的是，刘备力量弱小，又没有地盘，孙权瞧不上；有利的是，曹操大军已经到了家门口了，直接威胁到了江东的安全，不抗曹是不行了，形势发展逼着孙权与刘备建立了共抗曹操的联盟。孙刘联盟建立之后，依靠孙权的力量，于赤壁大败了曹操。曹操大败而退回到了北方。刘备、诸葛亮乘机夺取了荆州，形成"三分天下"的格局。

按照"两利相权从其重"原则，诸葛亮是主张实施第一套战略方案，而刘备则主张实施第二套战略方案。那么，究竟哪一个方案更符合蜀汉王国的根本利益呢？根据后来历史变化发展的情况来看，第一套方案更符合蜀汉王国的根本利益。

如果按照诸葛亮的战略意图，实行第一套方案，可以避免孙吴之间关于荆州争夺的麻烦，就不会发生刘备赶到荆州，与孙权争夺南三郡的历史事件；就不会有曹操夺取汉中，造成了西川危机的历史事件；就不会发生关羽的荆襄之败而丢失荆州，而使西蜀成了一个偏邦小国的历史事件；就不会发生夷陵之战而被吴国火烧七百里长营的历史事件；可能刘备就不会在 223 年去世，刘关张三人还在世；西蜀的北伐就不可能失败，而很可能胜利。西蜀形势的变化发展，就是另外一种情况了。

事实上，刘备、诸葛亮实施了第二套战略方案，结果：孙刘之间因荆州问题的第一大矛盾激化了，在刘备西进巴、蜀之时，孙权就欲截断川口，断绝刘备的归路，以武力夺取荆州，只是因为曹操南下才没有实施；当刘备夺取汉中即将成势后，孙刘之间的第二大矛盾激化了，孙权跑到曹操那一边去了；以关羽北伐为主要形式的西蜀战略进攻战打响之后，孙刘之间的第三大矛盾激化了，孙权与曹操勾结在一起，南北夹击荆州，使关羽腹背受敌，结果关羽兵败身亡而丢失了战略要地，西蜀被挤进了西南一隅而难有作为，以致最早亡国。

落花有意，流水无情。历史就是历史，它的发展是不依人的意志为转移的，历史的变化发展,没有那么多的"如果"。因为刘备的坚持,实行第二种方案,虽然是避开刘备与刘表之间的道德障碍,但却引来了孙刘两家在荆州问题上的"借"与"讨"的矛盾,这个矛盾后来愈演愈烈,愈闹愈僵,最后因矛盾激化而演变成荆襄之战,关羽兵败身亡而丢失荆州,西蜀被挤进了西南一隅,成了偏邦小国。之后又有了夷陵之败,在军事上丧失了进攻中原的军事能力。两种战略方案,两种结果。"两利相权",孰轻孰重,不是一清二楚吗?

第二十章　联吴抗曹与三角关系

诸葛亮出山之前,就想到了借助东吴的力量,与东吴联合,建立共同抗击曹操的统一战线。毛泽东说:"统一战线和武装斗争,是战胜敌人的两个基本武器。"共产党利用这两个基本武器,打败我们的敌人。孔明要谋划"三国鼎立"的局面,建立西蜀王国,一要靠武装斗争,二就是要建立联吴抗曹的统一战线。

第一节　"直接依附"与"建立联盟"

建立联吴抗曹的统一战线,是孔明一贯的基本战略思想和基本实践。刘备夺取荆州为家也好,夺取益州为基业也好,都必须建立联吴的统一战线,为什么呢? 因为曹操"已拥有百万之众,挟天子以令诸侯",政治军事实力远远超过刘备。不与东吴联合而建立抗曹统一战线,就难以生存和发展。

有人可能认为,刘备在长期的实践中总结出了"借力打力"的理论和方法,吕布来攻,投许都;曹操来打,投袁绍;曹操南征,自然要投江东。虽然同为"借力打力",但诸葛亮的战略思想与刘备的思想方法是有本质区别的。刘备那是投靠,属于"直接依附"。按照刘备的一贯思维方法,鲁肃到达夏口时,备的队伍就会跟着一齐到了江东。孙权好心,收之为"客将";刘备还要"感谢不尽"。成了孙权的"客将",听命于孙权,就处处受制孙权。况且,孙权的疑心很重,必然处处设防,刘备怎么施展手脚? 孔明的结盟是平起平坐地与孙权合作,不受牵制地独立地打江山夺江山,这个情况就不同了。

孔明虽然不直接依附孙权,但对与孙权的结盟是重视的,立场是坚定的,头脑始终是清醒的。他不仅在理论上阐述了建立孙刘联盟的重要性必要性,而且还在谋求大业的实践中,始终一贯地予以坚持,做到了理论与实践的一致性。纵观亮一生,从来没有对东吴用过兵,并且尽可能避免之。在新野时,刘表请刘备赴荆州议事,路上孔明说:"他若令主公去征讨江东,切不可应允。"说明孔明有意识地避免对东吴用兵而结怨。大战之后,在处理荆州的问题上,始终保持着清醒的头脑,总是避免与东吴发生军事摩擦而加深矛盾。

统一战线的建立和维持,不是一帆风顺的,而是经历了许多的曲曲折折和风风雨雨。《隆中对》中所确定的战略方针"东联孙吴,北拒曹操",曹、刘是主要矛盾,孙、刘虽有矛盾但却是次要的,是联盟内的矛盾。所以,孙权讨要荆州时,亮总是一再推诿软磨,而不硬抗,直到最后才让出荆州的部分地方。刘备不理解这一点,夺取西川后,又于215年跑到荆州去与孙权争南三郡,激化了与江东的矛盾。还派了根本不理解也不执行"孙刘联盟,共同抗曹"方针的关羽去驻守荆州。关羽不懂得对待东吴要有理有节的斗争,结果激化了矛盾,致使兵戎相见。孙权夺取荆州的心情非常迫切,令吕蒙袭取了荆州,且杀害了关羽父子,致使孙刘联盟彻底破裂。为了报仇,备不顾诸葛亮、赵云的劝解,起倾国之兵征讨东吴,又造成孙、刘两败俱伤。猇亭一战,备大败。西蜀元气大伤。

刘备的错误,严重地损害了抗曹统一战线。诸葛亮高瞻远瞩,认识到孙、刘联盟的极端重要性。备死后,面对强魏的威胁和后方不稳的严峻形势,223年,再次与孙吴建立了联盟。224年,邓芝奉亮之命再次出使东吴时,孙权问:"如果将来灭掉了魏国,天下太平,我们两国分治,不也是很好的事吗?"邓芝坦率地说:"天无二日,国无二主。假如将来灭掉魏国,大王能深知天命的话,两国君王各行其德,大臣们各尽其忠,将帅整顿兵马,然后摆开战场,再分高低。"孙权大笑说:"先生真坦诚,话说得实在啊!"他在给孔明的信中说:"能使两国和解并结盟的人,只有邓芝。"

229年,孙、刘联盟又一次出现了危机。这一年孙权即位称帝,派使臣到成都,要求互尊帝位。蜀国君臣闻知,皆谓孙权僭逆,宜绝其友好。亮则认为,对孙权僭逆之罪,不宜公开表示反对。他说,如果激化了与吴国的矛盾,我们势必转移兵力加强东方的防卫。与吴国对抗,必须先兼并其国土然后才能进取中原。然吴国贤能人士很多,将相和睦,非一朝所能平定也。而今议论的人都以为孙权的利益在于鼎足一方,不能与我们合力,而且已经踌躇满志,没有北伐的愿望,这样的判断,是似是而非。因为孙权的智谋和实力不足,所以只能以长江为界来保全自己。如果我们北上伐魏,孙权的上策当然是分占魏国的土地而图谋发展;下策当然是乘机劫掠民众并开拓疆域。退一步说,即使他们按兵不动,却能与我们和睦相处,我们北伐中原,就没有了东顾之忧;同时,也因为与吴国的和睦相处关系,魏黄河以南的部队也不可能全部向西调动,这对魏国的军事力量也是一个牵制。

毛泽东说:"在复杂的事物的复杂过程中,有许多矛盾存在,其中必有一种是主要的矛盾,由于它的存在和发展,规定和影响其他矛盾的存在和发展。"亮虽然没有那么深刻的唯物辩证法的思想,但是,他能从实际的利害关系出发,也不管客观形势如何变化,始终抓住蜀、魏这个主要矛盾不放,始终坚持魏国是蜀的最大最主要的敌人,妥善处理对吴的关系。从当时三国的大局来看,魏得天下面积十分之八,实力是最雄厚的。吴蜀两家要想生存,必须走联盟之路,亮的联合政策是正确的。

第二节 "借力打力"与"三分天下"

荀子在《劝学》一文中说:"登高而招,臂非加长也,而见者远;顺风而呼,声非加疾也,而闻者彰;假舆马者,非利足也,而致千里;假舟楫者,非能水也,而绝江河。君子生非异也,善假于物也。"我曾听人说,善打斗者,并非力量大,而是善于借势,巧借他人之力也。

刘备与曹操相比,力量悬殊,孔明为什么敢于谋划"三分天下"的格局呢?关键就是善于借他人之力也。这个他人,就是东吴的力量。孔明说:"孙权据有江东,已历三世,国险而民附,此可用为援而不可图也。"这里的"援",就是借用也。操大军南征,矛头所向,直指刘备。此时,刘表已死,刘琮已降,操迅速占领了樊城和襄阳,并在长坂坡大败刘备。再打下去,备就有全军覆没的危险。

但是,孔明胸中自有雄兵而心中有数。他说:"曹操势大,急难抵敌,不如往投东吴孙权,以为应援。使南北相持吾等于中取利,有何不可?"孔明的话,是玩弄心计的话,有"鹬蚌相争,渔人得利"的含义。刘备还有些胆怯,说:"江东人物极多,必有远谋,安肯相容耶?"孔明则胸有成竹,说:"今操引百万之众,虎踞江汉,江东安得不使人来探听虚实?若有人到此,亮借一帆风,直至江东,凭三寸不烂之舌,说南北两军互相吞并。若南军胜,共诛曹操以取荆州之地;若北军胜,则我乘势以取江南可也。"大敌当前,亮不慌不忙,心中早做好了准备,这就是巧借用东吴的力量。

孔明心里清楚,刘备抵挡不住操的进攻,但是孙权可以抵挡几阵,主要是国险民附,贤能为之所用,还有长江之固。所以孔明说他要到柴桑去,凭三寸不烂之舌说动孙权抗曹。只要孙权抗曹,南北相斗,就可借用其力量从中取利。什么利呢? 就是孔明说的,"若南军胜,共诛曹操以取荆州之地;若北军胜,则乘势以取江南可也"。果然,曹操八十万之众虎踞江汉,孙权坐不住了,派鲁肃前来江夏探听虚实。亮就乘机随同鲁肃过了江,实施其说服孙权抗曹,使南北相争的历史使命,使刘备达到从中取利的目的。

要说服孙权抗曹,谈何容易? 时江东的上层分成了两大派,即主降派和主战派。以张昭为首的文官,一概主张投降。文官认为,曹操势大难以抵敌,"战则亡,降则安"。以黄盖为代表的武官,一概主张抗战,"誓与江东共存亡"。是战,是降?孙权犹豫不决。降吧,于心不甘;战吧,又怕操势大,难以抵敌。究竟是战,还是降,还须孙权一锤定音。如果江东的投降之风占了上风,孙权确定投降,那么,对刘备将是灭顶之灾。孙权一投降,备还能往哪里跑?等待他的,只能是灭亡。孙权抗曹,对于备来说,将是峰回路转,柳暗花明又一村。只要孙权抗曹,亮就有回天之力,就能实现"三分天下"的战略蓝图。

江东的投降派是不欢迎孔明的,因为怕坏了他们投降的美梦。投降派的言论对孙权的影响是很大的,有一定的市场。要说服孙权抗曹,张昭等的投降言论必须予以驳斥,必须将其投降的气焰压下去。亮舌战群儒,对于打击投降派的气焰,推动江东由降曹向抗曹的方向转变起了重要的作用。舌战群儒,虽是文学作品的虚构,但在现实生活中,是确实有其事。操大军南征,对江东影响很大,不然为什么会有主战与主和之争呢?孔明到达柴桑,十分令人关注,与投降派见面时,必然有意无意在言论中给予责难。而孔明此一次江东之行,意在说服江东抗曹。所以,在与江东文官见面时,自然要介绍自己抗曹的主张和批驳降曹的观点,这就有了舌战群儒的精彩篇章。文学作品,不过是更精彩更集中而已。

据史书记载,孔明说服孙权:一是激之,二是解之。亮说:"愿将军量力赴之。若能以吴、越之众与中国抗衡,不如早与之绝;若不能,何不按兵束甲,北面而事之?今将军外托服从之名而内怀犹豫之计,事急而不断,祸至无日矣!"孙权说:"苟如君言,刘豫州何不遂事之乎?"等的就是这一句话,于是亮说:"田横,齐之壮士耳,犹守义不辱。况刘豫州王室之胄,英才盖世,众士慕仰,若水之归海。若事之不济,此乃天也。安能复为之下乎?"孙权听了,勃然而起说:"孤不能举全吴之地,十万之众,受制于人!吾计决矣。"此即激之。但孙权毕竟有疑虑,他说:"豫州新败,安能抗此难乎?"亮说:刘备及刘琦军还有两万人,"操之众,远来疲惫","此所谓'强弩之末势不能穿鲁缟'者也。故《兵法》忌之曰'必蹶上将军'。且北方之人,不习水战。又,荆州之民附曹者,逼兵势耳,非心服也。今将军诚能命猛将统兵数万,与豫州(指刘备)协规同力,破操军必矣。"此即解之。

刘备是铁了心要抗曹的,所希望者孙权也。如果孙权不肯出兵,孔明的计划就会破产,刘备就是死路一条。孔明说了三点:第一,为大势所逼,孙权必须抗曹。孙权问:"今操平了荆、楚,复有远图乎?"孔明说:"即今沿江下寨,准备战船,不欲图江东,待取何地?"保持中立,是不可能的,反正操是要准备灭掉你东吴的。弦外之音,就是你孙权不要抱有什么幻想,准备斗争,何从何去,要当机立断。第二,具体情况具体分析,孙权是能够抗曹的。江东兵强马壮,刘豫州尚有余威;曹操大军,虽号称百万,但已是"强弩之末,且北方之人不习水战,又荆州之民附操者,逼兵势耳,非心服也。"因此说,

"破操军必矣"。第三,曹军一旦失利,必定大败而退回北方。这样,"三足鼎立"的政治局面也就形成了。说句孙权最爱听的话,就是你们鼎足江东的地位就巩固了。这一、二、三点的一番话,基本上把孙权给鼓动起来了,决定出兵抗曹。只要孙权一出兵,孔明的整盘棋也就活了。

孔明毕竟是刘备集团利益的代表者,他不可能完全站在孙权集团的立场上出谋划策。所以,他的话,是说一句,留一句。第一,孔明说,你孙权要么抗曹,要么降曹?不能犹豫不决,不能中立观望。孔明只说抗曹,却没有说降曹。如果投降了会怎么样?投降了,能确保江东安全,孙权的"吴侯"位置照样坐着,为什么不降呢?第二,孔明说,只要打败了曹操,三足鼎立的局面就形成了。也就是说,一旦操大败而退回北方,曹操、孙权、刘备三家就可以"三分天下"。怎么"三分天下"?孔明没有说。曹操分了黄河流域,孙权分了江东,刘备分什么地方?分荆州?那是孙权早就想要占的地方。刘备占了,这岂不是养虎为患?第三,抗击曹操,如果败了,怎么办?孔明没有说。刘备败了,那是咎由自取;孙权败了,那是被你孔明拖下水的。

后半句话,孔明不能说。此番东吴之行,其目的就是要把孙权拉出来抗曹。因为当时形势紧迫,操的军队已在路上,杀气腾腾而来,追得备走投无路。如果孙权不出兵,或者袖手旁观,或者继续犹豫不决,或者干脆投降曹操,别说"三分天下",恐怕刘备连性命都难保。但是,曹操毕竟是威胁到孙权的家门口,不帮助刘备,就是不抗曹而袖手旁观,就可能是坐以待毙。官渡决战时,刘表保持中立,结果操灭了袁绍之后还是来灭刘表。投降了操会怎么样?刘琮举州而降,结果还是被杀掉了。"前车之辙,后车之鉴"。这些问题,孙权心里清楚,帮助刘备,就是帮助自己,这就充分说明孙权为什么会被孔明所利用,同时也充分说明孔明为什么会相信孙权会被其所用,因为形势所逼也。

第三节　三角关系的怪圈之内与怪圈之外

诸葛亮与孙权结盟,共同抗曹,所运用的就是"三分天下"的三角关系原理。因为在三角关系中,任何两方联合而为一体,都会对第三方造成致命的伤害。亮是最早谋划孙、刘联盟的,因为刘备与操相比,政治军事力量悬殊,很容易被曹操各个击破。因此,两个弱者必须联合起来才能生存。

因为孙权毕竟占据江东六郡,具有一定实力,且有三江之固。所以鲁肃为孙权谋划了一个"鼎足江东,夺取荆州,尽长江之极而据守之",达到与曹操相抗衡的"两分天下"政治军事的目标。但是操南征而到达江陵之时,孙权毕竟没有占据荆州,实力与曹操比,力量仍旧悬殊,难以与操相抗衡。操欲顺江而下,孙权感到犹如泰山压顶。在这样一个大环境下,鲁肃提出了"联合刘备,共抗曹操"的战略思想,其目的就是再次想要达到一个与操相抗衡的政治军事目标。

唯独曹操及其谋士们没有考虑与谁建立联盟的问题,忽视了"利用矛盾,各个击破"的战略战术。其实,在三角关系中,站在操的立场上来说,也是大有文章可做的。在三角关系中,弱者对付强者的办法,就是两弱联合而对付一强的办法。而强者的策略就是:利用矛盾,分化瓦解,各个击破。曹操在赤壁之战时的错误,就在于忽视了利用孙刘之间的矛盾而拆散其联盟,拉一个打一个,达到各个击破的目的。北方统一之前,操是谨慎小心的。他想打刘备,就想着法子拆散其与吕布的联合。打吕布,就拆散吕布与袁术的联合,并进一步地拉拢刘备。袁术彻底孤立了,就联合起来,共同讨伐袁术,将其消灭。打败了袁术之后,吕布孤立了,又联合刘备来打吕布。在战略上战术上,十分注意避免"两个拳头同时打人"的错误做法。

208年,曹操认为自己的力量强大了,今非昔比了,就轻敌了,不搞什么联盟了,用不着拉一个打一个,什么刘备、孙权,两个一齐打。胃口非常大,既要夺荆州,又要夺江东。老子说:"哀莫大于轻敌。"既然刘备、孙权两个一齐打,荆州、江东两地一齐夺,就必然地逼着他们两家抱成了一团,建立孙刘联盟。但是,当时的操不在乎孙刘之间搞个什么联盟。他认为,从前打袁术,打吕布,打袁绍,都能以少胜多。如今力量强大了,有了百万之众,一个刘备,一个孙权,难道还怕他联盟吗?统一天下,舍我其谁?不把孙刘联盟放在眼里。

因为轻视孙权和刘备,所以在长坂坡大败刘备之后,没有继续去围追堵截,而是去占据了江陵。同时,还给孙权去了一封信,说是要与孙权会猎于江东,这是实打实的,是非常露骨的军事威胁。此举,实际上也是曹操的"打草惊蛇"之谋。其目的,就是达到"不战而屈人之兵"。曹操的"打草惊蛇"之谋,其主要特征就是实行军事威胁和军事恐吓。从这一特征来看,和春秋时期"示以欲伐"之谋很相似,就是显示武力,迫使对方就范。前664年,齐桓公就采用了这种方法,使鄣国乖乖投降。鄣国原是纪国的附庸,而纪国在前693年已被齐国灭了,但鄣国还存在。齐桓公想灭掉鄣国,但鄣国却是齐国同姓。齐桓公怕担"不义"之名,故而采用了"示以欲伐"之谋,达到了"不战而屈人之兵"的军事目的。

马克思主义哲学认为,事物的矛盾是在一定的条件下相互联系相互转化的。没有一定的条件,就不会发生相互的联系和相互的转化。当时江东的上层因曹操南征荆州,威胁到了孙吴政权的安全,因此形成了投降和抗战两个派别。投降和抗战两个派别既是对立的,也是统一的,即对立统一的。或者说,投降和抗战两个派别,一方面具有相互对立相互排斥的斗争性,一方面又具有相互依存相互联系的同一性,即对立的同一性。毛泽东在《矛盾论》一文中说:"事物内部矛盾着的两个方面,因为一定的条件而各向着和自己相反的方面转化了去,向着它的对立面所处的地位转化了去。"

曹操想以"示以欲伐"之谋,即以强大的军事力量示威于江东,目的是迫使江东不战而降。本来,江东的投降和抗战两个派别势均力敌,而且投降的论调并不十分强烈,从总体上还是倾向于抗战。可是,曹操的这一封恐吓信,在一定的程度上还真起了作用,这就在很大的程度上促使着江东由抗战的倾向向投降的倾向转化。当孙权接到信后,简直是手足无措而没有了主张。孙权将这一封信示之以群臣后,江东就形成了一股巨大的投降浪潮。文臣以张昭为首,从政治、经济、军事三个方面进行了分析,认为"战则危,降则安"。这一股投降的浪潮,逐渐地高过了抗战的浪头,而抗战的论调却逐渐地失去了市场。

就在这个关键时刻,诸葛亮奉刘备之命来到了江东。亮的到来,带来了"孙刘联盟,共抗曹操"的政治主张。在江东柴桑,他"舌战群儒",宣传了抗战的政治主张,批判了"战则危,降则安"的投降主义思想,这就在很大的程度上促使着江东由投降的倾向向抗战的倾向转化。为什么会有这么大的变化?毛泽东说:"唯物辩证法认为,外因是变化的条件,内因是变化的根据,外因通过内因而起作用。"诸葛亮的政治主张之所以在江东奏效,就在于江东内部有抗战的因素,有被压制的力主抗战的一派。没有一定的条件,矛盾的双方是不会发生转化的。亮"舌战群儒",大灭了投降派的威风,就大长了抗战派的志气。结果,抗战的一派将投降的一派压了下去,举国上下一致抗曹,终于在赤壁大败曹操。

诸葛亮的东吴之行,为什么能取得这么大的成功?因为亮是带着"三分天下"的谋略和"'三分天下'三角关系的理论"来到江东的。曹操为什么失败?问题就在于他没有认真地分析在三角关系中孙刘之间的关系,没有发现孙刘之间也是有矛盾的,既有相互利用的一面,也有相互对立的一面。因为没有真正地认识"三分天下"的谋略,所以"三分天下"的三角关系,对于曹操来说,就是一个怪圈,操就在这个怪圈之内,被亮牵着鼻子走,老是吃亏上当。

实际上,孙刘结盟,对于江东,也是迫不得已的。不结盟,唇亡齿寒;结盟,养虎为患。对孙刘之间,操应当是拉一个打一个,利用矛盾,各个击破。统一北方时,曹操是很善于利用矛盾而各个击破。打袁谭、袁尚时,郭嘉说"兄弟之间,权力相并,各自树党,急之则相救,缓之则相争",主张缓攻,"以候袁氏兄弟之变;变成而后击之,可一举而定也"。曹操依计而行,结果取得了惊人的成功。历史往往有着惊人的相似,如果曹操在江陵停留两个月之后,继续按兵不动,并对江东采取怀柔的政策,孙刘之间就有可能会发生内变,就不至于有赤壁大战之败。

赤壁大战之后,孙刘两家在荆州问题上矛盾愈演愈烈,孙刘联盟几乎是要破裂,此时的操应当静观其变,待其内变而攻之。那时,曹操两次主动进攻东吴,实际上是不同程度地化解了孙刘两家之间的矛盾,促进了两家的联合。特别是 211 年,操进攻东吴,更是间接地帮助了刘备。刘备西进四川之时,孙权欲起一军先截川口,断其归路,然后起倾国之兵攻打荆州。曹操却起兵四十万南下,使得孙权不得不按下荆州,调转枪口来对付北方。在这个节骨眼上,操南下,实际上就是牵制了孙权,帮助了刘备,使备顺利地夺取了西川。操若不下江南,孙权就会截断备的归路而攻打荆州,备必然会弃益州而回荆州,孙刘双方必然大打出手而自相残杀。

刘备夺取了东西两川后,关羽北上水淹樊城,斩庞德,擒于禁,威震华夏之时,曹操这才意识到形势的严峻性和问题的严重性,这才意识到自己的这一方与孙刘联盟的那一方,失去了政治军事的平衡。这一次关羽北上,却吓得曹操欲迁都而避其锋。于是,操和他的谋士们,这才开始认真分析孙刘之间的矛盾及其变化发展,司马懿说:"今孙、刘失好,云长得志,孙权必不喜;大王可遣使去东吴陈说利害,令孙权暗起兵蹑云长之后,许事平之日,割江南之地以封孙权:则樊城可解矣。"这时候,曹操才真正跳出了三角关系的怪圈之外。他依计而行,利用矛盾,拆散了孙刘之间的联盟,孙曹联合,南北夹击关羽,在军事上狠狠地打击了刘备,有效地遏制了西蜀势力的膨胀,一战而扭转了被动局面。

第二十一章　三足鼎立及其奥妙

　　诸葛亮帮助刘备建立了蜀汉王国,其中的奥妙,就是"三分天下三角关系"理论的指导。这个理论的基本原理就是平衡的关系,核心的思想方法就是借助三角的相互依存相互制约的关系,利用孙权制约曹操,又利用曹操制约孙权,为西蜀王国的建立和发展提供了时间和空间。

第一节　曹操与"三分天下"的平衡关系

　　诸葛亮出山时,刘备连立足之地都没有,一个偏僻的新野小县,还是寄居之地。要夺取天下,谈何容易。操西击乌桓而还,彻底统一了北方,"一强独霸天下"的局面已经形成。但亮有胆量,有魄力,理论和实践上敢于创新,利用政治谋略,另辟捷径,勾画了一个"三分天下"的军事政治格局,其中的玄机和奥妙就是三足鼎立。鼎者,圆形,三足两耳。三足,即三角形也。在数学几何学中,三角形最稳。鼎之三足立地,称之鼎立,一般借指王位、帝业。亮把三足鼎立,比喻为三方对立的局势,即"三分天下"的谋略。

　　中国《周易》玄奥神妙,博大精深,研究的是阴阳平衡。三足鼎立,实际上就是三足平衡。辩证法哲学认为,平衡是暂时的有条件的,是相对的;而不平衡则是无条件的,绝对的。平衡和不平衡是相互转化的,平衡会转化为不平衡,不平衡也会转化为平衡。世界上万事万物,都是对立的,又都是平衡的。因此说,平衡是在对立中的平衡,是在相互联系、相互制约、相互排斥中的平衡,这就形成了对立统一,这就是辩证法。列宁对这种平衡的辩证法,做了非常科学的阐述,他说:"辩证法是这样一种学说:它研究对立怎样能够是同一的,又怎样成为同一的(怎样变成同一的)——在怎样的条件下它们互相转化,成为同一的,——为什么人的头脑不应当把这些对立看作死的、凝固的东西,而应当看作生动的、有条件的、可变动的、互相转化的东西。"

在军事政治割据形势中,对立的双方有时会形成一种平衡,但这种平衡是暂时的。当这种军事政治割据的形势失去平衡的时候,就会爆发一方要吃掉另一方的战争。曹操扫除东南之后,中原地区就剩下曹操和袁绍两大割据势力。这两大对立失去平衡的割据势力之间,一场大规模的你死我活的战争是不可避免的了。结果,操彻底消灭了袁绍,统一了北方。接着南征并夺取荆州,为一统天下做好准备,是顺理成章的事。孙权想先于操之前拿下荆州,来一个"两分天下"的格局,与曹操相抗衡,但未能如愿。就是在这种形势下,孔明为刘备谋划了"三分天下"。依据"三分天下三角关系原理",与力量稍弱的孙权结盟,使之形成一种对立中的平衡,借助江东保护自己,并打败曹操,然后于中取利,形成鼎立一方的第三个势力,"三分天下"。

孔明原打算趁刘表死之时,夺取荆州以抵抗曹操。无奈刘备一再说,于心不忍。208年,曹操南征,刘表死后,刘琮将荆州献给了操。备率大军南撤,打算借助孙权的力量,抵抗操,寻求新的平衡。长坂坡大败而退至江夏之后,亮说:"曹操势大,急难抵敌,不如往投东吴,以为外援。使南北相持,吾等于中取利,有何不可?"并说:"南北两军互相吞并。若南军胜,共诛曹操以取荆州之地;若北军胜,则我乘势以取江南可也。"果然孙权派遣鲁肃来江夏探听虚实,亮就乘势去了江东,与之结盟,在军事力量上形成了新的平衡。

操赤壁之战大败后,其残军败将必投华容道而去南郡。在此之前,孔明已令赵云和张飞分别于通往荆州的乌林和北彝陵埋伏而截杀。操军马到达华容道,其将士焦头烂额者扶策而行,中箭着枪者勉强而走,且地窄路险,坑坎难行。此处,孔明若派张飞或赵云拦截,操是必死无疑。可是,却派了一个与操有交情的关羽去拦截。备说:"吾弟义气深重,若操果然投华容道去时,只恐端的放了。"孔明说:"亮夜观乾象,操贼未合身亡。留这人情,教云长做了,亦是美事。"这样说来,孔明是有意放走曹操的。

孔明放走操,自有放走的道理,要知道,曹操、孙权、刘备,各自都是要统一天下的,所以说三人之间,彼此都是敌人,即使现在不是敌人,将来也是敌人。如果灭掉了操,孙权的实力进一步膨胀,还有刘备的地位吗?孔明的头脑是清醒的:如果杀了操,北方大乱,孙权、周瑜率军北上,直取许昌,取代操而挟天子以令诸侯,然后南北夹攻刘备,就不可能有"三分天下"了。因为,赤壁操虽败,但还有北方;虽无力南下,但却有防御之力。也就是说,留下曹操,稳定北方,就是要遏制孙权势力膨胀,维持"三分天下"的平衡政局。留着操,就遏制了孙权,为将来西蜀王国的建立,创造政治军事平衡的条件,这就是亮的华容道神计妙"算"。

如果说,诸葛亮"舌战群儒",说服孙权抗击曹操,建立"孙刘联盟,共同抗曹",是在"三分天下的三角关系"中利用孙权制约曹操。那么,亮放走曹操,就是在"三分天下的三角关系"中利用曹操制约孙权。前者是明的,后者则是暗的。放走曹操,是诸葛亮继建立"孙刘联盟,共同抗曹"之后,是利用曹操对付孙权的一次重大战略。这一战略,不仅是暗的,而且在当时来说,是一个不可泄露的天机。

第二节 "三分天下"的相互联系和制约

诸葛亮为什么会努力寻求"三分天下"的格局,甚至以不惜放走曹操为代价来维护?其中的奥妙和秘密又是什么呢?

原来这三足鼎立的三方,是三个对立的政治军事势力,是一种相互联系又相互排斥相互制约的关系,是一种新的平衡。这种新的平衡不是静态的,而是动态的,是在对立中的平衡。在这三种矛盾关系中所形成的平衡的过程中,为什么孙、刘两家要结盟?因为三方的力量是不等的,操的力量最大最强,威胁到两家的生存。为了生存和发展,孙刘两家虽然有矛盾,但不建立一种唇齿相依的关系,就难于与操形成平衡。三方的关系中,任何一方若有所倾斜,都会对另一方造成巨大的不利影响。

在三国时期,对这种三足鼎立的相互联系又相互排斥相互制约的关系,诸葛亮研究得最全面、最深刻,用得最灵活。曹操自赤壁大战而败退北方之后,闻报说刘备在荆州连接东吴,迟早要来攻打北方时,亲率大军南征的。209 年 7 月,操企图先打孙权,后攻刘备。如果曹操不攻孙权,孙权就会攻打刘备。曹操攻打孙权,实际上就帮助了刘备。212 年,备西取西川之时,孙权欲乘备西征之机,调遣兵马攻打荆州,欲截断备的归路。操率四十万大军南下,又盲目地帮刘备解了围。亮既利用孙权遏制操,又利用曹操制约了孙权,这就是"三分天下三角关系原理"的奥妙。

巧借孙权抗击曹操,打破了操"一强而独霸天下"的局面,为刘备提供了生存和发展的时间和空间。操最不愿也最怕刘备得荆州之地,只因兵败于赤壁,无力南顾也。备得了汉上九郡之大半,曹操竟惊慌失措。南下攻打刘备,又怕孙权北上中原;南下打孙权,又怕备北上而直逼宛、洛。对于荆州,既有曹操虎视眈眈,又有孙权长期觊觎,所以刘备西取荆州和西川,既为操所不允许,也为孙权所不答应。孙权与刘备结盟,也是十分的不情愿,实乃迫不得已。赤壁大战之后,孙权仍旧企图夺取荆州,实现"两分天下";又怕备联合操来夹击东吴,这就是孔明得以成功的秘密。

214 年,备夺取了西川,立足未稳之时,操于 215 年也夺取了汉中,即东川,对备是一个很大的威胁。时西川老百姓听说曹操亦取了东川,非常害怕操来取西川,一日之间,数遍惊恐,社会很不稳定。自然,备担心操乘乱来攻打西川。亮献计:"曹操分军屯合淝,惧孙权也。今我若分江夏、长沙、桂阳三郡还吴,遣舌辩之士,陈说利害,令吴起兵袭合淝,牵动其势,操必勒兵向南矣。"备依计而行,派遣伊籍为使,说动孙权。权即起大军攻打合淝。操恐合淝有失，只得亲率兵马南征。本来操大军驻扎汉中，对刘备是一个极为严重的威胁。亮调动孙权的力量，将操调离汉中，确保了西川的安全，这是孔明从三足关系内调动力量牵制操的战例。

在三足鼎立的基础上，亮还善于在三足鼎立的关系之外调动力量牵制。刘备得了荆州，又西进西川，操是手足慌乱，坐卧不安，欲除之而后快。211 年，曹操采纳陈群之策，欲乘备西进而无暇东还之时，南征东吴灭孙权，然后西进荆州除掉刘备；但是，亮巧于运筹，利用马超报仇心切，调动马超攻打长安，把操引到了西部地区，解了东吴之围，也为备西进西川创造了条件，这是亮从三足鼎立的关系之外调动力量牵制操的一个成功战例。

第三节　司马懿与"三角关系"的人事关系

诸葛亮的"三分天下"谋略，运用的是极普通极简单的三角关系的原理。三角关系虽然简单和普通，但却蕴含着极深奥的辩证法哲学原理。实际上就是一种三角关系的哲学原理。这种三角关系的哲学原理，广泛地运用于社会生活和政治生活的各个方面。运用于社会的人事关系，也是常见的。

司马懿与曹操及曹氏集团和诸葛亮的关系，就是比较微妙"三角关系"的人事关系。懿和曹操一样，在政治舞台上，是同一个级别的重量级人物。照理说，这是曹魏阵营中一个难得的人才，是应该重用的。但是，司马懿却是曹操极提防的一个人物。因为操发现，懿"鹰视狼顾"，是一个政治上极具阴险且野心勃勃的人物。他的存在，严重的会殃及子孙后代的政权。因此，操在世时，对懿是防而不用。

但是，曹操却发现，司马懿是挺能对付诸葛亮的，而自己与亮交手，却老是吃亏上当，奈他不何。对付诸葛亮，只得用司马懿，真是一物降一物。这样，曹操面前就有了一个两难选择：不用懿对付孔明，就会危及曹氏后代的政权；用了懿，也会危及曹氏后代的政权。所以，操在临终的时候，曾对曹丕说："司马懿不能不用，但不能不防。"曹丕时代，对懿是严密提防的，在用中提防，有限制地使用。

曹叡初登皇位，对懿是既防又用。但是，因西蜀的一个谣言，就怀疑而弃之不用，将其削职为民。在曹操时代，不用懿可以，因为有操顶着天。没有了曹操，不用懿就出大问题了，诸葛亮就入寇了，国家就危险了。因为在曹魏的政坛上，满朝文武，除了司马懿，没有一个对付得了亮。对于这一点，懿心里是十分清楚的。这样，在司马懿、曹魏政权和孔明之间，就形成了一种微妙的三角关系。

西蜀街亭大败之后，忽报"司马懿引大军十五万，望西城蜂拥而来"。孔明闻报，大惊。时亮身边只有文官，并无大将，五千军兵，还有一半运粮去了。剩下的两千五，还是老弱病残，怎么抵挡懿的十五万大军？亮于是想出了一个空城计，令将旌旗藏匿；诸军各守城铺，如有妄行出入，高言大语者，斩之！大开四门，每一门用二十军士，扮作百姓，洒扫街道。孔明乃披鹤氅(chang)，戴纶(guan)巾，于城上敌楼前，凭栏而坐，焚香操琴。三国时期，曹操、孔明、邓艾都实施了空城计。同为空城计，但是其中的奥妙却是不同的。邓艾的空城计，并非空城，是在实城中用空城计，是实而虚之，乃诱兵之计也。曹操的空城计，既不是空城，也不是实城。是虚中有实。亮的空城计，真正是一座空城，是在空城中用空城计，是虚而虚之，是退兵之计也，这是一次最大胆的退兵之计。

按《三国演义》的说法，司马懿见之，疑有伏兵，急令退之。但是现代史学家们，则另有一番说法。懿已经知道，西城并没有伏兵，乃是一座空城也。那么，懿为什么不进城去活捉孔明呢？原来其中另有玄机。还在西城门外，司马昭就看出了问题，说："莫非诸葛亮无军，故作此态？父亲何故便退兵？"但是，懿仍坚持退兵。退军后，司马昭给出了一个答案：因懿是当时唯一能与诸葛亮抗衡的人，而魏又需要懿与之抗衡。如果司马懿当时头脑简单，简单地将诸葛亮生擒，那么司马氏父子就失去了使用价值，就会被魏国的君主曹叡抛弃。

因此说，懿放弃活捉诸葛亮的机会。给亮一个活着的机会，就是给自己一个活着的机会，给自己一个大展宏图的机会。孔明死后，司马懿曾说："诸葛亮活着讨厌，死了可惜。"因为活着的时候，他觉得亮确实难对付，所以讨厌。亮死了，他在曹魏就没有使用的价值了，所以可惜。懿的这一判断，是没有错的。孔明死后，懿上奏朝廷，建议一鼓作气灭掉蜀国，曹叡不准，还把他调离军队，提升为太傅，明升暗降。这就表明孔明一死，懿在曹魏就没有使用价值了。

难道当时亮就真的认为，一个虚之又虚的"空城计"能吓退司马懿吗？其实亮心里清楚得很，"空城计"是骗不过懿的。他很清楚懿在曹魏的处境，不久前懿被曹叡削职为民，似乎还历历在目。2013年版的高中政治课本上有一幅"悬挂在山崖上的两个人，构成一种动态的平衡"图，甲拿着火把说，我要烧断你的绳子，摔死你。乙说，你敢吗？我摔死了，你也会摔死的。这个道理，毛泽东做了非常深刻的分析。他说："原来矛盾着的各方面，不能孤立地存在。假如没有和它作对的矛盾的一方，它自己这一方就失去了存在的条件。"

诸葛亮当时确实是无路可逃了，两千五百个老弱残兵，怎么能抵住浩浩荡荡的十五万大军？当时，对于亮来说，已经无路可逃。留在城里，也是被捉；弃城而走，也是被捉。而对于司马懿来说，也是别无选择，也是一个两难选择的尴尬。如果放走亮，则被曹氏集团指责为叛国通敌；如果捉拿亮，他就会失去使用价值而被曹氏集团所抛弃。所以，亮设计的这一空城计，是给懿一个台阶下的。亮因为看准了懿的心理活动，索性打开城门让懿进城捉拿。他坐在城上敌楼前,望着司马懿,心里说,你敢进来吗? 你今天敢进来杀掉我,你明天就被曹睿杀掉。这一次,司马懿很明智,退军了,与孔明配合得非常默契,真正是亦敌亦友而"心有灵犀一点通"。

在"三分天下的三角关系"中,司马懿就看出了孙权与刘备之间,既有唇齿相依的关系,也有利益冲突而互不相容的关系。司马懿、曹魏政权和孔明之间微妙的三角关系,懿是看得清清楚楚的。在这个三角的关系中,懿比曹操看得更明白,因此手段也更高明。懿迎战诸葛亮,是为了在曹魏政坛站稳脚跟,大展身手;放走诸葛亮,是为了保全自己。前者是明的,后者则是暗的。明的掩护暗的,暗的配合明的。目的就是一个:伺机而起,篡夺曹魏的最高权力。

第四节 "两分天下"与"三分天下"之争

在"三分天下"的三角关系中,诸葛亮、刘备是积极的、主动的;孙权是被动的,是不情愿的。对于蜀吴两方来说,在结盟和荆州两个问题上,都有一个两难选择的问题。尤其是刘备,更是如此,这就是"三分天下三角关系"的复杂性。

之前,即 200 年,鲁肃也提出了"鼎足江东",占据荆州,西进巴、蜀,"两分天下"的战略思想。之后,到 207 年,诸葛亮提出东联孙权、北抗曹操,西占荆益,"三分天下"的战略思想。有人认为,是诸葛亮抄袭了鲁肃,这个看法是非常错误的。虽然两个人都有"鼎立"的思想,但是孔明的"鼎立"与鲁肃的"鼎立"是有区别的。鲁肃的"鼎立"是指孙权的政权像鼎一样立于江东,并不具备相互联系又相互制约的三角关系;而亮的"三国鼎立",是指魏、蜀、吴像鼎的三足立于三个地方,形成相互联系又相互制约的三角关系。

不错,鲁肃的思想在前,孔明的思想在后。而且,亮的哥哥诸葛瑾在孙权的帐下为官。在信息上亮很可能得知了鲁肃的思想而受到了启发,但不能说是抄袭。因为,鲁肃的"鼎立"是"两足鼎立",即"两分天下";而孔明是"三足鼎立",即"三分天下"。孔明在鲁肃思想的基础上有了创新。历史上许多伟大的思想,不都是在继承前人的基础上所进行的创新吗? 鲁肃的"两分天下",是两方的矛盾和斗争的关系;孔明的"三分天下",是一种三方相互联系又相互排斥相互制约的维护平衡的关系。就是说,"三分天下"的思想,还包括一个相互争夺盟友的关系,因此斗争更具有复杂性和智慧性,两者是有本质区别的。

毛泽东说:"唯物辩证法认为外因是变化的条件,内因是变化的根据,外因通过内因而起作用。"孙权参与到"三足鼎立"的关系之中,是来自两个外部条件,一个就是曹操大军压境,是被操所逼的;一个就是亮所说服。但是,最根本的还是为了自身的安全之需要。因此说，自三足鼎立关系确立之后，在一个很长时间内，孙权是应付式的。操大军临境之时，鲁肃虽有联刘抗曹的思想，但尚未形成三足鼎立的思想。208 年，鲁肃对权说："今刘表新亡，刘备新败，肃请奉命往江夏吊丧，因说刘备使抚刘表众将，同心一意，共破曹操；备若喜而从命，则大事可定矣。"肃虽然提出了联合备及刘表众将共同抗曹的思想，但其目的还是想夺取荆州，"尽长江之极而据守之"，实现"南北划江而治"的"两分天下"战略方针。

孔明的战略思想，是要在"两分天下"的布局之中，来一个"三分天下"的格局。亮初到江东时，说服孙权："今将军诚能与豫州协力同心，破曹军必矣。操军破，必北还，则荆吴之势强，而鼎足之形成矣。"最明白不过地告诉孙权，三分天下，刘备要有其一。但当时孙权未必理解"三足鼎立"的意思。孙权以为荆州是属于东吴的，曹操一旦败退，权依旧鼎立江东乃至长江以南，与操相抗衡，是一个"两分天下"的局面。而孔明的意思，操一旦大败而退，刘备将会乘机夺取荆州，荆州是属于备的。那时曹操、刘备、孙权三方就会形成"三分天下"的格局。因此，操赤壁大败后，备乘机夺取了荆州，孙权和周瑜接受不了，不愿接受"三分天下"的现实，叫嚷着要与刘备决一死战，因害怕曹操南下而作罢。

所以，孙、刘两家都存在着一个两难的选择。对于孙权，要么放弃荆州，要么放弃结盟。放弃荆州，东吴的政权就被局限于东南一隅，就难以实现"两分天下"；放弃结盟，自身又难保。对于刘备来说，尤其是这样，要么放弃荆州，要么放弃联盟。放弃荆州，就没有了家，就没有了"三分天下"的格局；放弃了联盟，就会被曹操所灭，也没有了"三分天下"的局面。对于刘备来说，荆州和联盟，一个都不能丢。所以，当孙、刘两家在荆州问题上矛盾愈演愈烈时，孔明只能采取软泡硬磨，小心翼翼地维持着联盟。

与刘备比，孙权还是不同的，放弃荆州，还有江东六郡；放弃结盟，还有三江之固。夺取荆州，铲除了刘备，或许还能回到"两分天下"格局。孙权迫不及待地要夺荆州，还在于荆州地处江东的上游，遏制了江东，成了孙权西进巴、蜀的拦路虎。所以，从孙权、张昭、周瑜、吕蒙到陆逊，都把荆州看作比联盟重要。形势稍定，他们就要荆州，不要联盟了。他们认为，所谓的孙刘联盟，不过是西蜀的一个过渡的阶段。随着其实力逐渐强大，与东吴的联盟就越来越不重要了。一旦刘备北上占据了中原，其南下征讨东吴就不远了。当备夺取两川后，孙权夺荆州的心情，就更加迫切了，就彻底背叛了联盟，而与操勾结在一起，南北夹击而夺取了荆州。孔明的"三分天下"成于荆州，但也败于荆州。夺取荆州，标志着三分天下的初步形成；丢失荆州，标志着三分天下将逐步走向败亡。

第五节 "三足鼎立"与"三角关系"

　　为什么诸葛亮热衷于对"三分天下三角关系理论"的研究呢？因为刘备的力量弱小，既弱于操，又弱于权。"三分天下"的谋略，是弱者对付强者的谋略。孙权的力量虽弱于操，但强于备，因此，权接受"三足鼎立"关系，是不情愿的，也是消极被动的。曹操则不同，因为强，所以没有思考过，不懂得什么"三足鼎立"的关系。208年，大军南征之前，虽说所虑者，刘备、孙权耳。但从力量的角度来说，他根本没有把他们放在眼里。认为，此次南征，一举扫平江南，是易如反掌的。因此，对于这两股势力，他不是分而击之，而是合而击之，即将刘备、孙权一窝端。操做梦也没有想到，孔明用"三分天下"的谋略对付他。结果懵懵懂懂钻进了怪圈，被孙刘联军于赤壁打得惨败而退回到北方。

　　曹操大败之后，从华容道狼狈逃窜，碰上了手下留情的关羽放了他一马，这才留下了一条命。但是，操做梦也没有想到，这是孔明有意放了他。为什么要放走他，其目的还是为了实现和维护"三分天下"的格局。其中的玄机，还要在"三分天下三角关系理论"中去找。按"三分天下三角关系原理"，操必须留着。因为只有留着操，亮才能利用曹操制约孙权而巧夺荆州，才能去取西川，这是由孙刘两家的矛盾所决定的。鲁肃说："不争自家互相吞并，倘曹兵乘虚而来，其势危矣。"顾雍亦说："许都岂无细作在此？若知孙、刘不睦，操必使心腹用反间之计，操必使人勾结刘备。备惧东吴，必投曹操。若是，则江南何日得安？"刘备西取西川而无力东顾之时，孙权欲率大军截断其归路，欲夺取荆州的危急关头，却是操出兵征讨东吴而帮刘备解了大围。说明，操对于"三足鼎立"是不自觉的，盲目的。

　　敌人不是铁板一块，也是有矛盾的，有冲突的，有裂缝的。操的敌人，即孙、刘，虽然结为联盟，也是有矛盾的。在以孙、刘联盟为基础的"三分天下"的关系中，操在一个很长的时间内，只看到孙、刘之间唇齿相依的关系，而没有看到孙、刘之间的切齿之恨。当然，在吃了赤壁之亏后，操的谋士也开始研究"三分天下"了。210年，程昱说："孙权本忌刘备，欲以兵攻之；但恐丞相乘虚而击，故令华歆为使，表荐刘备。乃安刘备之心，以塞丞相之望耳。"程昱是赤壁之战后，第一个指出孙、刘之间也是有冲突的谋士。

　　但是，刘备的力量既弱于曹操，也弱于孙权的基本情况是变化的，发展的。在"三分天下三角关系"中，一旦这种基本条件发生根本性变化，相互联系相互依存又相互制约相互对立的关系就会发生变化。依据一定的条件，平衡会转化为不平衡。刘备夺取了东川，对东吴造成压力，也对曹魏构成威胁。在三分天下的关系发展的这一关键时刻,诸葛亮在理论和实践上忽视了这么一点:因为基本条件发生了变化,平衡变成了不平衡,三角之间的关系就要开始重新调整。在这一历史的关键时刻,孔明的错误就在于没有认识到孙权倒向曹操的危险性和危害性,疏忽了对东吴的防范。

因为相互关系要进行重新调整,两个受到威胁的双方,就有相互的吸引力而结合在一起,以对付新的崛起的一方。当刘备占据两川,使荆州北逼宛洛,东控江东的战略地位凸显之后,不仅给曹魏造成了军事压力,也给孙吴造成了军事压力。这样,魏、蜀、吴三方之间的关系就要进行重新调整了。正是在这种新的三角关系中,孙曹走到了一起,并南北夹击关羽,使关羽在军事上腹背受敌而败走麦城。

第二十二章　孙权与孙刘联盟

对于建立孙刘联盟的统一战线，孙权是被动的，被迫的，更是摇摆不定的。他的这种矛盾的心理，是由其不大不小的实力所决定的。

不大，即他的军事经济实力小于曹操，抵挡不住曹操，形势迫于他与刘备联合而共同抗曹；不小，即他的军事经济实力大于刘备，所以他又想踢开刘备而单独抗曹，梦想"两分天下"政治军事局面。

第一节　为什么对抗曹态度摇摆不定？

208 年之前，孙权根本就没有想到过什么"孙刘联合，共抗曹操"，因为他头脑里想的是"两分天下"。曹操南征而未到达荆州之时，鲁肃就慎重地提出了"联合刘备，共抗曹操"的战略思想，而孙权则看作是一个权宜之计。

操占据江陵之后，直接威胁到了江东的安全。就在这个关键时刻，鲁肃把刘备的军师诸葛亮带到了柴桑，并把他介绍给了孙权，希望孙权接受孔明的主张，联刘抗曹。面对操的军事威胁，江东分成了降曹和抗曹两大派。文官一概主降，认为"降则安，战则危"；武官一概主战，要"誓与江东共存亡"。是战？是和？孙权的态度摇摆不定。

亮的到来，是要商谈"孙刘联合，共抗曹操"大计的，这在江东掀起了一个轩然大波，一方面给主战派带来了希望，另一方面，却引起了主降派的警惕和戒备，他们最担心的就是孔明说服孙权抗曹。主降派认为，一旦孙权决定抗曹，那对江东就是个灭顶之灾。第一，孙曹力量悬殊，曹军八十多万，吴军只有几万；第二，吴所仰仗者，长江天险也，现曹操占据了江陵，长江之险与之所共也；第三，曹操"挟天子以令诸侯"，讨之理顺。因此，孙权无论如何是打不过曹操的。剩下的只有一条路，就是投降。投降了，归顺了朝廷，大家还能弄个什么"州牧""太守"的当当。顽抗而不投降，就是对抗朝廷，就是叛乱，是大逆不道的，将来大家都身败名裂。文官们既然认为，抗曹是死路一条，而降曹才是唯一的出路，所以对孔明的到来，十分反感，生怕孔明坏了他们投降的美梦。故而想着法子要责难孔明，想借此将孔明赶走。

孙权的立场和态度的摇摆不定，就是这两大派观点影响的结果，最根本还是他的不大不小的实力决定的。因为不大，怕打不赢。打败了，就是背叛朝廷，就是地方叛乱，就是罪大恶极，就是死罪一个；不小，占据江东六郡八十一州，又有长江之险，这就是投降的砝码，可以与曹操来个有条件谈判而讨价还价，争取封个"侯"什么的，自己照样是"吴侯"，是江南之"主"。曹操南征荆州，江陵太守蒯越等劝刘琮说："逆顺有大体，强弱有定势。以人臣而拒人主，逆道也；以新造之楚而御中国，必危也。"张昭、顾雍等就是在这种思想指导下劝孙权归顺的。又因为不小，自己执掌着江东六郡八十一州，已历三代，双手奉之于他人，于心不甘，所以又想抗曹；又因为不大，怕势单力孤而抵挡不了曹军，所以又想到与刘备联合。

在这种复杂的情况下，孔明会见了孙权。经过孔明的激将和说服，孙权的思想被说动了，决心联刘抗曹。投降派们慌了，如果抗曹的战旗一举，江东就遭殃了，就被亮拖下了水了。所以，以张昭为首的文官们一起去见孙权，说"中了诸葛亮的计了"。他们说，江东历来顺从朝廷，与曹操也没有什么怨仇。投降了曹操，就是归顺了朝廷。刘备是什么人？"抗拒朝廷，乃大逆不道也"，是操的死对头，被操追剿得无处可藏，死到临头了，还想拿江东来垫背。袁绍那么强大，反被操灭掉了。他们提醒孙权说，你摸摸自己家底，能抗得住操吗？张昭等这么一说，孙权不作声了，思想又动摇了。

为什么又动摇呢？因为张昭等文官，都是一些治国高明人士，有远见卓识而非等闲之辈，他们说得在理啊。看来，归顺朝廷，也不失为一条正道。但是，所谓归顺朝廷，实际上也就是投降曹操。孙权思前想后，还是于心不甘。还是听听武将周瑜的意见。于是把周瑜从鄱阳湖召回来了，周瑜在大殿上慷慨陈词，把曹军的利弊进行了一番透彻的分析。他认为，操南征，犯了四大兵家之忌："犯有此四大兵家之忌，操是必败无疑"。

孙权不是不想抗曹，怕的就是打不过。听了周瑜一番慷慨激昂之词，豁然开朗了，抗曹的决心和激情也上来了，当即拔出所佩之剑，砍奏案一角，说"如再言降曹者，与此案同"，并将尚方宝剑授予周瑜，授"有先斩后奏之权"，封周瑜为大都督，令其领兵抗曹。孙权决心已下，张昭等不敢言语了，投降的歪风被压了下去，联刘抗曹的思想占了上风。

但是孙权心里还是不踏实，因为操毕竟势大。如今操到达了江陵，收编了荆州之兵，军队的人数已达到了八十多万。东吴有多少兵力，只是曹操的零头呢。力量相差这么大,这仗怎么打?孙权虽然嘴上没有说,但是心里还是没有底,诸葛亮看出来了。亮把这话告诉了周瑜,周瑜当晚又去见了孙权,又予以解之。周瑜分析说,曹操说他有八十三万人马,那不过是虚张声势而已,实际上只不过是十五六万而已。而且北方之兵,已是疲惫之师。所收袁绍之兵,都是些疑惑之众,新编荆州之兵,不过是迫于势而非真心,故不足惧也。这么一解,孙权悬着的心放下来了,真正是一心一意抗曹了,孙刘联盟的抗曹统一战线才算是真正建立起来了。

第二节　为什么对统一战线态度摇摆不定?

因为军事力量不大不小,所以孙权对自己力量的估计,有时过高有时过低。过高估计的时候,就把刘备排斥到一边;过低估计的时候,就想到要与刘备联合。孙权的这种军事实力的特点,决定了孙权对自己力量矛盾的估计;这种矛盾的估计,决定了孙权对联刘抗曹的矛盾态度。

赤壁大战之前,孙权因为自己力量不大,过高地估计了操的力量,形成了曹操不可战胜的神话,而不敢贸然与刘备联合而抗曹;之后,因为曹操大败而退回到了北方,又过低地估计了曹军,以为操不堪一击,居然撇开刘备,相隔千里,分兵两路北上,以为可以一举而夺取中原。结果两路北伐大军都碰了壁,被曹军抵挡住了。孙权这才意识到,中原不可摇动。

既然大军难以北上,自然而然地也就想到了再夺荆州,又想到了实现"两分天下"目标。周瑜一路大军北上不了,但毕竟赶走了曹仁,拿下荆州应当不成问题。孰料,荆州却被刘备、诸葛亮抢了去。这个刘备、诸葛亮,没有去北伐,却专门缩在背后弄名堂占便宜,真是"养虎为患"哪。孙权是气得咬牙切齿,周瑜更是恼羞成怒。

刘备占据了荆州,打破了孙权"两分天下"的美梦。周瑜和孙权的心里都气,但是两人气的程度不同。时江东面临着两难选择,要联盟就不能要荆州,要荆州就不能要联盟。周瑜就是要荆州不要联盟,气急败坏,要与刘备大战一场。鲁肃的头脑是清醒的,他是要联盟而情愿不要荆州。所以,当周瑜说要与刘备大战而争夺荆州时,鲁肃说不可。他的理由很清楚,孙权一路大军北上合淝,久战不克;刘备本来与操情交甚厚,如果逼急了去投了操,两下夹攻江东,国势就危了。

210年,周瑜跑到京城去见了孙权,还说要与备大战一场。历来反对刘备的张昭听了,也说不可,也是怕刘备投了操,两下联合来打东吴。这时候的孙权,心里虽气但理智多了,也认为"孙刘联盟"这一条不能丢,主要体现在两个方面:第一,"进妹和好",巩固两家联盟;第二,上表朝廷,表荐刘备为荆州牧。意在告诉曹操,孙刘两家是和好的,警告操不要南下打江东的主意,这实际上还是怕曹操的思想。操因程昱的提醒,对"三分天下三角关系"稍微开了一点窍,所以就要一个滑头:荆州实际上被刘备所占据,他不封刘备,反封周瑜为荆州太守。就是要挑得孙刘两家为荆州相争,他好从中渔利。

赤壁大战之前,周瑜就在统一战线内部搞摩擦,一心要杀掉刘备、诸葛亮。统一战线内部的这个次要矛盾,因抗击曹的主要矛盾掩盖着。之后,因操败退到北方,在荆州问题上与刘备的矛盾开始显现,并且愈演愈烈。统一战线内部,孙吴方面就形成了两派。这两派都是忠于孙权而抗操的,但两派在联合刘备的态度上却截然相反。以鲁肃、诸葛瑾等,竭力主张联合刘备;而以周瑜为首的一派,则竭力反对联合刘备,认为江东可以独立抗击曹操。这一派认为,"两分天下"的军事目标之所以实现不了,就是因为刘备占据了荆州挡了道,致使江东既不能北上,也不能西进。荆州乃江东之上游,刘备占据着,构成了对江东的威胁。所以,这一派认为让刘备久据荆州,实乃"养虎为患",不能不除。为此,周瑜还制定了一条"西取巴、蜀;并张鲁,取汉中;据襄阳,图北方"的战略方针,实质上就是"先取益州,后取荆州"的"假途灭虢"计谋。

夹于鲁肃与周瑜两大派观点之间的是孙权。孙权的思想由于受到这两大派的影响,游离于两派之间而摇摆不定。孙权的这种摇摆不定的矛盾思想,最根本的还是由其不大不小的军事力量决定的。因为力量不大,生怕刘备北上联合曹操而南下夹攻东吴,故而有怕得罪刘备而维护孙刘联盟的一面;因为力量不小,不甘心刘备占据荆州而挡其道,不能北上不能西进,使其政权局限于东南一隅。所以他又有反对与刘备结盟而夺取荆州的一面。鲁肃死后,竭力主张联合刘备一派的力量就弱了下来。而周瑜死后,有吕蒙、陆逊一派人物,基本上属于周瑜一派,只看眼前,不看长远,讲究现实功利。于是"要荆州不要联盟"的思想占了上风,这就深深地影响了孙权,结果导致了荆襄之战的爆发,断送了孙刘联盟的统一战线。

第三节　为什么又重建孙刘联盟?

因为其军事力量不大,使其逐渐感到与曹魏联盟的危险性。又因为其军事力量不小,他不甘心被曹魏吞并而希望与之抗衡。因此,不大不小的军事实力迫使孙权重新认识和评价"孙刘联盟"。

夺取荆州,彻底与刘备撕破了脸皮之后,孙吴与曹魏结成了联盟。但是实践证明,与曹魏结盟是不行的。第一,刘备率七十万大军征讨东吴,在生死存亡的关头,从曹操到曹丕都是见死不救;第二,打败刘备之后,曹丕却乘陆逊大军追击刘备而后方空虚之机,派三路大军袭击东吴。结交这样的盟友,实在是太危险了。与曹魏相比,曹魏的力量是强大的,而孙吴的力量却是比较弱小的。因为力量不大,孙权玩不过曹魏,所以跟曹魏继续玩下去，是非常危险的可怕的。

孙权又认为其军事力量不小，不甘心将自己的命运绑在曹丕的战车上，受其驱使。因为曹丕又阴险狡诈，包藏祸心。因与曹魏结盟而得罪了西蜀，如果曹魏从北面南下，那么蜀汉就有可能从西面东进。那时，江东就可能两面受敌。所以与之结盟，是不可靠的。搞得不好，还会将整个江东搭了进去，这是非常危险的。因此不想跟曹魏玩了，而想退出联盟而与之相抗衡。但是，又因为力量不大，势单力孤，难以与曹丕相抗衡，因此就想到了与刘备重归于好，再次结盟，共同抗击曹魏。孙权认为，西蜀与东吴一样，毕竟力量弱小，同样受到曹魏的威胁，两国有联合的共同利益；亮虽然狡猾，与曹魏相比，在联盟的问题上还是比较坦诚的，可靠的。再者，原来因为荆州问题，妨碍了两国关系；现在荆州问题不存在了。因此，他认为，两国再次结盟是可能的。

对于孙权的这种思想的推测，是符合逻辑的，同时，也有一定的文献支持。据《三国演义》和《三国志》说，223 年下半年，邓芝奉命出使东吴。孙权问："吴、魏之利害若何？"邓芝说："大王欲与蜀和，还是欲与魏和？"孙权说："孤正欲与蜀主讲和；但恐蜀主年轻识浅，不能全始全终耳。"从孙权的这一句话来看，在孙刘再次结盟的动作上虽然迟缓一些，但孙权思想认识是早有所准备的，而不是被动的。

至此，吴蜀双方都一致认识到，孙刘联盟的极端重要性。在"三分天下的三角关系"中，两个弱者中，其中一个弱者发展很快，引起另一个弱者的警惕，是符合情理的。但是，两个弱者的力量没有绝对超过其中的强者，是不能相互攻击的。相互攻击了，就是自相残杀，就会为强者所用。吴蜀两国，为了生存，相互结为唇齿关系。荆襄一战，孙权背叛了联盟，与曹操联手，南北夹攻刘备，削弱了西蜀力量。荆襄一战，严重地损害了西蜀的根本利益，也严重地损害了东吴的力量。

孙权因为其军事实力不大，难以抗衡魏国，所以为了孙吴的长久之计，希望再次与西蜀结盟。又因为其军事实力不小，不愿屈服于北方，而希望与西蜀联盟而鼎立一方。时邓芝说："大王乃命世之英雄，诸葛亮亦一时之俊杰；蜀有山川之险，吴有三江之固：若二国连和共为唇齿，进则可以兼吞天下，退则可以鼎足而立。今大王若委贽称臣于魏，魏必望大王朝觐，求太子以为内侍；如其不从，则兴兵来攻，蜀亦顺流而进取：如此则江南之地，不复为大王有矣。"孙权说："先生之言，正合孤意。"孙权当即表示，与蜀主讲和，并遣张温同邓芝至蜀通好。

这一次，决心与曹丕绝交，再次与西蜀诸葛亮结盟，是孙权不大不小的军事实力迫使其重新认识和评价孙刘联盟的结果，是由其不大不小的军事实力决定的。

第四节　为什么坐等观望转变到保护西蜀？

与西蜀建立联盟关系之后，不久孙权就收到了诸葛亮约会孙权共同北上伐魏的书函，当时，孙权不知如何回答和应付。怎么理解"不知如何回答和应付"，就是在答应还是不答应之间拿不定主张而摇摆不定的矛盾心理。

为什么会有摇摆不定的矛盾心理呢？这是由孙权不大不小的军事实力所决定的。因为其军事实力不大，所以他不敢贸然不答应而得罪亮，失去西蜀联盟而使自己陷于孤立；又因为其军事实力不小，他又不甘心把自己的命运绑在亮的战车上。孙权难以回答，陆逊做了回答。他说，要"虚作起兵之势，遥与西蜀为应。待孔明攻魏急，吾可乘虚取中原也"。陆逊的回答是滑头滑脑的，既不得罪亮而出了兵，又不把自己绑在诸葛亮的战车上而受其控制，只是"虚作起兵之势，遥与西蜀为应"而已。

实际上，陆逊的态度，从根本上来说，也是由东吴不大不小的军事实力所决定的。因为力量不大，因此不能轻易得罪亮而失去西蜀的联盟，故而答应出兵。因为力量不大，故而出兵又不能真上战场而损兵折将，只能是"虚作起兵之势，遥与西蜀为应"而保存实力。因为力量不小，所以他保存实力而另有图谋。就是等待魏国危急之时，乘虚北上而夺取中原，遏制蜀国向东发展的势头，控制天下大局而与西蜀相抗衡而达到"两分天下"的目的。其实，孙权、陆逊这样采取消极被动的战略方针而无所作为是不对的，应该积极北上而配合亮，在灭掉魏国之后争取统一天下的主动权。

因为采取这样积极主动，而不是消极被动的战略方针，很可能还是大有作为的。甚至在 219 年，刘备在汉中击退曹操，关羽在襄樊水淹曹仁七军，实际上是吴蜀两国的难得机会。这时候孙权从建业北上合淝，再牵制一下曹操并奋力抢占地盘，就有可能改变魏蜀吴力量悬殊对比，使"三分天下"的三方比较均衡。或者曹操被消灭，在此基础上形成吴蜀"两分天下"的格局。可惜孙权缺乏战略眼光，配合操南北夹击关羽而袭取了荆州。这样从短期来看，虽然得了大半个荆州，但从长远来看，西蜀输了，东吴也输了。随后，吴蜀两国不仅唇齿相依的盟国关系彻底破坏了，双方由于积怨而爆发了夷陵之战，两家总兵力遭到了严重的削弱。尤其西蜀，力量就更弱了。在这种形势下，东吴的最后灭亡就是必然的趋势了。228 年到 234 年亮北伐期间，孙权对西蜀所采取的就是这种消极态度和策略，实际上也是错失了争夺天下的主动权的机会。

我们从 208 年春，孙权占据夏口而不敢北上，219 年占据荆州而无力北上，228 年诸葛亮北伐，又不愿与之配合而北上的史实来看，就充分说明在天下争夺战中，孙权从来就是一个配角,而不是主角。234 年,诸葛亮去世,孙权就感到十分震惊和悲哀,这时候他才意识到亮存在的重要性,深感一旦西蜀亡了,吴国就孤掌难鸣了。据《三国演义》说,诸葛亮刚死,边廷急报说:"东吴令全琮引兵数万,屯于巴丘界口,未知何意。"后主刘禅遣宗预入金陵(今南京)问之,孙权说:"朕恐魏人乘丧取蜀,故增巴丘守兵万人,以为救援,别无他意也。"孙权又说:"朕既许以同盟,安有背义之理?"并取金铍箭一支折之,设誓说:"朕若负前盟,子孙绝灭!"《华阳国志》亦做了记载:"吴以亮之亡也,增巴丘守万人,蜀亦益白帝军。"

这是因为没有了西蜀,就没有了对曹魏的牵制力量,东吴就势单力孤了。孙权说的话,是心里的话是真心的话。孙刘结盟,东吴与西蜀之间就是一种唇齿相依的关系。亡了唇,齿能独存吗?东吴要想在政坛上存在下去,非得有西蜀对曹魏的牵制不可。因此,亮死后,西蜀的国力逐渐衰弱了,无力问鼎中原而完全局限于西部的两川地区,而且倒有可能被曹魏灭掉的危险。到了这个时候,对东吴也是一个致命的威胁。孙权的这种立场观点,从根本上来说,还是因为其不大不小的军事实力所决定的。因为力量不大,一旦没有了西蜀,东吴就力量单薄而难以与魏国相抗衡;又因为力量不小,不甘心吴国被魏国所吞并,所以孙权一反常态而主动出兵保护西蜀。维护西蜀,就是维护平衡;保护平衡,就是保护东吴。

西蜀经过荆襄和夷陵两次大败,到亮死之后,已经是日薄西山而江河日下了。263 年,西蜀终于亡国了。西蜀亡国前夕,东吴曾立即派遣吴将丁奉率大军火速前往救援。但是无济于事,丁奉大军未到,蜀就亡掉了。蜀亡之后,吴中书丞华覈奏吴主孙休说:"吴、蜀乃唇齿也,'唇亡则齿寒'。"事实上也是如此,西蜀亡国之后,不久吴国也就亡了国。

第五节 本应有所为又为什么不能有所为?

东吴实力不大不小,不大即小于曹魏,不小即大于蜀汉。从实力来说,应该说,孙权自始至终是大于刘备,东吴自始至终大于西蜀。

夺汉中之前,孙权的力量是肯定大于刘备,之后其力量依然大于刘备。时孙权不仅有江东六郡,向南已经发展到了交州全境,向西占据了荆州的南三郡,其版图面积还是挺大的。江东六郡是孙坚、孙策时期开辟的,底子雄厚。相比之下,西蜀的力量就小了。益州大部分地区都是大山,人口稀少,种植面积小。操在退出汉中之时,迁走了大量人口,所以刘备接受的几乎是一座空州。据史料统计,东吴人口 52 万户,合计 230 万人,是蜀汉人口(94 万人)的两倍还多,兵力自然更多。西蜀后经过荆襄和夷陵两次大败之后,力量就更弱于江东了。

东吴的文臣武将就更不弱了，从周瑜、鲁肃、吕蒙、陆逊、陆抗，他们的文韬武略，并不亚于亮。荆州在刘备手中，吴国的疆域隔着一条大江，过江不容易。夺取了荆州之后，有了北上的跳板，陆逊却不率兵北上，而力量弱小的蜀国却有孔明六出祁山，姜维九伐中原之举，这究竟是什么原因呢？

从地形地势来说，东吴防御却大不如西蜀。蜀国在防御上，可以说没有什么压力。因为它的四周皆崇山峻岭，关隘险阻，中间是平原，就像一个盒子，更像是一个保险箱。保险箱外围的几个关口，都是"一夫当关，万夫莫开"的险峻，外国一般是打不进去的。而吴国在地理位置上就没有那么多优势了。那时候，南下北上是两条道路，一条是从徐州、合淝南下建业（即今南京）、芜湖，一条是从宛城、洛阳南下荆州。因为在河南、安徽、湖北之间有一个大别山，山的东边是江淮平原，西边是江汉平原。再西边是高山峻岭，包围着四川盆地。在江汉平原与四川盆地之间隔着一个长江三峡和一个秦巴山脉。因此古代大的战争，都是在荆州和江淮平原之间厮杀。

这种地理位置及地势地形特点，就决定了吴国防御和进攻的艰难性。先说防御，从夏口到建业，千里江防，防不胜防。因为江淮地区，一马平川，战马扬鞭，几个小时就到。虽然占据了荆州，但北上宛洛的战略要地襄阳，还在魏国手中，魏国随时可以南下荆州。所以说，防御的压力大。再说北上，也确实不易。东吴要北上，首先还是从南京渡江北上，攻打徐州或者合淝。要拿下徐州或者合淝，没有十万人马根本守不住。调动这么多的部队，后方必然空虚，又担心魏国从宛、洛南下荆州。如果从荆州北上，襄阳是一道难以逾越的"鸿沟"，因为曹魏吸收了关羽北上攻打襄阳的教训，在此构筑了最坚固的防线。如果强攻襄阳，就必须调动荆州全部的人力物力和财力而后方空虚。这时候，魏国也可能会来一个"围魏救赵"，迅速南下来打南京。蜀国也有可能从西边来偷袭荆州，因为西蜀对荆州耿耿于怀，梦想夺取之。虽然吴蜀之间建立了盟友的关系，但吴蜀之间的矛盾大于吴魏之间的矛盾，对蜀不能不防。因此，东吴一旦北伐，就有可能两面受敌。

实际上自两国再次建立了盟友关系后，亮是不会来偷袭荆州的。陆逊不能率兵北上，最重要的还是一个体制问题的障碍。西蜀为什么能够北伐？因为亮大权在握，调兵遣将，行动自如。孔明六出祁山，可从成都调走十分之九的兵力。在吴国，孙权是大权独揽，军政大权高度集中。陆逊的才华虽不亚于诸葛亮，是三国中期东吴防线的奠基者，还位列"古今六十四名将"，但手中没有军政大权，难以调动大部队。值得一提的是，孙权年迈之后的防备心很重。在吴国，江北集团、江东集团两大派系争斗复杂而尖锐，孙权总的倾向是压制江东集团，维护江北集团。对江东本地大家族陆家尤其是陆逊，更是严加防范。后期虽然给予陆逊以高位，孙权却连最基本的信任都没有。在这种情况下，陆逊想要带领大军出征，简直就是做梦。蜀汉内部，虽然有元老派、荆州派、益州派、凉州派，但亮权威大，镇得住。因此，可以处于超然于各派系的地位调兵遣将。反观陆逊，作为江东本土陆姓士族代表，其本身就属于孙权所防备的，因此麾下许多将领都不服他，试问他如何领兵出征？

从体制上来说，最根本的就是孙权大权独揽。而孙权的智力和魄力又不足以指挥一场大规模的北伐战争。当然，孙权曾组织过四次大军北上，那是为了夺取江淮地区而确保江南的安全。因为古来就有言，"守江必守淮"。孙权的北上，几次都是失败而归，究其原因皆决心不大，实质上就是智力魄力不足。自己智力魄力不足，对别人又不放心，这就是陆逊本应有所为而又不能有所为的原因。

第二十三章　赤壁大战

赤壁大战，是三国历史上的一次极其重要的战役，是三国历史上具有转折点意义的战役。这场战争，造成了"三分天下"的历史局面。

孔明以其杰出的天才和宏伟气魄，挥动巨手，扭转了历史的乾坤，开创了历史的新局面。就是成功地出使东吴，说服孙权，建立了孙刘联盟，赤壁一战，大败曹操，形成了"三分天下"的局面。

赤壁大战，以孙刘胜利、曹操失败而告终。赤壁大战后，曹操不得不接受三分天下的现实。孙刘联军是怎么打败操的？号称雄师百万的曹操，为什么会被战败呢？至今仍然众说纷纭，是一个历史之谜。

第一节　曹操败于火攻还是败于瘟疫疾病？

曹操善能用兵，堪称一代军事家。赤壁大战时，孙刘联军与曹军相比，力量悬殊；赤壁大战，操居然败了，可见周瑜、诸葛亮棋高一等。

《先主传》说："先主遣诸葛亮自结于孙权，权遣周瑜、程普等水军数万，与先主并力，与曹公战于赤壁，大破之，焚其舟船。"《周瑜传》说："初一交战，公军败退，引次江北。瑜等在南岸。瑜部将黄盖曰：'今寇众我寡，难与持久。然观操军方连船舰，首尾相接，可烧而走也。'乃取艨艟斗舰数十艘，实以薪草，膏油灌其中，裹以帷幕，上建牙旗，先书报曹公，欺以欲降。又豫备走舸，各系大船后，因引次俱前。曹公军吏皆延颈观望，指言盖降。盖放诸船，同时发火。时风盛猛，悉延烧岸上营落。顷之，烟炎张天，人马烧溺死者甚众，曹军遂败退，还保南郡。备与瑜等复追。曹公留曹仁等守江陵城，径自北归。"以历史文献为佐证，说明曹操败在火攻上，证据确凿。

但是，近些年来，有论者对"火攻论"提出了质疑。说操在赤壁大战中，不是败于火攻,而是败于一场瘟疫。操大军自到江陵之后,军中就传染着一种瘟疫疾病,几十万大军丧失了战斗力,不战而自败。这种说法,亦有历史文献为佐证。《先主传》说:"先主与吴军水陆并进,追到南郡,时又疾疫,北军多死,曹公引归。"《周瑜传》说:"时曹公军众已有疾病,初一交战,公军败退,引次江北。"《郭嘉传》说:"太祖征荆州还,于巴丘遇疾疫。"《武帝纪》说:"公至赤壁,与备战,不利。于是大疫,吏士多死者,乃引军还。"

说明曹军营中传染着一种瘟疫性的疾病,使士兵丧失战斗力,是操失败一个非常重要的原因。这种瘟疫性的疾病,据说就是血吸虫病。7世纪初的《诸病源候论》医学著作就有关于血吸虫病的记载。大量调查资料表明,与赤壁大战有关的地区为血吸虫病发区,尤其是湖南、湖北一带。论者认为,血吸虫病的流行季节正是曹军迁徙、训练水军的季节。曹军从陆地转战水中,容易染上血吸虫病。此病在人体中潜伏期为一个月,一个月后才会出现急性症状。一个多月后,进入冬季决战时期,这种疾病就进入了急性期。由于曹军大面积地得了血吸虫病,丧失了战斗力。

据《新医学》1981年第11期与1982年5月25日的《文汇报》就这个问题在展开讨论中,提出了一条"孙、刘联军在免疫能力与曹军没有高低强弱的分别"的观点,那么为什么曹军染上了血吸虫病,而孙刘联军没有染上呢?这是因为,操的兵大部分来自北方,所得荆州之兵毕竟少数。这来自北方的大部分曹军,就不是血吸虫病流行区的湖北人,他们从陆地转战水中,是极易传染上此病的。而孙刘的联军,基本上生活在江南地区,而且主要是在长江边上,其免疫力极强,没有传染上血吸虫疾病,所以仍保持着极强的战斗力。还有一部分史料也否定了曹军败于火攻的观点。《郭嘉传》说:"太祖征荆州还,于巴丘遇疾疫,烧船。"有人据此说,赤壁大战,火烧曹营,火是曹操放的。

然而也不能据此就完全否认火攻的作用,其理由是:第一,《吴主传》虽有"曹公烧其余船而引退"的记载,但在之前,周瑜、黄盖已经放火将曹军基本烧尽了。《先主传》也记载说,"与曹公战于赤壁,大破之,焚其舟船"。所以说,曹操放火烧船,不能否认周瑜、黄盖的放火。第二,《郭嘉传》说:"太祖征荆州还,于巴丘遇疾疫,烧船。"说明曹操烧船的地点不在赤壁,而在巴丘,时间不在赤壁大战时,而在曹军兵败退到巴丘时。第三,《文汇报》就这个问题展开讨论认为,血吸虫病的潜伏期一般在一个月左右,少数在两个月以上,潜伏期越长,发病的症状也就越轻,所以即使曹军在秋季患上了血吸虫病,到大战爆发时才发病,曹军的身体状况也不会很糟糕。但是,在大战期间以及大战之前,在曹军之中确实传染着一种瘟疫病,即血吸虫病,这是历史事实,有历史文献做佐证。

因此说,操在赤壁大战中的失败,主要原因是火攻,其次是瘟疫性疾病,即血吸虫病。血吸虫病的传染，使曹军丧失了战斗力，是曹操在赤壁大战之时失败的一个重要原因。但是，血吸虫病没有发展到那么严重的程度，还不至于毁掉曹军的全部战斗力。所以，曹军主要败于火攻，这是确定无疑的。赤壁大战，究竟是谁放的火，众说纷纭，《三国志》的说法也前后不一。《先主传》说火是孙刘联军放的。说联军放的，实际就是东吴放的，是周瑜决定的，黄盖具体操作的。从史书的记载来看，火烧赤壁时，操也烧了船。据此也不能说明烧毁几十万大军的火，是曹操自己放的。据说曹操在战后曾给孙权写了一封信说："赤壁之战，有疾病侵袭，我烧船而退，使周瑜白捡了这个好名声。"操的信，彻底否认了曹军败于"火攻论"。操的话是不可信的，他能承认自己是败于无名小辈周瑜之手吗？

第二节　周瑜谋划的还是孔明谋划的？

《先主传》记载说："先主遣诸葛亮自结于孙权，权遣周瑜、程普等水军数万，与先主并力，与曹公战于赤壁，大破之，焚其舟船。先主与吴军水陆并进，追到南郡。"《周瑜传》详细记载了周瑜对赤壁大战的谋划和实施火攻的全过程，说明赤壁大战是周瑜谋划的。

"天下事有真必有假，虚夸高估亦有之。赤壁之战，曹操号称八十三万，其实只有三四十万，又不熟水性，败在孙权手下，不单是因为孔明'借东风'。"毛泽东认为看问题一定要全面，决定战争成败的因素是多方面的。赤壁之战的胜利是天时、地利、人和等多种因素综合作用的结果。赤壁大战，主要是周瑜谋划的，功劳首先应当属于周瑜。当然，孔明也不是什么事都没有干。曹操大军压境，东吴的文官一概主降。是战，是和？孙权是犹豫不决的。倘若不是亮出使东吴，"舌战群儒"，说服孙权抗曹，孙权或许还真可能会降曹。孙权决心抗曹，孔明功不可没。

当然，孔明的话，孙权不一定信。因为孔明代表的是刘备集团的利益，他是站在刘备集团立场上来说话的，不可能贴心贴肺地来帮助孙权谋划。所以，不管亮说得怎么在理，他的话还是要打些折扣的。因为孔明不是自己人，是刘备的人。他的话，不能不听，也不能全听；不仅不能全听，而且还要有所警惕，防止中计上当。因此，孙权虽然被孔明说动了心，但是张昭、顾雍等自己的人一说"上当了""中计了""被利用了"，孙权就要再考虑考虑了。所以，鲁肃再说的时候，孙权说："卿且暂退，容我三思。"

孔明的话，不可信，尤其不可全信。但是，周瑜的话却是可信的，因为他是自己人。且不像鲁肃那样受到过孔明的蛊惑，瑜是完全站在孙权的立场上，独立思考且又是忠心耿耿的。周瑜回到柴桑初见孙权时说："江东自开国以来，今历三世，安忍一旦废弃！"孙权问："若此，计将安出？"周瑜分析了曹操用兵，犯有四忌，"虽多必败"。孙权听后,矍然而起,说:"孤与老贼,势不两立!卿言当伐,甚合孤意。"周瑜说:"臣为将军决一血战,万死不辞。只恐将军狐疑不定。"孙权立即拔佩剑砍面前奏案一角说:"诸官将有再言降操者,与此案同!"说着,就将此剑赐给了周瑜,封其为大都督。因此说,江东抗曹指挥大权只能是掌握在周瑜的手中。

抗击曹军,虽然是孙刘联军,但主力肯定是江东的军队。孙权的水军驻扎在江南岸,曹军驻扎在江北岸。而孙刘联军的一方,即刘备的军队,驻守在夏口地区。处于战场最前线而与曹军相持的是江东的军队。按照《周瑜传》叙述,从周瑜率军与曹军遇于赤壁,经过初次交战到火烧曹营,作战部队主要是东吴的兵马。既然赤壁大战,参与的部队主要是东吴的兵马,周瑜又被孙权任命为东吴的大都督,掌握着抗曹的指挥大权,因此说,赤壁大战的谋划和指挥,显然是周瑜。按照小说的叙述,初一交战,探看敌情;确定实施火攻;用反间计,借曹操之手除掉蔡瑁、张允;将计就计,巧用蔡中蔡和传递信息;黄盖诈降而用苦肉计;阚泽密献诈降书;庞统巧授连环计,莫不是出自周瑜的谋划。

敌强我弱,而且力量悬殊,所以要战胜曹操,只可智取,不可力敌。因此,赤壁大战,实质上,不仅仅是兵力对兵力的战争,而是智慧对智慧的战争。操作战经验丰富,但是在与瑜打智慧战的时候,瑜又是棋高一筹。赤壁大战,东吴赢了这场战争,不是赢在兵力上,而是赢在谋略上,赢在智慧上。周瑜部将黄盖说:"今寇众我寡,难与持久。然观操军方连船舰,首尾相接,可烧而走也。"就是说,操兵多将广,实力雄厚,与之拼兵力,难以持久,实施火攻,用智取。如何实施火攻,一系列的问题就出来了。曹操深通兵法,火攻就那么容易实施的吗?围绕这个问题,就有一环扣一环的计谋,这就是智慧。

在这一场大战中,诸葛亮是否起了作用呢?回答是肯定的。抗曹指挥的决定大权掌握在周瑜之手,作为孙刘联军一方的代表孔明,还是有献计献策之权的。瑜谋划的军事机密,对孔明也是保密的。虽然没有参与军事谋划,但是孔明一眼就能看破其秘密。小说通过鲁肃在周瑜与孔明之间传递信息而了解到孔明对周瑜用谋心知肚明,就体现了孔明高超的军事才能。比如:孔明在鲁肃面前,祝贺周瑜借刀杀人,为东吴除了心腹大患;蔡中蔡和前来诈降,周瑜将计就计;周瑜打黄盖,一个愿打一个愿挨,这些都说明孔明对周瑜的谋划一一知之。在商讨破敌之策时,孔明、周瑜都主张用火攻,英雄所见皆同。如果不是孔明善识天气之变化,西北风必转东南风,算定十一月二十日甲子日必起东南风,何来赤壁大战之胜?因此说,虽说孔明没有赤壁大战谋划和直接指挥的决定权,但通过献计献策,仍然发挥了一个军事家的重要作用。

既然孙刘双方建立了联盟,那么双方的军队就是联军了。《三国志》的一些传记,在讲到赤壁大战时基本上都用了孙刘联军作战的名称。《周瑜传》说:"权遂遣瑜及程普等与备并力逆曹公，遇于赤壁。"其实，在火烧赤壁之前，真正和曹军相持并投入战斗的是东吴的军队，当时刘备的军队驻守在夏口，不过处于战备的状态。真正达到了孔明所说的"使南北相持，于中取利"的目的。东吴参战的军队，只能是周瑜直接指挥。《三国志》说，火烧曹营之后，"备、瑜等复追之南郡"。按照《三国演义》的说法，孔明借东风之后，回到夏口，调兵遣将，部署埋伏，追赶曹操，才算是真正投入了战斗。而只有在追赶曹操的时候，对于刘备的军队，亮才真正地直接地进行了谋划、调遣和指挥。

第三节　天时、地利、人和的转化

孟子说："天时不如地利，地利不如人和。"对于战争的双方，都少不了天时、地利和人和。那么，作为赤壁大战这样一场具有历史转折意义的战争，三个因素究竟是对谁有利？

先看天时，就有利于孙、刘，而不利于曹操。孙、刘的不利因素开始向有利因素转化，操的有利因素开始向不利因素转化。主要体现在两个问题上，其一是操的军队，大部分是北方人，到了南方，不服水土，易生疾病，瘟疫性疾病开始在军队里传播；其二是战争进入关键时刻，刮起了东南风。这两个问题，对操都是致命的。东吴利用火攻，使操的百万大军顿时化为灰烬。

再看地利，亦然。操大军到达荆州，大规模的陆地追击战，是其优势。但是，长坂坡大战之后，操的优势却开始逐渐地转化为劣势，而备却逐渐由劣势转化为优势了。长坂坡一战后，备败走汉津口，向东退至夏口，而操则向西占据了江陵。地利者，地形也、地势也、地理位置也。从江陵到夏口的地势地形比较特殊。由江陵东面直到夏口西面，沿着长江北岸有几百里宽的一个沼泽地，人烟稀少，道路不通，大船进不去，兵马不能驻扎。这样的地形，兵家叫死地。这种地形，对于兵少将寡的刘备来说，非常有利，对于兵多将广的操来说，就非常不利。

《三国志》记载："权遂瑜及程普等与备并力逆曹公，遇于赤壁。时曹公军众已有疾病，初一交战，公军败退，引次江北。"这一带的长江是非常曲折的，而且北岸又是沼泽地，南面有东吴军队把守，曹军只好沿着长江，进到赤壁。曹军当时也占领了长江南岸一些地方，不料才一交战，就打了败仗，只好退到江北。曹军不能在南岸展开攻势，就注定是要失败的。《军志》说："失地之利，士卒迷惑，三军困败，饥饱劳逸，地理为宝。"（见杜佑《通典》引《军志》）因为几十万大军，一部分在船上，一部分在江北的沼泽地上，曹军只能局促江边一线，可谓进退两难。逐鹿中原之时，操打的都是陆战，有丰富的作战经验，有优势。到了长江边上，打的是水战，就不行了。南方人，善于水战；

北方人,善于陆战。操与东吴交战,是舍其所长,用其所短也。

最后看看人和,人和更是有利于孙刘而不利于操。曹操南征,讨伐刘备和孙权,打的是汉献帝的旗号,即"奉旨讨贼"。荀彧公开表示,对曹操"挟天子以令诸侯"不满,在一定程度上造成了人们离心离德。在社会的下层,也引起了人们很强烈的不满。例如,曹操攻打荆州,就有十多万民众跟随刘备南撤,就是对曹操的一种反抗形式。当时,在曹操集团内部,尽心尽力者也不多。荀彧与曹操政见不同,在政治上与操分道扬镳,结果被曹操赐死。程昱闹着辞职,刘晔在关中,贾诩只会自保。再看孙刘联军,因刘备、诸葛亮高举着"匡复汉室"旗号,坚持"孙刘联盟,共同抗曹",在舆论上就彻底打败江东的投降派,极大地凝聚了人心。

曹操南征,所得荆州之兵,非心服,迫于势也。诸葛亮说:"荆州士民附操者,迫于势耳,非本心也。"周瑜也说:"曹操所得袁氏之众,亦止七八万耳,尚多怀疑未服。"曹操方面,人和是不利的。孙权和刘备,却占十分有利的人和。孙权方面,因抗击来犯,举国上下,团结一致,同仇敌忾。孙权决心抗曹,君臣一心,上下同欲。刘备方面,更是占有人和之利。备在危难之时,从不遗弃老百姓,因而深得民心。他的仁德品格,给他的部队带来了一定的凝聚力。初至夏口时,兵少将寡,但不久,其被操打散的部队又集结到备的身边参战。一般的情况,孙刘两家,可能会出现一些相互扯皮、相互摩擦、离心离德等一些不利于联合作战的因素。但是大兵压境,势如泰山压顶,关系到共同的生死存亡,唇亡而齿寒,所以双方还是能够精诚团结的。

赤壁大战,天时、地利、人和都在孙刘这一边,而不在曹操一边,故而孙刘联军取得了胜利。

第四节　战略和战术性的失误

203年,曹操曾下令说:"自命将征行,但赏功而不罚罪,非国典也。其令诸将出征,败军者抵罪,失利者免官爵。"毛泽东读到这里,批道:曹操亲率大军攻吴,"赤壁之败,将抵何人之罪"? 明确地指出赤壁之败,是操的一个重大的战略战术上的失误。决定战争成败的有天时、地利、人和,也有战略战术方面的因素。战略战术方面的失误,是曹操在赤壁大战失败的一个重要的原因。

第一个失误,就是攻打的目标不明确。大军南征,是征讨荆州,还是既征讨荆州又征讨江东? 是讨伐刘备呢? 还是既讨伐刘备又讨伐孙权? 不够明确,具有一定的盲目性,犯了"两个敌人同时打"的战略性错误。曹操说:"吾所虑者,刘备、孙权耳;余皆不足介意。今当乘此时扫平江南。""扫平江南",显然是既扫荆州,又扫江东,这就犯了"两面同时出击"的战略错误。

《孙子兵法》说："故为兵之事，在顺详敌之意，并敌一向，千里杀将，是谓巧能成事。"强调的是要集中兵力，集中进攻的目标。操此次出兵战略目标之大，胃口之大，是他从前未有过的。逐鹿中原时，在战略战术方面，一直谨慎小心，总是利用矛盾，各个击破，一口一口地吃掉敌人，一个敌人一个敌人地消灭。先灭袁术，再灭吕布，再灭袁绍，那时可能是因为自己力量小的缘故吧。统一北方之后，拥有了百万之众，实力雄厚，以为占领荆州，扫平江东，是易如反掌，过高地估计了自己，过低地估计了敌人，产生了骄傲轻敌的思想情绪。张作耀在《曹操评传》中说，曹操赤壁大战失败的"根本原因就在于思想上的骄傲轻敌"，并说，这是史家共识。

　　第二个失误就是错在出兵的时机上。操应当在到达江陵之前，或者在到达江陵之后，立即率军东进，以迅雷不及掩耳之势，攻打到江东，形势可能就是另外一种情形了。因为这时，是进攻东吴的最佳时机。主要是孙刘联盟还未建立；江东投降之风甚嚣尘上，是战是降，孙权暂且狐疑不定，正是出其不意，攻其不备之时；瘟疫性疾病还没有开始传染，军队还非常有战斗力。如果操在江陵待的时间越长，就是推迟到来年春暖花开之时出兵，那么就没有那么多的麻烦了。因为在这时候，天气寒冷，马无蒿草的问题不存在了；瘟疫性疾病的问题也没有了，军队又有了战斗力。

　　易中天所说的"不长不短"的时间，正是刘备退守江夏而欲与孙权结盟之时。操又不及时地截断刘备与孙权的联系，坐等刘备与孙权结成联盟。休整了两个月去攻打孙权，显然是错误的。两个月之后，贾诩建议他不要急于出兵，在荆州再休整一段时间，操练军队，安定民心，巩固刚占领的地区，等准备好了再去攻占江东。操觉得很轻易地赶走了刘备，占领了荆州，兵力增强了，实力也雄厚了，对付孙权没有问题，就没有听贾诩的劝告。

　　第三个失误就是错误的战略战术。曹操到达江陵之后，占据了长江南岸一些地方，在地理位置上占到了一定的优势。因为他的陆军是久经沙场英勇善战的，陆战是其军之长，而水战则是其军之短也。曹操应该利用陆军优势和在地理位置上的优势，向江东纵深发展，开辟陆地战场，而不应该用陆军去打水战。就是说，曹操一开始就应该以陆军为主力，走陆路向东挺进，遏江两岸，寻找开辟合适的战场。曹操的这种战略性错误，诸葛亮、周瑜已经看得很清楚了。据《资治通鉴》记载，周瑜曾分析说，"操舍鞍马，仗舟楫，与吴、越争衡"，是舍其长，用其短也。

　　为什么会犯这一系列的错误？根本原因就是曹操有了骄傲自满而轻敌的思想。由于骄傲轻敌，一口气想同时吞掉孙权、刘备。由于轻敌而胃口过大，所以他对于眼前能够消灭的敌人刘备过于麻痹了而放走了。长坂坡大败刘备之后，本来应该乘胜追击，赶在其逃往夏口之前，彻底歼灭这股敌人。即使不能彻底消灭，也可以把刘备堵在路上，截断他与江东的联系，将其彻底孤立。这样一来，结果就会大不一样。

操占据江陵之后，实力进一步雄厚，已成席卷天下之势，就更加骄傲轻敌了。在作战中，只看到自己的长处，看不到自己短处；只看到敌人的短处，看不到敌人的长处。就是对自己军队的弱点，估计不足，或者没有估计，对于攻打江东的困难也没充分地估计。而操军队的这些缺点、弱点，如北军不服水土，易生疾疫，不习水战，又是到了寒冬季节，马无蒿草，操没有看到；周瑜、诸葛亮看到了。因而赤壁大战，操战败，而周瑜、诸葛亮却能以少胜多。

第五节　败于郭嘉早逝还是荀彧不作为？

有一个观点，说曹操赤壁之战败于谋士。易中天说，赤壁之败，是由于郭嘉过早去世，倘若郭嘉还健在，就不至于败。他分析说，207 年，38 岁的郭嘉不幸病故，27 岁的诸葛亮出山而来到了刘备的身边。郭嘉与孔明相比，是基本相似或者相同的重量级的人物。一死一出，历史就在这里拐了一个弯。

郭嘉为曹操集团服务，只有十一年，而且职务不过是一个军师祭酒，就是一个参谋而已。易中天说："尽管只有短短的十一年，郭嘉却留下了辉煌的业绩。郭嘉在曹军中时，操可谓凯歌高唱捷报频传，成功地统一了北方。"操在表文中说："每有大议，临敌制变。臣策未决，嘉辄成之。"《三国志》所载和小说《三国演义》所反映，嘉确实是一个军事天才。在实战过程中，他敢出险招，善走险棋，能当机立断，而且神机妙算。

操三战吕布而疲惫，准备撤军。嘉力主再战，并断定再战必胜。这一步棋，就走得险，因为当时操还有几个劲敌，都对许昌虎视眈眈，如果再战而败呢？其后果就不堪设想。结果是，一战而吕布被擒。操欲大战袁绍，担心孙策偷袭许昌。嘉说来不了，鼓励操一心一意北上抗击袁绍，这是非常危险的。当操北上与绍对峙之时，如果孙策没死而渡江北上，那么曹操就会腹背受敌而全军覆灭。郭嘉敢于决策，关键就在于他料事如神。后来果如嘉所料，孙策果然被刺客杀死而来不了。操北征乌桓，有人担心刘表乘机来袭许县，嘉说不会来，应放心北征乌桓。这是一条险计，操北征乌桓，如果刘表的十万大军来犯，那么许都的老巢都彻底给端掉了。结果嘉的决断是准确的正确的，刘表没有来。大军北征凯旋；后方许昌，平安无事。

因此说，曹操统一北方，功劳应当归于嘉。操上表说："平定天下，嘉功为高。不幸短命，事业未终。追思嘉勋，实不可忘。"可是自嘉去世之后，操的军事成就却显得乏善可陈。据此推论，操赤壁之败，败于郭嘉早逝也。然而对于赤壁之战失败的原因，陈瓷却有另一番高论。他在《三国那些人那些事（魏卷）》中分析说，操赤壁大战失败的主要原因是荀彧的不作为。

陈瓷分析说，曹操南下征讨荆州，是拿不准的，究竟是南下南京，还是南下荆州，一时还定不下来，是荀彧怂恿曹操南下荆州的。操出兵荆州，还在半路上刘表就病死了，然后刘备望风而逃，接着刘表的儿子投降，形势出奇好。假如刘表不死，情况会怎么样呢？刘表拥有"地方数千里，带甲十余万"，岂是一朝一夕所能战胜的？生死关头，刘表与刘备会抱成一团，共同抗击曹操。况且，刘备的身边还有一个诸葛亮。有亮帮助刘表、刘备出谋划策，操很可能大败而归。深有谋略的荀彧难道看不出来？因此，陈瓷得出结论说，彧故意让操犯险去长途偷袭荆州，是故意让操失败的。

曹操占领江陵后，准备顺江而下攻打东吴。操的"四大弱点"，年轻的周瑜都看出来了，具有丰富经验的荀彧看不出来？为什么不阻止？是有意把操向陷阱里引。在征张绣、灭袁术、擒吕布的战斗中，彧都有良谋。官渡决战，荀彧宏观调控，提醒和鼓舞，在许都主政，为曹操解除后顾之忧。操在不同的场合打败袁绍，荀彧是首功，其功绝不亚于郭嘉。而在赤壁大战之时，彧却没有什么建议，一句鼓励的话也不说，一句战斗口号也不提。对于一个居于首位谋士的荀彧来说，这不是不作为吗？

在陈瓷看来，官渡决战，曹操以弱胜强，成为第一霸主；赤壁大战，曹操以强败弱，接受"三分天下"的现实。前者成功，荀彧鼎力相助；后者失败，荀彧消极怠工。为什么一前一后，荀彧的态度差别如此之大呢？官渡决战之时，荀彧是忠实于曹操的。彧忠实曹操，是因为操忠实东汉王朝，忠实于汉献帝。从官渡决战后到赤壁大战之时，荀彧在思想上与操分道扬镳了，因为他看出了操要君临天下，要做魏王了，开始欺压皇帝了。彧认为，他过去辅佐曹操，是在助纣为虐，这就是荀彧态度一百八十度转弯的根本原因。实际上，两者原因兼而有之。如果嘉健在，确实也不会使操犯如此之错；如果不是荀彧不作为，也不会有操赤壁如此之败。

其实，无论是易中天的观点，还是陈瓷的意见，皆不尽然也。事实上，赤壁失利，有多方面的原因，主要责任并不在谋士，而在于曹操自己的骄傲轻敌，听不进谋士的意见。操的谋士并非无能，比如对孙刘联盟，就早已有人料定，这个人就是程昱。操占领江陵两个月后欲攻打东吴，也有人反对，这个人就是贾诩。但是，要说谋士们一点责任都没有，也不是。当时操的谋士的状况确实不够好，程昱闹着辞职，刘晔在关中，贾诩只会自保，尽心尽力者不多。

第二十四章 三大战略格局的变换

三国时期,没有比荆州的战略地位更引人注目的了。荆州地处当时中国的中心地带,西邻西蜀,东连东吴,北上北方,南通南海,成十字交通型,战略地位十分重要。荆州是禹定九州之一,"南方为荆州,楚也"。荆州最初的中心在江北的襄阳,后来南移到了江南,形成了南北荆州。北荆州以襄阳为中心,南荆州以江陵为中心。

三国前期,荆州未受战乱破坏,人口众多,富庶繁华,是各诸侯争夺的一块肥肉。孙权、曹操、刘备没有不盯上的。谁占有荆州,都严重地影响着当时中国的局势。曹操占据了荆州,就形成了"一强独霸天下"的局面;孙权若占有荆州,就有可能形成了"两分天下"形势;刘备占有了荆州,就形成了"三分天下"的格局。"一强独霸天下""两分天下""三分天下"合称为"三个天下"理论,"三个天下"变换理论,是《三国谋略论》所论的极为重要的理论。

第一节 "两分天下"与"一强独霸天下"之争

天下争夺战,关键是要占据战略要地,就相当于一场战役,要占领战略制高点。一场战争是这样,一场天下争夺战,更是这样。荆州就是三国时期一个极为重要的战略要地,天下争夺战的战略制高点。199 年到 200 年袁绍、曹操、孙策三大割据势力并存的时期,孙策有志于北上中原争夺天下。但是孙权继位后,其基本的战略方针是"向北防御,向西发展"攻打并企图占据荆州,力争形成"两分天下"的格局,形成了"两分天下"与"一强独霸天下"之争的局面。

孙坚不仅善于谋善于战,而且还很有战略眼光。192 年,孙坚欲纵横于天下,就首战荆州,包围了襄阳,就是看中了荆州的战略地位。200 年,鲁肃初仕江东时,正是袁曹官渡相持之时,虽然袁绍强于操,但鲁肃料定,袁绍必败,"曹操不可卒除"。为了防止曹操"一强独霸天下"局面的形成,鲁肃建议孙权应乘北方多务,"剿除黄祖,进伐刘表,竟长江所极,据而有之"。其战略意图,就是占领荆州,打到长江尽头,争取形成"两分天下"。实施这一个战略部署,最重要最根本最关键的就是占领荆州。他认为,只有占领荆州,才能"建号帝王以图天下"。

207 年,江东再次讨伐黄祖时,甘宁引众来降,并献计说:"南荆之地,操所必争也。刘表无远虑,其子又愚劣,不能承业传基,明公宜早图之;若迟,则操先图之矣。"就是告诉孙权,应该抓紧时间,抢在操之前夺取荆州。"既破祖军,鼓行而西,据楚关而图巴、蜀,霸业可定也。"甘宁的宏伟战略目标,虽然与肃的"两雄争夺天下"的战略思想后退了一步,但与"竟长江之极而据守之",即"南北划江而治"的战略思想是相吻合的,在本质上还是与操相抗衡的"两分天下"。

鲁肃和甘宁所献的谋略,包括后来周瑜和吕蒙的谋略,概括起来都属于"两分天下"的战略。"两分天下",可分为"两雄争夺天下"和"南北划江而治"两种战略思想。这两种谋略在本质上是一致的,不矛盾的。但还是略有区别,"两雄争夺天下",是一种进攻性的积极性的战略,鲁肃、周瑜的思想战略就属于第一种;而"南北划江而治"则是一种趋向于消极而保守性的战略,甘宁、吕蒙、陆逊的思想战略就属于第二种。

为了实施这一战略目标,具体地说,就是抢在操之前,夺取荆州,力争形成"两分天下"。江东曾于 203 年 11 月、207 年和 208 年春三次与刘表的部将黄祖,大战于大江之中。第三次打败黄祖,并且夺取了夏口。夺取了夏口,就敲开了荆州的东大门,大军就可以毫无阻挡地进入荆州。而且夏口地区,是一片沼泽地,进可攻,退可守。所以说,在进入荆州的过程中,即使受到顽强的抵抗,也可以退至夏口而据守之。因此,孙权在夺取夏口时,应一鼓作气去夺取荆州。

这时候,孙权凭借夏口为跳板,发动大规模的军事进攻,一鼓作气拿下荆州具有极大的可能性。第一,因为荆州的大门已经敲开,大军可以蜂拥而入;第二,黄祖的降将甘宁对荆州的情况比较熟悉,有利于大军的闪电式进攻;第三,刘表又不懂军事,性格懦弱,且又在生病之时,难以指挥战争,必然是慌作一团;第四,虽有刘备,但刘表阴御之,难以发挥作用。这么好的条件,孙权居然不用,收兵回了江东。夺取夏口,如能拿下荆州,那么,孙权的事业就具有了历史转折点的意义。夺取了荆州,就遏制了曹操南下;反过来,孙权也可以北上宛、洛,在战略上取进攻的态势。夺取了荆州,还阻拦了曹操西进巴、蜀的去路,为孙权西进巴、蜀创造了条件。就是说,孙权即使无力北上,与操争夺中原;也可以凭借荆州,西进巴、蜀,与操相抗衡而形成两分天下。

形势是变化的,时间是紧迫的。机不可失,时不再来。丧失了先机,留下了必然失败的祸根。几个月后却让曹操夺取了荆州,反过来却欲顺江而下而控制孙权了。操占据了荆州,孙权既不能北上,也不能西进。因此说,这一次机会的失去,就使得孙权的势力范围,只能局限于江东地区而难以向北向西发展。诸葛亮曾经评价说:"就孙权的智力、魄力和军事力量是难以北上的,他只能凭借三江之阻而守住江东及其所属的江南地区。"

第二节 "三分天下"打破"一强独霸天下"

曹操早就看出了荆州战略地位的重要,不然的话,他为什么在统一北方之后,立即亲率大军南下? 南征荆州,固然是因为枭雄刘备寄居在此,根本原因还是其重要的战略地位。即使刘备没有寄居荆州,操也会南征的。消灭了袁绍,统一北方;占据荆州,压倒了孙权,在逐步形成了"一强独霸天下"的局面下实现天下一统,是曹操的基本方略。但是值得警惕的是,孙权当政之后,一直在向西发展。操北征乌桓返回邺城之时,孙权、周瑜已经彻底打败了黄祖,离占领荆州只有一步之遥了。这可是非常严峻的问题:一旦孙权占领了荆州,达到了"两分天下"的目的,整个中国形势就会发生巨大变化,就会形成"两雄争夺天下"格局。那时,要对付孙权,就不那么容易了。时不我待,所以曹操亲率大军南征。

攻打荆州,一方面是打刘备,也打刘表,但另一方面是在与孙权争夺荆州而抢时间、抢战机。荆州之争,其初期就是"一强独霸天下"与"两分天下"之争。南征之前,操说:"吾所虑者,刘备、孙权耳;余皆不足介意。今当乘此时扫平江南。"这番话,其战略意图就是先取荆州,接着就扫平江南,这是非常露骨的"一强独霸天下"的战略思想。为什么呢? 因为占领荆州,就占据了夺取天下的战略要地,就能顺势而扫平江南。怎么理解"扫平江南"? 就是扫平包括荆州在内的江南地区而统一全国。操虽然也忧虑刘备,但当时备的力量毕竟弱小,还未成大气候,不足以构成威胁。而孙权就不同了,虎踞江东,占有六郡之地,又有三江之固,进可攻,退可守,是劲敌。孙权虽不是善能用兵而攻城略地,但善能用人,使其尽心尽力,这就不能小看了。

因此,在曹操的心目中,此次南征,其侧重点还是孙权。长坂坡打败刘备,占据荆州而到达江陵,对于操来说,具有十分重要的军事战略意义,既阻拦了东吴的西进战略部署,又遏制了其北上的趋势。由于荆州具有下控三吴的战略优势,占领了荆州,就可以水陆并进,顺江而下,打破孙权占据长江的优势,化劣势为优势,为灭掉孙权而统一天下创造条件。操此次南征,占据了荆州的北方四郡:南郡、南阳郡、襄阳郡(操将南郡北部划为襄阳郡)、南乡郡(将南阳郡一部划为南乡郡)。除江夏郡外,其他各郡,即南四郡,在名义上也都归降了曹操。这时候的江夏郡,江南的大部分被孙权占据,江北的小部分被刘备、刘琦占据。操占据了以江陵为重心的南北荆州,就在大势上压倒了孙权,彻底形成了"一强独霸天下"的局面。

曹操大概就认为刘备已经是黔驴技穷，走投无路，其力量已经是微不足道了。所以，他放弃了对刘备的追击而迅速占领了江陵，进行一段时间的休整。进攻江东，需要水战，这就有了水军训练的问题，这些工作要做好准备的。同时操也认为，占领了荆州，备就成了瓮中之鳖；占领了荆州，就会使江东惊恐不已。实际上，操占据荆州之后，就对孙权产生了巨大的威慑力。就是江东不投降而出兵迎战，也是败多胜少。操占领荆州之后，计点马步水军，有八十三万，所谓的孙刘联军，也只有五六万的兵力。实力悬殊，孙刘的联军，与曹操的军队是没法比的。因此，周瑜部将黄盖说："今寇众我寡，难与持久。"说的就是这种"敌强我弱"，力量悬殊的情况。但是，不管操的力量如何强于孙权、刘备，操还是在赤壁大败而退回到了北方。

　　赤壁大战，孙刘联军打破了操"一强独霸天下"的战略格局。曹操赤壁一败，从名义上归降曹操的荆州南四郡，基本上处于失控状态。荆州的北部地区，将会得而复失。甚至这一退，会动摇整个中原的基础，因为西部地区还有一个虎视眈眈的韩遂、马腾。孙、刘联军也有可能也有机会挟余勇而乘赤壁大战胜利之势而席卷中原，形势是严峻的。操败退至南郡时认为，荆州对于巩固北方来说，具有十分重要的战略地位。经过慎重考虑，令曹仁镇守荆州，并授予一密计，命其挡住孙刘联军。然后自己率兵回到许昌，忙于巩固中原去了。曹操一走，江东的大军赶来包围了江陵（即南郡）。周瑜挟赤壁之战的胜势，曹仁孤城苦守；周瑜兵多势盛，曹仁却是兵微将寡，以少对多。大战进行了一年，打下了江陵，曹仁全身而退。209 年，"瑜、仁相守岁余，所杀伤甚众。仁委城走"。曹仁血战周瑜，在力量远远弱于敌人而又孤立无援的情况下，虽败但全身而退。南郡一战，曹仁为摆脱孙刘的威胁，恢复曹魏元气，在三国鼎立中保持进攻的态势发挥了作用。

　　但是，曹仁毕竟失败而丢失了南荆州，致使南荆州落入了孙刘联军之手。曹操感到欣慰的是，还控制着战略要地襄阳，可以有效地阻挡南军北上。但心中还是遗憾的，因为丢失了南荆州。210 年，当闻报说，汉上九郡已大半归于刘备，操手脚都慌乱了。刘备占据了荆州，操为何如此紧张呢？因为荆州"沃野千里，士民殷富"，上逼宛洛，下控江吴，具有重要的战略地位。刘备占据了荆州，就挡住了操南下统一天下的可能，并使操在战略上受到孙、刘的遏制。操说："刘备，人中之龙也。生平未尝得水，今得荆州，是困龙入海矣。"

　　从 196 年到 199 年，在江淮地区，在一个缩小了范围的"三分天下"的三角关系中，操纵横捭阖，"利用矛盾，各个击破"，先后灭掉了吕布和袁术，扫清了东南面。从199 年到 201 年，在中国的东部地区，在袁绍和孙策之间，在一个中等范围内的"三分天下"的三角关系中，操采取了"北抗袁绍，南和（防）孙氏"的战略方针，即"打击一个，稳住一个"的战略方针，打败了袁绍，取得了统一北方的决定性胜利。但是 208 年，在一个大的范围内的三角关系中,操却输给了诸葛亮的"三分天下"之谋,败在孙刘联军之手,于赤壁之战大败而退回到了北方,被迫接受"三分天下"的现实。

第三节 "三分天下"挤掉"两分天下"

诸葛亮是有战略眼光的,他在谋划"三分天下"的格局中,首先想到的就是荆州。他认为,"荆州是用武之地",是天下争夺战的战略制高点,是今后逐鹿中原的最佳起点。只有占据荆州,才能形成"三分天下"的格局。

刘备不能从刘表手中直接夺荆州,按照当时风云变幻的形势,就必然归于曹操。将来备想要夺荆州,就只能从操手中夺了。赤壁之战后,操虽败而退回到了北方,但南郡还是被曹仁镇守着。操败退后,刘备顺理成章是要来夺南郡的。孰料孙权也要来夺,其实孙权也是顺理成章地来取荆州的。这样,两家在荆州问题上就有了矛盾,就纠缠不清了。这个矛盾,就是"三分天下"与"两分天下"之间的矛盾。那时,刘备若用力取,与孙权面对面地争夺,根本就不是孙权的对手。

但是当时的荆州,水是完全被搅浑了,形势已经是混乱不堪了。曹操占据江陵之后,对其周围地区,进行了布防和治理。南四郡虽然归服了北方,但还没有进行整编。操败退之后,留曹仁镇守江陵。而南四郡则基本上处于失控状态,属于三不管的地区:操败而退回到了北方,管不了了;刘琮投降而被操杀害了,无人管了;孙权率军北上,也无暇顾及,自然也就无人管了。那时的荆州,基本上还是刘表的部属管着。当时,刘琮一投降,南四郡自然就归属曹操。可是操又败而退到了北方,今后属北方管,还是属江东管,还是个未知数。但曹仁还镇守着南郡,故南四郡还不敢轻举妄动。

本来南四郡的水就已经浑了,这时周瑜为争夺荆州,在南郡城外大战,水就更浑了。刘备就趁此机会夺取了南四郡,此即"浑水摸鱼"之谋也。那么,南郡又是怎么被刘备夺到手的呢?其实,此时的南郡(又称江陵,从地域上说,又称为荆州),因周瑜与曹仁的大战,水已经相当的浑了。刘备又乘周瑜与曹仁在南郡城外大战之际,将南郡抢到了手。瑜在明处夺,亮在暗处抢;瑜是用武力夺,亮是用谋略抢。周瑜是用武力从曹仁手中将荆州夺了过来,还没有接到手,却被诸葛亮用计谋从背后抢了过去。刘备、诸葛亮抢夺荆州,其实质也是"浑水摸鱼"之谋也。

究竟荆州是怎么到了刘备之手?小说和史书给了两种不同的说法。《三国演义》说是孔明用计从背后夺取的;史书说是刘备进京向孙权借的。直到如今,许多人还死咬着史书的死理,硬说"荆州是孙权借给刘备的"。大史学家吕思勉说:"俗传'借荆州'一语,说荆州是孙权借给刘备的,是毫无根据的。"那么刘备是怎么占有荆州的呢?其实这个问题,在史书中也可以得到明确的答案。

《资治通鉴》说，210年，"刘表故吏士多归刘备，备以周瑜所给地（指南四郡）少，不足以容其众，乃自诣京（当时叫南徐，即今镇江）见孙权，求都督荆州"。但这个要求遭到了周瑜的坚决反对，所以未达到目的。周瑜死后，权以鲁肃为奋武校尉，代瑜领兵，"鲁肃劝孙权以荆州借刘备，与共拒曹操，权从之"。这里的关键问题是，在刘备"诣京见孙权，求都督荆州"即所谓的"借"荆州时，荆州究竟是在孙权手中，还是在刘备手中？可以肯定，荆州不在孙权手中，而是在刘备手中。

《资治通鉴》载，209年，南郡城外大战之后，"权以瑜领南郡太守，屯据江陵""会刘琦卒，权以备领荆州牧，周瑜分南岸地给刘备"。"南岸地"，即江南四郡。周瑜为什么分南岸地给刘备？《先主传》说，刘备"南征四郡，武陵太守金旋、长沙太守韩玄、桂阳太守赵范、零陵太守刘度皆降"，说明南四郡是刘备打下来的，不是周瑜分给的。所谓"分给"，实际上已被刘备夺到手了。这就说明在刘备"求都督荆州"时，荆州也已经不在孙权之手而在刘备手中了。

既然刘备已经将荆州夺到了手中，为什么还要向孙权借呢？因为孙刘两家是盟友，两家的军队是联军，所夺的地盘是共有的，不能因为"我夺的地盘，我占有"，而应当协商分配。这是因为孙刘联军相互协调配合，共同对曹作战。周瑜的军队在最前线与最主要的敌人曹仁作战，牺牲最大；而刘备的军队基本上是在后方，或者说二线与次要的敌人作战，牺牲较少，但所占的地盘却比较多。因此，刘备所占地盘要协商分配。既然南四郡已被刘备拿到了手，周瑜就把它"分给"刘备，江南的那些地方，土地虽广，但战略意义不大。说实在话，当时的南四郡地区，如果没有刘备在背后抢占地盘，周瑜大战曹仁，并将曹仁赶走之后，南四郡实际上也是归于江东的。只不过，刘备在周瑜与曹仁大战之际，在背后用武力夺取的。但是南郡应当归东吴，因为是东吴硬对硬地打下来的。现在虽然在刘备的控制下，是因为刘备从背后偷偷地抢过去的。不管是刘备打下的地盘，还是孙权打下的地盘，都属于联军打下的地盘，都不能私自占有。

《三国志》载，"权拜瑜偏将军，领南郡太守""屯据江陵"。实际上这是虚的，因为南郡被刘备所占据。孙权这样做，意在强调荆州是东吴的。孙权、周瑜死活要夺以江陵为重心的荆州，就是看中了南郡的重要地位。因为只有占有南郡，才能北上抗衡曹操而形成"两分天下"的局面。但是，刘备、孔明更看中了南郡的重要地位，因为只有占据荆州，才能形成"三分天下"的局面。当然赖着不还。硬不归还，那两家就要打仗。当时的情况，对于刘备来说，这个仗确实打不起。第一，真打起来，刘备势弱于孙权，不见得是孙权的对手。第二，两家联合抗曹，真动手打了起来，两败俱伤，会使曹操"渔翁得利"，对孙权不利，对刘备更不利。因此，刘备进京向孙权"借"荆州，是为了更好地协调两家的关系，不至于把矛盾闹得太僵。看来，文学作品《三国演义》说得还比较接近史实，说明信史难信，虚构非虚。

那时刘备为什么敢于进京向孙权去"借"荆州呢？难道不怕被孙权扣留吗？虽然周瑜是坚决地要夺回荆州，并竭力要武力解决问题，但是鲁肃支持备，因为曹操对江南正虎视眈眈。甚至连张昭都竭力反对与备开战，也是因为惧怕曹操也。此时的孙权，因合淝一战，知道曹操实在不好对付，所以态度也开始有所转变而倾向于与刘备联合。故此，"先主至京见权"，开口向孙权"借"荆州，协调双方的关系，巩固"孙刘联盟"的抗曹统一战线。这一次因为周瑜的坚决反对，没有谈成。直到鲁肃因周瑜逝世而代替瑜职务之后，竭力主张"借"，孙权这才答应将荆州"借"给了刘备。

周瑜已经答应了将南四郡分给刘备，而且南四郡比南郡大得多，备又为什么非要抓住南郡不放呢？如果备只占南四郡而没有荆州，那么，刘备、诸葛亮的命脉就被孙权所控制，既不能西进巴、蜀，也不能北上宛、洛，其生存还要仰仗江东的鼻息，就难以形成三分天下之一极而成为江东的附庸。这是因为，荆州地处两湖平原，即江汉平原和洞庭湖平原之间。两湖平原又称两湖盆地，北有汉水、大洪山，南有五岭，西有巫山，东有大别山、幕阜山、九岭山、罗霄山，形成了天然屏障。《读史方舆纪要》称荆州"山川险固，自古称雄武焉"。就是说，刘备、诸葛亮占有了荆州，就可以大展宏图而称雄天下。

占据了荆州，刘备、诸葛亮就遏制了曹操南下的趋势。因为，刘备与孙权结成了唇齿相依的联盟，如果操从合淝南下，备就会从荆州北上宛、洛；如果操南下荆州，孙权就会从芜湖、南京北上江淮。占据了荆州，也阻拦了孙权西进的战略企图，为刘备夺取巴、蜀地区创造了条件；亮利用孙权制约曹操，又利用曹操制约孙权，为夺取巴、蜀地区提供了时间和空间。刘备占据荆州，标志着"三分天下"局面的初步形成。"三分天下"挤掉了"两分天下"。赤壁大战之后，刘备实际上占据了南郡、长沙、桂阳、零陵、武陵五个郡。夺取了荆州五郡，对刘备来说，是一个重大的历史转折。从197年到208年，刘备一直过着逃亡颠簸和寄人篱下的生活。夺取了荆州，就开始有了家，有了自己的根据地。有了荆州，备犹困龙入海，虎归高山。

第二十五章　刘备的西进战略

刘备夺取了以南郡为重心的南荆州,初步形成了"三分天下"的政治军事格局。荆州腹地浅狭,虽说是用武之地,毕竟在曹操、孙权两大势力的夹缝之中,难以施展手脚。

然而,荆州向西,却直通巴、蜀。备占据了荆州,不仅遏制了曹操南下的企图,也打破了孙权西进巴、蜀的梦想,为刘备西进巴、蜀提供了得天独厚的条件。

在"三分天下"大框架大战略方针的指导下,诸葛亮的"乘周瑜与曹仁大战之际,用计巧夺南郡"之谋,庞统的"取涪城,向成都"之谋,法正的"汉中之策",分别帮助刘备夺取了荆州、西川、汉中,彻底形成了"三分天下"的格局。

第一节　"瞒天过海"与"取涪城,向成都"之谋

刘备西进西川,即西进益州。益州,是秦汉时期继《夏书·禹贡》定九州之后的新定之州,在梁州之南。益州以成都为中心,三国时期向南扩展到了贵州、云南一带。夺取益州,即东西两川,是隆中决策既定的战略目标。按照诸葛亮谋划的第一套战略方案,就是"先'三分天下',后'孙刘联盟'"。但是因为道德障碍的原因,刘备坚决不同意实施这一套战略方案。诸葛亮退而求其次,谋划了一个第二套战略方案,就是"先'孙刘联盟',后'三分天下'"战略方案。

因为实施第二套战略方案,刘备、诸葛亮虽然也夺取了荆州,但是与原定的目标,就大大地打折扣了。第一,实施第一套方案,得到的是荆襄九郡。实施第二套方案,仅得了南方五郡,被挤在曹操、孙权之间而难以展志。第二,实施第一套方案,是从刘表及其后代手里直接接管荆州,是与曹操争夺荆州。实施第二套方案,就是与孙权抢夺荆州,大大损害了孙刘联盟。按照原定的战略部署,刘备夺取了荆州,就要准备夺取益

州。"益州险塞",易守难攻。硬攻即明火执仗的进攻,是绝对进不去的。

刘备主要是凭"仁义之君"这块金字招牌打天下的,没有了这块金字招牌,怎么打天下? 正因为在那种艰难困苦的情况下,刘备仍坚守仁义道德,不从刘表及其后代手中取荆州,实施了第二套方案,所以就被人们认为是一个可信任的仁义之君。正因为如此,刘备被刘璋邀请进入了西川,为其"瞒天过海",夺取西川提供了条件。如果不顾道德障碍,实施了第一套方案,直接从刘表手中接收了荆州,或者从刘琮手中用武力夺取了荆州,刘备的"仁义之君"的金字招牌就会受到损害,就会被认为是一个"忘恩负义",或者是"乘人之危"的"伪君子"。如此,刘璋怎么会邀请他进入西川帮助抗击张鲁呢? 刘璋不邀请,刘备的军队又怎么进入西川并夺取西川呢? 这里的利弊也是比较明显的。

是不是实施了第一套方案,从刘表及其后代手中取荆州,刘备就不可能夺取西川了呢? 其实,也不尽然。夺取西川,诸葛亮是满怀自信的。隆中决策时,孔明对刘备说:"刘表不久人世,刘璋非立业之主,久后必归将军。"孔明的意思很清楚,无论荆州,还是西川,取之都是非常容易的。荆州就不必说了,对于取西川,诸葛亮是经过了认真的思考,也进行了认真的谋划。刘焉时期,东西两川,本为一体。刘璋时期,张鲁与刘璋反目,就把东川从西川分裂出去了,此后益州就一分为二了。诸葛亮是一个军事家,对军事进行了深入的研究。益州一分为二,张鲁要侵犯刘璋,刘璋要抗击张鲁,两地矛盾难以调和。孔明深知,取西川时,可以利用矛盾,各个击破。诸葛亮还发现,"刘璋暗弱,民殷国富,而不知存恤,智能之士,思得明君"。因为刘璋暗弱,成都的上层已经一分为二了,这对于取荆州是非常有利的。

如果实施第一套战略方案,夺取荆州之后,诸葛亮究竟怎么进入西川呢? 具体办法我们说不清楚,因为那时有那时的具体情况。战略方针定了下来,具体的战术及其具体的办法和措施,那是要根据当时的具体情况而定的,是要讲究灵活机动的。不过,刘璋暗弱,上层一分为二,张鲁侵犯,这三大因素是孔明取西川有利条件。诸葛亮西进西川的具体战术及其办法和措施,都是从这三大因素里出来的。如果西川被张鲁打得危在旦夕,刘璋就会如热锅上的蚂蚁而乱方寸。到时候,西川"思得明君"的"智能之士",就会请刘备帮忙。形势发展到那个时候,诸葛亮也可能会采取"瞒天过海"进入西川,名为帮助刘璋抗击张鲁,实为夺取西川;也可能会采取"假途灭虢"之谋,先借道攻打张鲁,灭掉东川后,再回过头来夺取西川。

但是,事实上,刘备毕竟实施了第二套方案,而没有实施第一套方案。赤壁大战之后,刘备自然是要来取荆州。可是这个时候,孙权也来取荆州。刘备取荆州,却是和江东抢了,与孙权的矛盾产生了,十分不利于"孙刘联盟,共抗曹操"而损害三分天下的格局。刘备如果不夺荆州,就没有立足之地,就不可能形成"三分天下"的局面;夺了荆州,就与孙权产生难解难分的矛盾。这对刘备、诸葛亮来说,是一个两难选择。赤壁大战后,诸葛亮的战略方针是,夺取荆州,"联吴抗曹",巩固和发展"三分天下"的格局。而孙权呢,因为荆州问题,与刘备却有着深仇大恨,甚至孙刘的矛盾大于孙曹的矛盾。孙刘之间,名为"唇齿相依",实为"同床异梦"。因此,孙权名义上是"联刘抗曹",实际上的战略方针却是"北防曹操,西攻刘备,夺回荆州"。

刘备夺取荆州后,必定是要去取益州的。可是在荆州之旁,孙权对荆州正虎视眈眈,怎么去取益州? 既然刘备已经选择了第二套方案,诸葛亮就只能面对现实。等待取益州的最佳时机,孔明这一等,就等了三年多。211 年,刘璋听说张鲁将要侵犯益州,内心十分恐惧。别驾张松说于刘璋,说要亲往许都,说曹操取汉中,使张鲁不敢复窥蜀中。这个张松就是孔明所说的"思得明君"的"智能之士"。刘璋居然令张松为使,往说曹操。张松赴许都,表面上是说曹操打汉中,实际上是教曹操取西川。张松临出发,暗画西川地理图本藏之,带从人数骑,取路赴许都。早有人报入荆州,孔明另使人入许都打探消息。

得知张松在许都受到无礼的慢待,愤然而回成都时,刘备、诸葛亮就将张松接到了荆州,以上宾之礼而款待之。张松极为感动,于是取出欲献于曹操的西川山川地形图献之于刘备,教刘备去取西川,并表示自己愿为内应而效犬马之劳。张松回益州,与法正、孟达密谋之后,然后见刘璋,说刘璋结刘备为外援以拒张鲁,并荐法正、孟达两人出使荆州。稀里糊涂的刘璋大喜,即遣法正为使,先通情好;次遣孟达领精兵五千,迎刘备为援。这就为刘备"瞒天过海"提供了充分的条件。用"瞒天过海"去取同宗兄弟的地盘,这与刘备以往的做法是不同的。行前,刘备尚有犹豫,庞统说:"主公之言,虽合天理,乃离乱之时,用兵争强,固非一道;若拘执常理,寸步不可行矣,宜从权变。且'兼弱攻昧'、'逆取顺守',汤、武之道也。"刘备恍然大悟,遂决定起兵五万西行,庞统、黄忠、魏延一同前往。

进入西川之后,刘璋便发书告报沿途州郡,供给粮草。璋于成都出发,将三万人马,前往涪城,后军装载资粮钱帛一千余辆,迎接刘玄德。刘备军队在西川所到之处,皆西川供给。两军屯于涪城之上,刘备还装模作样地与刘璋在涪城相会,叙述兄弟之情。至此,刘备取西川,实际用了两个谋略,一个是诸葛亮的"瞒天过海"之谋,一个是备的"以柔克刚"之谋。"瞒天过海"之谋,是一种欺骗之手段;"以柔克刚"之谋;是一种招揽人心,收买人心之术,这两个谋略虽相互对立,却相辅相成。两个谋略,共同的目标,就是夺取西川。

刘备以"瞒天过海"之谋,大摇大摆地进入西川,其实也是"浑水摸鱼"之谋也。此时西川,张鲁在外面搅,在张鲁之外还有一个曹操在搅;在其内部,还有张松、孟达、法正的搅和,把个刘璋的头脑都搅昏了。刘备进入西川之前,水已开始浑了,刘备进入西川之后进一步搅和,水就更浑了。西川之混乱,关键在于刘璋头脑之混乱。刘备进入西川,明的说是帮助刘璋抗击张鲁,暗的却是来夺取西川。刘备满嘴的胡说八道,什么兄弟之情啦,什么帮助抗击张鲁啦,把个刘璋的思想搅得稀里糊涂的,分不清了东南西北,为其一步步地"浑水摸鱼"创造了条件。

即使这样,庞统等还是迫不及待地要动手。庞统献计,来日设宴,埋下刀斧手,就席间将刘璋杀之;然后一拥入成都,刀不出鞘,弓不上弦,可坐而定也,此即"鸿门宴"之谋也。这是一个好谋略,但是相对于"瞒天过海"之谋来说,太急了,太快了;与"以柔克刚"之谋相比较,也太冲突了。刘备说,吾初入蜀中,恩信未立,决不可行。外界也有人认为,此次涪城相会,刘备定会杀掉刘璋,但刘备并没有杀掉刘璋,而仅仅是叙述兄弟之情。因为刘备认为,时机还未成熟,刘璋这座挡风的墙还得用一用。

自从刘备进入西川后,昏庸的刘璋却认为,从此可以高枕无忧了。据《资治通鉴》记载:"备至巴郡,巴郡太守严颜拊心叹曰:'此所谓'独坐穷山,放虎自卫'者也。'""璋迎备,刘巴亦谏曰:'备雄人也,入必为害。'"但刘璋不听,不知危险将至矣。212年,张鲁率兵犯葭萌关,刘璋便请刘备前往拒之。刘备去葭萌关后,刘巴谏曰:"若使备讨张鲁,是放虎于山林也。"刘璋始悟,乃令白水都督扬怀、高沛守涪水关,开始提防。刘备一伙人岂能不知?庞统献计,刘备修书至成都,言欲回荆州破曹操,希望发精兵三四万,米粮十万斛相助。结果刘璋只拨老弱军四千,米一万斛。刘备大怒,扯毁回书。

至此,"瞒天过海"之谋,用到了尽头。于是庞统献上、中、下三计,准备取成都。刘备采纳了中计,即"取涪城,向成都"之谋。杀了扬怀、高沛,袭取了涪水关。经过一年的战斗,214年,大军逼近了成都,吓得刘璋紧闭城门。刘璋思之,还是决定投降。这样,刘备仅五万之兵,也仅三年时间,就夺取了西蜀。刘备进入成都,百姓香花灯烛,迎门而接,达到了夺取西川的目的。刘备夺取西川,可谓煞费苦心,连用了"欲擒故纵""瞒天过海""以柔克刚""浑水摸鱼""取涪城,向成都"连环之计,这是《三国谋略论》第五次所论述的连环计。

夺取了成都,刘备至公厅,升堂坐定。郡内诸官,皆拜于堂下。平定成都后,孔明说:"今西川平定,难容二主:可将刘璋送去荆州",刘备只得从之,于是设一大宴,请刘璋佩领振威将军印绶,令将妻子良贱,尽赴南郡。刘备、诸葛亮取西蜀,以仁义道德作了包装,实乃诈力也。对此,宋朝诗人苏轼很是反感,曾赋"讽刺诗"一首说:"先主反刘璋,兵意颇不义。孔明古豪杰,何乃为此事。"刘备以"瞒天过海"之术取了西川,就使其"仁义之君"的金字招牌大大地受到了损害。

刘备夺取了西川,进一步巩固和发展了"三分天下"的格局。西川号称天府之国,粮草充足,足可支持战争。又"益州险塞",易守难攻。因此说,备夺取了益州,在军事上具有重要的意义。

第二节　南三郡之争与西川危机

　　"三分天下"的格局形成之后,曹操、刘备、孙权三家之间是相互联系相互对立的关系。在"三分天下"的格局中,是一强对两弱。一强者,曹操也;两弱者孙、刘也。孙、刘必须结成唇齿相依的联盟,方能生存和发展。否则,就有可能被曹操各个击破。

　　诸葛亮清楚,赤壁大战只能打败曹操,而不能将其消灭。仅仅将曹操打败,让曹操败退到北方,让其巩固北方,就能遏制孙权势力膨胀。只有这样,才能利用曹操制约孙权,又利用孙权制约曹操;也只有这样,才能维持孙刘联盟的关系,刘备才能夺取荆州并西进巴、蜀,形成"三分天下"的平衡格局。维持"三分天下"的平衡关系,一个关键因素就要维持"孙刘联盟"的唇齿相依关系。以"孙刘联盟"为基础的抗曹统一战线,任何一点损害,都会给孙、刘两方造成严重甚至是致命的伤害,尤其是刘备这一方。

　　原来,孔明坚持实施"先'三分天下',后'孙刘联盟'"的第一套战略方案,就是为了避免与孙权在争夺荆州问题上的矛盾;因为刘备因道德障碍原因而坚持实施"先'孙刘联盟',后'三分天下'"的第二套战略方案。赤壁大战后,刘备因夺了荆州,与孙权的矛盾愈闹愈僵。一方面,孙权坚持要讨还荆州;另一方面,刘备又赖着不还。荆州是曹操、刘备、孙权三家矛盾的聚焦点。刘备不知道这内里的利害关系,在孙刘联盟的统一战线问题上,一而再,再而三地犯错误,严重地损害了蜀汉王国的伟业。刘备西去西川,庞统战死于沙场后,调诸葛亮去西川,就不该留下关羽镇守荆州。正如毛泽东所说,"关羽镇守荆州,是一着错棋哩"。关键是关羽不执行诸葛亮的"联吴抗曹的统一战线",不懂得对东吴进行有理有节的斗争。关羽还十分瞧不起孙权,多次冒犯孙权,因此而激化了孙刘之间的矛盾,损害了孙刘联盟。

　　当刘备西去西川后,孙权甚至几次就想挑起战争,夺回荆州,都因曹操南下而中止。214年夏,刘璋投降,刘备夺取了西川,孙权讨回荆州的心情就更迫切了。"三分天下"形成之初,东吴的谋臣鲁肃曾力劝孙权将荆州借给刘备,并说好了,等取了西川,就将荆州归还东吴,刘备也是答应了的。现在西川已经夺到手了,刘备还是赖着不还荆州,孙权就按捺不住了。215年这一年,孙权就令吕蒙取长沙、零陵、桂阳三郡。《三国志·吕蒙传》记载,"是时刘备令关羽镇守,专有荆土,权命蒙西取长沙、零、桂三郡"。"而备自蜀亲至公安,遣羽争三郡"。"权时住陆口,使鲁肃将万人屯益阳拒羽"。可见当时的形势十分紧张,大战一触即发。

　　也就在这一年,因刘备夺取了西川,曹操十分震惊而召开了高级别的军事会议。会议讨论了"三分天下"的形势,认为刘备刚刚夺取西川,屁股还没坐稳,就亲自跑到公安,指挥关羽与孙权争夺南三郡,这是魏国夺取汉中的极好机会。会议决定,起军先夺取汉中,然后一鼓作气拿下西川,扭转当前不利的战局。于是曹操亲率大军西进,打败了张鲁,夺取了汉中。刘备闻报,大惊失色。曹操占领了东川,对西川构成了严重的威胁。如果孙刘两家爆发战争,西蜀将面临东西两线受敌的危险。刘备迫不得已与孙权讲和,以湘水为界,将江夏、长沙、桂阳划属东吴,南郡、武陵、零陵属西蜀。

这一次刘备在荆州与孙权争南三郡,违背孙刘联盟的统一战线的思想路线,是非常错误的,也曾一度使西蜀面临十分危险的境地,甚至几乎断送西蜀事业。从地势来说,东西两川本为一体。西川山势险峻,东川山势更加险峻,阳平关,剑阁,皆险关,一将镇守,万夫莫入。此两大险关皆在东川。因此说,东川乃西川之屏障也。214 年,刘备夺取西川,立足未稳;215 年,曹操夺取了东川,对蜀构成了严重的威胁。

据《三国志·刘晔传》记载,曹操取了汉中之后,颇有军事才能的刘晔就曾鼓动曹操出兵攻打西川。刘晔说曹公:全国"九州百郡,十并其八,威震天下,势慑海外。今举汉中,蜀人望风,破胆失守,推此而前,蜀可传檄而定"。"今破汉中,蜀人震恐,其势自倾"。因此,他建议曹操,应迅速出兵,闪击刘备。又据《三国演义》介绍,时司马懿亦在汉中,他也力劝曹操迅速攻打西川。但是,曹操却一而再地寻找理由而推脱,就是按兵不动,贻误了战机。反过来,如果曹操听从了刘晔、司马懿的建议,以迅雷不及掩耳之势闪击西川,刘备的势力,势必土崩瓦解。因为,刘备在西川的几十万军队,基本上是刘璋的军队。如果西川失守,荆州亦将震动,刘备的国势就危险了,"三分天下"的格局就危险了。

西蜀颇具才华的廖立说:"昔先帝不取汉中,走与吴人争南三郡,卒以三郡与吴人,徒劳役吏士,无益而还。既亡汉中,使夏侯渊、张郃深入于巴,几丧一州。"当时西蜀的形势确实是如此紧张。那时西川的老百姓非常害怕曹操来取西川,一日之间数遍惊恐,社会很不稳定。时刘备也惊恐不已,还是孔明用计,令伊籍为使,说动了孙权。孙权起大军北上,把曹操的大军从汉中调到了合淝,这才解除了西川的危机。

这一次刘备的南三郡之争,使本来就非常脆弱的以孙刘联盟为基础的抗曹统一战线,就更加脆弱。因为通过这一场南三郡之争,进一步激化了孙刘之间矛盾。令孙权担忧的是,刘备占据着南郡,始终不肯放手。南郡又地处长江中游,处于东吴的上游。南郡的上游,又直通西川。在西川、南郡、江东之间,关羽镇守荆州,对江东十分不友好而虎视眈眈,这就令孙权十分担忧,担忧刘备、关羽图谋不轨。

因为刘备不同意实施"先'三分天下',后'孙刘联盟'"的第一套战略方案,而实施了"先'孙刘联盟',后'三分天下'"的第二套战略方案。就与孙权之间产生了打不完的官司,矛盾不断激化。刘备这一次为争夺南三郡,准备与孙权兵戎相见,再一次地激化了矛盾,为后来孙权在荆襄大战中配合曹操从背后袭击关羽奠定了矛盾基础。因此说,这一次刘备的南三郡之争,是舍本求末,弃大而就小,是不顾大局而求小利一种错误之举。

第三节 "汉中之策"与汉中争夺战

刘备夺取了西蜀,曹操震动。215年7月,操召夏侯惇、曹仁共议灭蜀收吴之事。夏侯惇说:"吴、蜀急未可攻,宜先取汉中张鲁以得胜之兵取蜀,可一鼓而下也。"操于是起大兵西征,结果操夺取了汉中。汉中古地名称为梁州,亦禹定九州之一也,其中心在汉中,即今陕西南部四川北部和重庆。操占据汉中,对益州的安全构成了严重的威胁,使备难以向北发展。操夺取汉中之时,备占据益州时间很短,人心尚未归附,上下十分惊恐。本来,操可以一鼓作气拿下益州。可是这个时候,操却前怕虎后怕狼,既担心江东的孙权,又担心荆州的关羽,所以班师回了朝。

刘备却不管那么多,他积极地行动起来,欲夺取这块战略要地。时操势力已经进入了"三巴"地区,对西蜀构成了严重的威胁。何为"三巴"地区?201年,益州牧刘璋将原巴郡析为巴东郡、巴西郡、巴郡三个行政区划,合称"三巴",相当于今四川嘉陵江和綦江流域以东的大部地区。216年,刘备就派黄权出兵打败了操的三郡太守,控制了"三巴"地区。操听到这个消息,又派张郃进军宕渠。备派张飞迎战,结果张飞打败了张郃,拉开了汉中争夺战的序幕。

217年,法正向备献策说:"曹操打败张鲁,占据汉中,不乘势攻取巴蜀,只留夏侯渊、张郃守把,自己引军北还,这不是他智谋不足、力量不够而是由于内部不稳、后方不安定的缘故。以夏侯渊和张郃的才干,不如我们的将帅,如果出兵征讨,必能取胜。夺取了汉中,可以种田积谷,积蓄力量,等待机会。进一步说,可由此地进兵中原,消灭曹操势力;退一步说,也可以攻取雍、凉二州,扩大疆土;至少还可以坚守要地,同敌人长期相持。"

法正之谋,就是著名的"汉中之策"。其上策,与荆州配合攻取汉朝旧都长安、洛阳,北定中原;中策,取雍、凉二州(即汉代凉州的河西、陇右两块地盘),然后从雍、凉二州出兵,两路夹击,夺取关中;下策,扼守秦岭,保障巴、蜀的安全。法正出身扶风法氏,属关中人氏,因避凉州之乱入蜀,所以对关中、陇西、巴蜀情况了解。刘备跨有荆、益两州后,法正就看出了巴蜀与雍凉的关系,认为一旦夺取了汉中,就有上、中、下三策可选,可以进退自如。

汉中之策明确规定,上策是从汉中直接夺取关中;中策,是先取从雍、凉二州,然后从雍、凉二州出兵,两路夹击,夺取关中。从孔明北伐的实践来看,他的战略目标不是从汉中直接夺取关中,并以关中为根据地而进攻中原,而是从汉中绕道陇右并在此建立根据地,再进攻中原的。隆中决策目标仅是汉中之策的中策而已,仅仅实施"汉中之策"的中策,即以陇右为根据地,是难以夺取中原的。当年刘邦从汉中出发,成就了大汉王朝的帝业,为什么刘备从汉中出发就不能夺取中原而"匡复汉室"还于旧都呢?

这是因为刘邦在正式与西楚霸王项羽争夺天下之前,通过"明修栈道,暗度陈仓"而到达了关中,是以关中为根据地而开始争夺天下的并不是汉中或者陇右为根据地。隆中决策的后期方案,错就错在战略基地主次颠倒,错将秦川当作进攻中原的主要战略要地,而将荆州当作次要的战略要地。秦川是什么地方?秦是指甘肃的东南部即陇西地区、汉中北部、陕西大部;川,即东川,汉中地区。秦川,就是指汉中、陇西相连接的地区。汉中之策弥补了隆中决策后期方案的不足和错误,是对"隆中决策"的补充、完善和发展。"汉中之策",是三国时代杰出的战略谋划之一,是蜀汉后期行动的总纲领。

根据法正的建议,218年,刘备亲统大军北攻汉中,留诸葛亮守成都。曹军驻扎在阳平关,其总指挥是夏侯渊,是有名的将领。时夏侯渊守汉中定军山隘口,备的军队逼近定军山。定军山是汉中西南的门户,地势险要,如果失守,曹操的汉中就难以保住。219年,备召黄忠、严颜到寨,厚赏之,然后研究出战。备用激将法,说得黄忠老将军奋勇前往。备说,汉中定军山,乃南郑保障,粮草积聚之所;若得定军山,阳平一路,无足忧矣。并问:"将军还敢取定军山否?"黄忠慨然应诺。这一场战斗,是在法正的指导下进行的。法正运用"反客为主"之谋,指挥黄忠先夺得定军山西一山头,居高临下,占据有利地形;以逸待劳,待其"惰归"之时,斩杀了夏侯渊,乘势夺了定军山,随后又大战并打败了张郃,取得了汉中争夺战的决定性胜利。

忽报曹操自领二十万大军,要与夏侯渊报仇。操见魏军一再失利,命徐晃从斜谷小路取汉水,王平往助。徐晃不听王平苦谏,引军渡过汉水扎营,被黄忠、赵云打败,王平投降了刘备。曹操至汉中后,对于魏在汉中的一再失利,十分惋惜;对于刘备的这一次汉中用兵,也十分惊讶。经过打听,知道是法正所谋,说:"吾故知玄德不有此,必为人所教也。"《蜀志·法正传》记载说:"正多阴谋,善设奇制变,先主之取益州,皆其力也。诸葛亮与正虽好尚不同,以公义相取,每奇正智术。"

曹操复遣大军从斜谷小路而进,来取汉水,亮用了三条妙计而退之。第一计,令赵云引五百人带鼓角在一土山背后埋伏。"炮响一番,擂鼓一番",一连三夜,惊得曹兵彻夜不安,拔寨退三十里扎营。第二计,孔明请刘备背水结营,使操心中疑惑。两军一交战,蜀军望汉水而逃,尽弃营寨;马匹军器,丢满道上。操又疑而退之。孔明号旗举起,中军刘备,左边黄忠,右边赵云同时杀出,曹兵大溃而逃。操传令兵回南郑,却见五路火起,魏延、张飞分兵杀来,先得了南郑。操心惊,望阳平关而走。

曹操大败而退至阳平关,刘备奇而问之,孔明说:"操平生为人多疑,虽能用兵,疑则多败。吾以疑兵胜之。"备虽取得了重大的胜利,但操还固守在阳平关(位于今陕西勉县武侯镇莲水村)。阳平关北依秦岭,南临汉江和巴山,西隔咸河,与走马岭上的张鲁城遥遥相对,雄踞于西通巴蜀的金牛道口和北抵秦陇的陈仓道口。与汉江南北的定军山、天荡山互为掎角之势,是汉中盆地的西边门户,同时也是巴蜀通向关中的北端前沿。诸葛亮深知阳平关地理位置十分险要,进可攻,退可守,绝不能让曹操占据。于是决定用第三计,让曹操退去。

诸葛亮令蜀兵将远近小路,尽皆塞断;砍柴去处,尽放火烧绝。曹兵不知蜀兵在何处,曹操疑惑不已。又报张飞、魏延分兵劫粮,曹操令许褚去阳平关路上护接粮草。不料许褚败回,粮草被劫。曹操亲自提兵来与蜀兵决战,刘备引军出迎。刘封出战,诈败而逃。操引兵追赶。蜀军营中,四下炮响,鼓角齐鸣。操恐有伏兵,急教退军。曹兵自相践踏,死者极多。奔回阳平关,方才歇定,蜀兵赶到城下:东门放火,西门呐喊;南门放火,北门擂鼓。操大惧,弃关而走。蜀兵从后追袭。正走之间,张飞从前面,赵云从背后,黄忠从褒州三面杀来,操大败,夺路而逃。这三条计策,概括起来就是:使敌疑,使敌惧,使敌乱。在这三点中,核心是疑,亮就是用疑计疑兵疑阵退去曹兵的。每一计策用起来,都声势浩大,地动山摇,犹如排山倒海,使敌胆战心惊、惊慌失措、疑心重重,使敌不战而自败矣。

《资治通鉴》记载,汉中争夺战也确用了疑兵之谋。"赵云将数十骑出营,值操扬兵大出,赵云猝与相遇,遂前突其阵,且斗且却。魏兵散而复合,追至营下,赵云入营,更大开门,偃旗息鼓。魏兵疑赵云有伏,引去;云擂鼓震天,唯以劲弩于后射魏兵。魏兵惊骇,自相蹂践坠汉水中死者甚众。"那么,这个疑兵之计,是谁人所谋呢?《法正传》中,汉中争夺战的前期,有法正参与军事指挥的记载,而在后期,就没有法正指挥作战的记载。因此说,汉中争夺战后期的疑兵之计就是诸葛亮所谋。

刘备夺取了汉中,占据了东川,就占据了整个益州。东川和西川合起来,就是东汉益州刺史部。西川是益州的大部分,为刘璋所占据;东川原益州的一部分,为张鲁所占据。张鲁本是刘焉的部将。刘焉死后,刘璋继位,张鲁与之反目,东川就被分裂出去了。刘备夺取东川之后,东西两川又合而为一体,又统称为益州。又巴蜀地区,亦笼统地称为西川,或称之为益州。但巴蜀与西川又是有区别的,巴蜀应该指今天的成都平原和重庆一带,西川是四川西部和云南北部一带。因此,益州的版图分为三大部分,即汉中、巴、蜀。汉中有汉中、魏兴、上庸、新城、武都、阴平、梓潼七郡。魏兴、上庸、新城在汉中以东,所以称为"东三郡",孟达叛变,为魏所占。武都、阴平两郡为诸葛亮于229年派将军陈式夺取。巴有五郡,分别是巴郡、巴东郡、巴西郡、涪陵郡、宕渠郡。蜀有六郡,分别是蜀郡、广汉郡、犍为郡、江阳郡、汶山郡、汉嘉郡,其中以蜀郡、广汉郡、犍为郡为最大,号称"三蜀"。

刘备夺取东西两川之后,在军事上具有十分重要的战略意义。因为汉中地区,中间是汉中盆地,四周乃环山也。山高路陡,地势险要。例如阳平关,最为险恶,一夫把关,万夫莫入。又剑阁之险,易守难攻。因此说,有了东川,就等于给西川增加了一道天然的屏障。从全局的范围来看,夺取了东川,对于刘备来说,在军事战略上具有转折点的意义。因为有了汉中,就使汉中、西川、荆州连为一体,其军事力量足可与曹操相抗衡。有两川之地的后方保障,荆州的北上宛、洛,下控三吴的战略地位就进一步凸显,北可以遏制曹操,东可以威胁孙权。

夺取了东西两川,建都于成都,东有荆州的天然屏障,北有汉中的天然屏障,可谓是固若金汤,标志着"三分天下"局面彻底形成。吕思勉说:刘备把汉中夺去后,"这一年八月里,又命关羽从荆州攻取襄阳。这时候的刘备,对于曹操竟取了攻势了"。夺取汉中之前,敌强我弱,在军事上备一直处于防御的态势;夺取汉中之后,在军事上的防御态势就转变成了进攻的态势了。

第四节　刘备晋升汉中王

有了荆州、两川之地,刘备便在诸葛亮等群臣的拥戴下,进位为汉中王。刘备称尊号,晋升汉中王,政治意义十分重要。

刘备纵横于天下,其政治目的是什么? 当然是为了夺取天下,有朝一日登基做皇帝。但是,要做得名正言顺。孔子说:"名不正,则言不顺;言不顺,则事不成。"而要做得名正言顺,则要树起一个名正言顺的旗帜。方向明确了,目标也就明确了,就能团结人,吸引人一道为着一个目标去努力奋斗。备是十分注意这一点的,他一开始起事,就树起了一面旗帜,使大家明确了一个奋斗的目标。

桃园三结义时,就立下了誓言:"协力同心,以图大事。"什么"大事"呢? 就是"上报国家,下安黎庶",这是备起事时所竖起的一面旗帜,是刘备集团的政治纲领。董卓"灭国杀君,秽乱宫禁,残害生灵",天下震怒,刘备带领关羽、张飞参加联军,共同抗击董卓。操为父报仇攻打徐州,屠其城,杀其民,掘其坟,祸害老百姓。刘备得知,引兵往救之,这就是"上报国家,下安黎庶"。

刘备汝南引兵袭许都,操以鞭指骂:"吾待汝为上宾,汝何背义忘恩?"刘备亦理直气壮地骂着说:"汝托名汉相,实为汉贼! 吾乃汉室宗亲,奉天子密诏,来讨反贼!"遂于马上朗诵皇帝的衣带诏。就是说,曹操不能代表国家,和董卓一样,"欺君罔上",是一个反贼,刘备是名正言顺地奉旨讨贼。因为"汉室倾颓,奸臣窃命",所以刘备"欲伸大义于天下"而匡复汉室,这就名正言顺了。诸葛亮出山,辅助备,也就名正言顺了。赤壁大战打败操,孔明帮助刘备夺取了荆州和两川之地,也就名正言顺了。

军事上取得了辉煌的胜利,刘备的事业进入了一个鼎盛的时期。而东汉王朝,已经搞得"君不像君""国不像国"了。先是董卓进京,擅行废立,秽乱宫禁;后有李傕、郭汜,祸乱朝廷。曹操占据兖州,移驾许都,自称丞相,挟天子以令诸侯,"欺君罔上"是名不正而言不顺也,而备则是名正言顺的。诸葛亮说:"操名为丞相,实为汉贼。"前不久,操又胁迫汉献帝,做了魏王。做了魏王了,与做皇帝只隔了一步之遥了。因此,刘备说,操做了魏王,不久将行篡逆之事,乃大逆不道也。

现在,备有了荆州和两川之地,从所占据的人口和地盘来说,可以与操分庭抗礼了。汉朝的老祖宗,汉高祖刘邦,曾立下一个规矩,就是"非刘氏不能称王"。曹操挟天子以令诸侯,是汉贼,进位魏王,是篡逆,是名不正言不顺。在这个时候,备晋升为汉中王,具有非常重要的政治意义。就是说,曹操的那个"丞相","魏王"都是"名不正,言不顺",是"篡逆之举",属于"乱臣贼子"的行为。曹姓称王,就是"图谋不轨"。刘备进位汉中王,才是正统的。因为备是当今皇上汉献帝的叔叔,被称为刘皇叔,正统的"帝室之胄",是最有资格称为汉中王的。

刘备进位汉中王,还有一个非常重要的而且是特殊的政治意义。那就是,如果有一天,曹操篡位而称帝,那么,刘备就从汉中王的位子上登基而称皇帝。因为操那是阴谋篡位,拿现在的话来说,那是非法政府。国不可一日无主,那时刘备就能名正言顺地登基做皇帝了,刘备的这个政府才是合法的政府。就是说,夺取了汉中之后,刘备不仅在军事上从防御态势转为进攻的态势;在政治上也从防御态势转为进攻的态势了。

第二十六章　曹操的西进战略

　　统一北方前,曹操在中原地区南征北讨,东征西进。统一北方后,又在全国范围内南征西进,纵横于天下。刘备占据荆州后,操又与刘备、孙权两大劲敌对西部地区展开了激烈的争夺。在这个历史时期,谁夺取了西部地区,谁就取得了战略上的主动权。因此,在与刘备、孙权争夺西部地区的战斗中,操又一次地走到了历史的关键时刻。

第一节　为什么要实施西进战略

　　曹操的西进战略,是在"三分天下"的格局形成之后的社会大背景下进行的。实施西进战略,就是向西部地区进军。西部地区,主要就是指西川、汉中和西凉州三个地区。西川,又称为西蜀。汉中,就是东川地区。西川和汉中,在三国时期,又称为东西两川地区,又统称为益州。镇守西川的是刘璋,东川的是张鲁,西凉州的是马腾和韩遂。这几个人,操一贯是看不起的,称他们是"碌碌之辈"。尤其是刘璋和张鲁,操说他们是"守户之犬耳"。然而,孙权和刘备这两个劲敌也把手伸向了两川地区,就由不得操不着急了。

　　孙权早就对两川地区虎视眈眈。208年春,攻打江夏之前,甘宁就曾献计,迅速攻打黄祖,夺取荆州,尔后"鼓行而西,据楚关而图巴、蜀,霸业可定也"。备占据荆州之后,孙权仍野心不死,继续做着占领巴、蜀,做着"两分天下"的美梦。周瑜更是迫不及待,210年,他说:"乞与奋威俱进取蜀,得蜀而并张鲁,因留奋威固守其地,好与马超结援。瑜还与将军据襄阳以蹙操,北方可图也。"在曹操南征之前,这个谋略是可行的。其关键就是在操之前夺取荆州,可是,在操南征前孙权却一直没有拿下荆州。周瑜也善于谋略,看出了荆州北上中原的战略地位。但是为时已晚,过时了,因为刘备已夺取了荆州并形成了"三分天下"的格局。

可见,江东的胃口之大。因此,操非常着急。按照周瑜的谋划,占领西部两川地区之后,再从荆州出发而北上中原,进而统一全国,这是一个非常宏伟的政治军事计划。如果孙权真的越过荆州西进,占领了东西两川,那么如同孙权在操北征乌桓之时占据荆州一样,中国的形势就会再次形成"两分天下"的格局。但周瑜的谋划是不可能实现的,因为刘备早已把西蜀看作盘中之物了,认为唾手可得,正瞪着眼睛看着呢,岂容孙权越过荆州去取西蜀?孙权在与刘备争夺西川的斗争中,显然是败下了阵。自然,现在是轮到刘备来取西川了。备据有荆州,邻近西蜀,近水楼台先得月。这也是操最为担心的,备如果向西夺取了西蜀,羽翼就丰满了。就是说,备西进而占有了西川,情况就如同孙权占据西川一样,中国的形势也将发生巨大的变化,"三分天下"的局面将会彻底形成。到那时,无论是孙权,还是刘备都是极难动摇的。

对于曹操来说,形势发展到这个阶段,是时不我待,应当迅速实施西进战略,夺取两川地区,然后东西两面夹攻,灭掉刘备而夺取荆州;再从荆州出发,顺江而下,灭掉孙权,实现天下一统。但是现实的情况是复杂的,刘备夺取荆州之后,"三分天下"的局面已经初步形成,孙刘两家的联盟已经牵制了操。如果操贸然出兵去取东西两川,孙权乘其虚而北上,操就首尾难顾了。因为孙刘两家的牵制,曹操的西进战略不到一定的时机,还是不能实施,只能静观其变以待时机。

第二节　战潼关,败马超,取西凉

暂时不能实施西进战略,为什么还要西进西凉州呢?因为马超为其父马腾报仇,与韩遂一道杀奔长安而来。西凉州地处关中之西,亦是秦汉时期继《夏书·禹贡》所定九州之外的一个州,在雍州的西边,即河西走廊,就是现在的甘肃省。

因为西凉州马腾、韩遂,虽是碌碌之辈,但却不是省油的灯。199年,马腾就伙同刘备一起参与了旨在谋害操的"衣带诏案",企图发动宫廷政变,推翻曹操。"衣带诏案"暴露之后,凡在京城的参与者董承等,都被操所诛杀,连娘娘董贵妃也一并被绞死,唯刘备、马腾带兵在外,尚未捕拿归案。刘备现占据荆州,已成为三足鼎立之一足,暂时实在奈何他不得。这个马腾现据西凉州,虽没有什么多大的作为,但却时时兴风作浪,毫无安分守己之意。208年,操率兵南征荆州之时,军中就曾传言,说韩遂、马腾谋反,乘虚杀奔许昌而来。有西凉州韩遂、马腾在,确实是操的一个心头大患。

但是,操又不能贸然去打西凉州。曹操、刘备、孙权三方已成鼎足之势而相互联系、相互制约相互牵制着,动不了兵。就是不出兵西凉州,操也时常担心刘备或者孙权来犯。210年,闻报刘备招兵买马,积草屯粮,连结东吴,早晚必兴兵北伐,欲起兵南征。荀攸说:"周瑜新死,可先取孙权,次攻刘备。"但操又担心马腾来袭,于是荀攸献计,以汉献帝的名义降诏加马腾为征南将军,诱入京师除掉此人。操依计而行,除掉了马腾,解除了后顾之忧。

正在此时,忽报说,刘备将欲取西川,南征孙权的机会来了。治书侍御史陈群献计说:"今刘备、孙权结为唇齿,若刘备欲取西川,丞相可命上将提兵,会合淝之众,径取江南,则孙权必求救于刘备;备意在西川,必无心救权;权无救则力乏兵衰,江东之地,必为丞相所得。——若得江东,则荆州一鼓可平也;荆州既平,然后徐图西川:天下定矣。"陈群分析的思路可谓缜密,一环紧扣一环。然而,在这一幅全国战局的棋盘上,陈群有一着重要的棋子没有看到,这就是西凉州马超。陈群没有看到,但是远在荆州的诸葛亮看到了。当操起大兵南征江南时,孙权闻报,果然求救于备。孔明对备说:"操平生所虑者,乃西凉之兵也。今操杀马腾,其子马超,现统西凉之众,必切齿操贼。主公可作一书,往结马超,使超兴兵入关,则操又何暇下江南乎?"如亮所料,备作一书投之西凉州,马超即起兵入关攻操报仇。马超起西凉之兵杀奔长安而来,操不敢复议南征,引兵向西而迎战马超。就这样,操的西进战略提前实施了。

211年秋季,操进兵潼关。潼关是三国时期著名的关隘,素有天下"第一关"之美誉。《水经注》云:"河在关内南流潼激关山,故谓之潼关。"潼关雄踞山腰,下临黄河,形势十分险要。南有秦岭,东有禁谷。北有渭、洛二川会黄河抱关而下,西近华岳,周围山连山,峰连峰。谷深崖绝,山高路狭,中间一条狭窄的羊肠小道,往来仅容一车一马,真可谓是"细路险与猿猴争""人间路止潼关险"。马超军马迁过长安,直趋潼关。潼关地处秦、晋、豫三省之要冲,是关中的东大门,也是中原地区进入关中的西大门,历来是兵家必争之地。如果西凉兵打破潼关,整个中原就会震动而危及洛阳。

由于西凉兵来势凶猛,操初战不利。收拾败军,坚守寨栅,深沟高垒,不许出战。过了几日,马超又添两万生力军助战,乃是羌人部队。三日之后,马超又添兵马,操大喜。徐晃献计:"今丞相盛兵在此,贼亦全部现屯关上,此去河西,必无准备;若得一军暗渡蒲阪津,先截贼归路,丞相径发河北击之,贼不两应,势危矣。"操说:"公明之言,正合吾意。"于是依计而行,大败马超。随后,操又采用了三十六计中的第三十三计,"反间计"。"抹书离间",使敌人"疑中之疑",离间了马超与韩遂之间的关系,使其双方火并。接着,操"乘乱而取之",乘机大战马超,西凉之兵又相互并杀,马超大败并落荒而逃,操率兵追赶。从骑渐渐皆散,只剩得三十余骑望陇西临洮而去。操亲自追至安定,知马超去远,方收兵回长安。

潼关大战之后,众将问操:"初贼据潼关,渭北倒缺,丞相不从河东击冯翊,而反守潼关迁延日久,而后北渡,立营固守,何也?"操说:"初贼守潼关,若吾初到,便取河东,贼必以各寨分守诸渡口,则河西不可渡矣。吾故盛兵皆聚于潼关前,使贼尽南守,而河西不准备,故徐晃、朱灵得渡也。吾然后引兵北渡,连车树栅为甬道,筑冰城,欲贼知吾弱,以骄其心,使不准备,吾乃巧用反间,畜士卒之力,一旦击破之。正所谓'疾雷不及掩耳'。兵之变化,固非一道也。"操善能用兵,可见一斑。潼关用兵,简直是对《孙子兵法》用兵诡道的诠释。操"故盛兵皆聚于潼关前,使贼尽南守,而河西不准备,故徐晃、朱灵得渡也",此即"用而示之不用"也。"连车树栅为甬道,筑冰城,欲贼知吾弱,以骄其心",此即"卑而骄之"。"巧用反间计",此即"亲而离之"也。当马超与韩遂反目为仇,其内部自相并杀,然后击之,此即"乱而取之"矣。

众将又问操:"丞相每闻贼加兵添众,则有喜色,何也?"操说:"关中边远,若群贼各依险阻,征之非一二年不可平复;今皆来聚一处,其众虽多,人心不一,易于离间,一举可灭:吾故喜也。"此次潼关之战,使"贼加兵添众",也是操一谋也。引其"加兵添众",使其"皆来聚一处",以便"一举歼灭"矣。从而彻底打败了马超,捣毁其老巢,夺取了西凉州。曹操夺取了西凉州,就将版图延伸到了西部的陇西地区,从北面形成了对汉中遏制的态势,具有重要的军事战略意义。

第三节 "以迂为直"取汉中

"兵贵胜,不贵久",操夺取西凉州之后,应当以迅雷不及掩耳之势去攻打汉中。但是,曹操却班师回了朝。为什么呢? 杨阜说:"马超有吕布之勇,深得羌人之心。今丞相若不乘势剿绝,他日养成气力,陇上诸郡,非复国家之有也。"操说:"吾本欲留兵征之,奈中原多事,南方未定,不可久留。"既然马超也只能望之而去,更何况是去打汉中呢。如果操率众去取汉中,旷日持久,则刘备、孙权就有可能相互勾结而乘虚北上袭击中原。况且,朝中亦有事矣。因此,操不便久留关中。

但是,有一件事操确实疏忽大意,而错过了天赐良机。211 年 9 月,操打败马超之后,虽然没有立即去取汉中,但汉中张鲁则早已是惊恐不已。阎圃说:"汉川之民,户出十万余众,财富粮足,四面险固;今马超新败,西凉之民,从子午谷奔入汉中者,不下数万。"因此他建议说:"益州刘璋昏弱,不如先取西川四十一州为本。"张鲁大喜,与弟张卫商议起兵。刘璋闻报大惊,别驾张松却献计说:"松亲往许都,说操兴兵取汉中,以图张鲁。则鲁拒敌无暇,何敢复窥蜀中耶?"璋闻听大喜,即遣张松为使往说操。暗弱的刘璋哪里知道,原来张松早有外心,欲将西蜀作为礼物送于他人。所以,张松临行前,暗画西川地理图本藏之,准备献给曹操。

如果张松将西川地理图本献给了操,张松等又愿为内应,大兵一出,那么西川就是曹操的了。可是,张松自到许都之后,操却傲慢无礼,惹恼了张松。松一怒之下,就没有把西川地理图本献给他。这样,操就失去了一次取西川的机会。操错失良机,让刘备拣了一个大便宜。张松愤愤然而回西川之时,被早有心机的刘备、孔明将张松接到了荆州，待之以上宾之礼，殷勤款待，盛宴三日。张松感其诚，就将西川地理图本献于刘备。备结张松、法正、孟达等为内应，仅出兵五万，花了三年多时间就夺取了西川。在张松欲将西川地理图本献于操时，刘备欲取西川，还只是一个计划而已，并没有什么实际的行动。如果此时操得了张松的图本，那么操就在备之前出了兵，这样两川之地就是操的了。

　　曹操征服西凉州之后，因担心中原多事，错过了张松献图之良机，一搁就是三年。在三年的时间里，备因张松献了图本并愿为内应而夺取了西蜀。但是，整个形势对操还是非常有利的，因为潼关一战，曹魏的版图已经从东边延伸到了西边的陇西地区，对汉中已经形成遏制态势。214年，刘备虽然夺取西川，即益州，但得国日浅，立足未稳。215年7月，曹操再次起兵西征，这就是曹操第一次西进汉中。

　　汉中最险要之处，乃阳平关也。曹军远来疲惫，汉中军前来劫寨，曹军大败。次日，操引兵至关前，见山势险恶，说："吾若知此处如此险恶，必不起兵来。"双方相拒五十余日，张卫的营寨如此之坚固，急切难下。曹操顿时心生一计，传令退军。贾诩说："贼势未见强弱，主公何故自退耶？"曹操说："吾料贼兵每日提备，急难取胜。吾以退军为名，使贼懈而无备，然后分轻骑抄袭其后，必胜贼矣。"贾诩说："丞相神机，不可测也。"此即"以迂为直"之谋也。

　　果然，汉中张卫中计，懈而无备。曹操一面引大军拔寨尽起，虚作退军之势；一面令夏侯渊、张郃分兵两路，各引轻骑三千，取小路抄阳平关后。只几个交手，便得了阳平关。操大军继续前进，交战中，夏侯渊斩了杨任。汉中大将庞德来战夏侯渊，操知其英勇，欲收之。操采纳贾诩之谋，贿赂张鲁手下的一个谋士杨松，使谮庞德于张鲁，离间了两人的关系，结果是张鲁大败而逃。杨松又以密书报告操，便教进兵，杨松为内应，于是操再次大败张鲁而招降之。自此，操平定了汉中。

　　汉中北接秦岭，南连三巴，是巴山、秦岭之间的一块盆地，汉水从西向东贯穿而过。汉中地势险峻，是从关中进入蜀地的必经之路，是益州的门户咽喉，在军事上极具战略意义。夺取了汉中，这是曹操继208年占领荆州而到达江陵之后，再一次获得了夺取天下主动权。因为东西两川，紧紧相连，地理位置上实际上是一个整体。西川山势险峻，而东川的山势更加险峻，东川是西川的咽喉。东川对于西川来说，就是一个巨大的天然的屏障。占领了东川，实际上就控制了西川。从地理位置上来说，操此时攻打西川是非常有利的。

第四节　夏侯渊恃勇与汉中之失

　　刘备夺取西蜀，即西川在前；曹操夺取汉中，即东川在后。刘备和曹操，差不多在同一个时期,一先一后夺取了西川和东川。刘备是在214年夺取西川的;操是在215年夺取东川的。

还在取汉中之前,夏侯惇就说:"先取汉中张鲁,以得胜之兵取蜀,可一鼓而下也。"就是说,夺取了汉中,应当一鼓作气而夺取西蜀。操刚刚打下东川之时,司马懿就说:"刘备以诈力取刘璋,蜀人尚未归心,今主公已得汉中,益州震动。可速进兵攻之,势必瓦解。智者贵于乘时,时不可失也。"而此时的操却不想进兵西蜀,感叹说:"'人苦不知足,既得陇,复望蜀'耶?"刘晔说:"司马仲达之言是也。若少迟缓,诸葛亮明于治国而为相,关、张等勇冠三军而为将,蜀民既定,据守关隘,不可犯矣。"操又以"士卒远涉劳苦,且宜存恤"为由而按兵不动,结果是贻误了战机,错过了夺取西川的机会。

当时的实际情况是,备是以诈力,就是用"瞒天过海"的欺骗手段才夺取西川的,立足未稳,操则是靠强大的军事实力拿下汉中的。此时,备在西川,操在东川。从军事力量方面来讲,操与刘备两军对峙,操力量强大,备仍然力量弱小,双方力量悬殊。从地理位置上来讲,操此时攻打西川,也非常有利。益州人士杨洪说:"汉中是益州的咽喉,生死存亡的要地,如果没有汉中就不会有蜀。"这句话反过来说就是,刘备占据了西川,没有占据汉中,并没有真正的占据西川;而曹操占了汉中,就几乎等于占了一半的西川。

按照操的战略目标,夺取汉中,应以汉中为据点,吞并西川,消灭刘备。因此,操夺取东川之后,西川百姓料操必来取西川,一日之内,数遍惊恐。"兵贵神速",操如果以迅雷不及掩耳之势去攻打西川,可以说是手到擒来。但是操硬是不肯出兵,贻误了战机。战场上,犹如逆水行舟,不进则退。西方有一则谚语说,上帝第一次把机会的瓶颈呈现在你的面前时,你不及时抓住;第二次再抓时,呈现在面前的就是瓶肚,就难抓了。司马懿说:"智者贵于乘时,时不可失也。"机不可失,时不再来。在操率兵去江南,救了合淝之急之后,东川的形势又发生了非常大的变化,已经是有利于刘备而不利于操了。当备在西川站稳脚跟,就逐步北侵汉中,步步向汉中逼近。猛张飞智取瓦口隘,老黄忠计夺了天荡山,随后备亲率大军来取汉中。

操闻报,大惊,急聚文武商议发兵去取汉中。刘晔说:"汉中若失,中原震动。大王休辞辛苦,必须亲自征讨。"操也后悔说:"恨当时不用卿言,以致如此!"219年操急忙传旨,起兵四十万亲征汉中。蜀汉这一边,刘备亲临前线,直接指挥。用"激将法",调动黄忠老将,夺了定军山,斩了夏侯渊。夏侯渊是曹操的心腹爱将,股肱之臣。闻听夏侯渊以身殉国,曹操十分悲伤。

夏侯渊为将的特长,善于远征讨逆,攻城拔寨,速战速决。214年,马超兵犯祁山,西凉危机。他纵横西凉,虎步关右,追亡逐北,打得马超、韩遂狼狈逃窜,赶走了西北狼,吓跑了沙漠狐,所向披靡,捷报频传。一个枹罕人宋建,居然趁马超、韩遂大乱西凉之机,在沙漠上自称"河首平汉王",横行了三十年。他又奉曹操之令,一举将其摧毁,尽显西部猎豹之雄风。曹操从汉中回中原后,留夏侯渊屯兵汉中。其目的就是让他居险而守,封闭刘备北上的门户。他的基本任务就是加筑城防,严密防守。

可是,夏侯渊在西北沙漠战场,养成了进攻性性格,习惯于侵略性思维。他多次与张郃主动出击,骚扰巴郡,无功而返。对于夏侯渊为将的这些长处和短处,优点和缺点,曹操是非常清楚的。当夏侯渊打了几次胜仗之后,曹操曾写信提醒他:"为将当有怯弱时,不可但恃勇也。将当以勇为本,行之以智计;但知任勇,一匹夫敌耳。"1976年,毛泽东曾对周恩来说,曹操告诫夏侯渊,为将的"就是要想到自己的弱点和不足,有打败仗的可能。夏侯渊把曹操的告诫不当一回事,结果全军覆没"。

时魏军据汉水,赵云以少胜多,打败了曹军。至此,刘备取汉中,取得了决定性的胜利。操见汉水丢失,复遣大军从斜谷小路而进,来取汉水,企图挽回败局。《孙子兵法》云:"凡战者,以正合,以奇胜。故善出奇者,无穷如天地,不竭如江海。"又说:"激水之疾,至于漂石者,势也;鸷鸟之疾至于毁折者,节也。是故善战者,其势险,其节短。"操亲统大军来夺汉水寨栅,赵云恐孤军难立,退之于汉水之西,两军隔水相拒。时孔明已亲临前线,他观察形势后,根据操疑心重的特点,以疑兵之计而退之。

215年,操攻打并夺取汉中,表面上看起来,好像是与张鲁争夺,实际上是在与刘备争夺。刘备夺取西川之后,有人就主张乘势去取汉中,刘备却跑到荆州去与孙权争夺南三郡,使操有了可乘之机。夺取汉中之后,操应一鼓作气地去攻打西川,但是操却前怕狼后怕虎而贻误了战机,又使刘备有了可乘之机,于218年来争夺汉中,造成了汉中的军事危机。操于219年再次率大军来争夺汉中,结果失利,被刘备夺了去。

曹操汉中决战的失败,无论在军事上还是政治上都是一个巨大的损失,尤其是失去了夺取天下的主动权而使自己处于受遏制的地位。因为失去了汉中而使刘备据而有之,这样汉中的巨大的天然屏障就归于刘备,使备的西川在防务上得到了进一步的巩固而不可动摇。刘备有了东西两川地区及荆州地区,国势已成。尤其是占据了东西两川地区,荆州上逼宛、洛的战略地位就进一步凸显了出来。因为有了两川地区,若从荆州进攻而北上,可威胁中原而威震华夏;一旦失败而退,也有两川地区作为后盾。因此说,占有了东西两川地区,凸显了荆州问鼎中原的战略地位,开始形成了与曹操"西部两雄相争"的局面。

第二十七章　孙权的西进战略

曹操南征之前,鲁肃、甘宁曾先后为孙权制定了一个夺取荆州,"鼓行而西,据楚关而图巴、蜀"的西进战略,力图形成与北方相抗衡的"两分天下"的格局。

孙权要实行"两分天下",关键是要夺取荆州。赤壁之战前,江东因没有占领荆州,反被北方所夺取,孙权的"两分天下"战略,被操的"一强独霸天下"的战略所打破;大战之后,荆州又被孔明用计夺了去,"两分天下"的战略又被"三分天下"战略挤掉了。

"两分天下"与"三分天下"之间的矛盾,集中体现了吴蜀双方在荆州问题上的矛盾。双方矛盾愈演愈烈,终于导致了"孙刘联盟"的破裂而爆发了荆、襄之战。

第一节　关键时刻,怯而止步

200 年到 208 年,是孙权的"两分天下"与曹操的"一强独霸天下"相竞争的历史时期。操统一北方后,必然要南下来夺荆州。孙权夺荆州,实质上是在与操争夺荆州。刘表是一个不懂军事而无能的人,所以说,孙权和曹操,谁先到谁先夺;谁先夺,就谁先得;谁先得,谁就占有了先机。如果孙权夺取了荆州,就形成了"两分天下"的格局;如果曹操占据了荆州,就形成了"一强独霸天下"的局面。荆州的战略地位极为重要,谁夺取了就在天下争夺战中,掌握了战略主动权;谁失去了,谁就在天下争夺战中处于被动地位。

一旦荆州为操所夺,江东就受制于曹操了,因此孙权必须抢在操之前拿下荆州。孙权要夺取荆州,必须先占据夏口。夏口是荆州的东大门,是刘表的部将黄祖镇守着。夏口南临高山,三方阻水,易守难攻。宋代的祝穆曾说:"夏口城依山负险,周围不过二三里,而历代攻围都不能破。"孙权曾三次率大军战于长江之中,但是,第一第二次都失败而回。208 年春,孙权再次出兵攻打黄祖,斩其首,夺取了夏口。

孙权占领了夏口,离夺取荆州仅一步之遥,本来可以一鼓作气,乘胜而取之。对于孙权来说,攻打荆州,既具有天时,又具有地利。但是,孙权却弃城班师而回了。孙权这一次不取荆州,不是国力不足的问题,而是智力和魄力不足。没有及时去夺取荆州,就丧失了争夺天下的先机。几个月后,荆州就被操夺取了。曹操夺取了荆州,江东的安全就受到了严重的威胁。操占领了荆州,打破了孙权的"两分天下"的战略思想,彻底实现了"一强独霸天下"的局面,大有席卷天下之势。

赤壁大战,孙刘联军打破了"一强独霸天下"的局面。荆州虽然还在曹军手中,但操毕竟败退而回到了北方。乘赤壁之胜的余威,拿下荆州,应该说是不成问题的。周瑜奉孙权之命,信心十足地去取荆州,以为是手到擒来。不料半路上杀出了一个"程咬金",就是刘备、诸葛亮。周瑜自然恼火,甚至想杀掉刘备。经过谈判,亮高姿态,让瑜先取,实际上是战略上先退一步。结果瑜率大军与曹仁在南郡城(南郡即江陵,也指南荆州地区)外大战一年,损兵折将,且身中毒箭而受重伤,几乎丧命,好不容易赶走了曹仁,不料荆州却被刘备、孔明从背后不费一兵一卒就取了,东吴却竹篮子打水一场空。大战之前,孙权的"两分天下"败给了曹操的"一强独霸天下"之谋;大战之后,孙权的"两分天下"又败给了刘备、诸葛亮的"三分天下"之计。

失之毫厘,差之千里。208 年春,孙权没有及时地去夺取荆州,之后先被曹操夺取,对江东构成了致命的威胁;后又被刘备、诸葛亮夺去了,江东被刘备挤到了东南一隅,为最后的失败埋下了祸根。在孙权争夺天下的战略棋盘上,夺取荆州是关键的一着棋。由于这关键的一步棋没有走好,结果处在两线防御的被动局面。北面要防御曹操南下,西边要防御刘备顺江而下,其防御的压力远大于曹操和刘备。因为失去荆州,在"三分天下"格局下,孙权只能看着刘备与曹操争夺天下的雌雄决战,无论曹操胜,还是刘备胜,最后都是要并吞江东而统一天下。所以说,失去了荆州的孙权,只能给子孙留下了一盘难以走活的输棋。

第二节　荆州之失乃战略之失

打败并赶走了曹操之后,孰料眼见要到手的荆州,却被刘备、孔明用诡计夺了去,真正是"煮熟了的鸭子又飞走了"。孙权是恼羞成怒,周瑜更是气急败坏:前门赶走了狼,后门又来了虎。

孙权在荆州问题上,为什么会有此一败呢?最主要的还是其战略有误。赤壁大战后,孙权违背"并敌一向,千里杀将"的兵法原则,"分兵两路北上":一路由周瑜统率,北上攻打荆州和襄阳;一路由孙权亲自率领,北上攻打合淝,这是争夺荆州失败的极其重要的原因。周瑜是有一定的战略眼光的,他看出了荆州的战略地位的重要性。但操并非善辈,也看出了荆州的重要,派大将曹仁镇守,并授予一个锦囊妙计,以防孙刘联军占领荆州而北上中原。此时的荆州,情况特别复杂。操因赤壁之败而退回到了北方,曹仁镇守荆州,基本上处于一种防御的态势。但还有一个虎视眈眈的刘备,正瞪着眼睛要取荆州呢。对于这个新情况,孙权估计不足、认识不足、准备不足而处于被动。

操败退到北方时,荆州实际上是一分为二了。江北从南阳、樊城、襄阳到江陵,被曹操所控制;江南的南四郡由于操还未来得及整编,归降曹操只是名义上的。曹操败退北方之后,南四郡的广阔地带,就成了三不管的地区。此时的孙权应该与周瑜合兵一处,组织力量南下控制南四郡,集中精力攻打荆州,并准备北上中原。由于孙权分一军北攻合淝,周瑜攻打荆州,则显兵力不足而顾此失彼。结果,亮乘周瑜与曹仁大战之际,夺取了南四郡;荆州也被诸葛亮用诡计取了,孙权在军事上吃了大亏。既然备失却信义,通过阴谋手段抢占了荆州,那么就再用战争把它抢回来吧。什么"孙刘联盟"?一概顾不了了,周瑜是气势汹汹地要来动武,要决一死战。鲁肃说,"不可。方今与曹操相持,尚未分成败;主公现攻合淝不下。不争自家互相吞并,倘曹兵乘虚而来,其势危矣"。其实,这也正是江东的软肋,也正是诸葛亮所恃。如果孙权要来夺荆州,又担心曹操南下来攻东吴,这实际上就是"黄雀在后",对"螳螂捕蝉"的牵制。战场上不能解决,只能寄希望于谈判了。所谓谈判,实际上就是派人去要荆州。派谁去呢?也只能派鲁肃去,因为鲁与刘备、诸葛亮比较友好。因此,鲁肃三番五次地去谈判,这就是历史上有名的鲁肃讨荆州。第一次,被孔明用刘琦顶了回来;第二次,被孔明以"暂借"为名搪塞了过去;第三次,被刘备一把鼻涕一把眼泪地挡了回来。不管你鲁肃怎么讨,刘备、孔明是软泡硬磨,就是赖着不给。后来被讨得没有办法了,孔明说,立纸文书,暂借荆州。双方同意,签字画押,就这样"借"了荆州。鲁肃既然签字画了押,同意将荆州"借"给刘备,那就要向孙权报告。但是周瑜坚决不同意,直到周瑜死后,鲁肃掌管东吴兵权,"鲁肃劝孙权以荆州借刘备,与共拒曹操,权从之"。

但是,荆州对于孙权来说,也是志在必得,因为荆州的战略地位实在是太重要了。被刘备占据的荆州,山川险固,进可攻,退可守。荆州有三个重要的城市,即自西向东沿江而建的夷陵、江陵、夏口,都具有战略地位。夷陵是荆州的西大门,夏口是荆州的东大门,都可防可守。江陵,是刘备在荆州的治所,是荆州的重心。江陵因"地临江,近州无高山,所有皆陵阜"而得名。甘宁曾对孙权说:"江陵之得失,南北之分合判焉,东西强弱系焉。"长江穿荆州而过,从南部方向来说,可作为抵御北方的屏障;从东西方向来说,可作为连通荆州的通道。荆州又处在东吴的上游,将来刘备力量强大了,关羽镇守荆州,对东吴就构成了巨大的威胁。作为军事家的周瑜,为此而忧心忡忡,故而千方百计地想把荆州夺回来。可是,打吧,又怕曹操南下;讨吧,又经不住孔明扯皮。

战略失误,失去荆州,孙权是痛心疾首。

第三节 "两分天下"难破"三分天下"

周瑜为了荆州,丧了性命。但是,孙权仍不甘心。孙刘两家,早已是没有什么情面可讲了,所以为取荆州,不择手段。什么孙刘联盟,什么亲戚关系,都全然不顾了。只要能达到目的,什么手段都可以。

211年,刘备西取西蜀,兵马已至涪水。消息传到东吴,孙权召集文武商议,欲取荆州。顾雍说:"刘备分兵远涉山险而去,未易往还。何不差一军先截川口,断其归路,后尽起东吴之兵,一鼓而下荆襄?此不失之机会也。"什么联盟不联盟,全然不顾了。一心只想铲除刘备,独霸江南,实现"两分天下"的战略目标。这是一个非常阴险毒辣的计谋,也是一个不顾后果而没有战略眼光的谋略。这一仗要是打下去,就和刘备彻底撕破了脸皮而断绝了盟友的关系。这一仗打下去,或者灭掉了刘备,或者两败俱伤。然后怎么办呢?一个强大的曹操正笑眯眯地坐山观虎斗呢。但是,孙权却说:"此计大妙!"正商议间,吴国太走了出来,大喝说:"进此计者可斩之!——欲害吾女之命耶!"这一个计策,被吴国太所阻。

孙权无奈,立于轩下,自思:"此机会一失,荆州何日可得?"正沉吟间,张昭入见而献计:"此极易也:今差心腹将一人,只带五百军,潜入荆州,下一封密书与郡主,只说国太病危,欲见亲女,取郡主星夜回东吴。玄德平生只有一子,就叫带来。那时玄德定把荆州来换阿斗。如其不然,一任动兵,更有何碍?"言下之意,只要把妹妹接回来,跟刘备就没有什么亲戚关系了,可以放开手脚打了,而且还要顺便把阿斗带来作为要挟刘备的资本,迫使备交出荆州。

结果孙夫人取回来了,阿斗被赵云和张飞截回去了,心腹将周善被杀。《汉晋春秋》记载说:"先主入益州,吴遣迎孙夫人,夫人欲将太子归吴。亮使赵云勒兵断江留太子,乃得止。"没有接回刘备儿子,又折了心腹周善,孙权是冲天大怒,立即召集文武部署攻打刘备。212年,正欲起大军攻取荆州,忽报操起军四十万来报赤壁之仇,只得按下荆州,商议拒曹。

操大军退去之后,北面威胁解除。214年,孙权又开始索要荆州。215年,孙权派吕蒙袭取了长沙、零陵、桂阳三郡。刘备亲到荆州督战,务要夺回三郡。双方大战,一触即发。就在这一年,曹操夺取了汉中,直接威胁着西川的安全,刘备面临着两线受敌的危险。于是就与孙权谈判:以湘水为界,将江夏、长沙、桂阳划属东吴,南郡、武陵、零陵属刘备。因为南阳、襄阳、南乡被曹操控制,三家各占三郡,一共九郡,这就是"荆襄九郡"一词的来源。三家各占三郡,荆州实际上也"三分天下"了。但是对于孙权来说,根本问题还是没有解决。因为地处江东上游的南郡仍在刘备的手中,仍对东吴构成了致命的威胁。

怎么办呢?因诸葛瑾是亮之兄,张昭献计,假意将诸葛瑾老小执下,以此威胁刘备、孔明交出荆州。孔明岂能不知,又被敷衍过去。孙权无奈,召来鲁肃责之说:"子敬昔为刘备作保,借吾荆州;今刘备已得西川,不肯归还,子敬岂得坐视?"鲁肃无奈,思得一计,说:"今屯兵于陆口,使人请关云长赴会。若云长肯来,以善言说之;如其不从,伏下刀斧手杀之。如彼不肯来,随即进兵,与决胜负,夺取荆州便了。"216年,关云长单刀赴会,又破了此计。孙权大怒,商议起倾国之兵攻打荆州,又报操率三十万大军来打东吴。孙权只得教鲁肃休惹荆州之兵,移兵以拒之。

孙刘两家之间矛盾的公开化和尖锐化,是"三分天下"的理论与现实之间第一大矛盾的集中体现,是"三分天下"与"两分天下"之间的矛盾。但是,"两分天下"的谋略很难打破"三分天下"的格局。因为在"三分天下"的格局中,孙权在与刘备争夺荆州的过程中,还要受到曹操的牵制。这就是在一个较长的时间内,孙刘双方虽然有荆州问题的矛盾冲突,但是孙刘双方依然存在着一种唇齿相依的关系,唇亡则齿寒,这是一个残酷的现实。诸葛亮需要利用孙权来制约曹操,孙权也需要利用刘备制约曹操。这就是在双方矛盾愈演愈烈的情况下,而孙刘联盟的统一战线得以存在的根本原因。

第四节 奇袭荆州,兵不血刃

孙刘之间发展到真刀真枪地争夺荆州,是其矛盾长期发展的结果,"冰冻三尺,非一日之寒"也。孙权为什么非要夺取荆州?第一,是江淮地势平坦和江东军队不善陆战的特点决定的。徐州易攻难守,不如夺取荆州,全据长江之险;第二,关羽镇守荆州,地处长江中游,居于江东的上游,对东吴构成了巨大的威胁;第三,赤壁大战之后,刘备的实力发展很快,担心刘备会改变策略,来一个先灭东吴,再取中原。因此,孙权先发制人而夺取了荆州。

但是,孙权撕破脸皮夺荆州之前,还是给关羽留了一线的希望。就是派诸葛瑾前往荆州向关羽为其子提亲。羽闻听勃然大怒说:"吾虎女安肯嫁犬子乎! 不看汝弟之面,立斩汝首! 再休多言!"看,这话说得多难听,别说是孙权,就是一般的人听了也是火冒三丈。孙权听了,自然是怒火冲天,立即召文武,商议取荆州之策。至此,孙权夺荆州之策就最后定了下来。如果关羽答应这门亲事,一切就会烟消云散;即使不同意,也应婉言拒绝,话也不能说得这么难听,局面或许还会好一点。

然而夺荆州,也不是那么轻而易举,虽然已与曹操联络了,但还是慎之又慎。操第一次联络,令江东先起兵,江东则坚持要许昌先起兵。其意是非常清楚的,此即"调虎离山"之计，因为关羽毕竟是一位虎将。关羽北上之后，仍在荆州留有重兵而时刻提防着江东。时吕蒙的军队驻扎在陆口（赤壁市陆水湖出长江口），邻近关羽，引起关羽的警惕。关羽一警惕，吕蒙就难以下手。东吴有一年轻将领陆逊，胸有谋略而不闻名。为了消除关羽之疑，他向吕蒙提出了一个"李代桃僵"之计：建议吕蒙休病假，让陆逊代任。吕蒙欣然接受，当即休病假，并向孙权推荐陆逊代替了自己。

为了进一步麻痹关羽，达到"调虎离山"之计的目的，陆逊差人赍书具礼，拜见关羽，其书言词极其卑谨。其实，这是一场阴谋，就是以谦卑之词使其骄。《孙子》说，"辞卑而益备者，进也；辞强而进驱者，退也"；又说："无约而请和者，谋也"，实际上这就是"笑里藏刀"之计也。此计表面上使关羽"信而安之"，而陆逊、吕蒙则"阴以图之"。外表上柔和，骨子里却隐藏着刚强的谋略，即"里刚外柔"也。陆逊无约而来求两家和好，其内里则杀气腾腾，欲大举进攻也。关羽哪知是计，认为无复有江东之忧矣。看书信之后，竟指来使而言曰："仲谋见识短浅，用此孺子为将！""哀莫大于轻敌矣"，关羽何其骄傲！又何其轻敌！随后，"信而安之"地将大半兵力调赴樊城，使荆州重地防守空虚，给了敌人以可乘之机。

陆逊和吕蒙都是孙权的高级将领和谋士，两人合伙谋划，关羽岂是其对手？就在关羽对陆逊完全失去警惕，将大半兵力调赴樊城之时，孙权、陆逊、吕蒙，君臣三人，已在背后调兵遣将，紧锣密鼓地部署着。一明一暗，一阴一阳，一公开，一秘密。公开的，一副仁慈模样，"求两家和好"；秘密的，则是磨刀霍霍，杀气腾腾。于是，在陆逊的掩护下，在假象的掩盖下，吕蒙剑不出鞘，刀不血刃，"阴以图之"，偷偷地袭取了荆州。

袭取荆州之后，吕蒙也不敢轻敌。时关羽大军正在襄樊前线，一旦大军掉转枪口来夺荆州，形势也是危险的。这时候，吕蒙又使用了"瓦解敌军"之谋，使其不战而自行崩溃。取了荆州之后，吕蒙立即严明纪律，不许任何士兵侵犯、侵害、侵扰百姓，违者斩。据说，一个同乡，因天下雨，取了百姓一个斗笠。吕蒙知道了，流着眼泪把他斩掉了。特别是对在前线将领和士兵的家属，尤加关照，送茶送水，送油送盐，送菜送米，拉近了与前线家属的心理距离。

当得知荆州已被吕蒙所夺，关羽立即率大军来争夺江陵。他手下将领和士兵一听说荆州被东吴所夺，都非常愤怒。关羽是一呼百应，同仇敌忾，直奔江陵，要与吕蒙的军队拼命。但是两军相遇之时，吕蒙立即唤出他们的家属到前面呼喊他（她）们的儿子、她们的丈夫，说这几天，吕蒙对他（她）们家照顾得非常好，说他（她）们没有受到任何伤害，呼喊他们回来，不要再给关羽卖命了。这一呼喊，关羽的军队很快就不战而自溃，偌大的一支军队，顷刻之间土崩瓦解。

夺取荆州的这一场大规模的战役，其部署是严密的，谋划是很周到的，而且，陆逊和吕蒙两人之间配合得非常巧妙，简直天衣无缝。就在吕蒙的军队袭取荆州之时，陆逊的军队也悄悄地行动,实施了"瓮中捉鳖"之谋。在吕蒙的掩护下,陆逊的军队神不知鬼不觉地进入了荆州的西大门夷陵,迅速占据了宜都。随后直奔秭归,占据了险要关卡,将通往西蜀之路尽皆堵死。陆逊的这一招,也是够狠的,堵死了关羽退往西蜀之路,使关羽成了瓮中之鳖,插翅难逃。

陆逊的这一招,也特具战略眼光。因为江东占据荆州的时间,毕竟极短,一有风吹草动,形势就会动荡不定。长江通过夷陵而穿过荆州,从夷陵西上而直通西蜀。现在刘备占据了两川地区,兵多将广,实力雄厚。如果得知关羽兵败襄樊,就会率大军顺江而下,直奔江陵。那时,形势还没有稳定的荆州就有可能得而复失。陆逊占据宜都,守住秭归,就在关卡上截断了西蜀的援军之路,稳定和巩固了新夺取的荆州。

关羽成了瓮中之鳖,败走麦城而被擒,被孙权斩了。孙权该不该杀关羽,历来有争议。认为杀了关羽,闯了大祸了。因为杀了关羽,彻底断了与西蜀的关系,结果引来了夷陵之战。如果不杀关羽,则荆州难保,有可能得而复失。因为孙权袭取了荆州,刘备必然动怒。关羽也绝不会就此罢休,必然亲率大军来夺荆州。关羽旧部皆在荆州,闻关羽兵至,瞬间也会土崩瓦解,掉转枪口而倒向了关羽,那时的局势就难控制了,荆州就有可能得而复失。199 年,刘备从曹操那里带了五万军队,占据徐州与操相对抗。操率大军征讨徐州,刘备的五万军不战而自溃,就是一个明显的例子。因此,为了永久占据荆州,运用"斩草除根"之谋,杀掉关羽,还是必要的。

东吴对荆州的这一场大规模的进攻战,打得非常漂亮非常成功。为了夺取荆州,东吴采取了一系列的谋略,其中最关键最核心的谋略是"调虎离山"之谋。这些谋略分为夺取荆州和巩固荆州两部分。"调虎离山""李代桃僵""笑里藏刀"之谋,乃奇袭荆州之谋;"瓦解敌军""瓮中捉鳖""斩草除根"之谋,乃巩固荆州之谋。一系列谋略连环使用,巧妙地运用谋略,使敌自相钳制,借以削弱敌方的战斗力,最后达到歼敌的目的。为了夺取和巩固荆州,陆逊和吕蒙共同谋划,六计并用,这是《三国谋略论》第六次所论述的连环计。

孙权与曹操相勾结,六计并用,南北夹攻荆州,使关羽腹背受敌,最后兵败身亡,丢失了荆州。这一场战役,看似剑不出鞘,刀不血刃,仿佛没有硝烟,却是一场惊心动魄的战役。孙刘之间,这一场荆州争夺战,是诸葛亮"三分天下"理论与现实之间第二大矛盾的集中体现,也是"两分天下"与"三分天下"之间矛盾发展的结果。

第五节 没有永久朋友,没有永久敌人

孙权的江东得以生存和发展,从根本上来说,就是得益于孔明的"三分天下"之谋略;曹操的北方政权,就是吃了"三分天下"谋略之亏。赤壁大战,操失败的一个重要

原因,就是不知不觉地钻进了"三分天下"的圈套。操南征,孙刘双方就在酝酿着"三分天下"的格局,"孙刘联盟,共抗曹操"。大战之前,操南征到江陵,兵马已经达到了八十多万,统一天下已大势所趋。而正是在这个关节点上,操忘了"纵横捭阖"的策略,犯了"两个敌人同时打"的战略性错误,促使了孙刘联盟和联军的产生,结果大败而归,不得不接受"三分天下"的现实。

那时候,操的实力雄厚,使人望之而生畏。因此,江东的文官一概主张投降,认为"降之则安,战之则危"。但是在"三分天下"的三角关系中,孙刘双方一联合,操就大败而归,失却了统一天下的机会。大战前,刘备的力量非常小,小得可以忽略不计。就是孙权,与操相比,也是相差悬殊。在八十多万大军面前,孙刘联军又算得了什么呢?但是,就是这样弱小的孙权和刘备的联合,就打败了强大的曹操。可见,在三角关系中,弱小的两方联合的威力。

"三分天下"格局的彻底形成,为刘备、诸葛亮在实现天下一统创造了条件。但是,却在从第一步向第二步的转折时期严重受挫。这一次严重受挫,是"三分天下"理论与现实之间第二大矛盾的集中体现。与第一大矛盾相比,第二大矛盾更具有复杂化、尖锐化和公开化的特点。因为,在刘备的"三分天下"由第一步向第二步转折的时期,曹操插手了,暗地里从统一战线中拉孙权了,这就使孙刘统一战线内部的矛盾具有了复杂性;孙权既然要想背叛统一战线,必然也要与操联手而南北夹击刘备。

这时候,孙权为什么会倒向操呢?因为夺取荆州之后的刘备,发展的速度很快,其风头大有盖过东吴之势。势力越来越大的刘备占据着荆州,使东吴倍感威胁。如果哪一天,西蜀改变策略,来一个先灭东吴,再取中原,那时就不是什么"三分天下",而是备与操的"两分天下"了。在东吴的角度上来说,西蜀的战略思路也是难以猜测的。刘备死占着荆州不还,两国矛盾愈闹愈僵。215年,刘备亲自率军赶往荆州,与孙权争南三郡,大战一触即发。后来还是曹操夺取了汉中,刘备才与孙权讲和,罢兵息战。备向西夺取两川之地后,仍然占据以江陵为重心的南部荆州不还,孙权就感到压力大而惊恐了。

从理论上讲三国之间,按照天下争夺战发展的趋势,是没有真正的朋友的,只有直接的敌人和潜在的敌人。因为联盟只是一种形式,一种策略,两家各自的目的是要统一华夏,消灭对方是早晚的事;关羽对东吴是向来无礼,曾多次冒犯东吴,就是刘备自己也曾坐镇公安,指挥关羽同孙权争夺南三郡,这就使孙权感到刘备"图谋不轨"而内有阴谋。所以在这个时期,备愈是发展,孙权就愈是惊恐,两家之间的矛盾就愈加尖锐。而关羽北伐声势大震,操大有不敌之势。在孙权看来,这不是好事。关羽胜利,或削弱了魏或灭魏,对吴就是灭顶之灾,因为"三分天下"的三角之间产生了新的不平衡。在这新的不平衡中,江东成了弱者,这不能不使孙权感到担心。

按照"三分天下三角关系"的理论，只要三角之间的力量发生新的变化，三角之间的关系就会重新调整而发生变化。汉中争夺战后，刘备在战略上已经开始由防御而转向进攻了，而且在势力上有了压倒性的趋势。这时，孙刘双方的矛盾开始公开化、尖锐化。这种矛盾，集中体现在荆州问题的争夺上。《读史方舆纪要》说，以江陵为重心的荆州，"刘表收之，坐淡西伯；刘备假之，三分天下；关羽用之，威震中华；孙权有之，抗衡曹魏"。荆州的战略地位实在是太重要了，这就是曹操、刘备、孙权三巨头，打破头都要来抢夺荆州的原因。孙权为了自身利益，就与魏联手，偷袭荆州，遏制刘备，阻止蜀汉成势。同时，也是顺势与魏结盟，重新保持"三分天下"的局面不变。

孙权夺取了南郡，基本上能够"抗衡曹魏"了，已经形成了具有新格局内容的"三分天下"的局面。在这个新的局面里，孙权应当在三方之间采取灵活的外交策略，实行灵活的等距离外交。荆襄之战后，刘备的力量弱下去了，曹操力量又略强于孙权，形势又回到了从前。整个格局，虽然还是"三分天下"，但吴蜀依然受到魏的遏制。这一次荆襄之战，吴虽然也达到了一定的目的，但应当看到，这也是魏的一个大阴谋。当年吕布和袁术，如果认真联合起来，曹操根本不是其对手，但是操把吕布拉了过去。布以为操是靠山，彻底与袁术翻脸而孤立了自己，最后为曹操所灭。这一次，孙权倒向操，与吕布何其相似：孙权不仅与操联手，从背后乘虚袭取了荆州，使关羽败走麦城，还将关羽父子杀害，把刘备彻底给得罪了。实际上，也是把自己最后送上绝路。

在"三分天下三角关系"中，弱者只能同弱者联合，才能稳如磐石而安全；如果一个弱者与其中的强者联合，那就只能是自寻死路。袁术起二十万大军攻打吕布，大败而归。这一仗，不仅消耗了袁术的力量，也消耗了吕布的力量，实际上双方是自相残杀而两败俱伤，最后操"利用矛盾，各个击破"，吕布和袁术先后分别为操所灭。今天这个形势与当年的形势又何其相似也：关羽被害之后，刘备十分愤怒且悲伤，起兵七十万东征。吓得整个东吴是一片惊恐，孙权惊得举止失措。蜀吴夷陵之战，实际上就是自相残杀。从魏国根本的利益来说，不管吴与之结盟还是未结盟，魏都是要"坐山观虎斗"，等待收取"渔翁之利"，达到"各个击破"的目的。

第二十八章　三国外交风云

"三分天下"局面形成前后,魏、蜀、吴三方,或为了制衡对方而联合,共同对付一方;或为了拆散其联合,逐个地予以消灭。这样,三方之间,就具有了一定现代意义上的外交斗争。通过外交斗争,以解决战场上解决不了的政治军事问题。陈文德在其《策略规划家:诸葛亮大传》称亮是"口若悬河的外交家"。在三国鼎立前后,外交思想、外交谋略、外交活动,当首推孔明。

诸葛亮、司马懿、鲁肃是三大外交谋略家;诸葛亮和鲁肃,既是外交谋略家又是外交实践家。219年,操丢失汉中而备自立汉中王和关羽攻襄阳、围樊城的时候,司马懿前后两次向操所献之谋略,是一个非常好的外交谋略。221年,赵咨奉孙权之命,出使魏国,224年邓芝奉亮之命,出使吴国,都不辱使命,出色地完成了外交任务。诸葛亮、赵咨、邓芝是三大外交活动家。

第一节　孔明"伐交"中的"出奇制胜"

《孙子兵法》云:"故上兵伐谋,其次伐交,其次伐兵,其下攻城;攻城之法,为不得已。"可见,孙子十分重视外交活动,将"伐交"放在第二位。其实,伐交,也是伐谋,是一项重要的谋略。

三分天下前后,外交谋略,首先为诸葛亮所重视。亮出山之时,操已统一了北方,有雄兵百万,战将千员,谋士如云,统一天下,大势所趋。孙权虽然力量弱小,但也占据了江东六郡,且有长江天险,进可以争夺天下,退可以自守。刘备力量弱小,要争夺天下,必然要联合孙权,这要伐交,就产生了一系列的外交谈判和外交斗争。

按照战略部署,备必须派遣一个大智大勇的外交人才,前往东吴去完成此项任务。这个人能是谁呢? 只能是亮了。长坂坡大败而退至夏口之后,诸葛亮说:"事急矣,请奉命一行。"就这样,诸葛亮开始了东吴之行。"受任于败军之际,奉命于危难之间。"亮的这一次东吴之行的任务是非常艰巨的,关系到刘备集团的生死存亡。时东吴,面临操大军压境,形势也十分紧张。其文官主降,武官主战。是战,是降?且投降气焰渐占上风,孙权态度左右摇摆。亮此次出使东吴,就是为了说服孙权联刘抗曹。到东吴后,第一项外交活动,是会见江东的文官。会见时,亮舌战群儒,宣传了抗曹主张,驳斥了投降论调,打击了投降派的嚣张气焰,大长了抗战派的志气,形成了抗曹的氛围。

第二项外交活动是会见并说服孙权,这是最关键的。抗曹,还是降曹,孙权的态度摇摆不定。亮的说服工作,采取了两步:第一步激之,第二步说之。首先孔明不劝孙权抗曹,反劝孙权降曹。"今将军外托服从之名,而内怀犹豫之计,事急而不断,祸至无日矣!"孙权说:"苟如君言,刘豫州何不遂事之乎?"亮说:"田横,齐之壮士耳,犹守义不辱,况刘豫州王室之胄,英才盖世,众之仰慕,若水之归海,若事之不济,此乃天也,安能复为之下乎!"孙权被激得勃然而起,说:"吾不能举全吴之地,十万之众,以制于人。"经这一激,孙权决定抗曹了。

孙权担心操势大,难以抵挡,说:"非刘豫州莫可以当曹操者,然豫州新败之后,安能抗此难乎?"于是,第二步,又说之,帮助孙权树立战胜曹操的决心和信心。亮说:"豫州军虽败于长坂,今战士还者及关羽水军精甲万人,刘琦合江夏战士不下万人。操之众,远来疲惫,闻追豫州,轻骑一日一夜行三百余里,此所谓'强弩之末,势不能穿鲁缟'者也。故兵法忌之,曰'必蹶上将军'。且北方之人,不习水战;又荆州之民附曹者,逼兵势耳,非心服也。"指出:"今将军诚能命猛将统兵数万,与豫州协规同力,破操军必矣。"孙权闻听,非常高兴,说:"先生之言,顿开茅塞。吾意已决,更无他疑。即日起兵,共灭曹操!"

第三项外交活动是会见周瑜,这也是一项重要的外交活动。周瑜是东吴的大都督,在抗击曹操的斗争中,是一个举足轻重的人物。孙权虽然与亮达成了"孙刘联盟,共抗曹操"的共识。但是,江东"主战派"与"主降派"之间的斗争还是很复杂,况且孙权又是一个疑虑重重的人物,他的思想和态度还是会有反复的。

果然,张昭等文官知孙权欲兴兵,急入见孙权说"中了孔明之计也!"张昭说:"曹操向日兵微将寡,尚能一鼓克绍;何况今日拥百万之众南征,岂可轻敌? 若听亮之言,妄动兵甲,此所谓负薪救火也。"孙权听了,只低头不语。顾雍说:"刘备因为曹操所败,故欲借我江东之兵以拒之,主公奈何为其所用乎?"孙权听之,又动摇了,沉吟未决。欲战来,恐寡不敌众;欲待降来,又恐不容:因此犹豫不决。就在这个关键时刻,周瑜回到了柴桑。在主战派和主降派争执不下和孙权犹豫不决之时,周瑜的态度和观点,是举足轻重的,是关键的。诸葛亮在鲁肃的陪同下,会见了周瑜。诸葛亮知道周瑜是抗曹的,但却正话反说,说些投降的话。诸葛亮再次用激将法,迫使瑜说出了决心抗曹的话,双方达成了共识。

在会见和谈判中,亮通过孔明"伐交"中的"出奇制胜",消除了孙权内心的疑虑,激发了孙权的抗曹决心;又沟通了周瑜的抗曹思想,激发了周瑜的抗曹热情,达成了共识,做出了"孙刘联盟,共抗曹操"的决策。

第二节　孔明"模糊"的谈判术

大战之前,孙刘两家虽然有摩擦,但大敌当前,还是能够团结的。大战后,操失败而退至北方,两家的矛盾开始尖锐化、复杂化和公开化,这就需要运用外交智慧,采用必要的外交手段,进行必要的外交斗争,达到外交上的继续合作。

双方都要荆州,矛盾难以调和。周瑜的处理比较简单,谈得好就谈,谈不好,就杀掉刘备,就是"先谈后打"。可是,亮就不能这样简单地处理了:荆州必须夺,但是又不能与周瑜公开地抢夺荆州而失去联盟,这就要讲究策略而采取曲折而曲折的办法了,只能是"谈之又谈"而采取谈判技巧。

208年12月,周瑜在鲁肃的陪同下,在油江会见了刘备、孔明,是一次重要的外交斗争。宴席上,酒至数巡,周瑜说:"豫州(指刘备)移兵在此,莫非有取南郡之意否?"备说:"闻都督欲取南郡,故来相助。若都督不取,备必取之。"周瑜笑着说:"吾东吴久欲吞并汉江,今南郡已在掌握之中,如何不取?"备说:"胜负不可预定。曹操临归,令曹仁守南郡等处,必有奇计;更兼曹仁勇不可当:但恐都督不能取耳。"周瑜说:"吾若取不得,那时任从公取。"备说:"子敬、孔明在此为证,都督休悔。"鲁肃踌躇未对。瑜说:"大丈夫一言既出,何悔之有!"孔明说:"都督此言,甚是公论。先让东吴去取;若不下,主公取之,有何不可!"

看似一场非常轻松的谈话,但实质上充满着杀机。结果,双方都很满意。根据谈判的协议,周瑜先取荆州,若取之不下,再由备去取。瑜很高兴,认为取荆州是手到擒来,岂有取之不下之理。亮可谓是诡计多端,后发制人,先让周瑜与曹仁在南郡城外大战几场,以夺南郡。这一场退让,看似"礼让三分",实际上是一个高明的谋略即"后发制人"之谋也。诸葛亮后发制人,让周瑜先夺荆州,带来了一系列的好处:第一,刘备军退居幕后,避开了曹仁军队的锋芒,避免了军队的伤亡;第二,周瑜与曹仁大战于南郡城外,进一步搅浑了荆州之"水",为刘备"浑水摸鱼"提供了条件;第三,趁周瑜与曹仁大战之际,"浑水摸鱼",夺取了南四郡;第四,趁周瑜与曹仁大战之际,"鹬蚌相争,渔翁得利",从背后抢夺了南郡。

周瑜与曹仁打了将近一年,损兵折将,瑜自己还身中毒箭,好不容易将曹仁赶走,亮却在背后插了一手,巧夺了荆州。瑜是"竹篮子打水,空忙一场",气得大叫一声,昏迷不醒,上了大当了。荆州被孔明用巧计夺取了,孙刘两家就有了较大的矛盾,要大动干戈。鲁肃从中劝阻,才没动手。从东吴方面来说,不能打,还是讨吧。这样,双方之间就展开了漫长而艰难的以讨还荆州为内容的外交谈判。

　　东吴方面的谈判代表,是鲁肃。闻知刘备、孔明在荆州,鲁肃就赶到了荆州。双方见面,直奔主题。鲁肃说:"吾主吴侯,与都督公瑾,教某再三伸意皇叔:前者,操引百万之众,名下江南,实欲来图皇叔;幸得东吴杀退曹兵,救了皇叔。所有荆州九郡,合当归于东吴。今皇叔用诡计,独占荆州,使江东空费钱粮军马,皇叔安受其利,恐于理未顺。"孔明说:"子敬乃高明之士,何故亦出此言?常言道:'物归其主。'荆襄九郡,非东吴之地,乃刘景升之基业。吾主乃刘景升之弟也。景升虽亡,其子尚在;以叔辅侄,有何不可?"鲁肃说:"若果系公子刘琦占据,尚有可解;今公子在江夏,须不在这里!"孔明说:"子敬欲见公子乎?"便命左右:"请公子出来。"只见两从者从屏风后扶出刘琦。鲁肃吃了一惊,默然无语,良久,说:"公子若不在,便如何?"孔明说:"公子在一日,守一日;若不在,别有商议。"肃说:"若公子不在,须将城池还我东吴。"孔明说:"子敬之言是也。"这里的话就说得模糊,公子"若不在,别有商议"。怎么商议?含含糊糊。

　　鲁肃被刘备、诸葛亮搪塞过去了。不久,刘琦死了,肃又来了,双方又谈判。肃说:"前者皇叔有言:'公子不在,即还荆州。'今公子已去世,必然见还。不识几时可以交割?"备只是支支吾吾,孔明变色说:"刘氏天下,我主姓刘倒无份,汝主姓孙反要强争?且赤壁之战,我主多负勤劳,众将并皆用命,岂独是汝东吴之力?若非我借东南风,周郎安能展半筹之功?"孔明一番抢白之话,说得肃缄口无言;半晌乃说:"孔明之言,怕不有理;争奈鲁肃身上甚是不便。"孔明说:"若恐先生面上不好看,我劝主人立纸文书,暂借荆州为本;待我主别图得城池之时,便还东吴。"鲁肃说:"孔明待夺得何处,还我荆州?"孔明说:"若图得西川,那时便还。"鲁肃无奈,只得听从。"若图得西川,那时便还",这话又说得模糊,若图不了西川,那就永久不还。辞别,刘备、孔明送到船边。孔明嘱曰:"子敬回见吴侯,善言伸意,休生妄想。若不准我文书,我翻了面皮,连八十一州都夺了。今只要两家和气,休叫曹贼笑话。"连哄带吓,软硬兼施,把鲁肃送走。

　　在操表奏瑜为南郡太守之时,肃又奉命来到了荆州,进行了第三次谈判。肃说:"今奉吴侯钧命,专为荆州一事而来。皇叔已借住多时,未蒙见还。今既两家结亲,当看亲情面上,早早交付。"备闻言,掩面大哭。然后孔明出来说:"当初我主借荆州时,许下取得西川便还。仔细想来:益州刘璋是我主人之弟,一般都是汉朝骨肉,若要兴兵去取他城池时,恐被外人唾骂;若要不取,还了荆州,何处安身?若不还时,于尊舅面上又不好看。事实两难,因此泪出痛肠。"备哭得鲁肃心软,反而劝备说:"皇叔且休烦恼,与孔明从长计议。"孔明说:"有烦子敬,回见吴侯,勿惜一言之劳,将此烦恼情节,恳告吴侯,再容几时。"肃说:"倘吴侯不从,如之奈何?"孔明说:"吴侯既以亲妹聘嫁皇叔，安得不从乎？望子敬善言回复。"肃是个宽仁长者，见备如此哀痛，只得应允。"再容几时"，又是含糊其词。

孔明"软泡硬磨"的谈判方式，"赖着不给"，就是一种斗争方式。采取这种斗争形式，是由刘备的力量弱小和所处的环境决定的。按常规的斗争方式，亮完全可以用另外一种口气说话。荆州你孙权可以夺，我主刘备也可以夺。你有你的夺法，我有我的夺法。现在我们夺到了手了，怎么又是你们的呢？你们来夺吧，夺得回去，就是你们的；夺不回去，就是我们的。但是亮不能这么说，他怕闹翻了脸，破坏了统一战线。一旦翻了脸，孙、刘双方大打出手，曹操乘势南下，处境就危险了。

从孙刘在荆州问题上的外交活动和外交谈判来看，亮对东吴是非常谨慎的，总是尽可能避免与江东发生军事冲突，避免与东吴撕破脸皮。对此，毛泽东给予了高度的评价说，亮在《隆中对》中所确定的战略方针是"东联孙吴，北拒曹操"，曹、刘是主要矛盾，孙、刘是次要矛盾。孙、刘的矛盾是统一战线内部的矛盾。所以，当孙权数次讨荆州时，亮总是一再推诿软磨，而不硬抗，直到最后才让出荆州的部分地方。

第三节　司马懿伐交之"高见"

亮利用孙权把操赶回到了北方，又利用操制约了孙权。亮的两手策略，一手是利用孙权对付操，这是明的；一手是利用操对付孙权，这是暗的。一明一暗，相互弥补；一左一右，左右逢源，这就是"三分天下的三角关系理论"在实践上的运用。

这种相互制约相互平衡的关系的原理运用得多了，也会使对手看出名堂，对手也会仿效利用而破解之。在三国的历史中，最先研究这种辩证法关系的，是诸葛亮，这是刘备力量弱小的缘故。其次是鲁肃，也是因为孙权的力量不大不小的缘故。因为孙权的力量小于曹操，这才有了孙刘联盟。因为有了孙刘联盟，才敢于与曹操相抗衡。大凡力量弱小者，且有一定的智慧和谋略，才更多地思考鼎立鼎足而平衡。刘备是这样，孙权也是这样。曹操就不是这样，因为操力量强大。操南征荆州时，目空一切，什么刘备、孙权，要一锅端。直到备夺了西川，操还是不把他们放在眼里，只望一口气将他们吞掉，口口声声要灭吴收蜀。结果蜀没有收回来，反而将汉中倒贴了进去。不料，刘备竟在汉中自称汉中王，操欲起倾国之兵而征讨之。

司马懿意识到，刘备因有汉中之胜，士气正旺；西蜀山高地险，易守难攻；又有孔明、法正之谋，"五虎上将"之勇，倘若硬攻，对魏不利。但是，他又从"三分天下"的三角关系中，看出了孙刘之间的矛盾。他说："江东孙权，以妹嫁刘备，而又乘间窃取回去；刘备又占据荆州不还：彼此俱有切齿之恨。今可差一舌辩之士，赍书往说孙权，使兴兵取荆州；刘备必发两川之兵以救荆州。那时大王兴兵去取汉川，令刘备首尾不能相救,势必危矣。"从懿的分析和计谋来看,曹操集团已经开始思考利用孙权制约刘备了。

关羽兵围樊城,水淹七军,擒于禁、斩庞德,威震华夏,是操态度的转折点。当时操闻报,大惊失色,欲迁都以避其锋。这时,曹操集团才开始研究相互制约相互平衡关系的原理。司马懿分析说:"今孙、刘失好,云长得志,孙权必不喜;大王可遣使去东吴陈说利害,令孙权暗暗起兵蹑云长之后,许事平之日,割江南之地以封孙权:则樊城之围自解矣。"孙权这方面,因荆州问题与备的矛盾是愈演愈烈,怨仇是越积越深。通过外交谈判,又要不回来;通过战争夺回来吧,又受到操大军南下的制约,不敢轻举妄动。这时,孙权接到了操的书信,自然心动。孙权集团也有所疑虑,但毕竟欲夺荆州心切。就这样,一来二往,孙曹两家就联络上了。结果是,曹操利用孙权,解了樊城之围;孙权利用曹操,夺取了荆州。

龚光余

著

【三国谋略论】下

江西人民出版社
Jiangxi People's Publishing House
全国百佳出版社

目

录

三分天下（下）部分，是三分天下的后期，主要是219年到234年的第二个阶段和234年到249年的第三个阶段。从219年到249年前后三十年，是西蜀由盛而衰和诸葛亮补天的时期。《隆中对》，开创了一个"三分天下"的新格局。自从孔明出山之后，一直左右着"三分天下"形势的变化和发展；诸葛亮去世后，则意味着三国局面的逐渐瓦解。

三国局面的瓦解，主要是亮在北伐问题上依次犯了三个错误：第一次是荆襄大战时，犯了"不主动不作为"的错误，错失了一次问鼎中原的良机；第二次是首次北伐，弃魏延"子午之谋"不用之错，犯了军事保守主义的错误，再一次地错失了问鼎中原之良机；第三次是街亭之战之时，犯了"选将之错"而丢失了街亭，前功尽弃，使西蜀失去了问鼎中原的最后一线希望。诸葛亮的三大军事错误，是《三国谋略论》着重论述的三大错误，是西蜀王国从失败到最后亡国最为根本的原因。

第三编的三分天下（下）部分，根据"三分天下"谋略和"三分天下三角关系"的理论，叙述了关羽大意丢失荆州、刘备夷陵惨败、诸葛亮北伐无功而返，依次分兵的过程；探讨了西蜀由盛而衰的原因。"三分天下"谋略的前期方案是正确的，而后期方案却是错误的，后期方案的错误性主要体现在"千里之遥两分兵力"上。诸葛亮的失误，就在于还没有真正认识和正确处理三分天下与现实之间的三大矛盾，在尊重客观规律的基础上，主观能动性发挥得不够、不充分。

第二十九章　司马懿破解"三分天下"之谋

孔明的"三分天下"谋略,打破了曹操"一强独霸天下"的局面,也粉碎了孙权的"两分天下"的梦想。但孔明的"三分天下"的谋略,却为司马懿所破解。

司马懿第一次破解诸葛亮的"三分天下"之谋,因曹操未采纳,结果丢失了汉中,造成了军事上政治上的巨大损失。曹操根据司马懿的第二、第三次破解"三分天下"的谋略,这才扭转了乾坤。

第一节　第一次破解"三分天下"之谋

蜀魏双方处于发展的历史关键时刻,即在"三分天下"基本形成之时,司马懿第一次在军事计谋上提出了破解诸葛亮的"三分天下"之谋。

按照"三分天下"的战略部署,刘备于209年取了荆州,214年取了西川,"三分天下"的战略目标基本实现。为什么说夺取西川,"三分天下"的战略目标只能说是基本实现呢?因为东西两川,紧紧相连。东川是西川的咽喉,东川对于西川来说,就是一个巨大的天然的屏障。操占领了东川,构成了对西川的威胁,西川有得而复失的危险。

司马懿看到了这个战机,积极建议操去攻打西川。他说:"刘备以诈力取刘璋,蜀人尚未归心。今主公已得汉中,益州震动。可速进兵攻之,势必瓦解。智者贵于乘时,时不可失也。"司马仲达在这里提出了一个重要的战略思想,这就是"智者贵于乘时,时不可失也"。懿的这一军事战略思想,在《列子·说符第八》中也有所体现。该文说:"凡得时者昌,失时者亡。"就是说,"乘时"是非常重要的,是取胜的关键;"失时"则是非常危险的。200年,官渡决战,曹操就是因为"乘时"而取胜,袁绍就是因为"失时"而败。这一次,曹操应该"乘时"进兵西川,因为这是夺取西川的最佳时机。可是操却感叹地说:"'人苦不知足,既得陇,复望蜀'耶?"其时站在一旁的刘晔分析了形势,说"以公之神明,因其倾而压之,无不克也"。就是说,操夺取了东川,可以一鼓作气夺取西川。曹操又推三阻四地说:"士卒远涉劳苦,且宜存恤。"就是按兵不动,错失取蜀之良机。

此时,备在西川,操在东川。操力量强大,备仍然力量弱小,相差悬殊。从地理位置上来讲,此时攻打西川,有四个有利的条件:第一,汉中与西蜀相邻。西蜀山势险峻,汉中的山势尤其险峻,并成了西蜀的咽喉,有地理上的优势;第二,汉中粮草充足,可以就地供应;第三,刘备初到蜀中,立足未稳,人心尚未归服。如若操以得胜之兵直逼西蜀,则西蜀犹如惊弓之鸟,取西蜀势如破竹;第四,操兵力充足,与之相比,其力量仍然大于刘备。

如果操一鼓作气拿下西蜀,就将刘备逼回到了荆州,并乘胜追击到荆州。这样,操就可以从西面和北面两面夹攻,备焉能不败?铲除刘备,夺取荆州,亮的"三分天下"的谋略就彻底破产了,历史就回到了"一强独霸天下"的局面。但是,操就是按兵不动,错失了灭蜀之良机。过了几个星期,后悔了,同众官商议说:"此时可收西川否?"刘晔说:"今蜀中稍定,已有提备,不可击也。"过了几个星期,已经是此一时,非彼一时矣。此时,亮已联络了东吴,使其北攻合淝,操势力已被牵制;在西川内部,亮善能治理,政局已基本上稳定,各个险要关隘已有上将把守。操无奈,只得撤兵去救合淝。

如果操用司马懿之计,一鼓作气夺取西川,那么这一次就能破解亮的三分天下。操按兵不动,不仅失去了夺取西川的良好机会,使备在西川的政局得到了巩固,而且,待其缓过气来,反而将汉中给夺了过去。备因为有了汉中,就使汉中、西川、荆州连为一体。有两川之地的后方保障,荆州的北上宛、洛,下控三吴的战略地位就进一步凸显,使亮彻底地完成了"三分天下"的格局,并且还形成了"西部两雄相争"的趋势。208 年 7 月,曹操急于南征,就是怕孙权夺取了荆州,形成"东部两雄相争"的局面。一旦彻底形成了"西部两雄相争"的局面,在最后的天下争夺战中,鹿死谁手,就很难说了。

第二节　第二次破解"三分天下"之谋

蜀魏双方又一次处于发展的历史关键时刻,即在"三分天下"彻底形成之时,司马懿第二次在计谋上破解了诸葛亮的"三分天下"之谋。

刘备夺取了汉中,军事上发展到了鼎盛时期。有了两川之地,进可攻、退可守,基本上建立了自己的稳固基业,标志着"三分天下"局面彻底形成。备夺取汉中后,在军事上的防御态势就转变成了进攻的态势了。不仅对操,而且对孙权也都构成了威胁。秋季,在汉中,备自立为汉中王。不仅在军事上,就是在政治上,都与操公开叫板了。

就在这个时候,曹操十分动怒而欲起倾国之兵去攻打西蜀。在这个历史的关键时刻,司马懿又一次看到了曹魏政权的危机和转机,这是一个决定曹魏政权的前途和命运的非常时期。

《孙子兵法》云:"主不可以怒而兴军,将不可以愠而致战。合于利而动,不合于利而止。怒可以复喜,愠可以复悦,亡国不可以复存,死者不可以复生。故明君慎之,良将警之,此安国全军之道也。"这一次操怒而起兵,这不仅犯了兵家之大忌,而且在战场的选择上也是错误的,政治上军事上对魏都是不利的。如果按照操一时之气,再次西征,战场就自然选择在秦川汉中地区。东西两川地区,处处皆崇山峻岭也。"连峰去天不盈尺,枯松倒挂倚绝壁""剑阁崔嵬,一夫当关,万夫莫开"。刘备、诸葛亮据险而守,操还有胜利的可能吗? 所以说,操这一次西征,百弊而无一利。此次出倾国之师攻打西蜀,如果再次大败而退至许昌,那时,西蜀的刘备和荆州的关羽差不多同时出兵中原,曹操的中原地区就危险了。

司马懿深刻研究了亮"三分天下三角关系"的理论,认为:曹刘之间虽然有矛盾,但是孙刘之间也有矛盾。懿说:"大王不可因一时之怒,亲劳车驾远征。臣有一计,不须张弓只箭,令刘备在蜀自受其祸;待其兵衰力尽,只须一将往征之,便可成功。"操闻听,大喜而问:"仲达有何高见?"懿分析说:"江东孙权,以妹嫁刘备,而又乘间窃取回去;刘备又据占荆州不还:彼此俱有切齿之恨。今可差一舌辩之士,赍书往说孙权,使兴兵取荆州;刘备必发两川之兵以救荆州。那时大王兴兵去取汉川,令刘备首尾不能相救,势必危矣。"

司马懿认为,与备的这一场战争,迟早是要打的,但其战场可以选在荆、襄地区,也可以选在秦川地区。选在荆、襄地区,因为荆、襄地区,远离两川。一旦爆发战争,备远水难解近渴,可以乘其孤立无援之时而击之;荆、襄地区东接东吴,孙、刘之间虽然建有联盟,但彼此之间,却俱有切齿之恨,可以用之。即使选在秦川地区,也可以利用孙、刘之间的矛盾,采用调虎离山之计,将刘备的主力调往荆、襄地区,然后再起兵攻打汉川地区。

这一谋略,属于"上兵伐谋,其次伐交"之策,是借力打力,即借东吴之力打刘备的谋略。这个谋略的关键是"伐交",就是通过"伐交"拆散孙、刘两家的联盟,争取东吴援助而共同打败西蜀。因为孙、刘两家建立联盟,是曹操的克星。按照这种相互制约相互平衡的"三分天下的三角关系",如果孙刘两家继续保持结盟,互为唇齿,相互支援,那么首先并最终走向失败的,就只能是操。拆散了孙刘之间的联盟,使孙刘之间相互仇视,相互攻击,待其兵衰力尽之时,再起兵去收拾刘备,那时必将起到事半功倍的效果。正是这一谋略,避免了年老而动怒的曹操与年轻而冷静的诸葛亮开战,避免了曹魏的危局,尤其是遏制了刘备势力膨胀而向中原延伸。

刘备有了东西两川和荆州之地,就彻底实现了《隆中对》中"三分天下"的第一步战略目标;并且是第一步战略向第二步战略转变:北伐中原,匡复汉室。曹魏如果按照曹操的思路,起倾国之兵去攻打西蜀,正好中了孔明的奸计。此时的刘备,有了两川兼荆州之地,拥众百万,武有五虎上将,文有孔明、法正为之谋,地有阳平关、剑阁之险,进可攻、退可守,正踌躇满志。操怒而起兵,必败无疑。败而退兵,兵败如山倒,那时中原就震动了。中原震动,刘备关羽乘势大举进兵,那么,亮的"北伐中原,匡复汉室"的战略目标就实现了。懿的这一谋略,打破了亮的"三分天下"的战略。

司马懿的谋略,实质上就是张仪的谋略。当秦向东方扩张时,齐与楚结盟,使秦向东方扩张受挫。前212年,秦派张仪入楚,挑拨离间,说楚背齐联秦,使之受骗上当,然后利用矛盾,各个击破,达到消灭六国的目的。懿的谋略很奏效,当魏国的使臣满宠到达东吴后,孙权立即召集文武大臣会议,确定与魏联合,共取荆州,并建议操先出兵攻打关羽。可见,东吴也非常鬼刁,他们想利用操,来一个"调虎离山"之计,将关羽调出荆州,然后乘虚而袭取荆州。一场大战,就这样暗暗地酝酿着。

第三节　第三次破解"三分天下"之谋

在关羽北上围攻襄阳和水淹樊城的危急关头,蜀魏双方再一次处于发展的历史关键时刻,司马懿第三次在计谋上破解了诸葛亮的"三分天下"之谋。

按照懿第二次破解"三分天下"之谋,满宠出使东吴,虽没有立即公开拆散孙、刘联盟,但毕竟取得了成果,打破了孙曹双方对立的僵局,达成了"相互配合,首尾夹击关羽"的共识。操随后遣满宠往樊城助曹仁而为参谋官,商议动兵;一面驰檄东吴,令领兵水路接应,以取荆州。不料刘备、诸葛亮先发制人,令关羽自领兵来取襄樊,一战就夺了襄阳,随后大兵直逼樊城。不久,水淹七军,擒于禁、斩庞德,威名大震,华夏皆惊。历史的发展,又把曹魏推向了生死存亡的关键时刻。这是一个危急的时刻,又是一个含有机遇的时刻,同时,也是一个考验曹魏领导智慧的时刻。

"不了解矛盾各方面的特点",这就是看问题的片面性,就是只看到问题的一个方面,看不到问题的另一个方面。司马懿观察和分析了天下大势,研究了亮的"三分天下的三角关系"的相互制约相互平衡的原理,认为孙、刘两家虽已结盟,但刘备在实力上超过江东,孙权就不高兴了。在三角关系中,开始由于曹操势大,孙、刘只有联合,方可与曹操相抗衡。现在,这种平衡关系正在被刘备的崛起而逐渐打破,关羽北上围樊城,中原紧张。"云长得志,孙权必不喜",孙权必然希望借助操遏制刘备的势力,这是孙、曹两家联合的基础和可能。因此,在这个关键时刻,司马懿再一次献计说:"大王可遣使去东吴陈说利害,令孙权暗暗起兵蹑其后,许事平之日,割江南之地以封孙权;

则樊城之危自解矣。"

曹操依允,即作书一封致孙权。孙权接到书信,欣然应之,双方一拍即合。因此,就在关羽围樊城、水淹七军之时,东吴乘关羽后方空虚,偷偷地袭取了荆州,致使关羽败走麦城而父子丧命。关羽一死,樊城之危自解,中原也就解除了来自荆州的威胁。从此之后,也就在战略上解除了荆州对中原的遏制。这一次如若按照曹操的主张,迁都以避之,那么中原必然震动,关羽大军必然逼近宛、洛。兵如水势,抵挡者进,则敌兵退;抵挡者退,则敌兵进。如果操真的迁了都,不仅樊城会丢失,随后关羽的大兵还会直逼中原。到那时,东吴也会被吓倒而不敢出兵。如果是这样,那么亮在《隆中对》中所确定的"北伐中原,匡复汉室"的最终战略目标也就实现了。扭转这个政治军事局面的,就是司马懿,是他的第二次、第三次之谋破解了亮的"三分天下"之策。

按照"三分天下三角关系"的理论,魏蜀吴三方力量发生变化,主要是西蜀的一步步崛起,曹魏受到了西蜀的遏制,感到压力大了。同时,作为唇齿相依盟友的孙吴也受到了遏制,同样感到了压力。这时候,曹操就要想办法拆散孙刘之间的联盟,把东吴拉过去,实行"联吴抗蜀",使西蜀两面受敌。就是说,由于魏国的唆使、挑拨和拉拢,孙刘之间的矛盾就会进一步复杂化、尖锐化和公开化。这时,盟友就变成了敌人,这是"三分天下"理论与现实之间第二大矛盾在魏国和吴国之间的特殊反映。

刘备东占荆州,西据汉中,在战略上遏制了曹操的势力;尤其是关羽北上襄樊而动手,直接威胁着曹操的都城许昌。孙权占据江东,势力延伸到了南海之滨,北上直达江淮,直接威胁着徐州、合淝。孙、刘联盟,在军事上,形成了对曹魏半包围的战略态势。曹操采纳了司马懿之谋,联络东吴发动了荆襄之战,一战就扭转了魏国之危局,跳出并打破了吴、蜀两国的半包围圈,使魏国转危为安,使西蜀失去了问鼎中原的战略要地荆州,解除了西蜀对曹魏的遏制。

毛泽东在《矛盾论》中引用《水浒传》上宋江三打祝家庄故事说:"两次都因情况不明,方法不对,打了败仗。后来改变方法,从调查情形入手,于是熟悉了盘陀路,拆散了李家庄、扈家庄和祝家庄的联盟,并且布置了藏在敌人营盘里的伏兵,用了和外国故事中所说木马计相像的方法,第三次就打了胜仗。"毛泽东认为,宋江三打祝家庄的作战方法,就是辩证法的方法。对于孙刘联盟的问题,操只看到孙刘之间唇齿相依的关系,没有看到彼此切齿仇恨的矛盾。所以,老是吃亏上当。司马懿则不同,既看到他们之间唇齿相依的关系,又看到他们之间彼此切齿仇恨。因此,想出了破解孙吴联盟的谋略,这才打败了刘备,取得了荆襄大战之胜。司马懿破解诸葛亮的"三分天下"之谋,就体现了辩证法的方法。

这一战,西蜀丢失了荆州,其政权就局限于西南一隅,"三分天下"的格局开始萎缩。从近处看,司马懿的这一谋略,还会产生一系列的连锁性反应。因为这一谋略,孙权终于出了兵,从荆州背后袭取并杀害了关羽,孙权彻底和刘备撕破了脸皮而结了怨。刘备岂肯罢休,必然相互报复。"鹬蚌相争,渔翁得利",操坐山观虎斗,等着做渔翁而得利。从长远看,曹操采纳了司马懿之谋,拆散了孙刘联盟,孤立了刘备,并将刘备挤进了西南一隅,打破了刘备在战略上的进攻态势,保持了魏国在三国鼎立中的战略进攻态势,为魏国今后在军事上各个击破而统一天下创造了条件。

《孙子兵法》云:"见胜不过众人之所知,非善之善者也;战胜而天下曰善,非善之善者也。故举秋毫不为多力,见日月不为明目,闻雷霆不为聪耳。古之所谓善战者,胜于易胜者也。故善战者之胜也,无智名,无勇功。"在这一次扭转魏国的危局中,司马懿虽然无智名,无勇功,但他是"善之善者也"。

第四节 "三角形之谋"与"三分天下"

曹操运用"三角形之谋",不仅扫清了东南,而且统一了北方,形成了"一强独霸天下"的局面。

但是,曹操的"三角形之谋",毕竟是小视角的,小范围的。之所以说它是小视角小范围的,是因为操的视角主要是战术性的。即使战略性的,其视角也不大。在战略上,操也在一系列视角的三角形中形成了"三角形之谋"。如在兖州曹操、北方袁绍、东南方三者之间,操的"和北方,攻东南"之策就是战略性的。

统一北方后,曹操面对的是两个交错的三角形,其一是操、备、表三者之间的三角形,其二是操、备、权三者之间的三角形。第一个三角形中,操面对的是两个弱者,一个智谋弱,一个势力弱。刘表有一定的实力,占据荆襄九郡;带甲十几万。但智谋弱而魄力不足,且正在病中。而刘备,则兵微将寡,无立足之地而暂时依附着刘表,因请出了诸葛亮,却非常有谋略。在这个三角形中,如果他们双方结合在一起,就十分难对付了。因此,操迫不及待地南征,攻刘表,更是打刘备。

刘表的问题容易解决,曹军还在半路上,大病的刘表就一命呜呼。刘备就逃跑了,自然曹军随后就追,追到长坂坡将刘备打得惨败。就在这时,操大军向西去了江陵,备就逃到了夏口沼泽地区。这时,在操的视角里,又形成了操、备、权三者之间的三角形,即第二个三角形,曹操自然采取了三角形之谋。

然而就在这个时候,在其对立的一方刘备的那一个三角的点上,备的谋士诸葛亮,却谋划了一个无限大的"三角形之谋",即操、备、权三者之间从"三分天下"到"三国鼎立"的"三角形之谋",就是"三分天下三角关系理论"。在这个三角关系中,两个弱者孙与刘之间联合起来,抗衡曹操。操、备、权三者之间是又相互联系相互统一,又相互对立相互制约的关系。在这个三角关系中,亮明的利用权制约操,暗的却利用操制约权,为力量弱小的刘备争取一个时间和空间,夺取荆州、西川、汉中,形成了一个"三分天下"的格局。

曹操"三角形之谋"与之相比,简直是天上人间而天壤之别。就是说,操的"三角形之谋"是小视角小视野之谋,亮的"三分天下三角关系理论",是一个大视野大视角的"三分天下之谋"。操的"三角形之谋"与亮"三分天下之谋",是难以重合的。操的"三角形之谋"与亮的"三分天下之谋"相对抗,结果败下阵来了,这就是曹操赤壁之败。操败而退回到了北方,这就为刘备赢得了时间和空间而夺取了荆州,初步形成了"三分天下"的格局,彻底打破了操"一强独霸天下"的局面。

列宁说:"要真正地认识对象,就必须把握和研究它的一切方面、一切联系和'媒介'。我们不可能完全地做到这一点,可是要求全面性,将使我们防止错误,防止僵化。""三角形之谋"被"三分天下三角关系理论"打败,根本的原因就在于,"三角形之谋"是感性的认识,只看到事物的表面现象和局部,而"三分天下三角关系理论",则属于理性认识,看到了事物的全面和本质的东西。感性认识与理性认识是不同的,感性的认识"属于事物之片面的,现象的,外部联系的东西",理性的认识则"达到了事物的全体的、本质的内部联系的东西,到达了暴露周围世界的内在的矛盾",因此"能在周围世界的总体上,在周围一切方面的内在联系上把握周围世界的发展"。"三角形之谋"被"三分天下三角关系理论"打败,关键原因就在于没有把孙权与刘备两个敌人的各自特点及其关系搞清楚,犯了"两个敌人同时打"的战略性错误。

"三分天下三角关系理论"是两个弱者对付一个强者的理论,其实也是一个强者对付两个弱者的理论。两个弱者对付一个强者,就是联合起来,结成唇齿相依的关系,与强者相抗衡。一个强者对付两个弱者,就是利用矛盾,分化瓦解,各个击破。在"三角形之谋"中,曹操利用矛盾,分化瓦解,各个击破的策略,是非常娴熟的。但是碰到了"三分天下之谋",操就把握不住了,就犯了"两个敌人同时打"的战略性错误,以致有了赤壁之败。

不过,在赤壁大战之前,却有过三次"两个敌人同时打"的成功经验。第一次是曹操率大军北征乌桓。时曹操击败了袁尚、袁熙两兄弟之后,两兄弟北投乌桓。那时乌桓、袁氏兄弟、曹操三者之间形成了一个三角形关系。对于乌桓、袁氏兄弟之间,操并没有采取"利用矛盾,分化瓦解,各个击破"之策略,而是两个敌人同时打。结果大败乌桓军,杀掉了蹋顿,袁尚、袁熙两兄弟就落荒而逃到辽东去投了公孙康。这样,第二次又形成了操、袁氏两兄弟、公孙康三点之间的三角形关系。操采用了"隔岸观火之谋",公孙康就将袁氏两兄弟杀掉了,将首级送给了曹操。第三次是南征荆州,在操、备、表三者之间又形成了三角形的关系。对于备、表之间,操也没有采取"利用矛盾,分化瓦解,各个击破"之策略,而是两个敌人同时打。结果大军未到,刘表就病死了,他的儿子刘琮就投降了，操不战而占据了荆州，而刘备就向南逃跑了。曹军是紧追不舍，追至长坂坡将备打得惨败。然后，刘备又逃到夏口沼泽地区去了。

刘备、诸葛亮的逃跑，与袁尚、袁熙的逃跑，确实有着惊人的相似。在曹操看来，刘备到了夏口，靠近了孙权，必然去投奔孙权，这与袁尚、袁熙投奔公孙康何其相似也。在操、权、备三者之间的新三角形中，备必然跑到江东去与孙权联合（投靠或者依附）来对抗操。曹操凭经验判断：北方五十万大军南征，攻打刘表，势如破竹，夺取荆州，犹如摧枯拉朽，七八十万大军压境，孙权敢收留刘备吗？孙权不敢收留刘备，或者孙权投降曹操，备还能往哪里逃？因此，操去了江陵，以观形势之变。

但是，这是曹操一厢情愿的经验主义的判断。而经验主义，则是一种不重视理性认识，只停顿在低级阶段的感性认识。这种认识上的错误，只凭感觉材料，而感觉材料则是片面的、表面的东西，并不是事物的本质，因而这种判断是错误的。袁尚、袁熙非刘备、诸葛亮所能比，刘备、诸葛亮这一次并不是逃跑，而是有计划有目的地南撤，目的就是要联合孙权，抗衡曹操，实现"三分天下"的战略，操败就败在这个"三分天下"的战略上。但是，在一个很长的时间内，操都没有弄清楚"三分天下"内涵，其水平一直停留在低级的感性认识的"三角形之谋"上。

所以，当"三分天下"由理论变成现实之后，在魏、蜀、吴的三角关系中，曹操还老是想着"收吴灭蜀"，两个拳头同时出击。结果是打吴，受到蜀的制约；攻蜀，受到吴的牵制。从来没有想到在孙、刘两者之间运用"利用矛盾，分化瓦解，各个击破"的策略。操在小范围的三角形的关系中，运用"三角形之谋"，可谓是熟能生巧，例如，攻打西凉州，在操、超、遂三者之间，操就运用了"抹书之谋"离间了马超、韩遂之盟，打败了马超，夺取了西凉州。可是遇上了"三分天下"之谋，操老是吃亏上当。而且还因荆州问题，还反受制于蜀。直到荆、襄一战，采用了司马懿之谋，这才运用了"利用矛盾，分化瓦解，各个击破"的策略，拆散了孙刘之间的联盟，南北夹攻关羽，这才打败了刘备，将其挤到了西南一隅，使"三分天下"的争夺战进入了一个有利于魏而不利于吴蜀的新的历史时期。

第五节　有无危机感与事业胜败

在三国历史发展的几个关键时刻，我们还发现这样一条规律：就是愈是生死存亡的危险的关键时刻，主人公愈是能够超常发挥，愈是敢于冒险而出奇制胜，愈是敢于以少胜多而扭转局面，曹操是这样，刘备、诸葛亮是这样，孙权也是这样，就连袁术、袁绍有时也是这样。

官渡决战相持的关键时刻，本来就处于劣势的曹操，在政治军事上的各种问题，逐渐地暴露出来了:后方不稳,许多官员还暗中与袁绍勾结,以便给自己留一条退路。尤其要命的是,粮草已断,连一天都撑不下去了。粮草一断,几十万大军将会不战而自乱。操心里着急,但作为统帅,还得稳住神,还要装作没事一样。

在这个关键时刻,袁绍的一个谋士许攸来投。操意识到机遇来了,立刻向许攸问计。许攸对曹操军中的情况了如指掌,说操:"以孤军抗大敌,而不求急胜之方,此取死之道也。"并献"夜袭乌巢,烧其粮草"之谋,操闻计大喜,第二日,就亲率五千马步精兵,前往袁绍大营乌巢劫粮,烧掉了袁绍粮草。这是一个多么冒险的行为,假如许攸是诈降而来,其后果是不堪设想的;假如袁绍采纳了张郃的"救火"之计,其后果也是不堪设想的。但是,当时的曹操,除了这条路,还有第二条可选择吗? 没有了! 与其坐而等死,不如冒险而死里求生。因为粮草已经彻底断了,成败在此一举。操将生死置之度外,亲率五千马步精兵,前往绍营乌巢,烧掉了袁军的粮草,反使袁绍的几十万大军不战而自乱,取得了官渡决战的决定性胜利。

刘备、诸葛亮撤退到夏口时,也是这样。操大军南征,刘表之子刘琮投降,曹军就迅速占领了荆州,并在长坂坡大败刘备。刘备、诸葛亮走到了生死存亡的关键时刻。这个时候,亮就对备说,形势危急了,请求奉命前往东吴去走一趟。也就在这个时候,鲁肃来了,带来了孙权的旨意。就这样,诸葛亮奉刘备之命到了柴桑。这一次临危受命,诸葛亮肩上的担子是非常重的。如果这一次出使失败,那么,刘备、诸葛亮则有可能全军覆没。在此生死存亡的关键时刻,留给刘备、诸葛亮的只有两条路,要么前往东吴求生路,要么坐而等死。前进一步则生,后退一步则死。在柴桑,诸葛亮舌战群儒,批判投降论;激孙权,说孙权,完全是一种超常发挥,双方终于达成了共识,建立共抗曹操的孙刘联盟,于赤壁大败曹军,一战而扭转了乾坤。

曹操占领江陵,给孙权造成了巨大的军事压力,也把孙权逼到了生死存亡的历史关头。文官们,一概主张投降,说什么"降则安,战则亡",只有那些武将们主张抗曹。孙权则是"降又不甘心,抗又怕打不赢",因此是战,是降,一时还拿不定主张。后经过诸葛亮、鲁肃、周瑜三个人做思想工作,特别是鲁肃和周瑜的思想工作,使孙权认清了形势:投降是没有出路的。降也亡,战也亡,不如战而求生存,于是下定决心抗击曹操。结果孙刘联军在赤壁用奇计奇策火烧曹操水营大寨而大败曹军,巩固了江东政权。

反过来,当他们处于顺境,在政治军事上处于优势而有着充足的胜利把握的时候,反而失去战机而失败。曹操是这样,诸葛亮是这样,孙权是这样,袁术、袁绍更是这样。

208年春,孙权大军已经占领了夏口,离夺取荆州只有一步之遥。这时,正是孙权拿下荆州的时期。操刚刚北征乌桓而还,还需要休整几个月才能南下,完全有着充足的时间攻打荆州;荆州的刘表又不晓军事,不会用兵,而江东的文臣武将一大群,应当说,攻打荆州是没有什么问题的。从实力上来说,有足够的力量和谋略攻打荆州;虽然刘备也在荆州,还有诸葛亮。但刘备仅仅是寄居而已,刘表尚对其有疑心而防之,备不能为其所用。所以说,这时是孙权攻打荆州的极好时机。可惜,孙权放弃了夏口而回到了江东。孙权为什么放弃这一次极好机会呢?根本原因就是没有危机感。

赤壁大战,曹操在政治上、军事上和地理位置上都占优势,有着十足的胜利的把握,反而失败了。究其原因,就是因为处于顺境而没有了危机感,以为有优势而必胜无疑,因此骄傲而轻敌了,结果犯了一系列战略战术性错误而以强败弱,不得不接受三分天下的现实。215年,操夺取了汉中,本可以一鼓作气拿下西川,可是操也弃之不攻。汉中是西川的咽喉,从地理位置和地形地势方面来说,占据了汉中就控制了益州。所以,对于曹操来说,从天时、地利、人和三个方面来说,攻打益州都是非常有利,但是操就是按兵不动,究其原因还是没有危机感。因为这时的操已经有了黄河流域,控制了全国面积十之七八,失去益州又有何妨?

夺取了汉中并自立为汉中王,对于刘备来说,取得了巨大的胜利,没有危机感了;对于曹操来说,却是一个巨大的失败,反而有危机感。胜利者是欣喜若狂,失败者则耿耿于怀而伺机报复。汉中争夺战结束之后,曹操的目光盯住了荆州,孙权的目光也盯住了荆州,荆州成了矛盾的聚焦点,一场大战在所难免。可是,这个时候刘备、诸葛亮还沉浸在夺取汉中的喜悦之中,同时也只看到关羽北上攻打襄阳,水淹七军而围樊城的巨大胜利,并没有意识到荆州危机的极端严重性而没有做任何军事部署和调整。结果在前线孤军奋战的关羽,腹背受敌而兵败身亡。关羽在荆州的失败,其关键就在于刘备、诸葛亮在荆州问题上没有那么多的危机感。

再看袁术、袁绍。起初,袁术的家世显赫,生逢乱世,得天时;兼跨荆豫两州,得地利;孙坚为前驱,得人和。他事业的发展,可谓是一辉煌而再辉煌。事业顺利了,得势了,没有危机感了。袁术就骄傲自大,狂妄放肆了,谋士的话就一句也听不进了。这个时候,就是他事业失败的起点。袁绍也是这样,在其最为困难的时候,他也能礼贤下士。他采取了谋士的"假道伐虢"之谋,先取了冀州,后夺了幽州,占据北方四州,拥众百万,成为最大的割据势力。但随后,因为没有危机感而飘飘然,就骄傲起来了,就轻浮起来了,就刚愎自用了,就自以为是了,结果有了官渡之败而断送了事业。

无数事实说明:有危机感,事业就会由失败而转为胜利,由危机而转为成功,由绝处而逢生;反之,无危机感,事业就会由胜利而转为失败,由成功而转为危机,由生而转为死。这就是,"生于忧患而死于安乐"也。

第三十章　荆州丢失与诸葛亮的战略错误

刘备有了两川之地后,荆州更是具有了极其重要的战略地位。有了荆州,可以北上直逼中原而伐魏;有了荆州,也可以顺江而下而震慑东吴。荆州失守,孙、刘反目,蜀汉的局势,便从此不可逆转。失却荆州,对蜀汉是一个巨大的打击,是西蜀由盛而转衰的历史转折点。

毛泽东说:"由于诸葛亮用了骄傲而拒不执行联吴抗曹战略方针的关羽,才有了后来的关羽失荆州的悲剧。"关羽丢失荆州,是亮用人不当所造成的。但从根本上来说,荆州的丢失,是源于《隆中对》后期的战略性错误。

第一节　关羽镇守荆州,一着错棋

对于关羽守荆州,毛泽东有一个精辟的分析。他说:"当初刘备调诸葛亮入川,亮不该留下关羽守荆州。让关羽守荆州是一着错棋呢! 关羽骄傲呢! 关羽从思想上看不起东吴,不能认真贯彻执行亮联吴抗曹的战略方针,这就从根本上否定了亮的战略意图,结果失掉了根据地,丢了荆州,自己也被东吴杀掉了。"用关羽这一着错棋,是孔明的错误,也是刘备的错误。

那么,为什么关羽守荆州是一着错棋呢?

第一,关羽不懂得联吴抗曹的战略方针。移交荆州大印时,孔明问:"倘曹操引兵来到,当如之何?"关羽说:"以力拒之。"孔明又问:"倘曹操、孙权,齐起兵来,如之奈何?"关羽说:"分兵拒之。"可见,关羽将孙吴和曹魏同等看待,并没有盟友和敌人之分。孔明说:"若如此,荆州危矣。吾有八个字,将军牢记,可保荆州。"关羽问:"哪八个字?"孔明说:"北拒曹操,东和孙权。"关羽说:"军师之言,当铭肺腑。"其实,亮所言,羽并未铭之肺腑而当其耳边风。"倘曹操、孙权,齐起兵来",关羽说他就"分兵拒之",

三国谋略论

说明其不懂联吴抗曹的战略方针。既然不懂，也就不可能认真贯彻执行。

第二，关羽不懂得和与防的关系。曹操是敌人，所以要抗击之。孙权是盟友，所以要和，要团结。但是盟友之间也是有矛盾的，孙刘之间，就因荆州问题而使矛盾难以调解。如果与盟友的关系没有处理好，盟友也可能转化为敌人，这就需要防。就是说，对待盟友，要处理好"和"与"防"的关系。当盟友有可能转化为敌人时，盟友就有可能成为最危险的敌人。俗话说，"明枪易躲，暗箭难防"。对于关羽来说，曹操就是公开的敌人，容易对付；而孙权就是隐蔽而危险的敌人，就不容易对付了。关羽率兵北上攻打襄樊，陆逊来信，求两家和好，认为无复有江东之忧矣，认为既然"和"了，就不用"防"了，结果上了大当了。与盟友孙权之间的矛盾和与敌人操之间的矛盾，是性质不同的两种矛盾。同操的矛盾是主要矛盾，同孙权之间的矛盾是次要矛盾。对于曹操，兵来将挡就是了。对于孙权，就复杂了，要讲究斗争方法，讲究斗争策略，要做到有理有节。必要的时候，该让还得让一点。关羽就不懂这一点，斗的时候当敌人斗，和的时候又忘了防。

第三，关羽非常骄傲，从思想上瞧不起东吴。毛泽东说："关羽这个人，虽然斩华雄，诛颜良，过五关斩六将，擒庞德，威震华夏，但孤傲自大。"孙权开始欲与操联合时，诸葛瑾说，关羽有一女，"尚幼，未许字人"，愿为孙权之子求婚。"若云长肯许，即与云长计议共破操；若云长不肯，然后助曹取荆州。"孙权用其谋，遣诸葛瑾为使投荆州去做媒。瑾入见关羽，说明求婚来意。羽闻听勃然大怒说："吾虎女安肯嫁犬子乎！不看汝弟之面，立斩汝首！再休多言！"瑾抱头鼠窜，回见吴侯；不敢隐匿，遂以实相告。孙权听了，自然是怒火冲天，立即召文武，商议取荆州之策。至此，孙刘两家撕破了脸皮，关系彻底破裂。

第四，关羽非文武双全之人，勇则勇矣，但谋略远远不足。关羽奉汉中王刘备之令，领兵取樊城。大军北上，荆州如何设防，须要认真部署。派糜芳守南郡，傅士仁守公安。这两个人是什么人？关羽领令欲北上攻打樊城，先令此二人为先锋。二人饮酒，帐后遗火，烧着火炮，满营撼动，军器粮草，尽皆烧毁。羽大怒，欲斩二人。费诗说情，方才告免。关羽怒叱二人，各杖四十大板。摘去先锋印绶，罚糜芳守南郡，傅士仁守公安。并且还说："若吾得胜回来之日，稍有差池，二罪俱罚。"这两个人欲斩而又免，遣之守南郡和公安，留下了祸根。后虽然因随军司马王甫提醒说，关羽才在沿江筑了烽火台，每台五十军守之。但没有得力将领守住，仅烽火台是靠不住的。吴兵抵岸，骗过蜀兵，约至二更，精兵齐出，将烽火台上官兵缚倒，暗号一声，八十余船精兵俱起，将紧要去处墩台之军，尽行捉入船中。于是长驱大进，径取荆州。将至荆州，吕蒙将沿江墩台所获官军，用好言抚慰，个个重赏，令赚开城门，纵火为号。城门赚开，吴兵齐入，袭了荆州，然后招降了糜芳、傅士仁。蜀兵未做任何反抗，吴兵未动一枪一炮就取了荆州。

第五，关羽固执而自信，不会用人。北上得了襄阳之后，随军司马王甫提醒说："糜芳、傅士仁守二隘口，恐不竭力；必须再得一人以总督荆州。"关羽说："吾已差治中潘濬守之，有何虑焉？"王甫说："潘濬平生多忌而好利，不可任用。可差军前都督粮料官赵累代之。赵累为人忠诚廉直。若用此人，万无一失。"关羽说："吾素知潘濬为人。今既差定，不必更改。赵累现掌粮料，亦是重事。"荆州尤为关键，靠近大江，差潘濬总督，防守极不严密。吴兵到达江岸，轻而易举地就骗过了守兵；轻而易举地就将烽火台上的官军缚倒而送至船上；吴兵长驱大进，轻而易举地就到了荆州城边；官兵被收买，吴兵轻而易举地就叫开城门而袭取了荆州。从吴兵抵江岸到袭取荆州，潘濬都未出现，不知其身在何处。这样的人任总督，岂能不误事？

第六，关羽不识谋略，不懂诡计，不晓兵法。围樊城，水淹七军之后，因将息箭疮，按兵不动。忽报："江东陆口守将吕蒙病危，孙权取回调理，近拜陆逊为将，代吕蒙守陆口。今逊差人赍书具礼，特来拜见。"关公召入，竟指来使而言曰："仲谋见识短浅，用此孺子为将！"可见，关羽何其骄傲！《孙子兵法》云："兵者，诡道也。故能而示之不能，用而示之不用。"吕蒙是"用而示之不用"；陆逊是"能而示之不能"。接着，来使伏地告曰："陆将军呈书备礼：一来与君侯作贺，二来求两家和好。幸乞笑留。"关羽拆书视之，见书词极其卑谨，关羽是仰面大笑。孙子说，"辞卑而益备者，进也；辞强而进驱者，退也"。又说："无约而请和者，谋也。"陆逊无约而来求两家和好，其中有阴谋也；其书言词卑谨，其内里则杀气腾腾，欲大举进攻也。关羽哪知是计，认为无复有江东之忧矣。随后，就将大半兵力调赴樊城，使荆州重地防守空虚，这就正中了孙吴的"调虎离山之计"，给了敌人以可乘之机。

关羽镇守荆州，吴魏两方望之胆寒而不敢轻举妄动，说明选择关羽是正确的。但是关羽败走麦城而丢失荆州，又说明关羽不能独任。解放战争初期，善于前线指挥的林彪任东北野战军司令。毛泽东认为，林彪不能独任，必须给林彪配备一个合适的政委。可是林彪性格古怪，一般人的话，他还真不听。毛泽东为此想了好几天，终于选择了具有一定政治军事才能，且又能说服林彪的罗荣桓。事实证明，选择罗荣桓是正确的，在解放战争中，最大限度地发挥了林彪的军事才能，为人民解放战争的胜利发挥了作用。观看荆襄一战的全过程，关羽身边没有一个有威望的高级谋士，完全是独断专行，岂能不败？

随军司马王甫，是一个谋士，看出了一些关键问题。他的话，关羽听了前半句，在沿江筑了烽火台，每台五十军守之。但是，后半句，最要紧最关键的人事调整的话却没有听。无论是前半句还是后半句，都是提防江东的。而江东袭击荆州，所有的谋略，最关键的就是"调虎离山，乘虚而入"的谋略。如果关羽听了王甫之谋，特别是后半句话之谋,江东的"调虎离山"阴谋就会破产,荆州就会安然无恙。可惜王甫位低言轻,与关羽权力地位相差悬殊,不能与关羽相争,难以坚持原则。关羽无谋而又刚愎自用,听不进别人的意见,因此有了荆襄之败而丢失了荆州。

第二节　荆州失守,乃诸葛亮之误

215 年之后,荆襄九郡的荆州也已经是"三分天下"了。它北面是曹操,东南面是孙权,刘备被挤在中间。但是,因为刘备所占据的部分,是荆州中心地带,极具战略地位,所以孙曹两家仍对其虎视眈眈。因此说,荆州的形势极为复杂而严峻,是矛盾的聚焦点,是极难守御之地,非文武全才不能镇守。对于这么一个地方,亮就应该全盘考虑,时刻关注,部署兵力,调整力量,以防万一。然而,这么一个关乎全局性的战略要地,居然丢失掉了。以南郡为重心荆州的丢失,乃诸葛亮之误。

毛泽东在中共七大的结论中曾经生动地说:"坐在指挥台上,如果什么也看不见,就不能叫领导。坐在指挥台上,只见地平线上已经出现的大量的普遍的东西,那是平平常常的,也不能算领导。只有当还没有大量出现的明显的东西的时候,当桅杆顶刚刚露出的时候,就能看出这是要发展成为大量的普遍的东西,并能掌握住它,这才叫领导。"当"大量的普遍的东西"的"桅杆顶刚刚露出的时候",那仅仅是一个惹人注意的现象。作为领导,就需要通过现象看到问题的本质。毛泽东在《星星之火,可以燎原》一文中说:"我们看事情须要看它的本质,而把它的现象只看作入门的向导,一进了门就要抓住它的实质,这才是可靠的科学的分析方法。"

刘备汉中称王而回至成都之后,细作探听得曹操结连东吴,欲取荆州,即飞报入蜀。"操结连东吴,欲取荆州",这就是一个非常敏感的信息,更是一个刚刚露头的现象。这个刚刚露头的现象,说明了什么呢? 它的本质是什么呢? 就是告诉诸葛亮、刘备,孙权已经开始背盟而倒向操一边,孙刘联盟的抗曹统一战线,发生了严重的危机。孙权与曹操相勾结,荆州将受到南北两面夹攻危险,关羽则有可能腹背受敌,这是一个非常重要而危险的信号。在这个非常时刻,刘备急忙请孔明商议对策。

孔明分析说:"某已料曹操必有此谋;然吴中谋士极多,必教操令曹仁先兴兵矣。"备说:"似此如之奈何?"孔明说:"可差使命就送官诰与云长,令先起兵取樊城,使敌军胆寒,自然瓦解矣。"刘备谋略不足,雾里看花还不甚清楚,半懂半不懂而大喜。诸葛亮的这一个战略部署是非常错误的,并没有抓住这一条信息的背后的本质。这一条信息的背后的本质是,曹操要取荆州,孙权更要取荆州。诸葛亮说,"先起兵取樊城,使敌军胆寒,自然瓦解矣"。先发制人,令曹仁胆寒。孙权这一边怎么应付,没有做任何交代。按当时的形势来说,操是公开的敌人,孙权则是隐蔽的敌人,而且是最危险的敌人。就关羽的能力来说，对付来自北面的曹操，武力有余；而对付江东孙权，却显智力不足。这一次取荆州的是孙权，而不是曹操，操只是策应。命关羽取樊城，是虚张声势打了就撤，还是动真格的？这一切都不明确。

调关羽北上攻打曹仁，留下空虚的荆州怎么办？"螳螂捕蝉，黄雀在后"，是非常危险的。"吴中谋士极多"，所以诡计也多。孙权教操令曹仁先兴兵，就是让关羽北上先与曹仁打起来，东吴肯定会乘关羽"后方"空虚，从背后偷袭荆州。孔明应该预先料到而做出相应的安排和部署。孔明正确的做法应是：在曹仁出兵之前，令关羽积极做好防务。应安排一名能认真贯彻执行联吴抗曹的战略思想的大将或谋士，协助关羽做好对东吴的防务，并对东吴破坏"孙刘联盟"的行为进行有理有节的斗争，然后才能令关羽北上攻打曹仁。如此，才能确保万无一失。自从孔明入川之后，东吴几次欲取荆州，所惧者关羽也。曹仁一出兵，就先令羽北上，这不是正中了东吴的"调虎离山"之计吗？作为一个军事战略家、谋略家和军事指挥者，对未来事态的发展要有先见之明，对各种错综复杂的新问题，要及时提出明确而符合实际的对策。曹操和孙权在荆州问题上勾结的信号，已经送到了孔明的面前，可是亮却视而不见，听而不闻，对未来事态的发展没有预见性，更没有拿出切合实际的战略对策，结果棋差一局而丢失了荆州。

至少，在制定"三分天下"战略的时候，孔明就没有想到或者没有看到，荆州问题的复杂性、严重性和致命性，没有看到"三分天下"理论与现实之间的第一大矛盾和第二大矛盾。尤其没有想到第二大矛盾，就没有想到荆州可能两面受敌的危险性，所以就做出了"千里之遥两路分兵"的错误决策。"千里之遥两路分兵"的决策之所以是错误的，是因为它不符合实际的情况，结果就形成了"三分天下"理论与现实之间的第三大矛盾。亮在制定"三分天下"战略时，只看到顺利性的一面，没有看到困难性的一面。孙权要实现"两分天下"，就要拼命地与刘备抢夺荆州。这样，孙权与刘备之间的矛盾就会愈演愈烈，双方怎么联合抗曹？在历史的转折点时期，即在刘备力量的发展到既威胁到操，又威胁到孙权的时候，难道权会等着刘备灭了曹操后，再来灭自己吗？显然，孙权是不会坐以待毙的。对于孙权来说，这两个阶段的矛盾是相互衔接的。在矛盾的第一个阶段，孙刘之间的矛盾，因抗曹的需要，是隐蔽的。当矛盾发展到了第二个阶段，不仅更加尖锐，而且公开化了。公开化的一个特点，就是孙权公开地与曹操勾结在一起，在军事上共同对付刘备，盟友就变成了敌人。

在军事上共同对付刘备，首先就集中在荆州问题上。这个时候，孙权借操的力量夺取梦寐以求的荆州，而曹操则是借孙权的力量削弱刘备，解除备的遏制。而正是在这个最关键的问题上，孔明不仅疏忽了，而且还犯了一个"千里之遥两路出击"的战略性错误。按照亮的这种战略部署，"一上将（实际上就是关羽）将荆州之军以向宛洛"在先，"将军（实际上就是刘备）身率益州之众出于秦川"在后。"千里之遥两路出击"

的作战方法,不仅难以相互援助、相互配合,而且容易被曹操各个击破。实际上,还未等到益州之军出兵,先出的荆州之军,就已经是腹背受敌而大败了。关羽丢失荆州,就是因为亮的这个战略性的失误,这是"三分天下"理论与现实之间第三大矛盾的体现。

从根本上来说,荆州的丢失,不是错用一个关羽的问题。关羽武艺高强,威震华夏,又是"五虎上将"之首。曹操见之胆寒,孙权畏服三分。从周瑜到吕蒙,因关羽镇守荆州,都不敢轻举妄动,所以说关羽镇守荆州是正确的。但是关羽的基本弱点,是不懂不执行联孙抗曹的统一战线,所以说,关羽镇守荆州,又是不正确的。关羽镇守荆州,是正确的又是不正确的,是不能独任的,应该要为关羽配备一个能够说得了关羽的军事谋略家。同时,最要紧的是,诸葛亮的战略部署不能错。而荆州的丢失,最主要的是《隆中对》战略决策是错误的。《隆中对》战略决策是错误的,集中地体现在"千里之遥两路分兵"的错误。

第三节 从理论的多角度看荆襄战役

西蜀为什么会丢失荆州?现在我们从三国谋略论理论的多角度看荆州战役诸葛亮的战略性错误。

"三分天下三角关系的原理"认为,三角关系之间,是统一的,相互联系的,但更是相互排斥的、相互制约的、相互对立的。由三分天下而形成的三角关系,即魏、蜀、吴之间的三分天下关系,其根本利益是对立的。三角之间的力量大小是不等的,力量小的两方,为了生存和发展,必须联合起来对付力量大的一方。而力量大的一方则利用矛盾、分化瓦解而各个击破。三角之间的力量大小是变化的发展的,一旦力量大小发生变化,其三角之间就要重新调整关系。

魏、蜀、吴之间,208 年时,曹操力量强大,大有席卷天下之势;孙刘两家力量弱小,有被各个击破之危险。因此,孙刘结成唇齿相依的联盟,共同对付曹操。219 年,刘备有两川之地,又兼有能够问鼎中原的战略要地荆州,具有了压倒曹操之势,使操也感到了威胁,也使孙权感受到了压力。三角关系之间力量的变化,必然导致其相互关系的重新调整。曹操对荆州,虎视眈眈;孙权对荆州,觊觎已久。国与国之间,没有永久的朋友,也没有永久的敌人,只有永久的利益。因为荆州之争,孙刘之间随时都有可能撕破脸皮;因为荆州之争,孙曹之间可能因共同的利益而相互勾结。

正是在这种历史的背景下,孙曹两家联合了起来,共同对付新崛起的刘备,这就是势在必行的了。正是在这个关节点上,诸葛亮失却了战略的敏感性,结果孙曹联合而导致荆州之败。诸葛亮对"三分天下三角关系的原理"运用得得心应手,他利用孙权制约曹操,又利用曹操制约孙权。但是,在形势变化发展发生转折点的时候,他却没有想到别人会用"其人之道还治其身"。

主战场转移的理论,是《三国谋略论》的一个重要理论。这个理论认为,主要矛盾决定着进军方向,决定着主战场。而主战场随着战场形势的变化,又是逐渐转移的。219年的主战场形势的变化,汉中争夺战,以刘备的胜利曹操的失败而结束。刘备因为胜利而夺取了汉中,在军事上开始由战略防御态势而转入战略进攻的态势。而曹操因为失败而失去了汉中,在军事上却开始由战略进攻的态势转入战略防御的态势。汉中争夺战之后,形势的变化开始形成刘备与曹操"西部两雄相争"的发展趋势。曹操自然不服,必然要进行军事报复。魏蜀之间又一场大决战是不可避免的了。根据主战场转移的理论,曹操在西部汉中战场的失败,必然要将主战场转移到中部的荆襄地区。

对于曹操来说,因为将战场选择在荆襄地区,可以联络孙权,共同打击刘备。时荆州是魏蜀吴三方的矛盾聚焦点,而且这种信号已经反映到了诸葛亮的面前。西蜀细作已探听到操结连东吴,欲取荆州,即飞报入蜀。就是说,孙权已经开始背盟而倒向曹操一边。孙权与曹操相勾结,荆州将受到南北两面夹攻的危险,关羽则有可能腹背受敌,这是一个非常重要的信号。同时这也说明,荆襄地区的主战场地位已经形成。可是,亮对此视而不见,听而不闻,反应迟钝,未做任何军事调整,任关羽在荆樊前线孤军作战,致使孙曹南北夹攻而导致荆州的丢失。

一场战役之后,部队要休整;夺取一块地盘之后,也需要巩固。诸葛亮善能治国,这几乎是公认的。但是,战争年代,毕竟是战争年代。在天下争夺战时期,攻城略地,开拓疆域,扩展势力范围,进而统一天下,这是最主要的矛盾最主要的任务,而治理整顿休整虽是必要,但却是次要的。刘备214年夺取了西川,219年夺取了东川,这两块地方统称益州,需要花比较长的时间治理整顿。但是,这种治理和巩固,必须服从前线的战争。

219年,当争夺天下的主战场向东转移到荆襄地区,一场大战已经开始了。这个时候的亮,应该放下两川地区的治理工作,交于他人代管,自己的目光和心思应该集中于荆襄战场,时刻关注战场形势的变化,部署兵力,调兵遣将。亮却舍弃了战争的主要任务,一味地在两川地区惨淡经营,以致顾此失彼而失却了荆州。亮的思想里,满脑子则是"内修政理",两川地区还有许多事要做。因为在他看来,两川地区才是基业,才是根本,才是重点。这是非常错误的,在形势如此急剧变化之时,孔明还在重点经营西川,其实质就是弃荆州而就西蜀,这实在是失大而得小,弃本而就末。

在荆州,关羽面临的是一个极为复杂极为严峻的局面,整个荆州有可能受到来自曹操和孙权两面夹攻的危险。在曹操孙权相互联络的时候,荆州已经面临着一场前所未有的危机,这对西蜀是一个严峻的挑战。但是,危机和机遇从来都是相辅相成的,相互转化的。在一定的条件下,危机可以转化为机遇,机遇也可以转化为危机。孙曹相互联络而勾结,在荆州正酝酿着一场危机的时候,七八月间,关羽在襄阳前线斩庞德、擒于禁,水淹七军,威震华夏而旗开得胜之时,就预示着西蜀问鼎中原的时机已经来临,一场危机又可能转化为一场机遇。

从地形地势的特点来说,荆州上逼宛洛,下控江东,进可以威震天下而问鼎中原;但又由于腹地浅窄,两面受敌,后援难继,处境孤悬,退则陷入绝境。时荆襄九郡已经是"三分天下"了。北边是曹操,南边是孙权,关羽被夹在中间。曹操将主战场选择在荆襄地区,也是看中了荆襄战场的特点。接近东吴,可联络孙权而两面夹攻;远离西蜀,后援难继而关羽孤军作战。形势的变化,将使关羽处在两面夹攻,腹背受敌的境地。在这样一个敏感时期,孔明既不调兵遣将,保证襄樊前方进攻之需,使关羽在前线孤军奋战,又不保证后方的防务,致使空虚的后方被东吴偷袭。关羽腹背受敌,襄樊前线的辉煌战果前功尽弃而溃不成军,后退无路而进入绝境,一场机遇再一次转化为一场危机,结果关羽兵败身亡而荆州丢失。

第四节　蜀吴三大矛盾内在的统一与对立

从《三国谋略论》理论的多角度看荆、襄战役的战略性错误,关键还是诸葛亮没有正确认识和处理好"三分天下"与社会现实三大矛盾的关系。"三分天下"前期的三大矛盾,严重地影响着"三分天下"后期的发展。"三分天下"后期的萎缩和蜀汉王国的失败及其亡国,其根源就在于"三分天下"前期的三大矛盾。

"三大矛盾",是蜀、吴之间的三大矛盾,它存在于"三分天下"前期的全过程。"三大矛盾"并不是三个方面的矛盾,而是蜀吴之间在发展过程中的三大矛盾,实质是同一个发展过程中依次发生的矛盾,是内在的,有机的统一。在三个阶段的"三大矛盾",看似一个矛盾,实际上是不同的,是各有其特征的。严格地说,它是同一个矛盾在三个不同阶段的激化而已。三大矛盾,集中地体现着蜀、吴两国在荆州问题上的矛盾。

第一大矛盾,实际上就是蜀吴之间的"三分天下"与"两分天下"之争的矛盾。赤壁大战之后,刘备、诸葛亮要夺取荆州,西进巴蜀,力争形成曹操、刘备、孙权的"三分天下"的格局,实现隆中对的战略目标。而孙权、周瑜也要夺取荆州,也要西进巴蜀,企图形成与曹操相抗衡的"两分天下"的局面,重温赤壁大战之前"南北划江而治"的旧梦。结果,在争夺南郡的大战中,周瑜虽然损兵折将,江陵却被孔明从背后用计谋夺了去,"两分天下"之谋败给了"三分天下"战略。

但是,孙权、周瑜输得很不服气,很不甘心。企图采取各种方式方法将荆州要回去,而诸葛亮却软磨硬泡,就是赖着硬不给。所以蜀吴两家在荆州问题上的矛盾就愈演愈烈,愈闹愈僵,几乎到了动兵动枪的地步。因为在这一个阶段"三分天下"的时期,仍是两弱对一强,就是吴蜀两家弱于曹操一家,必须结成唇齿相依的关系,才能够生存。在这个阶段,曹操曾几次南下江东,要来报赤壁之仇。有几次,孙权为了讨回荆州,就曾撸起袖子与刘备、关羽大动干戈,只因曹操南下,只得掉转枪口来对准北方。

就是说,因为北方的牵制,使得江东最终不敢与西蜀撕破脸皮而彻底破坏"孙刘联盟,共抗曹操"的统一战线。诸葛亮就是运用"'三分天下'三角关系"的原理,利用孙权制约曹操,又利用曹操制约孙权,赢得了时间和空间,夺取了东西两川。在这一个阶段,诸葛亮对孙权、周瑜在统一战线内部的"摩擦"活动,进行了有理有节的斗争,维护了统一战线,使"三分天下"的格局得以形成、巩固和发展。

第二大矛盾,是"三分天下"由第一个阶段向第二个阶段转折点时期的矛盾。孔明说:刘备"先取荆州为家,后取益州为基业,以成鼎足之势,然后可图中原也"。隆中决策的战略目标,分为两步:第一步,彻底形成"三分天下";第二步,北伐中原,统一天下。第二大矛盾,就是由第一步向第二步转折点时期的矛盾。

两个阶段的第一大矛盾与第二大矛盾,看起来相似,都是吴蜀两家为争夺荆州的矛盾。但是,这两个阶段斗争的形式、内容、目标、性质是不同的。第一大矛盾的斗争,是"两分天下"与"三分天下"的斗争,是孙权为了打败刘备,夺取荆州,西进巴蜀,彻底打破"三分天下"的格局,企图形成与曹操相抗衡的"两分天下"格局。在前一个阶段,东吴虽然摩擦不断,但由于受到曹操南下的牵制,终究不敢撕破脸皮而维持着"孙刘联盟"的抗曹统一战线。

三大矛盾的第二个阶段,"两分天下"已经输给了"三分天下",并且,魏、蜀、吴的"三分天下"的格局已经开始向刘备、曹操"两分天下"格局转化。主要的就是体现在刘备夺取汉中之后,其在军事政治上已经开始由战略防御而转变为战略进攻的态势了。特别是关羽北上,攻打襄阳,水淹樊城,威震华夏。这不仅使北方惊恐,更使江东深感惊恐。孙权十分担心,刘备顺江而下,先平定三吴,再挥师北上。第二个阶段的第二大矛盾,一方面是刘备努力将魏、蜀、吴的"三分天下"转变为蜀、魏之间的"两分天下"即"两雄争夺天下"的局面;一方面是孙权阻止蜀、魏"两雄争夺天下"的形成,继续维持魏、吴、蜀"三分天下"的格局,确保并巩固孙吴在江东乃至江南的鼎足地位。

从辩证法的角度来说,"'三分天下'的三角关系"所形成的平衡,不是凝固不变的,而是变化的发展的。不平衡会转化为平衡,平衡也会转化为不平衡。当旧的平衡转化为不平衡时,"三分天下"的三方关系就会进行重新调整,形成新的三方关系。在第一大矛盾阶段,孙刘两方因力量弱于曹,为了避免被操各个击破,因此,就建立了唇齿相依的关系。第二大矛盾阶段,因为西蜀的崛起,既威胁到北方,又威胁到江东。于是,孙曹两家就有可能走到一起,共同对付新崛起的西蜀,阻止刘备成势。

当原有的平衡依旧维持着的时候,其矛盾和斗争,就只能限制在旧的统一体内部,而不能超越旧的统一体。蜀吴之间的第一大矛盾斗争，就是这种情形。毛泽东说："炸弹在未爆炸的时候，是矛盾物因一定条件共居于一个统一体中的时候。待至新条件（发火）出现，才发生了爆炸。"蜀吴之间的第二大矛盾斗争，就是这种情形。

第三大矛盾，是"千里之遥两分兵力"战略部署与现实之间的矛盾。从蜀吴之间三大矛盾依次产生的全过程来看，三大矛盾是一个有机的统一的，但第三大矛盾与第一、第二大矛盾却是对立的。这种对立的关系，最基本的就体现在不依人的意志为转移的客观规律与主观能动性的关系上。蜀吴之间在荆州问题上矛盾和斗争，是不依人的意志为转移的客观事实、客观规律。"树欲静而风不止嘛"。这个时候，正是刘备"跨有荆、益"两州，"天下有变"，北伐中原，实现天下一统之时。

这个时候，东吴正在勾结曹魏，磨刀霍霍以向西蜀。而孔明的隆中决策后期方案，却将重兵部署在秦川，关外的秦川远离中原，难有大作为；荆州北有公开的敌人曹操，东有同床异梦的孙权。诸葛亮却要将次要的兵力部署在荆州，这就是主观的战略决策不符合"三分天下"的客观实际。因此说，第三大矛盾，主要的就体现在主观能动性与客观实际之间的矛盾。这一个阶段，就是西蜀已经开始北伐或者说是北伐之后的矛盾。西蜀打击的主要敌人是曹操，与孙权的关系，却是共抗曹操的统一战线。而此时的孙权，却是统一体内部的一颗"定时炸弹"。"定时炸弹"爆炸，统一体就破坏了。关羽镇守荆州，很可能腹背受敌而处于危险之中，情况极为特殊而十分复杂。

炸弹爆炸，需要一个条件，就是"发火"。矛盾发展的第二个阶段，孙权由于怕曹操，所以还不敢贸然破坏双方共存的统一体，即"孙刘联盟，共抗曹操"的统一战线。就是说，这个"铃"，实际上还是曹操系的，"解铃还须系铃人"。就在这个关键时刻，曹操派人来联络孙权，这个炸弹也就终于爆炸了。在炸弹即将爆炸而又未爆炸之时，还有可能使其不爆炸。孙权是"盟友"，但"盟友"正在向"敌人"转化，这就需要有精细的观察力、深刻的洞察力、准确的判断力，尤其还需要一个准确而科学的处理方法。毛泽东说，党内正确思想和错误思想的矛盾，"在开始的时候，或在个别的问题上，并不一定马上表现为对抗性的。但随着阶级斗争的发展，这种矛盾也就可能发展为对抗性的"。孙刘之间的矛盾，开始就是非对抗性的，但随着蜀魏之间矛盾斗争的发展，就变成了对抗性的了，但这种非对抗性的矛盾，也有可能不会变为对抗性的。孙权叛变，是操的拉拢，也是关羽的外推的结果。

关羽没有联吴抗曹的统一战线的观点，不懂得对孙权进行有理有节的斗争，因此把孙权推到曹操那一边去了。关羽的错误，更反映了诸葛亮在高层总体谋划上的错误。孔明应当知道，在"三分天下"格局中，正确处理"孙刘联盟"的抗曹统一战线的极端重要性。同时，他也清楚，关羽是不执行"孙刘联盟"的抗曹统一战线的。在荆州形势极为复杂、极为紧张、极为关键的时刻，没有作出任何部署和安排，这就是孔明的过错。正是刘备统一天下的第一步向第二步转折的关键时刻,即第二大矛盾形成发展的阶段。在这个阶段,是孙权酝酿着破坏统一战线而投向曹操的阶段。因为这一个阶段是酝酿的阶段,所以是相对隐秘的,保密的。可是,在隆中决策的时候,诸葛亮却忽视了这个关键而致命的问题,做出了北伐中原,荆州是偏师,秦川是主力的错误决策而形成了第三大矛盾。

我们说的仅仅是在"三分天下"的具体实践过程中,所遇到的具体情况。而在隆中决策中,诸葛亮原打算在曹操南征荆州之前就夺取荆州,这就是"先'三分天下',后'孙刘联盟'"的第一种战略方案。刘表曾明确表示,将荆州让之于刘备,谁料想刘备一再表示于心不忍;当刘琮已经投降了曹操,孔明建议进攻刘琮,夺取荆州,但备还表示于心不忍。诸葛亮对此也无可奈何,所以面对曹操大军,只能率军南撤,等到赤壁大战后再来从曹操、曹仁手中夺之,这就是"先'孙刘联盟',后'三分天下'"的第二种方案。如果在曹操南征之前占据了荆州,就不会有与孙权那么多的矛盾斗争,也就不存在所谓的第一大矛盾了。当然,第二大矛盾还是存在的。当关羽北向宛、洛之时,由于曹操的拉拢,孙权还是有可能与北方相勾结而背叛统一战线的。

据史料记载,诸葛亮父亲早卒,从其叔诸葛玄,迁家至襄阳,往依刘表。后诸葛玄卒,亮与弟诸葛均躬耕于南阳。孔明的《出师表》也说,"臣本布衣,躬耕南阳"。说明荆、襄九郡之一的南阳郡,早期虽为袁术所占,但袁术走后,实为刘表所控制。就是说,刘表所占之荆州,完全是荆、襄九郡。如果刘备在曹操南征之前就占有了荆州,那就不是南荆州,也不是三分之一的荆州,而是荆、襄九郡之荆州了。荆、襄九郡的范围,相当于今天湖北、湖南两省的范围。南阳郡在襄、樊之北,就是河南省的南部地区,这就是孔明说的,"北据汉、沔,利尽南海,东连吴会,西通巴蜀"之荆州。

荆、襄九郡之荆州,战略地位十分重要。诸葛亮对荆州战略地位,并没有分析评价到位,仅仅把它看作是兵家"用武之地",这是非常不够的。鲁肃对荆州的评价,应该说比较高。他说,"荆州与国(即江东)邻近,江山险固,士民殷富。吾若据而有之,此帝王之资也"。如果拿荆州同江东来比,其战略地位高于江东。荆州(北荆州和南荆州)就其范围面积,与益州(东川和西川)相当,但人口和物产高于益州,其军事政治的战略地位远高于益州。如果仅仅是三分之一之荆州,即腹地浅狭的荆州,就进可攻,退却难守。进攻则势如排山倒海,后退则兵败如山倒。如果从战略目标来比较的话,荆州(北荆州和南荆州)与益州(东川和西川)相比,荆州,进可攻,退可守;大步前进,则可夺取天下。益州守则有余,攻则不足。向后退,则只能是一个偏邦小国。

刘备占据了荆、益两州,假如荆州又是荆、襄九郡。此时的荆州,兵员粮草充足,仅荆州的力量,向东就可以防孙权,向北就可以发动一场大规模对曹操的进攻战,即大规模北伐中原的战争。如果刘备的荆州,是荆、襄九郡,那么刘备、诸葛亮在南荆州和北荆州的军事部署,就不是单单一个关羽镇守,就有可能两个关羽在镇守。以两川为依托,南荆州东防孙权,北荆州北攻曹操。然而,诸葛亮的"两路出击"战略部署是错误的,因为即使在曹操南征之前,从刘表手中接受了荆、襄九郡,但是,蜀吴之间的第二大矛盾还是存在的。两路出兵,分散了兵力。何况是赤壁大战之后从曹操手中夺取的仅仅是南荆州,更何况215年之后刘备所得的,仅仅是三分之一荆州。"三分天下"的后期方案,决定了荆襄大战失败的必然性。

第三十一章　荆州丢失与隆中后期方案

隆中决策,"三分天下",取荆州,夺两川,建立蜀汉王国,与《隆中对》有关,这是不可抹杀的历史功勋。诸葛亮对国家的统一做出了突出的贡献,是中国古代历史上杰出的政治家、军事家。

但其败亡,亦与《隆中对》有关。近代史学家认为,《隆中对》的前期方案是正确的,而后期方案则是错误的。因此说,对于《隆中对》,应当一分为二地看。

第一节　战略要地,轻重颠倒

草庐会见之时,诸葛亮阐述自己对天下大势的看法,制定了一条"先取荆州,后取西川,以成鼎足之势,然后北图中原"的战略部署、战略方针和战略目标,一个一统天下的战略蓝图。孔明的论述,史称《隆中对》,历来被誉为千古奇策。在这短短的 300 个字的《隆中对》中,诸葛亮对政治、军事、内政外交,以及当时的形势和发展远景,都做了透彻的分析。在群雄混战、雌雄不分之际,竟提出了蜀汉开国与三国鼎立的长远之策,真乃高瞻远瞩,千古第一人也。

但是,"近年来,不少专家、学者从不同角度对亮执政时期的诸多失误,提出了尖锐批评,对亮的智者形象提出了严重的挑战"。该观点认为,西蜀王国不能统一天下而先亡,不是社会客观条件不允许,而是亮的战略有误。亮的战略有误,还要追溯到其享誉千古的《隆中对》。其战略,有正确的一面,也有错误的一面。清初学者王夫之在评价《隆中对》时,曾指出:"蜀汉之保有宗社数十年者在此,而卒不能与曹氏争中原者亦在于此。"

孔明出山之时,寄居新野的刘备力量弱小,与曹操相比,极为悬殊。"山重水复疑无路",刘备正感到前途渺茫之时,正是实施了《隆中对》这一战略方案,东联东吴,北抗曹魏,占荆州,取西川,夺汉中,使刘备摆脱了困境,"柳暗花明又一村",开创了蜀汉江山。也就是说,《隆中对》的这一战略前期方案的实施,使备取得了很大的成功。因此,我们可以说,没有《隆中对》战略部署、战略方针和战略目标,就没有蜀汉王国,就没有"三国鼎立"的格局,是《隆中对》开创了"三国鼎立"的新时代。

但是,也正是《隆中对》后期方案的错误战略部署和战略方针,导致了蜀汉王国的最终失败。后期方案,即逐鹿中原的方案的错误,错就错在轻重倒置。一个荆州,一个是益州。两个地方,一东一西,一轻一重,孰重孰轻?孔明认为,"荆州北据汉、沔,利尽南海,东连吴会,西通巴、蜀,此用武之地"。同时又认为,"益州险塞,沃野千里,天府之国,高祖因之以成帝业"。亮说,"高祖因之以成帝业",就是告诉刘备:汉高祖从这里出发,成就了帝业;你从这里出发,也能成就帝业。随后,亮又说:"先取荆州为家,后取西川建基业,以成鼎足之势,然后可图中原也。"亮认为西重于东,益州重于荆州。实际上,这里犯了一个轻重倒置的战略性的错误,就是把秦川看作问鼎中原的主要的战略要地。

"益州险塞,沃野千里,天府之国,高祖因之以成帝业",这是历史事实。汉高祖刘邦,为什么能够因益州而成帝业? 一个极为重要的原因,不是益州江山险塞,易守难攻,而是西川沃野千里,号称天府之国。刘邦之所以成就帝业,是因为天府之国支持了关中根据地。战国时期,益州属于秦国的疆域。那时的益州,虽然沃野千里,但水旱灾害连年,田园因此而荒废。秦昭王时,蜀郡李冰父子在岷江修筑了江心分洪堰,把江水引入成都平原,建成了著名的都江堰灌溉网,灌溉农田三百万亩,使蜀郡成为天府之国。前230年至前221年,秦国开始了长达十年的兼并战争而统一了天下。一个关外的秦国为什么能够兼并六国,原因是多方面的,但其中一个极其重要的原因,就是蜀郡有一个都江堰,千里沃野得到了灌溉,成了天府之国而粮草充足,有力地支持了秦国的兼并战争。从前230年到前206年,仅隔23年。这时的西川乃至汉中,依然保持着当年的富裕,仍不失为天府之国,足可支持战争,汉高祖刘邦因此而成就帝业。

从前206年至前202年的楚汉战争到赤壁大战前,207年亮出山时,形势已经发生了重大的变化,特别是东汉末年的天下大乱,连年军阀混战。汉献帝东迁之后,全国的政治经济重心已经开始东移,秦川已经失去了号召全国的政治优势,而"丘墟遍野,十室九空"的凋敝经济,又不足以支持刘备逐鹿中原的战争。从西川到秦川,崇山峻岭,守则有余,攻则不足。若出兵北伐中原,兵轻则易被袭取,兵重则劳而无功。因为丢失了荆州,被挤进了西南一隅,虽有两川之地,也只能作为一个偏邦小国,从秦川出发,北伐中原,是不可能的。因此说,《隆中对》为刘备制定的"身率益州之众以出秦川",北伐中原而统一天下的政治军事路线,基本上是一条易于失败的战略方案。

刘备、诸葛亮的时代,完全不同于刘邦、韩信的时代,因为政治军事形势已经发生了巨大的变化。当年的汉高祖刘邦"明修栈道,暗度陈仓",而后打败项羽而建立汉朝,是因为当时的项羽,虽为西楚霸王,但没有真正统一天下。项羽进入咸阳,与诸侯共分秦宫财宝,大肆焚烧王宫,自立为西楚霸王,分封天下。由于分封不均,各军事集团之间矛盾激化,诸侯混战再次爆发,刘邦就是在这种军事混战的形势下从汉中进入关中的。刘邦进入关中后,陆续消灭了关中三王,开始了楚汉战争。而且还有一点需要说明,那就是楚汉战场不是在陇右与关中之间,即不是在祁连山一带,而是在关中、中原地区。孔明出山时,曹操已经彻底消灭了袁绍的势力而统一了北方。亮要北伐中原地区,即面对的不是一个分裂的北方政权,而是一个政权巩固的统一的地区曹魏政权。

而荆州则不同,战略地位极为重要。如果刘备仅仅占有荆州,就难有大作为。因为刘备占据的荆州腹地浅窄,两面受敌,北有曹操,东有孙权,四战之地,难以展志。占有两川之后就不同了,荆州的极为重要的地位就显示出来了。北伐中原,可以直逼宛洛,可以顺江东下东吴。一旦时机成熟,刘备要北伐中原而统一天下,那么,荆州就是前方,而两川地区,主要是西川地区就是后方。因此说,荆州乃是西蜀一个极为重要的问鼎中原的战略要地。对于西蜀来说,荆州和汉川两地,将哪里定为北伐中原的战略要地,关系到蜀汉政权的前途和命运。西蜀应以荆州作为问鼎中原而统一天下的战略要地,因为荆州可以将益州作为后方的依托,退可守而成鼎足之势,进可攻而问鼎中原。最为关键的是,荆州逼近宛、洛地区,如果蜀国在此处一进攻,大军就直接进入了中原的核心地区,就直接威胁到以许都为中心的魏国的根本。如果将益州定为战略进攻重点,那么西蜀就要从汉中秦川地区进攻中原。然而汉中秦川却远在关外,不仅远离关东地区,即中原地区,远离两京地区,蜀魏之间的战争怎么打,就如同隔靴搔痒,难以威胁到魏国的根本,无济于事。战争的结局,只能是耗费国力,无功而返。

诸葛亮的战略错误就在于,没有正确地认识荆州的优势和劣势,取益州时,只看到荆州的劣势,看不到荆州的优势;在利用荆州出击时,又只看到荆州的优势,而忽视荆州的劣势,是一种倾向掩盖着另一种倾向的思维方法。但是,亮的战略思维没有因形势的变化而变化。在荆襄大战之时,仍按照《隆中对》中的战略思维方式进行思维,忽视了荆州极为重要的战略地位,仍旧在全力经营益州,仅把关羽出师北上看作是一个偏师。实际上,刘备从曹操手中夺取汉中之后,蜀汉与曹魏之间的大战,就开始从西部秦川、汉中地区东移至荆、襄地区。也就是说,刘备与曹操在西部地区的大战暂时告一段落。这是因为曹操已经从汉中大败而归,短时间内不可能组织大规模的军事力量去攻打两川地区,孙权也不可能越过荆州去打西川,而荆、襄地区却大战在即。

在汉中大败而归却又很不甘心失败的曹操,必然利用孙、刘之间的矛盾来联络孙权,南北夹攻荆州。因此说,不管关羽主动出击还是被动出击,在荆州一场大战是不可避免的,而且还是腹背受敌。这个时候,曹操集团集聚的焦点在荆州,孙权集团集聚的焦点也在荆州。而诸葛亮呢,把西川看得比荆州更重要,他集聚的焦点却在两川地区的治理上,以至于棋差一局,失去了战略上的良机而丢失了荆州。

第二节　主力偏师,主次颠倒

《隆中对》"前期方案的实施,刘备才得以顺利地摆脱困境,开创了蜀汉江山";而"后期方案,即逐鹿中原的方案"的实施,结果却导致了荆州的丢失而使蜀汉王国一蹶不振。后期方案的错误,最基本的是体现在两路分兵上。这一个分进合击的军事战略部署,其根本错误就在于颠倒了主力与偏师之间的辩证关系。

两路分兵出击的战略部署,违背了集中用兵的军事原则,颠倒了主力与偏师的主次关系。而这种主力与偏师的主次关系的颠倒,主要的又是源于战略要地的主次颠倒。在《隆中对》中,孔明十分看重益州,把它看作是今后统一天下的基业。他说:"益州险塞,沃野千里,天府之国,高祖因之以成帝业。"益州与荆州相比,益州的地位和作用高于荆州。因此,益州进攻中原的战略要地价值高于荆州。汉高祖刘邦在此成就了帝业,所以他认为,刘备在此也可以成就帝业。刘邦在此成就了帝业,刘备在此就能够成就帝业吗?这是一种典型的历史经验主义的错误。丘吉尔在《论马尔博罗》中说:"最容易通往惨败之路的,莫过于模仿以往英雄们的计划,把它应用于新的情况中。"诸葛亮所走的路,就是当年刘邦所走的路,并且他模仿刘邦,还模仿走了样。

司马光的《资治通鉴》记载,前206年2月,项羽"立沛公为汉王,王巴、蜀,汉中,都南郑"。刘邦被封的地方,就是刘备所占的两川之地。时刘邦对这块封地是非常不满意的,大怒,"欲攻项羽"。萧何谏曰:"臣愿大王王汉中,养其民以致贤人,收用巴、蜀,还定三秦,天下可图也。"汉王曰:"善!"乃遂就国。当其就国之时,张良"因说汉王烧绝所过栈道",以"示项羽无东意",以此麻痹项羽,掩盖刘邦东进中原争夺天下的图谋。这一年八月,刘邦采用韩信之谋,"明修栈道,暗度陈仓","引兵从故道出",袭三王,定关中。以关中为根据地,与项羽争夺中原。《三国志·荀彧传》说:"昔高祖保关中,光武据河内,皆深根固本,以制天下,进足以胜敌,退足以坚守,故虽有困败,而终济大业。"

就是说,刘邦是以关中为根据地,并不是以两川之地为根据地而夺取天下的。因为两川之地,其江山险塞的地形地势,坚守则绰绰有余,进攻则难以取胜而力不足。如果刘邦仅占有巴、蜀和汉中的两川之地,是不可能与项羽争夺中原的。刘邦是因为定了三秦而占据了关中,才敢于放开手脚以图天下的。司马迁的《史记》说,"秦地(指关中)极富,财富十倍于天下",经济力量足可支持刘邦争夺中原;"地形复杂、地势险",

"进足以胜敌,退足以坚守";又关中是秦都咸阳所在地,秦始皇就是在这里指挥秦军打败东方六国,建立秦王朝的,具有很高的政治影响力。所以刘邦打败了项羽,夺取了天下而建立了大汉王朝。

因此,西蜀将秦川看作进攻中原的战略要地,而将荆州看作是一个微不足道的次要战略之地,一般地说,是不可能夺取中原的。这也充分说明,诸葛亮并没有真正认识和理解益州并不具有向前方进攻的价值,而是后方所具有的依托和后盾的价值,是军用物资的保障价值。益州分为东西两川,东西两川称为益州。西川,以成都为中心,东川,以汉中为中心;西川有一个成都平原,东川有一个汉中平原。"益州险塞",这是其地势地形的特点。这种地势地形的特点,退则可守,可做一个偏邦小国;但攻则不足,难以统一天下。为什么荆州对于刘备这么重要呢?单单一个荆州,刘备是难有大作为的,因为荆州北有曹操,东有孙权,难展手足。但是荆州与益州连而为一体,就如虎添翼了,就进可攻而夺取天下,退可守而鼎立一方。因为西蜀有了荆州,北可以扼制曹操,东可以控制孙权,乃大有一统天下之势。所以说,刘备今日之荆州,乃当年刘邦之关中也。

诸葛亮规划了进攻中原的两个战略要地,一个是秦川,一个是荆州。他把秦川看作进攻中原的最主要的战略要地,而把荆州则看作次要的战略要地,颠倒了主次的关系。因为颠倒了主次战略要地的关系,也就颠倒了主力和偏师的关系。他认为,将来一旦时机成熟,刘备率领的出于秦川而北伐中原的军队,是主力部队;而另一"上将荆州之军以向宛、洛",则只能是一个偏师而已。以秦川战略要地,向中原进攻,关中有秦岭天险阻隔,陇右道路遥远不利于大军迅速行动,空耗国力兵力财力,无功而返;而在荆州以向宛、洛的上将,又因为是偏师,兵力少,而所遇到的既是曹操的兵,又是孙权的兵,可能两面受敌。而远在秦川的主力部队,又因为相隔千里,相互难以照应,荆州的军事力量就薄弱了,很容易被敌人各个击破。因为荆州有其不可忽视的致命弱点,荆、益两州相距遥远,道路艰难,后援难继,处境孤悬,易于丢失。

理论上的错误,必然导致实践上的错误。219年,关羽领兵北上取樊城,是一次非常重要的军事行动,是一次决定西蜀前途和命运而带有全局性的战争。对于这样一个非常敏感的地区,对于这样一次大规模的军事行动,诸葛亮却重视不够。作为一个综观全局的诸葛亮,应当派一个智谋人士,协助关羽完成此次军事行动;应密切关注荆州形势之变化并调兵遣将前往荆、襄前线,不使关羽自始至终孤军作战。亮的这一个错误的军事实践,就是源于《隆中对》后期方案的错误的指导思想。这一错误的指导思想,就是这个分进合击的钳形攻势颠倒了主力和偏师的辩证关系的战略思想。在这个错误的方案思想指导下,在关羽率大军北上,特别是听到关羽在襄樊前线,所向披靡,捷报频传之时,亮就对荆州背后的空虚却视而不见,对来自荆州最前线的信息却听而不闻。

当时五虎上将都在,还有大将魏延,为什么不调往荆襄战争的最前线？诸葛亮应当把军事的着重点部署到荆州去,增援荆州。在荆襄的主战场上,关羽初战,斩庞德、擒于禁、水淹七军,威震华夏,形势大好。如果这时候把军事的重点向荆襄一线移动,全力配合关羽进军,东面防着东吴,以保荆州背后的安全;北面配合关羽主动出击,直逼宛洛。如此,整个北方会震动,形势就是另外一种情形了。但是亮在军事上未做任何部署,刘封、孟达近在上庸,未曾协力;张飞、赵云屯兵阆中、江州,未曾增援。关羽倾师北上,后方空虚,待吕蒙、陆逊"白衣渡江",关羽就成为瓮中之鳖了。

荆州虽属西蜀,但刘备、诸葛亮却在西川,两地相隔遥远,又有高山峻岭阻隔。关羽虽在襄樊前线旗开得胜,但却是孤军作战,后方空虚。前进,威震华夏;后退,就会陷入绝境。当关羽在襄樊前线得手之时,荆、襄地区主战场地位已经显示,西蜀问鼎中原的时机已经来临。可是,亮依旧看不到形势的变化,仍然固守过时的战略,把经营的重点依旧放在两川地区,不根据形势的变化,调兵遣将,调整军事部署,结果关羽腹背受敌,在曹操、孙权南北夹攻之下兵败身亡,使西蜀损失了大量的有生力量,失去了一个问鼎中原的战机,失却了问鼎中原的战略要地。

关于"颠倒主力和偏师的战略战术之误"的观点,在三国研究的历史上是一个全新的突破性的观点。这个观点提出来了,可以启发我们对三国历史的再研究,并形成一系列新观点。以往对荆州的丢失,认为是孔明用人不当,他不该使用一个不执行联吴抗曹的战略方针的关羽,是关羽大意丢失了荆州。按照新的观点分析,关羽失荆州,从深层次看,其根本原因是《隆中对》颠倒了主力和偏师的辩证关系。

第三节　走错一步而满盘皆输

在中国的军事史上,伟大的军事家毛泽东,从 1927 年 9 月 9 日湘赣边界秋收起义到 1949 年 10 月 1 日新中国成立,指挥了 22 年的革命武装斗争,创造了一个又一个战争奇迹。从南打到北,从北打到南,建立了新中国。功勋卓越,彪炳史册。因此说,毛泽东最有资格对诸葛亮进行分析评价和批评。

毛泽东一生用兵,最忌讳分兵而被敌人各个击破。毛泽东历来强调,在任何时候,即使在军事力量强大的情况下,只能有一个进攻方向,而不能有两个,必须集中优势兵力而坚持一个进攻方向。他对《隆中对》两路分兵而北伐中原战略部署,提出了尖锐的批评,千里之遥而二分兵力,容易被敌人各个击破。西蜀王国虽然有了两川之地,但在军事上还没有占绝对优势的情况下,整体优势就会化为整体劣势,就会两头难顾,被敌人各个击破。

问题的严重性还不止于此,这一错误军事观点,后来还成了束缚诸葛亮战略思想的条条框框,使得亮不能因战场形势的变化而变化。西蜀向西夺取了两川之地后,亮的战略思想就不应该局限于一州一地,而应当有全局变化的大观点。汉中争夺战之后,曹操决不甘心在西部战场的失败。因此说,汉中争夺战的结束,绝不是蜀魏大战的结束,一场更大规模的战争就在所难免了。战场在哪里?司马懿在思考这个问题,亮也应该思考这个问题。操一气之下,将战场选在了西部汉川地区。懿则比较冷静,他主张将战场选在荆襄地区。因为荆襄靠近江东,可利用孙刘之间的矛盾而借用孙权的力量,两面夹击关羽。即使将战场选在西部汉川地区,也要利用孙权将刘备、诸葛亮的主力引到荆襄地区,然后乘虚西进去攻打汉中。

在这个时候,孔明就要特别警惕,要有全国一盘棋的战略思想,要两眼看到关键的战略要地。战略要地有两个,一个是中部的荆襄地区,一个是西部汉川地区。最为关键也是最危险的,就是荆州地区。曹操威胁是明的,而孙权的威胁是暗的,是最为危险的敌人。所以,孔明一只眼睛要瞄准操,另一只眼睛则要盯着孙权,提防孙曹联手,南北夹攻荆州,防止丢失荆州。但是,亮忽视了这一点,由于受《隆中对》后期错误战略框框的束缚,当荆州地区已经危机重重,亮却视而不见,听而不闻,一心在“内修政理”,等待“天下有变”。结果棋差一局,由隐藏的危机转化为现实的危机,丢失了荆州。其实,亮只要把军事目光聚焦到荆州地区,这一场军事危机就能化解,危机还会转化为机遇。

1948年3月30日,毛泽东在《关于情况的通报》中曾预计,“五年左右(1946年算起)消灭国民党全军的可能性是存在的”。到了这一年秋天,战场形势发生了很大的变化,人民解放军已经增加到了280多万人,国民党军队已经减少到365万人,而能用于前线的只有170余万人。蒋介石的“全面防御”已经转为“重点防御”,分别被孤立在西北、中原、华东、华北、东北五个战场的少数城市。毛泽东以其军事家的敏锐眼光,意识到我军进行战略决战的时机已经成熟,决定抓住战机,以极大的魄力成功地组织了辽沈、淮海、平津三大战役,加速了解放战争胜利的进程,取得了人民解放战争的决定性胜利。

汉中争夺战之后,对于西蜀来说,进行战略决战的时机已经逐渐显现。这时候,孔明应抓住有利的战机,乘关羽北上胜利之势,在荆襄地区组织一个以向宛洛的大规模的北伐战争,其成功是可能的。

第一,西蜀已经取得了汉中争夺战的彻底胜利,占据了整个益州,即东西两川,彻底实现了“三分天下”的战略目标,基本实现了由战略防御态势向战略进攻态势的转变,为大规模的进攻战提供了前提条件。第二,益州北有汉中盆地,南有四川盆地,有“天府之国”之美誉,其兵源和粮草足可支持大规模的战争。第三,益州的四周,皆崇山峻岭,关隘险阻,易守难攻。诸葛亮可以把主要的将领和兵力调往荆襄前线。西南蛮王孟获即使闹事,也折腾不出什么大名堂。第四,这个时期,"五虎上将"还在,文臣武将,人才济济,队伍强大,有能力打一场这样大规模的进攻战。虽有东吴之忧,但只要把目光聚焦到荆襄地区,派一大将顶替关羽以防东吴,孙权就不敢轻举妄动。第五,荆州的战略地位,有利于发动这一场战役。关羽奉命北上攻襄阳、围樊城,已经取得了巨大的胜利,拉开了大规模北伐进攻战的序幕。拿下了襄阳,实际上占据了北伐中原的最重要的战略要地。

荆襄一战,是关键的一战。打得好,就是"三分天下"格局向刘备与曹操"西部两雄相争"格局转化的历史转折点;打得不好,刘备就会丢掉战略要地荆州,被挤到西南一隅,为最后的失败埋下伏笔。因此,这时候,西蜀的战略方针,应该是"对东防御,向北进攻"。可是,这些有利战机和隐藏的危机,诸葛亮却没有看到。特别是关羽北上而华夏皆惊的时候,亮在军事上却没有什么反应。既没有组织大规模的北伐,又没有对东吴组织有效的防御,任关羽在前线孤军奋战而顾此失彼,结果腹背受敌,败走麦城而丢失了荆州。此既是关羽之错,更是孔明之过。孔明之过,就是荆襄大战军事战略之错。这一战略之错,使西蜀在荆襄大战中遭到了惨败,致使关羽兵败身亡而丢失了荆州,是西蜀由盛而转衰的转折点。

因为荆襄一败,蜀汉被挤进了西南一隅。1935年6月26日,毛泽东在批判张国焘的"挥师向西,前往青海,进入西藏"时分析说,红军越是向西,就越会失去人心而没有了号召力,在中国政治舞台上的分量就会越来越轻。当时的西蜀也有类似的情况,如果丢失了荆州,被曹操和孙权挤到了西南一隅,它"在中国政治舞台上的分量就会越来越轻"。苏洵《权书·项籍》中评说诸葛亮,"弃荆州而就西蜀,吾知其无能为也"。因为荆州的战略地位至关重要,亮应当重点确保荆州的安全。在亮北图中原的战略棋盘上,荆州决战是极其重要的一着棋。因为这一步没有走好,结果满盘皆输。

第四节　政治才能和军事才能

《三国演义》中的孔明,每逢临战,沉着应战,神机妙算,算无遗策,用兵如神,几乎是逢战必胜。例如,初出茅庐第一战;智取荆州;汉中疑兵退曹兵;攻打陇右,智取三城;斩王双,射张郃。这些战例,有战略性的,有战术性的,但基本上属于战术性。但那是文学作品的虚构。不过其素材既来源于陈寿的《三国志》,也来源于裴松之注《三国志》和司马光的《资治通鉴》,也引用了最原始的史料《蜀志》《华阳国志》《吴志》《魏略》《汉晋春秋》等。因此,不能全部否定。但是,在关键的战略决策上是错误的,所以,"三分天下"的最后失败和西蜀王国最后灭亡,就是不可避免的了。

"三分天下"的隆中决策，并由构想变成了现实，这是历史事实。隆中决策及其实践，《三国志》是充分肯定了的。陈寿说："及魏武帝南征荆州，刘琮举州委质，而备失势众寡，无立锥之地。亮时年二十七，乃建奇策，身使孙权，求援吴会。权既宿服仰备，又睹亮奇雅，甚敬重之，即遣兵三万以助备。备得用与武帝交战，大破其军，乘胜克捷，江南悉平。后备又西取益州。"故此，形成了三分天下的格局而建立了蜀汉王国。当然，"三分天下"的战略决策，不仅仅是军事的，也是政治的。

　　那么，究竟应当怎么正确地评价诸葛亮呢？

　　列宁指出："马克思主义的最本质的东西，马克思主义的活的灵魂，就在于具体地分析具体情况。"毛泽东非常重视列宁的"具体地分析具体情况"的辩证法原则。他说，我们在研究任何问题的特殊性时，"都不能带主观随意性，必须对它们实行具体的分析"。对于诸葛亮这样一个历史伟人，我们就应该根据列宁的教导，具体地分析具体情况，不能形而上学地肯定一切和否定一切。对于亮这样一个具有多方面才能的人物的分析评价，我们就要将政治才能和军事才能区分开来，进行分析评价。

　　汉高祖刘邦曾说，他之所以能够得天下，是因为用了张良、韩信、萧何三个人。这三个人的才能，各有其特点：张良，运筹帷幄，可以决胜千里之外；韩信，行军布阵，可以攻城略地；萧何，善能安邦治国，可以镇国安民。《三国演义》把三人之能全部综合到亮一个人身上，把亮说得无所不能，这是不符合史实的。

　　运筹帷幄而决胜千里，诸葛亮就远不及张良。219年，曹操与孙权，相互勾结要夺荆州，亮运筹帷幄，令关羽北上攻打襄、樊，中了陆逊的"调虎离山"之计，结果关羽腹背受敌，兵败身亡而丢失了荆州。228年，街亭一战，诸葛亮运筹帷幄而遥控指挥，结果大败而丢失街亭和列柳城的战略要地，致使第一次北伐前功尽弃。

　　行军布阵而攻城略地，诸葛亮远不及韩信，这是肯定的。不要说，远不及韩信，就是三国时期几位军事家，也是远不及的。首先，就远不及曹操。曹操戎马倥偬一生，历时三十年，指挥战斗五十余次，战果辉煌。统一了北方，建立了魏国。其次是不及周瑜，赤壁一战，大败曹军，奠定了三分天下的基础。再其次，他也不及陆逊，夷陵一战，大败蜀军，摆脱了吴国在军事上的困境，巩固了吴国在江东的鼎立地位。就是西蜀的另外两位军事家，其军事指挥才能也高于亮。庞统帮助刘备夺取了西川，法正帮助刘备夺取了汉中。取西川，夺汉中，足显了庞统和法正两人行军布阵，攻城略地的军事才能。

　　当然也不是说诸葛亮什么本领都没有。他首先就是一个伟大的军事政治战略家，这方面的才能，他类似于吴国的军事政治战略家鲁肃。鲁肃的战略决策水平非常高，是他帮助孙权制定了"鼎足江东、联刘抗曹、以图天下"的军事政治路线，深受吴主孙权的赞赏，说"鲁肃的计谋远在当年张仪、苏秦之上"。虽然，鲁肃的军事政治路线制定在前,孔明的军事政治路线制定在后,但是,孔明军事政治路线的历史价值却高于鲁肃的军事政治路线,他改变了历史的方向而决定了一个时代。"三分天下"战略和"联吴抗曹"之策,属于政治谋略,属于政治才能。从这一方面说,亮类属于张良式的人物,具有张良的军事政治战略决策的能力。

萧何善能安邦治国而镇国安民,诸葛亮同他相比,毫不逊色。据《三国志》记载:209年,刘备带着关、张、赵忙着攻打南四郡,零陵、桂阳、长沙三郡收复之后,"以亮为军事中郎将,使督零陵、桂阳、长沙三郡,调其赋税,以充军实"。211年,刘备进军西川,庞统随军参谋,"亮与关羽镇荆州"。214年平定成都,"先主外出,亮常镇守成都"。218年,刘备北征汉中,带法正随军前往,亮"镇守后方,足食足兵"。亮镇守荆州和成都,安定地方,是其治国才能的体现。亮的这一方面的才能,类似于萧何,也相似于荀彧。荀彧乃曹操的谋臣之首,最善于战略决策;曹操外出打仗,荀彧常留守兖州和许都,镇守后方;而且荀彧在攻城略地方面,也没有什么具体的作为。在这些方面,亮与荀彧很相像。

刘备为什么在每一次战争战役的关键时期,不把诸葛亮带在身边,总是把他留在后方镇守,筹备粮草军需,这应当是量才而用。刘备是识人才的,是善能用人的。我想,当年的刘备,大概也看出了行军打仗,攻城略地,是其弱项;治理国家,安抚百姓,是其强项。实际的情况也是这样,亮在"镇守后方,足食足兵",成就卓越;而在军事方面,成绩则较为平平。例如,取南郡,即荆州,是亮打得最漂亮的一仗。但那不是他排军布阵,攻城略地的成果,而是乘周瑜与曹仁在南郡城外大战之际,用计在背后夺取的。

陈寿评价说:亮"理民之干,优于将略"。毛泽东也认为孔明在军事上闪光点不多,但对亮治国做出了很高的评价,说"诸葛亮治理蜀国很有一套"。亮执政之后,限制豪强势力,励精图治,赏罚分明,改善与西南各族的关系;兴修水利,屯田汉中,发展农业生产。对统一和开放中国西南各族,做出了重要的贡献。亮善能治国,这是公认的。裴松之说亮"行法严而国人悦服,国民尽其力而下不怨",说的就是他的治国才能。

对于孔明的军事方面,陈寿也进行了具体的分析。他认为,亮"治戎为长,奇谋为短",就是说,亮善能治国,也善能治军。首次北伐,"亮身率诸军攻祁山,戎阵整齐,赏罚肃而号令明",讲的就是治军。裴松之说:"兵出入如宾,行不寇,刍荛者不猎,如在国中。其用兵也,止如山,进退如风,兵出之日,天下震动,而人心不忧",说的就是善能治军。但是,他的两阵之前的军事才能,与他的治国治军才能相比,略有所欠。据《晋书·宣帝纪》记载,孔明死后兵退汉中时,司马懿评价说亮乃"天下奇才也",这是指他的"进退如风"的治军才能。对于孔明的军事才能,懿又有三句话,即"志大而不见机,多谋而不决,好兵而不权"。看来,司马懿还是很懂得一些朴素的辩证法,既不否定一切,也不肯定一切。

司马懿说亮在军事上"志大而不见机,多谋而不决,好兵而不权"的弱点,具体的体现有两次,第一次是219年荆、襄一战,因亮"不主动不作为",致使荆州丢失,关羽兵败身亡;第二次228年北伐,拒用魏延的"子午之谋",失去了东进中原的极好机会。"多谋而不决",亮虽深谋远虑,但总想万无一失而不出差错,这体现了他过于谨慎小心的心理特点。对于亮不用"子午之谋",懿分析说:"诸葛亮平生谨慎,未敢造次行事。若是吾用兵,先从子午谷径取长安,早得多时矣。他非无谋,但怕有失,不肯弄险。"当然,我们不能因此而全盘否定孔明的军事才能和军事谋略。对亮军事谋略的评价,也要将战略性谋略和战术性谋略区别开来,因为军事决策,有战略和战术之分。战略决策,又与年纪有关。

年轻人,基本上是"初生牛犊不怕虎";年纪大了,遇到的挫折多了,就谨小慎微而不敢冒险了。207年,隆中决策,三分天下。那时,曹操已统一北方,孙权已占据江东,大有两分天下之势。刘备有什么力量? 兵不过两千,将不过关、张、赵,无立足之地而寄居于刘表。刘备凭什么与曹操、孙权三分天下? 可是,诸葛亮就有这个魄力敢于冒险做这个决策。这是什么原因呢? 就是因为当年的孔明年轻,仅27岁。228年,第一次北伐,用不用"子午之谋",也是一次重大的战略决策。这一次,偷渡子午,奇袭长安,也是有条件的,一是魏没有准备;二是镇守关中的夏侯楙乃纨绔子弟,不懂兵法,没有实战经验;三是两川之兵已经有了几年的休整;四是蜀中大部分文臣武将还在。有这些有利条件,都不敢用"子午之谋",根本原因就是年纪大了,受的挫折多了。

怎么看待亮北伐? 西蜀官员分析说,"蜀地人少地薄,屡经战乱,国力单薄,应休养生息",而"魏国地大物博,人才济济"。与魏国相比,西蜀的这一个特点,也是致命弱点。军用物资转运艰难,粮草紧张,更是致命的短板。行军打仗终要倚仗国力的,西蜀有山川险阻,守则有余,攻则不足。司马懿曾说,魏国只要占领街亭这样一个咽喉要道,诸葛亮无粮就会不战而退;只要坚守住陈仓这样一个运粮要道,深沟高垒,坚壁不出,蜀军也将是不战而自败。对此,孔明心里清楚得很。街亭之战大败之后,他也深知北伐中原没有希望了。228年11月,第二次北伐时,在《后出师表》中,他说:"伐贼,王业亦亡;不伐贼,王业亦亡,唯坐待亡,孰与伐之?"这就是亮的结论。他是在赌,赌的是蜀汉政权。为什么第一次北伐,魏延献"子午之谋"时不赌,现在基本本钱都输了,还要一赌再赌? 这个时候再赌,就有一点破罐子破摔的味道了。

山高路陡,运输艰难,粮草不济,难以支持大规模的战争。孔明曾几次攻占陇右,但却没有建立起牢固的政治军事根据地,往往是粮尽兵退,收复的地盘得而复失。孔明的屯兵戍边的措施不利,所以,陇右的诸多因素未能充分利用。后来在渭河之滨屯边种地，做长久之计，但已晚了，亮不久就去世了。陈寿分析说：他有管仲、萧何之能，可惜没有管、萧所用的城父、韩信这样的大将，"故功业陵迟，大义不及邪"！

第五节 "三分天下"偶然性与必然性

"三分天下"的前期方案是正确的，是因为按照这个方案，刘备北抗曹操，东联东吴，建立了西蜀王国。"三分天下"的后期方案是错误的，是因为按照这个方案，后期的实践，导致了西蜀王国的失败直至亡国。其实，世界上的任何事物，都有其必然性，也有其偶然性，是必然性与偶然性的统一。"三分天下"的成功与失败，有其偶然性与必然性。

为什么会形成"三分天下"的格局？天下大乱，国家分裂，军阀混战，是产生"三分天下"格局的条件和环境，这就是其必然性。军阀混战开始，名虽大汉王朝，但已经是名存实亡。各个诸侯，割据一方，实际上已经成为不听皇帝号令的一个个独立王国。各个诸侯王国相互混战，相互兼并，就必然会形成"三分天下"格局。"三分天下"的形成，有一个从低级到高级、从小范围到大范围、从不自觉到自觉的发展过程。

196 年，曹操移驾幸许都时，在长江以北，黄河的东南地区，就有一群割据势力，打到后来，刘备投奔了许都，张绣投降了。就剩下了曹操、袁术、吕布三家，这就是最早的在江淮地区的"三分天下"。经过几年的战争，到 199 年，曹操先后消灭了袁术、吕布，兼并了他们的力量，壮大了自己，成为地方的一个强大的诸侯王国。差不多与此同时，袁绍消灭并兼并了公孙瓒，成为北方最大的军阀；孙策经过几年的兼并战争，扫平并占据了江东，成为江南的一个最大诸侯。这样，中国东部地区，又一次地出现了"三分天下"格局，就是袁绍、曹操、孙策三大割据势力，即"三雄并列"的局面。

经过 200 年的官渡决战，到 207 年底北征乌桓而还的几年讨伐战争，曹操消灭兼并了袁绍，其势力从黄海之滨延伸到了关中，统一了北方。这几年，西南部和西部的其他割据势力，基本上按兵不动。袁绍灭亡之后，东部地区就形成了两雄相争的局面，即"一强独霸天下"与"两分天下"相争的局面。孙权主观上，想形成与北方相抗衡的"两分天下"。因为形成"两分天下"，从 200 年到 208 年，有充足的八年时间；有荆州和两川地区的广阔空间。然而能力魄力不够，在这八年的时间里，孙权虽然夺取夏口，却没有夺取荆州，"两分天下"输给了"一强独霸天下"。

"两分天下"的构想败下了阵，曹操就必然南下荆州，准备实现天下一统，这是必然的。虽然北方已经统一，"一强独霸天下"局面已经形成，但并没有结束军阀混战。消灭了刘表之后，包括孙权、刘备在内，还有好几股割据势力存在着。天下大乱，国家分裂，军阀混战的条件和环境还存在，就有可能再次产生"三分天下"的格局。因为必然性与偶然性是统一的,偶然性中有必然性,必然性中隐藏着偶然性。就在曹操认为,"统一天下,舍我其谁?"的必然性趋势之时,力量弱小的刘备、诸葛亮却在主观上谋划着并在实践上努力实现"三分天下"的格局,这是一个偶然性的因素。

诸葛亮是一个有才能的政治家和军事家。他的政治立场,决定了他既不可能投奔曹操,也不可能投奔孙权,只能投奔刘备。因为他的经历和才能,他深刻地观察和分析了天下大势,另辟蹊径,帮助刘备谋划了一个"三分天下"的格局。"三分天下"的格局,从曹操、孙权方面来说,这是没有预料到的偶然性,但对于刘备、诸葛亮来说,这是必然性的。根据"三分天下"框架的构想和"'三分天下'三角关系"的理论,诸葛亮奉刘备之命,前往江东,说服孙权,建立了"孙刘联盟,共抗曹操"的统一战线,结果于赤壁之战大败曹操,把操赶回到了北方。刘备然后乘机占荆州、取西川、夺汉中,使"三分天下"由理论变成了现实。

赤壁大战,孙刘联军打败曹操,是"三分天下"打败了"一强独霸天下";同时,"三分天下"也挤掉了"两分天下"。从袁绍、曹操、孙策的"三分天下"到曹操、刘备、孙权的"三分天下",是"三分天下"的一个反复。"三分天下"的这一个反复,体现了历史发展的特殊性、复杂性。这一次"三分天下",仿佛是历史的重复,实际上是在一个更高起点上重复。前者是不自觉的、盲目的、被动的,后者则是自觉的、主动的。这种历史的自觉性和主动性,主要就体现在"三分天下"是在理论指导的实践过程中形成的。

但在必然性中,也有其偶然性。诸葛亮的"三分天下"的谋略之所以能够成功,不仅在于其谋略的正确性、科学性及其可行性,还在于曹操在赤壁大战中骄傲轻敌,犯了一个致命的错误,被迫地接受了"三分天下"的现实,眼睁睁地看着刘备占了荆州,取了西川。曹操的错误,是"三分天下"成功的偶然性。曹操夺取东川,形势非常有利,应一鼓作气拿下西川,司马懿和刘晔都建议曹操乘势去攻打西川。但是,操就是按兵不动,推三阻四地不肯出兵。结果错失了良机,随后不久,汉中反而被刘备夺了去,使"三分天下"的格局得以彻底形成。假如当时的军事统帅是司马懿,而不是曹操,还在汉中的时候,就破解了孔明的"三分天下"之谋,这是"三分天下"彻底成功的偶然因素。

"三分天下"格局的萎缩和西蜀王国的失败及其灭亡,有其偶然性,也有其必然性。"三分天下"前期的成功实现,是因为"三分天下"的前期方案是正确的;"三分天下"后期萎缩和失败,是因为"三分天下"的后期方案是错误的。"三分天下"后期方案的基本错误,就是分兵两路出击中原。两路者,一路是秦川,一路是荆州,颠倒了主次之分。

秦川,就是指汉中、陇西相连接的地区。从这里出兵进攻中原,已为228年诸葛亮六次北伐中原所证实,是一条走不通的错误的进军路线。两川地区的地形地势,利于防守，不利于进攻。又秦川地区，地处陇右，远离关东，不利于向中原进攻。况且，中间还隔着一个关中，有秦岭之雄，有崤函之固，有潼关之险，难以逾越。而荆州，北逼宛、洛，则是西蜀进攻中原的真正的战略要地。而荆州北接中原，直逼宛、洛；西连巴、蜀；东邻吴会。这种地理位置，有其劣势，更有其优势。劣势一则是，荆州大军北上，后方空虚，易于被东吴过江偷袭。劣势二则是，从荆州到益州，两地相隔遥远，高山峻岭阻隔。又荆州浅狭：前进，威震华夏；后退，就会陷入绝境。优势可以益州为依托，北上中原，威震天下。荆州与益州连而为一体，就进可攻而夺取天下，退可守而鼎立一方。从这里出发进攻中原，就像一把尖刀直插曹魏的心脏。这一点已为219年关羽大军北上所证实。当年关羽大军北上攻襄阳围樊城，旗开得胜，竟吓得曹操惊慌失措。

可是，诸葛亮"三分天下"的后期方案，却将秦川作为进攻中原的主要战略要地，这是错误的。正是受这种思想的束缚，所以在荆襄大战期间，关羽大军在荆襄战场最前线旗开得胜之时，诸葛亮却犯了"荆襄战役不主动不作为"的错误，既不调兵遣将前往荆、襄前线配合关羽的大规模的北上中原的进攻战，又不派兵派将前往荆州后方，以防江东偷袭，任关羽在前线孤军作战，腹背受敌，最后兵败身亡而丢失了荆州。

其实荆襄大战，是势在必然的。汉中争夺战，曹操丢失了东川，魏蜀之间的争夺战就没有结束，必定会从汉川地区转移到东边的荆襄地区。荆襄大战，曹操必然会拉拢孙权。"苍蝇不叮无缝的蛋"，因为孙刘之间虽然是唇齿相依的关系，却已经有了裂缝。这种裂缝，已是"冰冻三尺，非一日之寒"，是由来已久了。孙权背叛统一战线而投降曹操，就具有一定的必然性。因此，孙曹联手，共同对付刘备。荆襄前线的关羽，腹背受敌而兵败身亡，这就是必然性的了。

对于这种形势发展的必然趋势，诸葛亮应该意识到：汉川战场必然向荆襄战场转移；曹操必然会向孙权招手；孙刘之间已经积怨很深了；孙权一背叛，关羽就会受到两面夹击而顾此失彼。在形势这么严峻的情况下，他应该迅速调兵遣将，应该前往荆襄前线指挥战争。可是，孔明反应迟钝，犯了一个"不主动不作为"的错误，导致荆襄的失败。诸葛亮的错误源于隆中决策后期方案的错误。毛泽东说："原定的思想、理论、计划、方案""部分错了或全部错了的事，都是有的"。但作为指挥者，要在"主观认识上""推移转变"，要提出"新的革命任务和新的工作方案"。可是孔明不仅没有转变思想方法，还受着原有的错误思想方法的束缚。所以"荆襄战役不主动不作为"错误，又是具有必然性的。

因为偶然性的背后，又受着必然性的驱使。孔明犯了"荆襄战役不主动不作为"错误之后，因为没有清点自己的思想，并没有意识到自己在这方面的错误，更别说寻找错误的思想根源，所以后来在北伐战争中，又犯了一个弃"子午之谋"不用的错误，谨守着"安从坦道，万全无虞"的教条，自汉中向西，绕道阳平关、武都、天水，而出祁山，结果选择西凉地区作为进攻中原的根据地,回到了隆中决策中"以秦川作为进攻中原战略要地"的老的而且是错误的思维模式。而他的对手司马懿却抓住了西蜀"国力单薄、山高路陡、转运艰难、粮草不济"的弱点,采取了"据险而守、堵其粮道、坚壁不战、暴敌山野"的战略方针,因此诸葛亮的北伐的失败,也就是必然的了。

第三十二章　孙权战略思想的演变

江东从孙坚、孙策到孙权初期，基本上是进攻性的战略方针，但到孙权中期和后期基本上就是保守性的防御性的战略方针。

第一节　战前"对北防御,向西发展"战略

江东早期，即在孙坚孙策时期，其战略是"向北发展，占据中原，争夺天下"的理论和实践。200年，孙权坐镇江东之后，其策略有别于孙策时期，主要就是"对北防御，向西发展"的战略方针。孙策对操是蔑视的，是不服气的，决心要到中原去与操决一雌雄。他的策略是"联络袁绍，南北夹攻曹操"，夺取中原。而孙权呢，年纪尚幼，显得略微软弱一点，不大敢公开地与曹操为敌。他的进攻性的战略方针，是通过迂回性的战略战术来实现的。刚刚坐镇江东时，被拜为上宾的诸葛瑾，在外交上提出了一系列主张，主要的就是"勿通袁绍，且顺曹操，然后乘便图之"，孙权一一采纳。诸葛瑾说，顺曹操是暂时的，然后还是要乘便图之，这就是一个保守性谨慎的迂回性的策略。

怎么个迂回法呢？鲁肃做了很好的诠释。他说："鼎足江东，乘北方多务，剿除黄祖，进伐刘表，占据荆州，竟长江之极而据守之，然后建号帝王，以图天下。"这一段话，是一个内涵丰富而深刻的政治军事路线。第一层含义，就是不要直接北上袭击许昌而攻打曹操，而是立足江东，乘操无暇南顾，夺取荆州，打到长江的上游，"竟长江之极而据守之"，就是与操"南北划江而治"，这是一个退而求其次的保守性的战略方针。第二层含义，就是夺取荆州，北上中原，"建号帝王，以图天下"，就是与操争夺天下，形成"两雄争夺天下"的格局。"两雄争夺天下"是积极的北伐中原的战略，而"南北划江而治"则是一个"对北防御，向西发展"消极的战略。"两雄争夺天下"和"南北划江而治"策略，不仅内涵有区别，其本质也是有区别的，但两者的共同点，都是一个迂回性

的策略。在鲁肃的战略思想里,"两雄争夺天下"和"南北划江而治"的战略是混淆在一起的,是难以区分的,给人以模糊的感觉。按照这一战略,孙权曾于203年和207年西征黄祖。

在第二次西征黄祖时,其部将甘宁来降,并对孙权说:"今汉祚日危,曹操终必篡窃。南荆之地,操所必争也。刘表无远虑,其子又愚劣,不能承业传基,明公宜早图之;若迟,则操先图之矣。今宜先取黄祖。""明公若往攻之,其势必破。既破祖军,鼓行而西,据楚关而图巴、蜀,霸业可定也。"甘宁的战略思想,在两点上与鲁肃的观点是一致的。第一是抢在操之前夺取荆州;第二是打到长江的上游,直至巴、蜀。甘宁的战略思想的目标,似乎更具体更宏伟,但是与肃的战略思想相比,不是前进了,而是略退了一点。肃的战略思想,还含有一种积极的北伐中原以图天下的战略思想,而甘宁则完全是一种"对北防御,向西发展"的"南北划江而治"的消极的战略思想。根据鲁肃和甘宁的战略思想,孙权于208年春再次西征黄祖。这一次西征,彻底打败并斩杀了黄祖,占领了夏口。

夏口乃是荆州的门户,占领了夏口,离夺取荆州只有一步之遥了,孙权本应一鼓作气去攻打荆州。攻打荆州,也是鲁肃和甘宁的战略思想里所一再强调的。特别是甘宁,强调要在操之前抢占荆州,迟了就会被操所占有。当时,孙权攻打荆州在军事经济和人才方面是有条件的,但是孙权却怯而止步,班师回了朝。权为什么不去攻打荆州?这与权的军事能力和魄力不足是有关的。同时,也有鲁肃和甘宁的"对北防御,向西发展"消极的战略思想的影响,没有看到荆州战略地位的重要性。或许,孙权就不想北上与操争夺中原,荆州还是让给操,自己逆江而上,向西发展而夺取巴、蜀,占据半壁江山,与操"南北划江而治",就足够了。

孙权放弃了对荆州的争夺,208年秋,曹军南征,要来夺荆州。鲁肃再次分析了形势,说:"荆州与国邻近,江山险固,士民殷富,吾若据而有之,此帝王之资也。今刘表新亡,刘备新败,肃请奉命往江夏吊丧,因说刘备使抚刘表众将,同心一意,共破曹操;备若喜而从命,则大事可定也。"这一战略思想,有两层意思:第一层,鉴于操南征荆州的紧张形势,提出了"联刘抗曹"的战略思想;第二层,与操争夺荆州。在这一新的战略思想里,还没有"夺取荆州,北上中原"的思想。因为操南征时,力量强于孙权。曹操南下,是一个进攻性的战略态势,孙权却只能是处于防御性的。因此,孙权此时不可能北上去与曹操争夺中原。

为什么要联合刘备与操争夺荆州?因为"荆州与国邻近,江山险固,士民殷富,吾若据而有之,此帝王之资也",其战略地位十分重要。因为占据了荆州,可以阻止操继续南下而威胁江东的安全。但是形势的发展是非常之快的,等到鲁肃奉命到达荆州之时,操已经夺取了荆州并到达了江陵,对江东构成严重的军事威胁。这时候,江东形成了以张昭为首的主降派和以周瑜为首的主战派。这两大派别争论非常激烈,主降派并且逐渐地占据了上风。

是战?是和?孙权态度摇摆不定。因为孙权自坐领江东以来,就没有那个魄力北上与曹操相抗衡。因此,无论是鲁肃所献的"竟长江之极而据守之",还是甘宁所献的"鼓行而西,据楚关而图巴、蜀",其本质都是"对北防御,向西发展",实行"两分天下"的战略思想,很合孙权的口味,所以赞赏有加,信而纳之。就是到了现在,操已经打到家门口了,江东已经是危在旦夕而火烧眉毛了,孙权仍存有幻想。他问已经到达柴桑的诸葛亮:"今曹操平了荆、楚,复有远图乎?"孔明说:"即今沿江下寨,准备战船,不欲图江东,待取何地?"孙权不说话了。因为亮的说服,周瑜、鲁肃等坚决抗曹,孙权这才决定"联刘抗曹"。于是赤壁大战大败操,迫使操退回到了北方。

第二节　战后"北防曹操,西攻刘备"战略

208 年,赤壁之战的胜利,无论对于孙权,还是对于刘备,都是历史性的转折点。赤壁大战,打败并赶走了曹操后,孙权采取什么样的战略方针呢?乘势北上去与操争夺中原,这是孙权立即就想到的战略思想。大战前,孙权满脑子是"曹操不可战胜的神话",所以不敢抗曹;大战后,孙权又认为曹操"微不足道"。因此,大战一结束,东吴立即分兵两路北上。一路由孙权率领,北上合淝;一路由周瑜率领渡江攻打荆州,准备北上宛、洛。

对于怎么处理与刘备、诸葛亮的关系,估计孙权对此没有过多的考虑。之前,孔明曾对孙权说:"曹操北还,鼎足之势成矣。"所谓"鼎足之势",就是"三分天下"。这一战略思想,孔明是成竹在胸,孙权却没有过多地思考。因此,孙权对于刘备争夺荆州而"三分天下"的认识不足,心理准备不足。结果,209 年,周瑜与曹仁在南郡城外大战一年,曹仁全身而退。周瑜因曹仁阻挡而没能北上,而且荆州还被刘备、诸葛亮夺了去。与此同时,孙权北上合淝,也无功而返。孙权、周瑜两路大军北上都受挫而碰了钉子。

既然操仍是一块硬骨头而难啃,于是孙权的思想又回到了"对北防御,向西发展"的旧的战略思想里了。"对北防御,向西发展",虽不图什么"两雄争夺天下",但还是做着"南北划江而治"的美梦。可是形势已经变了,此一时非彼一时矣。如今的荆州却被刘备所夺取,成为江东西进的拦路虎,这使孙权非常恼火。怎么对待刘备、孔明,东吴内部形成了两派:大都督周瑜力主要与刘备、诸葛亮开战而攻打荆州;鲁肃、张昭说不可,主要是担心曹操乘虚南下。不得已,只得派鲁肃去讨要荆州。显然,荆州是要不回来的。周瑜是争夺荆州的急先锋,左一个计策,右一个计策,但都没有效果而失败了。《三国演义》以"三气周瑜"做了概括。

周瑜也为孙权制定了一个战略方针。210年,他诣京见孙权说:"今曹操新折衄,方忧在腹心,未能与将军连兵相事也。乞与奋威俱进取蜀,得蜀而并张鲁,因留奋威固守其地,好与马超结援。瑜还与将军据襄阳以蹙操,北方可图也。"周瑜的战略思想,是既要西进,又要北上。不过,他首先是西进,其次才是北上,孙权许之。这一个战略思想,与鲁肃第一次所献的"北上中原"的战略思想是一致的。第一,主张积极地西进,一直打到巴、蜀,"得蜀而并张鲁",就是"竟长江之极而据守之"即"南北划江而治",这就是"西进"战略;第二,"留奋威固守其地,好与马超结援",周瑜再回军与孙权一起率大军占据襄阳,北上中原,这就是"北上"战略,就是"两雄争夺天下"。无论是西进,还是北上,最为关键的就是要夺取荆州。

孙权千方百计要得到荆州,说到底,就是受"两分天下"定势思维的影响,不愿接受"三分天下"的现实。主张联刘抗曹的鲁肃死后,因受吕蒙等思想的影响,孙权的这一思想就越来越强烈了。因刘备阻挡了向西发展,即"南北划江而治"的道,孙权故而咬牙切齿,欲除之而后快。按理说,权已经与刘结成了唇齿相依的盟友关系而共同对付操,与操的矛盾是主要的,与刘备的矛盾是次要的。但是,孙权却颠倒了主次矛盾的关系,将刘备当作主要的敌人。这个时候,权的战略方针,具体地说就是,"北防曹操,西攻刘备"。操南下,就抵挡几阵,把操赶走了就了事了;操不来惹麻烦,孙权就费尽心机去找刘备的麻烦。

孙权用心是狠的,将刘备往死里揍。212年,备兵马已至西川涪水,权召集文武商议,欲取荆州。顾雍献"截川口,断归路"之谋,孙权然其谋,欲乘荆州空虚,起倾国之兵而攻之,使关羽首尾难顾。正欲起军,忽报操起军四十万来报赤壁之仇,只得按下荆州,商议拒曹。219年,关羽出兵北上,荆州空虚,吕蒙至京面见孙权说:"今云长提兵围樊城,可乘其远出,袭取荆州。"孙权当即表示赞同,彻底背叛了"孙刘联盟,共抗曹操"的初衷,与曹操联手,南北夹攻关羽,夺取了荆州,终于给刘备以致命的打击。

第三节　后期"与魏与蜀结盟,虚而应之"战略

荆襄大战之后,孙权是与曹丕结盟的。与曹丕结盟,实际上仍然是嘴和心不和,各怀鬼胎。刘备率倾国之兵征讨东吴时,任孙权怎么求,从曹操到曹丕,就是不肯出兵相救,始终是坐山观虎斗。当陆逊率大军追击刘备时,曹丕竟调三路大军乘虚南下攻打吴国,足显其阴险歹毒。这是由"三分天下的三角关系"的本质特征所决定的,是不可能改变的。这一点,陆逊是心知肚明的。因此,大军追击到夔门关时,陆逊立即撤兵返回。他深知,"螳螂捕蝉,黄雀在后"的危险性。江东大军,西进灭蜀;曹魏兵马,就乘虚南下而灭吴了。如果江东大军深入蜀境,蜀国未灭,其退路就有可能被曹丕截断。

深入蜀境,灭掉蜀国,绝非易事,况且蜀还有一个诸葛亮。退一步说,即使把蜀国灭掉了,接下来,魏国也是要来灭吴国的,吴国就更危险了。

223年8月,魏国调五路大军攻打蜀国,其中一路就是调东吴之兵,攻峡口入西川而灭蜀国。陆逊对孙权说,"勉强应允""若四路兵胜,川中危急,亮首尾不能救",则发兵以应之,先取成都,深为上策。陆逊的意思非常清楚,就是虚应之,实际上就是坐等观望,就是坐山观虎斗,然后来一个"渔翁得利"。说白了就是,等到西蜀危在旦夕之时,再出兵先取成都为上,从中得利,一直打到巴、蜀,实现"竟长江之极而据守之"战略,达到"南北划江而治"的目标。就是说,一旦东吴乘乱占据了成都,达到了"南北划江而治"的目标,孙权就可以不再受制于曹丕,并可以北上中原而与曹魏叫板而争夺天下,再次实现"两雄争夺天下"的战略目标。否则,吴就会受制于魏而处于危险的境地。

与西蜀结盟而与亮相约出兵攻魏时,孙权、陆逊依然采取出兵虚应之策略。228年,诸葛亮举兵伐魏,约会江东。陆逊对孙权说,要"虚作起兵之势,遥与西蜀为应。待孔明攻魏急,吾可乘虚取中原也"。也是等待魏国危急之时,乘虚北上而夺取中原。首先占据中原,与西蜀平分天下,形成"两雄东西分治"局面;然后向西与西蜀相抗衡,形成"两雄争夺天下"的格局。这样一种策略,就是坐山观虎斗,然后来一个"渔翁得利"。从以上的情况来看,自陆逊掌管东吴兵马之后,对所谓的盟友,即盟国,所采取的态度,都是虚应之的态度,即虚应之的策略。

究竟要采取什么策略,这是要有政治眼光和战略眼光的,要具体情况具体分析,要符合一个国家的长期的战略利益。魏、蜀、吴"三分天下",在魏强而吴蜀弱的情况下,"孙刘联盟,共抗曹操"的战略路线,是一条绝不能轻易动摇的战略方针,应当长期坚持。可是,孙权却轻易地放弃了这一战略方针,与曹操联手,从背后袭取了荆州。荆襄大战,从短期利益来看,东吴得到了梦寐以求的荆州,但从长期利益来看,对蜀吴双方都是无可挽回的巨大损失。其实,吴自从得了荆州之后,名义上可以抗衡曹魏,实际上并没有发挥什么作用,并且还增加了防御的负担。因为襄阳自关羽袭击之后,魏就构建了坚固的防御体系,成了东吴难以逾越的鸿沟。因为魏强于吴,因此对吴国来说,千里江防,防不胜防。襄阳就更难以防御。东吴从襄阳难以北上,而魏从襄阳却易于南下。

所以,从长期的战略利益来看,吴必须与蜀结盟,才能够长治久安。在三分天下的关系中,魏强于蜀,亦强于吴。魏不可能与吴诚心实意地结盟,所谓结盟,不过是"利用矛盾,各个击破"之策略。因此说,孙权走的这一步,是一步险棋。孙权是因为与刘备联合抗曹,才得以生存和发展起来的。"三分天下的三角关系"中,两个弱者的联合,才是其生存之道。孙权与曹丕联合时,采取的是"虚应之"的策略,与蜀联合时,亦采取"虚应之"的策略。这一个策略,用来对付曹魏是对的,用来对付西蜀,则是错误的。因为吴蜀两国所面临的曹魏,是一个大国,是一个强国,又是一个十分狡诈而言而无信的国家。吴国弱小,那时的蜀国更弱小,弱小的吴蜀两国,很有可能被强大的魏国各个击破。因此,吴蜀两国应齐心合力,共同抗曹,才是长治久安之策。

纵观两国对魏用兵的策略,西蜀采取的是积极北伐的策略,而东吴采取的则是消极北伐的策略。东吴的这种消极的北伐策略,被司马懿看出来了。懿曾对魏帝曹叡说,陛下只须防蜀,不须防吴。对魏国来说,不须防吴,那么就可以从东部一线调集大量部队到西部战场,集中力量对付亮。对蜀国来说,由于陆逊的坐观等望,那么在北伐的战场上,诸葛亮实际上是孤军在作战。在西部战场上,一个比吴国还弱的蜀国,对抗一个强国大国,又由于亮是孤军作战,结果是白白消耗了国力,无功而返,加速了西蜀的灭亡。西蜀一亡国,吴国就不能独存了,离亡国也就不远了。因此说,孙权、陆逊的策略,为魏国对吴蜀两国采取"各个击破"的策略提供了条件和机会。

当然,一旦蜀国灭掉魏国,接下来也会来对付孙吴而统一天下,这也是由"三分天下的三角关系"所决定的。但是,吴国也可以视情况而定,争取有利的战机,争取战略主动权。如果蜀国在西边打,吴国在东边打,魏国危急而将亡之时,蜀国占据的是西部地区,而吴国占据的则是东部地区,真正的中原地区。占据了东部地区,就占据了争夺天下的有利的地势,完全有力量有条件与西蜀相抗衡而形成"两雄争夺天下"的格局。

如果孙权有战略头脑、战略胆量和战略魄力,在关羽攻襄阳,围樊城,旗开得胜而威震华夏之时,就应当看到这既是西蜀的机遇,也是东吴的机遇。那时候的孙权,就不应该西攻荆州,而应当北上合淝、徐州,向西直捣洛阳,夺取中原地区。这对孙权来说,或许就能改变失去荆州的被动地位,而取得争夺天下的战略主动权。因为这时的关羽虽然北上攻打襄樊,呈主动进攻的战略态势,但实际上西蜀的力量并不强于曹操。

在"三分天下"的格局中,吴蜀两国力量在总体上仍处于弱势的情况下,吴国过早抛弃并破坏了"孙刘联盟,共抗曹操"的统一战线,破坏了江东赖以生存的政治军事基础,而与曹操联合来共同对付刘备、诸葛亮,就正好中了曹操"利用矛盾,各个击破"之计。事实上正是如此,荆襄一战之后,江东虽然得到了南荆州,但其盟友西蜀却被挤进了西南一隅。随后,刘备为报复孙权,又爆发了一场夷陵大战。结果,西蜀大败而难以翻身。后来,蜀亡。唇亡齿寒,蜀亡,吴也就难以生存了。

有人可能会说,孙权就其军事实力和魄力,无力北伐到中原。无力北伐到中原,就更应该积极配合诸葛亮北伐而削弱魏国的力量,而不应该坐看西蜀国力的消耗使自己唇亡而齿寒。

第三十三章　曹操天下争夺战各阶段战略方针

曹操也确实厉害,其幅员辽阔的国土,是他从南打到北,又从北打到南;从西打到东,又从东打到西,硬打硬实打实地打下来的。

孙权在天下争夺战中,由于能力和魄力不够,关键时刻没有走好一步,结果成了一盘输棋;诸葛亮也因为走错一步,满盘皆输。那么,曹操又是怎样走好天下争夺战的每一步的呢?

第一节　"西稳西部、北和北方、南攻东南"战略

196 年,移驾幸许都之后,或许也就在这个时候,曹操才有了全国一盘棋的思想。要有全国一盘棋的思想,就要了解"事物发展(即汉末天下争夺战)过程中的矛盾在其总体上、在其相互联结上的特殊性"。在天下争夺战的棋盘上,群雄割据的形势在战略棋盘上摆着呢。曹操挟持着汉献帝,形式上称之为朝廷,但是,他实际上所占据的兖州,仅仅是棋盘上的一个割据势力而已。虽然力量弱小,但是曹操却有雄心有魄力争夺天下。曹操胸有成竹,战略部署早已谋划在胸。

要打天下,只能是一步一步地打,也只能是从近处打起,而对于远处的,暂时无力攻打的,则以和解而稳住,采取"远交近攻"的策略。距离最远处的是西凉州的马腾和韩遂,时不时地到中原来干扰曹操的战略部署。移驾幸许都之后,曹操派遣钟繇以天子的名义,劝告他们不要轻举妄动,将他们稳住。

毛泽东说:"从事中国革命的人,不但要在各个矛盾的总体上,即矛盾的相互联结上,了解其特殊性,而且只有从矛盾的各个方面着手研究。"今天的中国革命,汉末的

天下争夺战，道理是一样的。时与曹操近邻的，北边是袁绍，东南边主要有三个割据势力，就是刘备、吕布、袁术。北边虽然只有一个袁绍，但袁绍占据河北（即黄河以北地区），势强于操，不好打。东南边虽然有三股割据势力，其力量加起来大于曹操，也大于袁绍，但不是一个整体，而是分散的，可以采取分化瓦解的策略，将其各个击破。所以对南北的敌人，操采取了"北和南打"的策略，即集中力量扫清东南的战略方针。移驾幸许都之后，袁绍很不服气，曹操在政治上先退一步，把"大将军"之职让给了绍，满足了绍的虚荣心，达到了北和袁绍的目的，为"南攻东南"创造了条件。

东南面的刘备、吕布、袁术三个割据势力，力量都不小，对曹操构成了比较大的威胁。居于徐州的刘备和居于小沛的吕布，形成互为援助的犄角关系，尤其令操担忧。操采取了"无中生有、挑拨离间、制造矛盾、利用矛盾、分化瓦解、各个击破"的战略措施，拆散了三家之间的关系，使他们互为仇敌，相互攻打。而操却"坐山观虎斗，坐收渔利"。在这三家中，刘备最经不住打，两次被吕布打得丢失了徐州和小沛，被迫投了曹操，实际上被操控制在手。控制了刘备，操完全达到了预想的目标。

待他们各自消耗了实力并各自孤立后，曹操就准备出兵一个一个地来收拾他们。吕布的仇敌刘备被掌控在手之后，操扫除东南的战略部署是：利用刘备先收拾吕布，再和刘备一起收拾袁术。但是，这时候形势发生了一个新的变化。就是张绣用贾诩为谋，"犯阙夺驾"。形势变了，原有的战略部署就要变。于是，操对原有的战略部署进行了第一次调整，决定"暂稳吕布，先讨张绣"。操以天子的名义，给吕布封官加爵。吕布目光短浅，得利则喜。稳住了吕布，就远征张绣。结果张绣不战而降，张绣的问题算是解决了。

按照原有的战略部署，降了张绣，应先打吕布。但是，这时形势又变化了。197 年9 月，袁术僭位称帝，引起了社会的公愤而在政治上陷于彻底孤立。同时，因为吕布拒绝袁术迎娶吕布女为东宫妃，袁术一气之下起二十万大军攻打吕布，结果大败而归，力量大大地消耗了。显然，攻打袁术比攻打吕布更有利，因为还可以利用吕布。于是曹操根据战场形势的变化对其战略部署进行了第二次调整，先利用吕布来打袁术，组成了包括刘备、吕布、孙策在内的反袁术统一战线，彻底击溃了袁术在淮南的势力。

197 年正月，张绣投降后，再次反叛。曹操再一次率兵前往征讨，北方的袁绍却乘虚南下来袭许都，操立即回兵许昌。袁绍见操兵回许昌，也就退了兵，说是来向操借兵借粮。这时候曹操还不能北上讨伐袁绍，因为东南边还有一个势力较为强大的吕布。如果北上，吕布从南边袭击其后，将危害不浅。于是操与之达成默契：袁绍北上打公孙瓒，操南下攻吕布。198 年9 月到199 年10 月，消灭了吕布，基本上扫清了东南，曹操成了中国东部三大割据势力之一。

第二节 "南和孙策、先打刘备、再战袁绍"战略

消灭了吕布之后,一个袁术,一个张绣,两个人的处境更艰难了。袁术在淮南待不下去了,欲经过下邳送玉玺给袁绍。操担心,一旦两袁合兵一处,就难图了。就在这个时候,刘备巧借截击袁术而出,斩车胄而占据徐州,居然另起锅灶而与操相抗衡,实际上就是叛逃。刘备占据徐州后,立即联络袁绍,欲南北夹攻曹操。操消灭吕布之后,其实力仍小于袁绍而勉强与之相抗衡。操灭掉了吕布、袁术两个割据势力后,虽然实力大增,但袁绍这时已经灭掉了公孙瓒,占据了北方四州,带甲百万。袁绍不服操,因此袁曹之间的大战是不可避免的,只是因为刘备的叛逃而提前了。

"一个大的事物(例如汉末天下争夺战),在其发展中,包含着许多的矛盾。"时操面临的就有许多复杂的矛盾,有与袁绍的矛盾,有与孙策的矛盾,还有与刘备和张绣的矛盾,形势是严峻的。"这些矛盾,不但各个有其特殊性,不能一律看待,而且每一矛盾的两方面,又各有其特点,也是不能一律看待的。"袁绍在北,孙策在南,还有两个叛逃的敌人,即刘备和张绣。就是张绣算不了什么,也有三大强敌。根据三大强敌的特点,曹操采取了"南和孙策、先打刘备、再战袁绍"的战略部署。

孙策193年渡江,只几年的时间,就平定了江东,创立基业,形成了气候。到199年,也成了中国东部三大割据势力之一。因为曹操与孙策有长江之阻,又有北方袁绍之忧,所以操不可能跨江去打孙策,只能采取"南和孙策"战略。况且,曹操在讨伐袁术的战役中,曾与孙策联手,双方有联合的基础。

刘备是一个最为麻烦的敌人,力量虽小,但却是一个人中之杰,极难对付。袁绍不同,力量虽强,但却"好谋而不断,心疑而不定,兵多而不整",易于对付也。因此,采取了"先打刘备、再战袁绍"的战略部署。所以,虽然与袁绍拉开了决战的架势而相持于官渡,但曹操还是瞅了一个空回了许都,心中盘算着先解决刘备的问题。在查明刘备也参与了"衣带诏案"之后,于200年5月,亲率二十万大军东征徐州。备再次联络袁绍,乘虚南下袭击许昌,南北夹击曹操。在此关键时刻,袁绍却疑惑不定而不肯出兵,第一次失却攻曹之良机,坐等刘备兵败,使曹操解除了后顾之忧。

为了打败曹操,袁绍曾分别与张绣、刘表、孙策联络。但这三次,袁绍的运气都不好。第一次联络张绣,张绣本欲站在袁绍一边。理由很充分,因为从操那里叛逃出来了,回不去了,别无路可走。可是张绣的谋士贾诩不同意,认为袁绍不是操的对手,必败无疑。结果,张绣又一次投降了操。第二次联络刘表,刘表不接受,说是要保持中立。第三次联络孙策,孙策答应了,准备北上袭击许昌,南北夹攻曹操。可是不幸得很,还未出兵,孙策就被许贡的家人杀害了。

打败了刘备之后,操既不担心张绣,也不担心刘表,就担心孙策。孙策一死,操悬着的心放下了。200年,孙权坐领江东后,曹操继续采取"用兵北上,南和江东"的军事策略,以皇帝的名义给孙权封官加爵,稳住孙权。操的这一策略也和孙权这时期的"北和曹操、夺取荆州、向西发展"的方略是吻合的。孙权的谋士鲁肃建议孙权"夺取荆州,向西发展""竟长江之极而尽守之";诸葛瑾也建议孙权"勿通袁绍、且顺曹操,以图后计"。孙权和他的谋士们奉行这样一种策略,满足了曹操集中兵力北上对抗袁绍的军事要求。

但是,袁绍的力量毕竟强于操,且粮草充足。袁曹官渡相持的时间一长,曹操扛不住了。尤其是前线粮草紧张,曹操是心急如火,但还得稳住神,急忙派人到许昌催粮。不料送书信的人被袁绍的谋士许攸逮住了。许攸押着操的兵和书信去见袁绍,建议绍分一兵去袭许昌,两路夹击曹操。袁绍疑惑而不肯用,第二次失却了攻曹之良机,反而把许攸逼得投了曹操。而操却采纳了许攸之谋,率五千精兵烧了乌巢粮草,使绍几十万大军不战而自乱,取得了官渡决战的决定性胜利。

201年9月,刘备脱离了袁绍后,又集聚几万兵马于汝南攻打许昌。操又暂弃袁绍,率兵迎战,于汝南大败刘备。刘备兵败,又去投奔了刘表。按照既定的"先打刘备,再战袁绍"的战略方针,曹操率大军南征荆州。但郭嘉等谋士认为,虽有官渡之胜,但袁绍仍占据着北方四州,带甲几十万,如果卷土重来,其后果还是很难料的。就是说,袁绍虽然被打败,但与绍的矛盾还在,绍仍然是当前最主要的敌人。于是,曹操第三次调整战略部署,暂弃刘备,回许昌休整,养精蓄锐而待机再战袁绍。

一个大的事物的矛盾运动,对于其各方面情况,要注意其特点,而且在其过程发展的各个阶段上,也有其特点,也要注意其特点。202年5月,袁绍死了,袁尚继位。这样,对于袁氏集团,一个过程就分成了两个阶段,这两个阶段的特点是各不相同的。袁绍废长立幼,必然产生矛盾。袁谭虽然不服,但因大敌当前,只得同心协力,203年3月,操大战不利。郭嘉分析认为,袁绍废长立幼,袁谭袁尚必有矛盾,"急之则相救,缓之则相争"。所以曹操撤兵而缓攻,率兵南下,果然袁氏兄弟发生内变,兵戎相见而兄弟相并。8月,袁谭被袁尚追击得求救于曹操。北方国分为二,兄弟相并于内,对曹操来说,机会来了。曹操再次举兵北上,利用矛盾,分化瓦解,各个击破,于205年正月斩杀了袁谭,打败了袁氏兄弟,基本上统一了北方。

207年,袁氏兄弟兵败之后,袁尚、袁熙落荒而逃,投奔乌桓去了。对于这一股残敌,应不应该继续追击而斩草除根?曹洪等武官不主张追击,主要是担心"刘备、刘表乘虚袭击许都",同时认为,他们"兵败将亡,远投沙漠,势穷力尽",实在是没有追之必要。郭嘉对这个形势做了进一步的深刻的分析:袁氏兄弟虽然兵败而逃窜到乌桓,但曹操与袁氏兄弟的矛盾仍然是主要的矛盾。就是说,操与袁氏的矛盾性质还没有变,还须将袁氏兄弟当主要敌人来打,要将袁氏兄弟斩草除根。虽然与刘表、刘备有矛盾,但就当前的实际情况,还没有发展到主要矛盾,还不至于对操造成伤害。

因此,操不辞辛苦,远征沙漠,乘乌桓猝不及防,大败乌桓军,斩掉了蹋顿。袁熙、袁尚又引数十骑投辽东去了,结果为公孙康所杀。北击乌桓,彻底消灭了袁氏兄弟,在政治上军事上都具有十分重大的意义。其一,北击乌桓的成功,将魏国的版图从最南边的长江向北延伸到了乌桓。其二,彻底消灭了袁氏兄弟,为曹操南征而统一全国解除了后顾之忧。

第三节 "南征荆州、消灭刘备、震慑孙权"战略

曹操统一天下的战略部署是:北定中原,南征荆州,东平江东;益凉两州,传檄而定,天下一统。彻底消灭了袁氏兄弟而统一了北方之后,南征荆州,水到渠成,也是一种必然的趋势。为什么要南征荆州?因为北上而彻底消灭了袁绍,统一了黄河流域,形成了"一强独霸天下"的局面。因此,下一步就要南下江南而统一天下了。就当时南方和西部地区的割据形势来看,荆州乃是争夺天下的战略要地和战略制高点。

统一天下,这是一个比较长的发展过程,是有好几个阶段的。"事物发展长过程中,各个发展阶段,情形又往往互相区别""被根本矛盾规定或影响的许多大小矛盾中,有些是激化了,有些是暂时或局部地解决了,或者缓和了,又有些是发生了。"统一北方,南征荆州,曹操与袁绍的矛盾解决了,与孙权的矛盾发生了、与刘表的矛盾激化了,与刘备由次要矛盾转化为主要矛盾。南征前,曹操曾说,所担心者,唯孙权和刘备,余者皆不足虑。操所说的"余者皆不足虑",包括刘表,也包括刘璋、张鲁、马腾、韩遂。就是说,一旦夺取了荆州,就可南下而统一江南。统一了江南,就取得了统一天下的决定性胜利。至于刘璋、张鲁、马腾、韩遂等,就可以传檄而定。因此,这个时候,"南征荆州、消灭刘备、震慑孙权",是曹操的战略目标。南征荆州是正确的,但是到了后期,"一个拳头揍两个敌人"的战略方针是错误的,赤壁大战之败,根本原因就在于此。

曹操南征,进军的方向、进军的路线、打击对象的选择,都是正确的。如果选择在合淝南下建业,有长江之阻,曹军不善水战,从地形地势来看,显然是不利的。选择宛洛南下荆州,曹军善打陆战,地形地势有利,一旦打败了刘表,就可全据荆州而到达江南。攻打荆州,也是避实就虚。因为荆州是刘表的地盘,而刘表性格儒弱,又不善用兵,且身体又不好,因此荆州攻则必克。拿下荆州,就可直接消灭刘备。消灭了刘备,就对孙权形成了震慑作用。孙权占据着江东六郡八十一州,又有长江天险之阻,是明的;但刘备却是暗的,是一个潜在的危险的敌人。

结果是,南征荆州,形势发展得比预料的要好得多。曹操还未到达荆州,刘表就一

命呜呼了。大军到达襄阳,刘表的儿子刘琮就举州投降了。曹操占据了襄阳,就为消灭刘备创造了条件。这一次南征荆州,说实在的,矛头是直接指向刘备,彻底消灭刘备,操是下了狠心劲的。对于刘备来说,曹操的到来,犹如泰山压顶,只得向南撤退。操派五千精兵以"一日夜三百里"的速度追击,追到长坂坡将刘备打得惨败。刘备败后,继续往长江边上退去,操亲自率军继续追赶,号令三军努力前进,务必擒住刘备。

至此,曹操所采取的军事战略和措施,从理论到实践上都是正确的。刘琮投降,操占据了荆州;追击刘备,将备打败,使其成了一股残敌;震慑了孙权,江东投降之声甚嚣尘上。这时候,操应该继续不惜一切地对刘备围追堵截,竭尽全力歼灭这股残敌。即使不能全歼,也要截断刘备与孙权的联系。在这里,操犯了一个致命的错误,没有继续追击刘备,尤其是没有截断刘备与孙权的联系。在这个关键时刻,刘备向东去了夏口,曹操却向西去了江陵。江陵乃荆州的粮草重地,故而抢占之,这是错误的。因为占江陵,就跑掉了刘备。长坂坡大败刘备之后,已经无人能与操争夺江陵。随后,曹操休整了两个月,贻误了战机。给了刘备以喘息之机,为刘备联络孙权提供了时间和空间。

两个月之后,曹操率军向东吴发起了进攻。从军事上来说,这个不早不晚的时间的选择,是非常错误的。因为这个时机正是操军队一系列问题暴露的时机,也是孙吴联军准备充分的时机;从地域上来说,曹操占据了荆州,理应顺江而下,直捣东吴,但操军善陆战而不习水战,舍长而就短,犯了军家之大忌。在战略上又犯了一个将"两个敌人同时打"的致命性的错误。既打刘备,又打孙权。曹操伸出了一个拳头,连同刘备、孙权一同揍。结果刘备、孙权合成了一个拳头,反将曹操打败了。

第四节 "防御南方、巩固北方、进军西方"战略

曹操在天下争夺战的过程中,采取的是"稳打稳扎"的战略方针,即夺取一块地方后,立即采取休整的措施,夺取一块地方,巩固一块地方。从200年到208年,曹操彻底统一了北方,但还没有通过休整而完全巩固,因为刘备的问题,南征荆州的大战就提前了。

赤壁大战一败,几十万大军在顷刻之间化为灰烬,损失是惨重的,甚至有可能动摇中原之根基。曹操大败之后,在孙刘联军的追击之下,逃到了南郡大哭了一场。痛定思痛,曹操料到,孙刘联军必然乘势北上,危及北方。因此,他采取了"防御南方、巩固北方、进军西方"的战略方针。

曹操大败之后,元气大伤,北方就只能由战略进攻转向战略防御了。曹操认为,南郡、襄樊、合淝都是江南侵犯北方的战略要地。三个地方,尤其南郡最为要紧。操令曹仁镇守南郡,并授之以密计,又令夏侯惇镇守襄樊,阻止孙刘联军北上;令张辽镇守合

肥,以防孙权。曹操自己回到了许昌,对中原采取了一系列巩固的措施,稳定了中原。果然,赤壁之战一结束,东吴就有两路大军北上,一路由周瑜率领,攻打荆州而北上宛洛;一路由孙权率领,过江攻打合淝而直捣中原。在荆州,曹仁与周瑜在南郡城外大战一年,以少胜多,然后全身而退;在合淝,孙权大战张辽,久战而不克。曹仁和张辽的两路兵马成功地阻挡了东吴两路大军北上,为中原恢复元气赢得了时间。北方元气恢复之后,曹操就由战略防御转为战略进攻了。

北方虽然恢复了元气,但刘备却乘曹操败退之际,占据了荆州,初步形成了"三分天下"的格局。210年,操闻报刘备已占据汉上九郡大部分地方,惊得手脚都冰凉了。孙刘之间结成的唇齿相依的联盟关系,牵制了操的南下。于是曹操又来搞名堂了,他以皇帝的名义封周瑜为荆州太守,挑得周瑜与刘备去争夺荆州。企图故伎重演,来一个"制造矛盾、利用矛盾、各个击破"。但孙刘双方的谋士,诸葛亮与鲁肃,绝非等闲之辈,岂是吕布、袁术所能比。所以,操欲从合淝南下,又担心刘备从荆州北上宛洛;欲从宛洛南下荆州,又担心孙权北上合淝。

211年,刘备西进西川。曹操认为机会来了,欲南下攻打东吴,又担心马腾攻打长安而东进中原,故采用荀攸之谋,以皇帝的名义封官许愿,将马腾诱骗至京城杀掉了。除掉了马腾之后,即212年,陈群分析说,刘备西进西川,难以急回;孙权势单力孤,可乘虚而攻之;孙权必求救于刘备,备无暇东顾,孙权必势穷而败;灭掉了孙权,再灭刘备,就容易了。于是操率大军南下征讨东吴,孙权立即求救于刘备。刘备当然回不了军,采取了孔明之谋,写一书信给马腾之子马超,马超立即起兵杀奔长安。操闻报大惊,只得回军杀向长安而开始西进。操本来也是要西进的,因为刘备已经西进西川了。按照原定的战略部署,是要乘刘备西进而乘机攻打孙权的。现在马超攻打长安,操只得南弃东吴而西保长安,这是操因形势的变化而第四次调整其原定的战略部署。

实施"进军西方",即"西进战略"。曹操进军关中,平定了关中的叛乱,巩固了中原。继续进军潼关,设计拆散了马超与韩遂之间的联合,结果潼关一战,彻底打败了马超,收降了韩遂,攻克了西凉州。潼关一战的胜利,将魏国的版图从东边的东海边向西延伸到了西部的西凉州,东边遏制了东吴,西边遏制了汉中,在军事上具有十分重要的战略意义。

第五节　"拆散孙刘联盟,南北夹击关羽"战略

潼关一战夺取西凉州,回到京城之后,曹操一搁就是三年。214年,刘备夺取了西川。曹操坐不住了,如果刘备继续乘势北上夺取东川,其在西部的势力就会得到进一步的巩固,并且还会从荆州、秦川两个战略要地威胁着魏国。215年7月,曹操召集高

级别的军事会议,商议收吴灭蜀大计。诸大臣一致认为,吴蜀结成了唇齿相依的关系,遥相呼应,相互援助,急难动摇。大将夏侯惇说:"吴、蜀急未可攻,宜先取汉中张鲁,以得胜之兵取蜀,可一鼓而下也。"

这是一个非常好的战略部署,进军汉中,是战略上的避实击虚也。东吴有孙权坐镇,有大都督吕蒙镇守,又有长江天险之阻,从合淝南下,急难奏效;荆州江山坚固,有大将关羽镇守,又有西川为其后援,亦是难以动摇的。唯有汉中,乃张鲁的地盘,是一个薄弱的环节,可攻而取之。而且,这一次攻打汉中,也是一个非常好的时机。因为这时,刘备跑到了荆州,正在与孙权争夺南三郡,无暇顾及汉中。如果曹操夺取了汉中,直逼西川,刘备就必定会两面受敌,这对魏是非常有利的。从战略角度来说,其意义也是重大的。从汉中打开缺口,可顺势夺取西川而灭掉西蜀;灭掉了西蜀,再从荆州顺江而下,灭掉东吴就容易了。操思之良久,然后频频点头称是,说:"正合吾意。"遂起兵西征,这就是操第一次西进汉中。

西进东川并夺取了东川,曹军直逼西川。时刘备得蜀日浅,形势不稳,曹操本可以以迅雷不及掩耳之势去攻打西川。在争夺天下的战略棋盘上,这是关键的一步。走了这一步,下面有几步好棋可走,顺势就可以拉开统一天下的大局。可是,到了这一步,曹操不走了,贻误了战机。结果诸葛亮运用手腕,调动孙权北上合淝,把曹操的兵力引向了东吴。战场的争夺战,如逆水行舟,不进则退。218年,刘备进军汉中,汉中岌岌可危,夏侯渊、张郃频频告急。219年,操第二次进军汉中,指望挽回败局,但无济于事,到5月,汉中就被刘备夺去了。刘备夺取了汉中,不仅在军事上,而且在政治上都可以公开地与曹操叫板了;操丢失了汉中,在天下争夺战中,就开始由战略进攻的态势转入战略防御的态势而被动了。

当刘备晋位汉中王的表章到达许都时,曹操当然是不服气,冲冲大怒欲兴倾国之兵到汉中,与刘备决一雌雄。司马懿分析了形势,建议去联络孙权,南北夹攻荆州,打掉刘备的战略要地荆州。这一次,如果操刚愎自用,不听司马懿的,起倾国之兵到汉中与西蜀决战,刘备、诸葛亮以逸待劳,占据有利地形地势,巧于布阵,操能不败吗?如果操在汉中地区一败,关羽再从荆州北上,直接威胁曹操的许都,那么,三国的历史就是另外一个形势了,就没有后来的魏国了。操的最大的一个优点,就是不刚愎自用,善能听取属下的意见。操虽然也能谋略,但是他的极大部分计谋都是其谋士所献。在这个关键时刻,操的脾气虽躁,但却冷静,他听取了司马懿的意见,避免了一次惨败。

在操与孙权联络之时,孙权对刘备是恨得咬牙切齿;欲夺荆州,是不择手段了,双方一拍即合,达成了共识,并令曹操先起兵。消息传到成都,刘备、诸葛亮先发制人,令关羽先出兵。曹仁率军迎战关羽,关羽水淹七军,擒于禁,斩庞德,旗开得胜,曹操惊慌得欲迁都以避其锋。司马懿再次建议曹操联络孙权,令其乘虚从背后袭击关羽。孙权认为夺取荆州的时机已经成熟,就派吕蒙从背后袭取了荆州。而关羽则腹背受敌,败走麦城,父子丧命黄泉。对于曹操来说,荆襄一战,北方由败而转胜,解除了西蜀对魏的遏制,并恢复了魏在三国纷争中的战略进攻的态势。

　　荆襄之战,操取得了巨大的胜利,打掉了西蜀问鼎中原的战略要地。在曹操的眼里,与其将荆州由西蜀占据着,倒不如由东吴来占据。西蜀占据荆州,曹操寝食难安;东吴占据着荆州,曹操则高枕无忧。西蜀从荆州北上,曹操很难西进汉中,因为那里高山险阻,简直是铜墙铁壁;东吴从荆州北上,千里江防,孙权是防不胜防。再者,曹操也看出来了,孙权也没有能力和魄力北上。荆襄之战,将蜀汉王国挤进了西南一隅,减轻了他在天下争夺战中的分量,给了刘备以致命的打击。同时,又由于这一场决战,彻底拆散了孙刘之间的联盟,使其积怨积仇而引起了连锁反应。221 年 7 月,刘备率军攻打吴国。222 年,大败而回,西蜀再一次大伤元气。荆襄决战,是魏国在军事上的一个重大的转折点,由防御态势再一次地转变为进攻的态势,为后来灭蜀收吴而统一天下创造了条件。曹操在愤怒时,又非常冷静地听取了司马懿之谋,成功地走好了荆襄决战这一步,为其后继之人的天下争夺战留下了一盘易走之棋。

第三十四章　吴魏蜀连锁"移祸"

荆州丢失,关羽被害,刘备动怒,欲起倾国之兵伐吴。孙权惊恐万状,将关羽首级送于魏,嫁祸于曹操,希望将战祸引向魏国。曹操也不上当,厚葬关羽,又将祸水推向了吴国。诸葛亮深知操的险恶用心,劝刘备按兵不动:"待吴、魏不和,乘时而伐之,可也。"但刘备不听,仍起兵伐吴。

吴蜀联盟破裂之后,在三分天下的三角关系中,力量对比,虽然魏国仍旧最强,但三国之间趋向势均力敌。每一方都希望另外两方打起来,削弱对方力量,然后坐收渔利。原有的旧的平衡被破坏了,孙权又怎么寻找新的平衡呢?

第一节　吴魏之间"移祸"与"反移祸"

从东吴的角度来说,夺取荆州,也是非常必要的。刘备占据两川之后,荆州的下控三江的战略地位进一步凸显。不仅遏制了东吴向西的扩展,还会对东吴造成严重的威胁。刘备占据荆州不还,是否另有阴谋? 卧榻之侧,岂容他人鼾睡? 尤其不能容忍他人另打算盘。

夺了荆州,杀死了关羽,这就惹了大祸了。因为杀害了关羽,就完全切断了与西蜀的联系。关羽被斩之后,张昭自建业来到荆州,说:"今主公损了关公父子,江东祸不远矣! 此人与刘备桃园结义之时,誓同生死。今刘备已有两川之兵;更兼诸葛亮之谋,张、黄、马、赵之勇。刘备若知云长父子遇害必起倾国之兵,奋力报仇:恐东吴难与敌也。"真的与西蜀打起来,无论从军事实力,还是从谋略方面来说,东吴恐怕不是西蜀的对手。

孙权闻之大惊,跌足说:"孤失计较也! 似此如之奈何?"张昭分析说:"今曹操拥百万之众,虎视华夏,刘备急于报仇,必欲操约和:若两处连兵而来,东吴危矣。"张昭所虑,不仅是备要起两川之兵来报仇,而且还可能会约和曹操。他献计说:"不如先遣人将关公首级,转送与曹操,明教刘备知是曹操所使,必痛恨于曹操,西蜀之兵,不向吴而向魏矣。吾乃观其胜负,于中取事:此为上策。"曹操就那么容易糊弄的吗?刘备也不是随便可以欺骗的,况且还有一个孔明。

关公首级送到了许昌,司马懿说:"此乃东吴移祸之计也。"曹操问其故,司马懿说:"今东吴害了关公,惧其复仇,故将首级献于大王,使刘备迁怒大王,不攻吴而攻魏,他却于中乘便而图事耳。"曹操说:"仲达之言是也。孤以何策解之?"司马懿说:"大王可将关公首级,刻一香木之躯以配之,葬以大臣之礼;刘备知之,必深恨孙权,尽力南征。我却观其胜负:蜀胜则击吴,吴胜则击蜀——二处若得一处,那一处亦不久也。"就是说,孙权将祸水引向了曹操,又被操踢回到了东吴。这实际上是相互将军,相互转嫁祸水。

无论是张昭,还是司马懿,他们所献之计策,有一个共同点:那就是挑起另外两家不和而打起来,尔后从中得利,都认识到,魏、蜀、吴三方是一个三足鼎立的关系,三方是相互制约相互平衡的关系。其中任何两方大打出手,第三方都将会"渔翁得利"。吴、魏两国的这种阴谋,诸葛亮一眼就看穿了。备问吴、魏的意图时,孔明说:"此是东吴欲移祸于曹操,曹操知其谋,故以厚礼葬关公,令王上归怨于吴也。"备听了,决意伐吴。孔明说:"不可。方今吴欲令我伐魏,魏欲令我伐吴,各怀谲计,伺隙而乘。王上只宜按兵不动,且与关公发丧。待吴、魏不和,乘时而伐之,可也。"但是,刘备哪里听得进呢。

第二节　孙曹双方"踢皮球"的矛盾转移术

孙权一计不成,又生一计。遣使上书,劝曹操早登大位做皇帝。其书略曰:"臣孙权久知天命已归王上,伏望早正大位,遣将剿灭刘备,扫平两川,臣即率群下纳土归降矣。"

此乃三十六计中的第十计"笑里藏刀"之计也。当时的形势,虽然魏、蜀、吴三方已各成一方,但并未建国,名义上仍是汉之天下,无论曹操、刘备、孙权,皆汉之臣子矣。大汉天子,汉献帝也。东汉末年,董卓作乱,擅行废立,还是能够勉强维持着。但是,董卓欲废除汉献帝而自立,立即就横尸街头,身首异处。袁术在淮南,凭借地广粮多,又有孙策所质玉玺,遂僭位九五。天下震怒,群起而攻之,袁术就兵败而身亡。

曹操一眼识破了孙权的"笑里藏刀"之谋。他心里清楚,自己已经统一了北方,拥有百万之众,前两次进位为魏公和魏王,内部也有人反对,并遭唾骂,皆言其有篡逆之心。今番如若登基当皇帝,天下人又将怎样看他呢?况天下东有东吴,西有西蜀,尚未扫平,哪一个不是虎视眈眈地瞅着中原? 如今,孙权为夺荆州,害了关羽,结怨于蜀,蜀欲起倾国之兵征讨东吴,报仇雪恨。孙权欲将战争祸水引向曹魏。此一番计策,一可以解除东吴之危;二可以坐山观虎斗,从中取利,可谓一箭双雕,其用心何其险毒也。

观书之后,曹操大笑而出示群臣说:"是儿欲使吾居炉火上耶!"这一句话具有双关的意思:第一,因为汉朝是所谓的"火德",居火之上,就是取代汉朝,自己做皇帝;第二,操从名义上拥戴汉王朝,实际上大权独揽,一旦改变为自己直接做皇帝,可能引起更多人的反对,有一定的危险性。所以说,孙权表面上说的是奉承话,实际上是包藏着险恶的用心,就是把战火引向蜀魏,然后他也好从中"渔利"。

《三国志》记载,荆襄一战之时以及之后,"陆逊别取宜都,获秭归、枝江、夷道,屯兵夷陵,守峡口以备蜀",将蜀汉至荆州的必经之路尽皆封死,这是什么意思呢? 一般人可能看不出来。其深层次的战略意图就是:一旦蜀魏两国打了起来,蜀败,就乘机攻打蜀国,夺其地盘,与魏形成"两分天下"的格局。据史书记载,"权遣校尉梁寓奉贡于汉,令王惇市马,又遣朱光等归",急于发展陆军并建立骑兵部队。这是干什么呢? 其目的很明显,就是趁蜀魏开战,乘机攻取中原。具体的战略就是,蜀魏开战,魏败就攻魏,夺其地盘,与蜀形成"两分天下"的格局。又据《三国志》记载,"权破关羽,欲进图蜀,拜秦汉中太守,奋威将军,封陵阳侯",就是乘蜀魏交战,乘虚而入。孙权又说要攻魏,又说要攻蜀,这是什么意思呢? 就是两手准备,魏败就攻魏;蜀败就攻蜀,视情况而定。

然而,蜀魏两家,更是技高一筹。司马懿对曹操说:"今孙权既称臣归附,王上可封官赐爵,令拒刘备。"曹操从之,表封孙权为骠骑将军、南昌侯,领荆州牧。即日遣使赍诰赴东吴去讫。本来,孙权用计是想叫许昌去征讨汉中,曹操却令东吴去攻西蜀,把球又踢给了江东。许昌是巴不得蜀吴开战,他好从中"渔利"。当然诸葛亮也不上当,竭力劝阻刘备出兵。刘备虽然愤怒至极,但还是忍了两年。

第三节　从向蜀求和到向魏称臣

孙权希望将战争的祸水引向曹操,两次用计,都为曹操所识破,问题像皮球一样被曹操不声不响地给踢了回来。结果,不愿发生的事还是发生了,战争的祸水还是流向了东吴。为了报仇雪恨,刘备率倾国之兵东征东吴,发誓要灭掉吴国。

大军压境,来势凶猛,江南之人,心胆皆裂。曹操太滑头了,是指望不上了,没有办法,只有去向刘备求和。221年,备统精兵七十余万征讨东吴,其势甚大。百官尽皆失色,面面相觑,唯诸葛瑾愿为使去见蜀主求和。孙权即遣诸葛瑾为使去见刘备,陈说利害,并答应送还夫人、缚还降将、将荆州交还,使两国相和,共讨曹丕。不料诸葛瑾回来言刘备不肯通和之意,孙权大惊说:"若如此,则江南危矣!"看来,向刘备下跪叩头求饶，是行不通的了。

就在此时，赵咨说愿为使出使魏国，陈说利害，使袭汉中。孙权大喜，即写表向魏帝曹丕称臣。赵咨赍表星夜至许都见曹丕，曹丕笑着说："此欲退蜀兵过江也。"即令召入。赵咨见到曹丕，颇能说。当曹丕问起吴主孙权是一个什么样的人时，赵咨说："取荆州兵不血刃，是其智也；据三江虎视天下，是其雄也；屈身陛下，是其略也。"曹丕说："朕欲伐吴，可乎？"赵咨："大国有征伐之兵，小国有御备之策。"曹丕问："吴畏魏乎？"赵咨说："带甲百万，江汉为池，何畏之有？"于是曹丕即降诏，命太常卿邢贞赍册封孙权为吴王，加九锡。

孙权正在召集百官会议，商议御蜀兵之策。忽报"魏帝封主公为王，礼当远接"。对于如何对待魏帝之封，文武百官议论不一。顾雍说："主公宜自称上将军、九州伯之位，不当受魏帝封爵。"孙权说："当日沛公受项羽之封，盖因时也；何故却之？"遂率百官出城迎接，接受了魏帝曹丕的吴王封爵。孙权这种能屈能伸的手段，深得陈寿的赞赏。他说："孙权屈身忍辱，任才尚计，有勾践之奇，英人之杰矣。故能自擅江表，成鼎峙之业。"

曹丕亦如同其父曹操一样奸诈无比，降诏封爵，但就是不出兵援助，依旧是袖手旁观，坐山观虎斗。战场犹如水火，没有人情可言。曹丕很懂兵法，"非利不动，非得不用，非危不战"。魏、蜀、吴三方，都是虎视眈眈而欲夺取天下，都恨不得欲将另外两方消灭。都是因为三分天下的局面已经形成，相互制约相互牵制着，势不许也。在这个问题上，这三家的心思都是一样的。曹操临死之前，都还在想着怎样收吴灭蜀。孙权梦寐以求，甚至不择手段地要夺取荆州，不也是在做着攻魏灭蜀之梦吗？现在，吴、蜀相攻，这正是魏国所希望的，两虎相斗，两败俱伤，实际上就为魏国最后各个击破创造了条件。既然如此，魏国为什么要出兵帮助吴国呢？出兵助吴，就是帮助了敌人，对魏国没有什么好处。因此，既不助吴，也不助蜀，最后达到收吴灭蜀的目的，这就是问题的实质。

时蜀兵水陆并进，声势浩大，奈魏主不肯出兵相助。其侄孙桓愿领兵拒敌。孙权许之，令其领兵以拒蜀兵。孙桓领兵出战，大败而回。此时刘备威声大震，糜芳、傅士仁杀了马忠去归蜀，亦被蜀帝刘备所杀。孙权又令具沉香木匣，盛张飞首级，绑缚范疆、张达，命程秉为使，赍国书往猇亭见蜀帝求和。但是，程秉抱头鼠窜而回，回奏吴主说："蜀不肯讲和，誓欲先灭东吴，然后伐魏。"就是说，不管吴是如何危在旦夕，魏是不会出兵相助的。孙权闻报，大惊，举止失措。

第四节　临危筑坛授命于陆逊

孙权在刘备大军深入国境，国家处于危难之时，求刘备，求曹丕，谁也求不着。刘备是定要先灭吴后伐魏，而曹丕也是要收吴灭蜀。孙权所求者皆敌人也，因此所求的没有不是空的。唯一的办法，还是要靠自己，求自己。

就在吴国处在危急的时刻，也是孙权大惊失色而举止失措之时，阚泽站出来说："现有擎天之柱，如何不用耶？"孙权急问何人，阚泽说："昔日东吴大事，全凭周郎；后鲁子敬代之；子敬亡后，决于吕子明；今子明虽丧，现有陆伯言在荆州。此人名虽儒生，实有雄才大略，以臣论之，不在周郎之下；前破关公，其谋皆出于伯言。主上若能用之，破蜀必矣。如或有失，臣愿与同罪。"阚泽的一些话，提醒了孙权。孙权说："非德润之言，孤几误大事。"

一旦主意一定，就不再受左右干扰，这是孙权用人的一大特点。决定起用陆伯言，张昭说："陆逊乃一书生耳，非刘备敌手；恐不可用。"顾雍亦说："陆逊年幼望轻，恐诸公不服；若不服则生祸乱，必误大事。"步骘亦说："逊才堪治郡耳；若托以大事，非其宜也。"阚泽见江东的几位元老重臣都一致反对，也急眼了，大呼说："若不用陆伯言，则东吴休矣！臣愿以全家保之！"看到阚泽急了，孙权说："孤亦素知陆伯言乃奇才也！孤意已决，卿等勿言。"孙权立即召见陆逊，起而用之。

召见之时，陆逊说："江东文武，皆大王故旧之臣；臣年幼无才，安能制之？"孙权说："阚德润以全家保卿，孤亦素知卿才。今拜卿为大都督，卿勿推辞。"陆逊说："倘文武不服，何如？"孙权取所佩剑与之说："如有不听号令者，先斩后奏。"逊说："荷蒙重托，敢不拜命；但乞大王于来日会聚众官，然后赐臣。"从刚才孙权与陆逊的一番对话中，可以看出孙权用人不疑的坚决态度。陪同召见的阚泽说："古之命将，必筑坛会众，赐白旄黄钺、印授兵符，然后威行令肃。今大王宜遵此礼，择日筑坛，拜伯言为大都督，假节钺，则众人自无不服矣。"权从之，命人连夜筑坛完备，大会百官，请陆逊登坛，拜为大都督、右护军，进封娄侯，赐以宝剑印绶，令掌六郡八十一州兼荆楚诸路军马。嘱之说，"阃以内，孤主之；阃以外，将军制之"，将军事指挥大权全部授予陆逊。

一旦看准了人才，就大胆起用，深信不疑，这是孙权执掌江东几十年经验的总结。因此，决定起用陆逊，其立场就十分坚定，态度就十分坚决。当年曹操八十三万人马下江南，孙权决定起用周瑜以拒曹操，朝中大臣议论纷纷，表示怀疑。孙权拔佩剑砍面前奏案一角，说："诸官将有再言降曹者，与此案同！"言罢，便将此剑赐周瑜，即封周瑜为大都督。并说，如文武官将有不听号令者，即以此剑诛之。结果，周瑜不负重托，打败了操，使江东转危为安。权此次起用陆逊，也是这样，赐上方宝剑，授"先斩后奏"之权。用人不疑，疑人不用；大胆使用，大胆放权，这就是孙权的用人特点。

第三十五章 刘备与夷陵大战

曹雪芹在《红楼梦》中说:"月满则亏,水满则溢。"又说:"否极泰来,荣辱自古周而复始。"这是自然界变化之常规,用来形容天下形势的变化和发展,也是非常恰当的。

刘备从曹操手中夺得汉中之后,又做了汉中王,大业发展到了鼎盛时期。就在事业如日中天时,关羽大意丢失了荆州,对蜀汉,是一次巨大的打击。荆州对于蜀汉非常重要,它不仅是蜀汉的天然军事屏障,更是出兵北伐中原的有利的战略要地。失去荆州和关羽之后,西蜀怎么处理与曹魏和孙吴的关系,对刘备集团是一个严峻的考验,也是蜀汉今后成败的关键。

但是,在这个关键的时刻,原来并不刚愎自用的刘备,从一个极端走向了另一个极端,也刚愎自用了,起倾国之兵东征伐吴,非要灭掉吴国。同样是怒而出兵,曹操却愤怒中有冷静,听取了司马懿的意见;而刘备却听不进诸葛亮的意见,这就是两个人的区别。

第一节 伐吴是应该还是不应该?

荆州丢失之后,刘备决心伐吴。伐吴,是应该,还是不应该?众说纷纭,难成定论。《蜀汉昭烈皇帝刘备》一书在"伐吴"一章中认为,备正式称帝后,不仅建立了名正言顺的蜀汉帝国,而且部队经过两年的休整、补充,战斗力空前提高,足以组建一个强大的机动兵团进行出征。同时,西蜀在诸葛亮的治理下,老百姓安居乐业,政局稳定,经济发展迅速,形势很好。

因此说,西蜀大规模出征的军事能力,已经具备了。问题是向谁进攻,是伐魏,还是伐吴?如果伐魏,就不可能伐吴;如果伐吴,也不可能伐魏。因为魏吴两国不可能同时讨伐。荆州丢失之后,在西蜀上层存在着两种相反的观点:一种是以刘备为代表,主张伐吴；一种是以诸葛亮为代表，主张伐魏。

坚持伐吴的理由是：第一，从地势地形来说，伐吴有利的因素是：顺流东下，具有居高临下、势如破竹之势；伐魏不利的因素，就是关中有秦岭天险阻隔，陇右道路遥远，均不利于大军的迅速行动；第二，伐吴，为结义兄弟报仇，可以提高刘备的品德形象，名正言顺，有利于凝聚人心；第三，坚持伐吴反对伐魏，也是符合孙子所说的"避实击虚"。魏国实力强大，不是短时期内可以击败而消灭的。

伐吴的理由，每一条都值得推敲。第一条，从地形地势的特点来看，伐吴，可以"顺流东下，具有居高临下、势如破竹的有利地势"。这一条，只看到有利的一面，没有看到不利的一面。长江虽有沿江顺流而下，居高临下而势如破竹之利；但另一面却有易进难退之弊。第二条，"为关羽报仇，名正言顺，讨伐背信弃义的孙权，容易凝聚人心"。这一条有深得人心的道理，但为一人之私仇，置国家之根本利益而不顾，也有其负面影响。第三条，选择伐吴反对伐魏，是魏国实力强大，不是短时期内可以击败而消灭的。而吴国力量弱小一些，容易消灭。其实，东吴的实力也是相当庞大的，刘备、诸葛亮两人比谁都清楚这一点，要想一口吃掉对方也是不现实的。

坚持伐魏反对伐吴的理由：最主要的就是从政治层面考虑问题。因为魏毕竟是最主要的敌人，蜀与魏的矛盾是第一位的矛盾，是主要的矛盾；而蜀毕竟与吴建立了"孙刘联盟，共抗曹操"的统一战线，虽然蜀与吴有矛盾，但毕竟是第二位的矛盾，属于次要矛盾。如果蜀吴开战，那就是在统一战线内部开战。在统一战线内部开战，那叫自相残杀，容易为魏国所利用，而最终为魏国各个击破。

蜀吴的这一场战争，西蜀虽然是失败了，而且败得非常惨。但是，从"三分天下"理论和实践来看，尤其是从当时魏蜀吴三国的大局和西蜀的实力来看，刘备发动的这一场战争，却是必要的，合理的，也是正确的。

第一，从"三分天下"的战略格局来说，丢失了荆州，对西蜀今后的统一大业是非常不利的。西蜀统一不了天下，那么西蜀就有可能被曹魏所统一。荆州的得失，关系着西蜀今后的生死存亡。因此说，西蜀迫切需要通过东征讨伐东吴而夺回荆州。因为失去了荆州，西蜀地盘几乎缩小了三分之一，尤其重要的是失去了进攻中原的唯一重要的战略要地。因为没有了荆州，北伐中原，就只能从陇右出兵而道路遥远，大军很难越过秦岭天险到达关中而停留在关外，即陇西地区。从汉中到达陇西，高山峻岭，道路难行，粮草转运艰难，对于大部队长途远征，是非常不利的。大军好不容易到达了关外的陇西，再想越过关中，打到关东，即中原地区，势比登天还难。这就是说，如果伐魏，结果只能是空耗国力，无功而返。这一点，为后来诸葛亮六次北伐和姜维九次北伐所证实。

第二，从地理位置及地形地势来说，刘备东征是可行的。西蜀进攻吴国，最大的特点,就是居高临下、顺流东下、势如破竹。可以通过大军东征,夺回荆州,为西蜀今后统一天下争取战略主动权。所以,这一场蜀吴之战,关系到西蜀的生死存亡。刘备夺取汉中之后,魏、蜀、吴三方的国力相差并不悬殊,但是相比之下,吴较之魏,国力弱一点,尤其是新占领的荆州地区,其统治并不稳。从实力对比来说,攻打吴国还是比较可行的。再说,荆州本来就是西蜀的根据地,刘备、诸葛亮在此经营了十年之久。况且,刘备在荆州地区的品德形象很好,在一定的时候,还是很有号召力的。东征东吴的前期,就有大量人员投靠西蜀;吴国上层一片惊慌,这说明东征的军事行动是正确的。

第三,从当时"三分天下"的力量对比及其大局来说,伐魏是非常错误的,绝对弊大于利。因为丢失了荆州,这一进攻中原的战略要地就被吴国堵死了,西蜀只能从秦川的陇西地区去讨伐曹魏,地形地势及地理位置,对蜀不利,对魏却比较有利,这仗是不好打的。双方的军事经济实力对比,魏国强于蜀国。魏地广人多,兵多将广,粮草远比西蜀充足,可以支持长期作战。蜀国要想打赢魏国,这是不大可能的。因为这一次蜀魏交战,不是魏国主动进攻,而是蜀国主动进攻,魏仅仅是严阵以待而已。这有什么区别吗?这个区别可大了。蜀是主动进攻,而魏则是防御,所以战场只能在陇西,而不是在汉中。这样,西蜀的地理位置的优势就转化为劣势,而曹魏地理位置的劣势就转化为优势。就此双方的优劣对比,战争胜负的分晓就判定了。

第四,从"三国鼎立"相互关系来说,此时伐魏,对蜀是极为不利的。因为荆襄一战,孙权是完全倒向曹魏。这时候,孙权因为害怕刘备东征,竭尽全力拉拢曹魏,做梦都希望蜀魏在战场上打起来,不是小打,而是大打。试想,蜀魏一旦打起来,孙权会站在哪一边?他会站在曹魏一边,但绝不会站在西蜀这一边。孙权这样做,是包藏祸心的。据有关的史料证明:战前,孙权尽量挑得蜀魏两国打起来;战争起来之后,曹丕可能令孙权配合作战,孙权迫不得已而参战。对孙权策略的估计,战争前期,最大可能是坐山观虎斗;战争后期,是谁败就打谁。因此,蜀魏战争一旦打起来,刘备面临的就不是一个敌人,而是两个敌人,一个是魏国,一个是吴国。这就说明,刘备是没有盟友的孤军作战。而讨伐吴国则不同,基本上就是一对一的战争。蜀吴开战之后,魏是不会立即参战,它会坐山观虎斗。这就给蜀国在军事上打击吴国提供了时间。但是蜀吴战争,应当速战速决,时间不宜拖得过长。

第五,从巩固和发展以孙刘联盟为基础的抗曹统一战线的角度来说,东吴背叛孙刘联盟,调转枪口对准盟友,也应该在军事上教训一下。统一战线内部有矛盾有斗争。只有通过斗争,才能解决问题。不敢斗争,一味妥协退让,求团结是求不来的。斗争的形式应多样化,有政治斗争,有外交斗争,也有军事斗争。当孙权"缚还仇人、送还夫人、归还荆州"时,应当见好就收。这就要掌握好一个度,因为这毕竟是统一战线内部的战争。与吴的矛盾是第二位的,是次要矛盾;而与魏的矛盾才是第一位的,是主要矛盾。所以说，应该掌握一个度，达到目的即可，即斗争要有理有节。实际上，吴国也不是一朝一夕就能平定的。即使把吴国灭掉了，对蜀国也是不利的，因为魏国毕竟强大。那么，怎么"见好就收"？这就要谈判，在谈判中收回荆州，依然保持着对魏对吴的扼制态势，这就是最大的成功。

但是这一场蜀吴之战，毕竟是以吴国胜利蜀国失败而告终。刘备发动的这一场战争，既然是必要的，合理的，正确的，那么刘备为什么又失败了呢？这一场战争的结局，关键是没有找到合适的军事指挥人才。起初，刘备势如破竹而旗开得胜，所凭借的仅仅是地势地形之优势也，并不是刘备的高超的军事指挥才能。

当蜀军顺江而下的优势用尽之时，就开始由优势向劣势转化了。这时又遇到了素质比较高的军事指挥家陆逊，刘备肯定就不行了。蜀国地处长江的上游，虽然顺流东下，具有居高临下、势如破竹之势，可是也有缺点，就是易进难退。刘备大军东下，声势浩大，来势汹涌。当地形地势方面的优势用尽之时，优势就开始向劣势方面转化了。战争发展到这个阶段，就特别需要军事指挥家的谋略和智慧。可惜，极具奇谋的法正已经去世，刘备在两军对阵中，战而不见机，谋而不知权变，决策水平不高，结果兵败夷陵，全军覆灭，大伤元气。吴国的胜还是胜在军事人才上；刘备的败还是败在军事人才上。孔明说："孝直若在，必能制主上东行；即使东行，必不倾危矣。"

第二节 "左"与"右"两种错误倾向

诸葛亮在《隆中对》中说得非常清楚，曹操是主要的敌人，孙权是盟友。赤壁大战前后，孙、刘两家结成了联盟，即抗曹统一战线。但在统一战线内部，孙、刘两家之间也存在着尖锐的矛盾，而且很难调和。主要是在荆州问题上，愈闹愈僵，双方终于爆发了战争而撕破了脸皮。孙权背叛且破坏了统一战线，偷袭而夺取了荆州。

219 年，孙权背叛并破坏统一战线，有内外两个原因。第一个原因就是曹操的拉拢；第二个原因就是镇守荆州的关羽没有贯彻孔明的联吴抗曹的战略方针，不搞抗曹统一战线，把孙权推到曹操那一边去了。让勇而有余，谋而不足，且又刚愎自用的关羽独任而镇守荆州，是诸葛亮的错误，也是刘备的错误。关羽的错误就在于根本不懂得孙刘联盟的重要性，把孙权往统一战线之外推。一个拉，一个推，这就是孙权背叛并破坏抗曹统一战线的原因。

荆州被江东夺去了，关羽也被杀害了，西蜀如何处置？有两种意见：一种以刘备为代表，坚决主张报仇雪恨，出兵讨伐孙权；一种以诸葛亮为代表，极力反对讨伐孙权，其理由是，"国贼乃曹操，非孙权也"。实际上，在怎样对待"孙刘联盟"的这两种意见，都有其错误的一面。刘备的观点是"只要斗争，不要联合"，是一种偏"左"的观点；诸葛亮的观点是"只要联合,不要斗争",是一种偏"右"的观点。这两种观点,都是对蜀汉事业有害的。尤其是刘备的"不灭掉东吴不回军"的观点,实际上就是一种"不撞南墙不回头"的错误的战略思维。

在一个很长时间里,孔明既要保住荆州,又不能公开地与孙权闹翻脸,这是一个原则性的问题。即使有了荆州和两川之地,也不能轻易地与孙权闹翻。但是,备十分地不理解这个问题。所以说,刘备的"左"的错误的思想路线是由来已久的。215年,孙权因备不还荆州,就派军袭取了长沙、零陵、桂阳三郡,刘备忙引军到公安,命关羽率军争夺南三郡,双方大战一触即发。对南三郡采取军事行动,既犯了政治策略上的错误,又犯了军事战略上的错误。与孙权争夺南三郡,刀兵相见,就给敌人曹操以可乘之机,这是军事战略上的错误。曹操也正是借助刘备争夺南三郡之机,夺取了汉中,使刘备东西两面受敌,直接威胁到了西川的安全。

220年1月23日,曹操寿终。这一年,曹丕废帝篡汉做了皇帝。曹丕称帝,标志着大汉王朝开始结束。221年,刘备正位续大统,亦登基做了皇帝。刘备称帝,标志着"三国鼎立"的格局开始形成。刘备登基之后,第一件事就是要起兵讨伐东吴,报仇雪恨。他说:"朕起倾国之兵,翦伐东吴,生擒逆贼,以雪此恨!"赵云谏曰:"今曹丕篡汉,神人共怒。陛下可早图关中,屯兵渭河上流,以讨凶逆,则关东义士,必裹粮策马以迎王师;若舍魏以伐吴,兵势一交,岂能骤解。"谏之不听,于是赵云又说:"汉贼之仇,公也;兄弟之仇,私也。愿以天下为重。"刘备说:"朕不为弟报仇,虽有万里江山,何足为贵?"遂不听赵云之谏,下令起兵伐吴。次日整兵要行,学士秦宓以死而谏之,刘备将其囚之。孔明闻知,即上表救秦宓,并劝刘备纳秦宓金石之言,说明讨伐东吴的危害性。

怎么正确看待刘备决意东征?诸葛亮、赵云坚决反对,这是错误的;刘备不顾国家之安危,只念兄弟之情,决意报仇雪恨,感情用事,一意孤行,这也是错误的。但是,刘备东征,有其合理的正确的成分,不能一概否定。至于夷陵大败而回,那是因为刘备决策失误的结果。这一次东征,如果亮随军而往,作为一个补充,或者叫作制约,就有可能纠正备的某些过错而扭转局面。可是,诸葛亮与刘备在是否伐吴的问题上因有分歧而有了矛盾,所以备东征不带孔明同行。故此,东征东吴,在刘备"不撞南墙不回头"的战略思维指导下,有了大的决策上的错误,这才导致了猇亭之败。

鉴于曹操的力量大于孙权,也大于刘备,孙、刘只有结成联盟,才能与之相抗衡。因此仍要坚持建立孙刘联盟的抗曹统一战线;鉴于孙权背叛孙刘联盟的错误,有必要在军事上同孙权做一些斗争,给孙权以必要的教训,但要做到有理有节。可是,刘备拒不执行孙刘联盟的抗曹统一战线,主次矛盾不分,"只要斗争,不要联合""不撞南墙不回头"的战略思维,这是猇亭之败的根本原因。

第三节 "进"与"退"两种思维方法

进与退,观前与顾后,是辩证法的两个方面,是有机统一的,缺一不可。古人云:"至刚易折,上善若水。"刘备在极为困难的时期,有柔有刚,有进有退。在顺利的时候,尤其是做了皇帝之后,就刚而不柔,进而不退了。吴蜀夷陵大战的过程中,作战双方的统帅刘备与陆逊正好相反。陆逊既知进又知退,观前又顾后;而刘备只知进不知退,观前不顾后,在政治军事上犯了一系列战略战术性的错误。

孙权偷袭了荆州,且杀害了关羽,对于刘备来说,确实是深仇大恨。刘备悲痛欲绝,要报仇雪恨,是情理之中的,也是人之常情。但是,却悲痛得失去了理智,只知进不知退。1941年初,毛泽东深刻地分析说:"三国时期,荆州失守,蜀军进攻东吴,被东吴将领陆逊火烧连营七百里,打得大败,其原因就在于刘备没有区分与处理好主要矛盾与次要矛盾的关系。"刘备东征东吴,具有一定的合理性和正确性。那么他错在什么地方呢?就错在把孙权当作最主要的敌人,非要灭掉孙权,而不是在军事上教训一下即可,这正中了曹魏的"利用矛盾,各个击破"之计。

刘备大军至夔关,驾屯白帝城。前队军马已出川口。就在此时,诸葛瑾前来求和,陈说利害。表示愿意"送还孙夫人,缚还降将,归还荆州",永结盟好,共灭曹丕,以正篡逆之罪。刘备发怒,仍不许和。诸葛瑾说:"臣请以轻重大小之事,与陛下论之:陛下乃汉朝皇叔,今汉帝已被曹丕篡夺,不思剿除;却为异姓之亲,而屈万乘之尊;是舍大义而就小义也。中原乃海内之地,两都皆大汉创业之方,陛下不取,而但争荆州:是弃重而取轻也。天下皆知陛下即位,必兴汉室,恢复山河;今陛下置魏不问,反欲伐吴:窃为陛下不取。"刘备已被仇恨迷住了眼睛,哪里还听得进诸葛瑾的话。糜芳、傅士仁杀了马忠归降西蜀,亦被备杀了。后孙权下令绑缚范疆、张达二人;具沉箱木匣,盛贮张飞首级,令程秉为使赍国书至猇亭求和。当一干仇人皆除之时,马良感到应该见好就收了,上奏说:"仇人都被杀光了,仇恨应该没有了。东吴又愿意归还荆州,送回夫人,永结盟好,共同灭魏,我想我们也该退兵了。"

《老子》第四十四章说:"知足不辱,知止不殆,可以长久。"做事掌握一个"度",要适可而止,就不会遭遇危险。马良的"见好就收"的思想方法,就是掌握一个"度"。而刘备却没有一个"度"。"送还孙夫人,缚还降将,归还荆州",战争的目的已经达到了。可是,刘备仍怒气不息,发誓要灭掉吴国,定要将这一场战争打到底。这一场战争,打到底,从根本上来说,从长远来看,是不利于西蜀的。这场战争,有打的必要,但应见好就收,教训一下东吴即可,收回荆州就达到了目的了。诸葛亮,其实也包括刘备,心里都非常清楚:要想一口气灭掉孙吴,是不可能的。同时,鉴于曹魏的强大,也需要一个同盟来牵制,所以也不能把孙吴彻底灭掉。既然吴、蜀两国开了战,就要争取一个最佳效果:既为关羽、张飞报了仇,又迫使对方答应了自己的所有条件,要回荆州,并保持联盟,而且还要使蜀汉处于支配地位。

20世纪50年代初,在毛泽东领导和指挥下,中国人民志愿军跨过鸭绿江,抗美援朝,双方决战,全力以赴。是因为美国军队越过"三八线",中国就出了兵;把美军赶过"三八线",中国人民志愿军就准备谈判,这叫"有理有节"。从战场上开始,到谈判桌上结束,关键就是掌握了一个"见好就收"的"度"。当时的中国大陆,困难重重。如果因为在朝鲜的胜利,就下决心非要把美国佬赶出半岛,这对中国是非常不利的。如果当年刘备能"见好就收",接受孙权的谈判条件,收回荆州,罢兵息战,再次结盟,就能实现"控制孙权、遏制曹操、平衡其内部中原派、荆州派与东州派之间在权力利益关系",达到"一石三鸟"的战略效果。然刘备只知进,不知退,思想上一根筋,"不撞南墙不回头",彻头彻尾的形而上学的思想方法,结果招致了夷陵之战惨败而使西蜀再次大伤元气。

西蜀伐吴大军出发之后,形势一直在变化着,刘备是既不看,也不思考。第一次拒绝诸葛瑾求和之后,孙权无奈,只得作表向曹丕称臣。就是说,刘备伐吴,逼得孙权进一步地投靠了曹魏,使得西蜀处于一个非常危险的境地。第二次拒绝程秉赍表求和之后,逼得孙权急忙之中起用陆逊为大都督,统率东吴兵马,临危受命抗蜀。这一切,刘备都视而不见,故而有了猇亭之败。陈寿评论刘备说:"机谋权变的才干和韬略,比不上魏武帝曹操,因此蜀汉地盘比较狭小。"

东吴年轻的将领陆逊的思维方法与刘备相比,是截然不同的。火烧七百里长营而大败刘备,引得胜之兵,往西追袭而将至夔关,止住兵马下令班师。左右说:"刘备兵败势穷,困守一城,正好乘势击之。"陆逊说:"吾料魏主曹丕,其奸诈与其父无异,今知吾追蜀兵,必乘虚来袭。吾若深入西川,急难退矣。"遂令一将断后,亲率大军而回。陆逊退兵未及二日,有三处人来飞报:"魏兵曹仁出濡须(今安徽无为北),曹休出洞口(今安徽和县西南的江边),曹真出南郡:三路军马数十万,星夜至境。"陆逊笑着说:"不出吾之所料,吾已令兵拒之矣。"陆逊之所以处于不败之地,就在于其能观前而又顾后矣。陆逊心里非常清楚,吴蜀打得最紧张的时候,曹魏坐山观虎斗,是想坐收渔翁之利也。火烧七百里连营,追击蜀兵而将至夔关时,陆逊就想到了"螳螂捕蝉,黄雀在后"。

陆逊知进,亦知退,还有更深层的意思。陆逊同诸葛亮一样,深通"三分天下的三角关系原理",即三方相互联系相互依存而又相互制约相互牵制的关系。灭掉了蜀国,魏国必然会来灭掉吴国。即使灭不掉蜀国,魏国也会乘吴国后方空虚而乘机南下。如果吴国继续与蜀国相互吞并,到后来,蜀和吴都有可能被曹魏各个击破。吴蜀相斗,力量相互消耗，就会与魏国失去平衡，这是被曹魏各个击破的根本原因。而备就不懂这个道理，因此兵败猇亭而被挤到了西南一隅。

刘备兵败猇亭，完全是因为自己谋略不足而身边又没有一个高级谋士的缘故。刘备取荆州，有军师诸葛亮；取西川，有庞统；取汉中，有法正。这一次东征东吴，因与诸葛亮有意见分歧，又固执地不让诸葛亮同行，身边没有一个高级谋士。时刘备身边有两个普通的谋士，一个是马良，一个是黄权。当吴愿意"送还孙夫人，缚还降将，归还荆州"时，马良劝备应该"见好就收"，但刘备不听，失去了收复荆州的良机；大军到达秭归时，为了避免"顺流东下，易进难退"的不利因素，黄权"请求担任前锋"，建议刘备率军"留在后面镇守"，可是刘备又不听，致使大军后来陷入被动而全军覆没。因为没有一个高级谋士，刘备在军事上所犯的"舍船就步，处处结营"致命错误时，居然没有一个反对意见而阻止，这是西蜀的悲哀。

第四节　一系列政治军事战略失误

刘备大军征讨东吴，222年大败而归，兵败的根本原因是什么？

猇亭兵败，首先是政治战略上的失误。关羽荆州兵败身亡之后，西蜀已经失去了极为重要的战略之地荆州，受到了致命的打击。且当时孙、曹已经公开结盟，孙、曹如若进一步结合，势必再一次地危及西蜀的安全。因此，就形势来说，西蜀最大的敌人仍然是曹魏，而不是孙吴。208年，曹操南征。孔明奉命出使东吴，打的就是汉献帝的招牌。刘备、诸葛亮的初心使命，"匡复汉室，联吴抗曹"，首先在政治上就打败了曹操，在一定程度上赢得了民心。因此，在之后的占荆州，取西川、夺汉中的天下争夺战中，就在一定程度上得到了人民的拥护和支持。现在，刘备弃魏而攻吴，也不是教训一下即可，而是非要灭掉吴国不可，这就违背了初心使命，这在政治上就是一个巨大的失误。

其次在军事战略上也是错误的。刘备大军前进的战场，正是长江三峡地区。大军初发地的夔门关，两岸的山峰高达1000米到1500米，陡峭如壁，拔地而起。而江宽只有100米到200米，最窄处不过几十米，把滔滔的长江逼成了一条细线，蜿蜒于深谷之中。特别是三峡的下游，航道曲折怪石林立，滩多水急，行舟惊险。大军到达秭归时，黄权说："吴军骁勇善战，我军沿江顺流东下，易进难退。我请求担任前锋，先驱攻伐，陛下应该留在后面镇守。"从后来战事的发展及结局来看，这个建议是正确的。但是，备拒之而不听，坚持亲自出征，并命令黄权为镇北将军，指挥长江北岸的军队以防魏军，这是在进军战略上犯的第一个错误。这个错误导致蜀军有进无退，结果蜀军兵败无退路而陷入绝境，导致七十万大军全军覆没。有名的军事家在指挥打仗时,大军还未进,就想到了怎么退。刘备只想进军,不想怎样退军,这在军事上就是一种冒险主义的行为。

夷陵大战的关键时刻,刘备弃黄权之谋不用,西蜀大军顺流而下。从表面上看,蜀军前进可谓气势雄壮,势如排山倒海;可是,一旦失利,则兵败如山倒。刘备只进不退,实际上犯了兵家之大忌。陆逊见蜀军来势凶猛,就把兵力收缩在夷道、猇亭,据险固守。长江乃东西方向的一条水上通道,刘备大军从秭归出发,顺江而下,可以直达荆州。夷陵是荆州的西大门,也是三峡的东出口,"水至此而夷,山至此而陵",故名。夷陵位于湖北省西南部,是长江中上游结合部,素有"三峡门户"和"川鄂咽喉"之称。陆逊是有战略眼光的,为了避开备的锋芒,一直退到夷陵。同时,他上书孙权说:"夷陵要害,国之关限,虽为易得,亦复易失。失之非徒损一郡之地,荆州可忧。"

就在陆逊采取正确的战略战术之时,刘备却又犯了一个致命的战术性错误。从巫峡到夷陵有六七百里,沿江两侧都是高山峻岭。由于天气炎热,备命令在江岸南侧沿路扎营,竖立木栅,立营数十屯。同时又令水军撤到岸上,"舍船就步,处处结营"。刘备将蜀兵四十余营,移于山林之中,连营数百里。马良将移营图本送至诸葛亮观看。孔明大惊失色,说:"是何人教主上如此下寨?可斩此人!"马良说:"皆主上自为,非他人之谋。"孔明叹曰:"汉朝气数休矣!"问其故,孔明说:"包原隰险阻而结营,此兵家之大忌。倘彼用火攻,何以解救?又,岂有连营七百里而可拒敌乎?祸不远矣!陆逊拒守不出,正为此也。"

蜀军顺流而下,势如破竹。但是,易进难退。陆逊是十分狡猾的,他避开蜀军来势凶猛的锐气,先让一步,后发制人,将几百里的崇山峻岭让给蜀军,把兵力集中在猇亭地区,据险而固守,收缩了部队,集中了兵力。刘备欲战不能,蜀吴双方在猇亭地区对峙达六七个月之久。时至夏季,天气炎热,运输艰难,粮草不济,斗志涣散,大军从有利向不利的方向转化。这时,刘备放弃了"水陆俱进"的有利条件,将水军移到陆上,命令军队在山林中安营扎寨。这样,就钻进了敌人所设计好的圈套。陆逊认为,时机成熟了,于是决定反攻蜀军。结果火烧七百里长营,蜀军惨败而归。

刘备战术失误的问题,历代都有人进行分析。一般地认为劳师远征,深入吴境五百里到六百里,这本身就是一次冒险的军事行动。刘备大败而归,根本就不是什么"劳师远征,深入吴境",而是犯了战略性战术性的错误。战术家们认为,刘备砍伐山木连营扎寨,以阵地战的方式进攻东吴,给陆逊留下了火攻之机,导致失败。当时曹丕听说刘备连营攻吴,就仰面而笑地说:"刘备将败矣""岂有连营七百里,而可以拒敌者乎?包原隰险阻屯兵者,此兵法之大忌也。"刘备使用的这一个战术,按顺向思维的逻辑推理,诸葛亮和曹丕的分析、判断都是正确的。大军东下,起初所向披靡,战无不胜,攻无不克。后来,东吴陆逊为帅,退至夷陵,乘高守险,坚守而不战。刘备扎营于茂林之中，而且连营七百里，给陆逊留下了一个火攻之机，结果是大败而归。有因有果，推理正确。

如果逆向思维，反过来进行逻辑推理，结论又将是怎样的呢？卢弼在《三国志集解·陆逊传》中引用了清代学者钱振锽的评论，认为刘备如果不用山木扎营，而以土石垒营，就不怕陆逊的火攻，也不会因此而失败。钱振锽、卢弼分析是，备因为山林扎营，被陆逊火攻而败；如果不用山木扎营，而以土石垒营，就不会因此而败。以土石垒营，就不会失败吗？备大军深入吴境六百余里而至猇亭，军势大振。陆逊令诸将坚守不出，以观其变，致使刘备欲战而不能。当时正是夏季天气炎热之时，军屯于赤火之中，军士取水深为不便；深入吴境，远离后方；道路崎岖，悬崖陡壁，粮草运送艰难。对于西蜀来说，只能速战，不宜持久。陆逊据险而守，按兵不动。时至夏季，两军如再对峙，不要说数月，只需一两个月，蜀军也将不战而自乱。即使不乱，也会不战而自退。到那时，陆逊乘蜀兵撤退而追之，刘备能不败？就是说，刘备即使以土石垒营，失败也是必然的。

对这个问题，诸葛亮、曹丕没有看出来，卢弼、钱振锽也没有看出来。毛泽东依据他长期革命战争的实践经验，看出了问题的更深层次。他在《中国革命的战略问题》中总结第五次反"围剿"失败的教训时说："第五次反'围剿'进行两个月之后，当福建事变出现之时，红军主力无疑地应该突进到以浙江为中心的苏浙皖赣地区去，纵横驰骋于杭州、苏州、南京、芜湖、南昌、福州之间，将战略防御转变为战略进攻，威胁敌之根本重地，向广大无堡垒地带寻求作战。用这种方法，就能迫使进攻江西南部和福建西部地区之敌回援其根本重地，粉碎其向江西根据地的进攻，并援助福建人民政府。此计不用，第五次'围剿'就不能打破，福建人民政府也只好倒台。到打了一年之久的时候，虽不利于出浙江，但还可以向另一方向改起战略进攻，即以主力向湖南前进，不是经湖南向贵州，而是向湖南中部前进，调动江西敌人至湖南而消灭之。此计又不用，打破第五次'围剿'的希望就是最后断绝，就剩下长征一条路了。"

因此，毛泽东不同意卢弼、钱振锽的分析。在他看来，刘备失败的根本战术原因不在于用什么方式连营，而是采取了阵地战这种错误的作战方式。刘备起兵讨伐东吴，应当采用运动战。毛泽东在批语中说："土石为之，亦不能久，粮不足也。宜出澧水流域，直出湘水以西，因粮于敌，打运动战，使敌分散，应接不暇，可以各个击破。"不宜进行阵地战，而应当进行运动战，这是毛泽东的经验之谈。诸葛亮虽然打了许多仗，但从来没有打过类似于现代意义上的运动战，而毛泽东则有长期运动战的经验。所以他认为，在陆逊坚守不出的情况下，刘备不宜与之对峙相持，而应该主动抽身，开辟新战场，寻找新战机，抓住敌人薄弱环节，避实击虚，将敌人各个歼灭，怎么能在猇亭地区对峙达六七个月之久呢？这不是等死吗？

第三十六章　孙权思想的两个极端

　　曹操势力强大,气势逼人;统一天下,舍我其谁?而刘备力量极为弱小,只能是"以柔弱胜刚强",所以其争夺天下的经历是曲折又曲折。孙权力量虽强于刘备,但弱于曹操,因此,他的战略思维是多变的,致使他从一个极端走向另一个极端。

　　孙权从一个极端转到另一个极端,主要体现在三个方面:第一是从北上中原到西进巴蜀战略的转变;第二是从"伸"到"屈"的转变;第三是从"用人不疑"到"用人而疑"的转变。这些特点,这些过人之处,就是孙权能够鼎峙江东的奥妙所在。

第一节　从北上到西进的战略转变

　　孙权坐领江东之后,一直都是采取"对北防御,向西发展"的战略方针,而不积极北上中原,其中的奥秘是什么呢?

　　北上夺取中原,这是孙权一生的梦想。208 年春之前,三次大战于长江之中,其目的就是想北上中原。第三次大战于长江,夺取了夏口后,终因感到难以抗衡曹操而止住前进的步伐。208 年秋,曹军号称八十多万而逼到了家门口,孙权满脑子是曹操不可战胜的神话,不敢迎战。赤壁大战后,孙权又以为北上攻曹操,犹如摧枯拉朽而轻而易举。于是亲率大军北上攻打合淝,令周瑜去夺荆州,也准备随后北上,实指望两路大军会战中原。当时孙权并不把刘备放在眼里,计划着收拾了曹操之后,就可以将刘备玩弄于股掌之中了。不料两路大军都受阻,以后一次次北上,也都一次次地以失败而告终。

　　江东想要保护自己的领土,必须占领淮南地区作为缓冲区。曹操多次南征,都打不过长江,究其原因就是北方兵不善水战,因此长江成了曹操不可逾越的天然屏障。北方如果占据了淮南,有了淮河,就可以训练水军了。如果水战也成了曹军的强项,那么长江之险就不成为其险了。东吴方面,曾多次进攻合淝和徐州,企图完全占领淮南,然而都一次次地失败了,这究竟是什么原因呢? 219 年 8 月,吕蒙曾进京对孙权说的话,揭开了其中的秘密。吕蒙说:"今操远在河北,未暇东顾,徐州守兵无多,往自可克;然其地势利于陆战,不利于水战,纵然得之,亦难保守。不如先取荆州,全据长江,别作良图。"北上中原,攻打徐州,易攻难守,今日夺之,明日就失之。不如夺取荆州,"竟长江之极而据守之",这就是十几年来孙权实施"对北防御,向西发展"的奥秘所在。

北上中原,地形地势对孙权不利;南下江南,地形地势对曹操不利。因为孙权的兵不善陆战,曹操的兵不善水战。所以千里平原,成了魏吴两国的制衡点和争夺的中间地带。孙权一出兵,就攻到了合淝、徐州。孙权在位期间,曾四次北伐,都没有拿下合淝。曹操一南下,就打到了长江边。但是,多次南征,都过不了长江。千里平原,可以横冲直撞,但是无险可守;进则排山倒海,退则兵败如山倒。因此,孙权北上过不了合淝、徐州;曹操南下过不了长江。荆州则不同,"江山险固",进可攻,退可守;向西发展,又有长江天险可据守。

既然地形地势如此不利,为什么孙策敢于北上中原而孙权却不敢呢? 200 年,孙策临终时对孙权说的话,揭开了其中的奥秘。孙策说:"举贤任能,各尽其心,以保江东,我不如卿;举江东之众,决机于两阵之间,与天下争衡,卿不如我。"就是说,用兵布阵,攻城略地,孙权不如孙策;"举贤任能",安邦治国,孙策不如孙权。说白了,就是孙权的军事能力比较差一点。能力决定魄力,能力差,自然魄力就差了。孙权北上中原的魄力不够,实际上就是北上中原的军事能力不够。

当然,国力不够也是一个原因。东吴的国力小于曹魏,不足以支持孙权北上与曹操争夺天下。但这不是根本原因,实际上根本原因还是能力、魄力的问题。208 年,在鲁肃、甘宁的鼓动下,孙权一心准备攻打荆州,好不容易打到了荆州的夏口,离荆州只有一步之遥了,本当一鼓作气去夺取荆州,但是,孙权却止步而退回到了柴桑。当时,就东吴的国力和文臣武将的智谋来说,攻打荆州是绰绰有余的。没有一鼓作气去拿下荆州,其深层次的原因,就是孙权没有能力没有魄力北上与操对峙而抗衡。

因为没有能力和魄力北上,所以一双眼睛就紧盯着长江的上游,念念不忘鲁肃提出的"两分天下"战略设想,实施"对北防御,向西发展"的战略。甚至在刘备占据荆州的情况下,孙权还不惜牺牲"孙刘联盟",采取了"北防曹操,西攻刘备"的战略,一门心思想着向西发展。孙权没有想到刘备居然抢占了荆州,形成了气候,并且挡住了他西进的去路,怎能不恼羞成怒而恨得咬牙切齿。这里有一个奇怪的现象,孙权不恨曹操,单恨刘备,这是为什么呢?因为他打不过曹操,他服了曹操;刘备是个什么东西,他居然挡住我们的去路,故而恨得牙齿咬得咯咯地响。

第二节　从"伸"到"屈"的勾践之略

三国时代,攻城略地,开拓疆土,争夺天下,主要靠的就是军事才能军事魄力。但是,孙权缺的偏偏就是军事才能和军事魄力。没有一定的军事才能和军事魄力,仅仅靠三江之险,是固守不住的。那么,为什么孙权能够鼎足江东而成就帝业呢?

一个重要原因,就是孙权也像刘备一样,能大能小、能进能退、能伸能屈。这是因为能低者,方能高;能曲者,方能伸;能柔者,方能刚;能退者,方能进。

荆州大战,江东杀了关羽父子,孙权闯了大祸了。刘备大怒,起倾国之兵征讨东吴。蜀军至夔关,刘备驾屯白帝城。本来,孙权是不把刘备放在眼里。但是,事关国家安危,孙权还是低低身子,派诸葛瑾前去白帝城低头向刘备求和,陈说利害,表示愿意送归孙夫人,缚还降将,交还荆州,永结盟好,共灭曹丕,以正篡逆之罪。但是,刘备不听而不准和,诸葛瑾碰了一鼻子灰而回。随后,糜芳、傅士仁杀了马忠归降西蜀,亦被刘备杀了。这时,孙权再一次低身又低头,下令绑缚范疆、张达二人;具沉香木匣,盛贮张飞首级,令程秉为使赍国书至猇亭求和,这是一般人做不到的。

求蜀不成,孙权自然想到了魏国,况且原来吴魏两国曾经联过手。联手归联手,但孙权毕竟坐镇三江,乃一方之主。拍拍肩膀,和曹丕一样而平起平坐。但在此危急关头,孙权居然派赵咨出使魏国,写表向魏帝曹丕称臣,陈说利害,使袭汉中。赵咨赍表星夜至许都去见了曹丕,曹丕即降诏,命太常卿邢贞赍表册封孙权为吴王,加九锡。诏令到江东,孙权正在召集百官会议,商议御蜀兵之策。对于如何对待魏帝之封,文武百官议论不一。孙权说:"当日沛公受项羽之封,盖因时也;何故却之?"遂率百官出城迎接,接受了魏帝曹丕的吴王封爵。

魏国谋士刘晔说:"孙权虽有雄才,乃一骠骑将军、南昌侯之职。官轻则势微,尚有畏中原之心;若加以王位,则去陛下一阶耳。今陛下信其降,崇其位号以封殖之,是如虎添翼也。"刘晔的话说得还是挺有道理的,从魏国方面来说,封孙权为王,是与虎添翼;从吴国方面来说,被曹丕封为王,是给正处于心惊胆寒的吴国壮了声威鼓了士气。

曹丕亦如同其父曹操一样奸诈无比,降诏封爵。但就是不出兵援助,依旧是袖手旁观,坐山观虎斗。孙权屈辱向曹丕称臣,虽然没有得到魏国的出兵相助,但还是暂时稳住了魏国兵马南下,对于稳定东吴的政局起了作用。当蜀兵继续东下,进入吴境,吴国上下无不胆战心裂之时,刘晔曾劝曹丕乘机南下伐吴。刘晔说:"今孙权惧蜀兵之势,故来请降。以臣愚见:蜀、吴交兵,乃天亡之也;今遣上将提数万之兵,渡江袭之,蜀攻其外,魏攻其内,吴国之亡,不出旬日。吴亡则蜀孤矣。陛下何不早图之?"

魏国如在这个时候出兵讨伐,吴国就危险了。就是因为孙权屈辱称臣,得到了曹丕的许诺,就不大好意思出兵了。魏国不出兵南下,就减轻了吴国的压力,使吴国渡过了难关。赵咨见到曹丕时,曹丕曾问起孙权是一个什么样的人?赵咨说:"取荆州兵不血刃,是其智也;据三江虎视天下,是其雄也;屈身陛下,是其略也。"这就是说,低头,不是懦弱,不是无能,而是一种胸怀,一种大境界,一种大智慧。孙权这种能屈能伸的手段,深得陈寿的赞赏。

第三节 "用人不疑"的胆略和气魄

一个人在一个方面的无能,很可能导致另一个方面有特殊的才能;反之,一个人在一个方面的有才能,很可能导致另一个方面的特别的无能。对孙权、诸葛亮就可以这样理解:孙权自己在军事才能上有所欠缺,就导致了他特别能用人。反之,由于在政治军事方面,有特殊的才能,就不善于培养和使用人才。刘备、诸葛亮就是这样:刘备有用人之长,却没有治国之能;诸葛亮有治国之才,却没有用人之长。

在军事才能和魄力方面有所欠缺,所以孙权善能用人,善能用人之长补己之短。孙权不仅善于招揽人才,而且对父兄遗留下来的人才,能一一而用之,不搞一朝君子一朝臣的那一套,充分体现了孙权用人的胸怀。周瑜、张昭、张纮、程普、韩当、黄盖等一班文武旧臣,一概重用之。甘宁原是黄祖部将,来自敌国的将领,后来投降了过来,孙权亦重用之。权说:"兴霸来此,大获我心,岂有记恨之理,请无怀疑。"可见,权用人胸怀之宽广。由于善能用人,故而能得人之用,尤其是在国家危难之际,将士皆能用命。

周瑜来见,孙权就急切地询问治国之策,问用何策以治之。周瑜说:"自古'得人者昌,失人者亡'。为今之计,须求高明远见之人为辅,然后江东可定也。"并向孙权推荐鲁肃,鲁肃又向孙权推荐了诸葛瑾,孙权都一一纳而用之。特别是鲁肃,为孙权制定了一条"鼎足江东,乘北方多务,剿除黄祖,进伐刘表,占据荆州,竟长江之极而据守之,然后建号帝王,以图天下"的思想政治路线。孙权基本上就是按照这条思想政治路线开拓疆土和治理江东的,并取得了非常大的成效,成就了帝王之业。

孙权起用人才,在关键时刻,更显其有魄力。孙权决心起用周瑜,可是周瑜还年轻,权威还不够,一些资历较老的将领们并不服气。孙权力排众议,将尚方宝剑赐予周瑜,授予"先斩后奏"之权,即封瑜为大都督,令其领兵抗曹。结果,周瑜率大军抗曹,赤壁大战,在谈笑之中使操八十多万大军,顷刻之间灰飞烟灭。在国难当头之时,孙权立即决定起用陆逊。其思想态度之坚决,拍板速度之快,都是少有的。

孙权用人的一个特点,就是一旦主意已定,就力排众议,不受左右干扰,不为属下所左右。起用周瑜时,是如此;起用陆逊时,更是如此。起用陆逊时,朝中重臣一概反对,孙权态度坚决地说:"孤亦素知陆伯言乃奇才也!孤意已决,卿等勿言。"为了表示对陆逊的尊重,孙权还命人连夜筑坛完备,大会百官,拜逊为大都督、右护军,进封娄侯,赐以宝剑印绥,令掌六郡八十一州兼荆楚诸路军马,将军事指挥大权全部授予陆逊。结果,逊率兵打败了刘备,使东吴转危为安,化险为夷,这再一次地显示孙权的雄心、雄才、雄伟的气魄。

孙权用人的另一个特点就是知人善任。首先知人,方能善任。用周瑜、鲁肃、诸葛瑾、吕蒙、陆逊,皆知人善任也。连史学家陈寿都十分惊叹孙权,识人识才。据《资治通鉴》记载,225 年,吴丞相北海孙邵卒。"初,吴当置丞相,众议归张昭,吴王曰:'方今多事,职大者责重,非所以优也。'及邵卒,百僚复举昭,吴王曰:'孤岂为子布有爱乎!领丞相事烦,而此公性刚,所言不从,怨咎将兴,非所以益之也。'六月,以太常顾雍为丞相,平尚书事,雍为人寡言,举动时当,吴王尝叹曰:'顾君不言,言必有中。'"孙权的丞相之选,是非常之准的,在平衡关系、节制手下、稳定政权方面,发挥了重要的作用。每至饮宴欢乐之际,顾雍在场,左右用酒节制而不敢肆情。

江东孙吴政权长期稳固,这与权善能用人是有很大关系的。孙权继任吴侯之后,在一个很长时间里,都能礼贤下士,量才而用,各尽所能。对此,刘备、诸葛亮、曹操、蒋琬都给予了很高的评价。陈寿在《三国志·陆逊传评》中说:"予既奇逊之谋略,又叹权之识才,所以济大事也。"

第四节　从"用人不疑"到"用而疑之"

孙权早中期,真正做到了"疑人不用,用人不疑",尤其难得的是"用人不疑"。可是这同一个孙权,到了晚年,却大相径庭,"用人而疑",从一个极端走向另一个极端。例如用陆逊,就是这样。决定起用陆逊时,就体现了孙权用人的气魄,用人的胸怀,用人的胆略。但是,后来却心情大变,疑心陡增,看谁都不顺眼,看谁都像是"奸臣",仿佛变成了另外一个人似的。历史上许多人,对此大惑不解,说晚年的孙权,开始昏聩而老糊涂了。其实,问题并不是那么简单。这究竟是什么原因呢?

心理上的毛病,应当从心理上去进行分析。早年的孙权,显得开明,礼贤下士,谦虚谨慎,实际上是一种自我克制的结果。"小不忍则乱大谋",就是说,对心理的另一面,进行自我压制,并予以隐忍。而长期压力与隐忍的负面因素的无限积累,最终一爆发而不可收拾。这种最终一爆发而不可收拾,起因于花甲之年,受到辽东的欺骗。公孙渊曾与吴国联系,孙权派使者张弥、许晏带上金玉珠宝,拥立公孙渊为燕王。可是公孙渊因害怕魏国,又担心吴太远难以依靠,故又背叛吴而投靠了魏,将吴的使者的首级送于魏。这一事件对孙权刺激非常大,被视为奇耻大辱。这一次被欺骗之后,孙权就不大相信什么人，对什么人都怀疑。

导致孙权心情大变的，还有一个原因。就是没有找到合适的继承人，或者说太子孙登死得太早了。据《三国志》记载，孙登非常贤惠，有见识，继承了孙权早年的优良基因。孙权对登非常信任，寄予很大的希望。不曾料到，241 年 5 月，孙登去世，年仅33 岁。在古代，60 岁已经是高寿了，那时孙权已经 60 岁了，曹操、刘备都去世了，孙权估算着自己也活不了几年。在这样一个时候，太子孙登去世，对孙权心理上的打击非常大。从人的本性来说，孙权的心胸是狭隘的。不过这是孙权的另一面，但在早年被压制着。到了事业有成，建立了孙吴政权，并从王国时代进入了帝国时代，成了一国的帝王。这时候的孙权的另一面，就开始显露出来。229 年，孙权登基称帝，仅追谥孙策为长沙桓王，就是其心胸狭隘的表现。

使得孙权成了另外一个人，还有一个非常重要的原因，就是四大家族的迅速崛起。孙权把东吴四大家族的崛起与曹魏政权内部司马氏集团的崛起一比较，就觉得陆朱顾张四大家族，对孙吴未来政权具有巨大的威胁性。大概就在这个时间段内，出现了"两宫之争"事件。242 年，年仅 14 岁的孙和立为太子。孙权一生习惯于搞平衡，因此于 8 月又封孙霸为鲁王，其待遇与太子一样，结果就形成了"太子党"和"鲁王党"两个派别之争，即"两宫之争"。249 年，孙和惧怕被废，孙霸觊觎皇太子位，"两宫之争"激烈，矛盾尖锐。陆逊、吾粲、顾谭、陈述嫡庶之区别，竭力维护太子。全寄、杨竺等人变本加厉地诬陷太子，致使吾粲入狱被杀，顾谭流放交州。

一年后，即 250 年，孙和被软禁于宫中。骠骑将军朱据、尚书仆射屈晃率众将用泥涂面自缚其身，连日到宫中请罪乞求宽赦孙和，孙权极为恼怒，下诏斥责。孙权想废掉孙和另立孙亮，陈正、陈象上书，援引战国时晋献公杀太子申生立奚齐，导致晋国混乱的故事，又说不该不听朱据、屈晃等的劝谏。孙权大怒，诛杀陈正、陈象的三族，杖责朱据、屈晃，放逐孙和，群臣被株连者十余人。全寄、吴安、孙奇、杨竺等暗中依附孙霸，阴谋危害太子，也分别被诛杀，孙霸被赐死。吴国的两位丞相陆逊和朱据，都因卷入"两宫之争"而先后被赐死。

孙权为什么在去世前两年，"果于杀戮""废嗣废毙"？最关键最根本的原因就是担心孙吴政权不稳。就在孙权采取铁的手腕，将参与"两宫之争"的官员一网打尽之时的前一年，即 249 年，司马懿父子在魏国发动了"高平陵政变"。可以说，孙权是目睹了司马懿父子在曹魏政权内部迅速崛起到政变，将曹操的后代变为傀儡的全过程。作为帝王的孙权，对此是十分敏感的，他能不由此而触动、感叹而惊讶吗？前车之辙，后车之鉴。他认为，东吴四大家族的崛起，与司马氏的崛起，在本质上有着惊人的相似。孙权一想到此，就惊出了一身的冷汗。今天的四大家族，可能就是明天的司马氏集团。

陆朱顾张为代表的四大家族,根深蒂固,盘根错节。产生于吴郡,随着孙吴政权的建立和发展,就和孙吴政权融合在一起而发展起来。陆家以陆逊、陆抗为代表;朱家以朱桓、朱异、朱治、朱然为代表;顾家以顾雍、顾谭、顾荣为代表;张家以张昭、张温为代表。这四大家族,一个个成为地方上的豪门大族,成为地方上一股势力;其代表人物在朝为官,成为朝廷的四大势力,控制着孙吴政权的政治、经济、军事和人事行政大权。江东的两大派都插手了"两宫之争",尤其是以陆逊、朱据为代表的四大家族,插手很深。孙权认为,如果孙和接班,很可能就会成为江东集团的傀儡,因此狠下杀手将两派,尤其是将江东集团的四大家族压了下去。这就是从"用人不疑"到"用人而疑"的转变的内在原因。

第三十七章　曹丕的军事谋略

曹操死后,曹丕继承魏王之位,接着废汉献帝,在洛阳登基做了皇帝,建立了魏国。曹丕称帝不久,刘备为了关羽被害之仇,起倾国之师讨伐吴国,誓欲灭掉吴国。已经登基做了魏帝的曹丕是怎样看待吴蜀之战,采取了什么政治军事战略措施呢?

第一节　政治军事性战略错误

夷陵大战之时,曹丕对吴的政治军事性战略错误,集中地体现在该出兵时不出兵,犯了袁绍所犯的低级性的军事错误。

吴蜀大战爆发后,孙权最为担心的就是曹丕乘机南下袭击东吴。221 年 8 月,孙权遣赵咨为使至魏称臣,其目的还是想挑起魏蜀之间的战争,借助魏国的力量击退蜀国的进攻;即使曹丕不对蜀国用兵,也要稳住其不至于南下,避免吴国东西两面受敌。就在赵咨出使魏国之时,西蜀大军已经深入吴境,而东吴的部队却连连受挫。吴国是一片惊恐,孙权也开始惊慌失措了。这个时候,正是魏国出兵灭掉吴国的最佳时机。这个时候,大军事家刘晔极力主张渡江攻打东吴。他说:"以臣愚见:蜀、吴交兵,乃天亡之也;今遣上将提数万之兵,渡江袭之,蜀攻其外,魏攻其内,吴国之亡,不出旬日。吴亡则蜀孤矣。陛下何不早图之?"

但是,曹丕不但不肯出兵攻打东吴,反而以皇帝的名义封孙权为吴王,加九锡。本来,曹丕登基称帝,建立了魏国,已经改朝换代了。在这种政治背景下,孙权已经被打得走投无路了,不得已而前来称臣。这时,曹丕封孙权为吴王,这就公开承认了江东政权的合法性。这实际上,给江东政权撑了腰打了气。刘晔指出:"今孙权惧蜀兵之势,故来请降。"他分析说:"孙权虽有雄才,乃一骠骑将军、南昌侯之职。官轻则势微,尚有畏中原之心;若加以王位,则去陛下一阶耳。今陛下信其降,崇其位号以封殖之,是与虎添翼也。"

　　然而,曹丕却有自己的战略思维。他不是不同意攻打东吴,而是认为时机未成熟也,他要等待一个最佳出兵的时机。他说:吴蜀交战,"朕不助吴,亦不助蜀。吴、蜀交兵,灭一国,止存一国,那时除之"。曹丕的"先灭一国,然后起兵再除一国"的用兵观点,是曹操在世时惯用的手法。这种办法,就是先"坐山观虎斗",后"坐收渔翁之利"之策略。当年败刘备、灭袁术、擒吕布,采取的就是这种策略。《列子·说符第八》一文中说:"天下理无常是,事无常非。先日所用,今或弃之;今之所弃,后或用之。"曹丕的这个策略,正确不正确呢?

　　曹操在山东的战略战术,在扫清东南的一系列战争战役的过程中,是成功的,是正确的。但是,到了曹丕的时期就不正确了,就成了错误的了。这是因为,此一时非彼一时也。吴蜀两国虽弱于魏国,但与袁术、吕布相比,亦大国也。吴蜀交兵,曾经是两个盟国之间的交兵。两个大国之间的交兵,谁也不能一口气灭掉对方;两个盟国之间的交战,其结局很有可能是双方妥协而再一次结盟,因为魏的力量大于蜀,亦大于吴。吴蜀交兵,要么是吴败,要么是蜀败。蜀败,并不等于蜀灭,蜀还有两川之地,还有诸葛亮治理着,又有江山险阻,魏国何以打得进? 吴败,亦不等于吴灭。吴国仍有三江之险,又蜀国为之盟,魏国何以攻打? 这是因为,诸葛亮、孙权皆非等闲之辈。即使吴国被灭,虽然止存一国,但这时的蜀国,已非从前的蜀国了。

　　刘晔的观点与曹丕的观点,明显就不同。刘晔的观点,体现的是,"天下理无常是,事无常非"辩证法的思想方法,所以,"先日所用,今或弃之;今之所弃,后或用之";而曹丕的观点所体现的则是"天下理有常是,事有常非"形而上学的思想方法,所以"先日所用,今则用之;今之所弃,后则弃之"。他们的分歧点就在于:曹丕认为,先灭掉一国,无论是吴还是蜀,那时才是出兵灭吴而统一天下的最佳时机。这是曹操扫除东南时的成功经验,"先日所用,今则用之";刘晔主张,吴蜀交战,应在吴国被打得焦头烂额而举国震惊之时,乘机而攻之,这是出兵灭吴而统一天下的最佳时机,虽然没有这种先例,但是,"先日所弃,今则用之"。

　　究竟谁的观点是正确的,谁的观点是错误的呢?

　　刘晔的观点包含:对三方相互对立相互制约而相互平衡规律的认识和理解。当年,刘备、诸葛亮走投无路之时,就是利用孙刘联盟而形成的三方平衡关系逃过一劫并转败为胜;多年来,操曾多次想收吴灭蜀,一直难以实现,其根本原因就在于孙、刘双方互为援助而形成的平衡关系。因此,吴蜀交战,还有一种情况值得曹魏警惕。西蜀出兵,主要目的就是收复战略要地荆州。两个盟国打到一定的时候,有可能出现妥协,再次结盟而共同对付魏国。一旦刘备收复了荆州,或者孙权主动归还荆州,双方罢兵息战,这对魏国是非常不利的结局。

因此,刘晔竭力主张乘吴蜀交兵之际出兵先灭掉吴国,然后再出兵灭掉蜀国就容易了。魏国出兵江南,目的是一举灭掉吴国。即使灭不掉吴国,也要彻底截断吴蜀之间的联系,最大限度地打掉吴蜀再次结盟的可能。集中力量灭掉吴国,就彻底打破"三分天下"的三角平衡关系。灭掉了吴国后,魏国背后就没有了吴国的牵制,就可以及时地直接地向蜀兵发起进攻,占领荆州,直逼巴、蜀,到那时,灭蜀而统一天下就大势所趋了。

因此说,刘晔的观点是符合实际的,是正确的,是可用的;而曹丕的观点是不切合实际的,是错误的,是不可用的。

第二节 不识虚实而盲目用兵

果然,战争的结局,没有按照曹丕所设想的结果。虽然是一胜一败,但是,并没有灭掉一国,依旧是两国。尤其是吴国,打败了蜀国的进攻,已经大获全胜,锐气百倍,士气正旺。就在这个时候,曹丕不识虚实而盲目对吴用兵,不该出兵时而偏又出了兵,又一次犯了袁绍所犯的低级性的军事错误。

孙权打败西蜀,刘备大败而退至白帝城之后,曹丕问贾诩:"朕欲一统天下,先取蜀乎? 先取吴乎?"其言下之意,吴蜀交战,吴胜蜀败。实际上是两败俱伤,尤其是蜀国,损失惨重,已经是伤痕累累而元气大伤。因此曹丕认为,该是出兵而灭掉其中一国的时候了。贾诩对三国的情况进行了一番对比分析,他说:"刘备雄才,更兼诸葛亮善能治国;东吴孙权,能识虚实,陆逊现屯兵于险要,隔江泛湖,皆难卒谋。"他甚至还说:"以臣观之,诸将之中,皆无孙权、刘备敌手。虽以陛下天威临之,亦未见万全之势也。"所以,他劝曹丕:"只可持守,以待两国之变。"

曹丕却说:"朕已遣三路大军伐吴,安有不胜之理?"曹丕可能是抱着这样一条死理:当年在江淮地区,曹操一家对付袁术和吕布两家,其办法"制造矛盾,利用矛盾",使双方大打出手,两败俱伤,然后才收取"渔翁之利",将其一个个消灭。历史的经验值得借鉴,但是,曹丕把这个经验的道理想得过于简单。在他看来,魏与吴蜀的关系,仿佛就是一个人面前有两条狗。两狗联合,一前一后,是很难对付的。但是两狗相争,一胜一败,败者因残而一蹶不振,再对付一条狗就容易了。吴蜀交战,一胜一败,败者蜀国元气大伤而一蹶不振,再对付一个吴国就容易了。

如果这个道理能成立的话,那么,历史上,类似于刘表那样,"豪强并争,两雄相持,处在天下之重"地位的两个人,楚汉演义时期的韩信和朱元璋与陈友谅大战鄱阳湖时期的张士诚。他们当时采取中立的策略就不是错误的,而是正确的了。实际上这两个人该出兵时不出兵,都错过了争夺天下的良机。以后反过来,都被其中的一个胜利者所灭。这是为什么呢? 吴蜀交战,其中一国灭掉一国,与魏国出兵灭掉其中一国是不同的。由蜀灭掉吴，蜀的面积就扩张到了江东，军事力量也增加了几乎一倍，就足以抗衡魏国，形成了"两分天下"的格局。

因为趁吴被蜀打得焦头烂额之时，魏集中力量灭掉吴国，就彻底打破"三分天下"的三角平衡关系。灭掉了吴国后，魏国背后就没有了吴国的牵制，就可以及时地直接地向蜀兵发起进攻，占领荆州，直逼巴、蜀，到那时，灭蜀而统一天下就大势所趋了。即使灭不掉吴，也能截断吴蜀之间的联系，也为以后各个歼灭创造了条件。乘吴蜀交兵之际，乘孙吴被西蜀打得惊慌失措之时，如果魏国主动出兵而灭掉了吴国，可以占领其战略要地，并且可以"取用于国，因粮于敌"，为在江东的土地上打败西蜀创造了条件。

这次吴蜀大战的结果，陆逊打败了刘备，但两个国家还是完整地存在着。蜀虽大败，但还有两川之地，自卫绰绰有余。吴就更不同了，此次战役，国家并未受损，而且又由败而转胜，士气正旺。且陆逊善能用兵，知进知退。总之，无论是两川之地，还是江东地区，都有江山险阻，吴有孙权，蜀有诸葛亮，到那时鹿死谁手，就很难说了。显然，此时进攻东吴，是非常不适宜的。因此，在曹丕说到已遣三路大军伐吴时，刘晔就说："近东吴陆逊，新破蜀军七十万，上下齐心，更有江湖之阻，不可卒制；陆逊多谋，必有准备。"进一步说明此时不宜出兵，倘若出兵，必败无疑。

曹丕由于不懂其中的奥秘，就问："前卿劝朕伐吴，今又谏阻，何也？"刘晔说："时有不同也。昔东吴累败于蜀，其势顿挫，故可击耳；今既获全胜，锐气百倍，未可攻也。"《孙子兵法》云："水之形，避高而趋下；兵之形，避实而击虚。"虚实之变有空间上的，也有时间上的。毛泽东所说的，在运动战中，寻找敌人之薄弱环节而击之，就是空间上虚实之用。刘晔先劝曹丕出兵，后劝阻曹丕不可用兵，就是时间上的虚实之用。这一次曹丕三路大军南下袭击吴国，不仅没有达到军事目的，反而促进了吴蜀再次结盟，在政治上也是一个严重的失策。

第三节　五路大军攻蜀，是时也，非时也？

223 年，刘备死后，刘禅即皇帝位。魏帝曹丕得知，大喜，说："刘备已亡，朕无忧矣。何不乘其国中无主，起兵伐之？"贾诩谏曰："刘备虽亡，必托孤于诸葛亮。亮感备知遇之恩，必倾心竭力，扶持嗣主。陛下不可仓卒伐之。"但是，司马懿从班部中奋然而出说："不乘此时出兵，更待何时？"曹丕闻听大喜，于是问计于司马懿。司马懿说："若只起中国之兵，急难取胜。须用五路大兵，四面夹攻，令亮首尾不能救应，然后可图。"

曹丕问哪五路兵马，司马懿说："可修书一封，差使往辽东鲜卑国，见国王轲比能，赂以金帛，令起辽西羌兵十万，先从旱路取西平关：此一路也。再修书遣使赉官诰赏赐，直入南蛮，见蛮王孟获，令起兵十万，攻打益州、永昌、牂柯、越巂四郡，以击西川之南:此二路也。再遣使入吴修好,许以割地,令孙权起兵十万,攻两川峡口,径取涪城:此三路也。又可差使至降将孟达处,起上庸兵十万,西攻汉中:此四路也。然后命大将军曹真为大都督,提兵十万,由京兆径出阳平关取西川:此五路也——共大兵五十万,五路并进,诸葛亮便有吕望之才,安能当此乎?"

需要说明的是,鲜卑国在辽东地区,西蜀王国地处西部地区,一个在东,一个在西,两地相距遥远,懿怎么从辽东鲜卑国令起羌兵去攻打西蜀呢?东汉匈奴灭亡后,鲜卑北据其地。东汉末年,鲜卑出了两个著名的酋长,一个是檀石槐,一个是轲比能。檀石槐、轲比能时期,其疆域北接丁令,西抵乌孙(地处伊犁河流域和西天山地区的乌孙国),东界扶余(前二世纪至五世纪,在朝鲜半岛北部与中国东北一个扶余人建立的国家),从东到西,疆域辽阔。所以,辽东鲜卑国王轲比能可以在辽东令起辽西羌兵。

司马懿提出的这五路兵马伐西蜀乍一看,颇有道理,"五路并进",谋划严密,但是仔细一分析,问题就出来了。第一,第三路兵马,乃孙权十万之兵。令其攻两川峡口,取涪城。说是两国修好,许以割地,但是谎言说多了,人还相信吗?曹丕三路兵马侵吴之怨,东吴必不肯从其言,取观望态度是肯定的。第二,第一、二两路兵马,乃羌王轲比能十万兵和蛮王孟获十万兵,少数民族之兵,未曾教化,秉性野蛮,勇而无谋。诸葛亮用谋,就三下五去二了。第三,第四路兵马,乃降将孟达十万之兵。孟达乃蜀中旧臣,亮遣人一做工作,肯积极上前?五路大军,一下五去四,仅剩曹真一路,岂能久乎?就是说,曹真见其他各部队不战而退,最后也将是不战而退。

五路兵马,五股势力,人心不齐,不是统一的指挥,其进攻也是难以奏效的。历史上,一个曾经在军事经济和政治乃至智力都远远超过秦国的东方六国的联军,反而被秦国打败。说明什么?说明一个人心不齐的多国部队是没有战斗力的。司马懿所说的五路大军,看起来气势汹汹,其实他们的心里各打自己的小算盘,能齐心合力去攻蜀?他们出兵也是勉强的,真打起来是没有什么战斗力的。五路兵马,四面夹攻蜀国,也是非其时也。贾诩谏曰:"刘备虽亡,必托孤于诸葛亮。亮感备知遇之恩,必倾心竭力,扶持嗣主。陛下不可仓卒伐之。"因此说,所谓五路大军,其作用等于零。其兴师动众,是没有结果的。

司马懿为什么提出此一番建议?是一个非常复杂的问题。司马懿是曹魏后期的一个极为重要的谋士,其军事才能不亚于曹操,其谋略也不亚于贾诩。凭司马懿的才能和智慧,他也知道此时还不是出兵伐蜀的时机。他为什么还要提出用五路兵马围攻西蜀呢?他的目的:其一,投曹丕所好,拉近与曹丕的距离。曹丕嗣位为魏王和登基做皇帝时,司马懿的作用无足轻重,这与其才能是不相称的。其二,展示自己的才华和智谋,以显示他对新朝的忠心,并体现他在新朝中的重要作用。其三,通过献计献策,以便攫取更大的权力。

第三十八章　刘备白帝托孤

刘备在白帝城身染重病,自料不久于人世,于是命内侍传旨,向群臣宣布托孤于丞相诸葛亮,以尚书李严为副。刘备的托孤不是简单的交代遗嘱,而是经过深思熟虑后导演的一场大戏。

这一次托孤,既把最高权力交给了亮,又肯定了亮在蜀汉政权中的核心地位;因担心亮的权力过大,所以又安排李严为副手,在权力上牵制亮;备还不放心,还采用了"欲擒故纵"的撒手锏(撒手锏,比喻在关键时刻使出的最拿手的本领),引出亮发誓绝不觊觎帝位的口头保证。白帝城托孤,是中国历史上极为特殊的也是极完善的一次托孤方式。

诸葛亮自托孤之后,因为过于谨小慎微,结果走向了另一面:在国家治理上,事必亲为,忽视了对人才的培养和锻炼,造成了人才危机;在军事战略上,不敢出奇制胜,以致贻误战机。

第一节　选中孔明而白帝托孤

223 年 2 月,夷陵惨败之后,刘备退守白帝城,居住于永安宫,由于羞惭而悔恨,再加上过度劳累,渐渐地染成重病而卧床不起。得病之后,刘备深知不久于人世。身后的蜀汉王国,将怎么办? 这是他考虑最多也是最为担心的问题。刘备有一个儿子,小名阿斗,大名刘禅,已立为太子。儿子刘禅,忠厚老实,智谋不足,甚至智力低下。作为太子,他要继承皇位而掌握大权。但是,智力低下,是掌管不了蜀汉政权的,这是最为担心的。蜀仅仅是一个偏邦小国,天下还未归为一统,北有曹魏,东有孙吴,形势严峻。"今天下三分,益州疲弊,此诚危急存亡之秋也。"

怎么才能确保蜀国江山稳固并且实现天下一统呢? 必须选一个文武全才的人辅

助太子。这个人,必须文能治国,有萧何之能,方能确保国家之安定;这个人,必须武能安邦,有张良之谋,方能确保国家之安全;这个人还必须能带兵打仗,能攻城略地,开拓疆土而还于旧都,匡复汉室。这个人是谁呢?庞统、法正、刘巴都已不在了,这个人就只能是诸葛亮。一个是智力低下的太子刘禅,一个是胸怀韬略,腹隐玄机的诸葛亮,两人的差别太大了,完全是天壤之别。因此,诸葛亮作为辅政大臣,必须忠心耿耿而没有政治野心。诸葛亮是他三顾茅庐请出来的,跟随他已经十几年了,经过多次的考验与考察,他认为诸葛亮是忠实可靠的,是信得过的。

但是,刘备还略有不放心。因为备是从政治舞台上混过来的,政治经验丰富。东汉末年,皇帝被废被劫,屡见不鲜。诸葛亮作为辅政大臣,重权在握,功高盖主,要想将刘禅废掉,再立一个皇帝,或者自立为皇帝,是轻而易举的。到那时,西蜀还是他刘氏的江山吗?刘备反复地思考,在托孤之时,必须让诸葛亮表一个态,发一个誓。怎么才能让诸葛亮开口表态而发誓呢?在这一个方面,刘备是有经验的。

201年4月,备汝南被曹操打得大败而退至汉江边上,兵不满一千,狼狈不堪,这是刘备事业最低谷的一个时期。这个时候,跟随他的人,最容易背叛他离他而去。如果这个时候有人背叛他离他而去,刘备要拦也是拦不住的。而这一次,刘备不仅不劝他们留下来,反而先声夺人地劝他们离开。刘备叹曰:"诸君皆有王佐之才,不幸跟随刘备。备命窘,累及诸君。今日身无立锥,诚恐有误诸君。君等何不弃备而投明主,以取功名乎?"这一招还真灵,这么一说,在那么艰难的环境下,居然没有一个背叛他离开他。

刘备看人是准的,他也相信亮是忠心耿耿的,但也还是担心诸葛亮有朝一日篡位而自立。因为他知道,儿子刘禅也实在是太无能了。与其担心诸葛亮篡位自立,还不如叫亮篡位。托孤之时,亮等皆泣拜于地,刘备命内侍扶起亮,一手掩泪,一手执其手,说:"朕今死矣,有心腹之言相告!"孔明说:"有何圣谕?"备泣曰:"君才十倍曹丕,必能安邦定国,终定大事。若嗣子可辅,则辅之;如其不才,君可自为成都之主。"孔明听毕,汗流遍体,手足无措,泣拜于地说:"臣安敢不竭股肱之力,尽忠贞之节,继之以死乎!"言讫,叩头流血。这一手是十分有效的,亮自接受遗命之后,尽职尽责,忠心耿耿,为蜀汉王朝稳定和发展做出了贡献。

他深知一个人的权力过多过大而又不受到牵制,很容易产生高傲的心理而难以驾驭,很容易产生功高盖主而产生反叛的心理。刘备将太子刘禅托孤给孔明,并把朝廷的最高权力赋予孔明。思之再三,决定把李严放在了亮的身边,给予他托孤的副手权力。刘备让李严做亮的副手,任命李严为中都护,统内外军事,留镇永安。刘备这么做,是有用意的,他认为亮的权力过大,如果不安排一个人来牵制他,形成一种权力平衡,亮很有可能会篡夺刘禅的帝位。

第二节　鞠躬尽瘁辅幼主

刘备的永安托孤方式方法，是经过慎重考虑的。他深知，一个核心力量，对于一个集团是非常重要的。刘备生前，刘备集团是以备为核心的。正因为有了这个核心，所以刘备集团在早期活动中，能够生存于夹缝之中，游走于强势左右，巧旋于强权周围，打而不散，摧而不毁。正因为有了这个核心，所以刘备集团在后期活动中，能够按照诸葛亮"三分天下"的战略决策，联吴抗曹，赤壁一战，迫使曹操退回到了北方，然后占荆州、取西川、夺汉中而创立了帝业。刘备考虑到自己死后肯定缺少一个核心力量，这将威胁到根基不稳的蜀汉政权，所以必须尽快树立一个核心人物。

应该树立谁呢？经过再三权衡，刘备认为，只有诸葛亮才是最合适的人选。因为诸葛亮足智多谋，有治国统兵之才干。只有他才能治国安邦，确保西蜀的安全；也只有他才能继承自己的遗志，完成匡复汉室的任务。所以，在托孤的关键时刻，刘备又请孔明坐于榻上，唤鲁王刘永、梁王刘理近前，吩咐说："尔等皆记朕言：朕亡之后，尔兄弟三人，皆以父事丞相，不可怠慢。"言罢，遂命二王同拜孔明。二王拜毕，孔明说："臣虽肝脑涂地，安能报知遇之恩也！"刘备又对众官说："朕已托孤于丞相，令嗣子以父事之。卿等俱不可怠慢，以负朕望。"这样说，这样做，就是要告诉众大臣，诸葛亮是其死后法定的主政人，是西蜀王国的核心人物，从而确保了自己死后，蜀汉政权的稳定性和内外政策的连续性。

永安托孤之后，从223年到227年，诸葛亮也确实没有辜负刘备的厚望和知遇之恩，在内政外交方面，尽心竭力，做了四件大事，为蜀汉王国的稳定和发展做出了杰出的贡献。

223年8月，魏调五路大军攻蜀，来势汹汹。但诸葛亮不费成都一兵一卒，安居退去了，确保了西蜀的安全。他认真地分析了吴魏的关系，认为魏调五路兵马攻蜀，虽有东吴一路，"孙权想曹丕三路侵吴之怨，必不肯从其言"，只不过是虚起兵，以为应付而已，并不会真正配合其他四路攻蜀。还分析了"三分天下"的格局：曹魏的实力最强，吴、蜀两国加在一起的力量仍弱于魏，只有联合，才是长久之计。因此，派使臣邓芝出使吴国，修复两国之好，再建孙、刘联盟。孙、刘联盟的再次建立，西蜀王国解除了东顾之忧。225年，蛮王孟获，大起蛮兵十万，犯境侵掠。亮亲率大军五十万南征。他采取了攻心为上的策略，对南蛮首领孟获，七擒七纵，使之心服口服，正确地处理了与少数民族的关系，稳定了西蜀的南部地区。内政的治理上，诸葛亮更是采取了许多措施。《后主传》记载：224年春，"务农殖谷，闭关息民"。发展农业生产，使民安居乐业。

刘备去世之后，诸葛亮在内政外交方面做得非常漂亮，充分体现了他善于治国的政治才能。陈寿在《三国志》中说:孔明"外连东吴,内平南越,立法施度,整理戎旅,科教严明,赏罚必信,无恶不惩,无善不显,至于吏不容奸,人怀自厉,道不拾遗,强不侵弱,风化肃然也"。因此,他赞扬诸葛亮可以和管仲、萧何、子产、召公这些前代宰相相提并论。裴松之对孔明的治国才能,也给予了高度的赞扬。他说:"行法严而国人悦服,国民尽其力而下不怨。及其兵出入如宾,行不寇,刍荛者不猎,如在国中。其用兵也,止如山,进退如风,兵出之日,天下震动,而人心不忧。诸葛亮死至今数十年,国人歌思,如周人之思召公也,孔子曰:'雍也可使南面',诸葛亮有焉。"毛泽东对亮治理国家的能力非常赞赏,他说:"《三国志》中记载的真实的诸葛亮是个有建树的政治家,治理蜀国很有一套。"

在事凡庸之君方面,更是体现了他忠君报国的高尚的思想品德。孔明自受托孤以来,从来没有朝篡位的方向走过。最简单的封公、封王、要九锡之类的篡位的标志性的步骤都没有。倒是李严,曾劝诸葛亮封王加九锡,被亮一口拒绝。在辅助幼主的过程中,诸葛亮连最基本的一步也没有走过,如,带剑上殿,入朝不趋。观看三国后期,哪一个受托孤的辅政大臣做到了?清初文学批评家毛宗岗对此赞叹不已,说诸葛亮乃"古今来贤相中第一人"。裴松之在《诸葛亮传》注引(三国志·魏)袁准《诸葛公论》说,诸葛亮在备之后,"受六尺之孤,摄一国之政,事凡庸之君,专权而不失礼,行君事而国人不疑,如此即以为君臣百姓之心欣戴之矣"。

刘禅22周岁之后,虽然依旧辅政而专权,但是确保了西蜀政权的稳定。孔明出征在外,朝廷照常运转;孔明死后,蒋琬、费祎、董允又让蜀汉稳稳运转了三十年。曹魏经历了高平陵政变,司马家族当政,一个皇帝被废黜(曹芳),一个皇帝被杀死(曹髦)。东吴则有诸葛恪和孙琳两代权臣被杀,一个皇帝被废黜(孙亮),相比起来,蜀直到灭亡,未曾内乱。不比不知道,一比政治品行的优劣就出来了。

在《隆中对》中,诸葛亮对未来的西蜀王国的内政外交,曾有一个战略部署。他说,"若跨有荆、益,保其岩阻,西和诸戎,南抚夷越,外结好孙权,内修政理",然后就可以北伐中原,匡复汉室,这实际上也是刘备的遗愿。刘备在永安托孤时亦说:"朕本待与卿等同灭曹贼,共扶汉室;不幸中道而别。"亮自受托付以来,时刻不忘先主之遗命,竭尽全力地做好内政外交工作。"今南方已定,兵甲已足",决定"北定中原,庶竭驽钝,攘除奸凶,兴复汉室,还于旧都",228年,率军北征。亮六出祁山,北伐中原,到234年8月,病死于五丈原,鞠躬尽瘁,死而后已,实践了"臣敢竭股肱之力,效忠贞之节,继之以死"的誓言,并留下了"鼎足三个未免吞吴遗恨""祁山六出莫偿灭魏孤忠"的遗憾。

第三节　正确全面分析评价李严

刘备将太子托孤给诸葛亮之时，又安排李严在诸葛亮身边，名义上是副手，实际上是监督者。他认为，孔明的权力过大，必须安排一个人来牵制，才能防止孔明篡位的可能。

李严作为顾命大臣之一，其后官职不断升迁。先后任前将军、骠骑将军等高级武官职务，地位日渐显赫。但李严这个人，经不住权力的考验，随着地位的不断提高，其私欲和贪婪之心却日趋膨胀。安排李严在孔明身边，其目的是牵制孔明，防止孔明位高权重而可能篡夺帝位。同时，也是为了使李严更好地配合孔明兴复汉室。但是，李严却违背了刘备的初衷。就像小和尚念经一样，念着念着，就念走了调。把刘备交给的牵制亮的权力，变成了自己攫取私利的权力。有一句顺口溜说，"李严这个人切勿与他亲切，他像鱼鳞一样又滑又刺人"，是其家乡南阳送的。李严在家乡做官时，为人就很刻薄，贪图私利。自从在蜀汉位居高官后，他就不择手段地追逐权力和名利，积聚家产。

230 年，诸葛亮准备率军伐魏时，要李严将所辖部队抽调两万人去协助镇守汉中。李严想方设法推诿刁难，不但不派一兵一卒，反而要亮从益州东部划出五郡另置巴州，任命他做了巴州刺史。《华阳国志》记载："先主初以江夏费瓘为太守，领江州都督。后来，都护李严更建大城，周围共十六里，欲穿城后山，自汶江通水入巴江，使城为州，求以五郡置巴州，丞相诸葛亮不许。亮北征，召李严汉中，故穿山不逮，然造苍龙、白虎门。"曹真、司马懿率军进攻汉中，亮一面率蜀军据险以待，一面再次命李严率部到汉中增援，要他到汉中坐镇。李严根本不知军情的紧急，又提出了待遇问题。诸葛亮只得上表朝廷任命李严之子李丰为江州刺史，李严这才前往汉中增援。李严到汉中后，亮又不顾同僚们的议论，让他留守大本营，把处理政事的权力交给了李严。

231 年，诸葛亮挥军第四次出祁山进攻魏之陇西，李严留守汉中并负责督运军粮。诸葛亮为此战役准备了两年，并注意弥补了前三次伐魏粮草不继的问题。为了前后方能够协调进行，前线的诸葛亮还把蜀军的作战计划写信通知了李严。信中说："战况顺利，我军就割断魏国陇西与关中之间的联系，切断陇西魏军的退路并伺机歼灭之，这是上策；敌我实力相当，我军打算在陇西打持久战，等待良机，这是中策；战况不利，如军粮运输不继，我军当采用下策，退驻黄土川水。"《华阳国志》也记载说："丞相亮复出围祁山，虑粮运不继，设三策，告都护李严曰：'上计，断其后道；中计，与之持久；下计，还往黄土。'"

当战役进行到夏秋之际，阴雨连绵，道路泥泞，运输困难，加上李严督运不力，军粮供给虽然出现了困难,但与蜀军对峙的司马懿所率的魏军也已经军粮告急。这正是歼敌的大好时机,就在这个关键时刻,李严竟假传圣旨,要亮撤军,贻误了战机。孔明对李严,可谓仁至义尽,但李严仍毫无感悟,反而变本加厉,对亮阳奉阴违,终致贻误军机大事,并嫁祸诬陷亮。《蜀志·李严传》记载,231年,"亮军祁山,严催督军事,值天霖雨,运粮不继。严遣参军马忠、督军成藩喻旨,呼亮来还。亮承以退军。严闻军退,乃更阳惊,说:'军粮饶足,何以便归?'又表后主,说军伪退,以诱贼与战。亮具出前后手书,策书疏本末,严词穷情竭,首谢罪负。于是诸葛亮表劾严,废为平民,徙梓潼县。"

李严作为顾命大臣之一,有权对亮利用辅政大权谋取私利以及危及太子之位的行为进行牵制,也有权对亮所做的有关蜀汉王国前途和命运的决策提出异议,但是从《华阳国志》《蜀志·李严传》到《三国志·李严传》,甚至历史小说《三国演义》,都没有发现李严对亮北伐中原有过什么不同的意见,发表过什么不同的看法。他贻误战机的行为,完全是一种失职的行为。李严在巩固蜀汉政权,匡复汉室的战斗中,不配合亮,反而在工作上处处掣肘诸葛亮,这是十分错误的。

但是,从另一个角度来说,李严也有其内心的苦衷。李严名义上是副手,实际上是监督者,这个职责也是不好担当的。刘备在托孤时安排,"严为中都护,统内外军事"。就是说,孔明在朝廷主丞相事,主要是管内政外交及国家行政管理;而李严则是主管一国的武装军事力量。但是,李严的军事指挥权却逐渐地为亮所夺。因为225年,南征南蛮,诸葛亮亲率大军远征,实际上就调动并指挥了全国的军事武装力量。230年,诸葛亮准备率军伐魏时,要李严将所辖部队抽调两万人去协助镇守汉中,这实际上是对李严所属部队的收编。

对此,李严心中没有气?因此,诸葛亮要李严将所辖部队抽调两万人去协助镇守汉中时,李严心中不服,故推诿刁难,不派一兵一卒,并要亮从益州东部划出五郡另置巴州,任命他做巴州刺史的个人待遇问题,这是他发泄内心不满的一种方式。对此,亮又做了一些妥协,上表朝廷任命李严之子李丰为江州刺史,让他留守大本营,把处理政事的权力交给了李严。即使如此,李严心中仍旧不满,因为军事指挥权被夺。李严想的是如何夺回内外军事权力,一招不行,又想出了一招。正是在这种心理思想的支配下,他劝亮接受九锡,晋爵称王。李严的真正用意,就在于随亮之后也可以提高自己的官职地位。或许这也是试探孔明,如果他接受自己的建议,李严肯定会乘机铲除亮,取而代之。大概孔明心里明白,所以婉言谢绝了。

说实在的,李严是继法正之后的又一个杰出的人才。刘备看人的眼光是不错的,他安排李严"统内外军事"是有道理的。备克成都后,严被任命为犍为太守。文治方面:李严参与了蜀汉的律法《蜀科》的制定,奠定了蜀汉法律体系的基础;此外还在犍为太守任上修缮了六门水利工程,使得蜀汉的农业生产效率得到了提升。武功方面:

218 年,刘备远征汉中,"盗贼"马秦、高胜在郪县聚万人叛乱,李严也不更换兵士,只带本部将士五千人讨贼,斩了马秦、高胜。后来,越巂的土著首领高定派兵围困了新道县,李严又飞赴前线救援,贼均败散。可见,在夺取和稳定西蜀的过程中,李严战功显赫。虽然在北伐过程中,犯有贻误战机的错误,但是罪不至废为平民而终生不用。蜀汉王朝越到后来,越缺人才,孔明也深感独木难支,对于废为平民的李严应该起而用之。况且,李严也时刻盼望朝廷再次起用。可是孔明至死不用,实为可惜。

第四节　不善用人而独木难撑

辩证法认为,在事物发展的过程中,会产生"一种倾向掩盖另一种倾向"的情况。刘备死后,亮成为蜀国的实际掌权者,为了完成交给他的艰巨任务,亮谦虚谨慎,尽职尽责,鞠躬尽瘁,死而后已,耗尽了自己的心智,用尽了自己的才能和精力。《前出师表》说:"先帝知臣谨慎,故临崩寄臣以大事也。受命以来,夙夜忧虑,恐付托不效,以伤先帝之明。"亮这种言而有信,深感自己责任之重大的思想品质,是值得肯定和赞赏的。但过于谦虚谨慎,尽职尽责的思想和行为却走向了另一面,过于谨小慎微,结果一种倾向掩盖了另一种倾向。

《三国志》说:"及备殂没,嗣子幼弱,事无巨细,亮皆专之。"事都让孔明做完了,还有别人做的事吗? 有诸葛亮在,国家安全;一旦亮不在了,军情紧急,国家怎么办? "事无巨细,亮皆专之",实际上就是压抑了人才的培养和成长。人经一事,方可长一智,"事非经过不知难"。一个人只有在工作实践中,得到锻炼,增长才干。由于"事无巨细,亮皆专之",所以,诸葛亮所培养的主要接班人,如蒋琬、费祎,就缺乏实际工作的能力,以致接班后,难掌大局。"事无巨细,亮皆专之",充分体现了亮不善于选贤任能的弊病。

刘备在世时,很善于网罗人才,形成了一个队伍庞大,结构齐全的人才阵营。有三个人对备至关重要,是刘备的心腹。第一个是诸葛亮,提出了"三分天下"的战略,是刘备从黑暗中走出来的引路人;第二个是庞统,与诸葛亮齐名,在军事见解方面略胜诸葛亮一筹;第三个是法正,他提出的"汉中之策",实际上成了蜀汉王国后期的战略总纲,在军队中的地位高于诸葛亮,是一个非常出色的军事家。另外还有一个非常重要的人物,就是刘巴。刘巴很有文才,蜀汉主要的文告皆出自其手。时成都"军用不足,备甚忧之,刘巴曰:'此易耳,但当铸直百钱,平诸物价,令吏为官市。'刘备从之,数月之间,府库充实"。刘巴有管理经济的才能,在国家治理和建设方面是一个难得的人才。很可惜,就在刘备事业上升时期,庞统、法正、刘巴却先后去世了。

水镜先生曾说,"卧龙、凤雏得一人可安天下",其实这只是前半句,还有后半句话，"子初孝直若亡一人，则汉室难兴"，子初，即刘巴也。孝直，即法正也。三人早逝，造成了蜀汉政权危机。庞统是与孔明、法正同一个级别的高级谋士，刘备取西蜀，皆其谋也。可惜还未打下成都，庞统就死于落凤坡。如果庞统还健在，就不会有荆襄之败而丢失荆州。法正是在荆襄战役之前去世的，如果法正健在，那么在建立、治理和发展方面，他和诸葛亮就是黄金搭档。孔明的《隆中对》，联吴抗曹，这是一个大的战略方针。然而还需要一个制定战术的人，需要一个全面谋划的人，这个人就是法正。诸葛亮是政治军事理论家，法正就是真正的军事家，一个前线指挥的最高统帅。

法正去世的时候，正是刘备事业开拓期发展期，各地捷报频传，各路将领攻城略地，一个胜利接一个胜利。差不多就在这个时间段，有两处取得了辉煌胜利：一处是继张飞、赵云在西边取得胜利之后，孟达在东边攻取了上庸。刘封从西边来到东边，帮助孟达攻取了上庸的另外两地即金城、新城，凯歌高扬；一处是关羽北上襄樊，威震天下。而恰恰就在此时，西蜀的各个战场，好像没有统一的战略部署和方针，没有集中的统一指挥。于是后来就出现了一连串的危机：孙权乘虚偷袭荆州，关羽腹背受敌；孟达、刘封拒绝出兵支援；关羽败走麦城而遇害，荆州丢失；孟达投降，上庸、金城、新城三地得而复失，这就是军师诸葛亮谋划不周。

如果法正还在刘备身边，肯定不是这个结果。据有关史料说，法正"多奇谋，善进退"。在一次攻取战中，备不敌，然死命不退，法正就挡在备的身前，迫其撤兵而避免了惨败。汉中与魏定军山争夺战，蜀军先夺得定军山西一山头，以逸待劳。战场形势对蜀有利，法正就立即指挥蜀军进攻，令黄忠斩杀了夏侯渊，乘势去夺定军山，随后又大战并打败了张郃，取得了汉中争夺战的决定性胜利。刘邦当年依靠张良、萧何、韩信三个人才，夺取了天下而建立了大汉王朝。这三个人才能，各有所长，但他们相互协调，相互配合，相互弥补，终于成就刘邦的伟业。孔明、法正、刘巴也是这样，也是缺一不可的。可惜，刘巴、法正两人却过早去世。法正219年去世，刘巴222年去世，其损失就非常之大。法正一死，蜀必亡，形势的变化发展不是诸葛亮所能左右的。

因夷陵一战，蜀损失了十位政治军事人才。张飞、黄忠（战场上中箭身亡）、黄权（是一位有远见的谋臣）、马良（难得的谋臣，大战失败后，遇害）、傅彤、沙摩柯、赵融、张南、冯习、程畿，人才队伍开始大量缩小。庞统、法正、刘巴三人早逝，已经造成了蜀汉政权危机，诸葛亮还压着三人不用。三人不用，造成了蜀汉人才的严重危机。李严，与诸葛亮同为两大辅政大臣，才能与资历可与亮相匹，虽然犯有贻误军机的错误，但不至于贬为平民，流放终生。廖立，自诩为"诸葛第二"颇具才华，对蜀汉建国，很有见解。他说，"昔先帝不取汉中，走与吴人争南三郡，卒以三郡与吴人，徒劳役吏士，无益而还。既亡汉中，使夏侯渊、张郃深入于巴，几丧一州"；荆州之败，"是羽怙恃勇名，作军无法，直以意突耳"；等等，这些批评都是正确的。诸葛亮以"诽谤先帝，疵毁众臣"

之罪,便置之"闲散",最后放逐于汶山而不用。彭羕,乃庞统和法正两人推荐的人才,"先主亦以为奇,数令羕宣传军事,指授诸将",甚至马超都认为,彭羕"当与孔明、孝直诸人齐足并驱"。诸葛亮说他"心大志广,难可保安"必欲除之而后快。

春秋时期,管仲举王子城父;楚汉时期,萧何荐韩信,都是用别人之长补己之短。诸葛亮有管仲、萧何安邦治国之才,却没有管仲、萧何用人之智。在使用人才方面,刘备却远远高出亮。刘备与诸葛亮,可以倒过来这么说,刘备虽无管仲、萧何安邦治国之才,却有管仲、萧何用人之智。用诸葛亮、庞统,法正,刘巴,正是弥补自己谋略之不足;用五虎上将,就是弥补自己武功之不足。刘备在世时,诸葛亮为股肱,法正为谋主,关羽、张飞、赵云、马超、黄忠为爪牙,许靖、麋竺、简雍为宾友,其他李严、吴壹、彭羕、魏延,人才辈出,大都可以独当一面,发挥专长。白帝城永安宫有一副对联,上联云:"明君得良臣四海英雄竞归西蜀",说的就是刘备善能用人,天下英雄归心的人才阵营情况。

但是,随着时间的推移,老一辈的将领一一地去世了:219 年,法正去世,关羽被害,刘封被赐死;220 年,麋竺去世;221 年,张飞被害;222 年,马超、黄忠、许靖、刘巴去世,马良遇害。到了亮辅佐幼主时期,就再也看不到辉煌的人才阵营了。诸葛亮辅佐幼主时期,众星继续寥落:228 年,马谡下狱死;229 年,张苞去世;230 年,赵云去世;231 年,李恢去世,李严被废而流放;234 年,关兴去世。这个时候,蜀汉的人才队伍越缩越小,刘备时期所积累的军政人才已经是所剩无几。众星寥落,孤月独明。所以当得知张苞和关兴先后去世时,亮曾两次昏倒于地。到这个时候,巍巍大厦,独木难撑。"时来天地皆同力,运去英雄不自由。"234 年 8 月,亮在五丈原去世时,前线后方都感觉着人才奇缺。

孔明死后,魏延因谋反而被斩;杨仪因不甘屈于蒋琬之下而口出怨言,下狱之后自刎而死。亮身后的这个人事安排,不仅仅人才奇缺,还没有核心人物。丞相蒋琬,没有独立的工作能力,又不能在前线指挥打仗,不可能成为核心人物;辅汉将军姜维属于前线将领,管不了朝中大事,也不可能成为核心人物;刘禅是核心吗? 虽然手握大权,但却昏庸无能。246 年,蒋琬、董允去世后,到 249 年,姜维率兵出征时,朝中就内治无人了。262 年,刘禅近小人,远贤人,朝纲渐坏,宦官黄皓得势,害得大将军姜维也要避祸沓中。263 年,在钟会、邓艾两路魏国大军的进攻下,西蜀灭亡了。刘备、诸葛亮千古英雄,可惜最后还是"故垒留遗恨看千秋成败都付东流"(永安宫对联下联)。

第五节 "奸"与"忠"道德观念

在文学作品《三国演义》和中国古代戏剧舞台上,曹操是一个"奸臣"的形象。其

"奸"体现在什么地方？根据他的政敌的公开宣传，最基本的就体现在对待汉献帝的态度上，就是"不忠"，凌驾于汉献帝之上，把汉献帝当成了一个傀儡。与此相反，诸葛亮则是以一个"忠臣"的形象出现在戏剧舞台上和文学作品中。现在我们将曹操的"奸"与诸葛亮的"忠"，在社会实践的效果上做一番对比研究。

先来看看，曹操的"奸臣"形象。196 年 9 月，曹操移驾幸许都后，于许昌盖造宫室殿宇，立宗庙社稷、省台司院衙门，修城郭府库。赏功罚罪，并听操处置。曹操自封为大将军、武平侯，大权皆归于操：朝廷大务，先禀曹操，然后方奏天子。曹操的许昌就成了京城，操的政权就成了朝廷，操实际上就成了皇帝，操的命令就成了圣旨。"奉天子以令不臣"，实际上就是"挟天子以令诸侯"。在封建社会的政治舞台上，这就是"欺君蔑祖"，亦"大逆不道"也。

也正是因为"挟天子以令诸侯"，曹操从 196 年到 199 年，灭袁术、降张绣、擒吕布、败刘备而扫清了东南。199 年到 200 年，袁曹官渡决战，又打败了袁绍，取得了官渡大战的决定性胜利。从 200 年到 207 年，又彻底消灭了袁氏兄弟，统一了北方。208 年率军南征，占领了荆州，形成了"一强独霸天下"的局面。鲁迅在《魏晋风度及文章与药及酒之关系》中说："我们讲到曹操，很容易联想起《三国演义》而想起戏台上那位花面的奸臣，但这不是观察曹操的方法。"鲁迅先生认为，曹操是一个英雄。

反过来说，曹操如果不是"挟天子以令诸侯"，而是"奉天子以令不臣"，那形势就是另外一种情形了。汉献帝从小居于深宫，养于妇人之手，不经风雨，未见世面。189 年董卓废少帝，刘协被立为汉献帝。190 年 2 月，被董卓劫持而迁都长安。192 年 4 月，王允与吕布合谋杀死了董卓，汉献帝亲掌大权，本可以扭转局面，但是汉献帝武不能安邦，文不能治国，一个偌大的长安城被董卓的余党李傕、郭汜等攻破了。汉献帝又被李傕、郭汜等再次劫持而成了傀儡。

毛泽东在北戴河期间说"曹操统一中国北方，创立魏国"，他认为"这是值得肯定的"。如果曹操"奉天子以令不臣"，大权在汉献帝手中，那么操就要受制于汉献帝。汉献帝有令就要行，有禁就要止，曹操就不可能发挥自己安邦治国之能。如果曹操受制于汉献帝，那么谁是"不臣"呢？袁术要觊觎帝位，那是标准的"不臣"，而刘备、吕布在汉献帝眼里，不仅不是"不臣"，而且还是一个"忠臣"，操怎么去讨伐？汉献帝为了平衡关系，还要利用袁绍来牵制曹操，显然也不能算"不臣"，曹操又怎么去讨伐？如此，操怎么统一北方而创立魏国？

再来说说诸葛亮的"忠"，他的"忠"是出了名的。他在官场上津津乐道的"忠"，主要的是忠于先主刘备。忠于刘备，就是忠于汉献帝，因为刘备是正宗的帝胄。忠于刘备，主要体现在对后主刘禅的"忠"上。忠于刘备，这是正确的，因为他是刘备"三顾茅庐"请出来的，况且备还是一个著名的政治家。而刘禅是一个智力低下的人物，在政治上是个糊涂虫。千百年来,在民间,就说刘禅是"烂泥巴扶不上壁",后来蜀汉王国就断送在刘禅手里。就其能力来说,是既安不了邦,也治不了国。这一点,刘备心里是清楚的,临终托孤时,最担心自己死后诸葛亮觊觎帝位,所以采取了"欲擒故纵"的手法,迫使孔明发誓不觊觎帝位。孔明对刘禅可以说是忠心耿耿,"鞠躬尽瘁,死而后已"。但刘禅对孔明仍有疑心,听信谣言,莫名其妙地要将孔明从前线调回。本来,"将在外,君命有所不受",但是孔明还是撤了军,贻误了战机而深为遗憾。

这样一个"烂泥巴扶不上壁"的昏君,扶他有什么用?但孔明还是照样尽心尽力地辅助着,这就叫作愚忠。在中国历史上,愚忠还有一个典型,就是岳飞。岳飞"精忠报国",率大军全力抵抗金兵,父子舍命奋战在疆场,眼看就要大获全胜。1142年,南宋的昏君赵构,在内奸秦桧的唆使下,居然一天连下了十二道金牌,要岳飞班师回朝。在战场上正打得顺手而节节胜利的关键时刻,岳飞实在不愿撤军。因为一撤军,前功尽弃。但是,岳飞满脑子是"忠君"思想,结果撤了军。后来还被赵构、秦桧以"莫须有"的罪名杀害于风波亭,这就是愚忠的结果。

在南宋临近亡国的1275年,又有一个爱国者,就是文天祥,忠心报国,奋杀疆场,给元军以致命的打击。元军进逼南宋首都临安,就是现在的浙江杭州,文天祥出使元营被扣。在被驱北行的途中,他乘机南逃,继续组织力量抵抗。1278年冬,在广东潮阳兵败被俘,在1279年写下了"人生自古谁无死,留取丹心照汗青"的千古名句。后来元军对他百般引诱,劝其投降,但是文天祥宁死不屈而惨死于元军之手。他曾明确表示他不是忠于哪一个皇帝,而是忠于自己的祖国,忠于人民。

类似于文天祥这样的爱国者,新民主主义革命时期也有一个,就是方志敏。方志敏创建了赣东北(闽浙赣)苏区和红十军。由于王明"左"倾教条主义路线的错误指导,红十军在第三次和第五次全局性的反"围剿"时失败了。1935年1月,方志敏率领中国工农红军北上抗日先遣队,在怀玉山被捕。方志敏在狱中受尽了酷刑,但坚贞不屈,仍坚持斗争,并写下了《可爱的中国》《清贫》等闪耀着共产主义思想的光辉著作,表现了共产党人的钢铁意志和崇高品质。这年8月6日,方志敏在南昌英勇就义。方志敏为革命而牺牲,并不是忠于哪一个最高领导人,而是忠于革命、忠于党、忠于人民。他的《可爱的中国》,和文天祥的"人生自古谁无死,留取丹心照汗青"一样是千古绝唱,字字是血,字字是泪,字字是金,字字感动人心。

我们现在一味地赞扬诸葛亮的"为君之道",是不可取的。诸葛亮忠于蜀汉王国,而不应"愚忠"一个昏君刘禅。现在有人指责孔明,在刘禅22周岁之后不还政于君,还死抓住权力不放,长期把刘禅当作一个傀儡。他们在指责诸葛亮的同时,似乎把刘禅说成了一个明君。现在的问题是:诸葛亮能不能还政?刘禅究竟是明君还是昏君?如果是明君,在钟会、邓艾两路大军伐蜀之时,边关军情危急,刘禅不召集大臣商讨调兵遣将,据关守险,竟然相信黄皓、巫婆之言,使钟会袭取了汉中,使邓艾偷渡阴平成功;对于邓艾的疲惫之兵,成都有兵不抗;那时姜维还在剑阁坚守,拒钟会于剑门之外;东吴的救兵已在半路上,刘禅居然举手投降,这不是"烂泥巴扶不上壁"的昏君,是什么?

这样的昏君,能还政吗? 不仅不能"还政于君",还应该废黜。为了国家的前途命运,将其废掉,将刘备的其他子孙中找一贤者立为帝,也不失为君之道。刘备临终托孤,"欲擒故纵",主要是防止孔明觊觎帝位。立一贤君,可保国家长治久安,废一昏君,可免国家之亡,有什么不可以呢? 蜀国,虽国力薄弱,攻则不足;但江山险阻,守则有余。如果在刘备的子孙中,选一贤君,君臣同心,又有唇齿相依的吴国相互援助,就可能确保蜀汉的长治久安。可是,诸葛亮偏要坚持"愚忠",结果在自己死后,断送了西蜀王国。

马克思主义哲学认为,"实践是检验真理的唯一标准"。"奸"与"忠"道德观念及其思想,从本质上说,它不是社会存在的物质性的东西,而是社会的意识的思想理论性的东西。这个思想意识性的理论,其正确与否,还要用社会的实践来检验。从社会实践的对比研究来看,曹操因其"奸",统一了北方,建立了魏国;诸葛亮却因其"忠",使刘禅断送了西蜀王国。因此结论是,曹操的"奸"是可取的;诸葛亮对刘禅的"忠"是不可取的。

第三十九章　刘备身后的魏蜀吴三国

夺取了荆州和两川之地之后,刘备的宏伟事业发展到了鼎盛。但是,月满而亏,日中而偏西。事物的发展,上升到一定的时候,就开始下降,此乃自然之常理也。上升与下降,是因一定的条件变化而相互转化的。

关羽丢失荆州,西蜀失去了夺取天下的一个战略要地;备猇亭之败,元气大伤,一蹶不振。不久,备身染重病,托孤于孔明。备死后,刘禅继位。刘备身后的魏、蜀、吴三国,是一个什么情况呢?

第一节　诸葛亮:安居平五路

荆州和猇亭两次大败后,西蜀王国元气大伤。223 年 8 月,忽有边报说,魏调五路大兵攻打西蜀,边关紧急。

不料,丞相亮深居相府,数日不出。后主刘禅闻听,大惊,圣驾亲往问之。原来亮就在相府暗自谋划退兵之策,秘密调兵遣将。为何不公开调动兵马呢? 孔明说,成都众官,皆不晓兵法之妙——贵在使人不测也。就是说,孔明居相府秘密谋划,是因为军事保密之缘故。他说:"羌王轲比能,蛮王孟获,反将孟达,魏将曹真:此四路兵,臣已皆退去了也。"

四路兵马,是怎么退去的呢? 西番国王轲比能,引兵犯西平关这一路,孔明调马超拒守之。马超积祖西川人氏,素得羌人之心,羌人以超为神威将军,孔明已遣一人,星夜驰檄令马超紧守西平关,伏四路奇兵,每日交换,以兵拒之,此一路可以退之矣。南蛮孟获,兵犯四郡,孔明亦飞檄遣魏延领一军左出右入,右出左入,为疑兵之计;蛮兵唯凭勇力,其心多疑,若见疑兵,必不敢进,此一路亦退之矣。孟达原本蜀将,因投降而成了魏将。在蜀时,孟达与李严曾结生死之交。孔明回成都,留李严守永安宫。回到成都后,作书一封,只做李严亲笔,令人送与孟达。孟达得书必然推病不出,以慢军心。曹真兵犯阳平关一路,更不成问题。此地山势险峻,一将把关,万夫莫攻,已调赵云引一军把守关隘。孔明令其坚守而不出战,不久自退矣。

　　事物的矛盾各不相同,因此处理的方式方法也就各不相同。战争也是这样,各种战争的性质不相同,各个战役战斗的形式不相同。孙子说:"知己知彼,百战不殆。"亮安居退去五路敌军,就是在认真地研究每一路敌军的特点基础上而退去的。因了解轲比能、孟获、孟达、曹真四路犯界之敌兵的特点及其将帅的秉性,有针对性地调遣不同的将帅而对付之,故而胜之。此外,还有一路敌军,这就是兵犯两川峡口的孙权一路。孔明虽然没有调遣大将去川口拒守,但对这一路兵马尤其进行了分析。孙、刘之间虽有矛盾,但孙、曹之间矛盾也深。孙权想曹丕三路侵吴,必不肯从其言。吴有陆逊,懂兵法,善用兵,识虚实,知进退。其出兵,必然是取观望而应付之。若其他四路兵取胜,吴兵则会乘势而攻之;若其他四路兵败而退去,吴兵也会退去。孔明料定,其他四路皆不战而退,吴兵亦会退矣。

　　孔明不用挥兵大战,"胜于易胜者也"。魏国五路兵马,皆不战而退,诸葛亮虽无智名,无勇功,皆有用兵之妙也。

第二节　重建吴蜀联盟

　　西蜀已元气大伤,吴、蜀继续失和,三足鼎立的相互关系将会失去平衡,吴蜀两国就有可能被曹魏各个击破。因此,当曹丕令孙权兵取两川峡口之时,孔明就想到通过再次结盟而退去孙权一路兵马,但因未得说吴之人,故踌躇而思之再三。

　　孔明送刘禅出府,众官疑惑不定,唯见一人仰面而笑。孔明视之,乃邓芝也。孔明顿觉,出使吴国而说孙权者,必此人矣。于是暗令人留住邓芝,待多官散去,请到书院面谈。孔明问:"今蜀、魏、吴鼎分三国,欲讨二国,一统中兴,当先伐何国?"邓芝说:"以愚意论之,魏虽汉贼,其势甚大,急难摇动,当徐徐缓图;今主上初登宝位,民心未安,当与东吴连合,结为唇齿,一洗先帝旧怨,此乃长久之计也。未审丞相钧意若何?"孔明大笑说:"吾思之久矣,奈未得其人。——今日方得也!"至此,孔明决定遣邓芝出使东吴说孙权,两国重修于好,再结唇齿之盟。

　　223年下半年,邓芝奉命出使至东吴。张昭出馊主意,置武士、设油鼎于大殿之上,邓芝晓其意,昂然而入。经过一番曲折,孙权方叱退武士,命邓芝上殿,赐坐而问:"吴、魏之利害若何?"邓芝说:"大王欲与蜀和,还是欲与魏和?"孙权说:"孤正欲与蜀主讲和;但恐蜀主年轻识浅,不能全始全终耳。"邓芝说:"大王乃命世之英雄,诸葛亮亦一时之俊杰;蜀有山川之险,吴有三江之固(盛弘之在《荆州记》中写道:'长江上游为南江,长江中游为中江,长江下游为北江,合称为三江。'三江之固,即长江之固也):

若二国连和,共为唇齿,进则可以兼吞天下,退则可以鼎足而立。今大王若委贽称臣于魏,魏必望大王朝觐,求太子以为内侍;如其不从,则兴兵来攻,蜀亦顺流而进取:如此则江南之地,不复为大王有矣。若大王以愚言为不然,愚将就死于大王之前,以绝说客之名也。"邓芝言讫,撩衣下殿,望油鼎中便跳。孙权急命止之,请入后殿,以上宾之礼相待。孙权说:"先生之言,正合孤意。"孙权当即表示,与蜀主讲和,并遣张温同邓芝至蜀通好。

两国关系经过了一段曲折之后,诸葛亮与孙权高瞻远瞩,再次建立了联盟。他们都认识到,在三国鼎立的关系中,吴、蜀的力量较弱。这不仅是因为魏占据的地盘大,还有一个非常重要的原因,就是北方开发早,比南方发达先进,人口密度也比较大。而南方的吴国地区,在先秦乃至三国时期,开发晚,比较落后,人口也少,属于蛮荒地带,因此其政治军事力量难于与北方相抗衡。两川地区,其开发程度也难以与中原地区相比。好在西川有一个成都平原,因为有李冰父子留下了都江堰,水利设施先进,农业得到了充分的开发,因此有天府之国之美称。但毕竟山区多,人口比较稀,因此其政治军事力量实际上也难与中原地区相抗衡。

因此,蜀吴两国都深感力量之弱,曹丕坐镇中原,无法动摇。这是两国连和的基础。尤其是受先主托孤之后的亮,更是深刻地认识到仅凭西蜀之力量,是难以与中原相抗衡的。如果吴、蜀之间长期处于仇视而对立的状态,吴国则势必进一步向魏国靠拢而结盟。如此,吴国则不断地受魏国驱使而对付蜀。因此,诸葛亮、邓芝都认为,只有与吴结成唇齿,才是长久之计。

第三节　曹丕出兵讨伐东吴

曹丕闻报,吴、蜀联手,大怒说:"吴、蜀连和,必有图中原之意也。不若朕先伐之。"于是大集文武,商议起兵伐吴。

吴、蜀大战,孙权连连败北,锐气顿挫,被迫向魏称臣。那时刘晔建议用兵,曹丕却不听,反而封孙权为吴王,错失了一个灭吴之良机;陆逊大败刘备之后,锐气百倍,上下齐心,曹丕反而要对东吴用兵,贾诩、刘晔阻之再三而不听,结果是大败而回;现在吴、蜀联合,结为唇齿,非为用兵之时,曹丕又要用兵,实在是非所宜也。此时魏大司马曹仁、太尉贾诩已亡。现在孙权弃魏而再一次与蜀结盟,曹丕怒气冲冲,不是一般的大臣所能劝阻得了的。

如果刘晔要说话,该会怎么开口呢?刘晔肯定会这么说:陛下,前段时间,陆逊大败刘备之后,东吴上下齐心,锐气百增,魏国出兵攻打孙权,大败而归;那时吴还没有与蜀连和呢,何况现在吴、蜀已经连和,怎么能出兵呢?但这就说得曹丕面上不好看,因为上次是曹丕固执地坚持要出兵的。这样的话,谁又摸着脸皮去说曹丕呢?上次说不宜出兵的，头一个是贾诩，现贾诩已死。其次一个是刘晔，吴蜀大战而孙权连连败北之时，刘晔劝曹丕出兵，而曹丕偏不出兵；东吴打败蜀国之后，刘晔说不能出兵，曹丕又偏要出兵，结果大败而回。这一次，吴、蜀联合，明显是不能出兵的，曹丕又非要出兵不可，刘晔不说话了。

可惜贾诩已经不在了，若还在世，他会怎么劝谏曹丕呢？可能这样劝谏曹丕：不宜出兵，理由有三：其一，吴主孙权识虚实，且有陆逊善能用兵；诸葛亮有神机妙算之谋，中原无人可敌也。其二，吴有三江之固，蜀有山川之险，难以卒谋也。其三，吴、蜀联合，互为唇齿，相互协调、相互配合，魏若出兵，顾此而失彼，疲于奔波，忙于应付，故不宜也。估计，贾诩的话，曹丕也是听不进的。

但是当时在朝的还有一个谋略家，他在政治上还是很能看出一些问题的，他就是侍中辛毗。他见满朝文武，没有一个说话的，他开口说话了。他说了些什么呢？据《三国志·辛毗传》记载："帝欲大兴军征吴，毗谏曰：'今天下新定，土广民稀。夫庙算而后出军，犹临事而惧，况今庙算有阙而欲用之，臣未见其利也。先帝屡起锐师，临江而旋。今六军不增于故，而复循之，此未易也。今日之计，莫若修范蠡之养民，法管仲之寄政，则充国之屯田，明仲尼之怀远；十年之中，强壮未老，童龀胜战，兆民知义，将士死奋，然后用之，则役不再举。'帝曰：'如卿意，更当以虏遗子孙耶！'毗对曰：'昔周文王以纣遗武王，唯知时也。苟时未可，容得已乎！'帝竟伐吴，至江而还。"

在《三国志》里，辛毗引经据典，很是说了一番大道理，很是抓住了根本而说到了点子上。这一番话，中心论点就是，要停十年，方可对吴蜀用兵。为什么要停十年呢？分析概括起来，可分解为以下三点：第一，中原地区，几十年来，战乱不止，因此魏国土地虽广而人民稀少，兵员不足，故战而"未见其利"；第二，重视"休养生息"，具体地说，就是像范蠡那样休养民力，富国强兵；像管仲那样革新政治，实行法治，把国家治理好；效法赵充国的屯田，开荒种地，发展经济；采用孔子的使远方归心的策略，抚恤军民，安抚人心。第三，经过十年的休养生息，"强壮未老，童龀胜战，兆民知义，将士死奋"就可以用兵了。

辛毗的这一番话，在《三国演义》里，进行了概括整理，结果简化成了如下的一段话："中原之地，土阔民稀，而欲用兵，未见其利。今日之计，莫若养兵屯田十年，足食足兵，然后用兵，则吴、蜀方可破也。"这一段话，简化成了两点：魏国"土阔民稀"，兵员不足；十年之后，"足食足兵"，就可用兵。或许有人会问，北方曹魏，经过十年，"休养生息"；南方吴蜀两国难道就不"休养生息"吗？北方人口增长，南方人口不是一样增长吗？其实不是这么一回事，其中大有奥妙所在。

223 年下半年，曹丕欲出重兵讨伐吴国，辛毗却要谏而止之。理由很充足，就是因为魏国"土阔民稀"，需要"十年休养生息"，然后"足食足兵"，用兵，吴、蜀可破。而在南方的诸葛亮，在 228 年，则要抓紧时间，举兵北伐。理由很简单，如果停止了战乱，南北双方都在发展,南方是无论如何发展不过北方的。这是因为,北方地广于南方。三国对比,魏占九州半,吴两州半,蜀仅占一州。如果南北都停止战乱,加快恢复,那么,南方的吴蜀两国的三四个州,怎么跑得过魏九个州的发展呢? 南方地区,本来人口就稀少,同样是恢复,然而南方恢复的速度远比不上北方。北方虽然人稀,但毕竟地广,所以再稀的人口,也多出南方几倍十几倍。人口基数大,人口发展就快。因此,在北方的辛毗劝谏曹丕停止发动战争,建议"十年休养生息"然后用兵。这是因为,"唯知时也";而在南方的诸葛亮则急于要北伐。他认为,不战则亡,战则有可能生。也是因为,"唯知时也"。

还要等十年,曹丕没有那个性子等待,斥之说:"此迂儒之论也!"指出:"今吴、蜀连和,早晚必来侵境,何暇等待十年。"有一个人也应当看清楚了不宜出兵,出则必败;也可以出面冒着冲撞龙颜而劝阻曹丕,这个人就是司马懿。但是,懿不会这样做,也不会这样说。刘禅登基,曹丕要出兵西蜀,贾诩说不能出兵。刘备虽死,必托孤于诸葛亮。然而司马懿明知不宜出兵,却投其所好,仍提出了五路大军攻打西蜀的方案,说得龙颜大悦。其实,此次出兵西蜀,只是一个花架子而已,实际并无功效。这一次,曹丕传旨起兵伐吴,司马懿顺水推舟,说:"吴有长江之险,非船莫渡。陛必御驾亲征,可选大小战船,从蔡、颍而入淮,取寿春,至广陵,渡江口,径取南徐:此为上策。"

曹丕觉得司马懿的话很顺耳,于是从之。丕下旨,造龙舟,收拾战船,会聚大小将士,起水陆军三十余万兵马伐吴。至江岸,遥望江南,不见一人。至夜,再望江南,并不见半点儿火光。及至天晓,大雾弥漫,对面不见。须臾风起,雾散云收,望见江南皆是连城:城楼上枪刀耀日,遍城尽插旌旗号带。又报:"一连数百里,城郭舟车,连绵不绝。"曹丕大惊。原来徐盛束缚芦苇为人,尽穿青衣,执旌旗,立于假城疑楼之上,以为疑兵也。忽然狂风大作,白浪滔天。正惊慌失措间,流星马报道:"赵云引兵出阳平关径取长安。"曹丕听得,大惊失色,便教回军。众军各自奔走,背后吴军追至。龙舟将次入淮,孙韶一彪军杀到。约行三十里,淮河中芦苇又着火,曹丕欲弃舟上岸,丁奉引一彪军杀来。魏军丢盔弃甲,死伤惨重,大败而回。

第四十章 诸葛亮南征南蛮

西蜀虽然立国,但因两次大败,元气大伤。为了使蜀汉生存发展,需要外结孙权以成唇齿,南抚彝、越以稳边境,方能北击中原而匡复汉室。

刘备死后,刘禅继位,国力衰弱。南蛮王孟获反叛西蜀,听魏调遣,攻打蜀之边境。223年夏,孟获结连益州耆帅雍闿,再次反叛西蜀侵扰四郡。为了边境安宁,后方稳定,诸葛亮率兵南征,演绎了"七擒七纵孟获"的故事。

第一节 孟获起蛮兵侵扰蜀之四郡

益州耆帅雍闿结连蛮王孟获,起十万蛮兵,侵扰四郡,边境很不安宁。孟获乃西蜀管辖下的一个酋长,是少数民族的一个首领。当时的南蛮,主要就是彝族、壮族、傣族、崩龙族(崩龙族后改名为德昂族)的祖先。孟获属下的少数民族分散在今天的云南、贵州和四川西南部,所占地域十分广阔。孟获与西南各少数民族上层和下层联系广泛,影响力大,基本上属于相对于西蜀之外的一个政治军事势力。

这一个相对独立的地方势力,在三国时期,虽然属于西蜀管辖的地区,但是其头领孟获却不愿服从西蜀的管辖而欲彻底独立。为了实现自己彻底独立的目的,常斡旋于魏、蜀、吴三国之间。刘备死后,刘禅继位,魏调五路大兵攻打西蜀,其中一路就是孟获。时司马懿建议魏帝曹丕,修书遣使赍官诰赏赐南蛮王孟获,令起兵十万,攻打蜀之南四郡,以击西川之南。时孔明令魏延领一军左出右入,右出左入,为疑兵而退之。

吴蜀建立唇齿相依的盟国关系之后,孟获再次起蛮兵侵扰蜀之南四郡。这四郡乃蜀之西南夷,故又称为南中,地域广大。越嶲(今四川西昌)、永昌(今云南保山)、益州(今云南晋宁)、牂柯(今贵州福泉),横跨云贵川三省。雍闿、高定、朱褒就是四郡的地方诸侯,而孟获就是一个地头蛇,两者绞合在一起。孟获欲反,就联络四郡一同而反。

蛮王孟获为什么联络雍闿、高定、朱褒三个太守起兵反叛西蜀呢?

　　国力衰弱,是最重要最根本的原因。西蜀因荆襄之战,丢失了问鼎中原的荆州,被挤到了西南一隅,成了一个偏邦小国而元气大伤;又因猇亭之战的大败,再次元气大伤而一蹶不振。刘备在世时,诸葛亮基本上还属于幕后的人物,并不那么出名。刘备逝世,刘禅继位,权力交替,正处于困难时期。国力不振,这是问题的一个方面。另一方面,也是非常重要的,就是孟获不愿服从而欲独立。正是在这个时间的关节点上,孟获以为,一个年轻的刘禅是控制不了大局,以为有机可乘,故而起兵反之。

　　魏吴两国的唆使和挑拨,也是一个非常重要的原因。这个原因,可以从两个方面来说。第一个方面,就是孟获因为要独立于西蜀之外,就要主动斡旋于魏吴两国之间,积极主动与魏吴两国联系。第二个方面,就是魏吴两国的唆使和挑拨,拉拢孟获,牵制西蜀。魏帝曹丕就曾修书遣使赍官诰拉拢蛮王孟获,就是一个明显的例子。

　　雍闿、高定、朱褒协同谋反,属于外来干部与本地干部之间的矛盾发展的问题。高定、朱褒、雍闿、王伉分别是越巂、牂柯、益州、永昌四郡的最高军政长官。雍闿、高定、朱褒都是地方的诸侯,又是蜀国朝中的大臣,手握重权,属于本地干部。从刘备到诸葛亮等,都属于外来干部,矛盾尖锐且复杂。

　　本地干部与外来干部有矛盾,历来如此。本地干部都有一点地头蛇的味道,与地方上有着千丝万缕的联系,情况熟,能办事,有排外的思想。外来干部控制着朝廷的大局,掌控着朝廷的最高权力,节制着本地干部。因此,就有了本地干部与外来干部的矛盾。西蜀的历史上,本地干部与外来干部的矛盾,历来尖锐。刘璋就是因为软弱无能,调和不了"外来户"的东州集团与"土著"的益州集团之间的矛盾,结果"智能之士,思得明君"而导致失国。

　　刘备时期,对于益州集团与中原集团、荆州集团、西凉州集团之间的关系,刘备还是注意协调的。入蜀后,对益州集团、荆州集团、中原集团的干部都大加封赏,尤其还注意对益州干部大加封赏。诸葛亮是荆州集团的核心,法正是益州集团的核心。入主成都后,刘备任命亮为军事将军,负责左将军府事务;同时任命法正为扬武将军、蜀郡太守。两相比较,法正的地位略高于亮。法正死后,益州集团就没有了核心人物。刘备托孤时,有意把益州集团的李严提了起来,使之成为益州集团的核心。"严与诸葛亮并受遗诏辅少主;以严为中都护,统内外军事。"把李严提了起来,协调了益州集团与荆州集团之间的关系,从一定意义上来说,稳定了蜀汉政权。

　　但是,无论是荆州集团、中原集团、西凉州集团的干部,还是益州集团的干部,从根本上来说,都属于外来干部。因为益州集团的干部,实际上还是东州集团的外来干部。在益州集团的干部中,还有一部分属于"土著"的本地干部,雍闿、高定、朱褒就属于本地土生土长的干部。在刘璋时期,本地干部与外来干部的矛盾就比较大。刘备入主成都之后,外来干部队伍扩大了,但是本地干部与外来干部的矛盾依然存在。不过,刘备时期,把这个矛盾压住了;刘备死后,由于朝廷力量开始衰弱,这个矛盾就开始爆发了。雍闿、高定、朱褒与西蜀朝廷的这种矛盾发展到一定的程度,在一定的气候环境下就形成了一定的反叛心理。因孟获的唆使,相互借用,也就跟着反叛了。

第二节 南征南蛮的进军路线及战略

225 年,诸葛亮南征南蛮,由四路大军构成,正好一路大军对付一郡。第一路大军,西路军,诸葛亮所部,主力部队,进攻的目标是越巂郡;第二路军,中路军,庲降都督李恢所部,进攻的目标是益州郡;第三路军,东路军,门下督马忠所部,进攻目标是牂柯郡;第四路军,永昌守军,死守永昌的吕凯和王伉。

除了第四路军,永昌守军,死守永昌的吕凯和王伉外,实际向南进军只有三路大军。南征开始,西路军和东路军同时由成都出发,经过眉山、乐山,在僰道(四川宜宾)分兵,又经过屏山、雷波、昭觉,到达越巂郡。马忠东进军牂柯郡(贵州黄平);中路的李恢从驻地平夷县(贵州毕节)出兵,直击孟获的后方。

反叛的军队雍闿和孟获从南边益州北上越巂增援高定。这样,诸葛亮南征的主力部队与孟获的反叛军主力在越巂相遇。诸葛亮在这里摆开战场,准备围歼叛军主力。南征开始时,诸葛亮就制定了"攻城为下,攻心为上"的战略方针,决定将雍闿、高定、朱褒和孟获区别开来,对雍闿、高定、朱褒侧重于武力打击,聚而歼之;对孟获侧重于攻心,侧重于收买其心而采取了怀柔政策。

雍闿、高定、朱褒属于益州郡、越巂郡、牂柯郡三个郡最高军政长官,必然人心不齐。因此决定采取"制造矛盾、利用矛盾,分化瓦解、各个击破"的战略战术。孔明采用反间计谋,一箭双雕,使雍闿怀疑高定,把高定的思想搞乱;同时,也使高定怀疑雍闿。高定对雍闿有了疑心,设计将雍闿杀之而献之于孔明。孟获见高定与雍闿两军内讧,不战而自败,只得率军南撤。孟获南撤,高定势单力孤,诸葛亮乘机击杀高定,收复越巂郡。东路的马忠进兵顺利,很快就斩杀了朱褒,收复了牂牁郡,之后马忠所部就停留在牂牁抚恤安民,没有参加后续的战斗。

中路军的李恢根据诸葛亮的战略部署,为了形成对叛军的包围性战略态势,孤军深入至滇池(云南昆明晋宁区)。李恢大军深入至滇池,与南撤的反叛军主力孟获相遇,被超过自己两倍之敌的孟获包围。一时形势非常不利。为了麻痹敌人,李恢放出粮草不济的消息,使得敌军有所懈怠。李恢趁势反击大败叛军,并一直追到盘江以南,一举扭转了战局。史载李恢进攻滇池,并追击孟获至南盘江。按照西南历史地图,李恢应该打到了今云南玉溪一带。正是由于李恢的孤军深入,抄了孟获的后路最终奠定了胜局。

此时，诸葛亮大军已经收复了越巂郡，并继续向南，经会理之黎溪镇渡泸水（今金沙江）进入云南，追击孟获的反叛军主力。李恢大军则已经追击到了南盘江一带，这就形成了对孟获反叛军南北夹攻的态势。正是在这种南北夹攻的有利的态势下，诸葛亮在战术上多次用计用谋，什么"反间计""将计就计"，给敌人以巨大的打击。然后从云南元谋到楚雄，再到昆明与中路大军李恢会师。在滇池（建宁）平定雍闿。随后，诸葛亮从晋宁出发，经澄江、陆良至曲靖，进入贵州，从水城西面至毕节（蜀汉平夷都督府）。此时，马忠已平定牂柯朱褒的叛乱。诸葛亮的西路大军，与马忠的东路大军胜利会师。诸葛亮的南征大军在平定南中的过程中，彻底消灭了雍闿、高定、朱褒的叛乱。因采取怀柔政策，诸葛亮在多次击败生擒孟获的战斗中，运用"欲擒故纵"之谋，成功地演绎了"七擒七纵孟获"故事。

黄宗承认为，"七擒七纵孟获"的故事实际上是不存在的。据《滇元纪略》称：一擒于白崖（今赵州定西岭）；一擒于邓赕豪猪洞（今邓川州）；一擒于佛光寨（今浪穹县巡检司东二里）；一擒于治渠山；一擒于爱甸（今顺宁府地）；一擒于怒江边（今保山市腾越州之间）。一以火攻，擒于山谷（即怒江之蟠蛇谷）。第七次擒拿地实际位于四川省雅安市石棉县栗子坪乡境内。从这些地点的分布来看覆盖云南省内的广大地区及四川省部分地区。从当时的交通情况看，是兵卒步行，辎重马匹驮运。诸葛亮渡过泸水，已经用了三四个月，剩下的时间，即使不停地走也走不完各点，更谈不上在七个地点打仗。

但是，这一重要历史事件，《资治通鉴》做了记载。诸葛亮打败并斩杀了雍闿和高定两大叛军之后，"孟获收率领闿余众以拒亮。获素夷，汉所服，亮募生致之，既得，使观于营阵之间，问曰：'此军何如？'孟获曰：'向者不知虚实，故败。今蒙赐观营阵，若知如此，即定易胜耳。'亮笑，纵使更战"。故"七擒七纵孟获"，这一重要历史事件，也载入了中学历史课本。毛泽东说："亮会处理民族关系，他的民族政策比较好，获得了少数民族的拥护。"他在《诸葛亮传》裴松之引《汉晋春秋》的一段注文处，画了很多圆圈，这条注文记载了亮七擒七纵彝族领袖孟获，以及在平定南方后大力安排、任用地方豪强为官吏的事迹。他说，这是诸葛亮的高明之处。

第三节 "攻心战略"与南中高度自治

南征南蛮之后，诸葛亮为什么没有派遣官员和留下驻军，实行对南中统治呢？

这是因为当时的南中，就是现在的云南、贵州还包括缅甸的部分山区，河流密布，大山纵横。河流湍急，大山是莽莽的原始森林。生产力落后低下，交通阻隔，信息不灵。诸葛亮想用军事力量来征服,也是非常困难的。当地的叛乱分子,完全可以根据他们的地理条件,来一个"敌进我退"和"敌退我进"的战术。大军一来,他们就躲到大山里打游击战;大军一退,他们就从山里出来追击。大山密集,地域广阔,环境恶劣;如果把军队分散去搜集敌人,人生地不熟,就很可能被敌人各个击破。

鉴于这种特殊的情况,所以在大军出征前,马谡就建议诸葛亮采取"攻城为下,攻心为上"的策略。诸葛亮很欣赏这个策略,认为这是一个非常好的办法。就是说,孔明也意识到,南蛮生性野蛮,不服王法,单纯武力征服,是没有意义的。此次南征,实际上就是平定越巂郡、益州郡、牂柯郡的地方叛乱,诸葛亮的主要对手就是雍闿、高定、朱褒和孟获四个人,必须实行"以武力征讨为辅,以攻心为主"的战略方针。

那么又如何实施"攻心战略"呢?诸葛亮经过思之再三,决定在南中寻找一个可以被策反的实力派,利用一个诱人的谈判条件来吸引对方,最后由这个当地的实力派来协助维持统治。在征战中,经过鉴别、分析、对比,认为孟获就是这样一个合适的人选。于是在征战中,对雍闿、高定、朱褒采取了一种武力打击的政策,一战就用计将其三人除掉,斩除了孟获的羽翼而使之孤立。而对孟获则采取了"攻心为上"的战略,故而演绎了"七擒七纵孟获"的故事,从心理上征服了孟获。在诱人的条件下,孟获半推半就地和诸葛亮达成了友好协议。孟获于是成为南中地区的代理人,挂起了蜀汉大旗而表示服从蜀汉王朝的统治。

不仅如此,而且孔明在撤退时,连蜀汉原先在南中地区指派的政府官员和驻守的军队也取消了,这是为什么呢?诸葛亮是这样考虑的,如果派人镇守,会耗费军力。蛮人受到攻击损伤,有的父战死,有的兄战死,让不属于蛮人的官员管理而不带兵,必然造成祸难。如果留守的军队少,对南中潜在的反叛势力没什么震慑力;如果太多,那么北伐军力就会紧张。因此,他对南中采取了高度自治的方式。但是他让吕凯、李恢等蜀国比较出色的官员镇守和南中临近的几个郡。据史料记载,诸葛亮在平夷都督府以军功封李恢为兴亭侯、安国将军,留守建宁,驻平夷;封马忠为牂柯太守,驻且兰。后来的南中就演变而形成了牂柯、越巂、朱提、建宁、永昌、云南、兴古七个郡。

不留外人不留兵,在当时来讲,在一定程度上体现了诸葛亮的博大胸怀和高超的智慧。让当地人管理当地的事,体现了对南蛮的高度信任,从而也就赢得了南蛮对蜀汉和孔明的高度信任,最后也就赢得了南中的长治久安。诸葛亮所使用的这一招,就是"收买人心"的计谋。因为诸葛亮此时的目标,就是要北伐中原。而北伐中原时,最怕的就是南方不稳而后院起火。南征南蛮的目的,不是吞并南蛮,而是要南蛮人心甘情愿地做蜀国人,不至于在北伐时受到魏国人利用。

第四节　南中高度自治的探讨

《三国志·诸葛亮传》说,225 年,"三年春,亮率众南征,其秋悉平"。又据《资治通鉴》记载,"汉诸葛亮至南中,所在战捷,亮由越巂入,斩雍闿及高定,使庲降督益州李恢由益州入,门下督巴西马忠由牂柯入,击破诸县,复与亮合""七擒七纵而亮犹遣获""益州、永昌、牂柯、越巂郡皆平"。

根据史书记载,诸葛亮南征南蛮,在军事上取得了重大的胜利。西蜀在遭受荆襄和猇亭两大军事挫折之后,南征南蛮为什么能取得重大胜利?

之所以能够取得如此重大的胜利,首先应该是军事力量相对强大之缘故。但是蜀汉究竟出了多少兵,史书并未介绍。《三国演义》说是起兵五十万,不过是一种虚张声势的说法,其实没有那么多的兵力。两川之地,人口稀少,兵员不足。猇亭之战,七十多万大军,全军覆没。所以到诸葛亮南征时,兵力已经不多了,不可能有五十万大军。不过,南中也没有那么多的兵力。因为南中地区,较之成都来说,又落后得多,是一个荒蛮之地。愈往南边愈落后,被称为不毛之地。人口稀少,反叛军的兵员就更不足了。所以说,诸葛亮的兵虽少但超过了孟获而足以打击叛军,这是肯定的。

蜀汉的军队,在诸葛亮的训练下,是一支训练有素的军队。有令则行,有禁则止,是很有战斗力的。而孟获的叛军,则是一群乌合之众。两个军队之间,素质相差比较大,战斗力也就大不一样。南征时,蜀汉的人才还是充足的。重要的将领,如赵云、魏延、马谡、关兴、张苞等还在,带兵的将领也相差悬殊,这也是一个重要的因素。

这一场战争,打的是军事战、经济战、政治战,也是一场智谋战。如果孟获略通谋略,会用兵,充分利用南中的地势地形,来一个"声东击西",来一个"敌进我退、敌驻我扰、敌疲我打、敌退我追"的游击战,蜀汉的军队怎么打? 南蛮之人,只知野蛮,不懂谋略,也不善用兵。遇到了诸葛亮,算是低手遇到了高手。诸葛亮本来就出类拔萃,对付南蛮是绰绰有余的。而叛军的阵营中,却没有一个善谋略者,此乃智胜也。因此说,南征南蛮的胜利,是诸葛亮的战略战术方针的胜利。

诸葛亮采纳了马谡的"心战为上,兵战为下"的战略方针,将南征的对手一分为二,将高定、雍闿、朱褒列为歼灭对象,将孟获列为怀柔对象;鉴于高定、雍闿、朱褒分别为三个郡的地方军政长官,必然人心不齐。诸葛亮制定了"制造矛盾、利用矛盾、分化瓦解、各个击破"的战略方针,利用"反间计",使敌相互猜疑而火并,利用矛盾,将敌人各个击破而歼灭了高定、雍闿、朱褒这三股反叛势力;诸葛亮安排了三路大军南进,相互配合、相互协调,给敌人以有力的打击。尤其是李恢按照诸葛亮的战略意图,追击孟获至南盘江,抄了孟获的后路,与孔明形成了对孟获的南北夹攻的态势,总体战略部署正确。

　　孟获之所以联络高定、雍闿、朱褒，发动地方叛乱，其关键就在于他们认为蜀汉虚弱无力，不堪一击了。经历了荆襄之挫，猇亭之败的蜀汉，还能有多少力量？刘备一死，刘禅继位，群龙无首，有机可乘。想不到蜀汉还有一个诸葛亮，还这么有谋略，这是孟获始料不及的。

　　但是，在军事上打败叛乱者，并没有完全完成南征的任务，不过是点到为止。南征之前，马谡曾说："南中恃其险远，不服久矣；虽今日破之，明日复反耳。今公方倾国北伐以事强贼，彼知官势内虚，其叛亦速。若殄尽遗类似除后患，既非仁者之情，且又不可仓卒也。"因此，他建议诸葛亮"服其心而已"。正是依据这样的战略思想，南征结束之后，诸葛亮不留官也不留兵，采取了"以夷治夷"的战略方针，对南中采取了高度自治的措施。

　　为什么对南中采取了高度自治？其实那是诸葛亮不得已的一种做法。关键是国力薄弱，兵力不足，又急于要北征，只得采取这种平衡的方式。诸葛亮说："若留外人，则当留兵，兵留则无所食，一不易也；加夷新伤破，父兄死丧，留外人而无兵者，必成祸患，二不易也；又夷累有废杀之罪，自嫌衅重，若留外人，终不相信，三不易也。"从历史发展的角度来看，应当一分为二地说。从近期看，采取这样的措施，确实稳定了南中，保证了诸葛亮的北征；从较长的时期来看，容易造成南中的分裂。诸葛亮之后，蜀汉的后期直至西晋东晋，南中就逐渐地失控了。到了隋唐时期，南中就出现了一个"南诏国"，就是这种极端的"高度自治"的结果。

第四十一章　诸葛亮北伐

为了实现《隆中对》后期的战略部署,北图中原,匡复汉室,还于旧都,228 年,诸葛亮开始北伐。但却以失败而告终,其重要的原因,就是首次北伐中犯了两次错误。第一次弃魏延的"子午之谋"不用,错失了问鼎中原之良机;第二次派了一个没有实战经验的马谡守街亭,丢失了街亭而失却了进攻中原的最后一线希望。

为什么六出祁山,却无功而返。因为孔明第一次北伐之后,曹魏加强了对西凉的防务,此其一也;待到孔明再次北伐时,其对手已不是曹真,而是司马懿了,此其二也;然孔明的战略战术则不变,仍是老一套的打法,此其三也。

第一节　蜀魏两国基本情况对比

三国对峙,曹魏战略上处于进攻的态势,吴蜀两国处于防御的态势。吴蜀虽然结为唇齿相依的盟国关系,但在对魏国作战方面,蜀是积极主动的,而吴基本上是消极被动的。219 年,汉中争夺战之后,魏蜀两国在西部地区长达九年没有了战事。228 年诸葛亮北伐,两国再次开战。从经济军事实力的对比来说,魏强于蜀。此次开战,由于蜀国突然袭击,所以取了主动进攻的态势,而魏却取了一种被动防御的办法。

为了说明蜀魏两国战略态势的变化,需要对两国的基本情况做一个历史的对比分析。

199 年 12 月,消灭吕布之后,曹操的势力就扩展到了关中,洛阳、长安两京地区就在其掌控之中了。207 年,消灭了袁氏兄弟,彻底统一北方,在天下争夺战中,曹操就开始处于一种进攻的态势了。孙刘虽然联盟,也只能是一种战略防御性的。

208 年赤壁大战之后,曹操采取了收缩的战略方针,实行了"巩固北方,防御南方"策略。209 年,曹仁与周瑜在南郡城外大战一年,全身而退,成功地抵挡了孙刘联军的北上，为曹操恢复元气赢得了时间，曹魏依然保持着战略进攻的态势。211年秋季，曹操进兵潼关，打败了马超、韩遂，捣毁其老巢，夺取了西凉州，魏国的版图进一步扩大到了西部陇右地区。东汉时，天下设置十三个州。而至此，魏占据了幽州、冀州、兖州、青州、徐州、豫州、凉州、雍州、并州、小半个扬州（扬州是九大州之一，东汉末年府治设在寿春。赤壁之战后，扬州一半属东吴，一半属曹魏），并占有荆州北边的南阳、襄阳、南乡三个郡，还占据了陇西地区。总面积260万平方公里。占据了陇西，将魏国的版图从中国的东端延伸到了中国的西端，两地万里，疆域辽阔。东边遏制了东吴，西边遏制了西蜀。就像一个巨人一样，伸开两臂，左手按住了孙吴，右手按住了蜀汉。

219年5月，刘备夺取汉中之后，由于荆州的战略地位凸显而对魏具有了一定的遏制作用，对曹操构成了一定的军事威胁。这个时候，蜀国开始具有了进攻性的战略态势，而魏国则是防御性的。但是，这个时间很短。8月，关羽丢失荆州，败走麦城之后，西蜀就大伤元气被挤到了西南一隅，其在中国政治舞台上的分量开始下降。222年，刘备夷陵一战，惨败而归，再次大伤元气。荆州一战，失却了问鼎中原的战略要地；夷陵一战，失却了问鼎中原的军事能力。而对于曹魏来说，荆州一战，解除了西蜀对曹魏的遏制，在战略上又具有了进攻的态势。蜀国却成了三国之中最弱的一国，处于防御地位。

223年，刘备去世，刘禅继位，孔明秉政而专权，在内政外交以及在稳定南方等方面采取了一系列措施，尤其是内部的治理，到227年，西蜀才稍稍缓过气来。就是在这种内外形势下，即228年，亮开始率兵北伐，向魏国发动了进攻。主动发动对魏国的一场大规模的进攻战，在总体的战略形势上对蜀国是十分不利的。

第一，国力相差悬殊。魏国不仅完全占据着中原地区，而且其版图从最东边的东海岸边延伸到了最西边的陇西地区，东西万里，幅员辽阔。东汉十三郡，魏占有九个郡，其国土面积达到了十分之八。魏国地处北方，比南方先进，就当时来说，属于发达地区，地大物博人口众多，兵员充足，人才资源也非常丰富。西蜀和孙吴地处南方地区，又相对落后于北方。而西蜀却被挤在西南一隅，其经济军事力量相对于中原来说，相差太悬殊了。就西蜀的实际情况来说，成都平原和汉中一小块地方，属于稍发达一点，西蜀的其他地方，尤其是南中地区，都比较落后，人口稀少。诸葛亮对魏国发动的这一场进攻战，完全是一个小国进攻一个大国，一个弱国进攻一个强国，显然是兵源不足，粮草不足，国力不足。

第二，吴蜀两国虽然建立了唇齿相依的关系，但两国之间仍是貌合神离，孙吴并不真心实意地配合西蜀北伐，名为遥相呼应，实不过是虚应故事而已。因此，在北伐的过程中，实际上是诸葛亮在孤军作战。

第三，西蜀江山险阻，易守难攻，守则有余，攻则不足。主动进攻，高山险峻，道路艰难,粮草运转不易,很难支持战争。苏洵在《权书·项籍》中说:"吾尝观蜀之险,其守不可出,其出不可继,兢兢而自完,犹且不给,而何足以制中原哉。"

第四,其进攻魏国的战略要地,汉中秦川地区,远离中原,鞭长莫及。如果不能把战争越过长安,打到中原去,只是在秦川陇西地区转过来转过去,打擦边球。那么,对魏国来说,则是毫发无损;而对蜀国来说,则将是劳民伤财并无功而返。诸葛亮对法正的"汉中之策"是首肯的,认为上、中、下三策,可以进退自如。"汉中之策"是对"隆中决策"的补充和完善。因此,他在北伐过程中,还是倾向于"汉中之策"的中策和下策。例如,第一次、第二次、第四次北伐,其目标就是雍、凉两州,而不是关中和关东地区。

西蜀建国后,又经过了 5 年,到 228 年,从其国力及其在三国中所处的形势来看,蜀汉的形势发展,总体上处于低潮,战略处于防御时期,而不是进攻的时期。可是孔明为什么还要主动北伐呢?

第一,是人才原因。刘备时期,积蓄了相当多的人才,这是从中原到荆州,再到西川、汉中的大范围内招募来的。如今一州之地,哪有那么多的人才呢? 随着时间的推移,老的人才一个一个地会死去,将出现人才断层,到那时候靠什么去北伐? 这不是坐以待毙吗? 因此,必须趁现在这些人才还健在,趁早北伐。

第二,是西蜀的发展已到了尽头。西蜀的荆州被东吴夺去之后,东边被堵死了,发展不了。南边崇山峻岭,森林茂密,土地贫瘠。九山一亩,难以发展。征讨也划不来,南边势力多,就像是"牛皮癣"似的,这边刚刚打完仗,那边就开始反抗,开发成本高。西边是山脉阻断,青藏高原去不了。因此说,西蜀只有向北才能发展。向北发展,是西蜀唯一的出路。

第三,是中原经济恢复的原因。孙权之所以能割据江东,刘备所以能占有益州,主要是中原战乱不止,经济破坏,人口流失。三国实力对比,曹占九州半,东吴两州半,西蜀仅占一州。魏人口超 400 万,蜀人口 97 万,发展没有潜力。如果南北都停止战乱,加快恢复,那么,南方,比如西蜀,一个州的发展,怎么也跑不过九个州的发展。一旦北方停止战乱,人口增加,经济恢复,南方就无法抗衡北方。所以孔明执意要而且要抓紧时间北伐。

第四,是政治的需要。刘备、诸葛亮事业得以成功,靠的是"正统",打的是"政治牌"。刘备在成都建国,是代表大汉王朝建国的,因为汉王朝已被曹丕篡逆了。刘备死后,如果孔明不北伐,偏安于一方,那算个什么东西呢? 那只能是一个地方割据,实际上就是搞分裂,这与孔明初衷是相违背的。所以,诸葛亮要通过积极北伐,"还于旧都",匡复汉室,统一天下,来证明蜀汉政权的合法性和正统性。

第二节　不敢用奇而弃"子午之谋"

　　诸葛亮首次北伐,其进军路线非常关键。蜀魏以秦岭为界对峙,欲取长安必过秦岭。过秦岭主要的有三条道:第一条是东路子午道,最近,但险要。第二条是中路斜谷,较近,但有栈道500里,行军困难。第三条是从西路由阳平关绕到渭水之西的一条大道,较远,但蜀军集结和粮草转运方便。

　　从哪里进军,在这个事关战略方针的大问题上,西蜀上层产生了分歧。魏延献"子午之谋",建议秘密地过子午道而取长安。他说:"夏侯楙乃膏粱子弟,懦弱无谋。延愿得精兵五千,取路出褒中,循秦岭以东,当子午谷而投北,不过十日,可到长安。夏侯楙若闻某骤至,必然弃城望横门邸阁而走。某却从东方而来,丞相可大驱士马,自斜谷而进:如此行之,则咸阳以西,一举可定也。"这是一个很好的谋略,实属上策。在使用此谋时,魏延建议诸葛亮"大驱士马,自斜谷而进"。而斜谷乃过秦岭的一条中路,离长安较近,有栈道500里。此栈道正是当年刘邦在前206年2月至汉中的行走之栈道,过后又被刘邦烧毁。8月,刘邦又"明修栈道,暗度陈仓",出其不意,攻其不备地袭三王,定三辅,据三秦。诸葛亮从斜谷进兵,是为正;魏延从子午谷骤至,是为奇。正掩护奇,奇配合正。而此时正是司马懿受到魏明帝猜疑而被削职为民之时,正是可以出奇兵,用奇谋之时。

　　魏延在战场上累立战功,骁勇无敌,且颇有智谋。219年,刘备进位汉中王,把镇守汉中的重任交给了魏延。备大会群臣问之:"今委卿以重任,卿居之欲云何?"延对曰:"若曹操举兵而来,请为大王拒之;偏将十万之众至,请为大王吞之。"对于抵抗曹魏的来犯,充满着自信。魏延的防守策略,就是错守诸围之法,就是将防线布置在汉中外围。具体就是利用有利的地形,将蜀军分散布置在每一个险要关口,于骆谷道、斜谷道、子午道等地驻重兵,互为犄角,其余兵马留守汉中城内的一种积极的防御战略。镇守汉中八年,魏延对关中、陇西、汉中三地情况了如指掌,故而有"子午之谋"。此谋,乃魏延深思熟虑之谋。实施此谋,即可实现"法正之策"的"攻长安,夺洛阳,定中原"的上策之战略目标。但是,诸葛亮过于谨小慎微,说"此非万全之计",认为是一条"军事冒险主义"的行为,不予采纳。

　　为了稳妥起见,孔明则主张从最远的平坦大道进军,夺取陇右,即陇西地区。第三条道的道路遥远,实乃是军事之下策也,是一条极保守的错误的军事路线。200年,袁曹官渡决战时,曹操力量弱小,许攸曾对曹操说:"明公以孤军抗大敌,而不求急胜之方,此取死之道也。"官渡决战,曹操采用许攸之谋,以五千骑兵,深入袁绍大营,冒险去偷袭乌巢粮草,使袁绍几十万大军不战而自败。李渊太原起兵,力量微弱,他采纳次子李世民"先入咸阳,号令天下"的建议,冒险进军关中,直接夺取了长安,震动了全国,结果夺取了天下,建立了大唐帝国。这些战例,都是在敌强我弱的情况下,用奇谋,出奇兵,以出其不意,攻其不备而取胜。诸葛亮以小国抗大国,以弱国而对强国,不抓住战机,在战略上出其不意,攻其不备,此取败亡之道也。

1948 年,人民解放军在战略进攻上取得重大胜利之后,东北的国民党军队被压缩在长春、沈阳、锦州三个孤立的据点中,毛泽东就决定在东北采取"关门打狗"的战略战术,"封闭蒋军在东北加以各个歼灭",打一场大规模的辽沈战役,这是毛泽东经过深思熟虑后的一着妙棋。但是林彪却顾虑重重而迟迟下不了决心,关键是关内(指北平及华北地区)关外(指东北地区)两大国民党战略集团合而为一体,其力量就大大超过解放军,冒险的程度很大。毛泽东批评林彪,反复指出,锦州是东北国民党军的门户,是东北和关(此关,即山海关)内联系陆路的咽喉要冲。攻下锦州是关键,然后即可关门打狗。9 月 5 日,毛泽东再一次电令林彪:"确立攻占锦、榆、唐三点并全部控制该线的决心;确立你们打你们前所未有的大歼灭战的决心。"在毛泽东的督促下,林彪终于决心攻打锦州。

按照毛泽东的战略部署,林彪以 6 个纵队和 1 个炮兵纵队为主力的 25 万东北野战军,从三个方向向锦州展开攻击。10 月 14 日,900 门大炮,一齐轰鸣,仅 45 分钟,号称固若金汤的锦州城就被撕开了一个大缺口。经过 31 个小时激战,攻城之战胜利结束。在东西两侧进行阻援的部队,打退了国民党军队分别从沈阳和葫芦岛增援的企图,保障了攻锦的胜利。锦州的解放,对于辽沈战役具有决定性的意义。它像关上了东北的大门,把国民党方面在东北战场和华北战场的两大战略集团分割开来。被俘的范汉杰后来说:"这一着非雄才大略之人是做不出来的,锦州好比一条扁担,一头挑东北,一头挑华北,现在是中间折断了。"

魏延的"子午之谋",从子午谷径取长安,这是一个极好的谋略。228 年的长安,犹如 1948 年的锦州。长安属关中地区,长安以东属关东地区,古称山东地区,即中原地区;长安以西属关西地区,指陇西地区。从子午谷径取长安,控制潼关,实际上就把魏国的山东地区,即潼关以东地区和潼关以西地区(包括关中和陇西地区)分割开来了,这实际上就如国民党将领范汉杰所说那样,曹魏控制着长安,就像一条扁担,一头挑着山东地区,一头挑着潼关以西地区。一旦西蜀占领了长安,控制了潼关,就把中间折断了。这样,西蜀就一头控制着咸阳以西,一头威胁着山东地区了。魏延曾信心十足地说,如能顺利地实施这一谋略,占领长安,"则咸阳以西,一举可定也"。

如果魏延从子午谷而出,蜀兵就犹如从天而降。亮的大军稍后从斜谷而出,两军会合之后,以迅雷不及掩耳之势,迅速占领长安和咸阳。然后迅速控制潼关,则大事可定也。潼关建于 196 年,是关中的东大门。在潼关的东头有一个古老的函谷关,两地相距 140 里。长安古来就有"雍州之地,崤函之固"一说。崤山位于河南省西部古崤县,处于长安与洛阳之间的黄河流域。函位于河南省三门峡市函谷镇。东面崤山,西至潼津,通名函谷,号称天险,"一夫当关,万夫莫入"。蜀军占据潼关,控制函谷关,就彻底切断了关中与中原各地的联系,就胜券在握了。当年,诸葛亮如若用了魏延之谋,占据了长安,控制了潼关和函谷关,其地盘就扩展到了雍、凉两州,蜀国的都城就可从成都迁到长安,在军事战略上和政治上也都占据了主动性。

当年的"子午之谋",若能实施,其成功具有极大可能性。从战场形势来看,魏国的西部战场,已经有九年没有战事了。《资治通鉴》载:"始,魏以汉昭烈既死,数岁寂然无闻,是以略无北备豫;而卒闻亮出(指亮第一次北伐而兵至陇西),朝野恐惧。"既然无备而"朝野恐惧",正是运用"子午之谋"而出其不意攻其不备之时。从地区形势来说,西凉地区,又是魏国统治薄弱的地区,并不十分依附曹魏。如果诸葛亮进入了长安并控制了潼关,那么长安以西的陇右地区就自然归附了西蜀。从对方的将领来看,其将领夏侯楙,是一个纨绔子弟,又不懂兵法,又没有实战经验,魏延的奇袭小分队,攻其不备,出其不意,迅速占领长安是没有问题的。司马懿曾说:"若是吾用兵,先从子午谷径取长安,早得多时矣。"

那时魏国内部正潜伏着一种危机,其内部降将孟达欲反叛魏国而起金城、新城、上庸三处兵马就彼举事,配合诸葛亮攻打长安而径取洛阳。如果咸阳以西早归于西蜀,那么孟达起事还会提早而在司马懿出山之前,这对孔明占关中而攻打中原是非常有利的。即使没有"孟达举事"这一档子事,诸葛亮占领长安后,也可以通过策反使孟达举事。如果孟达利用金城、上庸、新城三地的兵力、财力和物力的支持配合,攻打洛阳,则天下可定矣。司马懿出山后,得知孟达欲反之事后,以手加额说:"若旦夕不用吾时,孟达一举,两京(指古都长安和洛阳)休矣!"228 年,亮弃"子午之谋",是西蜀继荆襄大战之败之后,第二次失去夺取中原之良机。

在辽沈战役和淮海战役胜利之后,毛泽东于 1948 年 11 月 14 日的《中国军事形势的重大变化》一文中说:"原来预计,从 1946 年 7 月起,大约需要 5 年时间,便可能从根本上打倒国民党反动政府。现在看来,只需从现时起,再有一年左右的时间,就可能将国民党反动政府从根本上打倒了。"为什么解放全国时间大大提前呢?因为成功地打了辽沈和淮海两大战役。毛泽东的预计是准确的,三大战役之后,到 1949 年 10 月,全国就基本解放而召开了开国大典。如果东北人民解放军不按照毛泽东的命令,迅速出兵解放锦州,就没有辽沈战役的胜利;如果没有辽沈战役和淮海战役的胜利,就没有平津战役的胜利;如果没有三大战役的胜利,就没有 1949 年的全国基本解放。可见,攻打锦州是非常重要非常关键的一战。

当年的孔明如果采纳了魏延的建议,用险招出奇兵,拿下咸阳,不仅咸阳以西归于蜀,而且还会使洛阳震动。诸葛亮谨守着"安从大道,万全无虞"的教条主义的用兵方法。结果是,自汉中向西,绕道阳平关、武都、天水而出祁山,以致贻误时日。虽然乘虚进入了陇右,夺取了天水、安定、南安三郡,仍离长安还非常远。结果街亭一败,前功尽弃。机不可失,时不再来。这一次战机的丢失,留给西蜀的就只能是败亡之路。诸葛亮北伐的失败,就是败在他不善于用奇谋奇策也。

第三节　建立西凉进攻中原的根据地

诸葛亮因其保守主义军事思想的错误指导,弃魏延的"子午之谋"不用,采取了一个"万全之策"的作战方法,舍近取远,不从子午道和斜谷道就近突袭关中,而是从西路由阳平关绕到渭水之西的一条最远的道,去攻打陇右地区,并准备稳妥地在陇右地区建立与曹魏政权相抗衡的军事根据地。

这一条保守主义的军事路线,只相当于"汉中之策"之中策,而与"隆中决策"的后期的错误方案相吻合,偏离了刘邦以关中为根据地进攻中原的方案。《隆中对》原来的战略部署是:"跨有荆、益"两州,然后"待天下有变",即可北伐中原。从哪里进攻中原呢?诸葛亮规定了两个战略要地,一个是荆州,一个是秦川。但是他错误地认为,秦川的战略地位高于荆州。理论上的错误,终于导致实践上的错误。结果,荆襄一战大败而丢失了荆州。丢失了荆州之后的西蜀,仅两川之地。项羽"立沛公为汉王,王巴、蜀、汉中,都南郑",刘备西蜀的两川之地,几乎等同于当年刘邦所占的地盘。

然而,刘邦虽占有汉中及巴、蜀之地,但并没有把汉中和巴、蜀之地作为进攻中原的根据地,更没有把汉中作为进攻中原的战略要地。当年萧何分析了天下大势后,曾建议刘邦:养汉中之"民以致贤人,收用巴、蜀,还定三秦(三辅、三秦、关中,皆指一个地区,即长安地区),天下可图也"。所谓"还定三秦",就是夺取"三秦",就是以"三秦"为战略要地,与项羽争夺关东地区(即中原地区)。如果诸葛亮首次北伐,就采用了魏延的"子午之谋",就和当年刘邦一样,以迅雷不及掩耳之势,夺取了关中,以关中为根据地,与曹魏争夺中原地区。那么,在逐鹿中原的天下争夺战中,鹿死谁手,还是很难预料的。如果西蜀夺取了关中,关中就是西蜀的第二个荆州也。

可惜,诸葛亮弃魏延的"子午之谋"不用,退而求其次,不去占领关中,而去占领陇右地区,以陇右地区作为根据地,去进攻中原地区。陇右地区与关中地区相比,其战略地位和作用,简直是天壤之别。从政治、经济、军事三个方面来说,和关中是没有比的。"陇右"一词是由陕甘界山之陇山(即六盘山)而来。"陇右",即陇山之右。古人称"东为左,西为右"。陇右指陇山以西,黄河以西 地区,包括天水、安定、南安。"陇右"一词,脱胎于"陇西",是以陇山为标志,指称其西(右)的广大地域,是单纯的地理空间概念,而"陇西"则是一个行政区域概念。孔明为什么走这一条道?因为这里有一个街亭咽喉要道。他说:"只要切断关陇通道,不让曹魏的二线三线预备队进入陇右,把优势保持一段时间,陇右诸郡孤立无援,势必全部归蜀所有!"

当三郡叛魏应亮之时,拒而不降的陇西郡太守游楚说:"能断陇,使东兵不上一月之中,则陇西吏人不攻自服;若不能,蜀自疲弊耳。"在陇右这个平坦的地方,又远离关中,诸葛亮的战略目标却大得很。首次北伐,他却制定了一个"平起陇右,蚕食雍凉,逐步灭魏"的战略方针。说具体一点就是,"出祁山,占天水,守街亭,越陇山,迁长安,趋潼关,捣洛阳"。这是一条耗时间、耗经济、耗军队、耗国力的战略方针。从蜀魏两国的经济军事对比来看,蜀是无论如何耗不过魏国的。就是说,以陇右为根据地,越过关中去夺中原,这是不可能的。诸葛亮放弃关中而选择陇西地区,实在是去大而就小,去本而就末,去安而就危也。

诸葛亮因为选择的是一条稳妥的战略方针,所以陇西地区,很快就被诸葛亮夺取了。这是因为曹魏在陇西(陇右、陇西、西凉,都是一个地区)地区统治的基础薄弱。211年,曹操虽然打败了马超,平定了西凉地区,对河西(即黄河以西地区)则采取了放任自流的态度。曹丕时代,河西豪族的叛乱被平定,但整个凉州并没有被曹魏消化。所以,蜀汉轻轻松松地夺取了天水、安定、南安三郡。当然,诸葛亮也采取了一定的计谋。主要是"声东击西"之计,令赵云、邓芝佯攻斜谷,自己却亲率大军走第三条道,进入陇西地区。又利用南安、天水、安定三郡之间的关系,用计用谋而取之。

但是选择陇右作为根据地,仅仅是"汉中之策"中策的目标。把根据地建在陇右地区,从陇右地区一般是进不了关中的,更别说定中原了。因为关中处在"东潼关、西散关、南武关、北萧关",即"四关之内"。关中地形复杂而险塞,南倚秦岭山脉,四面都有天然的地形屏障,真正的是进可攻,退可守。关中四面高山险阻,中间地势平坦,号称关中平原。渭河从中穿过,土地肥沃,物产丰富,足可支持战争。战略地形十分有利,可以坚持持久战。况且,关东即中原地区,魏国的援军是源源不断的。因此说,想想看,凭陇右的地形地势,明火执仗地怎么可能打进关中去呢?为什么采用"子午之谋"就可以攻占关中呢?那是因为蜀魏之间九年没有打过仗,魏没有任何的军事准备,走子午之道,可以出其不意,攻其不备,故而能取之。

在取天水郡时,孔明的计谋却被一个叫姜维的人识破。这引起了诸葛亮的注意,认为姜维是一个有谋略的将军。交战中孔明见到了姜维,叹曰:"此人真将才也!"于是,用计收编了姜维。随后又取天水、上邽。孔明自得了三城之后,威声大震,远近州郡,望风归降。陇西夺三城,彻底占领了西凉地区,诸葛亮打算在此建成一个夺取中原的坚固的根据地,实现"出祁山,占陇右,连诸戎,夺长安"的持久战的战略方针。他打算做三件大事。第一件就是实行军屯民屯,开荒辟田,种粮种菜,保障军需,解决军队粮草长途转运的艰难问题，为夺取中原提供经济保障。第二件就是建立骑兵部队，即进攻中原的快速部队，为长驱直入，攻打中原提供军队保障。

在考虑着上述两件大事的同时，孔明自然想到了在西凉地区的组织建设的第三件大事。因此收了姜维之后，诸葛亮非常高兴，将自己平生所学传于姜维，并将姜维培养为自己的接班人。孔明为什么如此看重一个降将呢？因为姜维原在曹魏时，就受到排挤而不得志。与之交谈中，亮发现其对大汉王朝非常忠诚。以西凉地区作为进攻中原的巩固的根据地，没有一个在本地具有一定的社会基础的出类拔萃的人物是不行的。对西凉、汉中、巴蜀情况都非常熟悉的法正，在219年逝世了。曾经为西凉一方诸侯并在羌族很有影响力的马超也于222年逝世了。因此，诸葛亮把目光集中到了姜维身上。维出自天水四大姓（即姜、任、阎、赵）之一，其父姜囧在羌乱中为保护郡守而战死，是烈士之后，在西凉的上层和下层，都是一个具有影响的人物。

姜维文武双全，有武功，也有谋略。他一方面精研主流儒学郑玄之学，从武力豪族向文化士族迈进；一方面又秉持凉州豪族尚武之风，豢养死士，想在疆场上有一番作为。诸葛亮对此很欣赏，称之为"凉州上士"。《世说新语》说："蜀官皆天下英雄，无出维右。"维生于西凉，长于西凉，又曾经在魏国做官，对西凉民俗民情、地方的社会历史非常熟悉。孔明认为，在占领了西凉之后，因为有了维，必然会形成一个以姜维为中心的为蜀汉服务的雍凉人才队伍。所以说，实行"汉中之策"，无论是中策还是上策，姜维都是难得的人才。

确保陇右地区的安全，镇守街亭是关键。陇右地区，一共有五个郡。蜀军进入陇右，已经得了三个郡。守住了街亭，其他两个郡，自然也就归属了西蜀。这样，西蜀的版图就扩大到了西凉地区，其国力就大大地增强了。诸葛亮在陇西地区所设计的"三策"，即开荒辟田而实行军屯民屯；创建快速反应的骑兵部队；建立以姜维为中心的西凉人才队伍。"三策"的实施，进攻中原的根据地的储备建立，为西蜀夺取中原还于旧都而匡复汉室，还是带来了一线希望。

第四节　街亭之失，前功尽弃

诸葛亮的"出祁山，占天水，守街亭"而开辟"陇右战场"的战略部署，首先是"出祁山"，重点是"占天水"，关键是"守街亭"。因为蜀占领西凉地区，最重要的是要切断魏国的关外援军，孤立陇西，所以关键要守住街亭。

魏国为了扭转陇西失败的局面，就是关外的援军必须进入陇西地区。"魏明帝西镇长安，命张郃拒亮"。魏要迅速派兵进入陇西增援各郡，必须突破街亭要道；与此同时，蜀为了巩固新夺的西凉地区，也必须向石街亭派重兵镇守。一个魏，一个蜀，双方都把目光聚焦到了石街亭，一个要阻，一个要进。魏败，陇右诸郡则归之于蜀；蜀败，诸葛亮首次北伐，则前功尽弃。石街亭，对于双方都至关重要。

据《秦安县志》记载，石街亭所处的位置，就是现陇山脚下的陇城镇即当年的街亭，就是传说中的五路总口。这是一条东北西南走向的谷道。谷地西北侧，是险峻的山地；谷地东南，是无法逾越的秦岭。从西安到天水，须通过陇山，翻越陇坂，沿街亭行走。陇山，也称关山，是陇右高原和八百里秦川的天然边界，道路十分艰难。亮要切断魏的援军，必须守住石街亭；张郃要驰援陇西诸郡，必须突破石街亭。蜀、魏双方的一场大战，即将在石街亭上演。

石街亭为什么如此重要？因为街亭是进入陇西的咽喉要道，也是通往长安的咽喉要道。控制了石街亭，即掌握了战争的主动权。结果，石街亭之战，蜀军大败。毛宗岗说："街亭失而几使孔明无退足之处矣。于是南安不得不弃，安定不得不捐，天水不得不委，箕谷之兵不得不撤，西域之饷不得不收。遂使向之擒夏侯、斩崔谅、杀杨陵、取上邽、袭冀县、骂王朗、破曹真者，其功都付之乌有。悲夫！"石街亭之战，是诸葛亮第一次北伐的关键一战。

毛泽东说："战争历史中有在连战皆捷之后吃了一个败仗以致前功尽弃的，有在吃了许多败仗之后打了一个胜仗因而开展了新局面。"这"'连战皆捷'和'许多败仗'都是局部性的，不起决定性作用"，而这"'一个败仗'和'一个胜仗'就都是决定的东西了。"在这一系列的战役战斗中，最重要的就是控制街亭的咽喉要道之战是全局性决定性之战。街亭失守，粮道断绝，后援不继，三郡不保，前功尽弃，不战自溃。街亭之失，打破了诸葛亮北伐的战略部署，打破了西蜀进攻中原的最后一线希望。

石街亭之战，蜀为什么会败？因为诸葛亮派了一个军事庸才，即没有实战经验而死记兵书的马谡去守。司马懿，得知蜀军营寨扎于山上，又得知守石街亭的将领是马谡时说："徒有虚名，乃庸才耳！"但是，近代学者不断提出疑问：马谡并非庸才，史称马谡"才器过人，好论军计"。诸葛亮南征孟获时，曾献"攻心为上，攻城为下；心战为上，兵战为下"之策，与孙子的观点是一致的，实属高论。按照历史事实，街亭之战，魏的主要将领张郃，打败了马谡，有史书为证。《诸葛亮传》记载："亮使马谡督诸军在前，与郃战于街亭，谡违亮节度，举动失宜，大为郃所破。"《张郃传》记载："亮出祁山。加郃位特进，遣督诸军，拒亮将马谡于石街亭。谡依阻南山，不下据城。郃绝其汲道，击，大破之。"《马谡传》记载，马谡"与魏将张郃战于石街亭，为郃所破"。

马谡错在什么地方？《三国志》说："谡违亮节度，举动失宜。"马谡临行，诸葛亮交代："下寨必当要道。"大军到达街亭，参军王平坚持在五路总口下寨。而马谡则要坚持上山扎寨。马谡说："此处侧边一山，四面皆不相连，且树木极广，此乃天赐之险也：可就山上屯军。"王平说："倘魏兵骤至，四面围定，将何策保之？"马谡说："兵法云：'凭高视下,势如劈竹。'"王平说:"今观此山,乃绝地也:若魏兵断我汲水之道,军士不战自乱矣。"马谡说:"兵法云:'置之死地而后生。'"按照《三国演义》的说法,就是不该把营寨扎在山上,以致被敌人断了汲水之道,为张郃所败。

陈瓷说:"《三国演义》里诸葛亮神机妙算,要求'下寨必当要道处'。对这一点,早就有人实地考察街亭地形,发现街亭要道地势宽阔平坦,如同折扇的扇面,这样蜀汉军队就直接与张郃军队硬碰硬了。蜀汉军队远征已久,而曹军却是新锐之师,即使亮来,也难保必胜。相反,马谡的上山安营之策,充分利用地利,倒像是一条妙计。"看来,陈瓷把石街亭的地形摸得一清二楚。石街亭的形象如同一柄折扇,清水河两条支流汇入谷口形成一个小小的冲积扇平原。街亭镇(今秦安县陇城乡)就坐落在冲积扇的西端,整个折扇的扇柄则在南山,南山的地势很有特点,当地又称百亩塬,顶部是一个香蕉形的平台,实际面积远大于百亩,北、东、西三面甚是陡峭。

张郃的大军来了,见马谡扎军山上,仔细察看了一下地形,分析了一下地势,认为要想攻山,就必须在狭窄险峻的陡峭路上攀登,冲在最前面的最多只有五十人,而这五十人根本经不住孔明弩的杀伤,绝对不能登山而强攻。是否可以穿过山下大道,越过街亭而进入陇西?凭多年的战斗经验,他断定诸葛亮在陇西肯定有伏兵。要是自己贸然穿过街亭,那时马谡下山切断归路,前有伏兵杀出,就会腹背受敌。张郃的判断是不错的,亮在陇西确实埋有伏兵。一开始,张郃还真发现不了马谡的什么破绽,后来他发现,这是一座不大不小、不高不低的独山独峰,必定无水。若断其汲水之道,马谡的两万士兵不战而自乱。就这样,张郃打败了马谡。

但是,陈瓷的分析和判断,还是有疑点。他说:"街亭地形,发现街亭要道地势宽阔平坦,如同折扇的扇面,这样蜀汉军队就直接与张郃军队硬碰硬了。蜀汉军队远征已久,而曹军却是精锐之师,即使亮来,也难保必胜。"就是说,如果马谡在山下要道处下寨,也是必败无疑,"即使诸葛亮来,也难保必胜",其根本原因就是"石街亭要道地势宽阔平坦,如同折扇的扇面"。石街亭之战,发生在 228 年,如今是 2024 年,距今 1796 年。现在石街亭要道宽阔平坦,难道 1796 年前也是宽阔平坦,一点都没有变化吗?其冲积的折扇形面积一点不扩大吗?司马懿说,石街亭乃汉中的咽喉要道。既然是咽喉要道,那么当年显然是道路狭窄,至少比现在狭窄。一个较为狭窄的咽喉要道,就属于易守难攻之处。马谡若把两万多人的军队扎在这个咽喉要道上,还挡不住张郃的兵马吗?这说明,亮"下寨必当要道处"的要求是正确的。石街亭之败,马谡应负前线指挥之责任。

历史上一位评论家说:"马谡之所以败者,因熟记兵法,成语于胸中,不过曰'置之死地而后生'耳,不过曰'凭高视下,势如破竹'耳。孰知坐论则是,起行则非;读书虽多,致用则误,岂不可叹哉!故善用人者不以言,善用兵者不在书。"张郃首先就看到了自己所面临的危险，而马谡则只看到居高临下有利的一面，却没有看到断汲水道而危险的一面。愚蠢的人，只看到对自己有利的一面，聪明的人却能看到对自己不利的一面。充分说明，石街亭之战，诸葛亮用错了人。《资治通鉴》记载："出军祁山，诸葛亮不用旧将魏延、吴懿等为先锋"，却用一个仅有理论而没有实战经验的马谡。街亭之败，属于诸葛亮用人之误。

毛泽东也评点道："初战亮宜自临阵。"认为街亭之战亮应大军挺进，临阵调度，不应分散兵力，委责于人。他认为，街亭之战，诸葛亮错在两点：第一点，应亲临前线指挥，不应委责于人，况且他所委责的是一个仅有军事理论而没有实战经验的马谡，这是错上加错。毛泽东在《魏纪四》就亮出师木门道杀张郃事，做了眉批："失街亭后，每出，亮必在军。"他认为，这是诸葛亮接受了教训的结果。第二点，亮犯了战略战术上的错误。关系全局性的街亭之战，不应分散兵力，应集中兵力，应大军挺进。街亭之战时，在街亭前线的只有二万五千人，加上埋伏的兵，也就是三万多一些兵。当懿率大军越过街亭而到达西城时，时亮都无兵可用，只得用空城计将司马懿退去。蜀的大军在哪里呢？都被诸葛亮用到别处去了。据《三国志》裴松之注记载，诸葛亮也曾说："大军在祁山、箕谷，皆多于贼，而不能破贼为贼所破者，则此病不在兵少也，在一人耳。"在一人什么呢？就是孔明没有调度好兵力。

第五节　陇右战场的成功与危机

蜀军北伐，兵出祁山，攻占陇右，实际上是偷袭，属于出其不意攻其不备也。偷袭或者叫作奇袭，与公开宣战的打法是不一样的。蜀攻打魏之陇右，就是在对方毫无防备的情况下进行的，并且还用了一个"声东击西"之谋，骗过了曹真。兵出祁山之后，连得南安、天水、安定三郡，也是用了一定的计谋的。因曹叡对司马懿用而防之，故诸葛亮的一个反间计，就借曹叡之手，将司马懿削职为民。亮攻打魏之陇右，就是在魏国政坛上没有司马懿这个在军事政治上强劲对手的情况下展开的。

诸葛亮一个"声东击西"之谋，骗过了曹真，并把他留在了斜谷，而他却率兵出现在祁山战场。祁山，位于甘肃省礼县东，西汉水北侧，西起北岈（今平泉大堡子山），东至卤城（今盐官镇），绵延约 25 公里。祁山是北面进入蜀地的重要地区，曾经是秦国的发祥地，是秦早期的政治经济文化中心。为什么兵至祁山而北伐中原呢？因为这里是曹魏统治最薄弱的地区，容易打开缺口。果然，蜀军首出祁山，迅速开辟了陇右战场，迅速地夺取了三郡。《三国志》记载，"南安、天水、安定三郡叛魏应亮，关中响震"。当蜀军在陇右战场凯歌高奏的时候，曹真才惊醒而回到陇右。陇右地区，这个魏国西部偏远的地区，首次成为了蜀魏两国的大战场。

曹真手下有一个军师王朗,是一位老将,乃魏国的两朝元老。大战之前,王朗说:"老夫自出,只用一席话,管教亮拱手而降,蜀兵不战自退。"第二日对阵,王朗出阵下说词,"天数有变,神器更易,而归有德之人,此自然之理也"。孔明说:"吾素知汝所行:世居东海之滨,初举孝廉入仕;理合匡君辅国,安汉兴刘;何其反助逆贼,同谋篡位!罪孽深重,天地不容!天下之人,愿食汝肉!今幸天意不绝炎汉,昭烈皇帝继统西川。吾今奉嗣君之旨,兴师讨贼。"

这是一场舌战,实质就是大造舆论的政治战。伟大的政治家毛泽东曾说:"一个阶级推翻一个阶级,都是要大造舆论的。革命的阶级是这样,反革命的阶级也是这样。"三分天下的各个历史关头,都渗透着"合法政府"与"非法政府"之间的舆论战。曹操"挟天子以令诸侯",取得了政治上的主动权。在诸侯争夺战中,他打谁,都说是"奉旨讨贼"。赤壁大战前,江东投降的声浪高涨,就是因为操"借天子之名,以征四方,拒之不顺"。孔明坚决抗曹,他认为,曹操名为汉丞相,实乃汉贼。孙刘联军,先在舆论上,即政治上打败了曹操,然后才在军事上取得胜利的。

这次战前,王朗与孔明,都看到了舆论战的重要性。舌战的焦点问题就是,谁是中国唯一"合法的政府"。这是一个理论是非问题,不把这个问题搞清楚,打起仗来就没有底气,甚至连腰杆子都伸不直。王朗的说辞,意在说明,曹魏政权是唯一"合法的政府"。其理由是"天数有变,神器更易,而归有德之人,此自然之理也"。既然曹魏政权是唯一"合法的政府",那么蜀汉就是"非法政府"。以"非法政府"攻打"合法政府",是违反天理的,是大逆不道的。亮认为,先主刘备,乃汉献帝的皇叔。"曹丕废帝篡炎刘,汉王正位续大统""幸天意不绝炎汉,昭烈皇帝继统西川"。蜀才是唯一合法的政府,而曹魏则是非法的政府。以"合法政府"讨伐"非法政府",是合理合法的,是符合天意的,是师出有名的,是名正言顺的。

接着,孔明痛斥王朗:本是汉之臣子,"理合匡君辅国,安汉兴刘;何其反助逆贼,同谋篡位!罪孽深重,天地不容!天下之人,愿食汝肉!"又说:"吾今奉嗣君之旨,兴师讨贼",上合天理,下合人心;名正言顺,天经地义。孔明是伶牙俐齿,说得底气十足。两军阵前,诸葛亮指着王朗的鼻子骂道:"汝既为谄谀之臣,只可潜身缩首,苟图衣食;安敢在行伍之前,妄称天数耶!皓首匹夫!苍髯老贼!汝即日将归于九泉之下,何面目见二十四帝乎!"王朗本来底气十足,曾夸海口"老夫自出,只用一席话,管教诸葛亮拱手而降,蜀兵不战自退",经过一番论辩,却羞愧难言。时王朗已七十六岁高龄,当时听罢,气满胸膛,大叫一声,撞死于马下。双方舌战,诸葛亮舌如利剑,将王朗刺死。这一场舆论战,西蜀取得了胜利。

魏在政治上打了败仗,必然要在军事上争一个胜负。曹真、郭淮计议,准备劫寨。这些小计策,岂能瞒过。诸葛亮将计就计,"吾正欲曹真知吾去也。彼必伏兵在祁山之后,待我兵过去,却来袭我寨;吾故令汝二人,引兵前去,过山脚后路,远下营寨,任魏兵来劫吾寨。汝看火起为号,分兵两路:文长拒住山口;子龙引兵杀回,必遇魏兵,却放彼走回,汝乘势攻之,彼必自相掩杀。可获全胜。"这一战,打得魏兵大败。收拾残兵败将,曹真仍不甘心,与郭淮商议:"今魏兵势孤,蜀兵势大,将何策以退之?"淮献计,求救西羌,邀得西羌丞相雅丹与越吉元帅起羌兵十五万来战孔明。还未与曹真见面,就被孔明打败而退去了。随后再战,曹真连斩两个先锋。

西蜀在政治上、军事上的胜利,为初步巩固西凉州地区,为创建进攻中原的根据地提供了条件。但是这些胜利,只是一个表面性的胜利,它的胜利仅仅是一个泡沫而已。就是说,在陇右战场,蜀国在胜利的凯歌声中,已经隐藏着深深的危机。主要体现在两个方面,其一是曹魏方面由无准备向有准备的方向转化;再一个方面就是,这是非常重要的,就是曹魏政坛上没有司马懿开始向有司马懿的方向转化。这样,诸葛亮就会由优势向劣势的方向转化,由胜利而向失败转化。

208年,曹操南征,曾对夏侯惇说,"吾所虑者唯刘备、孙权耳,余皆不足虑"。后来赤壁一战,曹操还是败在了刘备、孙权之手。228年,诸葛亮准备北伐,曾说:"曹叡即位,余皆不足虑;司马懿深有谋略,今督雍、凉兵马,倘训练成时,必为蜀中之大患。"故用计而除之。本想用此计,使曹叡心疑而杀之。可是曹叡并未杀懿,而是将懿削职为民。在魏国政坛没有司马懿的情况下,本是诸葛亮"夺关中,攻关东,定中原"而纵横天下的最佳时机。可是,亮为了"稳妥"而采取了"万全之策",弃"子午之谋"不用而选择兵出祁山。

在陇右战场,司马楙、曹真在陇右地区一败再败,惊动了魏国朝野。在曹叡深感天要倒下来的危急时刻,必然会再次起用司马懿。因为魏武帝临终前曾遗言:"司马懿不能不用,不能不防。"在曹魏王国,只有司马懿才能够扭转危局。司马懿的再次出山,是迟早的事。这一点,诸葛亮应当想到。就是说,蜀的胜仗越多,魏的败仗越惨,司马懿被起用的时间就来得越快。在战场上,留给诸葛亮的最佳时间并不长。《军志》有言,"将谋欲密,士众欲一,攻敌要疾",强调"进军要迅速快疾"。孙子亦言,"兵贵神速",也强调"进军速度要快",要迅雷不及掩耳。可是,亮弃魏延的"子午之谋"不用,舍近而就远,却从阳平关,绕道渭水之西。高山险阻,粮草运转艰难,大军缓慢行军,耗费了大量时间,这实际上就延误了战机。

就在亮打得顺手而威胁到魏之根本之时,曹叡将削职为民的司马懿再次起而用之。司马懿再次出山,陇右战场形势和气氛就为之一变。司马懿在军事上,确非等闲之辈。刚一出山,就得到了举报,就获得了孟达欲勾结诸葛亮,反叛魏国之机密,不待表奏天子,立即前往新城,将孟达反叛集团予以铲除,从内部清除了隐患,彻底打破了亮夺取两京的梦想。司马懿还未出山,就对陇右战场形势了如指掌。他知道这里有一个街亭咽喉要道，只要控制这一个咽喉要道，蜀军就会不战而自退。司马懿深知，亮之所以打算扎根在西凉地区，就是因为看中了街亭要道。他知道，西蜀只要控制了街亭，就能进可攻，退可守。街亭，是一个十分重要的战略要地，关系到西凉地区之得失。

《三国志》记载："魏明帝西镇长安，命张郃拒亮，诸葛亮使马谡督诸军在前，与郃战于街亭。"据此，有的史家认为，街亭之战，乃张郃也，非司马懿。街亭之战，似乎与司马懿无关。这是不符合事实的。此时，"魏明帝西镇长安，命张郃拒亮"，但已经"诏司马懿复职，加为平西都督，令起南阳诸路军马，前赴长安"。懿铲除孟达反叛集团之后，立即奔赴长安，见魏帝，然后领旨至关外。张郃虽不属于司马氏集团，但却是司马懿的属下。一般的情况下，郃是要听懿调遣的。司马懿至关外，张郃自然归属于司马懿调遣。因此说，张郃至石街亭打败马谡，乃司马懿所部署所指挥。街亭之战，魏国之胜，实属司马懿之功。

街亭之战，是蜀问鼎中原的最后一线希望。西蜀问鼎中原，最大的希望在前两次，一次是荆襄之战，一次是"子午之谋"之用。街亭之战，则是最后一线希望。街亭之战的失败，是诸葛亮北伐中原的转折点。因为街亭失败之后，注定了蜀国再次北伐，只能是空耗国力，无功而返，它的失败是肯定了的，这为诸葛亮后来的五次北伐和姜维的九次北伐所证实。

第四十二章　孔明与司马懿对阵的战略战术

　　孔明曾与曹操多次交手，而且总是凯旋。这是因为诸葛亮掌握了操的弱点，掐住了其要害。诸葛亮对垒司马懿，却败于其手。这也是因为懿掌握了亮的弱点，掐住了亮的要害。亮败于懿之手，导致了整个北伐的失败，耗尽了西蜀的国力，为西蜀后来亡国埋下了伏笔。

　　俗话说："打蛇要打七寸。"司马懿虽智谋不及诸葛亮，在战术上出奇制胜不及亮，但是，司马懿却识虚实，看出了蜀国粮草转运艰难，粮草不济，国力单薄的致命弱点，掐住了其致命的七寸要害，采取了"据险而守、堵其粮道、坚壁不战、暴敌山野"的战略方针，故此而胜。而诸葛亮呢，却自恃其才，一味倚仗其智谋，追求智计奇效而不顾客观实际，这就是其失败的根本原因。

第一节　孔明："实则实之"与"虚则虚之"战略

　　"避实击虚"中的"虚"与"实"，是对立统一的，是相互转化的，其内涵是十分丰富的。在两军对垒的战场上，"虚"与"实"，既有数的含义，也有势与形的含义。亮根据虚可以转化为实，实也可以转化为虚的关系，在实战中，将实变为虚，又将虚变为实。虚虚实实，实实虚虚，故能胜敌，而不为敌所败。关键是在于他深通人性，善于掌握人的心理变化，并把它用到了两军对垒的军事斗争上。

　　诸葛亮在实战中，根据"虚则实之，实则虚之"的兵法原则，反其道而用之，提出了"实则实之"和"虚则虚之"的实战原则，并在实践上打败了曹操，就是对操心理特点的巧妙运用。

208 年,华容道设伏兵截杀北逃的曹操,就是一次"实则实之"的妙用。操赤壁大败而退至北彝陵,前面有两条路,大路稍平,到南郡却远五十里;小路投华容道至南郡,近五十里,只是地窄路险,坎坷难行。士兵回报说:"小路山边有数处烟起,大路并无动静。"操教走华容小路,诸将说:"烽烟起处,必有军马,何故反走这条路?"操说:"岂不闻兵书有云:'虚则实之,实则虚之。'诸葛亮多谋,故使人于山僻烧烟,使我军不敢走这条山路,他却设伏兵于大路等着。便教不中他计。"从军事理论的角度来说,操说得一点没有错,但是这一次他判断错了。亮就是根据操深通兵法的特点,来了一个反其道而用之,即"实则实之",诸葛亮不在大路设伏兵,偏偏在烧有烟火的山僻小路设伏兵以待曹操。操不想中计,偏中了计,遭到了关羽伏兵的截杀。

219 年,诸葛亮汉中退曹兵,就是根据虚与实之间相互联系、相互转化的辩证关系,实而虚之,虚而实之的运用。

曹操军败而退至阳平关,刘备奇而问之,孔明说:"操平生为人多疑,虽能用兵,疑则多败。吾以疑兵胜之。"曹操欲固守阳平关。孔明用计,令蜀兵将远近小路,尽皆塞断;砍柴去处,尽放火烧绝。曹兵不知蜀兵在何处,疑惑不已。又报张飞、魏延分兵劫粮,操令许褚去阳平关路上护接粮草。不料许褚败回,粮草被劫。曹操亲自提兵来与蜀兵决战,备引军出迎。刘封出战,诈败而逃。操引兵追赶。蜀军营中,四下炮响,鼓角齐鸣。曹操恐有伏兵,急教退军。曹兵自相践踏,死者极多。奔回阳平关,方才歇定,蜀兵赶到城下:东门放火,西门呐喊;南门放火,北门擂鼓。操大惧,弃关而走。蜀兵从后追袭。正走之间,张飞从前面,赵云从背后,黄忠从襄州三面杀来,曹操大败,夺路而逃。

诸葛亮的计策,概括起来就是:使敌疑,使敌惧,使敌乱。在这三点中,核心是疑,诸葛亮就是用疑计疑兵疑阵退去曹兵的。每一计策用起来,都声势浩大,地动山摇,犹如排山倒海,使敌胆战心惊、惊慌失措、疑心重重,使敌不战而自败矣。此即实而虚之,虚而实之的运用也。

228 年,西城县设用"空城计"退去司马懿,是诸葛亮一次从"实则实之"到"虚则虚之"的灵活转变,是一次灵活机动地运用战略战术的典型,根据的也是司马懿的心理特点也。

石街亭失守之后,孔明引五千兵去西城县搬运粮草。忽报说:"司马懿引大军十五万,望西城县蜂拥而来。"孔明传令:"旌旗尽皆藏匿;诸军守城铺,如妄出入及高言大语者,斩之!大门四开,每门用二十军士,扮作百姓,洒扫街道。如魏兵到时,不可擅动。"孔明乃披鹤氅,戴纶巾,引二小童,携琴一张,于城上敌楼前,凭栏而坐,焚香操琴。结果呢,硬是把司马懿的兵马退了去。亮的"空城计",真正是一座空城,是在空城中用"空城计",是虚而虚之,是一次最大胆的退兵之计。

司马懿究竟是为什么而退兵？其实有两种说法。第一种说法，就是《三国演义》的说法。说魏国大军到达了西城，前哨军到城下，见孔明如此模样，皆不敢进，急报与司马懿。司马懿笑而不信，遂止住三军，自骑马远远而望之，疑有伏兵，急令退军。懿认为，城中必有埋伏，故而急令退军。第二种说法，说司马懿已经看破了孔明的"空城计"，西城本就是一座空城。亮第一次北伐，已经是山穷水尽而无路可走了，因此打开城门，让懿进城捉拿自己。司马懿如果进城杀了自己，懿自己也就完蛋了。是亮提醒了懿，留给亮一条活路，就是留给自己一条活路。司马懿立即醒悟，惊出一身冷汗，故而急令退军。

孔明使司马懿西城退兵，无论是哪一种的说法，都是亮根据敌军主帅司马懿的心理特点而采用的结果，打的都是心理战。

在三国时期，贾诩是通人性而善晓人的心理变化，并把它用于谋略之中。因此，贾诩的计谋，是计无不中的。诸葛亮也是这样，他通晓人的心理变化，在处理战争和人事关系中，经常打心理战。他用心理战说服了孙权，打败了周瑜，战胜了曹操。北伐过程中，对阵司马懿，打的就是心理战。他对司马懿的心理特点及其变化，掌握得一清二楚，所以，亮是算无遗策，懿是逢战必败。但是，司马懿也掌握了亮的七寸要害，利用西蜀的短板，避而不战。

第二节　仲达："据险守关，坚壁不战，暴敌山野"战略

毛泽东在评点三国历史人物时说："司马懿敌孔明之智"，就是用"不战"而对付诸葛亮的"战"。"不战"，即免战也。司马懿的最大智谋就是"不战"，使诸葛亮自败，就是"据险守关，坚壁不战，暴敌山野"的战略方针。

自古以来，兵家都主张后发制人。春秋早期的大军事家曹刿就反对先发制人，主张后发制人。鲁与齐长勺之战，鲁庄公起初不待齐军疲惫就要出战，被曹刿阻止了。曹刿采取了"敌疲我打"的方针，打败了齐军。曹刿说："夫战，勇气也。一鼓作气，再而衰，三而竭。彼竭我盈，故克之。夫大国难测也，惧有伏焉。吾视其辙乱，望其旗靡，故逐之。"在曹刿的指导下，结果鲁军以少胜多，打败了齐军。

春秋后期的大军事家孙子，更是主张后发制人。他说："善用兵者，避其锐气，击其惰归，此治气者也。"孙子与曹刿的主张是一致的，曹刿的"彼竭我盈"而出击之，即孙子的"避其锐气，击其惰归"也。孙子警告说："无邀正正之旗，勿击堂堂之阵"，强调：要"以近待远，以逸待劳，以饱待饥"。

毛泽东十分强调"战略退却"，其目的就是"保存军力，待机破敌"。还在湘赣边界起义之时，他就提出了"打得赢就打，打不赢就走"的战略方针，强调一个"走"字。上

井冈山之后，他又提出了"敌进我退，敌驻我扰，敌疲我打，敌退我追"的"十六字诀"。"十六字诀"的字里行间渗透着"后发制人"战略思想。

司马懿的"不战"的战略思想观点，看起来好像"后发制人"，但是与曹刿、孙武、毛泽东的"后发制人"军事观点是有区别的。从曹刿到孙武，到毛泽东，虽然是"后发制人"，但还要"制"也。"制"者，"战"也，"反击"也。毛泽东说，"打得赢就打，打不赢就走"。"打不赢就走"，但是"打得赢就打"，此即"后发制人"也。而司马懿的"不战"的战略，就是根本"不战"。这种"不战"的战略观点，既体现在敌人的进攻上，还体现在敌人的撤退上，即敌进而不战，敌退亦不追。

诸葛亮大举进攻，来势汹汹，司马懿是不讲究"退"的，他的主要方法就是"不战"。怎么"不战"呢？就是"据险而守，坚壁不战，暴敌山野"而高挂"免战牌"，致使蜀军有劲使不上。因为司马懿深知，孔明善能治军。他的军队，有令则行，有禁则止。其用兵也，"止如山，进退如风"。他的军队，"戎阵整齐，赏罚严肃而号令明"。对于这样的"堂堂之阵""正正之旗"，是不能随便乱击的，击则必败。司马懿要避战，但诸葛亮率军北上，其目的就是要战，通过战而打败北方军。所以，北方军要避，就未必避得了。主帅要避战，属下未必同意。因为敌军已经"蹬鼻子上眼"，欺负到头顶上了，谁受得了。所以，司马懿要避战，可费心机了。

234年2月，孔明六出祁连之时，司马懿几次交手大败之后，据守不出。但是其下属忍受不了蜀军的侮辱，叫着要出战。据《魏氏春秋》记载："将战，辛毗仗节，奉诏救乃止。"为了压住众人，司马懿竟然向千里之外皇帝曹叡请旨，可否出战。孔明说，说什么圣上降旨不准出战，实际上就是司马懿根本就不想出战。"将在外，君命有所不受"，司马懿领兵在外，是否出战，还用得着向千里之外去请示曹叡吗？

为什么坚壁不战？蜀军因为从汉中到陇西，山高路远，粮草转运艰难。魏军只要扼守关隘，断其粮道，蜀军就会不战而自退。司马懿第一次出兵关外时说，"亮若知吾断其街亭要路，绝其粮道"，必回汉中。"若不归时，吾却将诸处小路，尽皆垒断，俱以兵守之。一月无粮，蜀兵皆饿死，亮必被吾擒矣。"第二次出关之前，因安排了郝昭把守陈仓，堵住了蜀军的运粮之道。司马懿对魏帝说，"其余小道，搬运艰难。臣算蜀兵行粮止有一月，利在急战。不须一月，蜀兵自走"。

毛泽东主张"敌进我退"，但又坚决主张"敌退我追"，即谋在一个"退"字，劲在一个"追"字。孙武也强调，锐气必"避"，惰归必"击"，即先"避"而后"击"也。而司马懿则一"避"到底而不"击"也。就是说，即使粮尽而退，司马懿也不准追击。这又是为什么呢？孔明二出祁山后，因粮草短缺而退，魏将王双率军追击，中了孔明的伏兵之计，被蜀将魏延所斩，全军覆没。诸葛亮五出祁山，后因担心东川安全而撤军，魏将张郃立功心切，又中计而被乱箭射死。就是说，诸葛亮在大的战略上，虽然谨小慎微，在一系列具体的战略战术上，谋如泉涌，巧计迭出，进退而有法。所以诸葛亮无论是进还是退，司马懿皆避而不战也。

司马懿的这种奇特的战略战术，是由蜀魏两国的特殊情况所决定的。蜀弱，攻则不足。蜀有山川险阻，守则有余。诸葛亮率兵北伐，是主动进攻，处于战略进攻的态势；司马懿兵出关外，是抵御外侵，处于战略防御的态势。蜀魏两国，以秦岭分界对峙。自从诸葛亮弃"子午之谋"不用之后，蜀国若出兵北伐中原，必出祁山，从汉中运粮至祁山，山高路陡而行军艰难，粮草不继，粮尽必然退兵，难以持久。

又因为蜀魏两国，蜀小魏大，蜀穷魏富。孔明以一个小国进攻一个大国，以一个穷国攻打一个富国，经得住折腾吗？"善用兵者，役不再籍，粮不三载"。司马懿只要坚持一仗不打，暴敌于山野，使其粮尽而退，使诸葛亮一趟趟地来回空跑，就能把诸葛亮拖死耗死，这对于曹魏来说，就是巨大的胜利。

第三节　孔明："诱敌于运动中消灭之"战略

司马懿的智谋就在于"不战"，就是想利用"不战"来拖死敌人；而对于诸葛亮来说，就是要"战"。通过"战"，打败司马懿，夺取关中，进攻中原。所以说，司马懿的智谋在于"不战"，而诸葛亮的智谋就在于"战"，他的战略方针就是诱敌于运动中消灭之。

诸葛亮为什么必须要"战"，采取"诱敌于运动中消灭之"战略方针呢？这是蜀魏两国在陇西战场的地理位置和地势地形的特点所决定的。

一是，地理位置的特点所决定的。两国之间，以秦岭为边界对峙，虽有"子午""斜谷""骆谷"之通道，但十分险阻，行军艰难。诸葛亮弃"子午之谋"而不用。从阳平关绕道陇西，山高路远，行军艰难，粮草转运更加困难。大军出征一次，非常不易。"转运不易，粮草不济"，是西蜀的短板。对于西蜀来说，不宜打持久战，适宜速战速决。如果战事拖得过长，待到粮尽，就只能是不战自退而空耗国力。

二是，地势地形的特点所决定的。土地革命战争时期，毛泽东提出"打得赢就打，打不赢就走"的军事战略思想，强调一个"走"字。"走"者，撤退也，转移也。并且，还强调了要大踏步地撤退，大踏步地前进，即大范围的转移。因为那时有大范围转移的条件，即有"走"的条件。

可是，西蜀没有"走"的条件。那时荆州已经丢失，西蜀已被挤进西南一隅。蜀东边的荆州，控制在吴国手中而被吴国挡了道，蜀不可能从吴手中借道去攻魏。所以，蜀只有从汉中北上，去攻打魏国。蜀魏两国特定的战场，即陇西战场，称之为关外，它的东边是西京长安，称之为关中，易守难攻。陇西地区，沙漠地带，人烟稀少，又秦岭围绕,各处关隘,十分险峻,没有迂回的余地。

在这样一种地形地势的特殊环境中作战,诸葛亮与狡猾如狐狸的司马懿作战,就十分不利。司马懿"坚壁不战",高挂免战牌。蜀军势必"屯兵于坚城之下,暴师于山野之中",欲战而不能。这就要逼得诸葛亮打阵地战,打攻坚战。《孙子兵法》警告说,攻坚战,乃"攻之灾也"。孙子说:"上兵伐谋,其次伐交,其次伐兵,其下攻城;攻城之法,为不得已。"他解释说:"修橹、轒辒,具器械,三月而后成;距堙,又三月而后已。将不胜其忿,而蚁附之,杀士卒三分之一。"

诸葛亮心里也清楚,打这样的仗,是得不偿失的,是打不起的。所以,孔明的战略方针就是诱敌离开坚城险关,于运动之中将敌人消灭。孙子说:"其用战也,胜久则钝兵挫锐,攻城则力屈,久暴师则国用不足。"诸葛亮远道而来,粮草不足,利在速战速决;司马懿正好相反,利缓守而打持久战。因此司马懿据险而守,坚壁不出。因为他看清楚了,蜀军粮草只能支撑一个月,粮尽必然自退。

双方就在"战"与"不战"之间展开斗智斗勇。孔明之智就在于"战",通过战而使魏军动起来,在运动中将魏军聚而歼之。在具体的战役战斗中,诸葛亮是善能指挥善能用兵,可谓神机妙算。相比之下,司马懿就比较差一点。所以,孔明逢战必胜,而司马懿则逢战必败。因此,诸葛亮总是寻机作战。

228年下半年,孔明二出祁山时,曹真大举进兵,姜维诈献降书赚魏军,曹真贸然而进,损兵折将而大败。司马懿深识孔明之法,不与蜀军正面交战,待其缺粮而击之。有一次魏军估计蜀军粮草已不多,便派兵假装运粮,引诱蜀军来抢,用车上所装干柴茅草,将蜀军烧死,然后伏兵齐出而大破蜀军。此计如何玩得过孔明,自然被识破。孔明将计就计,当晚,蜀军袭击魏军营寨,以火攻而大败魏军。

229年,司马懿第三次率兵西征至关外,初次交战大败,就下令坚守不出。孔明见司马懿不出,思得一计,以退而进,传令教各处皆拔寨而起。司马懿得知,说:"孔明必有大谋,不可轻动。"张郃说:"此必因粮草尽而回,如何不追?"司马懿说:"吾料孔明上年大收,今又麦熟,粮草丰足;虽然转运艰难,亦可支持半载,安肯便走?彼见吾连日不战,故作此计引诱。可令人远远哨之。"军士探知,回报说:"孔明离此三十里下寨。"司马懿说:"吾料孔明果不走。且坚守寨栅,不可轻进。"过了几日,蜀兵又退三十里下寨。司马懿说:"此乃孔明之计也,不可追赶。"又过了旬日,孔明又退三十里下寨。

孔明一而再,再而三地退,张郃忍不住了,说:"孔明用缓兵之计,渐退汉中,都督何故怀疑,不早追之?"司马懿说:"孔明诡计极多,倘有差失,丧我军之锐气。不可轻进。"张郃说:"某去若败,甘当军令。"司马懿说:"汝既要去,可分兵两支:汝引一支先行,须要奋力死战;吾随后接应,以防伏兵。"次日,张郃、戴陵引副将数十员、精兵三万,奋勇先进,到半路下寨。司马懿留下许多军马守寨,只引五千精兵,随后进发。孔明见魏兵来追,即调兵遣将,以计而行,结果是魏军大败,军士死者极多,遗弃马匹器械无数。司马懿收聚败军,责骂诸将说:"汝等不知兵法,只凭血气之勇,强欲出战,致有此败。今后切不许妄动,再有不遵,以正军法。"

331年2月,诸葛亮五出祁山,郭淮献计攻卤城,被孔明伏兵杀败;郭淮又献计调雍、凉诸郡兵马奇袭剑阁,企图截断蜀军归路,亦被孔明知晓而击败。司马懿在上方谷受挫,逃回营寨而坚守不出。孔明又定下一计,让士兵佯运粮草,往来于上方谷,却又故意让魏军抓去而使其接连小胜。司马懿终于忍耐不住,大举进攻。诸葛亮将司马懿父子三人诱进上方谷,险些丧命。

结果一次次与诸葛亮交手,司马懿一次次地吃亏上当,就坚壁不战了。司马懿不战,蜀军就会暴师山野,空耗国力。对此,诸葛亮耗不起。于是就费尽心机,想尽一切方法,使司马懿"不战"而转变为"战"。司马懿一辈子倾向于"静待天时,阴时而起"。在军事上,他也"善藏而不露,善守而不攻"。这种用兵之法,最集中地体现在他与诸葛亮的较量上。不管你孔明用什么新花招,用什么新计谋,司马懿就是高挂免战牌而"不战"。

孔明什么招都用上了,司马懿就是"不战"。诸葛亮急了,就想出了一个绝招。《魏氏春秋》又记载:"亮屯渭南,粮少,欲速战,魏主敕司马懿坚壁挫其锋。亮累遗书,又致巾帼以怒宣王。"《三国演义》说,"司马懿看毕,心中大怒,——乃佯笑曰:'孔明视我为妇人耶!'即受之,令重待来使。"司马懿忍住了耻辱,坚持"不战"。可是,魏国将领愤愤不平,"入帐告曰:'我等皆大国名将,安忍受蜀人如此之辱!'"最后,司马懿借魏帝曹叡谕旨,将众人压住。

司马懿之所以能够运用"不战"的智谋战胜孔明,还在于他精明过人而看透了孔明的"三分天下三角关系的原理"。在魏、蜀、吴的三角关系中,吴既依赖于与蜀的结盟,又不希望蜀之强大。司马懿曾对曹叡说:"孔明尝思报猇亭之仇,非欲不吞吴也,只恐中原乘虚击彼,故暂与东吴结盟。陆逊亦知其意,故假作兴兵之势以应之,实是坐观成败耳。陛下不必防吴,只须防蜀。"故此,司马懿不必担心吴兵北上,不必两处分兵而穷于应付,可以集中兵力而一心对付西蜀。也正因为如此,所以司马懿据险而守,坚壁不战,挡住了蜀兵向中原前进的步伐,使其不战而败。"不战"这一招,算是点中了孔明要害,将蜀军长时间地暴露于山野之间,直到将诸葛亮拖死在五丈原。

第四节 孔明:"御敌于国门之外"的战略战术

综观诸葛亮的用兵之法,在战术上,善于进攻,巧计迭出,仿佛有的是办法。例如,设置陷阱,诱敌深入,聚而歼之,但在战略上却倾向于呆板的保守的打法。就是说,他在战略决策上过于谨小慎微。

魏延镇守汉中之时,其防御策略是"错守诸围之法",一直延续到吴懿和王平时期。就是说,孔明北伐时期和姜维北伐前期,也依然是这样一种防御措施。这种防御策略,其根本特征就是"御敌于国门之外"。这种防御措施,在和平时期,或者说,还没有发生大规模战争的时期,应当说还是一种比较正确的措施。例如,从219年到228年的九年时间里,采取这种防御策略,是可以的。但是,从228年到238年的十年时间里,在发生大规模战争的时期,依然采取这种防御策略,就是一种保守主义的军事策略了。

中国共产党领导的土地革命战争时期,就存在两种军事路线:一种就是"诱敌深入,聚而歼之"的军事路线;一种就是"御敌于国门之外"的军事路线。中央根据地粉碎蒋介石的一、二、三、四次反革命"围剿",所采取的就是"诱敌深入,聚而歼之"的军事策略。王明、博古的"左"倾临时中央,所采取的就是"御敌于国门之外"的军事策略,结果导致了第五次反"围剿"的失败和中央根据地的丧失。因此,毛泽东在《中国革命战争的战略问题》一文充分肯定了"诱敌深入,聚而歼之"战略战术,彻底批判了"御敌于国门之外"的错误战略战术。

诸葛亮在北伐期间,在汉中的外围,所采取的依然是"错守诸围之法"的防守之策,"御敌于国门之外"。就是说,在蜀国的边境上,实行了最为严密的防御措施,使汉中固若金汤而万无一失。然后自己则大规模出兵到陇右地区,在国门之外与魏国交战。采取的是不丧失一寸土地,不打破一个坛坛罐罐的作战方法。可见,亮所采取的战略,就是一种"御敌于国门之外"的保守主义的战略方针。

山高路险,关隘险阻。一夫把关,万夫莫入,易守难攻,这是西蜀的地形特点。这一特点有利于打击敌人、消灭敌人,说明,守则有余,攻则不足。就是说,这种地形,防御是长处,是优势;而进攻却是短处,是劣势。孔明大规模北伐,采取"御敌于国门之外"之策略,实际上就是化敌之劣势为优势,化己之优势为劣势。山高路远,关隘险峻,粮草运输艰难。北伐中原,兵重则难以持久,兵轻则难以为战。大军远征,从汉中向西,绕道阳平关、武都、天水,而出祁山,十万大军在崇山峻岭中,笨重而迟缓地行进。司马懿正是看到了西蜀的这一短板,即致命的弱点,采取了"高挂免战牌",坚壁不战的办法。使亮屯兵于坚城之下,暴师于山野之中,慢性消耗,不战而自败。

诸葛亮第一次北伐,在西凉围攻南安城,赵云久攻不下,孔明赶到说:"此城壕深城峻,不易攻也。如果久攻而耽误时日,倘魏兵分道而出,以取汉中,吾军危矣。"从孔明的这段话中,可以想到,魏军很可能会偷袭汉中,而亮又非常担心魏军攻打汉中。但是,亮却从没有想到利用汉中的有利地形,制造一个"口袋","诱敌深入,聚而歼之"。

231 年,魏国曹叡令曹真、司马懿、刘晔引四十万大军至长安,奔剑阁,欲取汉中。后因大雨滂沱,而退。以上材料说明,魏有袭取汉中的欲望,亮在战略上采取"诱敌深入,聚而歼之"的方法是可能的可行的。

但是,孔明至死,采取的都是"御敌于国门之外"战略战术,从来都没有想到采取"诱敌深入,聚而歼之"办法,并把这种消极而保守的作战方法延续到了姜维。姜维正式北伐,是从 249 年开始的,到 262 年,有十三年。其实,从 238 年维就开始北伐了。238 年率偏师出陇右;244 年,引兵防御曹爽;247 年,出兵陇西,大战洮西。然而在 257 年之前,姜维所采取的依然是"御敌于国门之外"的战略战术。257 年第七次北伐之后,姜维总结了自 238 年以来对魏作战的经验,尤其是 244 年引兵防御曹爽之战之经验,看出了"御敌于国门之外"防御办法的弊端。

通过总结经验,姜维认为:采取魏延的防御之策,防御有余,进攻不足,很难重创敌军。曹军想来就来,想走就走。打得赢就打,打不赢就撤退到山岭中,没有任何风险。同时,他还认为,这一国门的消极的防御之策,还直接影响到整个北伐的战略决策。因此,他废除了魏延的"错守诸围之法",取消了"御敌于国门之外"的战略战术,采取了"敛兵聚谷之法",就是"诱敌深入,聚而歼之"的办法,敞开汉中大门,引诱魏军来攻,将魏军诱至汉中,然后利用汉中的有利地形,将魏军聚而歼之。姜维主观愿望是挺好的,他本想利用这一战略战术重创魏军,直取关中,打开新局面。但是,为时已晚了。西蜀已经病入膏肓,气数已尽,无可挽回。

从总结诸葛亮北伐到姜维北伐的几十年经验来看,孔明的北伐战略是一种保守主义的军事路线。228 年,在敌人毫无准备的情况,又不敢冒险暗渡子午之道而奇袭长安,出其不意地夺取潼关;平时作战,又不敢在战略上"诱敌深入",采取的是"御敌于国门之外"的战略战术,在战略战术上坚持打阵地战,打攻坚战等老一套的打法,这是孔明北伐失败在战略战术上的深层次原因。

第五节　西蜀北伐失败的深浅层次原因

孔明决定北伐,少数人竭力反对,并忧心忡忡。但是,也有多数人赞成,认为孔明智谋过人,相信他必有所成;街亭大败而归时,又有人趁此机会再言不可北伐,上书说:"此败乃可警戒陛下,伐魏非其时也。幸我军元气未伤,当固防养兵,积蓄力量。"但是,亮自恃其才,决意北伐。可惜,亮遇到了一个强劲的对手,这就是司马懿。诸葛亮是高手,懿亦是高手。两人对阵,是棋逢对手,将遇良才。高手遇到了高手,高手也就成了低手;有智谋的人遇上了有智谋的人,其智谋也就等于零。

第一次出兵祁连山,连续两次大败夏侯楙和曹真之后,懿再度出山,魏蜀战场形势就为之一变。诸葛亮与司马懿在战场上自交手以来,在一些重要的攻防战略战术上,两人的观点看法几乎一致。

司马懿起兵之后,得知孟达欲反,就断定,此贼必然勾结亮。于是决定,"吾先擒之,亮定然心寒,自退兵矣"。不待圣旨,立即传令教人马启程,火速前往新城捉拿孟达。亮得知后,说:"今孟达欲举大事,若遇懿,事必败矣。达非司马懿对手,必被所擒。孟达若死,中原不易得也。"孔明当即又给孟达回书,令其千万小心。司马懿率兵至新城途中,前军哨马捉住孟达心腹,搜出孔明回书。司马懿看了,大惊说:"世间能者所见皆同,吾机先被孔明识破。"司马懿攻其不备,出其不意地斩杀了孟达,打破了诸葛亮夺取两京的梦想。

这些战例说明,英雄所见皆同。棋如战争,战争如棋。北伐中原,亮对垒司马懿,算是遇上了对手。北伐中原,初次出兵,遇上的是夏侯楙和曹真,节节胜利,一路凯歌。懿与亮对垒,坚壁不战,使蜀军不战而自败。诸葛亮遇到了懿这样的高手,所以北伐而无功,但这仅仅是一个浅层次的原因。诸葛亮北伐失利的更深层次的原因,还在于他在战略指导思想上的失误,过于强调战争手段,主动进攻,穷兵黩武,缺乏对社会、政治、经济、文化等因素在平定天下中作用的认识。

过于强调战争手段,主动进攻,穷兵黩武,就会忽略社会性和政治性的作用。古代军事著作黄石公《三略》认为,战争要从保民的目的出发,要"扶天下之危""除天下之忧""救天下之祸",方能得到人民的拥护而取胜。毛泽东在《论持久战》一文中说:"战争的伟力之最深厚的根源,存在于民众之中。"一个没有民众支持的战争,是很难取胜的。诸葛亮一味主动进攻中原,而中原地区的老百姓,无动于衷,没有任何的响应,这样战争能取胜吗?再从经济上来说,《孙膑兵法》强调要"富国强兵"。强兵的前提要国富,强兵的基础是"国富"。要在群雄纷争中"战胜而强立",就要有雄厚的物质基础,即国家要富裕。只有"国富",才是"强兵之急者也"。这一深层次的原因不仅决定了初次北伐的失败,也导致了他整个北伐战争的失败。

苏东坡在其《诸葛亮论》中说:"取之以仁义,守之以仁义者,周也;取之以诈力,守之以诈力,秦也;以秦之所以取取之,以周之所以守守之者,汉也。曹操因衰乘危,得逞其奸。孔明耻之,欲信大义于天下。当此时,曹公威震四海,东据许兖,南收荆豫,孔明之所恃以胜之者,独以区区之忠信,有以激天下之心耳""刘表之丧,先主在荆州,孔明欲袭杀其孤,先主不忍也。其后刘璋以好逆之至蜀,不数月扼其吭,拊其背,而夺其国。此其与曹操异者几希矣!曹刘不敌,天下之所知也。言兵不若曹操之多,言地不若曹操之广,言战不若曹操之能,而以一胜之者,区区之忠信也。孔明迁刘璋,既已失天下义士之望,乃始治兵振旅,为仁义之师,东向长驱,而欲天下响应,盖已难矣。"

诸葛亮耻于与操为伍,"欲信大义于天下"。可是,刘备、诸葛亮的"仁义",在取西蜀时已经丢失得差不多了。从历史发展的角度来说,自从黄巾起义之后,东汉王朝已经逐渐地丧失了人心,"匡复汉室"的口号已经没有了多大的感染力和号召力。因此,其北伐中原而长驱东进,是很难得到响应的。而除了"仁义"之外,其兵、地皆不如曹魏,怎么能取胜? 苏东坡的分析,点到了诸葛亮战争失利的深层次的社会原因和政治原因。

第四十三章　司马懿的谋略与异志

司马懿虽有"肃清万里,总齐八荒"之志,但在战略谋划上要略差一筹,其人更倾向于静待天时,阴而起事。在政治上,他善于敛锋藏器,善于隐匿,尔后待时而动。一个"藏"字,成就了懿从一介儒生到天下一人的彪悍人生。

在军事上,他与孔明数次较量,他总是坚守不攻,将优势藏而不露,待敌久停粮尽而击之。司马懿是魏国政坛上极为重要的人物,是三国时期扭转乾坤的人物。毛泽东评点说,司马懿是个了不起的人物。

第一节　目的并不在于结果

223 年,刘备刚死,司马懿兴师动众,调动五路五十万大军从四面夹攻西蜀,是同贾诩所论之原则背道而驰。既不合天时地利,更不合人和,是逆天时地利人和而行之。先说天时,东吴有知进退、识虚实的陆逊掌兵要,西蜀有亮出谋划策。要想取这两国,急难动摇。贾诩说,只有"以文德而俟其变";次说地利,西蜀山川险阻,关隘要地,一夫当关,万夫莫开。守则有余,攻则难取;再说人和,五路大军中,其中一路是令孙权起兵十万攻两川峡口,以取涪城。刘备兵败,陆逊率兵追击之时,曹丕曾调三路大军抄其后,以袭击东吴,此恨孙权会忘? 至于说到第一路轲比能所率之羌兵,第二路孟获所率之蛮兵,第四路降将孟达,能与魏国齐心合力?

贾诩说:"用兵之道,先胜后战,量敌论将,故举无遗策。"司马懿所调五路大军中,第五路大军,乃魏国本部兵马。这一路兵马是主力部队,是中坚力量。这一路兵马由谁率领呢? 由大将军曹真率领。曹真的军事指挥才能,不是诸葛亮的对手。这一路大军一旦败北,其余四路兵马也就自然败退,这是非常关键的。因此说,懿所说的五路大军四面夹攻西蜀,表面上声势浩大,但结果是必败无疑。对于魏国来说,是无用之功。

难道就只有贾诩知道"虽以天威临之,未见万全之势"吗? 不是的。其实,司马懿也是深知其结果是"必败无疑"的。那么,懿又为什么建议曹丕兴师动众调动五路大军夹攻西蜀呢? 原因就是懿和贾诩虽都是谋士,但懿却与贾诩有着根本的区别。贾诩与郭嘉、荀彧、荀攸、程昱、刘晔一样,永远就只能是一个出谋划策的谋士,而司马懿却不仅是一个谋士,而且是一个人主,是一个犹如孔明那样一个亲临前线带兵打仗的大将军;回到朝廷,又是一个治国安邦的丞相。他不安于坐冷板凳,他要取悦曹丕,要顺势而起,要独掌大权,因此,他要显示才能。

这一次,曹丕欲乘西蜀无主,起兵而伐之。曹丕是一个好大喜功的皇帝,登基不久,很想有所作为。而不识时务的贾诩,却说什么"不可仓卒伐之",给曹丕泼了一瓢冷水。而懿却投其所好,建议曹丕调五路兵马夹攻西蜀,一方面可以取悦并取信于曹丕,以便捞取更多更大的权力,另一方面,显示才能,使朝廷上下意识到只有他才是安邦治国的栋梁之才。司马懿要的只是声势和过程,并不是结果。

第二节　有异志而鹰视狼顾

曹丕初立为魏帝之时,司马懿在朝还名不见经传,国家重臣中还没有懿。曹丕在位仅七年而去世时,懿就作为抚军大将军同中军大将军曹真、镇军大将军陈群、征东大将军曹休一起托孤,扶助太子曹叡,一跃成为重臣。

227 年,曹叡做了大魏皇帝后,司马懿被封为骠骑大将军。在司马懿前面有:太傅钟繇;大将军曹真;大司马曹休;太尉华歆;司徒王朗;司空陈群。除皇帝外,司马懿排到了第七位,真正的军事大权掌握在曹真的手里。司马懿自然是不甘心,但是司马懿又是何等聪明之人,极善于见机行事,又极善于见缝插针。时雍、凉二州缺人守把,司马懿上表乞守西凉等处。曹叡从之,遂封懿提督雍凉等处兵马。雍州,亦禹定九州之一,"西方为雍州,秦也",即今陕西中部、北部和宁夏一带。凉州,乃秦汉时期所定,在雍州的西边,河西走廊一带,即今甘肃省。

司马懿选择雍、凉二州,是很有战略眼光的。雍、凉二州乃魏之西部地区,山高皇帝远,而又邻近西蜀。在此提督操练兵马,可以用来对付西蜀;从自身来说,可以建设一支属于自己的独立的军队。将来一旦魏国有变,可以取而代之;当年曹操在天下大乱之时,就是建设了一支属于自己的独立的青州之军而逐步成就大业的。从当时自身处境来说,还可以远离大魏之朝廷,避开猜疑,是为韬晦之计。魏国朝廷几位重臣曹真、曹休,是曹姓大臣,是股肱大臣,是为心腹大臣。他们掌握兵权,魏国之依靠也。其他几位,虽非曹姓,但却对曹魏忠心耿耿。司马懿却不同,曹操就对懿有所警觉,曾对华歆说:"司马懿鹰视狼顾,不可付以兵权;久必为国家大祸。"早年曹操就对司马懿怀有戒备之心,故懿在操手里一直就没有得到重用。

这一次司马懿提督雍、凉等处兵马,侥幸成功,其内心深处正做着虎视天下的美梦,不料却被诸葛亮给搅黄了,并险些送了性命。原来懿提督雍、凉军马,首先却使西蜀的亮大为惊恐。孔明说:"曹丕已死,孺子曹叡即位,余皆不足虑;懿深有谋略,今督雍、凉兵马,倘训练成时,必为蜀中大患。"西蜀参军马谡说:"懿虽是魏国大臣,曹叡素怀疑忌。"于是建议孔明施以反间计,欲"借刀杀人",除掉司马懿。结果这一计很奏效,立即就招来了魏国君臣对懿的猜疑,结果被曹叡削职回乡,命曹休总督雍、凉军马。懿被削职回乡,消除了诸葛亮的心腹大患。

第三节　从幕后到幕前的惊艳亮相

司马懿深通谋略,是举世公认的。因为有谋略,所以就容易产生野心,或者说有异志;因为有异志,就容易产生对其猜疑而戒备。曹操就说他"鹰视狼顾,不可付以兵权";曹丕曹叡时期,亦对司马懿存有防备之心。

因猜疑而有戒备,所以蜀国的"反间计"很奏效,曹叡立即将懿削职回乡。但是,这个令曹叡担心的人物,偏偏是曹氏政坛离不开的人物。这一点,其子司马昭也看出来了。就在司马懿长叹其被削职之时,司马昭就说,朝廷"早晚必来宣召父亲也"。司马懿解除兵权,削职为民之时,西蜀大举入侵。曹叡先令驸马夏侯楙调关西诸路军马二十余万拒敌,结果是连失三城,大败而投羌胡去了;曹叡第二次再令大将军曹真选拔东西二京军马二十万拒敌,不料数败于蜀,折了两个先锋,又折了无数羌兵,边境形势危急。曹叡是大惊失色,满朝文武惊惶失措。

关键时刻,太傅钟繇出班启奏,全力保举司马懿。钟繇可以说是魏国的三朝元老,也颇有政治军事才能。钟繇说:"凡为将者,智过于人,则能制人。孙子云:'知彼知己,百战百胜。'臣量曹真虽久用兵,非亮对手。臣以全家良贱,保举一人,可退蜀兵。"这个人是谁呢?就是司马懿,"今若复用之,则亮自退矣"。就这样,曹叡也就再度起用了司马懿,恢复其官职,加为平西都督,令起南阳诸路军马,前赴长安。

司马懿官复原职之前,也正是魏国西部边境危急之时。夏侯楙、曹真两次用兵而大败,亮乘得胜之兵正在长驱大进,直逼长安。这是明的,尤其令人后怕的还有一个暗的。就是前之降将,现为新城太守,身负西南重任的孟达,竟暗中叛魏降汉,欲取金城、新城、上庸三处军马配合亮取长安,就彼举事,径取洛阳。如果孟达的这个计划得以成功的话,魏国就危险了。司马懿毕竟智力过人而非同一般,当其官复原职之后,就行动果敢,迅速调宛城诸路军马,准备战场之用。与此同时,金城太守申仪家人密报孟达欲反。司马懿得信后说,如果孟达的阴谋得以成功,则两京休矣。他还断定，此贼必然勾结诸葛亮。于是他决定，"吾先擒之，亮定然心寒，自退兵矣"。司马昭说："父亲可急写表申奏天子。"他说："若等圣旨，往复一月之间，事无及矣。"立即传令教人马起程，一日要行两日之路，如迟立斩；一面令参军梁畿赍檄星夜去新城，教孟达准备出征，使其不疑。司马懿率军迅速赶到新城，以迅雷不及掩耳之势斩了孟达，摧毁了孟达的反叛集团。

斩了孟达之后，司马懿至长安见了魏主曹叡，随后奉诏率二十万大军出关下寨。懿非常知晓边境地理形势，更是善能用兵。他对先锋张郃说："秦岭之西，有一条路，地名街亭；傍有一城，名列柳城：此二处皆是汉中咽喉。亮欺子丹（指曹真）无备，定从此进。吾与汝取街亭，望阳平关不远矣。"司马懿断定说："亮若知吾断其街亭要路，绝其粮道，则陇西一境，不能安守，必然连夜奔回汉中去也。"司马懿与张郃立即率兵去取街亭，若亮用对了人，街亭取之也是不易的。但偏孔明错了马谡，街亭也就轻易地为懿所取。随后，列柳城也为懿所占。果然，亮丢失了街亭，陇西一境也就难以安守，尽退回汉中去矣。司马懿这一仗，未损兵折将，却获得了重大的胜利，所丢失的天水、安定、南安三郡尽皆收复；而亮却因这一仗，其第一次北伐中原的全部战果尽失，前功尽弃。

司马懿在削职而归故里之前，由于受到曹氏集团猜疑，并不重掌兵权。因此说，仅仅是一个献计献策的谋士而已，仅仅是在幕后的一个参谋长而已。而这一次官复原职，付之予重兵，并且独掌兵权，则是从幕后走向了幕前。这一次再度出山，司马懿斩掉了孟达，粉碎了孟达的反叛阴谋，取得了街亭一战的胜利，收复了陇西三城，扭转了西部边境的危机，功勋卓越，可谓是惊艳亮相。因此说，这一次司马懿复出，是其军事政治生涯的第一次重大的转折点。

第四节　星散云逝与潜滋暗长

据《三国演义》描述，曹操晚年曾做了一个"三马同槽"的噩梦。三马者，就是司马懿、司马师、司马昭之三司马，引起操对司马氏父子的怀疑和戒备。

因此，从曹操、曹丕到曹叡的几代领导人那里，司马懿一直是被压着的。在曹操的几个关键时期，司马懿曾多次出谋划策，展示自己的政治军事才华，但是操并不采纳。曹操占领汉中之时，刘备已夺取了西川，立足未稳，他建议操应一鼓作气去攻打西川。当时曹操就是不听，可能是有戒备之故。刘备自立为汉中王和关羽水淹七军之时，司马懿曾两次建议曹操联络东吴，均被操接受，并且发挥了重要的作用。但曹操只是采纳计谋，并不大用，此时的司马懿，仅仅是一个出谋划策的参谋而已。

曹丕时代，司马懿曾想方设法地表现自己，特别是刘备新死，刘禅继位之后，司马懿献计曹丕,调五路大军攻蜀。虽然曹丕好大喜功,采纳了他的计策,也未怎么大用。220年,曹丕继位而为魏文帝后,可惜在位时间不长,只有七年,227年去世。到曹丕去世时,曹一代和曹二代的重要将领也都相继辞世了。曹一代重要将领辞世的时间:218年,乐进;219年,夏侯渊;220年,夏侯惇;221年,于禁;222年,张辽;223年,曹仁。曹二代重要将领辞世的时间:225年,夏侯尚。

227年,曹叡继位为魏国皇帝时,魏国政坛上军界曹氏的重要将领已经不多了。这时候,重要将领曹休还在。曹丕登基为帝时,曹休升为领军将军,参照前后功劳,封东阳亭侯。夏侯惇死后,曹休升为镇南大将军,假节,以曹丕的名义都督各处军事,进入了曹氏集团核心领导层。担任镇南大将军后,曹休与东吴打了一仗,烧毁芜湖营寨数千家。魏明帝曹叡即位后,曹休已成为国家元老而晋封长平侯,后又封了大司马。曹仁是第一任大司马那可是真正的一人之下万人之上。到曹休做大司马时,其职责范围只能都督扬州,这可能是曹叡年轻,没有从政经验和长远的战略眼光的缘故。

而此时的骠骑大将军司马懿驻扎宛城,都督荆、豫两州诸军事,荆州是曹魏的南大门,其战略地位远远超过扬州;中军大将军曹真驻守长安,专门对付蜀汉,长安是曹魏的西大门;东大门扬州则由曹休把守。表面看来,曹休与曹真、司马懿平起平坐,实际上重权已经开始向司马懿倾斜了,这可能是司马懿老谋深算之缘故。司马懿的第一步,排挤掉曹休,攫取更多的权力,第二步,挤掉曹真。这样,军界的“三驾马车”就变成了“独驾马车”,就可以“天马行空,独来独往”了。就在亮第一次北伐中原之时,从蜀汉跳槽到魏的新城太守孟达欲勾结亮叛魏而归蜀,正欲起兵。司马懿得知,然后起兵前往讨伐,擒斩孟达,大获全胜。这一仗,懿在战场上惊艳亮相。而在此之前,他更像是一个顾问角色,在政治军事舞台的幕后参政议政。而现在,他却从幕后走向舞台的前列。更为关键的是,因为这一仗,赢得了信任,司马懿开始真正进入了曹魏的决策层。

司马懿之心,曹休知之。他感觉到“三马同槽”对曹魏政权的威胁,他很想打一个漂亮的仗,立一个漂亮的战功来压一压司马懿。228年,曹叡派三路大军征吴:东路,曹休从皖出发;中路,贾逵都督前将军满宠、东莞太守胡质等四军出发从西阳直向东关;司马懿从江陵出发。就在曹休出发时,收到了吴将周鲂的一封信,说是从内部策应,配合曹休攻打东吴。这是一封骗局之信,尚书蒋济提出了反对的意见,满宠也看出了问题。但是,曹休难以回头,结果上了大当,大败而归。曹操、曹丕两代在东线的经营,可谓毁于一旦。那时,曹真正忙着对付蜀国,石亭之败,曹休被免职,对吴的军事指挥权只能交给司马懿了。但是曹叡不能那样做,只能装聋作哑,不管不问,然而曹休还是得了背痈之病而死。

曹休死了,司马懿任大将军,加大都督,假黄钺。黄钺,古代为帝王所专用,特赐给专主征伐的重臣。曹休是黄钺的唯一拥有者,他死了,黄钺就到了司马懿手里。"三马同槽"的噩梦,从曹休死的那一天起,开始慢慢地变为现实。曹氏与司马氏之争,在朝廷内外酝酿着。曹休之死,是一个历史的转折点,司马氏集团潜滋暗长。魏明帝时代,军事重心有两个:对蜀的关中和对吴的江汉。这两个重心,双方各一个,相互制衡。曹真在汉中,独镇一方,司马懿在荆州,还有一个张郃掣肘。如果说懿是军政要员而掌握重权,那么张郃则是资深的元老派而处于掣肘地位。

在史书《三国志·曹真传》中,曹真抵抗西蜀,功勋卓越。"诸葛亮围祁山,南安、天水、安定三郡反应亮。帝遣曹真督诸军军郿,遣张郃击亮将马谡,大破之。安定民杨条等略吏民保月支城,曹真进军围之。杨条谓其众曰:'大将军自来,吾愿早降耳。'遂自缚出。三郡皆平。真以亮惩于祁山,后出必从陈仓,乃使将军郝昭、王生守陈仓,治其城。明年春,亮果围陈仓,已有备而不能克,增邑,并前二千九百户。四年,朝洛阳,迁大司马,赐剑履上殿,入朝不趋。"有曹真在,基本上可以平衡司马懿的关系。可是,在《三国演义》中,曹真却没有什么谋略,老是上诸葛亮的圈套,后被懿气病,亮再写封信给他,把他气死。而史书中的曹真,很能打仗,也有谋略,更不是被诸葛亮气死的,而是于230年病死于洛阳。

时曹氏领军人物曹真,镇西大将军,都督雍凉诸军事,诸葛亮出祁山后,都督关中军事。司马氏领军人物司马懿,为骠骑大将军,都督江汉军事。曹真一死,曹氏与司马氏之间的权力,就开始失衡了。张郃于231年,因追击亮而被乱箭射死。在司马氏和曹氏处于异常微妙的平衡时期,张郃的态度至关重要。张郃一死,在军政界,曹氏集团就失去对司马懿的掣肘力量。曹真、曹休、张郃死后,司马懿成了领军大将军,曹氏集团就没有了领军人物了。此消彼长,曹氏集团军界力量不断削弱,司马氏集团的力量就开始强了起来。

对此,曹叡是有所警惕的。有孔明在,司马懿不得不用,但也不能不防。诸葛亮死后,司马懿想乘势攻打并灭掉蜀国。为了防止司马懿功高盖主,曹叡不准,并将其调离西北防线;官职上从大将军"升"为太尉。离开了前线,司马懿便失去了对军队的掌控权。曹叡在皇帝的位置上,处置司马懿还是轻而易举的。叡可以把他提起来,也可以把他一撸到底,甚至杀掉他。因此,在亮去世后,司马懿曾说,"孔明活着可恨,死了可惜"。"活着可恨"是不必说了,为什么"死了可惜"呢?因为没有了孔明,司马懿在曹魏政坛上就没有了使用价值,甚至处境危险。

但是不久,辽东出事了,曹叡只得让他再度挂帅,领军征讨辽东。平定辽东后,司马懿运气特别好,又赶上了曹叡病危。237年,曹叡得病,曹氏集团已经无人可用了,召文帝子燕王曹宇为大将军,佐太子曹芳摄政。曹宇为人恭俭温和,不肯当此大任,坚辞不受。只得封曹爽为大将军,总摄朝政。曹叡病危,急令使持节诏司马懿还朝,司马懿受命还朝入见魏主。曹叡死后,根据其生前安排,曹爽、司马懿辅政,扶年仅八岁的太子曹芳即皇帝位。曹爽的资历、能力及其影响力,怎么能同懿相比,其差别简直是太大了。

　　纵观司马懿的一生,懿最怕四个人,这四个人是:曹操、曹丕、曹叡、诸葛亮。曹魏三个,蜀汉一个。但是,还是孔明救了司马懿。如果没有孔明,恐怕司马懿早在政治舞台上就消失了。但是,司马懿还真是福大命大造化大,他熬死了曹操、曹丕,还熬死了曹真、曹休、张郃,还熬死了诸葛亮,最后还熬死了曹叡,终于熬出头了。在曹氏家族中的"三马同槽"的噩梦只差一步之遥,将变为现实了。

249 年到 280 年,属于三国后期,分为前后两个时期。前期从 249 年到 261 年,前后 12 年,是司马氏通过高平陵政变而夺取政权和通过平定淮南三叛而巩固政权的时期;从 261 年到 280 年,前后 19 年,是灭蜀收吴而实现天下一统的时期。

第四编的三国归晋部分(从 219 年到 280 年,前后 61 年),叙述了司马氏集团取代曹魏集团的过程,尤其通过长期的 "和平演变" 过程,西晋王朝最终取代曹魏王朝的过程,叙述了蜀吴最后亡国的过程。

三国后期,是以司马氏为中心舞台的时期,司马氏,尤其是司马懿,遏制了西蜀势力的膨胀,并逐步取代了曹氏集团,灭掉了西蜀并建立了西晋王朝,最后灭掉了吴国而三国归晋。

根据诸葛亮的 "三分天下" 谋略和 "三分天下三角关系" 的理论,从学术上探讨了蜀吴两国最后灭亡的内在原因。根据社会发展的一般规律,从理论上揭示了魏、蜀、吴三国归晋的历史必然性。

第四十四章　曹魏政权向司马氏政权的演变

曹叡病危之时，司马懿和曹爽（曹操的侄孙）两人同时成为太子曹芳的托孤大臣，共同掌握了曹魏的军政大权。曹爽哪是其对手，只几个回合，司马懿就将曹爽从曹魏政坛上抹掉了。最后，曹魏的最高国家权力落入了懿之手。

司马懿、司马师、司马昭依次掌权，逐步完成了曹魏政权向司马氏政权的演变。

第一节　藏形隐迹敛锋芒

司马懿西边抗击了诸葛亮的入寇，东边打败公孙渊，灭掉了燕国，为曹魏政权的巩固和发展，为天下统一做出了杰出的贡献。这样，司马懿在曹魏政权中的地位得到了巩固提升。司马懿深知曹氏对其猜忌和戒备，更是学会了伪装，在一定程度上取得了曹魏政权的信任。

239 年春，曹叡病重。命侍中光禄大夫刘放、孙资，掌枢密院一切事务；又召文帝子燕王曹宇为大将军，佐太子曹芳摄政。曹宇为人恭俭温和，未肯当此大任，坚辞不受。曹叡临死之前，中书监刘放、中书令孙资，趁其昏乱，硬劝他用曹爽和司马懿。曹叡听了，于是曹爽和司马懿同受遗诏辅政。曹叡病危，急令使持节诏司马懿还朝，临终，执司马懿手说："昔刘玄德在白帝城病危，以幼子刘禅托孤于诸葛孔明，孔明因此竭尽忠诚，至死方休；偏邦尚然如此，何况大国乎？朕幼子曹芳，年才八岁，不堪掌握治理社稷。幸太尉及宗兄元勋旧臣，竭力相辅，无复朕心！"

当下司马懿、曹爽，扶太子曹芳即皇帝位。自此，司马懿与曹爽共同辅政，两人实际共同掌握了军政大权。两人各领精兵三百余人在殿中值班，平分秋色。但是，曹爽虽为宗室皇族，资历、声望、经验、才干均远不如司马懿。因此，曹爽开始还不得不倚重司马懿，对他以长辈相待，引身卑下，每事必问，不敢独断专行，两人关系还算和睦。曹爽门下有清客500人,其中毕轨、何晏、邓飏、丁谧、李胜常在曹爽周围,其中还有一个大司农桓范,颇有智谋,人称"智囊",为其出谋划策。他们不断地向曹爽进言,说司马懿有一定野心,在社会上有很高的声望,对皇室是潜在的威胁,不能不防。起初,曹爽并不在意,说:"司马公与我同受先帝托孤之命,安忍背之?"何晏说:"昔日先公与仲达破蜀兵之时,累受此人之气,因而致死。——主公如何不察也?"曹爽猛然醒悟,于是就按照手下谋臣的建议,以皇帝曹芳的名义将司马懿提升为太傅。

司马懿名义上是提升了,但实际上是明升暗降。官职提高了,但兵权削掉了。于是曹爽独掌大权,给自己的兄弟和亲信都安排了重要的职位。他认为,这样就万无一失了。司马懿是何等样的人物,这样的小动作岂能不知?《鬼谷子》有言:"天地之化,在高与深;圣人之道,在隐与匿。"君子之才华,玉韫珠藏。他冷静地分析了一下形势,认为自己处于不利的形势。司马懿不是怕曹爽,而是怕士族。曹爽身为宗室,是功臣曹真之后;而自己却为外姓,是曹氏政权猜忌防范的对象,不可马上采取过激的对抗行动。他的谋略就是捭阖之术,通过观察阴阳变化,掌握事物发展的根本规律,从而在形势不利的情况下,隐迹藏身,使对手放松警惕,以致最后出其不意,攻其不备,打败敌手。

"捭"意为开启,"阖"意未为闭藏,两者是对门户施加的一组相互对立的动作,延伸为世界上万事万物变化发展的规律。面对曹爽咄咄逼人的进攻声势,司马懿并没有一怒而起,而是采取"阖"的策略,以退为守,收锋敛芒,藏形隐迹,一退再退,把大权拱手让给了曹爽;并以年老病弱为由,不问政事,二子司马师、司马昭亦退职闲居。后来曹爽对司马懿的病有些怀疑,担心其中有诈。就乘李胜将出任荆州刺史的机会,命他向懿辞别,以探虚实。司马懿知其用意,将计就计,故意装出一副衰病之容。他躺在病床上,两婢女在身边服侍。他想拿过衣服来换,却故意装着手抖而使衣服滑落在地上。他指手言渴,婢女端进粥来,他只能勉强将嘴凑到碗边,让婢女一口一口地喂,稀粥顺着他的嘴角流出来,弄得胸前衣襟湿漉漉的,显得十分狼狈。

李胜对司马懿说:"这次蒙皇上恩典,派我担任荆州刺史,特来向太傅告辞。"司马懿装成眼花耳聋,故意将"荆州"听成"并州",他说:"那就委屈你了,并州在北方,接近胡人,你要好好防备啊。"李胜又大声解释说:"我是到荆州赴任,而不是去并州。"懿又故意错解其意说:"你是刚从并州来?"李胜只得拉大嗓门,大声重复一遍,这一次司马懿才算听清楚了,叹息说:"唉,我实在是年纪老了,耳朵聋,听不清你的话。你调任家乡刺史,真是太好了,应该好好建功立业。"此乃三十六计中的第二十七计,即"假痴不癫"之计也。

你看,司马懿也真会装,如此一个"假痴不癫"之计,就将李胜骗过。李胜回到曹爽那儿,将亲眼所见向曹爽详细做了报告,并说"司马公已神志不清,只剩下一具躯壳,不足为虑了。"曹爽哪懂得什么捭阖之术,听了李胜的报告之后,内心十分高兴,认为可以高枕无忧了,从此放松了一切警惕。出类拔萃是高手,藏锋敛锐是高人。懿完全用假象蒙蔽了曹爽,麻痹了他的警惕性,为其秘密东山再起创造了条件。

第二节　阴阳之变夺政权

"或阴或阳,或柔或刚,或开或闭,或弛或张。是故圣人一守司其门户,审察其所先后。"圣人之言,之行也。

阴与阳,柔与刚,开与闭,弛与张,都是辩证统一的,且又是相互转化的。司马懿最善于这些阴阳之变。当曹爽进攻的声势咄咄逼人之时,司马懿选择的方式不是一怒而起,向对方发起进攻,而是收锋敛芒,藏形隐迹,一退再退,把大权拱手让给了曹爽;并以年老病弱为由,不问政事,两个儿子司马师、司马昭亦退职闲居,此即阴、即柔、即闭、即阖也。

司马懿之"阖",达到了两大效果:其一,解除了敌人的警惕性,起到了麻痹敌人的巨大作用。在听取李胜的汇报之后,曹爽是大喜,说:"此老若死,吾无忧矣!"不久,249年正月(初六日),小皇帝曹芳去谒高平陵,曹爽兄弟三人并心腹何晏等竟然全往。桓范叩马谏曰:"主公总典禁兵,不宜兄弟皆出。倘城中有变,如之奈何?"曹爽以鞭指而叱之说:"谁敢为变! 再勿乱言!"岂不知,懿已在背后磨刀霍霍了。其二,使其更加骄奢淫逸,腐化堕落,逐渐地丧失人心。而司马懿却声誉日隆,被看成国家的柱石,舆论倾向于他这一边。尤其是曹爽听了李胜的汇报后,成天寻欢作乐:凡用衣服器皿,与朝廷无异;各处进贡玩好珍奇之物,先取上等者入己,然后进宫;佳人美女充满府院。

从辩证法的角度看,捭与阖是依据一定的条件而相互转化的。先有"阖",尔后必有"捭",即"阖"于先而"捭"于后也。何时开启,何时闭合,那就要依据形势的变化而定。司马懿藏身隐迹,由台前而退至幕后,由明处而退至暗处,除麻痹敌人的警惕性之外,还有两个作用:其一,可以在背后将敌人的一举一动观察得一清二楚;其二,可以在对手,或者说敌人毫不知晓的情况下做好反扑的准备。俗话说:"明枪易躲,暗箭难防。"司马懿就是这样一个难防之人。据史料记载,司马懿骗过李胜之后,就对其二子说:"李胜此去,回报消息,曹爽必不忌我。只待他出城畋猎之时方可图之。"

不久,机会来了。嘉平元年正月,魏帝按照惯例率宗室及朝中文武大臣,到城外祭扫魏明帝陵墓。丧失警惕而思想麻痹的曹爽兄弟及其亲信都跟着小皇帝去了。《墨子》说:"问鼎藏器:待时而动,后发制人。"司马懿是藏器高手,最擅长待时而动,后发制人。他认为时机已到,便立即采取了"捭"的策略。他乘这一次曹爽势力倾巢出动之机,将长期周密策划,精心准备的力量积聚起来,发动了政变。他和他的儿子司马师、司马昭,率部众以闪电之势,占领了城门、兵库等战略要地和重要场所,并上奏永宁宫郭太后,废免了曹爽的职务,剥夺了他们的兵权。又亲率太尉蒋济等勒兵屯于洛水浮桥,派人给魏帝呈上司马懿要求罢免曹爽的表章,可见其心狠而手段毒辣。其实,曹操早就看出了司马懿的不臣之心。《晋书·宣帝纪》记载:"魏武察宣帝有雄豪志,闻有狼顾相,欲验之。乃召使前行,令反顾,面正向后而身不动。又尝梦三马同食一槽。因谓太子丕曰:'司马懿必预汝家事。'"

司马懿的手段是高明的,他以迅雷不及掩耳之势,发动了政变,剥夺了曹爽的兵权,并立即上报皇帝,给曹爽来了一个措手不及。同时,又派侍中许允、尚书陈泰前去劝降,说司马公只为兵权,别无他意,使其放弃反抗。曹爽本就是一个庸才,也没有能力组织有效的反抗,结果是束手就擒。后司马懿又反诬曹爽谋反,夷灭其三族。就这样,司马懿根据阴阳之变,该"阖"时,即"阖";该"捭"时,即"捭"。藏器待时等闲度,乘势而为成大器。他抓住有利时机,骤然而起,擒住了曹爽,成功地夺取了政权。"高平陵兵变"的成功,是司马懿政治军事生涯的第二次重大的转折点。"高平陵兵变"之后,就开始了司马懿父子秉政专权的时代。从此之后,曹氏势力每况愈下,司马懿父子就像当初曹操控制汉室政权一样控制了曹魏的政权。从此以后,政皆出司马氏父子。

第三节　顺司马师者昌,逆司马师者亡

251年,司马懿病死了。魏主曹芳封司马师为大将军,总领尚书机密大事,司马昭封为骠骑上将军,兄弟两人总揽朝政。

"高平陵政变"之后,权虽然归了司马氏,但懿在世时,还是比较谨慎的。曹操在世时,他恪尽职守地为之办事;曹操去世后,他是受命大臣之一,辅佐曹丕、曹叡,还算是忠心耿耿。杀掉曹爽之后,曹芳封司马懿为丞相,加九锡,司马懿还坚决不接受。曹芳不准,令父子三人同领国事。司马懿临终时对其二子说:"吾事魏历年,官授太傅,人臣之位极矣;人皆疑吾有异志,吾常怀恐惧。"因此说,曹魏的政权还是曹魏的。

但是,司马师掌权之后,他要把曹魏的政权变成实际上是司马氏的政权。就是说,他要彻底地改变曹魏政权的性质。要改变政权的性质,显然要经过一系列残酷的斗争。当年的汉献帝,被人劫持过来,劫持过去,已经是名存实亡了,曹操把他接到了许昌。自然朝廷的大权就归了曹操。但是,汉献帝还老是认为,自己是一个皇帝,很不舒服当一个傀儡,有几次想通过政变干掉曹操,但都未遂。而司马懿时期,曹魏政权基本上还是曹魏政权,有名而且还有相当的实,因为司马懿在世时,每一件事还必启奏。然到了司马师时,就比司马懿专横了,大事就不再启奏了,曹魏政权已经是有名而无实了。

曹芳设朝,司马师带剑上殿;群臣奏事,司马师俱自剖断,并不启奏魏主。少时朝

退,司马师昂然下殿,乘车出内,前遮后拥,不下数千人马。《三少帝纪》记载,254 年,"假大将军司马景王黄钺,入朝不趋,奏事不名,剑履上殿"。就是说,此时,曹魏政权已经演变成司马氏之政权了。显然,司马师做了工作,其朝廷班子成员换了思想换了人,此即"顺司马师者昌,逆司马师者亡"矣。"顺司马师者昌",就是换思想;"逆司马师者亡",换不了思想,就得换人,就得死。《中国哲学史》介绍说,魏晋期间,曹魏政权的蜕化和司马氏集团的篡逆时期的玄学,就是那些不愿换思想而又避免杀身,以逃避现实的方法议论现实。魏晋时期,党争激烈,政局恐怖,说话不当心,就有杀头的危险。清谈玄学,远离现实,又可以明哲保身,又可以隐议时政。

当了傀儡,心里是很不舒服的。曹芳也想发动政变,欲除司马师,但机密泄露,反为师所废。《三少帝纪》记载,254 年 9 月,"大将军司马景王将谋废帝,以闻皇太后"。是年,司马师另立了曹丕的孙子曹髦为帝。魏国地方上有些将领不服,起兵反抗。如扬州刺史文钦和镇东将军毌丘俭。司马师亲自带兵镇压,把他们打败了。《三少帝纪》记载,255 年春正月乙丑(十二日),"镇东将军毌丘俭、扬州刺史文钦反。戊寅,大将军司马景王征之"。但是在战斗中,司马师受了伤,在回师的路上就死了。

司马师死的时候,司马昭发表,并申奏魏主曹髦。曹髦遣使持诏到许昌,即命暂留司马昭屯兵许昌,以防东吴。留许昌,还是回洛阳? 司马昭尚犹豫不决。钟会说:"大将军新亡,人心未定,将军若留守于此,万一朝廷有变,悔之何及?"司马昭立即醒悟,即率兵还屯洛水之南。曹髦闻之大惊,走了一个司马师,又来了一个司马昭也。太尉王肃奏曰:"昭既继其兄掌大权,陛下可封爵以安之。"曹髦无奈,只得命王肃持诏,封司马昭为大将军、录尚书事。司马昭入朝谢恩,自此,权归于司马昭。

第四节　司马昭之心,路人皆知

在曹魏政权向司马氏政权演变的过程中,司马懿通过"高平陵之变",完成了夺取政权的任务;司马懿死后,司马师从带剑上殿到废除曹芳而立曹髦,完成了把曹魏的政权实际上变成司马氏的政权的任务;到了司马昭时期,曹魏政权实际上已经是名存实亡了。那么,司马昭的任务是什么呢? 就是要将曹魏政权的这一块招牌彻底地揭下来,把曹魏的天下彻底地变成司马氏的天下,由司马氏来直接做皇帝,此即司马昭之心,路人皆知也。

《三少帝纪》记载,256 年 4 月,"赐大将军司马文王衮冕之服",以为尊贵。"八月庚午,命大将军司马文王加号大都督,奏事不名,假黄钺。"自此,司马昭自为天下兵马大都督,出入常令三千铁甲骁将前后簇拥,以为护卫;一应事务,不奏朝廷,就于相府裁处:自此常怀篡逆之心。司马昭虽有此心,但仍担心天下将领不服。他有一心腹,即府下长史贾充。《晋书》说，贾充有刀笔之才，能够观察出主子的真实想法。一次，贾充对昭说："今主公掌握大柄，四方人心必然未安；且当暗访，然后徐图大事。"这几句话说到了司马昭的心坎里，司马昭说："吾正欲如此。汝可为我东行，只推慰劳出征军士为名，以探消息。"

贾充领命至淮南，故以言挑诸葛诞，诱出真言，尔后回京密告司马昭。司马昭采取各种手段，将诸葛诞逼反，然后起重兵灭之。司马昭此举，既铲除异己，又树威于天下。《三少帝纪》记载，258年2月，"大将军司马文王陷寿春城，斩诸葛诞"。是年夏五月，"命大将军司马文王为相国，封晋公，食月邑八郡，加之九锡，文王前后九让乃止"。直到260年4月，"诏有司率遵前命，复进大将军司马文王位为相国，封晋公，加九锡"。

在威逼皇帝这方面，司马昭比他哥哥司马师还要厉害，把曹髦欺负得火冒三丈。当年曹髦年仅二十岁，年轻气盛，早就看不惯司马昭的专横了。有一次，他又受了昭一肚子气。回到宫中，召侍中王沈、尚书王经、散骑常侍王业三人，入内计议。曹髦说："司马昭将怀篡逆，人所共知！朕不能坐受废辱，卿等可助朕讨之！"王经说"不可"，理由是，"今重权已归司马氏久矣，内外公卿，不顾顺逆之理，阿附奸贼，非一人也。且陛下宿卫寡弱，无用命之人"。曹髦说："'是可忍也，孰不可忍也！'朕意已决，便死何惧！"说完，曹髦就进宫禀报太后。三个大臣里有两个贪生怕死的，怕闯出祸来牵连到自己，就去向司马昭告了密。

司马昭老奸巨猾，他且不先动手，而是先设好圈套，让曹髦往里钻，然后就势将其废掉。曹髦哪有什么力量，他集合了宫内的禁卫军和一些太监，勉强拼凑成一支军队。曹髦不仅亲自率领杀了出去，而且还仗剑冲在了最前面。年轻气盛的曹髦，真是不知天高地厚。他认为，我是皇帝，谁敢杀我。谁料想，天下竟然有人敢杀皇上，这个人就是成济。起初，成济见皇帝亲自上阵，也慌了手脚，贾充喝了一声说，这才壮了胆子，举戟直刺，将曹髦刺死。一个臣子竟将皇帝刺死，这确实是大逆不道，出乎许多人预料。首先就没有料到的是曹髦，没有想到真有人敢刺他。当时他就说："吾乃天子也！汝等突入宫廷，欲杀君耶？"消息传到司马昭那里，昭也没有想到手下居然把皇帝杀了，也有点惊慌。为了掩人耳目，把成济定了一个大逆不道的罪名，杀掉了，还满门抄斩。

《三少帝纪》记载，260年，"大将军文王上言：'高贵乡公率将从驾人兵，拔刃鸣金鼓向臣所止；惧兵刃相接，即敕将士不得有所伤害，违令以军法从事。骑督成倅弟太子舍人济，横入兵阵伤公，遂至殒命；辄收济行军法。'"杀掉了曹髦，按理说，昭可以做皇帝了。但是他没有做，还是在曹操的后代中找了一个15岁的少年接替皇位，他就是魏元帝曹奂。司马昭不是不想做皇帝，还觉得时机还未成熟。尤其是在杀了皇帝曹髦之后，于理说，这无论如何是说不过去的。265年，他儿子司马炎继承了他的位子和遗志，把挂名的魏元帝废掉，自立为帝，建立了西晋王朝。

第五节　曹操的后代为什么会丧失政权？

曹操的后代为什么会丧失政权，是一个值得探讨的问题。

皇帝早逝，年幼的太子继位，这是丧失政权的一个重要的原因。东汉王朝就是这样，曹魏政权也是这样。曹操虽然移驾幸许都，把持朝政，挟天子以令诸侯，然而魏国的江山还是他一手打下来的。因此说，曹魏的政权基础上还是稳的。但是曹操后代接班人命都不长，是一代不如一代，严重地影响了曹魏政权的稳定性。226 年 5 月，曹丕死时，年仅 40 岁，仅仅做了 7 年皇帝。曹丕死时，太子尚幼。曹叡在位 13 年，寿仅 36 岁。这么说，曹叡继位时，当为 23 岁。曹叡虽年轻，还可以借助曹操、曹丕的天威，同时曹叡也不算小，还有能力将司马懿罢免回乡。

239 年，曹叡死后，小皇帝曹芳才 8 岁，大权被别人掌控，这就使司马氏集团有了可乘之机。254 年，曹芳就被司马师废掉了，仅当了十几年的皇帝。曹髦做皇帝，也只有 14 岁。260 年 5 月被杀，死时只有 20 岁。曹奂也只当了 5 年皇帝，265 年 12 月，就把曹魏的江山拱手让给了司马氏。曹操足智多谋、老练沉着，又能打仗，又能治国。在汉末天下大乱的年代建立了魏国，为儿子改朝换代打下了坚实的基础。而他的子孙却非常无能，别说创业，连守成也做不到。

曹氏集团的栋梁之才越来越少，也是司马氏集团崛起的一个重要原因。220 年，曹丕登基做皇帝时，有华歆、王朗、辛毗、贾诩、刘晔、陈群、桓阶等文武大臣，其中贾诩、刘晔、辛毗都是曹操时期极有谋略的人。常征惯战的武将于禁、张辽、曹仁、夏侯尚、徐晃都还在，曹氏政权稳如磐石。曹丕死的时候，辛毗、贾诩、刘晔三位都已不在了。时托孤大臣尚有华歆、曹真、陈群、司马懿、曹休，朝中还有钟繇、王朗。到此时，司马懿已经挤进了高位，成了托孤之臣。到曹叡死的时候，曹真、陈群、曹休、钟繇、华歆、王朗都不在了。曹叡将幼子曹芳托孤于曹爽、司马懿，当然主要还是托孤于曹爽，因为他毕竟还是曹氏宗族的人，而司马懿毕竟是外姓之人。

在曹丕托孤的曹真、陈群、司马懿、曹休四位大臣中，只有司马懿极有谋略，其余三人皆不如也。那时，曹叡对司马懿还是有所戒备，封曹真为大将军，封懿为骠骑大将军，把主要的军权交了曹真。因雍、凉两处缺人守把，司马懿上表乞守，曹叡从之，于是统领雍凉等处兵马。后西蜀散布流言，曹叡猜疑，将司马懿罢职回乡。228 年，西蜀入寇，曹真出征迎敌，结果是损兵折将，边境告急，不得已而再用司马懿。有曹操在，可以不用司马懿；没有了曹操，就非用司马懿不可。因为除了懿，就再也没有人能与曹操的智慧相匹敌了。至曹叡死的时候，除了司马懿，已无可托孤之人了。

曹叡病重之时，曾召文帝子燕王曹宇为大将军，佐太子曹芳摄政。曹宇为人恭俭温和，不肯当此重任。遂改封曹真之子曹爽为大将军，总摄朝政。曹芳登位后，司马懿与曹爽共同辅政。但是，曹爽虽为宗室皇族，资历、声望、经验、才干均远不如司马懿。其身边的谋士不断提醒曹爽，说要提防司马懿。于是在239年，曹爽就照手下谋臣的建议，以皇帝曹芳的名义将司马懿明升暗降为太傅，将其兵权削掉，这实际上就得罪了司马懿了。

司马懿岂是好惹之人，就从幕前退至幕后，伺机反扑。这一退，居然隐退了10年。结果当然是曹爽遭到了暗算，249年，懿通过发动政变推翻了曹爽的政权，致使曹魏政权逐步地演变成司马氏的政权。其实，在懿发动政变之前，也完全是可以提防的。曹爽事前毫无警惕性；事后却毫无主张而惊慌失措。其时"智囊"桓范也已赶到，对曹爽说："太傅已变，将军何不请天子幸许都，调外兵以讨司马懿邪？"曹爽却说："吾等全家皆在城中，岂可投他处求援？"桓范坚定地说："此去许都，不过中宿。城中粮草，足支数载。今主公别营兵马，近在阙南，呼之即至。大司马之印，某将在此。主公可急行，迟则休矣。"曹爽狐疑不定，最后弃官而降。

曹爽兄弟四人，其弟是曹羲、曹训、曹彦。四人者，无一人有智谋，且都愚蠢。当事发之时，曹爽手足失措，回顾二弟说："为之奈何？"曹羲说："懿奸诈无比，孔明尚不能胜，况我兄弟乎？不如自缚见之，以免一死。"桓范大哭着说："曹子丹以智谋自矜！——今兄弟四人，真豚犊耳！"糊涂到这种地步，岂能不败？真是一代不如一代，一个不如一个。

但是，反过来也可以这么说，如果没有司马懿的辅佐，曹魏政权能否从曹丕传到曹叡，再传到曹芳，都是很难说的。王朗说："司马懿深明韬略，善晓兵机，素有大志。"曹羲说："司马懿谲诈无比。"诸葛亮说："吾岂惧曹叡耶？所患者唯司马懿一人而已。"司马懿善通谋略，能安邦治国，俨然如曹操在世。曹操在世时，司马懿的几个计谋，就破解了孔明的"三分天下"之谋。曹操死后，懿辅政期间，在军事上西拒诸葛亮，东灭公孙渊，为曹魏政权的稳定和发展做出了巨大的贡献。

灭掉公孙渊，其对实现天下一统的意义也是不可低估的。三国时期，除了魏、蜀、吴三国之外，还有第四个国家。这个国家就是辽东的燕国，是辽东太守公孙度创立的，它的领土包括今天的辽东半岛，还有当时的朝鲜半岛的一部分。190年，当中原地区正在你争我夺，各个诸侯国，包括曹操，无暇顾及辽东地区。辽东就在公孙度的统领下，向东征讨高句丽朝鲜族，向西征讨乌桓族，打败了扶余国，开始称王称帝。204年，公孙度死后，儿子公孙康继位。228年，公孙康死后，儿子公孙渊继位。238年，司马懿率大军来到了辽东，打败并灭掉了公孙渊。从189年公孙度占据辽东郡，到公孙渊传了三代，共五十年而亡。

司马懿死后，他的儿子司马师、司马昭共同辅政，在军事上南拒东吴，西收蜀汉，把鼎立的三国，折了一足！为最后统一天下做出了贡献。

第四十五章　姜维北伐

从姜维所担任的职务来看,实际上肩负着继承丞相诸葛亮的遗志,保卫西蜀王国,匡复汉室的军事重任。诸葛亮是积极北伐的,但六次北伐无功而返,因此许多人反对。诸葛亮死后,蒋琬、费祎时期,从 234 年到 249 年,15 年休养生息。

之后,姜维又开始北伐。但是维北伐,过于频繁,几乎达到了穷兵黩武的地步。从 249 年到 262 年,13 年九次北伐,无功而返。姜维的北伐,遭到了蜀国上下的强烈反对,并且形成了一个反战派,反战的浪潮一浪高过一浪。但姜维仍坚持北伐,输掉了国力,加速了西蜀的灭亡,这就是维的错误。

夏侯霸降蜀后,曾说:"魏国新有两人,正在妙龄之际,若使领兵马,实吴、蜀之大患也。"这两个人,一个是邓艾,一个是钟会。尤其是邓艾,资性敏捷,深得司马懿赞赏,认为是奇才。姜维对阵邓艾,犹孔明对阵司马懿,是高手遇到了高手,这是无功而返的原因。

第一节　四次用兵,败多胜少

249 年秋,姜维第一次伐魏,兵败牛头山,关键是兵力不足。出兵前,姜维说:"吾久居陇上,深知羌人之心;今若结羌人为援,虽未能克服中原,自陇而西,可断而有也。"战略目标虽然定在陇西,结果羌兵未至,兵力不足。句安、李歆各引一万五千兵于麹山前连筑两城,各守一城。因两城山势高阜,结果被魏兵断了上流,战士枯渴,兵力又少,魏兵围城甚急,初战不利。姜维率兵赶到,本想采取"围魏救赵"之法,引兵往牛头山而抄雍州之后,攻其必救。孰料,魏将陈泰的计谋却走在了前头,以逸待劳,结果姜维兵败。

250 年,姜维又起兵二十万出阳平关,第二次伐魏。这一次虽用奇谋,困司马昭于

三国谋略论

铁笼山上，但后又被陈泰用计，败了羌兵，败了蜀兵。虽然这一次射死郭淮，杀死徐质，挫动了魏国之威，但总体上兵败无功而返。

夏侯霸初降西蜀之时，曾对姜维提到两个人，一个是钟会，一个是邓艾。此二人若用来伐蜀，实可畏也。但姜维不甚信，说："量此孺子，何足道哉！"自恃其谋略过人，又因为其伐魏之心十分迫切，故而不把邓艾、钟会两人放在心上，于是决定再一次出兵。张翼强调说，蜀地浅狭，钱粮鲜薄，不宜远征，不如据险而守，但是姜维仍然坚持出了兵，于253年4月，第三次出兵伐魏，无功而返。

姜维总结了前三次失败的原因，认为是军出甚迟也。254年6月第四次伐魏，引兵五万火速至洮水，来一个"攻其不备，出其不意"，结果背水一战，大败魏兵，取得了洮西大捷。洮水一胜，姜维欲乘胜进军，攻打狄道城。张翼谏曰："将军功绩已成，威声大震，可以止矣。今若前进，倘不如意，正如'画蛇添足'也。"姜维说："向者兵败，尚欲进取，纵横中原；今日洮水一战，魏人胆裂，吾料狄道唾手可得。"但是，天公偏不作美。姜维这次出兵，却遇到了一个劲敌，这就是邓艾。

邓艾初到兵中，陈泰问计。艾说，维"洮水得胜，若招羌人之众，东争关陇，传檄四郡：此吾兵之大患也——今彼不思如此，却图狄道城；其城垣坚固，急切难攻，空劳兵费力耳。吾今陈兵于项岭，然后进兵击之，蜀兵必败矣"。在魏营中，陈泰也算是有谋略的将领，远胜于郭淮。时陈泰就盛赞邓艾之计，说："真妙论也！"他首先就看出了姜维谋略之误，不招羌人之众，东争关陇，传檄四郡以震中原，却来攻打城垣坚固的狄道城，空劳兵费力。故此他献一计，陈兵于项岭，然后进兵击之。正如邓艾所料，姜维围攻狄道城，啃的是一块硬骨头，数日不下。忽报有两路魏兵杀到，一路是征西将军陈泰，一路是兖州刺史邓艾。只一战，蜀兵大败而退回至汉中。

第二节　强中更有强中手

姜维兵败而退至汉中，欲再次出兵伐魏。令史樊建谏曰："将军屡出，未获全功；今日洮西之捷，魏人已服威名，何故又欲出也？万一不利，前功尽弃。"姜维说："汝等只知魏国地宽人广急不可得；却不知攻魏者有五可胜。"这五可胜是，"彼洮西一败，挫尽锐气，吾兵虽退，不曾损折：今若进兵，一可胜也。吾兵船载而进，不致劳困，彼兵皆从旱地来迎，二可胜也。吾兵久经训练之众，彼皆乌合之徒，不曾有法度：三可胜也。吾兵自出祁山，掠抄秋谷为食：四可胜也。彼兵须各守备，军力分开，吾兵一处而去，彼安能救，五可胜也。"此一番言论，足见其深通军事之谋略，其见解高出于众人。

然而，夏侯霸却极力反对。认为邓艾年虽幼，却机谋深远，非同寻常，不可轻敌。

姜维却厉声说："吾何彼哉畏！"决意出兵，255 年夏，第五次出兵。结果又大败而归，原来邓艾的见解更胜一筹。姜维兵败而夜遁之后，即此次出兵之前，邓艾分析，"吾料蜀兵必出有五"："蜀兵虽退，终有乘胜之势；吾兵终有弱败之实：其必出一也。蜀兵皆是孔明教演，精锐之兵，容易调遣；吾将不时更换，军又训练不熟：其必出二也。蜀人多以船行，吾军皆在旱地，劳逸不同：其必出三也。狄道、陇西、南安、祁山四处皆是守战之地；蜀人或声东击西，指南攻北，吾兵必须分头守把；蜀兵合为一处而来，以一当我四分：其必出四也。若蜀兵自南安、陇西，则可取羌人之谷为食；若出祁山，则有麦可就食：其必出五也。"你看，邓艾对敌我双方的情况了如指掌，对姜维怎么想的，也是摸得清清楚楚。真可谓是：知己知彼识兵机，强中更有强中手。

蜀兵到达祁山，哨兵却报说魏兵已先在祁山立下九个寨珊。姜维凭高而望之，叹服不已，说："此寨形势极妙，止吾师诸葛丞相能之；今观艾所为，不在吾师之下。"于是来一个声东击西之计：在祁山下虚张旗号而据谷口下寨；每日令百余骑出哨，每出哨一回，换一番衣甲、旗号，按青、黄、赤、白、黑五方旗帜相换。姜维自己却提大兵偷出董亭，去径袭南安。"虚张旗号"之谋，乃曹操所用之谋。当年曹操令刘岱、王忠引军五万，虚张"丞相"旗号去攻徐州刘备，曹操自己却领一军至黎阳去打袁绍；"旗帜五色相换"之谋，有诸葛亮谋略的影子。当年亮安居平五路，为退去羌人，令马超守西平关，伏四路奇兵，每日交换，以为疑兵。姜维此一谋略，多少渗透着曹操和诸葛亮的因素。

这是一个好谋略，但被邓艾一眼就识破了。邓艾对陈泰说："姜维不在此间，必取董亭袭南安去了。"他说："出寨哨马只是这几匹，更换衣甲，往来哨探，其马皆困乏，主将必无能者。"根据这个分析判断，他当即决定："陈将军可引一军攻之，其寨可破也。破了寨珊，便引兵袭董亭之路，先断姜维之后。吾当先引一军救南安，径取五城山。若先占此山头，姜维必取上邽。上邽有一谷，名曰段谷，地狭山险，正好埋伏。彼来争五城山时，吾先伏两军于段谷，破维必矣。"邓艾这一番分析判断和军事部署，令陈泰赞叹不已。陈泰说："吾守陇西二三十年，未尝如此明察地理。公之所言，真神算也！"

《孙子兵法》云："故知战之地，知战之日，则可千里而会战。"邓艾的谋略高明之处就在于他料定敌军将从哪里进军，要夺取什么地方，应从哪里埋伏而予以拦截，仗在什么地方什么时候打，非常清楚，故能胜之。实际情况正如邓艾所料，姜维从董亭至南安，欲夺五城山。邓艾的兵马先至，并竖起了"邓艾"大旗，山上数处精兵杀下，势不可挡，姜维前军大败。姜维急率军去救时，魏兵已退。姜维前去搦战，魏兵又不出战。蜀军辱骂，至晚欲退，山上鼓角齐鸣，却又不见魏兵下来。姜维欲冲杀上山，炮石甚严，又不能前进。三更欲回，山上鼓角又鸣。姜维移兵下山屯扎，魏兵骤至。蜀兵大乱，自相践踏。次日，欲竖立营寨，是夜二更，魏兵五百人各执火把，分两路下山，放火烧车仗。

两军混杀一夜,营寨立不起来,维只得退兵。

取五城山不成,姜维尽引精兵猛将,去取上邽。至段谷,魏军伏兵齐起,师纂、邓忠两军杀出,姜维且战且走,前面喊声大震,艾引兵杀到:三路夹攻,蜀兵大败。夏侯霸引军救了维,欲回祁山。闻“祁山寨已被陈泰打破”,只得急投山僻小路而回。后面邓艾急追,忽然陈泰在前挡住,将维围在核心。正危急之时,蜀将张嶷引数百骑赶到,姜维乘势杀出。张嶷被魏兵乱箭射死,姜维得脱重围,复回汉中。

第三节　将遇良才,棋逢对手

256 年,姜维闻司马昭起两都之兵,将魏太后并魏主一同出征讨伐诸葛诞,又认为时机到了,欲起兵讨伐魏国。实际上,蜀后主刘禅溺于酒色信任中贵黄皓,不理朝政,蜀国政坛正危机重重。姜维只看到问题的一面却未看到问题的另一面。军事与政治是联系在一起的,搞军事,也需要有政治手腕和政治才能。姜维只顾在前方打仗,不管朝中政事,也是北伐失败的一个根本原因。对西蜀朝廷的危机,却视而不见,决意要出兵,遂提川兵第六次去取中原。

姜维问傅佥:“以公度之,可出何地?”傅佥说:“魏屯粮草,皆在长城;今可径取骆谷,度沈岭直到长城,先烧粮草,然后直取秦川,则中原指日可得矣。”傅佥此谋虽妙,但是他忽视了一个重要的因素,这就是邓艾父子镇守在边关。长城是魏之粮草重地,守兵又少,这是事实。但是,邓艾、陈泰镇守魏之边关,蜀兵来攻,岂能坐视不管? 姜维兵马至长城,起初,傅佥打死李鹏;蜀军乱枪刺死王真。然后火箭火炮攻城。蜀军打得挺顺手的,但随后邓艾、邓忠父子就赶到了。不仅邓艾武艺了得,其子邓忠武艺亦了得,自然长城攻不下来了。姜维先同邓忠打了几个回合,随后邓艾到。是时天色已晚,双方收军。两军各自退后,邓艾据渭水下寨,维跨两山安营。邓艾见了蜀兵地理,乃作书于司马望说:“我等切不可战,只宜固守。待关中兵至之时,蜀兵粮草皆尽,三面攻之,无不胜也。”一面遣长子邓忠帮助司马望守城一面差人于司马昭处求救。

根据双方的情况来看,蜀兵粮草运送艰难,利在速战;魏兵粮草充足,等待援军,宜于持久。姜维急于交战,故令人至艾寨中下战书,约来日大战。邓艾故意拖延时间,等待援军,所以佯应之。邓艾这一招是学了司马懿之法。当年懿与诸葛亮边关对垒对阵,蜀军粮草不足利在急战,魏军粮草充足利在缓守。故而司马懿坚守不出。诸葛亮欲战不能,致使几十万大军在深山旷野之中消耗殆尽。这一次魏、蜀对阵,邓艾就学了司马懿的那一套,据险而守,坚壁不出。

次日五更,姜维令三军造饭,平明布阵等候。可是邓艾营中却偃旗息鼓,犹如无人一般,致使蜀军空劳一天。次日又令人下战书,责以失期之罪。邓艾并不生气,并设酒款待来使。回答说:"微躯小疾,有误相待,明日会战。"次日,姜维又引兵来会战,邓艾又不出战。如此三番五次地赖着,拖延着时间。还是傅金精明,忽然醒悟说:"此必有谋也,宜防之。"一句话提醒了姜维,姜维说:"此必捱关中兵到,三面击我耳。吾今令人持书与东吴孙琳,使并力攻之。"还未来得及布置,探马来报说:"司马昭攻打寿春,杀了诸葛诞,吴兵皆降。司马昭班师回洛阳,便欲引兵来救长城。"姜维听了,大吃一惊,说:"今番伐魏又成画饼矣。——不如且回。"

姜维深知,一旦司马昭救兵至,蜀军将三面受敌矣。急令先将军器车仗及一应军恤先退,然后将马军断后。细作报知邓艾,诸将皆言要追,邓艾笑着说:"姜维知大将军兵到,故先退去。不必追之,追则中彼之计也。"乃令人哨探,回报果然骆谷道狭之处,堆积柴草,准备要烧追兵。众将听了,惊叹不已,皆称:"将军真神算也!"

第四节 两次识破"暗度陈仓"

257年,吴蜀相互通使。吴主孙休又写国书,教人赍入成都,说司马昭不日篡魏,必将侵吴、蜀以示威,强调彼此各宜准备。姜维得知,又认为是伐魏之良机,第七次起兵二十万伐魏。

姜维与夏侯霸商议,当先攻取何地。霸说:"祁山乃用武之地,可以进兵,故丞相昔日六出祁山,因他处不可出也。"于是姜维令三军望祁山出发,至谷口下寨。邓艾确有军事才能,根据形势的变化,他不仅料定姜维会出兵,还料定姜维会在祁山谷口下寨。因此,早在蜀军出兵之前,艾已令军士从魏营至蜀寨挖了一条地道。姜维在谷口下了三个营寨,地道正在左寨之中。待维下寨之后,邓艾采用"明修栈道,暗度陈仓"之计,明的令邓忠、师纂各引一万兵,为左右冲击;暗的却令郑伦引五百掘子军,于当夜二更,径从地道直至左营,于帐后地下拥出。这一手确实厉害,一般地说来,蜀军此次肯定会惨败。但是,姜维必定深知诸葛武侯之法,兵在深夜而不惊,将闻变而不乱。当魏兵内外夹攻,蜀兵处在危急关头,维骑马立于帐前,传令:"如有妄动者斩!便有敌兵到营边,休要问他,只管用弓弩射之!"一面传示右营,亦不许妄动。果然魏兵十余次冲击,皆被射回。至天明,魏兵亦不敢杀入而退。

次日,两军列于祁山之前。姜维按照孔明八阵之法,依天、地、风、云、鸟、蛇、龙、虎之形布成一八卦阵。邓艾仿效着,亦布一阵。左右前后,门户一般。于是两人开始斗阵,两阵冲突,突然蜀阵变化成了"长蛇卷地阵",将邓艾困在垓心。邓艾正在危急关头,司马望来救,艾方才得脱。原来,司马望幼年曾与崔州平、石广元为友,讲论此阵,故而知之。见阵头在西北,故从西北击之,其阵自破矣。邓艾见司马望略知阵法,便令其再与姜维斗阵法。来日祁山之前,司马望又布一阵。但此阵法及其变化,为姜维一一所识。至此，两军斗阵法，邓艾也没有捞到什么赢处，但是，司马望说："邓将军自有良谋。"什么良谋呢？姜维说："不过是教汝赚吾在此布阵，他却引兵袭吾山后耳！"实际上不过是"明修栈道，暗度陈仓"之计也。因此，当邓艾暗中调郑伦领兵袭其山后时，姜维亦暗调廖化引军提前而至，并将魏将郑伦斩于马下，魏军大败。

邓艾两次"明修栈道，暗度陈仓"，皆不奏效。尤其第二次"暗度陈仓"被维识破之后，魏兵是大败而归，先锋郑伦被蜀将廖化所斩，邓艾也身被四箭。就在此时，司马望献计："近日蜀主刘禅，宠幸中贵黄皓，日夜以酒色为乐。可用反间计召回姜维，此危可解。"这一计还真奏效。邓艾派党均赶往成都，很快就结交了黄皓，布散流言，说维怨望天子，不久将投奔魏国。就这样，刘禅将姜维召回去了。这一计，实际上是一个"釜底抽薪"之计。当年诸葛武侯六出祁山伐魏，曾经一次正得手之时，司马懿也是用了"反间之计"，被刘禅召回，错失了伐魏的良机。这一次，姜维再次出兵祁山，打得魏兵大败，本可以乘胜进兵，不承想又被刘禅召回去了。

第五节　刘禅釜底来抽薪

就在司马昭杀了曹髦，立了曹奂，魏国政坛发生变故之时，262年夏天，姜维联络吴国，第八次起兵十五万再次伐魏。廖化取子午谷，张翼取骆谷，姜维取斜谷。三路兵马并起，杀奔祁山而来。

邓艾得知蜀军三路到，聚众商议迎敌之策。参军王瓘献上一计，当时虽为军事秘密而不能公开明言，但实际上就是一个假投降之计。姜维并非等闲之辈，王瓘来降，一眼就识破了其假降之谋，并将计就计。姜维令王瓘至川口，押解粮车数千，运赴祁山。王瓘以为中计，，心中大喜。王瓘来降时，带来了五千兵马。为了分其势，姜维说："汝去运粮，不必用五千人，但引三千人去，留下二千人引路，以打祁山。"王瓘恐怕维心疑，乃引三千兵去了。维令傅金引二千魏兵随征听用。

姜维部署已定，并不出斜谷，令人于路暗伏，以防王瓘奸细。不旬日，果然伏兵捉得王瓘回报邓艾下书人来见。书中约于八月二十日，从小路运粮送归大寨，教邓艾遣兵于云山谷中接应。维将下书人杀了，却将书中时间，改作八月十五，约艾自率大兵，于云山谷中接应。一面令人扮作魏兵往魏营下书；一面令人将现有粮车数百辆卸了粮米，装载干柴茅草引火之物，用青布罩之，令傅金引二千原降魏兵，打魏兵旗号。姜维却与夏侯霸各引一军，于山谷中埋伏。令蒋舒出斜谷，廖化、张翼俱各进兵，来取祁山。

结果，邓艾自然中计。但邓艾毕竟谨慎小心，在其接应王瓘之时，说："前面山势掩映，倘有伏兵，急难退步；只可在此等候。"就在此时，忽两骑马骤至，报曰："王将军因将粮草过界，背后人马赶来，望早救应。"邓艾大惊，急催兵前进。这样，邓艾就钻进了圈套。一时间，伏兵齐出，大火熊熊，杀声震地，直杀得魏兵七断八续。邓艾见形势危急，弃甲丢盔，撇了坐下马，杂在步军之中，爬山越岭而逃。王瓘得心腹人报告，知事已泄，令人哨探，回报说姜维的三路兵马杀来。王瓘知情势危急，叱令左右放火尽烧粮草车辆，然后提兵往西，反杀入汉中而去。姜维没有料到王瓘会来这一手，只得丢下邓艾来追王瓘。王瓘恐蜀兵追上，遂将栈道并各关隘尽皆烧毁。最后，王瓘被四面蜀军攻击，投江而死。

这一次，姜维虽然打了胜仗，但却折了许多粮车，又毁了栈道，只得又引兵退回汉中。此一次伐魏，虽胜而成效不大，基本上属于无功而返。但姜维实不心甘，连夜修了栈道，又议出兵。于是又提兵三十万第九次伐魏，径取洮阳而来。艾闻知，与司马望商议。司马望说："姜维多计，莫非虚取洮阳而实来取祁山乎？"邓艾说："今姜维实出洮阳也。"司马望说："何以知之？"邓艾说："向者姜维累出吾有粮之地，今洮阳无粮，维必料吾只守祁山，不守洮阳，故径取洮阳；如得此城，屯粮积草，结连羌人，以图久计耳。"邓艾此一番言论，实乃兵家之高论也。

据此，邓艾立即调兵遣将，尽撤祁山之兵，分为两路去救洮阳。同时顿生一个"空城计"，令司马望引一军伏于洮阳，偃旗息鼓，大开四门，如此而行。艾认为，候河小城，乃洮阳之咽喉。艾自领一军伏于候河，以待蜀军。兵出汉中，维令夏侯霸为前部，先引一军径取洮阳。夏侯霸至洮阳，误以为是一座空城，结果是中计身亡，蜀兵大败。姜维兵到，张翼进言说："魏兵皆在此处，祁山必然空虚。将军整兵与邓艾交锋，攻打洮阳、候河；某引一军取祁山。取了祁山九寨，便驱兵向长安。此为上计。"这是一个好计谋，避实而击虚。只可惜有点子分散了兵力，应当把重点兵力放在祁山。

当时姜维令张翼引后军径取祁山，自引军每日与邓艾搦战。邓艾很快就看出了问题，寻思蜀兵大败，居然不退，必分兵袭祁山去了。当即决定，亲自去救祁山。张翼攻打祁山，师纂支持不住，正危急时，邓艾兵到，冲杀一阵，蜀兵大败，而且还把张翼隔在山后，绝了归路。蜀军在慌急之间，姜维兵到，张翼驱兵相应。两下夹攻，蜀兵转败为胜，艾急忙退回祁山大寨。维令兵四面攻打，战场局面开始扭转。然而就在此时，后主刘禅去贤人，亲小人，信谗言，一日三次下诏，宣姜维班师。姜维只得遵命而退至汉中，致使这一次伐魏又无功而返。

姜维第七、第九两次因黄皓在后主刘禅面前献谗言，在前线无故被朝廷召回。黄皓从内部破坏了蜀国的抗曹战争，实蜀之内奸，本应铲除。但是，维不据理力争而迁就了刘禅。黄皓没有铲除，仍旧留在朝廷，实际上就等于魏在刘禅身边放了一颗定时炸弹，十分危险。姜维的错误就在于没有为铲除黄皓而继续斗争，反而害怕祸害自己而避祸沓中，结果招来魏国钟会、邓艾两路大军伐蜀。黄皓祸害朝廷，破坏国家保卫战而导致蜀亡，姜维是有责任的。

第六节　北伐的失败和汉中的丢失

姜维九次北伐,虽然竭尽全力,但最后还是失败了,这究竟是什么原因?

固守旧的战略方针,是无功而返的一个极为重要的原因。第一次伐魏,姜维说:"依丞相旧制,次第进兵",即诸葛亮的"从陇右平坦大路,依法进兵"的错误的战略思想的再版。姜维虽善能用兵,但其遇到的对手邓艾,也善能用兵,和孔明一样,也是高手对高手。唐代诗人杜荀鹤曾说"有时逢敌手,对局到深更",这就是遇见高手了。棋如战争,战争如棋。战场上,姜维与邓艾对决,算是高手。在这样一个高手面前,姜维依然按"次第进兵"的军事原则出兵,是其失败的原因。

刘禅昏庸,政权腐败,也是重要原因。据《蜀志》记载:"自瞻、厥建统事,姜维常征伐在外,宦官黄皓窃弄机权,咸共将卫,无能匡矫。"虽然,姜维每一次出兵,基本上都选择了魏国政权发生变故之时:第一次,选在司马懿父子专权的时候;第二次,选在司马师新亡,司马昭初握重权的时候;第四次,司马昭征讨诸葛诞之时;第八次,司马昭杀曹髦,立曹奂,魏国政权再次发生变故的时候。但是,魏国政权虽然几次变故,其政权的转移和交接还是比较平稳的。孙子说,上下同欲者胜。而在西蜀,作为皇帝的刘禅,却对舍身忘命于疆场的姜维疑心重重,于257年第七次和262年第九次在前方打得非常顺手之时,居然听信谣言和谗言,无端地将姜维召回成都,结果贻误了战机。

从内部夺取曹魏政权的司马氏家族,后继有人。249年,司马懿平稳地夺取曹魏政权之后,司马懿死后有司马师,司马师死后有司马昭,司马昭死后有司马炎。中原地区,从曹氏政权到司马氏政权,一直都是兵多将广,谋士如云。在司马师、司马昭时期,钟会、邓艾正值妙龄,很有韬略,善能用兵,其政权正处在上升时期。而西蜀则人才奇缺,费祎曾惊呼,"蒋琬、董允相继而亡,内治无人"。前线战场上,"蜀中无大将,廖化为先锋",人才断层情况极为严重。253年,费祎死后,昏暗的后主刘禅亲政时期,远贤人,近小人:信任宦官黄皓,朝中的贤良之臣纷纷而去,政权十分腐朽;国无政令,管理混乱,政治腐败,甚至连姜维都要避祸沓中。在这种政治环境下,姜维的仗,怎么打?这种腐朽于内、竞力于外的情况,吴国人都看得一清二楚。《资治通鉴》(魏纪十)载,襄阳张悌曾对吴人说:"今蜀阉宦专朝,国无政令,而玩戎黩武,民劳卒敝,竞于外力,不修守备。"这是西蜀败亡之先兆也。

西蜀四面皆崇山峻岭,关隘险峻,攻则不足,守则有余,为什么丢失了汉中呢?汉中的丢失,与汉中的守御之策扯上了关系,在史学界引起了一番争议。

据史料记载,魏延镇守汉中时,采取的是"错守诸围之法",就是利用有利地形,将蜀军分散布置在每一个险要关口,于骆谷道、斜谷道、子午道等地驻重兵,其余兵马留守汉城。就是说,魏延的防守策略,就是将防线放在汉中外围,分兵固守,又互为犄角。这样,在汉中的外围就形成了一道铁壁铜墙般的屏障。实行这一套防御策略,一直使汉中固若金汤,所以延续到吴懿和王平时期。

但是,到了姜维执掌军政大权之后,就将魏延的这一套防御措施改变了。257年,姜维第七次北伐,无功而返之后,就认为,"错守诸围之法",防御有余,攻击不足。此法,可御敌于国门之外,能确保汉中不失,但不利蜀军出击,更无法消灭来犯之敌。战争在本质上就是"消灭敌人,保存自己"。不"消灭敌人",怎么能"保存自己"?因此,他决定采取"敛兵聚谷之法"的防御策略。他将魏延部署在各关口的军队撤回,把重兵集中在汉城和乐城,外围只留少部分侦察兵。一旦魏军来犯,就故意将敌军引入汉中盆地,即平坦之地。此策的优点在于,诱敌深入,聚而歼之。

"敛兵聚谷之法"与"错守诸围之法"相比,一个最大的特点,就是能够化敌之优势为劣势,化己之劣势为优势。采用"错守诸围之法",御敌于国门之外,然后再发动进攻。从地利上来说,其优势就在魏,而不在蜀了。蜀汉之地形,宜于防御,不宜于进攻。山高路远,关隘险峻,粮草运输艰难。北伐中原,兵重则难以持久,兵轻则难以为战。诸葛亮六次北伐,无功而返,皆因于此。姜维前六次北伐,无功而返,亦皆因于此。用"敛兵聚谷之法",可以将魏之地理上的优势化地理上的劣势,将蜀之地理上的劣势化地理上的优势。此法,诱敌深入,将魏军引入汉中,然后派遣机动兵力,袭击敌人,袭扰魏之粮道,使敌陷进退维谷。在敌人困马乏而欲撤军时,蜀军主力再趁势追击而消灭之。

姜维的这一种"诱敌深入,聚而歼之"的作战方法,是一种非常好的作战方法。毛泽东在井冈山革命斗争时期,第一、二、三、四次反"围剿",采取的就是这种方法。王明、博古的"左"倾临时中央所指挥的第五次反"围剿"的失败,所采用的就是"御敌于国门之外"的作战方法。前者是正确的军事路线,所以取得了第一、二、三、四次反"围剿"的胜利;后者是错误的军事路线,导致了第五次反"围剿"的失败。毛泽东说,"诱敌深入","这是弱军对强军作战时在战争开始阶段必须采取的方针"。他说:"敌人进攻时,对付的办法是'御敌于国门之外','先发制人','不打烂坛坛罐罐','不丧失寸土','六路分兵'"的作战方法,"无疑地,这全部的理论和实际都是错了的。"但是,在这里要说明一点,魏延的"错守诸围之法",在当时还是一个符合实际的基本正确的防守之策,并不能全部否定。

那么姜维采取这种"敛兵聚谷之法",即"诱敌深入,聚而歼之"的作战方法,为什么又丢失了汉中呢?其中的原因是非常复杂的,不是一个因素所决定的。

第一,姜维的"敛兵聚谷之法"的谋略并不完善,它着重"诱敌深入",而"聚而歼之",则谋划不足。毛泽东的"诱敌深入",是从"敌进我退,敌驻我扰,敌疲我打,敌退我追"的十六字发展过来的,强调寻机作战,强调集中兵力,强调击敌之薄弱环节。相比之下,姜维的"聚而歼之"的谋略就有漏洞,这是失败的军事原因。第二,姜维虽然有诸葛亮传人的名号,但毕竟是从魏投降过来的,是一个外来人,是受黄皓为首的保守派排挤的。大战在即,身为主帅,还泥菩萨过河自身难保,为避祸而驻军沓中,这是失败的政治原因。第三,这一次魏国大举伐蜀,布置严密。首先声东击西,明明是要伐蜀,却宣扬说要伐吴,麻痹了西蜀;其次,用邓艾大军绊姜维主力于沓中,为钟会攻打阳平关提供了条件。第四,整个西蜀没有协调中心指挥中心。关键时刻,姜维奏报朝廷,要求刘禅调兵遣将,刘禅却听信巫婆之言,不派一兵一卒。结果,汉中丢失。

"敛兵聚谷之法"的防御之策,虽然是一个好谋略,但不适宜于当时的西蜀。因蜀已经病入膏肓了。三国对比,魏最强,蜀最弱。蜀西部地区,人口稀少,兵员不足,经济力量薄弱,难以支持战争。张翼曾说:"蜀地浅狭,钱粮鲜薄,不宜远征。"蜀亡国时,邓艾得到皇宫里一本账册记载,朝廷所需官员,严重不足;财政严重紧缺,军队开支也难以保障。蜀汉的经济基础为什么这么薄弱呢?就是因为人口少。据《三国志》记载,孔明逝世后,蜀只有 28 万户,人口只有 94 万。而魏国,据《通典》记载,有 66 万户人家,人口则达到了 443 万,是蜀汉的四倍之多。对于这样一个薄弱的家底,姜维不知?他深知,蜀亡是迟早的事。他想通过这一防御之策,重创魏军,进取关中,打开局面,扭转乾坤,但事与愿违。人口稀少,兵员不足,基础薄弱,政治腐败,这是姜维北伐失败和汉中丢失直至蜀亡的深层次原因。

第四十六章 司马昭灭蜀收吴之策

曹操打败袁绍,统一了北方,为统一天下奠定了坚实的基础。从曹操、曹丕、曹叡,再到司马懿,都在努力着收吴灭蜀,但最终都是以失败而告终。

灭蜀任务是司马昭执政时期完成的,灭掉吴国,实现天下一统是晋朝建立以后司马炎时期完成的。司马昭灭蜀,却别有一番心计。

第一节 收吴灭蜀,艰难曲折

收吴灭蜀,这个统一天下之大计,从曹操、曹丕、曹叡,再到司马懿,前前后后几代几十年而颇有曲折,并且都是无结果而告终。

215年7月,曹操会大臣商议收吴灭蜀,贾诩说,须召夏侯惇、曹仁回来,商议此事。贾诩的意思也是显而易见的,就是吴、蜀急不可攻,但是他不能明说,故此推托给了夏侯惇、曹仁,同样的话让他们去说。夏侯惇被召回之后说:"吴、蜀急未可攻,宜先取汉中张鲁,以得胜之兵取蜀,可一鼓作气而下也。"夏侯惇虽是武将,却也颇有谋略,有见地。曹操十分赞同,立即率兵西征,打败了张鲁,夺取了汉中。按照夏侯惇所说的战略步骤,打下了汉中,应一鼓作气拿下四川。但是,曹操推三阻四,按兵不动,贻误战机,结果失却了收取西蜀的良机,反而使喘过气来的刘备将汉中夺了去。

222年,刘备于猇亭大败之后曹丕欲收吴灭蜀,贾诩说:"刘备雄才,更兼诸葛亮善能治国;东吴孙权,能识虚实,陆逊现屯兵于险要,隔江泛湖,皆难卒谋。以臣观之,诸将之中,皆无孙权、刘备敌手。虽以陛下天威临之,亦未见万全之势也。只可持守,以待二国之变。"曹丕年轻而气盛,且又登基不久,很想在文韬武略方面有一番作为,哪里听得进贾诩之劝解呢? 于是遣三路大兵伐吴,结果皆大败而回。223年,闻听刘备已死,曹丕高兴地说:"刘备已亡,朕无忧矣。何不乘其国中无主,起兵伐之?"贾诩

三国谋略论

又坚决反对，他说："刘备虽亡，必托孤于诸葛亮。亮感备知遇之恩，必倾心竭力，扶持嗣主。陛下不可仓卒伐之。"但是，司马懿为了表现自己，却劝说曹丕起五路大兵征伐西蜀，结果也还是无功而返，宣告了曹丕收吴灭蜀的失败。

228 年，司马懿对魏主曹叡说："今蜀兵皆在汉中，未尽剿灭。臣乞大兵并力收川，以报陛下。"曹叡大喜，即令司马懿起兵伐蜀，意欲灭蜀收吴。尚书孙资站出来说："昔太祖武皇帝收张鲁时，危而后济；常对群臣曰：'南郑之地，真为天狱。'其中斜谷道为五百里石穴，非用武之地。今若尽起天下之兵伐蜀，则东吴又将入寇。不如以现在之兵，分命大将据守险要，养精蓄锐。不过数年，中国日盛，吴、蜀二国必自相残害：那时图之，岂非胜算？乞陛下裁之。"大概司马懿也看出来了，因有诸葛亮，西蜀不易取也。所谓"乞大兵并力收川"，不过是勉强而为之。孙资的一番话说过之后，司马懿正好下台阶。因此，当曹叡问司马懿，"此论若何"时，司马懿说："孙尚书所言极当。"曹叡从之，即命司马懿分拨诸将屯兵于险要而守。就这样，曹叡意欲灭蜀收吴之战就此而止。

那么，何时才是灭蜀收吴之最佳时机呢？当曹丕意欲灭蜀收吴时，贾诩曾说，"只可持守，以待二国之变"。曹叡意欲伐蜀时，孙资也曾说，"不过数年，中国日盛，吴、蜀二国必自相残害：那时图之，岂非胜算？"贾诩和孙资的看法是一致的，就是静守以观其变。那就等吧，这一等就等了三十六年。三十六年，魏国以及吴蜀两国都发生了巨大的变化。首先魏国变化更大，从司马懿到司马师，再到司马昭，基本完成了曹魏政权向司马氏政权的演变；其次蜀国的变化，刘禅信用黄皓，姜维避祸沓中，终于迎来了灭蜀的最佳时机。

第二节 人为地制造相互制约的关系

贾诩和孙资所说之时机，终于来了。263 年 7 月，邓艾闻姜维为避祸而屯田沓中，于路下四十余营，连绵不绝，如长蛇之势，将其画成图本呈报晋公司马昭。意在告诉司马昭，现在可以全面伐蜀了。司马昭早已有心伐蜀，根据从事中郎荀勖的建议，召见了钟会之后，就坚定了他伐蜀的决心，认为这是灭蜀的最好时机。谋划妥当之后，第二天司马昭召集诸大臣讨论，前将军邓敦反对："姜维屡犯中原，我兵折伤甚多，只今守御，尚自未保；奈何深入山川危险之地，自取祸乱耶？"昭一怒之下，将其斩首，以示伐蜀之决心。

司马昭对大臣们说："吾自征东以来，息歇六年，治兵缮甲，皆已完备，欲伐吴、蜀久矣。今先定西蜀，乘顺流之势，水陆并进，并吞东吴：此灭虢去虞之道也。"意在告诉大臣们，吾欲伐蜀，谁也不许阻挡，逆我者亡，顺我者昌，这实际上是在进一步向群臣示威。荀勖对昭说："今蜀主刘禅溺于酒色，信用黄皓，大臣皆有避祸之心。姜维在沓中屯田，正避祸之计也。若令大将伐之，无有不胜。"荀勖之言，坚定了司马昭伐蜀之决心。谁可为将呢？荀勖说："邓艾乃世之良才，更得钟会为副将，大事成矣。"司马昭听了非常高兴，说："此言正合吾意。"于是立即召见钟会而问之："吾欲令汝为大将，去伐东吴，可乎？"

司马昭做足了思想准备，既攻之于外，又防之于内。准备去伐蜀，却采用"声东击西"之策说去伐吴。钟会却将司马昭的假话彻底揭穿，说："主公之意，本不欲伐吴，实欲伐蜀也。"从这一点来说，钟会实在是聪明。但是，聪明反被聪明误。也正是如此，钟会必死无疑。时司马昭问钟会："卿往伐蜀，当用何策？"钟会将自己的想法全盘托出，他说："某料主公欲伐蜀，已画图本在此。"可见，钟会早已用心。司马昭将图本细细地看了一番，大加赞赏说："真良将也！"本欲令钟会与邓艾合兵取蜀，钟会却说："蜀川道广，非一路可进；当使邓艾分兵各进。"这一方面说明钟会有雄心壮志，另一方面说明钟会颇有政治野心，不愿屈服于人下。

司马昭是何等人也，他是一个权力欲望极重的人。现在独掌大权，在文治武功方面很想有自己一番大作为。要灭蜀收吴，当然要借用他人的智谋和力量。在当前，能借用的力量，一个就是邓艾，一个就是钟会。既然要借助他人的力量和智谋，自然赋予军事大权，令其带兵远征。但是，这样做又具有一定的冒险性。现在，他将军事大权赋予他人，令他人领重兵远征，这很可能是令他人步自己家族的后尘，以样学样，反过来篡夺司马氏所掌握的最高权力，来一个"以其人之道，还治其人之身"，这就危险了。所以自然是要防的。于是司马昭在这里采用了一个"相互牵制、相互制约"之谋。当即拜钟会为镇西将军，假节钺，都督关中人马，调遣青、徐、兖、豫、荆、扬等处兵马；又一面差人持节令邓艾为征西将军，都督关外陇上之兵马，使约期伐蜀。

曹魏时代，征南将军和征西将军要受镇南将军和镇西将军节制的。曹仁，镇南将军，镇守荆州，专门对付孙权；夏侯渊，镇西将军，镇守汉中，专门对付刘备。夏侯渊是曹操的连襟，曹仁是曹操的堂弟，两人都独立领兵。现在，司马昭对谁独立领兵在外，都不放心。因此，要钟会领兵伐蜀，拜钟会为镇西将军，付之以大权，同时又拜邓艾为征西将军。一个镇西将军，一个征西将军，虽是一字之差，但是征西将军却要受镇西将军节制。邓艾久征于边关，屡立战功，也具表申奏朝廷，力主伐蜀。钟会虽然带兵征西，理应受邓艾节制。但是，昭偏要邓艾受钟会节制，在两人之间制造矛盾，意在形成一种相互牵制、相互制约的关系，这就是司马昭用人高明之处，也是司马昭用人阴险之处。

看来，司马昭很会玩弄官场之权术，将钟会、邓艾两将军玩弄于股掌之中。其驾驭臣下之能力，绝不亚于其父司马懿。司马昭正是运用了这一个"相互牵制、相互制约"之谋，人为地制造钟会与邓艾之间的矛盾，最后既灭掉了蜀国，又分别铲除邓艾和钟会,解除了心头之患,达到了"一石击三鸟"的目的。

第三节　钟会的狂妄与邓艾被压抑

司马昭善能识人,他深知钟会有谋略,也知道钟会志大心高,颇有野心,不好使用;也不愿看到邓艾功高盖主,以伤自己的尊严。因此,司马昭对付他们一个最基本的办法,就是相互牵制、相互制约。

钟会受命之后,恐伐蜀计谋泄露,明明是要伐蜀,却张扬说要伐吴。以伐吴为名,令青、徐、兖、豫、荆、扬六处各造大船;又遣唐咨于登、莱等州傍海之处,拘集海船。钟会的谋略,实际上就是韩信的"明修栈道,暗度陈仓"之谋也,也是"声东击西"之策矣。这计策不仅达到了掩人耳目的目的,甚至连司马昭也给瞒过了。昭不知其意,遂召而问之:"子从旱路收川,何用造船耶?"钟会说:"蜀若闻我兵大进,必求救于东吴也。故先布声势,做伐吴之状,吴必不敢妄动。一年之内,蜀已破,船已成,而伐吴,岂不顺乎?"这真是一着妙招,可以达到一箭三雕之目的:一可以起到麻痹西蜀之目的;二可以使东吴不敢轻举妄动;三可以为灭蜀之后做伐吴之准备,足显其谋略之深。

司马昭闻听大喜,遂选 263 年秋七月初三日出师。钟会神气十足,率军望汉中进发。前军先锋许仪先领兵至南郑,夺关失利,后钟会乘势抢了山关。许仪要立头功,该做的事没做好,不该做的事又做了。钟会唤许仪责之说:"汝为先锋,理合逢山开路,遇水叠桥,专一修理桥梁道路,以便行军。吾方才到桥上,陷住马蹄,几乎坠桥;若非荀恺,吾已被杀矣!汝既违军令,当按军法!"叱左右推出斩之。众将求饶,钟会大怒,遂将许仪斩首示众。按说,许仪死得有些冤,主动进攻,立功心切,抢夺山关。但是,钟会要斩将而立威,该着许仪倒霉。

钟会大举进兵,下令说:"兵贵神速,不可少停。"令前军李辅围乐城,护军荀恺围汉城,自引大军夺取了阳安关。至此,我们可以清楚地看到,钟会伐蜀有一个完整的谋略策划。第一步,声东击西,明为伐蜀,却扬名说是要伐吴,既稳住了吴而使其不敢轻举妄动,又麻痹了蜀。这一手,确实取得了效果。到魏伐蜀之时,蜀举国上下毫无准备。第二步,令邓艾大军绊住沓中姜维主力。第三步,钟会大军攻汉中,夺剑阁,取成都。第四步,灭蜀之后,顺江而下,征讨东吴,灭吴国。钟会这样安排,既压制了邓艾,使邓艾仅仅做了一个配角,又使自己纵横江南,建立不世之功而彪炳青史。钟会可谓是雄心勃勃,实际上是野心勃勃。

大军伐蜀,起初还是比较顺利的,钟会很快就得手而夺取了汉中。这得益于邓艾绊住姜维之力,为钟会攻打阳安关[阳平关三国时期更名为阳安国,与古阳平关(勉县武侯镇莲花村)相距约 70 公里。北宋时期,阳安关又更名为阳平关]提供了条件。又得益于他的"声东击西"之谋,使整个西蜀无备。因为无备,结果阳安关失守,致使钟会有机可乘。更得益于姜维废除魏延的"错守诸围之法",采取了"敛兵聚谷之法",将魏延部署在各关口的军队撤回,把重兵集中在汉城和乐城的防守策略。从西蜀方面来说,汉中的丢失,说明姜维在西蜀那种特殊条件和环境下,废除"错守诸围之法",采取"敛兵聚谷之法"是错误的。但是,攻打剑阁,却一直受阻。其关键是邓艾的部队并没有彻底绊住姜维,姜维采取了"声东击西"之谋,扬言说是要诈取雍州,引开阴平桥头守敌诸葛绪,乘机离开沓中,至剑阁坚守,打破了钟会"夺剑阁,取成都"的战略目标。

诸葛绪这一失职,钟会怒气冲天。时姜维退至剑阁坚守,诸葛绪追杀至关下。姜维亲自引五千兵杀下关来,诸葛绪大败。钟会离剑阁二十里下寨,诸葛绪自来伏罪。钟会怒曰:"吾令汝守把阴平桥头,以断姜维归路,如何失了!"诸葛绪说:"维诡计多端,诈取雍州;诸葛绪恐雍州有失,引兵去救,姜维乘机走脱;绪因赶至关下,不想又为其所败。"钟会大怒,又叱令斩之。监军卫瓘说:"诸葛绪虽有罪,乃邓征西所督之人;不争将军杀了,恐伤和气。"钟会说:"吾奉天子明诏,晋公钧命,特来伐蜀。便是邓艾有罪,亦当斩之!"这话也说得太狂妄了,一时大权在握,竟不知天高地厚。因众人力劝,钟会乃将诸葛绪用槛车载赴洛阳,任晋公发落。

钟会伐蜀,勇而有谋,谋而有胆,积极性非常之高,自然也就免不了狂妄,这是司马昭利用钟会的原因。因为狂妄,自然不会把邓艾放在眼里,自然会与邓艾发生冲突。只要他们两人之间产生矛盾,司马昭才能达到相互牵制、相互制约的目的。也只有这样,才能更好地驾驭他们。有人将钟会欲斩诸葛绪的事报与邓艾,邓艾自然大怒,说:"吾与汝官品一般,吾久镇边疆,于国多劳,汝安敢妄自尊大耶!"邓艾的儿子邓忠劝之说:"'小不忍则乱大谋',父亲若与他不睦,必误国家大事。"可见,其子邓忠还是顾全大局,不计小仇,从国家利益出发。邓艾也是深明大义之人,隐忍而不与钟会计较。

但邓艾毕竟心中怀怒,引十数骑来见会。见面之后,邓艾以言挑之说:"将军得了汉中,乃朝廷之大幸也,可定策早取剑阁。"钟会说:"将军明见若何?"邓艾再三推称说自己无能。钟会再三问之,邓艾这才回答说:"以愚意度之,可引一军从阴平小路出汉中德阳亭,用奇兵径取成都,姜维必撤兵来救,将军乘虚就取剑阁,可获全功。"钟会大喜说:"将军此计甚妙!可即引兵去。吾在此专候捷音!"从这里我们可以看到,司马昭之谋,不仅压制了邓艾,助长了钟会狂妄的野心,达到了相互矛盾、相互斗争;相互制约,相互牵制的目的,而且还将他们两人伐蜀的赌劲调动起来了。

司马昭令邓艾引关外陇右之兵十余万,绊住姜维于沓中,使其不得东顾,如此钟会这才顺利进兵而夺取了汉中。但钟会却全然看不到邓艾之功,误以为是己之能,狂妄得不得了。邓艾心里憋着一股气,也憋着一股劲,心里说,你钟会取了汉中,立了大功;我邓艾还要拿下成都,立更大的功,这才想出了度阴平小道径取成都之妙计。钟会是不希望邓艾立此奇功,他之所以同意邓艾引兵即去,就是认为这是走不通的路,必败无疑。邓艾走之后,钟会说:"人皆谓邓艾有能,今日观之乃庸才耳!"众人问其缘故,钟会说:"阴平小路,皆高山峻岭,若蜀以百余人守其险要,断其归路,则邓艾之兵皆饿死矣。"邓艾告别钟会出辕门上马,回顾从者笑着说:"彼料我不能取成都,我偏欲取之!"

第四节　钟会嫉妒和司马昭恼火

司马昭是老谋深算的,他深知,凭钟会、邓艾两人的智谋,勇气和魄力,取蜀是绰绰有余的。但是,难制也,所以在拜钟会为镇西将军的同时,又拜邓艾为征西将军,令其相互制约、相互牵制。当年司马懿上表乞守西凉等处,提督雍、凉兵马,就曾遭到猜忌,被西蜀一个"反间计"就被削职为民而回故里。后曹叡不得已而用之,司马懿、司马师和司马昭,就是在抗击西蜀的战斗中掌握军权而控制朝廷的。司马昭深知军事大权集中的后果,现在钟会和邓艾同去领兵伐蜀,独立领兵在外,能不提防吗?

防钟会,也防邓艾。其相互制约,相互牵制之法的玄机之一,就是利用钟会的狂妄和政治野心来压制邓艾,牵制邓艾,以致最后除掉邓艾。钟会为了自己独建灭蜀大业,要压制和除掉邓艾,实在是背后的司马昭要压制和除掉邓艾。邓艾在司马懿面前,毕恭毕敬,执晚辈之礼;在司马师面前,兢兢业业,执臣属之礼;在司马昭面前,有三朝元老的感觉,虽然他依然对司马氏忠心耿耿。当时的邓艾,有一种辅助司马昭的感觉。但是,他忘记了司马昭是一个权力狂,又怎么能够容得下一个三朝元老在面前指手画脚。在这样一种情况下,邓艾越是显得有智慧,越是有功劳,就越令司马昭恼火,昭就恨不得立即将邓艾除掉。

邓艾没有钟会阴险狡猾,也没有钟会能做人。只知道钟会妄自尊大,但不知钟会会谋害他。因此,邓艾只知建功立业,而不知提防。对于司马昭,他自认为对司马氏忠心耿耿,又有功于司马氏政权,因此还摆起了老资格。在君臣关系中,功高盖主等于无功,有什么资格可摆呢?艾身为征西将军,受镇西将军节制,其职责就是绊住沓中姜维,配合钟会伐蜀。邓艾带兵打仗,很有谋略,很有军事才能,是一个顺向思维极强的人。但是,其逆向思维能力极低。邓艾的错误就在于他不该与钟会争功,提出偷渡阴平之计。

偷渡阴平,确实是一个夺取成都,灭掉西蜀的妙计,但这是赌着劲提出来的。按照常规思维,邓艾久镇边关而对付西蜀,且深通谋略,屡立战功,顺理成章,邓艾应拜为镇西大将军而节制钟会。但是,司马昭偏不按常规出牌,反让钟会节制邓艾,这对邓艾不啻是一个晴天霹雳。再加上钟会狂妄自大,全不把艾放在眼里。邓艾憋在心里的气,是可想而知的。姜维据守剑阁两月有余,钟会伐蜀难以进展。就在钟会伐蜀受挫之时,邓艾提出了一个偷渡阴平,奇袭成都之妙策。这一谋略,为什么早不提出来?非要等到钟会攻打剑阁受挫之后呢?这不是明摆着要看钟会的笑话吗?哼!伐蜀,钟会,你小子还嫩着点;伐蜀,还是看我邓艾来力挽狂澜吧!

第五节　邓艾走上了不归之路

邓艾偷渡阴平,奇袭成都是成功了。邓艾的成功,就在于他心里只有战争。但是,最终还是失败了。邓艾的失败就在于忽视了另外一种战争:人心的战争。

站在邓艾背后狞笑的有两个人:一个是钟会,一个是司马昭。钟会冷笑着说:"人皆谓邓艾有能。今日观之,乃庸才耳!"他认为:"阴平小路,皆高山峻岭,若蜀以百余人守其险要,断其归路,则艾之兵饿死矣。"司马昭更是在背后由恼怒而狞笑。这个老东西,这么好的计谋,藏到现在才说,居心何在?! 从实施偷渡阴平奇袭成都开始,邓艾就把自己送上了不归的死亡之路。邓艾不死在阴平小道上,也会死于司马昭之手。因为按照司马昭的"相互制约、相互牵制"之谋,在灭蜀之后,邓艾和钟会,都要一一除掉的,而且谁先取成都,谁就得先死。现在艾先取了成都,所以艾就得先死。

邓艾率军自阴平沿景谷道东向南转进,南出剑阁两百多里,便是"连峰去天不盈尺,枯松倒挂倚绝壁"。艾率军攀登小道,修栈架桥,凿山开路,登至一山,名"马阁山"。《资治通鉴》卷七十八,注:此山"峻峭峻嶒,极为艰险。邓艾行军至此,路不得通,乃悬车束马,造作栈阁,始通江油,因名马阁"。邓艾兵至马阁山,道路断绝,进退不得。邓艾身先士卒,自以毛毡裹身滚下山坡。走完阴平七百里险道,邓艾引两千余人,星夜倍道来夺江油城。江油险关,无蜀兵据守,邓艾就轻易地夺下了江油关。江油城守将马邈不战而降,邓艾顺利地取了江油城。

魏军一路势如破竹,大破诸葛瞻的先头部队,夺取了涪关。诸葛瞻督诸军"前锋破,退还,住绵竹"。涪城至成都三百六十里山川道路,陡狭险峻。倘被蜀军据守前山,万难成功。如果迁延日久,姜维兵到,魏军就危险了。《三国志》载,"艾遣书诱瞻曰:'若降者,必表为琅邪王。'瞻怒,斩艾使",摆开战场,决一死战。师纂、邓忠败而退。邓艾大怒,叱骂道:"生死存亡,在此一举,打不过就只有死!"一怒之下,两人差点被斩首。左右是死,不如死中求活。邓忠、师纂只得跑回绵竹拼命而大败瞻军,邓艾拿下了绵竹。但是,形势依然严峻。蜀汉首都成都,仍有数万精甲养精蓄锐。城内只要杀出一支精兵,包围绵竹,邓艾就必死无疑。至此,蜀汉仍有半壁江山,军心士气均可一战;姜维大军还在;外援东吴兵马指日可到。但是,263 年,刘禅却打开城门投降了。

邓艾虽九死一生,但却冒险而成功了。立下了灭蜀元勋,邓艾又回到了顺境里。不善于逆向思维的邓艾,开始忘乎所以了。他也不去想一想,当钟会还在剑阁一筹莫展之时,他却偷渡阴平,奇袭成都成功,立下了灭蜀之功,钟会怎么想?一再压制他的司马昭会怎么想?本来,他一举拿下成都,成了实际上的成都王,就让钟会嫉妒得不得了啦,让司马昭极度紧张而惊恐了。然就在此时,邓艾却上书,欲乘"平蜀之势平吴"。邓艾认为,他是赤胆忠心的,但司马昭并不买账,反而觉得他打击了自己的自尊心,打击了自己的权威,妨碍了自己篡权的步伐。因此,在接到邓艾的上书,昭哼哼冷笑:邓艾掌握了蜀地,还想掌握吴地,你这是要和我划江治理而"两分天下"?!

264年,司马昭立即派卫瓘飞驰成都,命令"事当须报,不宜辄行"。不知天高地厚的邓艾火了,给司马昭写了一封信,强辩:"若待国命,往复道途,延引日月。"还说:"'将在外,君命有所不受。'吾既奉诏专征,如何阻挡?"遂又作书,令来使赍赴洛阳。司马昭接书看毕大惊,忙与贾充说:"邓艾恃功而骄,任意行事,反形露矣——如之奈何?"贾充献计说:"主公何不封钟会以制之?"司马昭即遣使赍诏封钟会为司徒,就令卫瓘监督两路军马。两路军马者,一路就是邓艾,一路就是钟会。同时,又采取相互制约相互牵制的办法,以手书付卫瓘,使与钟会伺察邓艾,以防其变。

伐蜀之初,钟会为镇西将军,而邓艾则为征西将军,受钟会节制。现在,邓艾偷渡阴平成功,一举拿下了成都,功在钟会之上,官至太尉更是做到了钟会之上。会怎能不气,怎能不除之而后快呢?好了,机会来了,昭令其制之。钟会即遣人赍表进赴洛阳,言邓艾专权恣肆,结好蜀人,早晚必反矣。司马昭想杀邓艾是无疑的,只是没有借口。正在苦恼之时,他收到了钟会、卫瓘、师纂、胡烈的举报,于是遣人到钟会军前,令其收邓艾。司马昭此招,乃"借刀杀人"之谋也。《三少帝纪》记载:"咸熙元年春正月壬戌,槛车征邓艾。"邓艾就由一个忠臣而成了"反叛分子",这是三国历史上最大的一桩冤案。这桩冤案的制造者,就是司马昭和钟会,其帮凶是卫瓘、师纂、胡烈。

这桩怨案的奇特性,就在于从上到下,从下到上,都知道邓艾根本就没反,而且还忠心耿耿。但是,上上下下非要把邓艾坐实成一个"现行反革命",而且还办得使你申辩的机会都没有。《资治通鉴》载:"钟会遣卫瓘先至成都收邓艾,会以瓘兵少,欲令邓艾杀瓘,因以为邓艾罪。"邓艾是冤案,会是心知肚明的,因为这是他一手制造的。他为什么不亲自去捉拿邓艾,而令卫瓘前往?这本身就是个阴谋。如果邓艾杀了瓘,钟会就率军入成都以定其罪。到时候,你邓艾不是"现行反革命",也是"现行反革命"。

这个卫瓘,也不是一个吃素的。"知其意,然不可得拒,乃至成都。"怎么办呢?他搞了一个突然袭击:"檄艾所统诸将,称:'奉诏收艾,其余一无所问;若来赴官军,爵赏如先;敢有不出,诛及三族!'比至鸡鸣,悉来赴瓘,唯邓艾帐内在焉。平旦,开门,瓘乘使者车,径入至邓艾所居;艾尚卧未起,遂执邓艾父子,置艾于槛车。"事情来得太突然了,诸将一时还未反应过来。待缓过神来,觉得不对劲,"诸将图欲劫邓艾,整仗趣瓘营;瓘轻出迎之,伪作表草,将申明邓艾事,诸将信而止"。于是,卫瓘完成了收槛邓艾的任务,送邓艾赴京师。

第六节　先收拾邓艾,再收拾钟会

　　收拾了邓艾,现在来收拾钟会了。司马昭早就看出来了,钟会志大心高,野心勃勃。贼心老婆会看家,司马昭最知道军权集中的结果。

　　按照常规出牌,这一次伐蜀,前线总司令应当是邓艾,钟会只能是一个副总司令。但是,昭不按常规出牌,拜钟会为镇西将军,拜邓艾为征西将军。实际上,钟会成了前线总司令,而邓艾却成了一个副总司令。抬高了钟会,压制了邓艾,将两个前线伐蜀的将领变成了一个相互对立,相互制约而牵制的关系。

　　司马昭知道钟会野心勃勃,为什么还赋予重兵伐蜀。司马昭曾对西曹掾邵悌说:"朝臣皆言蜀未可伐,是其心怯;若使强战,必败之道也。今钟会独建伐蜀之策,是其心不怯;心不怯,则破蜀必矣。"钟会是一个文武双全而深通谋略的人物。司马昭之所以令其带兵伐蜀,是因为他"独建伐蜀之策,是其心不怯;心不怯,则破蜀必矣"。一旦破蜀之后,钟会如果拥兵自重,那就用另一个棋子来对付,这就是邓艾。他压制邓艾,就是要让邓艾憋着一股气劲,一旦钟会拥兵自重,露有反情,就令艾去收拾钟会。

　　形势的变化,出乎意料,邓艾一举拿下了成都,功高于钟会,位高权重。这是自卑且又在加快步伐篡权的司马昭所不能容忍的,他不能容忍一个什么三朝元老站在自己的面前说三道四,必须把他除掉。当时艾占据成都,却没有多少兵,昭知道他不会造反,他不批准邓艾伐吴的计划,就是不想再让邓艾领兵了,不愿让邓艾功高盖主。当时的钟会已经拥有了二十万大军,整个曹魏才多少兵呢? 钟会没有一个称王称霸的地盘,却有足够闹独立的兵马;而邓艾有一个称王称霸的地盘,却没有足够的军队。

　　只要邓艾一死,钟会就可以进驻成都,那时钟会就会又利用魏兵又利用蜀人而成为另一个刘备。因此司马昭在收拾邓艾之时,同时也就在部署着收拾钟会了。他在令钟会牵制邓艾,同时又令卫瓘监督两路军马。既监督邓艾,又监督钟会。令钟会收邓艾之时,又遣贾充引三万兵入斜谷,司马昭又同魏主曹奂御驾亲征。就在钟会春风得意之时,司马诏书到,云:"吾恐司徒收艾不下,自屯兵于长安。"《三少帝纪》记载:"咸熙元年春正月壬戌,槛车征邓艾。甲子,行幸长安。""行幸长安",就是指昭同魏主曹奂领兵至长安。司马昭这又是一谋,即"打草惊蛇"之谋也。其目的,就是要通过这一谋略将钟会逼反,使其不得不反。当时,会接诏书大惊,说:"吾兵多艾数倍,若但要我擒艾,晋公知吾独能办之。今日自引兵来,是疑我也!"钟会于是与蜀之降将姜维勾结在一起,密谋造反。

　　既然知道钟会要造反,且又"兵屯长安",为什么不率大军入剑阁而攻打成都呢?

昭在此用的又是一计,即"隔岸观火"之谋也。他曾对邵悌分析说:"蜀既破,则蜀人心胆已裂;'败军之将,不可以言勇;亡国之大夫,不可以图存。'"因此他认为,"钟会即有异志,蜀人安能助之乎?至若魏人得胜思归,必不从钟会而反,更不足虑耳"。司马昭看清楚了,如果钟会进入成都,闹独立而称王,他将遇到两大难以解决的矛盾。第一,钟会反叛,蜀人是不会相助的。至于上层人物,"败军之将,不可以言勇;亡国之大夫,不可以图存"。其反,是必败无疑。第二,与魏人的矛盾。因为这一支军队,不是钟会创建的,也不是钟会自始至终带出来的,是不会听从其谋反的,"魏人得胜思归,必不从会而反"的,其反形必然败露。

司马昭料定,一旦钟会反形败露,几大矛盾绞在一起,相互对立、相互仇视,就必然会相互残杀而成都大乱。到那时,才是进兵成都稳定大局的最佳时机。故此,司马昭用此一谋而按兵不动。形势的变化发展,完全如司马昭所料。钟会要反,首先要用魏兵魏将,而魏兵魏将自然不服,矛盾就开始尖锐,钟会就要镇压而欲坑之。机密泄露,群起震怒,钟会被乱箭射倒,然后被众将枭其首。至此钟会造反,最终失败而收场。《资治通鉴》载,钟会事败之后,"邓艾本营将士追出邓艾于槛车,迎还。卫瓘自以与会共陷邓艾,恐其为变,乃遣护军田续等将兵袭艾,遇于绵竹西,斩艾父子"。之后,"邓艾父子在洛阳者悉伏诛。徙其妻及孙于西域"。其实,置艾于死地,更是司马昭所愿也。

为了既灭掉西蜀,又除掉钟会、邓艾的目的,司马昭连用的"相互牵制、相互制约""借刀杀人""打草惊蛇""隔岸观火"四个计谋,是《三国谋略论》第七次所论述的连环计谋。四个计谋,第一个谋略乃主要谋略,后三个谋略乃辅助性的谋略,调动了钟会、邓艾伐蜀的积极性,灭掉了蜀国,又分别除掉了邓艾和钟会。邓艾之死,乃死于混浊的官场权力之争也。钟会野心勃勃,欲谋反而称王成都,其死有余辜,罪有应得。为天下统一立下了卓越功勋,邓艾有什么错?其错就在于功高盖主。邓艾一案,乃古之奇冤也!《三少帝纪》记载:"是月,钟会反于蜀,为众所讨;邓艾亦见杀。"灭掉了西蜀,两个威震其主的邓艾和钟会,也先后被铲除了,司马昭放心地回到了洛阳。朝中大臣皆因其收川有功,遂表奏魏主曹奂,司马昭被封为晋王。

第四十七章　西蜀为什么会亡国？

263 年 7 月，钟会、邓艾两路大军伐蜀。刘禅纳玺投降，西蜀亡国。221 年刘备登基称帝，至 263 年亡国，历经两帝 44 年。西蜀为什么会亡国？蜀亡，既有浮在面上的原因，也有隐藏的深层次的根本原因。

荆州、夷陵两次大败之后，国力衰弱；刘备、诸葛亮之后，人才奇缺，没有一个核心人物；后宫无人，刘禅昏庸；内部政治腐败，管理混乱是其亡国的浮在面上的基本原因。诸葛亮三大错误是西蜀败亡的政治经济军事的深层次原因，是西蜀败亡的根本原因。

第一节　三大错误是西蜀败亡的根本原因

刘备、诸葛亮夺取两川之后，蜀汉发展到了鼎盛时期，国力渐强，"三分天下"的格局彻底形成。为什么强大的蜀国逐渐国力衰微，以致最后亡了国呢？古人云："顺天者逸，逆天者劳"，"数之所在，理不得而夺之；命之所在，人不得而强之"也。这是一种脱离具体实践的唯心主义的天命观，强调放弃主观努力，认为蜀汉之亡，非人力所能为。

按照唯物主义辩证法的观点和方法论来分析，这种观点，实际上讲的就是主观能动性与客观规律之间的关系。这里的关键，是不能脱离而必须根据"具体实践"。怎么根据"具体实践"？就是要根据时代的变化来进行具体的实践。脱离"具体时代变化的实践"所进行的分析，就是唯心主义的思想方法；根据"具体时代变化的实践"所进行的分析，就是唯物主义的思想方法。

"三国演义时代"包括东汉末年和三国鼎立两个历史时代。按照这一方法划分，三分天下分为前后两个阶段。前一个阶段属于东汉末年时期的三分天下，后一个阶段属于三国鼎立时期的三分天下。前后两个阶段，是性质不同的两个时代。前一个阶段还属于大汉王朝,不过到了三分天下时期,已经是名存实亡了,后一个阶段,已经改朝换代了,已经是新王朝了。从196年到220年的东汉末年的三分天下阶段,大汉王朝还是有号召力的,皇帝还是有些权威的,但是越到后来就越软弱无力了,直至没有了号召力。

三分天下格局在东汉末年基本形成,一共三十六年,分为三个阶段,第一个阶段八年,是天下大乱和军阀混战即群雄割据阶段;第二个阶段十六年,曹操统一北方,即"一强独霸天下"局面形成的历史阶段;第三个阶段十二年,是三分天下形成的阶段。实际上第二、第三两个阶段,都是三分天下形成的阶段。所以说,三分天下局面形成于东汉末年;三分天下形成的阶段属于东汉末年。

东汉末年,虽然天下大乱和军阀混战,大汉王朝虽然开始名存实亡,但还没有寿终正寝,还有影响力。因此,大家还在抢汉献帝,抢汉献帝就是抢天下。曹操将汉献帝抢到了手,"挟天子以令诸侯",结果统一了北方。统一北方后,曹操开始欺压君王,摆出了"君临天下"的姿态,于是大谋主荀彧与之分道扬镳。曹军南征到达江陵时,欲顺江而下,一统天下。曹操打的仍是"汉献帝"这张政治招牌,说是"奉旨讨贼"。这一招,还真把江东给唬住了。张昭说,"曹操动以朝廷,拒之不顺"。

诸葛亮虽然站在曹操对立的立场上,但打的仍是"汉献帝"这张政治招牌,并奉命来到了江东。这时候,曹操的"挟天子以令诸侯"的骗局已经被一部分人识破。因此,诸葛亮的"匡复汉室"打败了曹操的"挟天子以令诸侯"。诸葛亮在柴桑,"舌战群儒",批判了江东以张昭为代表的投降派,驳斥了投降论调,指出曹操"名为丞相,实为汉贼",说刘备是当今皇帝的叔叔,称之为"刘皇叔",是真正的"帝室之胄"。说刘备讨伐曹操,才是真正的"奉旨讨贼",这就从政治上首先打败了曹操。结果,孙刘联军于赤壁在军事上打败曹操,将曹操赶回到了北方,孙权在江东的政权进一步巩固,刘备乘机夺取了荆州,后又夺取了东西两川地区,彻底形成了"三分天下"的格局。因此说,无论是曹操,还是刘备,他们取得的"三分天下"的鼎立地位,所打的政治招牌,都是汉献帝,都是为了"匡复汉室"。

司马徽曾对刘备说,诸葛亮"虽得其主而不得其时也"。就是说,刘备与诸葛亮都有志"匡复汉室",志同道合,可谓得遇其主。但诸葛亮生不逢时,时机不对。时汉室已名存实亡,日薄西山。其时,曹操已统一北方,拥众百万,"挟天子以令诸侯";孙权占据了江东六郡,又有江河之阻;而刘备没有地盘而力量微弱,仅仅一个"刘皇叔"的虚名而已。

但诸葛亮却以极大的魄力做出了"三分天下"的战略决策,并在实践上帮助刘备占荆州、取益州、夺汉中,形成了"三分天下"的格局,建立了蜀汉王国。"三分天下"格局的形成,蜀汉王国的建立,是因为诸葛亮正确地运用了"三分天下"的思想政治路线的结果,是在尊重客观条件和客观规律的基础上,充分发挥主观能动性的结果。"三分天下"格局的形成,蜀汉王国的建立,为刘备、诸葛亮匡复汉室而统一天下,创造了条件,提供了可能。

对于后来西蜀的败亡,毛宗岗用了所谓"画成鼎足是顺天时,图中原是尽人事。孔明画策已尽于此"的"超越时代"观做了解释。《三国演义》引用古人的"顺天者逸,逆天者劳""数之所在,理不得而夺之;命之所在,人不得而强之"唯心主义天命观做了说明。实际上在一定程度上掩盖了诸葛亮后期的战略战术上的错误。

当时的东汉王朝,虽然名存实亡了,但仍属于东汉末年。东汉末年的最大特点,就是天下大乱,军阀割据,天下处于分裂状态。诸葛亮的"三分天下"之谋,其目的就是要"匡复汉室",实现天下一统。"三分天下"的格局形成于东汉末年,因此,以"匡复汉室"为目标的统一天下的任务只能在东汉末年完成。这是因为东汉末年,具有大汉王朝的因素,具有"匡复汉室"因素。

因此,统一天下的任务也必须在东汉末年完成。按照"三分天下"的实际情况,统一天下的任务是可以完成的,可是诸葛亮在北伐问题上犯了三次错误,是西蜀王国从失败到最后亡国最为根本的原因。三大军事错误,不是不可避免的,而是可以避免的。

刘备、诸葛亮后期,没有正确地处理好"三分天下"与社会现实之间的三大矛盾,即思想上政治上的路线是错误的。没有正确处理好社会发展的客观条件与主观能动性之间的关系,这是其失败的根本原因。第一次错误,发生在 219 年,时"汉献帝"的政治招牌仍具有一定的号召力。西蜀汉中争夺战胜利之后,时西蜀战场上可谓捷报频传。在汉中的东边,孟达、刘封夺取了上庸、新城、金城;在荆州,关羽奉命北上,攻襄阳、围樊城,旗开得胜。可是,在荆襄大战的关键时刻,亮犯了"不主动不作为"的错误,错失了一次问鼎中原的良机,随后不久又引发了刘备讨伐东吴大败而归,进一步大伤了元气。

在三分天下向一统天下过渡而转折的时期,有一个与盟友孙权关系难以处理的难题。按照"三分天下三角关系的原理",三方力量发生新的变化之时,三方的关系就会发生新的变化。一旦形势有变,盟友就可能变成敌人。盟友孙权变成敌人,刘备就会两面受敌。处于长江上游的刘备愈是发展,就愈让孙权感到惊恐,担心刘备顺江而下而东征东吴。就是在这种情况下,关羽不贯彻"孙刘联盟"的抗曹统一战线,激化了矛盾,致使孙权背叛了"孙刘联盟",与曹操相勾结,一明一暗,两面夹击关羽,致使蜀汉丢失荆州而被挤到了西南一隅,致使"三分天下"格局的萎缩而无力统一天下。

实际上,这个矛盾的难题,也是可以解决的。中国的抗日战争进入相持阶段,以国共合作作为基础的抗日统一战线就发生了非常不利而且向危险的方向变化。1938 年 10 月日本侵略军占领武汉、广州之后,发现八路军、新四军在其后方游击战争的广泛发展,已经搅得他们很不安宁了。这个时候,其灭亡中国的根本方针虽然没有发生变化,但政策重点却改变了,即对国民党采取了诱降的政策,对共产党领导的八路军、新四军,则当主要打击对象。而蒋介石呢,其所担心的,不是中国人民做亡国奴,而是共产党势力的扩张威胁到他的政权,于是步步逼近的横逆而大搞摩擦,终于发展到三次大规模的反共高潮。

毛泽东和党中央对蒋介石妄图发动大规模内战,破坏以"国共合作"为基础的抗日民族统一战线的阴谋,展开了有理有节的斗争。号召军民严阵以待,奋起自卫,"人不犯我,我不犯人;人若犯我,我必犯人"。随时准备给那些敢于侵犯边区的反动军队以迎头痛击。其他各解放区也纷纷集会,声援边区,并抽调部队,随时准备以实际行动保卫延安;对蒋介石破坏抗日统一战线,发动内战的阴谋,进行了公开大张旗鼓的批判和讨伐,同时,党又充分发动了群众,争取了社会舆论的同情,彻底孤立了反共的顽固派。因此,国民党顽固派的三次反共高潮,到1943年10月初,就彻底粉碎了。以"国共合作"为基础的抗日民族统一战线的维护,确保了全民族抗日战争的伟大胜利,并为之后的人民解放战争的彻底胜利奠定了基础。以"国共合作"为基础的抗日民族统一战线的维护,充分体现了毛泽东和党中央的博大胸怀和高超的斗争艺术。

西蜀的败亡,关键还是没有处理好"孙刘联盟"的抗曹统一战线。关羽镇守荆州,不贯彻联吴抗曹的思想政治路线,对东吴破坏统一战线的错误行为不懂得有理有节的斗争,不懂得搞好统一战线内部团结的重要性,结果孙权被曹操拉了过去,致使荆州腹背受敌,兵败身亡。孔明把战略重点放在西部的两川地区,忽视了荆襄战场战争的升级而没有作为,忽视了"孙刘联盟"之间的矛盾,结果丢失了西蜀问鼎中原的重要战略要地,这是诸葛亮在军事上的第一次严重错误。关羽父子被东吴孙权杀害之后,刘备感情用事,报仇心切,不能正确处理主要矛盾与次要矛盾的关系,起倾国之兵东征。决策失误,兵败猇亭,进一步损害了以"孙刘联合"为基础的统一战线,这是荆襄兵败之后的一个极其重要的损失。

首次北伐,弃魏延"子午之谋"不用,犯了军事保守主义的错误,这是诸葛亮在军事上第二次严重错误,再一次地错失了问鼎中原的良机;街亭之战之时,犯了"选将之错"而丢失了街亭,致使第一次北伐前功尽弃,这是诸葛亮在军事上第三次严重错误,致使西蜀失去了问鼎中原的最后一线希望。诸葛亮的三大错误,是西蜀败亡的根本原因。

第二节　从时代的变换看西蜀战略之误

从政治、经济、军事层面来说,蜀亡也有其更深层次的原因。

杨振之在《巨人之谜》一文中分析说,"'三分天下'是历史造成的由大乱到大治,由'分久'到'必合'的一个既定的过渡阶段,亮即使有再高明的谋略也不能超越时代"。这就是政治上所说的深层次的原因,但杨振之的这个话,有一半是正确的,有一半是错误的,应当一分为二地看。

"'三分天下'是历史造成的由大乱到大治,由'分久'到'必合'的一个既定的过渡阶段。"这是说,"三分天下"是一个"既定的过渡阶段",这是第一个阶段;再由"三分天下"到天下统一,这是第二个阶段。这是一般性的理论分析,但实际的历史进程是:196年到220年的24年,是"三国鼎立"之前的"三分天下"形成的阶段,属于东汉末年,就是所说的"既定的过渡阶段"。220年到265年晋朝建立,是"三国鼎立"之后的"三分天下"的阶段。"三国鼎立"之前的"三分天下"和"三国鼎立"之后的"三分天下"阶段,是不同性质的两个不同的时代。

"亮即使有再高明的谋略也不能超越时代。"这是说,以统一天下为最终目标的"三分天下"格局,形成于东汉末年,只能在东汉末年完成其统一天下的任务,超越东汉末年这个时代,就不行了。按照杨振之的这一说法,就是说,诸葛亮的"三分天下"的战略,没有在"三分天下"阶段实现天下一统,那么到了"三国鼎立"的阶段,就不可能实现天下一统了,因为"不能超越时代"。这就是说,到了超越时代的"三国鼎立"的阶段,不管诸葛亮怎么努力,也不管诸葛亮犯不犯错误,都不可能实现天下一统。也就是说,不管诸葛亮怎么发挥主观能动性,也是不可能实现天下一统的战略任务的,因为客观条件不允许。

刘备要统一天下,曹操要统一天下。这样,就有了两种性质的天下统一:第一种是以匡复汉室为目标的统一,刘备、诸葛亮为代表的西蜀王国的统一,就是属于这一种的统一,就是属于不改朝换代的统一。第二种是以非汉室为目标的统一,曹操、孙权、司马懿的统一,就是属于这一种的统一,就是属于改朝换代的统一。长期以来,刘备与曹操的统一天下之争,就是这两种观点之争。荆、襄一战,刘备被挤进了西南一隅,无力统一天下。曹操死后,他的后代是一代不如一代,国家大权被司马氏父子夺了去,也不可能统一天下,这个统一天下的任务,也就由司马懿父子来完成。

杨振之有一个关键问题,就是没有把"三分天下"和"三国鼎立"区分开来。在"三国鼎立"之前的"三分天下"阶段,不犯错误,就可以统一天下;犯了错误,就不可能统一天下。而"三国鼎立"阶段,犯错误和不犯错误,都不可能统一天下,这就是杨振之所说的"不能超越时代"。斯大林曾经说过:"一切以时间、地点、条件为转移。"因为条件是变化的,它随着时间推移和地点的转移,是会发生变化的。诸葛亮在北伐问题上,先后犯了三次严重的错误,基本上是在东汉末年的"三分天下"时期,所以才导致了西蜀的最终败亡。

汉中争夺战取得胜利之后,荆州在战略上遏制魏的地位进一步凸显,并具有了进攻的态势。就在这时候，关羽北上攻襄阳围樊城，形势特好。此时，荆州进攻中原的主战场地位已经显现，西蜀从荆州出发北伐中原的时机也已经显现。可是此时，诸葛亮仍在两川经营，对荆州的形势变化反应迟钝，对荆州即将发生的大规模战争，犯了"不主动不作为"的错误，致使"荆州机遇"变成了"荆州危机"。这一次"荆州危机"之后，关羽兵败身亡，战略要地荆州丢失，西蜀被挤进了西南一隅，成了一个偏邦小国。"荆州危机"之后，据不完全估计：西蜀损失了三分之一的土地，三分之一的人口，三分之一的经济，三分之一的军队。

在荆襄之战中诸葛亮"不主动不作为"的错误，发生在 219 年，这正是东汉末年的"三分天下"阶段。这时候，大汉王朝的影响力还是存在的，刘备在军事上成功，带动了政治上的胜利。刘备在汉中晋升汉中王，政治仗正打得响棒棒的。如果这时，诸葛亮反应敏捷，战略部署正确，不说统一天下，但形成与曹操"两分天下"的格局，则是可能的。第一次北伐时，诸葛亮连续犯了两次错误，一次是弃"子午之谋"不用，再一次错失问鼎中原之良机；一次是街亭"选将之错"，导致了街亭之败，使蜀失去了最后一线希望。这两次错误发生在 228 年，魏蜀两国已经称帝建国，历史已经开始进入"三国鼎立"的时代，但仍是过渡的阶段，因为孙权这时还没称帝。刘备称帝，是匡复汉室，是大汉王朝的因素；曹丕称帝，是篡位，是大逆不道，是非大汉王朝的因素。两者是对立的，在政治上足可与之抗衡，就是说在过渡的阶段，大汉王朝多少还有影响的。不然的话，为什么诸葛亮舌战王朗，在政治上打败了王朗，王朗因败而气死。

但是，到了 229 年之后就真的不行了，因为孙权已经称帝了，东汉王朝的因素越来越少了。魏蜀两国称帝，在政治上是对立的，是互不承认的。曹丕称帝，是说大汉王朝"气数已尽"，魏理当代汉。刘备称帝，说曹丕是篡位。说国不可一日无主，于是正位续大统。孙权称帝，凭什么呢？实际上还是说汉朝"气数已尽"。吴称帝建国，客观上宣告了魏蜀建国的合法性。同时，也标志着大汉王朝已彻底被淘汰，历史进入了"三国鼎立"的时代。到了孙权称帝之后，诸葛亮再要以"匡复汉室"的政治口号讨伐魏国，就超越时代了，就没有什么号召力，故而第一次北伐之后，再次四次北伐，无功而返。

姜维北伐，其政治口号仍旧是"匡复汉室"，就更不合时宜了。曹魏建国之后，以"高平陵政变"标志，大致分为两个时期。220 年到 249 年为前期，249 年到 265 年为后期。"高平陵政变"之后的魏国政权，就如东汉末年一样，名存实亡。因为其后期政权，实际上是曹魏政权向西晋政权过渡的时期。

《资治通鉴》记载，魏之伐蜀时，吴人张悌曰："曹操虽功盖华夏，民畏其威而不怀其德也。丕、睿承之，刑繁役重，东西取驰，无有宁岁。司马懿父子累有大功，除其烦苛而布其平惠，为之谋主而救其疾苦，民心归之亦已久矣。故淮南三叛，而腹心不忧；曹髦之死,四方不动。任贤使能,各尽其心,其本固矣,奸计立矣。"就是说,别说大汉王朝已被历史淘汰,就是曹魏政权也将被历史逐渐淘汰。这时候,姜维北伐,还打着"匡复汉室"的政治口号,显然得不到什么响应,这是姜维北伐失败的政治上的根本原因。

"分久必合",乃社会发展的必然趋势。"三分天下"是历史造成的由大乱到大治,由"分久"到"必合"的一个既定的过渡阶段。按照历史的逻辑,经过过渡阶段的"三分天下",必然要走向天下一统,这是不可逆转的必然趋势。但是,究竟由哪一方统一天下,最后还要看经济军事力量。

荆襄一战,从经济上来说,对西蜀就是一个巨大的损失。夷陵一败,又把积余了两年的财富挥之一空。诸葛亮南征南蛮之后,经过三年的治理整顿,元气开始恢复。诸葛亮、姜维北伐,无功而返,耗资巨大,掏空了国力。孙子说:"国之贫于师者远输,远输则百姓贫。"经过多次战争折腾,西蜀就被搞得一贫如洗了。

再说军事,荆州丢失,军事力量几乎损失了三分之一。猇亭一败,西蜀的军事力量又去掉了三分之一。汉中人口较多,可是曹操败退之后,迁走了大量人口,留给刘备的几乎是一个空州。南中地区的几个郡,山多地少,贫穷落后,人口稀少。诸葛亮南征南中之后,实行高度自治,还指望从南中补充兵源吗?东西两川,四面皆高山峻岭,唯有成都平原,有都江堰,物产丰富,人口众多,兵源充足。可是仅靠一个州的兵源,能有多少兵呢?诸葛亮、姜维北伐,损兵折将,剩下的兵力就不多了。因此说,西蜀最后失败是肯定的。

毛泽东在读到蜀汉王国灭亡的史料时,写下了一段精彩的批语:"其始误于《隆中对》,千里之遥而二分兵力,终则关羽、刘备、诸葛三分兵力,安得不败。"219年关羽的荆州之败,222年刘备之进攻东吴之败,228年至234年孔明北伐中原无功而返。三分兵力依次展开,前两次分兵都失败得很惨,导致蜀汉元气大伤,而诸葛亮北伐后本钱所剩无几。这就是说,由于棋差一着,前功尽弃。西蜀的三大灾难:关羽失荆州、刘备败夷陵、马谡失街亭,一脉相承,都可以在这个对策的后一部分中找到原因。

第三节　人才奇缺而无核心人物

此外,蜀亡还有其具体的原因。国与国之间的竞争,实质上就是综合国力之间的竞争,最为根本的还是人才的竞争,决定三家走向的还是人才实力。西蜀为何亡国如此之速?一个极其重要关键的原因不仅仅是人才奇缺,后继无人,而且还没有一个核心人物,这就是蜀亡的一个具体原因。

孔明辅助幼主时,因为战争死亡、自然死亡、因失职处分而弃之不用;又因为不注意及时发现培养而积蓄人才,西蜀的人才库就逐渐空虚。诸葛亮在世之时,就深感人才短缺而独木难撑;去世之后,人才就更是奇缺而后继无人。不仅朝堂上无重要大臣而内治无人,就是前线,也使人深感蜀中无大将了。蒋琬、费祎、董允相继而亡后,连内治都无人了。

两川地区,攻则不足,守则有余,为什么守不住了呢? 没有一个核心人物在政治军事上总揽全局,是一个非常重要的原因。223 年刘备临终托孤时,就认为自己身后没有一个核心人物是危险的,因此他将诸葛亮确定为核心人物。孔明临终时,指定了两个接班人,一个是蒋琬,一个是费祎。两人差不多二十年,相继秉政,勉强算是有一个核心。但是费祎之后,刘禅就开始亲政了。刘禅是没有头脑的,注定是要听人摆布的。这个时期,西蜀实际上就没有了核心人物。

没有了核心人物,导致西蜀亡国,体现在三个方面。

因为没有核心人物,所以贤人渐退,小人渐进,朝纲渐坏。《三国志》记载,"后主渐长大,爱宦人黄皓。皓便辟佞慧,欲自容入。董允任丞相时,常上则正色匡主,下则数责于皓,皓畏允,不敢为非。终允之世,皓位不过黄门丞"。但自董允之后,后宫无人,小人黄皓就逐渐得势了。就像一块菜地,杂草不除,蔬菜就被杂草挤掉而不能生长了。小人渐进,贤人惹不起但躲得起。贤人渐退,朝纲就渐坏。

257 年,邓艾使人至蜀中结连黄皓散布谣言,说姜维怨望天子,不久投魏,昏君刘禅居然信之,于是将姜维从前线召回。262 年,右将军阎宇,身无寸功,只因阿附黄皓,遂得重爵;闻姜维统兵在祁山,乃说黄皓奏后主说:"姜维累战无功,可命阎宇代之。"后主从其言,遣使赍诏,召回姜维,贻误战机。姜维得知之后恨之切齿,与黄皓之间的矛盾自然尖锐。小人干政,姜维也就感到自身难保,于是驻于沓中而避祸。一个国之栋梁而镇守边关的统帅,居然避祸于沓中,国家能不危吗?

因为没有核心人物,大权就会落入小人之手而祸乱朝纲。263 年 7 月,钟会、邓艾伐蜀。姜维具表申奏后主刘禅:调兵遣将,鼓励将士奋力抵抗,保家卫国。刘禅接表,不召集文武大臣,却单召黄皓而问之:"今魏国遣钟会、邓艾大起人马,分道而来,如之奈何?"黄皓居然说:"此乃姜维欲立功名,故上此表。陛下宽心,勿生疑虑。"在黄皓的唆使下,刘禅不听姜维之言,反信师婆之说。既不降诏遣左车骑将军张翼领兵守护阳安关,又不降诏遣右车骑将军廖化领兵守阴平桥。结果是:阳安关被钟会所取,丢失了汉中;阴平小道被邓艾所偷渡,丢失了绵竹,对成都造成了致命的威胁。西蜀内部混乱,"蜀阉宦专朝,国无政令",岂能不败?

在此危亡的关键时刻,如果姜维是核心人物就好办了。因为他就可以直接调动全国的将领和军队,居险而守。如果阳安关和阴平小道,有大将把守,那么汉中就不会丢失,成都就不会有危险,国家的安全就能确保。可是,这个辅汉将军姜维属于前线将领,不是核心人物,管不了朝中大事;刘禅是皇帝,形式上的核心人物,却昏庸而无能。

姜维调动大将,还要具表申奏刘禅,而刘禅又是听信小人黄皓的,国家岂能不亡?

看魏国,其战略部署、战略方针却是正确的。按照司马昭的战略部署,邓艾大军从狄道入甘松、沓中绊住并攻打姜维,掩护钟会大军攻打并夺取了汉中,并准备夺剑阁而取成都。在关键时刻,属于邓艾系统绊住姜维的雍州刺史诸葛绪兵马,从祁山赶往武街桥头,截断姜维的归路,却中了姜维的"调虎离山"之计,让姜维溜走了,打乱了司马昭总体上的战略部署。诸葛绪的这一战略失误,使得姜维大军退守剑阁。姜维至剑阁而加强了防御,致使钟会大军攻剑阁夺成都的战略部署受阻,大军很有可能退回去而前功尽弃。在这又一个关键时刻,邓艾调整战略方针,改从阴平小道偷渡,竟奇迹地夺取了江油关。邓艾在战略上是正确的,在战术上也是正确的。邓艾夺取江油关之后,经过短暂休整,立即兵出山谷,向涪城出发,趁诸葛瞻在涪城磨蹭、犹豫并停下来之时,采取攻其不备出其不意的闪击之战,一举击败对方并夺取涪城。诸葛瞻退至绵竹,邓艾恐其固守,采取"激将之法",使之决战。然后布好阵式与之战,彻底打败了诸葛瞻并夺取了绵竹。为逼刘禅投降,彻底灭掉西蜀打下了基础。

因为没有核心人物,在危亡的关键时刻,大臣们就乱了方寸而没有了主张,使小人有了可乘之机。邓艾取绵竹之时,成都还有守兵七八万,完全可以一战而将邓艾消灭;姜维大军还在剑阁前线坚守,拒钟会之军不能前进一步;东吴的援军已在半路,即将到达成都。内外夹攻,打退钟会的进攻也是完全可能的。这时候,邓艾已成疲惫之众,且人数也不多,只要城中杀出一军,邓艾是必死无疑。因为没有核心人物,满朝文武是一片混乱。刘禅闻邓艾取了绵竹,诸葛瞻父子阵亡,急召文武商议。近臣奏曰:"城外百姓,扶老携幼,哭声大震,各逃生命。"又报魏兵将近城下,后主惊慌失措。

众官议论纷纷,提出了两个方案:其一,奔南中越巂、牂柯、云南、朱提、建宁、永昌、兴古七郡,其地险峻,可以自守,可借蛮兵克复成都。其二,投奔吴国,因为蜀、吴是联盟。两个方案的共同点,都是主张弃成都而走,有其消极性的一面,但是又都是主张借兵抗魏,以待将来克复成都的积极性的一面。但是,大家意见各一,没有一个说话有分量的,没有一个能带兵打仗而力挽狂澜的。就是说,当时的成都,没有一个能指挥打仗的军事人才,大家也都没有了主张。

在这个关键时刻,唯独光禄大夫谯周,这个小人似乎是早有心理准备,他不忧不愁,不惊不怕,不慌不忙,提出了一个方案:就是投降。大臣们不知如何是好,昏庸无能的皇帝刘禅乱了方寸,似乎到了走投无路的地步,仿佛只有投降一条路了。于是,皇帝接受了投降的方案而断送了蜀国。"千里江山轻孺子,两朝冠剑恨谯周。"创立江山,千辛万苦,视死如生。一个几千里江山就这样断送,留下了千古遗恨。

西蜀亡国这个历史事件,从反面告诉我们一个道理:一个国家如果没有了核心领导人物,是多么可怕和多么危险啊!

第四节　相信天命而不作为

后期的蜀汉王国力量虽弱，但毕竟有山川之险，又与吴国连和而共为唇齿，进虽不足，但退则可以鼎足而立，为什么先吴而亡呢？西蜀先亡，与错误的思想认识路线是有关系的，这就是唯心主义的思想认识路线。三国演义的历史时期，盛行着一种玄之又玄的玄学。玄学源于《老子》《庄子》《易》，称为三玄。玄学具有两大特征：第一，通晓天文，将天象，即天文星宿的自然变化与社会的人事关系联系起来；第二，是神秘化，是一种深奥微妙，是一种难以捉摸的学问。唯心主义认识论思想的作怪，也是蜀亡的一个具体原因。

从哲学的角度上来说，在玄学的基础上，形成了唯物主义和唯心主义两大派别。一般说来，唯物主义者，基本上是事业的奋进者；唯心主义者则损害事业的发展。这种唯心主义思想行为，对事业的危害性，在古代是如此，在近现代的革命时期，也是如此。伟大的列宁曾发表了《辩证唯物主义和经验批判主义》，彻底批判唯心主义思想路线对俄国革命事业的危害性。中国人民的伟大领袖毛泽东在新民主主义革命、社会主义革命和建设时期，曾多次批判唯心论的先验论，反复强调要坚持唯物论的反映论。因为唯心论先验论天命观容易引导人们放弃主观努力，容易误党误国。

长期以来，在西蜀就一直存在着唯物论的反映论与唯心论的先验论的斗争。孔明虽然有唯心主义天命观，但他重视人的主观能动性，倾向于唯物主义。太史谯周，就是一个唯心论天命思想很浓的人，是一个唯心论的先验论的代表人物。这种唯心论的天命观思想，愈在困难的时期，就愈是活跃而危害事业的发展。诸葛亮第一次出师北伐，谯周就反对说："臣夜观天象，北方旺气正盛，星曜倍明，未可图也。"指责孔明"何苦强为"？强调的是"要顺天命，不要逆天意"。姜维欲出兵，谯周奏与后主刘禅说："臣夜观天文，见西蜀分野，将星暗而不明。今大将军又欲出师，此行甚是不利。"强调"天命不可违"，主张放弃主观努力。这种错误的唯心主义天命观，对西蜀的事业造成了巨大的危害，直至断送了西蜀王国。

谯周的唯心主义天命思想观念，严重地影响了刘禅，使之更加昏庸。钟会、邓艾两路伐蜀大军，国家危在旦夕。刘禅和那些成都大臣，居然没有一个做防御准备。《三国志》记载说，"景耀六年，魏大将军邓艾克江油，长驱而前。而蜀本谓敌不便至，不做城守调度"，在此形势危急的时刻，谯周回到家里，闭门不出而撒手不管国事。魏之两路大军已逼近蜀之边关，形势十分紧张之时，刘禅手里拿着姜维的边关告急表文，不召集文武大臣商讨军情，如何调兵遣将，却听信黄皓之言，被巫婆所惑，结果是：阳安关被钟会所取，丢失了汉中；阴平小道被邓艾所偷渡，丢失了绵竹，蜀汉王国危在旦夕。

邓艾偷渡阴平小道成功，取了绵竹，直逼成都。诸葛瞻父子阵亡，魏兵已至城下之时，邓艾虽说拿下了绵竹，仅有两千疲惫之卒，没有了前进之力；姜维大军还坚守在剑阁，拒钟会二十多万大军两月有余；魏军兵临城下时，蜀汉元气未伤，江山半壁依然存在，成都且有兵将近十万，军心士气均可一战；蜀汉的形势虽然危急，但只要指挥正确，还是可以扭转乾坤而转危为安。可是，在此关键时刻，身为光禄大夫的谯周，第一个而且态度坚决地劝刘禅投降。还讲了一番歪理："《易》曰：'亢为之言，知得而不知丧，知存而不知亡；知得失存亡，而不知其正者，其唯圣人乎！'言圣人知命而不苟必也。故尧、舜以子不善，知天有授，而求授人；子虽不肖，祸尚未萌，而迎授于人，况祸以至乎！"

在满朝文武一片惊恐，后主召集群臣商议之时，有人认为蜀与吴，本是唇齿相依的盟国关系，建议投奔吴国。这本是挽救蜀汉的一个积极的措施。谯周却说，"自古以来，无寄他国为天子者也"，这是无稽之谈。春秋时期，晋重耳在外流亡十九年，后来在秦穆公的帮助下，回到了晋国做了晋文公，成为春秋五霸之一。1970年3月，在美国策动下，柬埔寨朗诺趁国家元首西哈努克亲王出访之机，发动政变。之后，西哈努克在中国政府支持下，在北京成立王国民族团结政府，号召柬埔寨军民起来斗争，推翻了朗诺非法政权。1975年4月，金边解放，西哈努克亲王成功地回到了柬埔寨王国。当时邓艾的军队虽逼近成都，但东吴的大军前来救蜀，已在半路。这时刘禅如果率领三万精兵与吴国的援军会合，击败邓艾的疲惫之师，收复成都是完全可能的。

时又有人建议，"以为中南七郡，阻险斗绝，易为自守，宜可奔南"。实际上这也是一个很好的计谋，刘禅率三万精兵撤出成都，且战且退，坚持一段时间。邓艾虽占领了绵竹城，但实际上却成了瓮中之鳖；钟会大军虽已进入汉中，却被姜维大军挡在剑阁之外两月有余，已疲惫不堪而有撤退的打算。如果姜维派出一部分军队救成都，与东吴的援军会合，邓艾能不败吗？

可是，谯周却极力反对，说："今以穷迫，欲往依恃，恐必复反叛。"这也不完全符合事实。难道南中七郡，个个都仇恨蜀汉，就没有一个与蜀亲近的？诸葛亮南征之后，曾留吕凯、李恢等蜀国比较出色的官员镇守和南中临近的几个郡。据史料记载，在平夷都督府，亮曾以军功封李恢为兴亭侯、安国将军，留守建宁，驻平夷；封马忠为牂柯太守，驻且兰。后来的南中演变而形成了牂柯、越巂、朱提、建宁、永昌、云南、兴古七个郡。南蛮所治理的郡，去不了，蜀国的官员镇守的郡，难道也去不了？

刘备的孙子，刘禅的儿子刘谌，是坚决要抵抗的。他分析了成都面临的形势后说："臣切料成都之兵，尚有数万；姜维全师，皆在剑阁，若知魏兵犯阙，必来救应：内外夹击可获大功。"刘谌放声大哭着说："若势穷力极，祸败将及，便当父子君臣背城一战，同死社稷，以见先帝可也。奈何降乎！"可是刘禅不听，令近臣将刘谌推出宫门，一心出降。纳降之时，刘谌怒气冲天，带剑入宫。欲以死见先帝。其妻崔夫人闻知，触柱而死。刘谌自杀其三子，并割妻头，提至刘备庙中，大哭一场，眼中流血，自刎而死。

谯周上书言降时，刘谌曾大骂谯周乃"偷生腐儒"，并对其父刘禅说："昔先帝在日，谯周未尝干预国政；今妄议大事，辄起乱言，甚非理也。"西蜀亡国，实乃黄皓、谯周之罪也，实乃唯心论先验论的天命观之误也。谯周竭力阻挠朝中大臣采取积极努力的措施，放弃一切斗争手段，要刘禅举手投降，做亡国之君。他为什么要这么做呢？这是有其思想根源的。原来刘备、诸葛亮入主西蜀之后，形成了中原、荆州、凉州、东州、益州五大派。中原、荆州、凉州三大派积极主张北伐，匡复汉室；东州、益州两派思想上保守，从心里反对北伐。因此，在对待北伐的态度上形成了赞成北伐和反对北伐两大派，两大派之间矛盾尖锐。尤其是反对北伐的益州的地方集团，与蜀汉政权格格不入。他们认为，与其供一个"土皇帝"，倒不如做大魏的一个州。

这种思想到了姜维北伐的时期，就越来越强烈了。江油守将马邈，闻东川已失，仍不以军情为重，其妻问曰："屡闻边情甚急，将军全无忧色，何也？"马邈说："大事自有伯约掌握，干我甚事？"又说："天子听信黄皓，溺于酒色，吾料祸不远矣。魏兵若到，降之为上，何必虑哉？"忽家人报曰："魏将邓艾不知从何而来，引二千余人，一拥而入城矣！"马邈大惊，慌出纳降，拜伏于公堂之下，泣告曰："某有心归降久矣。今愿招城中居民，及本部人马，尽降将军。"就这样，一仗未打，邓艾拿下了江油城。姜维出兵伐魏，谯周叹曰："近来朝廷溺于酒色，信任中贵黄皓，不理国事，只图欢乐；伯约累欲征伐，不恤军士：国将危矣！"谯周料定国家将亡，故而闭门不出，等待投降。这些人都是倾向于"做大魏的一个州"的一派人物的思想体现。

第五节　不修守备和诸葛瞻之败

蜀亡国了，死而不可再复生。西蜀亡国，历代兵家对此十分惋惜。"剑山七十二高峰，天险堪当百万雄。"（高锐诗）一个四面环山，皆悬崖峭壁，关隘险阻，令人叹止，何以会亡国呢？《读史方舆纪要》中说："诸葛武侯出剑阁，威震秦陇（即陕甘地区）"，"刘禅有剑阁，而成都不能保"。说明，没有精兵强将，再坚固的关隘也是没有用的。精兵强将不足，尤其是蜀中无大将，是西蜀亡国最为现实的原因。

钟会、邓艾两路大军伐蜀，姜维立即组织指挥蜀汉保卫战，而且是非常有成效的。但是司马昭的战略部署是严密的，邓艾大军集中力量绊住沓中姜维；钟会集中力量袭汉中，攻剑阁，夺成都。姜维一面申报后主刘禅，调遣大将，据关守险，一面向吴求救。如果姜维的防御战略部署得以实现，是足可抵抗并打退来犯之敌。可是昏庸的刘禅却听黄皓之言，信巫婆之欺，不听姜维紧急奏报，居然不调兵遣将而部署防御。结果阳安关失守,钟会攻取了汉中。姜维突破了邓艾的堵截,退守剑阁。姜维据守剑阁,拒钟会两月有余而使之不能前进一步。司马昭讨伐西蜀的战略计划,眼看就要破产,就在这个时候,邓艾及时调整了战略部署,改从阴平小道奇袭西川。这样,钟会的大军又在剑阁关外掩护了邓艾,致使邓艾偷渡阴平成功,直逼成都。偌大一个成都,居然没有一个懂军事,能带兵打仗的。堂堂的一个西蜀王国,居然亡于一个仅有两千人的疲惫之军。

因此说,没有足够的精兵强将,尤其是蜀中无大将,首先就体现在险峻关隘处,无兵无将把守,防御体系极为薄弱。襄阳人张悌说:"今蜀阉宦专朝,国无政令,而玩戎黩武,民劳卒敝,竞于外力,不修守备。彼强弱不同,智算亦胜,因危而伐,殆无不克。"张悌的分析判断,还切中了一个要害,就是西蜀在姜维执掌军权时期,"竞于外力,不修守备"。吴使官中郎将薛珝聘于汉,及还,曾对孙权说:"臣闻燕雀处堂,子母相乐,自以为至安也,突决栋焚,而燕雀怡然不知祸之将及,其是之谓乎?"充分说明当时的西蜀只讲究进攻,不注重防御。姜维废弃魏延的"错守诸围之法"的防御之策,采取"敛兵聚谷之法"的防御措施,将部署在各关口的军队撤回,把重兵集中在汉城和乐城,外围只留少部分侦察兵。可是在汉城和乐城两处的守兵,也非常不足,结果钟会大军一到,蒋舒投降,两城失守,汉中就丢失了。

还有一个阴平小道,道路险阻,极易守御,又极易疏忽。孔明临终前曾对姜维说:"蜀中诸道,皆不必多忧,唯阴平之地,切须仔细。此地虽险峻,久必有失。"阴平小道,疏之则危,慎之则安。对于这样的危险之道,命脉之道,刘禅却弃之不守。危急的关头,刘禅正与黄皓宫中游乐,毫无戒备的思想,岂不荒唐?《诸葛武侯兵法》说:"若乃居安而不思危,寇至不知惧,此谓燕巢于幕,鱼游于鼎,朝不俟夕矣。《传》曰:'不备不虞,不可人为以师。'又曰:'豫备无虞,古之善政。'又曰:'蜂虿尚有毒,而况国乎?无备,虽众不可恃,故曰有备无患。'"阴平无兵无将守护,致使邓艾偷渡成功。邓艾至江油关,一个守将马邈,居然不战而降。邓艾不费一兵一卒,就取了江油关而进入了成都地区。

没有足够的精兵强将,尤其是蜀中无大将,还体现在成都保卫战的关键时刻。时姜维正率大军,即蜀国的主力部队,坚守在剑阁这个最为关键的地方,抵御着魏国进攻西蜀的主力部队。而这个时候,魏国的另一支由邓艾率领的精干小分队已经占据了江油关。西蜀的这一关键环节,防御体系却十分薄弱。因此邓艾进入江油关之后,形势十分危急,因蜀中无大将,姜维顾此而失彼。

当成都得报邓艾偷渡阴平,奇袭江油关成功之后,刘禅立即遣诸葛瞻带领尚书黄崇(黄权之子)、尚书张遵(张飞之孙)、羽林右部都督李球(李恢之侄)抵抗,兵马大概有两万之多。江油关失守之后,蜀人骑快马,飞报成都,一日即可到达。诸葛瞻大军,快马奔跑,日夜兼程,一天半即可赶到涪城。此时邓艾虽取了江油,但立足未稳。据

《华阳国志》记载,"邓艾由阴平、景谷傍入。后主又遣都护诸葛瞻(诸葛亮之子)督诸军拒艾,至涪,不进。黄崇劝瞻速行固险,无令敌得入平,言至流涕。瞻不从"。"艾取了江油,遂接阴平小路诸军,皆到江油取齐",据估计,因道路难行,包括简短休整,也要一二日。涪城离江油还有九十华里的路程,道路平坦,战马奔驰,几个小时即到。已经占据江油关的敌军,是一个仅有两千多人的疲惫之师,此时是蜀进攻邓艾军的最佳时机。

兵书《军志》说:"先人有夺人之心。"(此引文载于《左传》宣公十二年,即前597年),其意是说,"先发制人,可以瓦解敌人的意志"。可是,诸葛瞻率军到达涪城,却不再前进了。黄崇"劝瞻速行固险",不要让敌人进入平坦地区,"言至流涕,诸葛瞻不从"。江油关据石门,傍涪水,一面滔滔江水,三面倚天悬崖,其险不亚于剑阁。放着石门之险不守,这简直又是马谡式的"舍水上山,不下据城"的错误。虽然艾已占据了江油,但江油地区还是山高路险,还是有险可固。《三国志》略而不记黄崇之建议,实际上就掩盖了诸葛瞻关键性、原则性和致命性的错误。诸葛瞻既不"速行固险",又不做好涪城的防御部署,却要在涪城外主动与艾接战,一味地和对方打阵地战。结果,"前锋破",蜀军大败而归。败军涌入城内,艾军随后追到,涪城又没有做好防御而无法坚守,只得放弃而后撤。

涪城至成都三百六十里山川道路,陡狭险峻。如果诸葛瞻能够率军据守前山,即据山势险要之处守之,邓艾也是万难成功的。诸葛瞻大军退至绵竹,仍不吸取失败的教训,不坚守绵竹,采取老一套的阵地战的打法,在绵竹城外寻求与对方决战。而此时,邓艾最担心的是蜀军固守城池,所以他采取了"激将之法",通过劝降之手段,激怒瞻出战。诸葛瞻中计上当,不顾众人劝阻,凭血气之勇冲入邓艾所布之阵,与邓艾决战。结果在城外将蜀军保卫成都的军事力量葬送。如果诸葛瞻据险而守,坚持一段时间,姜维兵到,魏军就危险了。

诸葛瞻不懂兵法,又没有实战经验,他哪是久经沙场,满腹韬略的邓艾的对手。诸葛瞻不"速行固险",采取伏击战的打法,竟让艾脱离险境而进入平坦之地,与之打阵地战,因此诸葛瞻是必败无疑。"遂战,大败,临阵死""众皆离散",邓艾拿下了绵竹。绵竹丢失之后,大概损失兵马一万多人,应该还有将近一万人。这股珍贵的军事力量,本来应该保存,退至雒城据险而守,确保成都。兵书《军志》告诫说,要"知难而退"。可是,诸葛瞻却不愿意撤退至雒城、成都据守,仅凭血气之勇,违背了最基本的"消灭敌人,保存自己"的军事原则,父子战死沙场。一个两万多的军队却败于一个仅有两千的疲惫之师,这就是将帅的问题了。

黄崇和他的父亲黄权一样,都颇晓军事,颇懂防守之道。刘备东征之战,顺江而下,易进难退,黄权建议刘备"留在后面镇守",命令先锋"先驱攻伐",做到有进有退。

可是备不听,结果猇亭大败而全军覆没。这一次,邓艾偷袭阴平小道而将至江油关,"后主遣都护诸葛瞻督诸军拒艾",黄崇"劝瞻速行固险""言至流涕,瞻不从",结果战败而全军覆没,使敌军逼近成都而使西蜀亡了国。真是父子同命,有良谋而不被主上所用,这是西蜀王国的悲哀。

如果诸葛瞻速至石门险关据守,打败邓艾,粉碎了邓艾偷袭阴谋,就确保了成都的安全。攻剑阁两月不下的钟会,本也打算撤军,闻邓艾败,必然退去。坚守剑阁的姜维大军,闻成都粉碎了邓艾偷袭阴平小道的阴谋,必然士气大振;闻钟会退去,必然乘胜追击而获胜。这样,西蜀的江山就安然无恙。如果这一次西蜀在魏国两路大军进攻下,江山都安然无恙,那么以后至少有十年乃至更长时间的安全。可惜,诸葛瞻险关不据,断送了西蜀。据李吉甫《元和志》记载:"初,诸葛瞻在涪,而艾已入江油,瞻曰:'吾内不除黄皓,外不制姜维,进不守江油,吾有三罪,何面而反。'"诸葛瞻虽然战死沙场,但仍推卸不了西蜀亡国的历史责任。

危险而关键时刻,有三个占据要位的投降分子的投降,一个比一个危害,一个比一个致命。钟会大军攻打阳平关,蒋舒第一个投降,使钟会取了南安关而丢失了汉中;邓艾偷渡阴平小道,从景谷傍入,据守江油关守将马邈第二个投降,使邓艾不战而取了江油,蜀转眼之间,魏军就进入了成都地区;邓艾军逼近成都,谯周第三个投降,劝主纳玺归顺而彻底断送了蜀汉。为什么西蜀亡国,大势所趋而不可逆转?落花流水,大势去也。

第四十八章　西蜀的抵抗与投降

还在诸葛亮时期,西蜀就形成了北伐和反战两大派。反战派对诸葛亮北伐冷淡、不满,甚至反对。诸葛亮的权威大,镇得住,一次次地将反战派压了下去。但是,北伐毕竟耗损国力,无功而返,所以亮死后,反战派逐渐抬头,反过来将北伐派压住。因为当时当政的蒋琬和费祎也不主张北伐。

到了费祎后期,姜维执掌军权,又开始北伐。这个时期,北伐派开始抬头。但姜维北伐依然无功而返。因此,反战派的队伍不断扩大,形成了一股反战潮流。这个时期,"烂泥巴扶不上壁"的刘禅开始亲政,把个朝廷搞得乌烟瘴气,"小人当道,贤人渐去"。这样,在反战派中又分裂出了投降派。

钟会、邓艾两路大军伐蜀时,西蜀就形成了抵抗与投降两个派别。抵抗派保家卫国,投降派投降为上,放弃一切抵抗,准备投降。最后,邓艾大军逼近成都,贪生怕死的皇帝刘禅也投降了,蜀国也就灭亡了。

第一节　"借尸还魂"与殚精竭虑

钟会、邓艾两路大军伐蜀时,以姜维为代表的北伐派,是积极抵抗的。在刘禅投降而亡国之后,很是怀念蜀汉王国,仍想将其恢复。坚守在剑阁的将士们,当听到后主降魏,号哭之声,闻数十里。就是说,西蜀虽亡,其魂不散,仍然飘荡在西蜀将士们的心中。姜维发现,钟会在灭蜀之后,必然会野心膨胀,欲做"成都王",这就与司马昭势不两立了,已被司马昭的"相互牵制、相互制约"之谋盯死了,必死无疑。因此说,钟会实际上不过是一具僵尸而已。当时姜维见人心思汉,于是思得一个"借尸还魂"之计,即借钟会之尸还蜀汉之魂之计。具体的计谋:就是向钟会假投降,利用钟会与邓艾之间的矛盾以及司马昭对他们两人的猜忌,借钟会之手除掉邓艾,然后进入成都恢复蜀汉。

姜维想借此,做最后一搏。

姜维为什么假向钟会投降,利用钟会的力量恢复西蜀王国呢?

第一,是因为看出了钟会与司马昭之间的矛盾。钟会带兵征讨西蜀,野心勃勃。司马昭深知,将军政大权交于他人,很可能令他人步自己家族的后尘,以样学样,反过来夺自己所掌握的最高权力,这是非常危险的。所以,对于钟会,司马昭是防而欲除之,两人之间的矛盾是不可调和的。

第二,是因为看出了司马昭与邓艾之间的矛盾。司马昭貌似趾高气扬,其实内心十分自卑。自从独掌朝纲之后,却始终生活在父兄的阴影里,自卑而不能自拔。而偏偏邓艾在司马昭面前摆起了"三朝元老"的资格,有一种辅助司马昭的感觉。这是司马昭所不能容忍的,必欲除之而后快,所以两人之间的矛盾也是不可调和的。

第三,是因为看出了钟会与邓艾之间的矛盾。邓艾久镇边关,累立战功,本应拜之为镇西将军,令其总领兵马,远征西蜀。可是,昭不按常规出牌,却拜钟会为镇西将军,反拜邓艾为征西将军。拿现在的话来说,就是钟会被任命为伐蜀总司令,而邓艾却被任命为副总司令,邓艾受钟会节制。防御和征讨西蜀,邓艾功大于钟会,艾反受制于会,邓艾自然不满。会大权在握,野心膨胀,趾高气扬,自然不把邓艾放在眼里。所以,钟会与邓艾,谁也不服谁,两人之间的矛盾是不可调和的。

第四,是因为钟会手中有军队二十万,有闹独立的资本,却没有闹独立的地盘。而邓艾虽占据了成都,有闹独立的地盘,却没有闹独立的军队。钟会借司马昭之力,除掉邓艾而进入成都,易如反掌。

第五,是因为姜维手中还有二十万军队,并未受到损害,成都还有蜀军近十万,加上魏军有五十万军队可用。虽然是蜀魏两国之兵,但蜀军有三十万,可占主导作用,足可控制局面而恢复蜀汉。

这个方案,实施的初期还是挺顺利的。第一步,姜维投降钟会,会与之折箭为誓,结为兄弟,并仍令照旧领兵,这就为姜维实现"借尸还魂"之计提供了军队的条件。第二步,在司马昭疑邓艾有反心时,借钟会之手成功地除掉邓艾,顺利地进入了成都。第三步,将钟会向谋反的道路上引导,帮助钟会密谋独立之大事,并秘密告知后主,"忍数日之辱,维将使社稷危而复安,日月幽而复明"。第四步,在司马昭屯兵于长安之时,姜维对钟会说:"君疑则臣必死,岂不见邓艾乎?"帮助钟会下决心谋反,并把设想变成实际行动。但是,可惜的是,就在他们的极密计划实施的时候,因为消息走漏,钟会被其部下乱箭射倒而枭首,姜维亦自刎而死,"借尸还魂"之计最终失败。

世界上的事情是复杂的,是由多方面的因素决定的,不是由单方面的因素决定的,更不会因某一个人的计策,历史就会倒转。姜维的精神是可嘉的,但历史的发展是不可逆转的,西蜀的灭亡是无可挽回的。再者,钟会机关算尽,想闹独立,搞分裂,只能是一个跳梁小丑，其失败也是注定了的。这事件发展的趋势，司马昭似乎早就预料到了。司马昭料到了钟会必反，甚至料到了他会和姜维相勾结。钟会出征之前，司马昭曾预料说："魏人得胜思归，必不从会而反，更不足虑耳。""魏人得胜思归，必不从会而反"是钟会密谋失败的根本原因。即使消息不走漏，在这一步能够成功实施，"蜀人安能助之乎"。因此说，钟会必败无疑，姜维自然也就必败无疑。

总而言之，钟会就像一个孙悟空，而司马昭则像一个如来佛，孙悟空是难逃如来佛的手掌心的。这也说明，司马昭伐蜀的过程，是一个矛盾重重的过程，且错综复杂。昭与钟会、邓艾有矛盾，邓艾与钟会之间亦有矛盾，而且彼此之间的矛盾还难以调解。他们之间的矛盾虽然尖锐，但在夺取成都之前，他们讨伐蜀国的目标还是一致的。而且他们之间的矛盾还在一定的程度上促进伐蜀的进程。但是，夺取成都之后，他们之间的矛盾就开始尖锐化而公开化了。如果姜维善能分析的话，从司马昭的用人措施和战略部署中，他就可以窥见他们之间的矛盾，加以利用，瓦解敌军，达到不战而屈人之兵的目的。可惜，姜维发现并利用他们之间的矛盾，实在是太晚了。钟会的目的实现不了，姜维的计策就更难实现。

"借尸还魂"之谋，是姜维为蜀汉王朝所献的最后的谋略，是《三国谋略论》所论的最后的一个重要谋略。这一谋略的失败，标志着蜀汉王朝的彻底灭亡。姜维投降钟会，利用钟会，其实钟会也是在利用姜维。钟会的目的是，"事成则得天下，不成则退西蜀，亦不失做刘备也"。姜维的目的是，"恢复蜀汉"。两者的过程和方法基本相似，但两者的目的是不同的，是自相矛盾而冲突的。就是说，即使姜维和钟会双方各怀鬼胎的计划能够得以顺利实施到底，因为目标不同，两人最终还是要分道扬镳的。到那时，究竟鹿死谁手，还是很难说的。

姜维向钟会投降之后，本无可厚非。因后主刘禅已下诏令姜维向魏国投降，姜维是根据皇帝诏令降魏的。但是，姜维死后仍有许多人指责他是贪生怕死之辈，责骂他背叛了蜀汉王国。蜀亡八十三年之后，即346年的东晋时期，在成都出土了一个绝密文件，就是一封姜维给刘禅的密语信。信中说："忍数日之辱，维将使社稷危而复安，日月幽而复明。"至此，真相大白于天下，人们这才知道姜维是冤枉的，这才知道姜维并非贪生怕死之辈，而是一个真正的大英雄，这才知道姜维和诸葛亮一样，对蜀汉忠心不二，为蜀汉呕心沥血，殚精竭虑，并将自己的生命贡献给了蜀汉王国。

但是，蜀国之亡，姜维也是有一定的责任的。第一，姜维北伐，过于频繁，几乎是穷兵黩武，一味战争，而忽略休养生息；一味进攻而竞于外力，而忽略退而防守。长时间北伐，无功而返，耗费了国力，激化了抗战派与反战派的矛盾，也给投降派以口实，致使蜀政权摇摇欲坠。第二，没有据理力争，没有为铲除内奸黄皓而继续斗争，而是怕危及自己而避祸沓中，直接招来了钟会、邓艾两路大军伐蜀。第三，在国力极为衰弱和政府管理极为混乱的情况下,废除"错守诸围之法",采用"敛兵聚谷之法",给了敌人以可乘之机,使魏军轻而易举地就夺取了阳安关而丢失了汉中。一个新的防御系统还没有谋划好而贸然用之,这是错误的。姜维的这三项错误,加速并直接导致了西蜀的灭亡。

第二节　对称交错的"三角形之谋"

曹操的"三角形之谋",用起来虽然挺复杂,但却是一个极简单之谋,人人皆能用之。三国后期,司马昭、钟会、姜维不仅用了此谋,而且还用得深刻、用得奇特、用得玄妙,使之蕴含了更深更奇的玄机。

司马昭要篡魏,必须伐蜀而示威于天下。要伐蜀,必须令他人率大军远征。怎样灭掉西蜀,在司马昭的视角里,在战略战术上,就形成了两个交错的"三角形之谋"。第一个就是昭、艾、维三者之间"三角形之谋";第二个就是昭、会、禅三者之间的"三角形之谋"。第一个"三角形之谋"协调配合第二个"三角形之谋"的,第一路大军是讨伐西蜀的主力大军,第二路大军是辅助大军。第一路大军是为正,第二路大军是为奇,以奇配合正,是为奇正矣。两个交错的"三角形之谋"拼合成一个"三角形之谋",即昭、会、禅三者之间的"三角形之谋",擒拿刘禅,灭掉西蜀。

司马氏家族就是靠率军远征而掌握军政大权,并以此而掌控了朝廷,控制了魏帝。这个司马昭也绝非头脑简单的等闲之辈,他深知军权高度集中的结果,他不能让他人步司马氏家族的后尘,以样学样。因此,在灭蜀的"三角形之谋"的深层次里又设置了一个"天机不可泄"的专门针对会与艾的"三角形之谋",即昭、会、艾三者之间的"三角形之谋"。邓艾,久镇边关,抵御蜀军,战功赫赫,颇有"三朝元老"之感,资格老得很,有功高盖主之嫌;钟会,多年征战,累立战功,但野心勃勃。因此对这两个人,司马昭是必欲除之而后快。

按常规出牌,应该令邓艾统帅伐蜀大军,节制钟会。但司马昭却故意令钟会为镇西将军,令邓艾为征西将军,使邓艾受钟会节制。占汉中,取西川,夺成都之后,司马昭知会必然野心膨胀而闹独立,昭即令邓艾收拾钟会。除掉了钟会之后,艾进入成都,必然志得意满。此时,昭又亲率大军除掉邓艾,这就是司马昭的"三角形之谋"。但是,形势发生了新的变化,钟会却被姜维抵之于剑阁之外两月有余而不能前进一步。反倒是邓艾偷渡阴平小道成功,夺取了成都,灭掉了蜀国。坐在洛阳的司马昭,就将对付会的谋略,用来对付邓艾了。偏偏在这个时候,邓艾又非常不识时务,提出要顺势去伐吴,这就使司马昭惊恐万状而恼羞成怒,必欲除之而后快。于是,就令钟会收艾,居然"无中生有"地将艾打成"现行反革命"而除之。

在昭、会、艾三者之间的三角形之中,昭先是令钟会节制艾。随后,又借钟会之手,除掉邓艾,这正符合钟会的心愿。这个时候,姜维已经投降钟会了。姜维不向邓艾投降,却向钟会投降,是另有计谋的。原来,维降,乃假降也。此时维,已看清了昭、会、艾三人之间的矛盾,决定加以利用而做最后一搏。在昭、会、艾三者之间的三角形之中,司马昭在会、艾之间"制造矛盾、利用矛盾",让他们争风吃醋,一方面调动他们伐蜀的积极性;另一方面,又利用他们争风吃醋之劲,除掉其中一个,然后自己出马,再除掉一个。

姜维的维、会、艾"三角形之谋",与司马昭的昭、会、艾"三角形之谋",正好是两个底角相对称的三角形。两个对称的三角形,一个顶角是司马昭,另一个顶角是姜维。这两个对称的"三角形之谋",都是"天机不可泄"的绝密谋略。因此说,这盘棋,是姜维与司马昭在对垒。通过讨伐西蜀,在昭的视角里,是昭、会、维的三角形,通过钟会(包括艾),攻打姜维而灭掉蜀。灭蜀之后,先后除掉钟会与邓艾。姜维却借助昭之谋,反其道而用之,设计了维、会、艾三者之间的"三角形之谋",就是利用会除掉艾而进入成都,"借尸还魂",恢复已经亡了的蜀汉王国。

在这个对称的两个三角形中,钟会充当了一个重要角色。灭蜀之后,在右边的三角形中,利用司马昭除掉艾;在左边的三角形中,利用姜维到成都独立而称王,这就是钟会的"双三角形之谋"。在对称的"双三角形之谋"中,钟会利用司马昭,又利用姜维一系列谋略的目的,对姜维是公开的;而姜维利用会的一系列谋略的目的,对钟会却是保密的。因为,会的谋略和维的谋略,在实施的过程中,形式和过程是相同的,然而目的却各不相同而相互冲突。

在以司马昭为顶角和以姜维为顶角的相对称的"三角形之谋"中,昭却棋高一着,早就预见到钟会要反,所以在司马昭封钟会为司徒时,就令卫瓘既监督邓艾,又监督会。司马昭令钟会收邓艾,却又令贾充引三万军入斜谷,采用了"打草惊蛇"和"隔岸观火"之谋,使其反形逐渐暴露,使其在内乱中相互残杀而自败。后来果然因机密泄露,钟会的"双三角形之谋"失败了。姜维的"三角形之谋"是以钟会的"双三角形之谋"为基础的,会的"双三角形之谋"失败了,姜维的"三角形之谋"也就失败了。唯有司马昭的"三角形之谋",却是成功了,既除掉了邓艾,又除掉了钟会,解除了自己的心头之患。还除掉了姜维,彻底灭掉了西蜀王国。

第三节　北伐派、反战派、投降派

蒋琬、费祎执政时期,西蜀的中原派、荆州派、东州派、益州本土派和西凉派之间,因老的一代不断去世,又因为蒋琬、费祎不主张北伐,甚至禁止姜维北伐,在一定程度上调节了各方面的矛盾。因此,这个时期,派系色彩开始淡化。

费祎后期,姜维真正执掌军事大权,又开始北伐。所以,这个时期,特别是董允之后,就形成了以姜维为代表的北伐派、以诸葛瞻为代表的反战派、以谯周为代表的投降派三个派别。

姜维北伐,是着于三个方面的考虑,其一,是着于自身安全考虑。姜维是因为诸葛亮的提拔,并作为诸葛亮的传人,才进入蜀汉领导核心的。但不管维怎么忠心于蜀汉,都被视为外来人,是受到排挤的。姜维跟随亮北伐多年,也因为坚持原则支持孔明,曾经得罪过一些人。所以,如果他不坚持北伐,掌握军权,他就不仅受到排挤而无立身之地,甚至还有生命之忧。其二,是着于蜀汉政权正统问题的考虑。在西蜀,到了费祎和董允时期,一部分人的思想里,所谓"正统化"观念,已经开始淡薄了。管它姓刘做皇帝,还是姓曹的做皇帝,谁做皇帝都是一样。他们认为,刘禅就是一个"土皇帝",他们讨厌这个"土皇帝",与其受这个"土皇帝"统治,还不如做大魏的一个州。其三,时蜀汉政权被挤入了西南一隅,成了一个偏邦小国,国土小,人口少,似乎道路越走越窄,越走越艰难。姜维想通过北伐,为西蜀争取扩大一些生存空间。

但是,姜维北伐多年,耗损国力,却无功而返,所以遭到了越来越多人的反对。西蜀后期,人口越来越少,兵员严重不足,老百姓的生活越来越苦,这与长期的战争是有关系的。结果就形成了一股反战势力,形成了以诸葛瞻为代表的反战派。这一派认为,姜维就是一个好战分子,穷兵黩武。据孙盛《异同记》记载:"瞻、厥等以姜维好战无功,国人疲弊,宜表后主召还为益州刺史,夺其兵权。"诸葛瞻在军事上无能,政治上亦无大作为。他反战的思想和行为,实在是一种不思长远,偏安一方的思想行为。同样是反对北伐的,还有一派,就是以谯周为代表的投降派。

反战派和投降派,都极力反对姜维北伐,把国家衰亡的责任都推给了姜维,这是极不公平的。他们反对的原因,就是国家小,人口少,资源匮乏,贫困落后。实际上,这是苟且偷安的思想和行为。20世纪60年代,美帝国主义在中国的东南面和南面,建立了许多军事基地,形成了对中国的军事性半包围圈。苏修社会帝国主义在中国北方的边境线上陈兵百万,在北方形成了对中国军事性的半包围圈。但是,中国人民"冷眼向洋看世界",天不怕,地不怕,做好反侵略战争的准备。苏联骂中国是好战分子,是战争疯子。1969年,苏联侵略中国珍宝岛,中国人民寸土不让,伟大领袖毛泽东一声令下,人民解放军坚决反击,硬是把珍宝岛夺了回来,捍卫了自己的尊严。随后,就是"备战、备荒、为人民""深挖洞、广积粮,不称霸",硬是把美帝苏修给镇住了,确保了中国山河无恙。这反过来就证明,姜维的北伐并不是没有道理的。

但是,姜维发动的抗击曹魏的战争,实在是太频繁了。他只讲战争,忽视休养生息;只讲主动进攻,穷兵黩武,忽略防御,尤其是忽略蜀国内部防守,结果掏尽了国库,耗尽了国力,加速了蜀国的灭亡。过于频繁的战争,使民间怨声载道,造成了产生投降派的土壤。投降派的这一派大都是益州的本土人士，他们对外来的蜀汉领导集团统治，有着一种本能的排斥和不满，认为受蜀汉集团统治，还不如做大魏的一个州。这种排外思想一发展，就由不满的情绪发展到投降的思想，形成了投降派。江油守将马邈，闻东川已失，仍不以军情为重，魏军到，立马投降。谯周料定国家将亡，闭门不出，等待投降。魏军逼近成都，立即劝主投降而断送了蜀汉。

怎么看待谯周的投降？近两千年来，在史学界颇有争议。

《资治通鉴》（魏纪九）载，吴主使武官中郎将薛珝聘于汉，及还，孙权问汉得失，对曰："主暗而不知其过，臣容身以求免罪，入其朝不闻直言，经其野民皆菜色。"这一段话，高度概括蜀汉的统治腐朽，政权腐败，经济困难，民生艰难。投降派马邈说："天子听信黄皓，溺于酒色，吾料祸不远矣。魏兵若到，降之为上，何必虑哉？"谯周说："近来朝廷溺于酒色，信任中贵黄皓，不理国事，只图欢乐；伯约累欲征伐，不恤军士：国将危矣！"这就是蜀国该亡的理由。一个该亡的蜀国，为什么一定要为它卖命呢？劝主投降，免于干戈，使老百姓免于战祸，不也是造福于人民吗？

这好像是一个冠冕堂皇的话，其实是一个谬论。"国将危矣"，就可以"闭门不管"吗？怎么理解"国家兴亡，匹夫有责"。至于说到国家存在的理由，在魏蜀吴三国中，蜀存在的理由最充足。曹操移驾幸许都，其实是"挟天子以令诸侯"，他和董卓一样，都属欺君罔上；他名为汉丞相，实为汉贼。刘备占徐州，与曹操分道扬镳，大战汝南，宣读汉献帝衣带诏，是真正的"奉旨讨贼"。后来曹丕终于窃国，"废帝篡炎刘"。国不可一日无主，于是刘备于成都登基称帝，"汉王正位续大统"，建立蜀汉王国。诸葛亮六出祁山，姜维九伐中原，实际上就是"不忘初心、牢记使命"，还于旧都，匡复汉室。这样的国家，难道该亡而没有存在的理由吗？

曹操"挟天子以令诸侯"，到他儿子曹丕，就明目张胆地"废帝篡炎刘"，取代大汉而建立魏国。这在中国历史的政坛上开了一个不好的先例，造成了一个很坏的影响。曹操死后，司马懿逐渐掌握了军政大权，再后来司马懿就发动"高平陵政变"，篡夺曹魏大权，司马氏父子也来一个"挟天子以令诸侯"，到了司马炎手里，就步曹丕的后尘，以样学样，就"再受禅依样画葫芦"，逼迫魏帝曹奂退位，司马炎篡位做了晋帝。如果说曹魏政权来得五分不正当，那么西晋王朝就来得十分不正当。正因为曹魏政权来得不正当，他是偷窃别人家的神器，而使之成为自己家中的神器。既然你家的神器是偷来的，别人为什么不可以偷你的呢？这就叫作"土匪遇到了强盗"。正因为西晋政权来得不正派，所以西晋统一之后，很快又天下大乱。这一乱就乱了三百多年，到隋朝时才归为一统。

如果说，西蜀北伐失败，国家衰弱就该亡，那么当时曹魏政坛，那样的龌龊，它就有存在的理由吗？这不是"胜者王侯，败者贼寇"的历史观吗？要说，西蜀在维护国家统一方面，还真是光明正大，胸怀坦荡。相比之下，孙权称帝建立吴国，就有分裂国家之嫌了，甚至他还不如曹操。曹操在世时，始终不称帝，名义上还尊奉着汉天子，维持着大汉的天下。可是，229年孙权却称了帝。孙权称帝算什么呢？他不承认曹魏的合法性，但却要西蜀互尊帝位，并要与蜀平分魏的土地，这不是将一国一分为二吗？孙权曾对回访的邓芝说："倘若天下太平了，两个君主分治宇内，岂不快活！"邓芝说："天无二日，国无二主。如并魏之后，大王还不知天命有归，那么，作为君主的各自发扬德性，作为臣子的各自尽忠，摆开战场再战。"孙权大笑说："你的话说得好诚实啊！"西蜀的君臣，真正维护了国家的统一。

因此，结论是：谯周要卖国，就是一个卖国贼，不管是小人还是君子。难道君子卖国就是英雄了吗？如果说谯周卖国，反成了英雄，那么姜维等保家卫国的壮烈的行为，怎么看？难道姜维等是分裂国家的小人？如果谯周卖国，反成了英雄，那么就是对姜维等保家卫国的壮烈牺牲行为的亵渎。

第四节　刘禅投降的智商和谋略

谯周要卖国求荣，国家临危之时，劝主不战而降，成为可耻的卖国贼，永远钉在了历史的耻辱柱上。后主刘禅接受谯周的主张，接受投降而使西蜀亡了国，难道还彪炳史册吗？

刘备永安宫托孤时，对诸葛亮说："若嗣子可辅，则辅之；如其不才，君可自为成都之主"，采用了"欲擒故纵"的撒手锏，引出亮发誓绝不觊觎帝位的口头保证。诸葛亮实践了自己的诺言，"鞠躬尽瘁，死而后已"。但是，2021年第9期《康乐寿》转载《知识窗》的《揣着明白装糊涂的"阿斗"刘禅》这篇文章对刘禅却大加赞赏，说刘禅是非常聪明非常有智慧的，其聪明和智慧"超过人们的期望"。并且还说刘禅"如果没有一定的谋略和智商，怎么可能成为三国时期所有国君中在位时间最长的一位"。

这篇文章说刘备"聪明反被聪明误，正是看似高明的双接班制度才导致了蜀汉后来的悲剧"。在作者看来，正是这个"双接班制度"，才导致了诸葛亮"独揽军政大权"，才导致了蜀汉最后亡国的"悲剧"。居然把西蜀亡国的"悲剧"归罪于诸葛亮的辅政，这真是混淆黑白，颠倒是非，颠倒历史。223年，刘禅继位之时，蜀因荆襄之败和夷陵之败，已元气大伤而一蹶不振。8月，魏调五路大兵，攻打西蜀，边关紧急。诸葛亮安居成都，以谋退去了魏所调的五路大军，确保了西蜀的平安。夏，孟获结连益州耆帅雍闿，反叛西蜀侵扰四郡。边境不安宁，后方不稳定。诸葛亮亲率大军南征南蛮，打败并收复了孟获，稳定了后方。下半年，命邓芝出使至东吴，重建孙刘联盟。正是这一系列的内政外交措施，才稳定了政局而打破了一蹶不振的局面，为西蜀今后的生存和发展奠定了基础。

这篇文章说:"诸葛亮生前将军政大权独揽一身,并在刘禅身边安插了很多亲信,使刘禅成了花瓶。"这就是说,诸葛亮"生前将军政大权独揽一身",使"刘禅成了花瓶",压制了刘禅的"治国才能",造成了蜀汉最后亡国的"悲剧"。刘禅是非常有治国才能的,因为诸葛亮"大权独揽",没有发挥他的作用,所以蜀汉亡了国。那么,这个刘禅到底有多大的才能呢?据说,刘备逝世前,诸葛亮曾感叹刘禅非常聪明,超过人们的期望。亮的这一句赞誉之话,是人情场面上的话,大有言过其实之嫌,不可当真。因为从古籍中,没有看到什么名人夸奖过刘禅怎么聪明的言论记载。从《三国志》的记载中看,自刘禅做皇帝,尤其是亲政之后,也没有看到他有什么大作为,乃是一个平庸之君。一个人聪明,并不愚笨,这是一个常人所必须具备的,但并不等于这个人有安邦定国之谋。有安邦定国之智,也是一种聪明,但属于绝顶聪明。

刘禅到底聪明不聪明?我们仅看一点,就足可证明。263年,钟会、邓艾两路大军伐蜀,前线告急,姜维请求刘禅"降诏遣张翼领兵守护阳安关,廖化领兵守阴平桥",并强调"这两处最为要紧"。这时候,刘禅在干什么呢?此时他正在宫中与宦官黄皓游乐。接到姜维之表,不召集百官商讨,竟问黄皓。黄皓说:"此乃姜维欲立功名,故上此表,陛下宽心,勿生疑虑。"刘禅居然信之,并不派兵遣将,这到底是聪明还是不聪明?黄皓又向刘禅介绍一巫婆,说她"供奉一神,能知吉凶"。刘禅居然信起了巫婆和神灵,不听姜维之言,每日只在宫中饮宴欢乐。

姜维累申告急表文皆被黄皓隐匿,结果贻误了战机:阳安关丢失,钟会大军进入了汉中;阴平桥失守,邓艾成功偷渡了阴平小道而逼近了成都。当邓艾打败诸葛瞻而占据绵竹之时,成都之兵尚有数万,姜维全师皆在剑阁,东吴救兵已在半路,西蜀人心军心皆可一战。这个刘禅,居然不战而降了。《军志》说:"攻不足而守有余。"其意是说:以同样的兵力,"用于进攻则力量不足,用于防守则力量有余"。这部中国最古老的兵书说的话,完全符合西蜀的情况。如果刘禅是明君,调兵遣将,据险守关,莫说魏国两路大军,就是三路大军、四路大军,蜀国也是安然无恙。西蜀亡国,身为皇帝的刘禅有没有责任?到底是聪明还是糊涂?

这篇文章说,诸葛亮在辅政时,"动不动就在刘禅耳边唠叨'亲贤臣,远小人',两人的关系很难处好"。其意是在说,诸葛亮不该唠叨"亲贤臣,远小人"这样的"废话"。不该唠叨吗?这些话是"废话"吗?你看看,这个刘禅是个什么样的人物?在他亲政期间,"亲小人,远贤臣",奸佞小人黄皓赫然登朝,把持朝政,阻塞贤路。黄皓当道,残害贤良,连大将军姜维都避祸沓中自保,这才引来钟会、邓艾两路大军伐蜀。就是说,刘禅亲政,把个西蜀王国搞得乌烟瘴气,把西蜀一步步逼近覆灭边缘。对此,刘禅能没有责任?刘禅这样做,到底是聪明还是糊涂?

这篇文章写道:"有人把蜀国的安稳归结为诸葛亮的鞠躬尽瘁,其实真正的辅政期不过 11 年而已,而刘禅在位有 41 年之久。"刘禅从 223 年登基到 263 年亡国,在位 41 年。亮从 223 年辅政到 234 年逝世,时间只有 11 年。诸葛亮逝世之后,到 263 年亡国,有 30 年之久。253 年春,费祎死了之后,刘禅"乃自摄国事",开始独揽蜀国大权长达十年之久。这段话的意思是说,刘禅当政 10 年,甚至包括蒋琬、费祎秉政的 19 年的安全,都体现了刘禅安邦治国之才能。这种说法,是完全违背事实的。

先看国外原因,所谓国外原因,主要是魏国的原因。从 234 年,诸葛亮逝世后,司马懿本欲出兵灭掉蜀国,魏帝曹叡不许,还将懿明升暗降,收回了司马懿的兵权。237 年,辽东公孙渊反。238 年正月,魏明帝令司马懿讨伐辽东,灭掉了辽东燕国。239 年正月,明帝驾崩,懿与曹爽辅政,立太子曹芳为魏帝。曹爽排挤懿,又一次将懿明升暗降而收回了兵权。司马懿退职而闲居了 10 年。249 年,发动了"高平陵政变",夺回了权力。司马氏父子主政之后,魏亦是多事之秋。254 年,司马师废曹芳,立曹髦。260 年,成济杀死曹髦,司马昭立曹奂。魏从 249 年到 260 年的 11 年间,淮南曾先后三次发生了大规模的军事叛乱。魏国在这样的政治社会环境下,怎么能够西征西蜀呢?

再看国内的原因。从国内来说,蜀与魏对峙的边关地区,一直采用着魏延的"错守诸围之法",在汉中的外围就形成了一道铁壁铜墙般的屏障。这一套防御策略,一直延续到吴懿和王平时期。这一段时间,主要的还是蒋琬、费祎秉政时期。蒋琬、费祎虽然反战,即反对北伐战争,但是对于防守还是十分谨慎的,据关守险。这时候魏国即使来犯,蜀的四境皆崇山峻岭,关隘险阻,犹如铁盒子一般,有阳平关之险、剑阁之阻、江油关之峻,足可抵挡魏军。还在刘禅亲政之前,从 249 年到 262 年的 13 年间,姜维发动了 9 次北伐,也就使魏没有机会西征西蜀。蒋琬、费祎、姜维,皆诸葛亮所培养的政治上和军事上的接班人,这难道不是诸葛亮的功绩吗?

这篇文章指责诸葛亮"大权独揽",使刘禅成了"花瓶"。人们曾指责曹操"大权独揽""挟天子以令诸侯"。如果曹操不这样,就要受制于汉献帝。怎么讨伐袁绍、孙权、刘备、吕布?汉献帝为了平衡关系,还要利用袁绍来牵制曹操,曹操怎么统一北方?有人指责孔明,在刘禅 22 周岁之后不还政于君,还死抓住权力不放,长期把刘禅当作一个傀儡。现在的问题是:诸葛亮能不能还政?刘禅究竟是明君还是昏君?刘禅在位的最后 10 年,不是亲政了吗?可是亲政的结果,却使蜀亡了国,自己成了亡国之君。刘禅作为一国之君,真正是"烂泥巴扶不上壁"。

这篇文章说,"蜀亡之后,他还过了 8 年的幸福生活",并说,"刘禅如果没有一定的谋略和智商,怎么可能成为魏、蜀、吴三家中活得最久的'富二代'"。这里有一个原则问题:投降究竟是光荣的,还是可耻的?在作者看来,投降是光荣的,不是可耻的,他的贪生怕死的智慧和谋略,是值得赞颂的赞赏的。刘禅的"苟且偷生"是令人羡慕的,你看,作为一个国君,在亡国之后,还在敌国"过了8年的幸福生活"呢?

第五节　谯周投降,是耶? 非耶?

谯周劝主投降,在《三国志》中并没有受到什么批判。在陈寿看来,谯周安贫乐道,勤奋好学,很有学问,品德优良,不是一个小人。一个不是小人的卖国贼,怎么解释? 一个不是小人的卖国贼,就只有一个解释,就是蜀国该亡。《三国志》称谯周"投降卖国""有全国之功",还说,"谯周词理渊通,为世硕儒""加其行止,君子有取焉"。就是说,谯周就该"降",是因为西蜀该"亡"。谯周、刘禅的投降,不仅"无罪",而且"有功"。

蜀国该亡,说的就是蜀国没有存在的价值,那么它的整个历史都是应当否定的了。陈瓷在《三国那些人那些事》中说,贾诩的"率众而西,所在收兵,以攻长安"十二个字,东汉的第一毒计。因为这一计谋是乱天下之谋,彻底地乱了大汉王朝的天下。所以,贾诩被说成是第一毒士。贾诩的第一,体现在他是始作俑者。在陈瓷看来,像贾诩这样奸毒到极点的奇谋毒士,在三国演义历史上至少还有两个。一个就是周瑜,一个就是诸葛亮。

周瑜是三国时期东吴的水军大都督,是一个文武双全的年轻的军事将领。他为东吴的建立和发展,献了许多计策。说他所献之计,是一个个的大毒计,是顶级的大毒士。那么,周瑜的毒,究竟毒在什么地方呢? 陈瓷认为,之所以说周瑜是一个大毒士,是因为他导致三国战火延续了七十余年。周瑜的杰作就是赤壁之战,是赤壁之战的战火再烧了七十余年。他的毒,就毒在这个地方。在这里,陈瓷将曹操统一北方之后七十年的历史全否定了,否定了赤壁大战,也否定了吴国。

其理由是:那时候曹操已经统一了北方,其军事实力已经是远远地超过了东吴。曹军南下,实现天下一统,是势在必行。曹军占领江陵之后,准备着顺江而下,并写信威胁江东,说要与孙权会猎于江东。一时间,东吴的文官投降之声甚嚣尘上。是战? 是和? 孙权举棋不定。如果不是周瑜之谋,那么东吴就降了,就免于战火之灾了,曹操的几十万大军就不会葬身于火海,其中积了多少德啊?! 如果这时候东吴亡了,"此时的刘备羽翼未丰,也会很自然地要被曹操所灭。如此,中原大地重归统一。凭着曹操的才能,还有如云的能臣,魏国很可能会成为又一个强大帝国。"

就是因为有一个周瑜,这个顶级"大毒士",献了一个"大毒计",搞了一个赤壁大战,"一手揽着小乔美人,一手摇着羽扇,谈笑间,打败了曹操"。其言下之意,周瑜不该发动赤壁之战,也就是东吴不该抵抗,应当举手投降,让曹操顺顺当当地实现天下一统。在陈瓷看来,曹军南下,攻打东吴,是"善"的行为,就是正义的。也就是说,魏、吴两国对立,魏国有进攻的权力,吴国没有守御和抵抗的权力,只有乖乖投降的权力。这凭的是什么呢?凭操国土面积大,还是实力强?还是凭曹操起事早呢?或许有人会说,曹操是为了实现统一,而孙权是搞分裂。这真是一个荒谬逻辑。为什么曹操就有权统一天下,而孙权就没有权力统一天下?实力大和小,是相对的,暂时的,是相互转化的。

在说到诸葛亮和"三分天下"时,陈瓷说:诸葛亮的《隆中对》是危害中国的"大毒计"。他认为,就是因为有了《隆中对》,经历了一十六年的群雄割据的军阀混战之后,又开始了长达七十年的三国纷争。"在三分天下以后的七十余年里,孙、刘、曹之间大小战役不断,百姓陷入空前的水深火热之中。"因为有了《隆中对》,就有了"孙刘联盟",就有了赤壁大战,就有了"三分天下"的战争,这一切,都是《隆中对》所造的孽,诸葛亮的毒计是在毒天下。这样,不仅否定了"三分天下"的谋略,更否定了蜀国。那么曹操呢?陈瓷说:"当然,曹操、孙权、刘备更'毒',他们是毒王。"按照这一说法,曹操统一北方和他所建立的魏国也否定了。就是说,曹操、孙权、刘备都否定了,整个三国演义的历史都否定掉了。

这种否定三国演义历史的历史虚无主义的观点,是非常错误的。按照马克思的历史唯物主义的观点,一个国家的历史是不能轻易否定的。列宁说:"忘记过去就意味着背叛。"一个国家的历史,是由各个时期的历史构成的。三国的历史是中国历史的一个组成部分,所以一个将近100年的三国演义的历史,是不能否定的。对中国的历史采取虚无主义的态度,这个时期也否定,那个时期也否定,就会造成人们的思想混乱。古人说:"灭人之国,必先去其史。"当年日本帝国主义侵略中国,一个重要步骤,就是大肆全面否定中国历史。台湾的李登辉、陈水扁之流,要搞"台独",一个重要的措施就是篡改历史教科书,否定台湾是中国领土的历史,这难道不值得警惕吗?

值得注意的是,陈瓷把诸葛亮的隆中之谋、周瑜赤壁大战之计,等同于贾诩的"率众而西,所在收兵,以攻长安"十二字之谋。在这十二字之谋的指引下,傕等四人率众攻破了京城,烧杀抢掠,把一个繁华的长安变成了人间地狱,把一个坐在金銮殿上的汉献帝变成了流浪皇帝。从此之后,大汉王朝名存实亡,天下彻底大乱。这一乱,"使中国倒退了三十年呢!董卓死之时,三辅地区百姓尚有十万户,经过李傕、郭汜的放兵劫掠,仅仅两年间,民已'相食略尽'"。所以说,这十二字之谋,是一个乱天下之谋。怎么能把诸葛亮的隆中之谋、周瑜赤壁大战之计,等同于贾诩的十二字之谋呢?

毛泽东说:"人民,只有人民才是创造世界历史的动力。"就是说,历史从来都是人民创造的。马克思早就说过:"人们自己创造自己的历史,但是他们并不是随心所欲地创造,并不是在他们自己选定的条件下创造,而是在直接碰到的、既定的、从过去承继下来的条件下创造。"从192年到208年的群雄割据的军阀混战时期,其实人们也在创造着历史。因此对于这一时期的历史,我们不能否定,应一分为二地看,既要看到军阀混战的天下大乱消极的一面,也要看到曹操统一北方,"移驾幸许都",从形式上维护国家统一的积极的一面。曹操为什么能够统一北方?如果不是曹操顺应历史发展的潮流,顺应人心,得到绝大多数人的支持和拥护,能统一北方吗?

那么,赤壁大战之后的七十年历史,能不能否定呢?也不能否定!曹操在统一北方过程中,创造了统一北方的历史,刘备、诸葛亮和孙权、周瑜,也在他们各自的范围内创造着局部统一的历史。据史料记载,当刘备由樊城经襄阳向江陵撤退时,荆州人都归刘备而去。到达当阳众十余万,辎重数千辆。长坂坡大败而退至夏口之后,被曹操打散的部队很快又集结到刘备的身边,参加了赤壁之战。《资治通鉴》说,210年,"刘表故吏士多归刘备,刘备以周瑜所给地少,不足以容其众,乃自诣京见孙权,求都督荆州"。大战之后,已归顺曹操的很多刘表部下又纷纷投奔刘备。在短短的时间之内,刘备的势力迅速崛起,形成了三足鼎立之势。这就说明,刘备、诸葛亮的"三分天下"之谋和蜀汉王国的建立,实际上就是人民在西南地区创造局部统一的历史。

说到刘备和诸葛亮,毛泽东也对其推动国家统一的历史作用,给予了充分的肯定。毛泽东还对孔明对西蜀的治理非常欣赏。毛泽东说,《三国志》中记载的真实的诸葛亮是个有建树的政治家,治理蜀国很有一套。在天下大乱的时候,曹操起兵参与了群雄割据的战争,刘备也起了兵。曹操占据兖州不久,刘备也占据了徐州。刘备没有曹操那么有军事才能,因此屡战屡败。曹操统一北方,建立了魏国;孙权统一了江南,建立了吴国;刘备统一了西南,建立了蜀国。三个地区的人民,创造局部地区统一的历史,是不能否定的。毛泽东说:"汉末开始大分裂黄巾起义摧毁了汉代的封建统治,后来形成了三国,这是向统一方向发展的。三国的几个政治家、军事家,对统一都有所贡献,而以曹操为最大。司马氏一度完成了统一,主要就是他那时打下的基础。"

所以说,西蜀王国的建立,有根有据,光明正大。刘备、诸葛亮是在一个直接碰到的、既定的、从过去承继下来的条件下创造着蜀汉王国的历史,也是不能否定的。但是在西蜀,长期以来就存在着否定西蜀,否定西蜀王国的思想基础和社会基础。在西蜀的五大派系之中,西蜀土籍的本土派,一直反对诸葛亮北伐,甚至连刘备东征东吴而夺取荆州,也是极力反对的。他们的目光,仅局限于东西两川地区,认为蜀汉仅是一个外来政权。到了诸葛亮、姜维时期,西蜀的本土派从思想上就不承认蜀汉政权,认为刘禅不过是一个"土皇帝",认为接受"蜀汉王国",还不如做大魏的一个"州"。再加上刘禅亲政期间,荒淫无度,更引起一些人的反感,例如,谯周、马邈等,早就盼望甚至巴不得投降。因此说,在否定西蜀王国历史的社会基础上所形成的投降思想,是西蜀亡国的根本原因。

第四十九章　吴亡而三国归晋

蜀国被灭之后,唇亡则齿寒,吴国被灭也就是早晚的事了。司马炎在洛阳登基称帝,建立了晋朝,史称西晋。265年,晋朝建立,到279年才起兵伐吴,相隔十四年。

晋朝建立后,晋武帝为什么不立即伐吴呢?既然有这么多的历史问题,为什么西晋一出兵,吴国又迅速灭亡了呢?这些复杂的历史问题需要分析和探讨。

第一节　西晋为什么不立即伐吴?

西蜀亡国后的西晋王朝为什么不立即起兵伐吴?

晋取代魏之前,实际上最高权力已经控制在司马氏手中了,曹魏王朝是名存实亡。统一天下即灭蜀收吴,对于司马氏来说,并不是第一位的任务,而是第二位的任务。而篡权并改朝换代才是第一位的任务。就是说,司马氏不能因为灭蜀收吴而影响其篡权并改朝换代。如果对他的篡权并改朝换代有所妨碍,他却要阻止了。曹叡时期,因有孔明在,司马懿不能用,但也不能不防。孔明死后,司马懿想乘势攻打并灭掉蜀国,曹叡就不准了,并将其调离西北防线而使其失去了对军队的掌控权;官职上从大将军"升"为太尉,明升暗降。这是为什么呢?就是防止司马懿功高盖主而威胁其皇位。

263年,邓艾偷渡阴平小道成功,一举灭掉了西蜀,为下一步灭掉东吴创造了条件。264年,灭掉了西蜀的邓艾,准备乘势伐吴。时出兵讨伐东吴是最佳时机,因为在征讨西蜀之前,钟会已令各地造好了大船,渡江的条件已经具备,以灭蜀胜利之势,以迅雷不及掩耳之势迅速顺江而下,灭吴可谓是易如反掌。可是司马昭却担心邓艾功高盖主,功勋卓越而难以控制,明知其不反而疑其反,竟令钟会将其收监而除之。就这样,讨伐吴国的最佳时机错过了。

除掉了邓艾和钟会,灭蜀的功勋全归了司马昭,为司马昭进一步篡权提供了资本。

司马昭放心地回到了洛阳,因其收川有功被封为晋王,为其改朝换代创造了条件。灭蜀之后的第三年,即265年8月,司马昭去世,太子司马炎嗣为相国、晋王。之后,司马炎的首要任务不是征讨东吴,而是继续篡位而改朝换代。12月壬戌(十三日),司马炎就迫不及待地逼迫魏主曹奂退位。曹奂被逼,只得把帝位让给了司马炎。炎绍魏统,国号大晋,至此魏亡。司马炎初登皇位,还是很注意国家治理的。他革新政治,振兴经济;厉行节俭,推行法治。他还颁布实行了户调式,促进了人口的增殖,使经济社会出现了繁荣景象,史称"太康之治"。

晋王朝建立之后,虽然有"太康之治",人口增长,经济发展,完全可以计议伐吴之策了,但灭蜀篡位后,需要时间巩固政权。因为,蜀汉平定后,四川一直不稳定,也需要派兵将维持社会秩序,安排官员管理。司马昭死后,司马炎借着其父余威强行篡魏,能够保证政权安稳就已经不易了。晋朝初年,形势动荡不定,边疆地区发生了多次反对西晋王朝的暴乱,例如匈奴、鲜卑的动乱。蜀是三国中最弱的一国,实力不强,讨伐吴国就不那么容易了,吴占据了荆、扬、交三大州,人口和军队都超过了西蜀。蜀灭后,吴还曾起兵从交州、荆州出发,去争夺云中、巴郡等地区并战胜了西晋。可见,西晋与吴相比,并不占绝对优势,大有"两分天下"之势。

曹魏政权中遗留下来的各种势力相互掣肘,情况比较复杂,也需要调整。司马炎在朝中并没有心腹大将,朝中大臣用起来既不放心也不顺手。以贾充为首的元老派并不听司马炎的,并且还竭力反对讨伐吴国。积极支持伐吴的是羊祜、杜预、张华,前两人是封疆大吏,前线总指挥,后一个已经位列中枢为中书令,但出身不好,不是士族出身,受到元老派排挤。元老派贾充等竭力反对伐吴,因为元老派们是既得利益者,一旦灭吴成功,权力和利益就要进行再分配而大封功臣。新的大臣崛起,以贾充为首的贾家党,岂不要彻底靠边站?

他们竭力反对伐吴,是为了防止新的大臣的崛起,以维持新王朝建立时所形成的旧的平衡,保护他们的既得利益。伐吴成功之后,他们就要排挤和打击伐吴功臣,阻止新的大臣的任用,抢夺伐吴成果,夺取更大的利益。后来为了平衡关系,司马炎让贾充充当伐吴总指挥,荀勖、冯纮也给安排了一个名义上的战略顾问。结果灭吴之后,这三人都给了很大的封赏,而真正战功卓著的,因得罪了贾充集团的,都下场可悲。杜预攻克了吴国荆州全境,只封了个县侯。张华被排挤出了朝廷,外放幽州。王濬率军攻占了建业,立了头功,竟被诬告不听将令而私自进军,差点被杀。

贾充为首的元老派的做法,与当年司马昭在邓艾灭掉蜀国后,竭力阻止邓艾顺势伐吴的做法,在本质上是一样的。权力和利益之争,是西蜀亡国后的西晋王朝不能立即起兵伐吴的根本原因。

第二节 吴国为什么会迅速灭亡？

蜀亡之后，吴国中书华覈奏吴主孙休说："吴、蜀乃唇齿也，'唇亡齿寒'：臣料司马昭伐吴在即，乞陛下深加防御。"孙休立即命陆逊之子陆抗为镇东大将军领荆州牧，守江口；左将军孙异守南徐诸处隘口；又沿江一带，屯兵数百营，老将丁奉总督之，以防魏兵。但是，孙休并不是一个有作为的君主。在援蜀抗曹问题上，其反应就很迟缓。魏准备伐蜀时，曾公开扬言伐吴，并沿海造船以备渡江。吴国对形势有没有分析？魏公开扬言伐吴，是不是"声东击西"？吴要不要做准备？吴蜀两国要不要防止被魏各个击破？结果援蜀迟了一步，蜀亡了。吴蜀唇齿相依，唇亡则齿寒，蜀亡，吴还能久吗？

司马炎篡魏，孙休知其必将伐吴，忧虑成疾而卒，群臣立孙皓为帝。孙皓，大帝孙权太子孙和之子也。279年11月，晋朝大兵出发，到280年3月，一举灭掉了吴国。蜀汉亡国之后，西晋内部也是派系对立，矛盾重重；四川地区一直不稳，麻烦重重；边疆地区多次暴乱，动荡不定，危机重重。吴占据荆、扬、交三大州，实力雄厚，应当有能力"南北划江而治"而"两分天下"，但最后还是亡了国。吴国为什么会亡？其原因也值得探讨。

对于吴亡，陈寿分析说，孙权"性多嫌忌，果于杀戮，暨臻末年，弥以滋甚。至于谗说殄行，胤嗣废毙，岂所贻厥孙谋以燕翼子者哉？其后叶陵迟，遂至失国，未彼不由此也"。翻译成现代话就是说：孙权"性格好猜忌，杀人毫不迟疑。到了晚年，就更加厉害。至于他听信谗言，做事暴虐，废弃和杀死子孙后代，这能够说是给贤明的子孙后代留下了治理国家的谋略吗？"

孙权晚年，有三件事，影响巨大，即魏司马懿父子发动了"高平陵政变"，控制了曹魏政权；江东陆朱顾张四大家族的迅速崛起；发生了嫡庶之争的两宫之案。将这三件事联系起来，结果孙权"性多嫌忌"而"果于杀戮"，致使江东的一批文臣武将倒了下去；"胤嗣废毙"，即废掉了太子孙和，赐死了鲁王孙霸，这一事件对后代影响很大。因此，孙皓简直就是晚年孙权的再版。孙皓即皇帝位之后，凶暴日甚，酷溺酒色，宠幸岑昏，朝纲日乱。濮阳兴、张布谏之，孙皓怒，斩二人，灭其三族。272年，孙皓恣意妄为，丞相万彧、将军留平、大司农楼玄三人直言苦谏，皆被杀害。前后十余年，杀忠臣四十余人，这就是孙权对其后代的影响。因此，"他的后代衰落，以致国家覆亡，也未必不是由于这些原因"。

吴在孙皓时期，政治十分腐败，同蜀一样，也已经像冬瓜一样从里面开始烂起来了。就是说，当晋帝司马炎还未出兵征讨，吴国的内部已经开始乱起来了，这给晋帝出兵讨伐提供了极为有利的时机。当晋帝司马炎闻孙皓失政，陆抗又被罢兵，吴国丁奉、陆抗皆死，认为伐吴时机已到，即命镇南大将军杜预为大都督，指挥各路伐吴大军以雷霆万钧之势同时向吴国发动了进攻。因此说，已经腐朽的吴国，在晋军的强大攻势下，其败亡是必然的。

孙权之后，内乱不止，无力顾及北方，也是亡国的一个重要原因。252年，孙权死后，少子孙亮被立为帝。诸葛恪辅政，秉政而专权，被孙峻所杀，孙峻自为大将军。孙峻死后，其弟孙綝继之。258年，孙綝废掉孙亮，立孙休为景帝。景帝又把孙綝杀掉了，但景帝孙休在政治军事上也没有什么作为。西蜀亡国之后，孙休很是忧虑，于264年，忧郁而死后，孙皓继位，却十分淫虐。总之，孙权死后，吴国内乱不止。诸葛恪秉政时，曾一次出兵北上伐魏。但诸葛恪死后，基本上忙着内乱，就没有工夫顾到北方。

人才奇缺，加速了吴国的灭亡。孙权时期，吴有一个庞大的军事政治人才队伍。可是到了孙权之后，人才就越来越少了。到蜀亡国后，吴就唇亡齿寒了。在此生死存亡的十几年的时间里，身为国君的孙皓，却亲小人，远贤臣，宠幸宦官岑昏，滥杀忠臣，毁灭人才，暴虐无比。一个陆抗，守着荆州，抵御着西北两面，后还被孙皓罢其兵权。陆抗死后，就没有什么人才了。279年11月，王濬、杜预从益、荆两州率大军出发，顺流而下，一举灭掉了吴国。

孙、刘两方，最后子孙后代兵败国亡，其原因各不相同，但都可以在"三分天下的三角关系理论"中得到解释和说明。

208年春，孙权夺取了夏口，本应一鼓作气夺取荆州，北上与曹操相抗衡。却止了步，几个月后操夺取了荆州，江东的安全受到了威胁。曹操南征而夺取荆州之后，形成了"一强独霸天下"的局面，孙权就受制于曹操了。从三国演义的历史来看，东吴基本上是靠着西蜀王国对曹操的牵制而得以生存和发展。操南征而到达江陵之后，已形成席卷天下之势。倘若没有刘备、诸葛亮的出现，孙权是不大可能下决心抗击曹操的。孙权不抗击而投降，还有江东政权的存在吗？操占据荆州之后，江东是一片惊恐，文官竭力主张投降，说"降则安，战则亡"。是因为诸葛亮的到来，"舌战群儒"，彻底批判了张昭等的投降论调；又用"激将法"，说服了动摇不定的孙权，建立了"孙刘联盟，共抗曹操"的统一战线，这才于赤壁大败曹军，确保了江东的安全。

然而，甘蔗没有两头甜，总有一头甜来一头苦。中国也有一句俗语，叫作"有得有失"。赤壁大战后，因为与刘备建立了唇齿相依的联盟关系，江东就有了进一步的巩固和发展。也是因为刘备、诸葛亮对操的牵制，使操不敢南下，使江东有了长治久安。可是，荆州却被刘备控制了，成为孙权西进巴、蜀的拦路虎。因此，孙刘之间就因荆州问题，愈闹愈僵。刘备占据荆州，却始终不肯放手；而孙权，却朝思暮想，不择手段地要把荆州夺回来。究竟是要荆州，还是要孙刘联盟？对于刘备来说，确实是一个两难选择；对于孙权来说，实际上就是一个一难选择。就是说，吴若放弃荆州，还有江东六郡；

蜀若放弃了荆州,就没有了立足之地;荆襄大战之后,刘备放弃了荆州,就被挤进西南一隅,也就失去了对魏的强有力的牵制作用。

究竟要采取什么策略,这是要有政治眼光和战略眼光的,要符合一个国家的长期的战略利益。魏、蜀、吴"三分天下",在魏强而吴蜀弱的情况下,"孙刘联盟,共抗曹操"的战略路线,是一条绝不能轻易动摇的战略方针,是一条最基本的国策,应当长期坚持。可是,孙权却轻易地放弃了这一战略方针,与曹操联手,从背后袭取了荆州。荆襄大战,从短期利益来看,东吴得到了梦寐以求的荆州,但从长期利益来看,对蜀吴双方都是无可挽回的巨大损失。按照"三分天下的三角关系原理",弱者只能同弱者联合,才能长期生存和发展,这是规律。如果其中一个弱者与强者联合,就打破了结构上的平衡规律,这是非常危险的。因为其中一个弱者与强者联合,实际上就将自己的生死交给了对方,不仅不能达到目的,反而会使自己落入万劫不复的深渊。

吴自从得了荆州之后,名义上可以抗衡曹魏,实际上仍弱于魏。襄阳自关羽袭击之后,魏吸取了教训而构建了坚固的防御体系,成了东吴难以逾越的鸿沟。因为魏强于吴,东吴从襄阳难以北上,而魏从襄阳却易于南下。又千里江防,防不胜防。吴得荆州之后,防御的负担不是减轻了,而是加重了。魏强于蜀,亦强于吴。吴与魏结盟,而魏不可能是诚心实意的,所谓的结盟,不过是一个利用而已,不过是拉一个打一个。而魏国对于吴蜀两国,其"利用矛盾,各个击破"的战略方针,是永远不会改变的。因此,吴蜀要想长治久安,必须再次结盟,建立唇齿相依的关系。

可是吴因为夺取荆州,放弃了"孙刘联盟",给予西蜀以致命的打击。一是因与曹联手,荆襄一战,西蜀大败而丢失了荆州,使西蜀成了一个偏邦小国,减轻了它在三分天下的三角关系的分量。二是由于吴蜀矛盾的激化,爆发了吴蜀夷陵大战,蜀军全军覆灭而大伤元气,使西蜀失去了进攻中原的军事能力,并使之最终难以抵抗中原。在三分天下的关系中,本来就弱于魏的西蜀,更成了最弱小的国家。吴蜀再次结盟之后,已经开始衰退。孔明死后,西蜀逐渐地失去了牵制北方的力量。可是,吴蜀再次结盟之后,吴国基本上采取的是消极的抗魏策略,实际上并没有起到牵制魏国的应有作用。到263年,在钟会、邓艾两路大军的进攻下西蜀灭亡了。唇亡齿寒,蜀国一亡,吴国的危亡,就不可逆转了,这是最为根本的原因。吴亡,标志着三国演义历史的彻底结束。

第三节　三国归晋原因之分析

在三国纷争中,为什么吴亡蜀灭? 最主要的原因就是吴蜀两国,在天下争夺战的战略棋盘中就先输了棋而处于被动地位,故而先亡。还有一个非常重要的原因,就是吴蜀两国人才都奇缺。

蜀汉王国,刘备时期人才队伍强大。刘备从中原到荆州,又从荆州到西川,重视人才,重用人才。诸葛亮虽然有经天纬地之才,武能安邦,文能治国,但在发现人才、培养人才、使用人才方面却远不及刘备。由于自然死亡、战争阵亡、处罚而不用,所以人才队伍在逐渐缩小而没有得到补充。到了蒋琬、费祎之后,就人才奇缺了。一个蜀汉王国,居然没有一个核心人物。不仅后宫无人,就是在前线,蜀中已无大将可用了。诸葛亮北伐后期,前线用来用去,好像也就是魏延了。费祎之后,整个一个蜀国,就是一个姜维在前线而顾此失彼。

江东吴国,孙权时期也是人才济济,贤能为之所用。孙策去世后,留下了一批人才,孙权还嫌不够,还迫不及待地招聘人才。孙权的一个最大特点,也是一大优点,就是在危难时刻能够发现人才,大胆使用人才。因此,重要的人才链条能够连接而不断。例如大都督一职,周瑜之后有鲁肃、鲁肃之后有吕蒙、吕蒙之后有陆逊、陆逊之后有陆抗。孙皓时期,杀戮人才,毁灭人才,人才就奇缺了。"得人者昌,失人者亡",自古皆然。吴蜀两国,国力弱小,虽攻之不足,但守则有余。有周瑜、鲁肃、吕蒙、陆逊在,吴之三江才能真正显示其固;有诸葛亮在,蜀之江山才能真正显示其险。吴蜀两国失却了人才,其亡也就是必然的了。

诸葛亮的"三分天下三角关系理论",可以解释吴亡蜀灭之原因,但是解释不了三国为什么会归晋? 按照"三分天下三角关系理论"解释,吴亡蜀灭应该归之于魏国,即两国归魏,为什么又三国归了晋呢? 原来在三国纷争中,还有一个特例。就是在魏国,司马氏通过"和平演变"的方式将曹魏政权演变为司马氏政权,再通过"改朝换代"的方式将魏国变成了晋朝。为什么魏国变成了晋朝呢? 曹操可谓是文武全才,一代伟人。但在魏国文治武功方面,有一个与之并列的人物,那就是司马懿。懿同曹操一样,也是非等闲之辈。毛泽东高度地评价了曹操,也高度地评价了司马懿,并说懿"有几手比曹操还高明"。懿有如此之厉害,曹操也看出来了,说懿"鹰视狼顾",并有所戒备。

曹操在世时,甚至曹丕、曹叡在世时,司马懿一直兢兢业业,而且还屡立大功,有什么理由将其免掉呢? 到曹叡的时候,就开始感觉到懿的威胁了。有什么办法呢? 只有一个办法,就是弃之不用。操在世时,不用司马懿可以;曹操不在世,不用司马懿就误事。曹操时,控制着使用;曹丕时,又戒备又使用;曹叡时,弃之而不用。因为不用,就误大事了,诸葛亮入寇边关,形势紧急,无人可退,只得再次起而用之。这一用,懿就挤进了高层,占据了重要地位。

但是,不管怎么说,曹丕、曹叡还是基本上控制着局势,把曹魏政权正常地延续了下来。但是曹叡之后,形势就开始变了,关键就是曹叡没有一个得力的接班人。在这个节骨眼上,偏偏曹叡的接班人却是一个八岁的小毛孩。八岁的小毛孩能懂得什么国家大事，是听人摆布的。曹叡临终时，安排了两个辅政大臣，一个是曹爽，一个是司马懿。到了这个时候，要确保曹氏江山不改变颜色，那就只有看曹爽了。曹爽是一个什么样的人物？无能又无用，还死贪，又没有警惕性，还死狂，这就是曹爽的特点。曹爽哪里是懿的对手，只两三个回合，就被干倒了，这就是高平陵政变。要改变一个国家的政权性质，必须在最高层占据主导地位而控制大局，懿在曹丕曹叡时代，"和平演变"不了，甚至在曹爽辅政时期，也"和平演变"不了，因为那时舆论对司马懿不利。直到通过政变把曹爽干倒，控制了大局，才能"和平演变"。

所谓控制大局，就是国家的大局以谁的意志为转移，就是国家的最高权力掌握在谁的手里的问题。司马氏父子通过高平陵政变，就可以自上而下地进行"和平演变"，将曹氏江山变成司马氏江山了。曹魏政权的后期与东汉末年很相似，但是两者是本质区别的。东汉末年的曹魏政权是曹操一手打出来的，并不是通过什么手段从高层篡夺过来的。汉献帝早已是失了势而被人劫过来劫过去的，是操把他接到了许昌当作一块招牌用了起来。曹魏政权后期，是司马懿通过阴谋政变篡夺了曹魏的最高权力，然后通过"和平演变"，将曹氏政权变成了司马氏政权。

吴蜀两国，是在司马氏时期亡国而并入晋朝版图的。具体地说，蜀国是在政归司马昭时期亡国而并入魏国版图的；吴国是在晋武帝时期亡国而并入晋朝版图的。操消灭了北方各个割据势力，统一了黄河流域，为国家的统一奠定了基础；司马懿捍卫了曹魏政权，懿的后代灭蜀收吴，完成了国家统一，这就是三国演义的基本历史。

实际上在三国的历史上，存在着魏、蜀、吴、燕四个国家，为什么不称之为四国而称之为三国呢？因为魏、蜀、吴在天下争夺战中，从中原到荆州、到汉川，打了八九十年，政治军事经济内政外交，完全绞合在一起，而燕国全然处在这个斗争的旋涡之外；燕国处在辽东偏远地区，吴蜀两国与之相隔而使不上力，魏虽与之邻近，无暇顾及。所以说，燕只是三国纷争之外小打小闹的一个小国家。因国小影响小，不为华夏所知晓，故而被史学家略之而不计。

第五十章　天下争夺战主战场的变化

战争是解决一切政治矛盾的最高手段,每一场战争,都有其打击的主要对象,解决的主要矛盾,有其主攻的方向,更有其主战场。

三者之间是相互联系,又是相互区别的。主要矛盾决定着主要的打击对象,决定着主攻方向,决定着主战场,这就是战场变换的理论。

第一节　三大矛盾焦点战场

从军阀混战到三国纷争的天下争夺战,曾经先后形成了三大矛盾焦点战场,这就是东部的中原、中部的荆襄、西部的汉川三大战场。

东部的中原战场,是三国时期天下争夺战的第一个矛盾焦点区。从191年反卓联军解体到207年曹操北征乌桓而还,长达十六年,延续的时间最长。这个时期,各路诸侯都把目光聚焦到了中原。袁绍算是最早看上中原的,他曾对操说:"吾南据河,北阻燕、代,兼戎狄之众,南向以争天下,庶可以济乎?"袁绍、韩馥、公孙瓒、袁术、曹操、刘备、吕布、张绣等都挤进了中原,"逐鹿中原",争夺天下。起初,南方的孙坚,想通过夺取荆州挤进中原,结果战死沙场。其子孙策后来也想通过袭击许昌挤到中原来,未发而被小人所杀。同时,远离中原的韩遂、马腾也常来中原,大概也看中了中原的战略地位。

毛泽东说,"一个大的事物,在其发展过程中,包含着许多的矛盾",这些矛盾都是非常复杂的,"不但各有其特殊性,不能一律看待,而且每一矛盾的两方面,又各有其特点,也不能一律看待"。

各路诸侯聚集在中原,中原地区成了一个矛盾复杂的地区,操就是在这一个矛盾的集合体中争夺天下而面临着诸多矛盾的。曹操要统一天下,首先得统一北方。统一北方,面临着诸多复杂的矛盾。他采取了"远交近攻"的策略,三下五去二,除掉了西凉和江东,就剩下了东南和北方两大矛盾。如此,曹操就把各种的矛盾梳理清楚了。不仅把各种大大小小的矛盾进行了梳理,而且还找出了矛盾的各个特点,特别是南北两大矛盾的特点。根据这两大矛盾各不相同的特点,曹操采取"制造矛盾、利用矛盾、各个击破"的策略,降张绣、灭袁术、擒吕布、败刘备,扫清了东南面;后通过官渡决战,打败了袁绍,又通过几年时间,彻底消灭了袁氏兄弟,统一了北方。

中部的荆襄战场,是三国时期天下争夺战的又一个矛盾焦点战场。因为荆州的战略地位极为重要,所以争夺天下的三巨头曹操、孙权、刘备都把目光聚集到了荆州地区。这个矛盾聚焦点,有两个时间段。第一个时间段,主要是从 208 年曹操南征到 209 年刘备、诸葛亮夺取荆州;第二个时间段是 219 年的荆襄之战。

先说第一个时间段,即第一次荆州争夺战。统一了北方,随后南征而统一天下,这是曹操的战略目标。实现这一目标,操面临三大敌人,就是刘表、孙权、刘备。刘表占据荆襄九郡,带甲几十万,貌似强大,其实最无能。曹操所忧虑者,"乃孙权、刘备耳,其余皆不足介意"。孙权占据江东六郡八十一州,虎视中原,欲夺取荆州而实现"两分天下"的战略目标。荆州乃天下争夺战的战略制高点,如果孙权占据了荆州,那么中国形势的性质就发生变化而形成了"两分天下"的格局。所以,曹操急于南征,其目的就是要与孙权抢时间,抢战机。但是,操忽略了一点。就是自从孙权坐镇江东之后,在袁曹官渡决战的最为紧张的关键时期,居然不敢北上而按兵不动,坐看操打败袁绍;在彻底消灭袁氏兄弟的七年时间内,孙权三次大战于长江之中,却一直没有夺取荆州,足见其国力、智力、魄力不足。

刘备貌似弱小,其实是最强大最危险的敌人。因为刘备请了一个高人诸葛亮,此一时非彼一时也。实际上,曹操和刘备是天下争夺战的两大主角,孙权不过是一个配角而已。毛泽东说:"在复杂的事物发展过程中,有许多的矛盾存在,其中必有一种是主要的矛盾,由于它的存在和发展,规定或影响着其他矛盾的存在和发展。"在扫除东南之时,曹操一直在观察和思考,谁是争夺天下的主要竞争对手,起初以为是袁术、袁绍,后来都一一排除了。自从刘备斩车胄而占据徐州之后,操就意识到刘备是其争夺天下的最主要的敌人。

刘备是争夺天下的主要敌人,就是主要矛盾。之后,备逃到哪里,操就追到哪里,打到哪里。因为刘备,操与袁绍决战提前了;因为刘备,操南征荆州提前了。刘备占据荆州,与刘表占据荆州,性质就不同了。操与刘备的矛盾,是主要矛盾,"由于它的存在和发展,规定或影响着其他矛盾的存在和发展。"曹操南征,占据了荆州,吓得江东投降之声甚嚣尘上,连孙权都拿不定主张了,也有投降的思想了。就是这个刘备,派遣孔明说服孙权,决心抗曹,才使得曹操于赤壁大败而归。随后备夺取了荆州,使得操不得不接受"三分天下"的现实。

西部的汉川战场,是三国时期天下争夺战的第三个矛盾焦点战场。这一矛盾焦点区起始于211年刘备西进西川到219年刘备从曹操手中夺取汉中为止。赤壁大战后,曹操占据了北方,孙权占据了江东,刘备占据了荆州。三巨头基本上把中国的东部地区乃至中部地区瓜分得差不多了。三分天下,三角关系,相互联系相互制约,谁也奈何不了谁。曹操虽强,但孙刘却建立了唇齿相依的联盟关系,一东一西地牵制着他。

东部和中部地区是发展不了了,因此三巨头都把目光转向了西部的西川、东川和西凉州。孙权最早盯上西部的巴、蜀地区,梦想来一个"两分天下"。但是孙权决心大行动缓,在操南征前的七八年时间里没有夺取荆州,208年反让操抢先夺了荆州。赤壁大战后,209年,荆州又被刘备夺了去。210年,孙权还想越过荆州刘备去夺两川地区,显然是水中捞月不可能的事。西占巴、蜀,刘备最有条件。备占据荆州,既挡住了孙权,也拦住了操。211年,备西进西川,急坏了操。操怕西部争夺战的主动权落到了备的手中,所以他准备南下东吴,先灭孙权再来灭刘备。自然孙权求救于刘备,孔明利用马超攻打长安,就把曹操调到了西部地区,迫使操第一次西进。

211年,刘备进军西川,操进军西凉州,两大巨头的西部争夺战开始了。潼关一战,曹操打败了马超,招降了韩遂,收复了西凉州,然后班师回了朝。刘备214年夺取了西川,215年曹操第二次西进并夺取了汉中,即东川。两大巨头一场面对面的争夺战就要开始了,可是曹操却按兵不动,后曹操又被孔明利用孙权北上调回了东部。218年,刘备亲率大军北上攻打汉中。219年,操被迫第三次西进。结果刘备打败了曹操,夺取了汉中,彻底实现了"三分天下"的目标。夺取汉中,是刘备从无到有,从小到大,从弱到强,从战略防御态势到战略进攻态势的历史转折点。

曹操不甘心汉中争夺战的失败,便将战场从西部向中部转移。这样,中部的荆襄地区第二次成为矛盾焦点战场。操把目光聚焦到了荆襄地区,孙权把目光聚焦到了荆襄地区。自然,刘备、诸葛亮也注意到了荆州,他们先发制人,219年7月令关羽北上攻襄阳围樊城。但是,这时诸葛亮还在一心经营两川地区,对荆襄地区关注还不够,结果棋差一局,被曹操孙权两面夹攻,关羽腹背受敌而兵败身亡,战略要地荆州就此丢失。从此,由进攻的态势而转向防御的态势,西蜀由胜利而逐步地转向了失败。

第二节　北方战场和南方战场

我们所说的三大矛盾焦点战场,其位置都是在长江以北,属于北方战场。相对于北方战场来说,江南就是南方战场;北方战场,大致在长江以北,南方战场,大致在长江以南。三国时期,北方战场,基本上是曹操开辟的战场。北方战场以中原战场为中心战场,是争夺天下的大战场主战场。南方战场,则为孙权和刘备两个集团所开辟。相对于北方战场来说,是一个比较次要的战场。

在中国的历史上,北方总是统一南方,而南方则难以统一北方。前221年,秦始皇首先统一北方,然后再统一南方的。刘邦是在中原地区打败项羽,然后再统一中国而于前206年建立西汉的。刘秀起事于春陵(今湖北省枣阳市),这才开启了东汉基业,于25年建立了东汉。西晋八王之乱之后,317年到南方建立了东晋王朝,后来经历了南北朝,还是北方的北周统一北方,于581年建立隋朝,最后灭掉了南方的陈国而统一天下的。618年,唐朝建立之后,经历了五代十国,后还是北方的后周开始统一中国。周世宗病死后,赵匡胤于960年建立北宋而完成统一的。朱元璋是第一个从南方打到北方,统一天下而建立大明王朝的。后来朱棣从南京迁都到了北京,不过,再后来明朝又被最北方的清所灭。清朝从北方一直打到南方,然后建立了大清帝国。共产党也是在北方发展壮大,也是先统一北方,尔后再统一南方的。历史上有句名言,说:"得中原者,得天下;失中原者,失天下。"可见,中原战场是大战场,是夺取天下的主战场。

为什么北方总是统一南方,而南方则难以统一北方呢?

首先,是地理环境,即地势地形所决定的。易中天在《大话方言》中说:"北方总是趋向于统一。统一中国的,也总是北方人,或者从北方开始,南方则总是各自为政,自行其是。北方也容易统一,沃野千里,一马平川,站在高处喊一嗓子,大伙儿就全听见了。便是逐鹿中原也痛快。"而南方要统一,则不那么容易,"坑坑洼洼,曲里拐弯,到处是崇山峻岭,到处是江河湖泊,重重叠叠,云遮雾障",相互阻隔,不易往来,所以"南方则总是各自为政,自行其是",难以统一。

其次,是北方人口众多,兵员充足的因素决定的。据《三国志》记载,蜀亡之时,只有28万户,人口只有94万。吴国53万户,人口230万。魏国,据《通典》记载,有66万户,人口443万。在冷兵器时代,人口多少,是决定国家强弱的一个极其重要的因素。人口多,劳动力就多,国家税收就多,容易支撑大规模的战争;反之,人口少,劳动力少,税收少,就难以支撑战争。打仗要消耗有生力量,人口少,兵源不足,这仗还怎么打?孔明和姜维北伐,实在是掏空了国力,加速了西蜀的灭亡。姜维北伐中原,就曾遭到朝野的反对。廖化说:"连年征伐,军民不宁;兼魏有邓艾,足智多谋,非等闲之辈:将军欲行难为之事,此化所以未敢专也。"

司马昭大举伐蜀,从根本上说,就赢在兵力充足上。此次伐蜀,司马昭令钟会、邓艾两路大军同时并进。钟会引关中精兵二十多万至边关,令许仪领五千军马、一千步军为先锋。大军分三路径取汉中,许仪领中路出斜谷;左军出骆谷;右军出子午谷。时邓艾有兵十余万,闻令即遣雍州刺史诸葛绪,引兵一万五千,先断姜维归路;次遣天水太守王颀,引兵一万五千,从右攻沓中;陇西太守牵弘,引一万五千人,从右攻沓中;遣金城太守杨欣，引一万五千人，于甘松截姜维之后。艾自引兵三万，往来接应。再看西蜀，兵马就严重不足。姜维的主力部队在沓中，被艾大军绊住，汉中各处防御力量薄弱，就被钟会夺取了。姜维摆脱了艾军，退守剑阁抵住了钟会。阴平小道却因失守，被邓艾钻了空子，致使成都危险而投降了。

最后，是政治经济因素所决定的。在古代，北方的经济政治文化都先进于南方，尤其是经济。人口众多，生产力发达。诸葛亮曾经分析说，孙权之所以能割据江东，刘备所以能占有益州，主要是中原战乱不止，经济破坏，人口流失。因此他认为，一旦北方停止战乱，人口增加，经济恢复，南方就无法抗衡北方。从地势地形上来说，北方地区，特别是中原地区，地势平坦而辽阔，很容易通过战争而统一形成强大的军事力量。这股强大的军事力量，一旦南下，就势如排山倒海而不可阻挡。因此说，得中原者得天下，失中原者失天下。

看看三国演义的历史，袁绍、袁术、曹操、刘备，都削尖脑袋往中原挤。袁绍是有意识插进中原的。191年7月，"袁绍胁韩馥，取冀州"。199年，袁绍吞并公孙瓒，兼并了四州的地盘，成为北方最大的军阀。操是想着法子，要挤进中原的。192年，抢占了兖州。操的谋士荀彧立即看出了兖州是夺取天下的好地方，多次告诉曹操要牢牢抓住兖州，"深根固本以制天下"。刘备也在中原与豪强们周旋，几次被人家打得东躲西藏的，但还是赖着不走，其根本原因也就是看中了中原。

190年，孙坚得玉玺之后，暂时回到了江东，别图大事。192年，还是去攻打荆州，欲挤进中原而纵横天下。200年，曹操与袁绍于官渡艰难对峙时，孙策欲从背后谋袭许都，还没有出发，就被刺客杀死了。其计划虽没有实现，但他的战略谋划是正确的。因为只有谋袭许都，才能北上而逐鹿中原，进而夺取天下。孙权坐领江东之后，一直觊觎着荆州，做梦都想夺取荆州。就是因为看中了荆州的战略地位，进可以北上中原而争夺天下，退则可以划江而治。但是，孙权怎么也没有想到，207年，诸葛亮也在打荆州的主意；孙权更没有想到的是，亮居然帮助刘备夺取了荆州，成为东吴西进的拦路虎，孙权气得咬牙切齿。亮为什么如此看中荆州？因为荆州可以北上中原而成大事。关羽丢失荆州，刘备为什么要率倾国之军讨伐孙权而欲夺回荆州？因为荆州是问鼎中原的重要的战略要地。

曹操打败了袁绍，统一了黄河流域，算是真正占据了中原，得天时占地利而足以夺取天下。208年秋，操南征荆州，统一江南，势如破竹，乃大势所趋。赤壁一战，大败而归，实乃曹操战略战术之误也。209年，由于曹仁在江陵一年的保卫战中，以绝对的劣势战胜了具有绝对优势的周瑜，成功地挡住了孙刘联军北进的步伐，使曹魏恢复了元气，并在三国鼎立的格局中具有了进攻的态势。219年，曹操与东吴南北夹击而大败并歼灭了关羽，再次夺取并稳定了襄樊地区，在战略上解除了蜀汉对中原的遏制，为最后统一天下奠定了基础。

"失中原者,失天下",孙权、刘备虽然三分天下各有其一,但由于失却了逐鹿中原的机会,最终还是失去了天下。"得中原者,得天下",曹魏始终占据着中原,并始终占有着夺取天下进攻的态势。249年正月,高平陵政变之后,政归司马氏。263年,司马昭时期,灭掉了蜀国;280年,晋武帝时期灭掉了吴国而统一了天下。

第三节　东部战场和西部战场

就三国的战场形势来说,在长江的一条线上,存在着东部、中部和西部三大战场。但在三国时期,由于孙权占据着东部和中部两个战场,因此为了叙述的方便,我们就把这两个战场都看作东部战场。故此,我们又称之为东西两个战场。

曹魏由于地大物博,人口多,实力雄厚,尤其是从东边的东海边延伸到西边的陇西地区,对东边的吴国和西边的西蜀呈包围态势,东边遏制了东吴,西边遏制了西蜀。但是,这种军事边界形势,也对魏国不利。因为在"三分天下"的格局中,虽然吴蜀两国各自弱于魏,但吴蜀却建立了唇齿相依的盟友关系。西蜀在西边主动进攻,东吴在东边积极配合,就能使魏国两面受敌,使其首尾难顾。但是,实际上的情况又是完全不一样的。孟子说:"天时不如地利,地利不如人和。"从双方军事边界形势来看,双方各有利弊。因此,双方谁胜谁负,还要看天时、地利、人和。综合双方的天时、地利、人和的因素来看,吴蜀一方均不如魏国。

首先看天时,综合天时的诸多因素看,天时的优势在魏,而不在吴蜀。

先看西蜀,经过荆襄和夷陵两大战役之后,西蜀已经元气大伤,在三国中沦为最弱的一国,已经日薄西山而开始走下坡路了。好在还有一个诸葛亮,精神抖擞而力图进取,但又不善于培养和利用人才,所以又深感独木难支。就是说,自刘备死后,尤其是诸葛亮死后,西蜀总体上处于一种下降的趋势。次看东吴,孙权在世时,总体上还保持着一种奋发向上的精神状态。由于受到能力和魄力的限制,无力北上,进取精神不足。吴虽有一个陆逊,颇有军事才能,但是,后来的孙权,疑心又重,大权总揽,很难发挥作用。孙权死后,内乱不止,很难顾及北方,自然也处于一种下降的趋势。

看看魏国,气氛就不同了。曹操在世时,威震华夏。曹操去世后,其子孙后代,是一个不如一个而处于一种下降的趋势。但是,在曹氏政权内部却崛起了一派新的势力,就是司马氏集团。尤其是司马懿,颇有韬略,能治国能打仗,是一个类似于曹操的人物。从发展的趋势看,司马氏集团将逐步地取代曹氏集团而掌控着国家的大局。从历史上看,崛起的新生力量,都具有一种锐意进取的精神。曹氏集团趋于一种下降的趋势,而司马氏集团则处于一种上升的趋势。逐步地取代曹氏集团的司马氏集团处于一种上升的趋势,说明北方处于一种上升的状态,而南方的吴蜀,则处于一种下降的状态。

其次看地利,综合地利的诸多因素看,优势在魏,亦不在吴蜀。西蜀原来有一个非常好的问鼎中原的战略要地荆州,因荆襄一战而丢失了。蜀要北伐,就只有北上而到秦川,然后东进中原。然从成都到秦川,道路遥远,山路崎岖艰难,粮草运送不易,既不利于大规模的征讨战争,也难以持久战。吴要北伐中原,就更是艰难。若是从荆州北上,襄阳是一道难以逾越的"鸿沟"。因为魏已经在襄阳构筑了一道坚固的工事,以防吴国北上。如果吴国强行北上,那就势必动用大部分的国力,后方就必然空虚。如果北方渡江南下,从夏口到建业的千里江防,将防不胜防。

看看魏国,地利的形势就不同了。诸葛亮出兵祁山,而魏凭借的地形地势就可与之周旋。与诸葛亮对阵的亦是一个高手司马懿,他看清楚了,蜀国粮草运送艰难而不继,宜于速战而不宜持久战。懿采取据关守险而使之不能前进一步,坚壁不战而使之力量消耗殆尽。司马懿就是这样利用西部地区的地势地形,将诸葛亮拖死耗死。在东部战场,千里长江防线,随时可以南下,东吴是防不胜防。吴国要北上,就更艰难了。刘备占据荆州时,非常好地牵制了曹操。如果曹操南下南京,刘备就从荆州北上;如果曹操南下荆州,孙权就会从南京、芜湖北上。孙刘联盟的这种唇齿相依的关系,把曹操治得无可奈何。现在不行了,孙权想要从南京北上,曹操就会从宛城南阳南下荆州;如果孙权从荆州北上,曹操就会南下芜湖、南京。这种格局,东吴就被曹魏治得动弹不得。

再看人和,综合人和的诸多因素看,优势在魏,亦不在吴蜀。吴蜀两国虽然建立了唇齿相依的联盟关系,但是双方貌合神离,同床异梦。223 年,虽然重建了唇齿相依的联盟关系,但是因为经过了荆襄和夷陵两大战役之后,双方的隔阂还是非常深的。不然的话,吴蜀双方为什么派军相互防着对方?诸葛亮北伐中原的同时,也十分希望孙权、陆逊北上开辟东部战场,牵制魏国力量,减轻亮在西部战场的压力。当蜀在西部战场向魏发起进攻之时,如果吴积极配合,从东部向魏发起进攻,就会使魏两面受敌。魏国就要一拳打蜀,一拳打吴,两面出击。

可是吴并不积极配合诸葛亮,只是虚起兵以应付之,其本质还是静观其变。对此,司马懿看得一清二楚,他对曹叡说:"陛下,只宜防蜀,不必防吴。"于是,魏就将东部战场的重兵调往西部战场,全力对付诸葛亮。就是说,在北伐中原的战场上,孔明是孤军作战。因为以上诸种因素,诸葛亮六次北伐,均无功而返。孔明死后,姜维北伐之时,吴忙于内乱,无力北上而开辟东部战场。在北伐的战场上,姜维亦是孤军作战。结果,姜维九次北伐,也无功而返。

看看魏国,在司马氏逐步取代曹氏的过程中,虽然政治斗争激烈,但在收吴灭蜀的问题上,基本上是一致的,上下一条心,其胜利也就是必然的了。蜀魏这一场北伐和反北伐的战争,是一场争取和实现国家统一的战争,谁胜谁就能统一国家。在这一场北伐战争中,从诸葛亮到姜维,都失败了。结果,吴蜀两国被司马氏集团各个击破而先后亡国了。

无论是三大焦点战场,北方战场与南方战场,还是东部战场与西部战场,魏、蜀、吴三方的战争,在本质都是统一的战争。究竟是蜀灭掉魏,还是魏灭掉蜀,举什么旗帜,打什么招牌,都是至关重要的。因为旗帜是凝聚人心,是指引方向和目标的。所以说,有了旗帜,就有了号召力。但是,在各个历史的阶段,其统一战争的特点是各不相同的,所举的旗帜,所打的招牌也不相同。

东汉末年的三分天下阶段,无论是曹操还是刘备,都打汉献帝的招牌,打的是"匡复汉室"的旗号。操"挟天子以令诸侯""奉旨讨贼",统一了北方。刘备、诸葛亮以"帝室之胄"自居,高举着"匡复汉室"大旗,谋划了一个"三分天下"的格局,占荆州、取西川、夺汉中。孙刘联军于赤壁在军事上打败曹操,是因为在"匡复汉室"的政治战中打败了曹操。但是,从220年到229年,曹丕、刘备、孙权分别做了皇帝之后,就改朝换代了,大汉王朝已经被历史淘汰了。所以,这时诸葛亮、姜维再打"汉献帝"的招牌就不灵了。

249年"高平陵政变"之后,曹魏政权已经开始了从曹魏政权向司马氏政权过渡。就是说,不仅三国鼎立的时代淘汰了东汉王朝,而且西晋王朝也将淘汰曹魏王朝,这时姜维还打"匡复汉室"的招牌,就更不灵了,何况西蜀力量又非常的弱小,怎么能够去统一天下? 进入三国鼎立时期的曹魏政权,讨伐西蜀,打的是什么旗号呢? 曹丕已经称帝建立魏国了,汉王朝已经被他抛弃了,汉献帝的招牌不能用了。因此,曹魏的旗号,就是实现"国家统一";司马昭征讨西蜀,也只能打"国家统一"的旗号。

中国自古以来,就讲究大一统,"统一"是打开中华文明唯一的钥匙。无论是后世的哪一个封建君主,争取统一或者维护统一都是他无法抵挡的诱惑,也是他无法摆脱的宿命。皇帝是国家的最高统治者,代表着国家。天无二日,国无二主,立一帝就要废一帝。这种一国不容二主的观念在中国深入人心,真正成为中国人的民族基因。曹丕、刘备、孙权分别称帝,中国历史才开始进入三国鼎立的时期,但是毕竟还没有实现国家统一,统一的战争还必须继续打。三国鼎立,仍然是三分天下。但是,三分天下是朝着天下一统的方向发展的。

在三国演义的最后的天下统一战的过程中,大家都不能打"匡复汉室"的招牌了,都只有一个旗号可打,那就是"国家统一"。难道还由吴蜀两个力量弱小的国家来统一天下吗? 蜀国,蜀帝刘禅亲政,政治腐败、统治腐朽、管理混乱;吴国,吴帝孙皓,滥杀大臣,长期以来内乱不止。如果由吴蜀两个小国来统一中国,这不是说滑稽话吗? 统一天下,当属魏国,当属西晋。那时曹魏已被司马氏集团所控制,而司马氏集团在当时属于上升时期的新生力量;西晋王朝建立之后,新王朝也有一定的新气象,就曾有一个

"太康之治"而一度出现繁荣的景象。这样,统一天下的任务就落到了西晋王朝的肩上,而只能由晋帝司马炎来完成。因此,279年11月晋帝决定伐吴,到280年,吴国就土崩瓦解而亡。所以,司马昭灭蜀之后,西晋大军南下,犹如摧枯拉朽,势不可挡,很快就灭掉了吴国,彻底统一了天下。

在天下统一的战争中,曹操、刘备、孙权、诸葛亮、司马懿都是历史上重要的政治家、军事家,他们根据自己的地位特点,都为国家的统一做出了贡献。滚滚长江东逝水,一去而不回。"天若有情天亦老,人间正道是沧桑。"朝代的更换,社会的变化发展,是受其客观规律支配的,是不可逆转的。天地玄黄,沧海桑田。将近一百年的三国演义的历史,就像一个万花筒,色彩斑斓,千变万化,它隐藏着无数的谜面和谜底。

《三国演义》侧重以故事情节为链条叙说历史,它体现的是精彩纷呈;《三国志》侧重于以中心人物为链条而连接历史,它体现的是惊心动魄;《三国谋略论》则侧重于以谋略为链条就如同一朵朵灿烂的鲜花点缀着历史,它体现的是人类的智慧。三国时期的谋略却留给了后人无穷无尽的思考,是后人取之不尽用之不竭的智慧宝藏。吴亡蜀灭,三国归晋,三国演义就此结束,《三国谋略论》就此终结。

七言长诗 三国演义（新韵）

2023 年 12 月 24 日至 2024 年 6 月 6 日

第一章 天下大乱，军阀混战

东汉末年风云变，黄巾起义掀巨浪。朝廷腐朽难镇定，灵帝放权靠地方。
天子威权始衰弱，州府势力日膨胀。殿堂架子虽未倒，里面烂腐尽内囊。
地动山摇大厦倾，风吹雨打残灯晃。艰险形势难驾驭，何进无能招外将。
官宦外戚乌鸡眼，自杀自灭雪上霜。宫中遭乱受剑锋，少帝被劫山北邙^①。
董逆得檄进禁城，奸淫宫女睡龙床。擅行废立窃神器，趁火打劫乱朝纲。
灭国杀君害百姓，欺天罔地莫天良。诸侯集聚建联军，盟誓反卓共勤王。
大战中原烽烟起，东西夹击战果煌。山东诛逆成大势，劫帝董贼弃洛阳。
胁迫迁都天下震，歼贼一战卓必亡。设筵酸枣怀异志，不为他人嫁衣裳。
虎斗龙争危机起，各存异梦做土皇。联军成立与解散，来也匆匆去也忙。
各走东西谋独立，军阀混战万民殃。连环一计除国害，君侧清除人心畅。
有角有棱允^②过左，大权在握露锋芒。眼眶向上众难附，献计画谋少人帮。
宁赦众人不赦催^③，惹来催祀^④四金刚。如狼似虎犯禁庭，血洗长安控朝堂。
荒废榛芜两京都，被劫献帝变流浪。百年基业骨架朽，大汉名存实已亡。

第二章 深根固本，扫清东南

造逆董卓催祀继，两袁^⑤南北势嚣张。盗贼蜂起祸天下，混战军阀恶鹰扬。
跨郡连州豪杰起，拥兵自重霸一方。生灵遭暴社稷墟，百姓四方遭扰攘。

魏武⑥挥鞭走天下，兖州占领据濮阳。郭嘉荀彧长谋划，深根固本挟汉皇。
讨逆征凶扫乌云，六合吞吐志八荒。东南三势相互并，抢占徐州觊许昌。
小沛徐州成犄角⑦，抵挡公路⑧把魏防。无中生有制矛盾，设计三谋真张良⑨。
二虎⑩竞食搞离间，吞狼驱虎诱南阳⑪。兵戎相见相互打，彼此残杀各家伤。
稳坐高山观虎斗，笑收渔利渔翁当。南袁自恃兵粮足，玉玺仅凭称帝王。
举国同诛反分裂，全民共讨护一统。寿春一战根基动，袁术政权已摇晃。
鹰犬再擒攻徐郡，掘坑待虎大网张。徐州得手占小沛，内线之谋抵刀枪。
围困下邳斗顽敌，再掘泗水破城防。陈宫昂首就义死，三姓家奴跪地亡。
歼灭奉先⑫术势孤，南逃北走难脱网。

第三章　官渡决战，统一北方

南据黄河北幽燕，四州带甲百万强。三吴六郡定基业，湖湾港汊固三江。
北面本初⑬南孙策，中间曹魏疆域长。两雄决战烽火起，对峙鸿沟势紧张。
南下绍军来势汹，张牙舞爪露凶相。曹操画地扼其喉，守住要津保许昌。
釜底抽薪击乌巢，乱其军队断草粮。仓亭十面埋伏战，"惊弓之鸟"敌仓皇。
官渡孟德转折点，踌躇满志夺北疆。袁军南下攻邺郡，兵败黎阳绍命丧。
废长立幼权力争，国分为二隙萧墙。急之相救缓相争，南下荆州隔河望。
袁氏弟兄窝里斗，大打出手互不让。各个击破用矛盾，抓住战机撤荆襄。
赶走尚兵据冀州，再削谭首定北方。袁熙袁尚去乌丸，虚国远征沙漠茫。
骤至奇袭斩蹋顿，乘其不备攻熙尚⑭。落荒而逃投辽东，隔岸缓攻火并亡。
东海之滨到关中，乌桓沙漠至长江。一强独霸格局定⑮，万里江山地清霜。

第四章　隆中决策，三分天下

志大才疏扶汉室，桃园结义刘关张。三辞徐郡得美名，仁义之君海内扬。
屡败战场穷颠簸，寄居新野思朝堂。孔明冷眼观天下，独住南阳卧龙冈。
先主⑯茅庐三次顾，欲伸大义挽危亡。先生⑰心许以驱使，收拾琴书别草房。
展翅大鹏腾空起，雄兵奇正龙虎骧。"'而今迈步从头越'，锣鼓重敲再开张。
荆北荆南西两川，关东关外汉室匡。三分天下开基业，扭转乾坤绘新章。"
天下一强⑱要一统，"荆州南北控长江。顺流而下荡东吴，占据金陵至苏杭。
西有益州⑲和陇右⑳，传檄而定必顺降。"南征半路逼樊城，吓得刘表见阎王。
铁马金戈至江郢，刘琮不战献表降。军师演算又运筹："凭借荆襄北兵抗。

西调西凉㉑扰中原,东联建业㉒抗北方。东西夹击兵锋急,逼迫曹操回许昌。"
刘备荆州不忍夺,撤军南下往柴桑。黎民十万紧相随,宽以待人得民望。
颠沛险难仁义信,紧急时刻道义扬。长坂一战虽惨败,气壮山河斗志昂。
授命危难亮㉓担当,赴汤蹈火去九江。纵横天下鼓风雷,三寸口舌说吴王。
"先取荆州后夺川,中原北上定洛阳。安邦定国千古奇,地覆天翻沧变桑。"

第五章　孙刘联盟,赤壁大战

民附国险江山固,孙家三世贤将相。孙坚提剑攻九郡,欲定三湘夺北方。
果躁轻佻亲临阵,岘山中箭性命亡。勇冠一世有孙策,华夏志陵小霸王。
官渡两雄对峙时,欲袭许兖迎汉皇。丧失警惕遭暗算,鸿志未酬身先丧。
策弟孙权年十五,貌形奇伟骨格相。内政子布外公瑾,一武一文左右膀。
"西进巴蜀江山半㉔,两分天下划江防。曹操南下到江陵,南北平衡成黄粱㉕。"
扬言江东去围猎,雄师浩荡下建康。文官劝主献降表,武将三吴共存亡。
满腹经纶鲁子敬,宏韬伟略有眼光。孙刘联合图天下,鼎立江东占荆襄。
是战是和难决断,孙权犹豫无主张。荆州鲁肃迎诸葛,众议力排荐周郎㉖。
舌战群儒斥张昭,孔明力主固江防。羽扇纶巾言慷慨,血战三江赴国殇。
舍弃马鞍仗舟楫,北军"四忌"战必伤。吴侯抗敌决心下,授命都督战长江。
吴弱曹强谋破敌,火攻智战以重创。眉头一皱心生计,两次反间谋略广。
巧计诱操锁铁环,借刀除患杀蔡张。愿打愿挨黄盖谋,实施火攻烧橹樯。
千里舳舻烟灰灭,故垒赤壁古战场。"当初东进旌旗敝,横槊赋诗势雄壮。
转眼武昌看夏口,山川相缪郁苍黄"。曹军败退三分定,相互制约平力量。
小道华容放走操,为防建业势膨胀。北方南下制江东,西取荆蜀有保障。
公瑾江陵战曹仁,耗时一载受剑伤。先生用计取郢城㉗,四郡再夺到南湘。
打水竹篮一场空,东吴惨败折大将。都督吐血跌下马,切齿咬牙欲动枪。
黄雀在旁鸟鸡眼,捕蝉难坏小螳螂。招亲刘备美人计,美姬华屋温梦乡。
"锁住蛟龙隔虎豹,断其双手折翅膀"。周瑜妙计安天下,难抵军师三锦囊㉘。
假道灭虢骗孔明,计谋识破不上当。安排陷阱布八卦,钻进埋伏瑾命丧。
南郡玄德得人和,万民拥护人心向。诸葛凤雏㉙治天下,心腹大臣定家邦。
四水三湘芙蓉国,山清水秀天地苍。占有荆州三分立,黄鹤九天任翱翔。

第六章　巴山蜀水,开创基业

先主巴蜀开基业,北军南下攻建康㉚。金陵危急求诸葛,调动马超击咸阳。

太祖进兵保长安，潼关一战据西凉。荆州关羽兵力虚，西进孙权觊南湘。

南下曹公至溪口，吴侯无奈迎北方。北军赶走又惹蜀，扯住荆州手不放。

郡主婚姻碍手脚，夫人受骗回镇江。翻江倒海夺阿斗，苦口婆心劝娘娘。

浪下三吴起风暴，白云九派隔鸳鸯。天河两岸望穿眼，织女牛郎思断肠。

许下江淮惊建业，南京北上扰许昌。鹬夺蚌斗渔翁利，刘备西川取刘璋。

"险阻大关山峭壁，孤军深入无草粮。千军万马何以进？过海瞒天柔克刚。"

逆取弱兼围成都，图穷匕逼益州降。南荆三郡风波起，先帝关公斗益阳③。

西进孟德攻张鲁，汉中打破占雍梁。西川两地本一体，险恶阳平益屏障。

魏据剑阁成都危，殿堂已露房北厢㉜。两面夹攻腹背敌㉝，立马议和分三湘。

刘备得川根底浅，北军南击必惊慌。按兵不动心忧惧，魏武得陇蜀不望。

罢战班师京城回，妙才㉞南下扰蜀邦。黄权大败三郡守，法正之谋新主张。

"上策可夺都两京，中谋可取地雍凉"。黄忠斩掉夏侯渊，山下曹军北仓皇。

斜谷北军来报仇，孔明疑计退武皇。三州三地连一体，要地荆州始显彰：

"北上宛城扼许洛，东胁江浙到苏杭。"汉室倾颓臣欺君，窃命魏王控庙堂。

抗礼分庭保汉室，为防篡位称汉王。江山千里披锦绣，战地黄花格外香。

第七章　南北勾结，荆襄风云

败退东川操不甘，汉王表到肝火伤。仲达献计联建业，两面夹攻战荆襄。

南北联络僵局破，一场诡计暗酝酿。成都已晓计中意，关羽率军围襄阳。

斩掉庞德震华夏，七军淹没惊北方。老谋深算破三分，南北联络说武皇。

羽居上游仲谋㉟惧，西蜀东下吴遭殃。两家矛盾非一日，冰冻三尺寒久长。

吴魏聚焦荆州地，孔明却在两川忙。荆襄前线孤军战，暗箭明枪难抵挡。

明是同床实异梦，卧榻不许他人躺。东吴调虎离山计，李代桃僵换大将。

笑里藏刀装仁慈，磨刀霍霍备刀枪。刀没入鞘袭江郢，弓不上弦取南湘。

收买人心溃羽军，麦城孤雁北顾仓。瓮中鳖鱼遭擒获，斩草除根虎将丧。

要地丢失身首离，巴山蜀水阴魂荡。玄德闻报寸肠断，裂肺撕心天地黄。

结义桃园共生死，鞍前马后战沙场。人寰撒手二弟去，天上人间两阴阳。

唇齿相依同盟结，暗刀捅破盟友伤。此仇不报非君子，百万雄师已待装。

害死关公江东悔，缪侯㊱之首送许昌。许都识破移祸计，香木刻躯以厚葬。

一计不成又一计，劝操九五祸心藏。封官赐爵令拒蜀，踢回"皮球"对方尝。

南北互相嫁祸水，寄希祸水他国蹚。

第八章　东西怨仇，夷陵大战

太祖寿终归正寝，曹丕世子任丞相。汉朝气尽汉祚终，废汉魏王称帝皇。

篡逆之实名禅让，虚行尧舜实王莽。皇叔正位续大统，欲战东吴攻下江。

闻讯阆中急张飞，且夕号泣哭云长。天昏地暗神志乱，暴怒躁狂被害亡。

结义弟兄三去二，玄德顿脚泪水汪。天旋地转日月昏，金殿皇宫也无光。

蜀帝登基即东征，大军川口露锋芒。排山倒海过三峡，峭壁悬崖气势壮。

铁骑两川下三吴，哀军出击何以挡？兵临城下边境急，胆裂东南倾国慌。

低首献表称魏臣，文皇降册封吴王。封来封去不出兵，无奈孙权求蜀皇。

军至夔关吴求和，玄德怒火满胸膛。"本该停战来谈判，把握原则分寸掌。

要回荆州雪仇恨，保持优势抗北方。可惜权变机谋少，牛劲犟脾撞南墙。"

逼迫仲谋启擎柱③，帅台高筑拜大将。儒生③受命识兵要，刘备用兵欠思量。

移步山林舍战船，林荫百里就凉爽。长营百里烟灰烬，白帝永安痛瞿塘。

忍辱孙权如勾践，英才尚计鼎峙长。皇叔干略少灵活，地处西南为偏邦。

郡主闻蜀大军败，哭天抢地丈夫亡。海枯石烂不变心，入地升天找刘郎。

第九章　南征南蛮，北伐中原

先主愧羞染重病，临危白帝托丞相。欲擒故纵稳卧龙，欲放故收用栋梁。

用力尽心股肱臣，死而后已报先皇。安居府里平五路，重建齿唇共三江。

征讨南蛮攻心战，七擒七纵慨而慷。扫平南国不留兵，自治南中稳后方。

北定中原竭驽钝，复兴汉室奸凶攘。胸怀韬略司马懿，腹有玄机立魏堂。

隐迹藏形狼鹰视，待时而动处雍梁。觊觎蜀国虎视眈，窥视山河野心狼。

诸葛北伐实大碍，反间之计削回乡。丹心一片武侯表，伐魏出师战陈仓。

戈戟如林气势宏，旌旗蔽野形浩荡。汉中陇右三条路，子午道险西路长。

穴道偷袭魏延谋，"长安直取定咸阳。孔明斜谷正掩奇，骤至西京魏国惶。"

丞相斥责非万全，"阳平渭水取西凉。平坦大道路途遥，贻误战机取败亡。

高祖③虽然巴蜀地，三秦④大地战项王。孔明子午谋不用，陇右怎能去潍坊④？"

司马闪光返政坛，登台亮相回战场。西蜀关外启三策，屯田铁骑人才旺。

西域战场根据地，进攻关内有希望。街亭一战大败归，昔日之功全泡汤。

马谡汉中挥泪斩，不责自己略荒唐。北伐陇右转运艰，国力单薄蜀弱项。

坚壁守关施阴计，据险不战截蜀粮。坚城之下难攻战，山野暴师军必伤。

恨未吞吴灭曹魏，出师未捷去天堂。茅庐三顾君臣义，一对两表^⑫酬先王。

第十章　司马崛起，三国归晋

一代能臣立君侧，三朝元老辅魏皇。东征西讨功盖主，打掉燕都公孙王^㊸。
曹魏集团人才断，此消彼长懿势涨。退居幕后等时机，铁腕权谋斩曹爽。
独断独行司马师，逆之者死顺之昌。篡权篡位司马昭，换代换朝换思想。
蒋琬费祎西蜀国，生息休养保边疆。姜维主战扩空间，九次北伐无功偿。
只讲战争忽生息，穷兵黩武略御防。掏空国库耗国力，百姓艰难脸瘦黄。
民怨沸腾反战起，投降一派在观望。刘禅宠幸黄皓宦，扰乱朝廷害忠良。
避祸姜维沓中忧，虎狼两路蜀遭殃。伯约^㊹奋起保国家，急报后皇^㊺调兵将。
后主戏乐问卜宦，宫中巫婆口雌黄。阳安攻破汉中丢，逼近剑阁成都慌。
绊脚摆脱守剑阁，魏军钟会被阻挡。重调战略阴平渡^㊻，马邈江油不抵抗。
蜀国瞻军至涪城，思远^㊼军事低智商。石门险固不抢占，阵地对接父子亡。
敌寇当前成都乱，江山千里无强将。投吴奔巂难实行，后主昏庸无主张。
不怕不惊谯周计，献表低首纳玺降。"姜维关隘拒钟会，吴国援兵半路上。
怕死贪生禅跪地，山河锦绣一朝亡"。"西川灭掉谋臣死，狡兔打光走狗烹。
袭汉剑阁逼成都，阴平偷渡为他忙。三分天下折一股，昭回洛阳封晋王。"
任相袭王司马炎，效尤文帝学虞唐。同槽三马梦成真，司马江山晋武皇。
大帝东吴开杀戒，两宫之案沸沸扬。平陵政变触动大，四大家族何其像？
废毙孙和赐死霸，斩杀逊据两丞相。"孙权之后多内乱，相互残杀忽江防"。
孙皓凶残溺酒色，忠臣残害毁大梁。政权腐败内部烂，相反北方却"太康"^㊽。
晋国大军顺江下，摧枯拉朽扫南方。吴亡蜀灭三归晋，天下统一铸辉煌。
"天若有情天亦老，人间正道是沧桑"。

注释

①北邙，即北邙山；②允，即王允；③傕，即李傕；④傕汜，即李傕、郭汜；⑤两袁，即袁绍、袁术；⑥魏武，即曹操；⑦犄角，指吕布屯兵小沛，刘备据徐州；⑧公路，即袁术；⑨张良，即刘邦的谋臣张良；⑩二虎，即刘备、吕布；⑪南阳，指袁术；⑫奉先，指吕布；⑬本初，即袁绍；⑭熙尚，即袁熙、袁尚；⑮一强独霸格局定，指曹操的"一强独霸天下"的格局基本形成；⑯先主，指刘备；⑰先生，指诸葛亮、孔明；⑱一强，指曹操；⑲益州，指东川和西川；⑳陇右，即陇西；㉑西凉，关外马腾的地盘；㉒建业，指南京；㉓亮，指诸葛亮、孔明；㉔江山半，即半壁江山，巴蜀西进划江防，即"南北划江而治"的战略；㉕南北

平衡成黄粱,指的是"南北划江而治",只是一场黄粱美梦而已;㉖周郎,即周瑜,周公瑾;㉗郢城,指江陵,即南郡,也指荆州;㉘三锦囊,指诸葛亮的三条锦囊妙计;㉙凤雏,指庞统;㉚建康,指南京;㉛益阳,代指吕蒙。时吕蒙驻军益阳,以拒关羽;㉜房北厢,即北厢房,这里指东川;㉝两面夹攻腹背敌,指孙权从东边攻打荆州,曹操从汉中攻打西川;㉞妙才,指夏侯渊;㉟仲谋,即孙权;㊱缪侯,指关羽,关云长;㊲擎柱,指陆逊;㊳儒生,指陆逊;㊴高祖,指汉高祖刘邦;㊵三秦,指关中地区;㊶潍坊,泛指关东地区,即中原地区;㊷两表,即先出师表和后出师表,一对,即隆中对;㊸燕都,指公孙康所建立的燕国,公孙王,指公孙康父子在燕称帝称王;㊹伯约,即姜维;㊺后皇,即后主刘禅;㊻姜维摆脱邓艾,率军到达剑阁坚守,使钟会攻剑阁夺成都的计划破产;邓艾及时调整战略,偷渡阴平,夺取了成都;㊼思远,指诸葛瞻;㊽指晋武帝统治下的"太康之治"。

三国演义时代大事年表

1. 184年,张角领导的黄巾起义爆发。幽州太守刘焉与校尉邹靖计议决定出榜招兵。刘备、关羽、张飞桃园三结义。枹罕(今甘肃、宁夏域内)人宋建趁乱在西凉一隅公开称王,号"河首平汉王"。

2. 188年3月,江夏太守刘焉见王室多故,建议"宜改置牧伯,选清名重臣以居其任",将州刺史改为州牧,大权外放。刘焉内欲求交趾牧,侍中广汉董扶私谓焉说:"京师将乱,益州分野有天子气",焉乃更求益州。

3. 189年4月,汉灵帝驾崩,太子刘辩继位;大将军何进谋杀宦官,召董卓进京;董卓三次议废少帝:第一次议废帝,丁原反对,告吹。卓以一匹赤兔马收买了吕布,布杀了丁元后投靠了卓。第二次议废帝,袁绍反对,告吹。绍提剑辞百官,悬节东门而去。卓惧其生事,即日差人拜绍为渤海太守。袁术畏卓,奔南阳,会孙坚杀南阳太守张咨,术得以居其郡。第三次议废帝,始废少帝刘辩,立刘协为汉献帝。曹操杀董卓未遂,逃离京城,返回陈留,遍散家财,会合义兵。董卓的中郎将徐荣,推荐公孙度当了辽东太守。

4. 190年1月,反卓联军成立,推举袁绍为盟主,曹操兼代奋武将军。2月,董卓徙天子都长安。袁绍等各怀异志,各存异心,按兵不动,反卓联军解散。公孙度见中原地区扰乱而不安宁,便开始在辽东称王称帝。

5. 191年春,袁绍、韩馥欲拥立刘虞做皇帝,刘虞始终不敢当。荀彧度袁绍不能定大业,闻曹操雄略,乃去绍从操。7月,"袁绍胁韩馥,取冀州"。

6. 192年4月,司徒王允与吕布杀死董卓;董卓部将李傕、郭汜攻破京城,杀死王允;吕布战败;李傕、郭汜专断朝政大权;袁术使孙坚征刘表;攻打襄阳,孙坚在岘山被乱箭射死。鲍信等地方州官迎接曹操为兖州牧。

7. 193年,孙策借兵过江,几年之内据有了江东地区。

8. 194 年春,曹操的父亲曹嵩遇害,操发誓复仇,东征徐州;吕布、陈宫袭取了兖州、濮阳。冬,陶谦死后,刘备"三辞徐州"而接替了徐州牧。曹操欲弃兖州而东征徐州,荀彧从理论上阐述建立兖州根据地的重要性。

9. 195 年夏,曹操攻打定陶,吕布大败而投奔了刘备。备使吕布居于小沛。冬十月,曹操被天子任命为兖州牧。长安发生动乱,天子向东迁徙。

10. 196 年正月,曹操准备迎接汉献帝。9 月,操迎汉献帝至许昌,取得了挟天子以令诸侯的地位。这一年,操开始实行屯田制。冬季,吕布袭击刘备,攻取小沛,刘备被迫投奔操。

11. 197 年正月,曹操到达宛城,张绣第一次投降。张绣再次反叛,操与张绣交战,兵败。9 月,袁术在淮南称帝,操与刘备、吕布、孙策组成反袁术统一战线,打败袁术。

12. 198 年 9 月,曹操东征吕布。10 月,曹操追击到下邳,决泗水淹之。11 月,攻破下邳城,陈宫、吕布双双被斩。

13. 199 年 4 月,曹操进军到黄河边,大败眭军,斩杀了眭固。袁绍已经吞并了公孙瓒,占据了北方四州,部众十多万。中国东部地区形成了袁绍、曹操、孙策三大割据势力,并开始了袁曹两大势力对峙的局面。8 月,曹操向黎阳进军。9 月,曹操返回许昌,分部分兵力防守官渡。11 月,张绣率众第二次投降。曹操派遣刘备、朱灵中途拦截袁术;刘备斩车冑而占据徐州。12 月,曹操驻军官渡,袁曹官渡对峙。

14. 200 年 2 月,袁绍派郭图、淳于琼、颜良在白马城攻打东郡太守刘延。绍领兵到达黎阳,准备渡过黄河。4 月,袁绍的两员名将颜良、文丑被身在曹营的关羽擒杀。操回军官渡,袁绍进军,保守阳武。此时,孙策谋划袭击许都,还没有出发,被刺客杀死。孙权坐领江东,鲁肃帮助孙权制定正确的政治军事战略。5 月,"衣带诏案"败露,董承等被处死。操率二十万大军东征徐州,刘备大败而投奔了袁绍。操攻取了下邳,关羽降汉不降曹,跟随曹军回到了许都。10 月,袁绍的谋士许攸投奔曹操,教操偷袭绍之乌巢屯粮场所。操率五千精兵袭乌巢成功,操官渡大败袁绍。

15. 201 年 4 月,曹操仓亭再次大败袁绍。9 月,操返回许都。刘备脱离了袁绍,关羽回到刘备身边,刘、关、张古城相会。刘备聚众到了汝南,欲攻打许昌。曹操南征刘备,备大败而去投了刘表。

16. 202 年 5 月,袁绍呕血而死,次子袁尚接替了他的职位。7 月,曹操征讨袁谭、袁尚,谭、尚多次战败而退,坚守黎阳。

17. 203 年 3 月,曹操攻打黎阳外城,袁谭、袁尚迎战,操大败之。孙权西征黄祖,打败之。8 月,操征讨刘表,驻军西平县,袁谭、袁尚争夺冀州,袁谭战败而求救于曹操。冬十月,操到达黎阳,东平的吕旷、吕翔背叛了袁尚。

18. 204 年,曹操攻取了冀州城。辽东燕国公孙度去世,儿子公孙康继位。

19. 205 年正月,曹操打败并斩杀了袁谭,平定了冀州。

20. 206 年正月,曹操征讨高干。高干逃到匈奴,向单于求救,单于不接受。曹操攻取了壶关城,高干逃到了荆州,被上洛都尉王琰斩杀。

21. 207 年,孙权西征黄祖,俘虏他的百姓后还师。曹操率兵北征乌桓后,刘备劝刘表袭击许都,刘表不听。途中,谋士郭嘉去世;袁尚、袁熙兵败投辽东,公孙康斩两袁,将头送给了曹操。11 月,刘备三顾茅庐,请得诸葛亮出山;亮隆中决策,勾画"三分天下"蓝图。

22. 208 年春,孙权再度征讨江夏黄祖,将其斩首,破其城屠其城,然后撤兵回到了江东。7 月,曹操大军南征,刘琮投降。刘备、诸葛亮南撤,操在长坂坡大败刘备。备与刘琦合兵一处,退守夏口。孔明应鲁肃邀请,奉命出使东吴。赤壁大战,曹操大败,从华容道逃走。曹操被迫退回到了北方,采取对孙、刘防御和巩固内部的方针。

23. 209 年,周瑜与曹仁两军在江陵相持,曹仁全身而退。孔明乘周瑜曹仁大战之际,用计从背后夺取了荆州;刘备率军乘机向南进攻,夺取了江南的武陵、长沙、零陵、桂阳四郡。刘备占据了以江陵为中心的南荆州,标志着"三分天下"的格局的初步形成。诸葛亮被封为军事中郎将。孙权将妹妹嫁给了刘备,孙、刘结成了亲家。

24. 210 年,庞统投奔刘备之后,被封为军事中郎将。冬,曹操修建铜雀台。操欲作《铜雀台诗》闻报"汉上九郡大半已属刘备",手脚慌乱。曹操表奏周瑜总领南郡太守。周瑜实施"假途灭虢"之计,企图"先取西川,后取荆州",病死于巴丘。鲁肃接替周瑜大都督之职,总统兵马。

25. 211 年,刘备带着庞统、魏延率兵进入西川。操欲南征东吴,是想乘备西进而无暇东还之时,一举灭掉权,然后西进荆州除掉备。亮利用马超报仇心切,调动马超攻打长安,把操引到了西部地区,解了东吴之围。曹操进军关中,平定了关中的叛乱;并继续进军,打败了马超,攻克了凉州。

26. 212 年,孙权欲取荆州,顾雍说:"刘备分兵远涉山险而去,未易往还。何不差一军先截川口,断其归路,后尽起东吴之兵,一鼓而下荆、襄? 此不可失之机会也。"曹操起兵四十万南下攻打孙权,留荀彧于谯,以侍中光禄大夫持节,参丞相军事。曹操至濡须,彧疾留寿春,被曹操赐死。刘备斩刘璋白水军督杨怀,夺取涪城。

27. 213 年正月,曹操进攻濡须口;5 月,曹操晋升为魏公。

28. 214 年 3 月,汉献帝把魏公的地位升到诸侯王之上。庞统在落凤坡被乱箭射死;李严率众投降刘备;诸葛亮、张飞、赵云等溯流而上定白帝、江州、江阳。夏,刘备进军围攻成都,刘璋出城投降;刘备夺取益州并出任益州牧。秋,操征讨孙权。冬,奉曹操之令,夏侯渊进军西凉,攻克了宋建的老巢枹罕,摧毁了在沙漠里横行了 30 年的伪政权。

29. 215 年,刘备率兵赶往荆州,与孙权争南三郡。曹操进攻张鲁,夺取了汉中,并对西蜀构成了威胁。刘备与孙权讲和,然后回到益州。8 月,孙权率兵包围合淝,张辽、李典击溃了孙权。

30. 216 年,曹操自立为魏王,10 月,发兵征讨孙权。操夺取汉中后,迅速进入"三巴"地区;刘备派黄权打败了操的三郡太守,控制了"三巴"地区。

31. 217 年,刘备派遣张飞、马超、吴兰驻兵下辩;曹操派遣曹洪去抵挡他们。法正向刘备献"汉中之策",西蜀出兵征讨汉中。东吴的政治军事大战略家,四十六岁的鲁肃病逝。

32. 218 年,刘备带法正率诸将进兵汉中,派吴兰、雷铜等进兵武都,被打败而全军覆没。刘备率军临时停驻在阳平关,抵御夏侯渊、张郃等曹将。

33. 219 年正月,曹操率兵西征汉中,夏侯渊和黄忠在阳平关交战,被黄忠斩杀。5 月,刘备从曹操手中夺取了汉中,标志着"三分天下"格局的彻底形成。曹操大败,退回到了长安。刘备于沔阳自立为汉中王。七八月间,关羽攻取了曹操所占据的襄阳、樊城,威震华夏,曹操欲迁都以避其锋。吴吕蒙用计袭取荆州,关羽腹背受敌而败走麦城,父子被害。西蜀丢失荆州,标志着"三分天下"的格局开始萎缩。西蜀法正去世,东吴的吕蒙也病逝。

34. 220 年正月二十三日,曹操在洛阳去世,享年六十六岁。太子曹丕出任丞相,袭魏王;冬天,曹丕废汉献帝自立为皇帝,建立魏国,都洛阳;谥父曹操为太祖武皇帝;封华歆为司徒,王朗为司空。

35. 221 年 4 月,刘备称帝,建立蜀汉王国,史称"蜀"或"蜀汉",都成都。任命诸葛亮为丞相。张飞遇害。刘备率倾国之军征讨东吴。孙权被迫向魏称臣,曹丕封孙权为吴王。

36. 222 年,马超、黄忠、刘巴、许靖去世。吴蜀夷陵大战爆发,陆逊火烧七百里长营,刘备大败而退至白帝城。曹丕令三路大军南下攻打吴国,无功而返。

37. 223 年春,刘备在永安病危,把孔明从成都召来,托付后事。刘备去世,享年六十三岁。刘禅继承帝位。封诸葛亮做武乡侯,开建府署,不久又兼任益州牧。8 月,亮以谋安居退出魏国五路大军;派遣邓芝,出使东吴,两国修好。

38. 224 年,蜀国大力奖励农业,闭关自守,百姓休养生息。

39. 225 年春,诸葛亮率兵南征,七擒七纵孟获,至秋天平定南部益州、永昌、越巂各郡叛乱。

40. 226 年,都护李严从永安回到江州,修筑了一座大城。5 月,曹丕去世。临终前,召大将军曹真、镇军大将军陈群、征东大将军曹休、抚军大将军司马懿,受遗诏辅佐曹叡继位,是为明帝。

41. 227 年,诸葛亮率各路大军北上,驻扎在汉中沔阳。出发前,孔明给刘禅上了一道奏疏,即《前出师表》。

42. 228 年春,孔明第一次兵出祁山。扬言从斜谷道进兵攻取郿县,派赵云、邓芝为疑兵,据守箕谷,魏国曹真率兵抵御。孔明却率大军进攻祁山,南安、天水、安定三郡背魏降汉,关中震动。孔明收魏降将姜维,并确定为自己的接班人。司马懿再次出山,重返前线,斩杀孟达。魏明帝曹叡亲自西征,镇守长安,命张郃抵御孔明。诸葛亮派马谡统领诸军在前,马谡街亭失守。吴周鲂断发赚魏将曹休,曹休中计上当,兵败石亭。冬天,孔明第二次兵出祁山。再次出兵散关,围攻陈仓,曹真前来抵御。蜀军粮草用尽,在撤回途中,王双追赶,亮与战,打败魏军,斩了王双。辽东公孙渊因公孙恭身体虚弱,胁迫公孙恭而夺取了帝位。

43. 229 年,诸葛亮第三次兵出祁山,派陈式进攻武都、阴平。魏国的雍州刺史郭淮率部准备进攻陈式,诸葛亮亲自到建威,郭淮退回,于是平定了武都、阴平二郡。孙权称帝,建立吴国,都建业;孙权追尊父亲孙坚为武烈皇帝,哥哥孙策为长沙桓王,封儿子孙登为皇太子。

44. 230 年秋,魏国司马懿从西城,张郃从子午道,曹真从斜谷道分三路进军,准备攻取汉中。孔明在城固、赤坂备战,由于大雨断绝道路,曹真等返回。诸葛亮第四次兵出祁山。赵云去世。

45. 231 年,亮第五次兵出祁山,用木牛运送军需,粮草用尽而退,与张郃交战,射死张郃。

46. 232 年,诸葛亮在黄沙休整军队,发展农业,他制成了木牛流马,并练兵讲武。

47. 233 年冬,亮派各路军马运米,集中到斜谷口,修建斜谷口粮库。

48. 234 年春,诸葛亮第六次兵出祁山,率全部大军从斜谷道北上,用流马运输军需,据守于武功县的五丈原,在渭水南岸与司马懿隔河相对。这年孔明实行军屯,做长期打算。蜀魏两军相持了一百多天。8 月,孔明一病不起,病逝于军营,享年五十四岁,葬于定军山。魏延因谋反而被斩杀,加蒋琬为丞相,总管国家事务;姜维为辅汉将军,总督诸处人马。魏国刘晔去世。

49. 235 年,蜀晋升蒋琬的职位为大将军。

50. 236 年,魏国司空陈群去世。

51. 238 年正月,司马懿率部众讨伐辽东,灭掉了辽东燕国。

52. 239 年正月,曹叡病危,将太子曹芳托孤给曹爽和司马懿。曹爽入奏魏主曹芳,升司马懿为太傅,明升暗降,司马懿推病不出,司马师、司马昭亦退职闲居。

53. 241 年 5 月,吴国太子孙登去世,时年三十三岁。

54. 242 年,年仅十四岁的孙和立为太子,8 月又封孙霸为鲁王。

55. 244 年,吴国陆逊代顾雍为丞相。这一年,六十三岁的陆逊被孙权流放并关进监狱,被孙权赐死(又说终因悲愤失望至极而死)。

56. 246 年,蜀大将军蒋琬去世。

57. 249 年正月甲午(初六日)司马懿发动"高平陵政变"。姜维第一次率兵北伐。

58. 250 年,孙权废掉了第二任皇太子孙和,赐死鲁王孙霸,册立孙亮为太子。姜维第二次率兵北伐。

59. 251 年,司马懿去世。司马师被封为大将军,总领尚书机密大事;司马昭为骠骑上将军。

60. 252 年,吴主孙权逝世,诸葛恪立孙亮为帝,职掌朝政。夏侯霸投奔西蜀。

61. 253 年,费祎去世。姜维第三次率兵北伐。

62. 254 年,姜维第四次率兵北伐。魏正元元年,司马师废掉曹芳,立高贵乡公曹髦为帝。

63. 255 年,2 月,司马师去世,司马昭为大将军,录尚书事。姜维第五次率兵北伐。

64. 256 年,姜维第六次率兵北伐。

65. 257 年,姜维第七次率兵北伐。

66. 258 年,孙綝废掉孙亮,立孙休为帝;孙休封孙綝为丞相。12 月,老将军丁奉定计斩孙綝。

67. 260 年,五月(初七日),高贵乡公曹髦被成济杀死,年仅二十岁;司马昭立曹奂为帝。

68. 261 年,夏六月(初四日)晋升司马昭为相国,封晋公。

69. 262 年,姜维第八次、第九次率兵北伐。

70. 263 年,姜维避祸于沓中。十月甲寅,司马昭令镇西将军钟会和征西将军邓艾率领大军征伐蜀国。钟会与姜维两军相持于剑阁;邓艾偷袭蜀阴平小道成功;蜀后主刘禅到邓艾处投降,蜀亡。

71. 264 年春,司马昭疑邓艾谋反,令用囚车召邓艾回京师。除掉邓艾后,司马昭率大军屯于长安,钟会成都谋反而败,钟会、姜维事败而死。张翼亦死于乱军之中。卫瓘、田续追到邓艾,将其父子杀死。3 月,晋公昭晋升为晋王。7 月,吴主孙休去世,孙皓继位为皇帝。

72. 265 年 8 月,文王司马昭去世,太子司马炎嗣为相国、晋王。十二月壬戌(十三日),魏曹奂把帝位让给晋王的继承人司马炎,炎绍魏统,国号大晋,魏亡。晋帝司马炎,追谥司马懿为宣帝,伯父司马师为景帝,司马昭为文帝。

73. 271 年,吴右大司马左军事丁奉去世。

74. 273 年,吴国陆抗拜为大司马、荆州牧。

75. 274 年夏,吴国大司马陆抗患病,秋天去世。

76. 278 年 11 月,晋羊祜病危,举荐杜预自代。晋帝任命杜预为镇南大将军、都督荆州诸军事。

77. 279 年 11 月,晋武帝司马炎决定大举伐吴。杜预率晋军征讨吴国。

78. 280 年,晋国大军席卷吴国,吴国土崩瓦解。大军到达石头城,吴主孙皓投降。至此,吴亡,三国归晋而实现天下一统。

参考书目

1.《三国演义》上、下册,罗贯中著,人民文学出版社。

2.《三国志》(文白对照),(晋)陈寿著,中州古籍出版社。

3.《文化文学名著一本通》,俞发亮主编,中国书籍出版社。

4.《毛泽东评点二十四史》(精华解析珍藏版),南海出版公司。

5.《易中天作品全集》之《品三国》,易中天著,上海文艺出版社。

6.《三国那些人那些事》,陈瓷著,江西人民出版社。

7.《细说中国历史 36 大悬案》之《诸葛亮:智者之谜》,向思鑫主编,湖北人民出版社。

8.《二十五史故事》之《三国志》,文若愚编著,汕头大学出版社。

9.《中国兵书十种》之《孙子》,徐子宏等编,湖南出版社。

10.《毛泽东选集》之《中国革命战争的战略问题》《矛盾论》,人民出版社。

11.《三十六计与孙子兵法》,(秦)杨南柯、(春秋)孙武著,曹金洪主编,北京燕山出版社。

12.《鬼谷子》,(战国)鬼谷子著,北京燕山出版社。

13.《魏武帝曹操》,何君编著,吉林出版集团。

14.《蜀汉昭烈帝刘备》,何君编著,吉林出版集团。

15.《中国文学史》,章培恒、骆玉明主编,复旦大学出版社。

16.《毛泽东品国学》,卢志丹著,国际文化出版公司。

17.《诸葛亮智谋全书》(文白对照全译),伊力主编,中州古籍出版社。

18.《资治通鉴(汉纪、魏纪、晋纪)》,(宋)司马光著,新疆人民出版社。

19.《中国史》,吕思勉著,中国华侨出版社。

20.《中国历代兵书》,任继愈主编,商务印书馆。

后　记

　　《三国谋略论》的文稿经过了四年的撰写,五年的修改,使文稿日趋完善和成熟。过去的撰写,就像一个农民老表打草鞋,边打边像。撰写的时候,老跳不出《三国演义》和《三国志》的框框,有照抄照搬之嫌。现在就不同了,能够跳出《三国演义》和《三国志》,在《三国演义》之外评论三国,可以写出自己的观点来。因此经过几次删重复、增内容、调结构的修改,提出了一些新观点、完善了理论、形成了体系,使之具有了一定的学术价值。但撰写这样一个大部头著作,本人的学术水平显然不够,错误和缺点肯定在所难免,希望史学界和各位读者批评指正。

　　《三国谋略论》文稿,经过了九年的时间,终于完成了它的撰写和修改,即将由江西人民出版社出版了。回忆九年的撰写和修改的艰辛创作过程,感慨万千。我认为,在这九年当中,后五年的修改,才真正地赋予了文稿生命,使文稿有了灵魂。就是说,后五年的修改,才真正使文稿发生了质的变化。因为文稿中的四大理论支柱,都是在后三年的修改过程中形成的。五年内,大刀阔斧的修改,就有十次。在这九次大规模的修改过程中,还渗透着多次的订正改错,耗费精力。这部文稿的最终完成,我想,如果不是在电脑上写作;如果没有退休之后宽裕的时间;如果没有几十年的知识储备;如果没有强健的身体和充沛的精力;如果没有不屈不挠的毅力和决心,如果没有以习近平同志为核心的党中央的坚强领导,社会安定,人民幸福,到老了还享受着高级教师的退休待遇,过上安逸的生活,这部著作是无论如何写不出来的。因此说,要说感谢,首先我得感谢这个伟大的新时代。

　　《三国谋略论》文稿的撰写,能够坚持到现在,我得感谢四位同志。第一位是已故的赵廷魁同志,是他最早支持我创作的;第二位是已故的孙军同志,是他鼓励我创作并帮我联系了江西人民出版社;第三位是程洪平同志,是他鼓励我要多修改,要反复修改,并再三强调语句要简洁精练;第四位是江建国同志,他认为,这部文稿,写得好,是有价值的,鼓励我坚持写下去。

　　《三国谋略论》能够出版,得感谢江西人民出版社学术出版中心,感谢江西人民出版社三位同志。第一位是出版社的郑丽珠主任(后调离),通过她,我的文稿进入了江西人民出版社,是她把我的文稿发给了出版社学术出版中心。第二位是出版社学术出版中心原主任李月华,是她提出了"修改小标题和缩减文字"的建设性意见,使我的修改有了方向有了动力。第三位是学术出版中心李鉴和编辑。他对文稿进行了全面的审阅并提出了建设性的意见,付出了大量的心血和辛勤的劳动。

2024 年 5 月 26 日